SAMMLUNG TUSCULUM

POMPEJANISCHE WANDINSCHRIFTEN

Lateinisch-deutsch

Herausgegeben und übersetzt
von Rudolf Wachter

DE GRUYTER

MIX
Papier aus verantwortungsvollen Quellen
FSC® C016439
FSC
www.fsc.org

ISBN 978-3-11-064943-7
e-ISBN (PDF) 978-3-11-065828-6

Library of Congress Control Number: 2019951644

Bibliografische Information der Deutschen Nationalbibliothek
Die Deutsche Nationalbibliothek verzeichnet diese Publikation in der Deutschen Nationalbibliografie; detaillierte bibliografische Daten sind im Internet über http://dnb.dnb.de abrufbar.

Für Einbandgestaltung verwendete Abbildungen:
Cologny (Genève), Fondation Martin Bodmer, Cod. Bodmer 52: 6v/7r
(www.e-codices.unifr.ch)

Druck und Bindung: Hubert & Co. GmbH & Co. KG, Göttingen

♾ Gedruckt auf säurefreiem Papier
Printed in Germany

www.degruyter.com

INHALT

VORWORT

Dieses Buch hat eine lange Geschichte. Meinen ersten Kontakt mit den pompejanischen Wandinschriften knüpfte mein Lateinlehrer Peter LINDEGGER am Gymnasium Winterthur, als er 1972 eine fakultative Sonderveranstaltung dazu anbot. Während des Studiums folgten Seminare bei Ernst RISCH in Zürich, und seither hatte ich selber wiederholt das Vergnügen, diesen Gegenstand im Rahmen meiner sprachwissenschaftlichen Lehre in Freiburg (CH), Basel, Lausanne und Zürich zu vertreten. Auch ein Blockkurs in Mainz ist mir in lebhafter Erinnerung sowie zwei Lehrerfortbildungskurse und ein paar Vorträge. Schon 2006 reifte der Entschluss, eine eigene kommentierte Sammlung herauszugeben. Mir war bewusst, dass ich diese selber kaum mehr in der Lehre würde verwenden können (provisorische Fassungen waren mir gleichwohl in den letzten Jahren sehr nützlich), sie würde aber bestimmt anderen Liebhabern und Lehrkräften, die sich in Zukunft mit diesem vielfältigen und lebensnahen Thema der griechisch-römischen Antike befassen möchten, willkommen sein.

Zu danken habe ich vielen: Die Universität Basel sprach mir 2006 eine halbe Hilfsassistentenstelle zu, die ich permanent für dieses Projekt eingesetzt habe: Christian GUERRA und Rolf GUTIÉRREZ haben den guten alten «DIEHL» (cf. Einleitung, 2) digitalisiert und in dessen Supplement die CIL-Nummern herausgesucht. Xenja HERREN und anschließend Gaëtan SCHALLER suchten nach Inschriften, die zusätzlich aufgenommen werden könnten, und lasen den im Entstehen begriffenen Kommentar. Alessandra GEIGER arbeitete eine weit fortgeschrittene Fassung durch, machte mich auf unzählige kleine und größere Ungereimtheiten aufmerksam, überprüfte in langen Sitzungen mit mir zusammen unter anderem die Lokalisierungen und half mir bei der Erstellung der Indizes. Und ganz am Schluss hat mich nun auch noch Renato FISCHER auf einige kleine Fehler aufmerksam gemacht. In Lausanne hat Daniela GREGER, perfekt *bilingue* deutsch-französisch, dank einem kleinen persönlichen Stipendium den fast fertigen Kommentar durch die Augen von Nicht-Deutschsprachigen gelesen und mir viele gute Hinweise zur besseren Verständlichkeit gegeben. Simone HILTSCHER schließlich hat die Übersetzungen im Hinblick auf gängiges Deutsch durchgelesen und an manchen Punkten verbessert. Ohne sie alle wäre diese Ausgabe wohl nie fertig geworden.

Meinem Freund und Kollegen Michel ABERSON habe ich für manche althistorischen Ratschläge zu danken. Besonders nützlich war ein gemeinsames Seminar mit ihm in Lausanne zu den Inschriften von Pompeji und Umgebung. Überhaupt habe ich in der Lehre aus den studentischen Präsentationen und den anschließenden Diskussionen immer wieder kleine Erkenntnisse gewinnen dürfen. Das Gebiet ist ja eigentlich zu vielfältig und zu groß, als dass man sich als einzelner Forscher, auch über ein halbes Leben hinweg, den völligen Überblick erarbeiten könnte, zumal wenn man noch andere Schwerpunkte in Forschung und Lehre vertritt.

Zu größtem Dank verpflichtet bin ich weiter Heikki SOLIN dafür, dass ich von seiner gigantischen Arbeit an den neuesten «Addenda et Corrigenda ad inscriptiones parietarias graphio scriptas a Zangemeister et Mau editas» (d.h. zu den Graffiti in CIL IV bis no. 7108) profitieren und ihm im Gegenzug auch meine Fortschritte zur allfälligen Verwendung in seinem Opus maximum unterbreiten durfte. Nach dem Sommer 2018 mussten wir uns dann beide auf die Fertigstellung unserer Editionen konzentrieren und arbeiteten unabhängig.

Schließlich danke ich dem Verlag De Gruyter in Berlin, wo auch schon der «DIEHL» verlegt worden war (^{1}1910, ^{2}1930), dafür, dass er das neue Buch in die Sammlung Tusculum aufgenommen hat, die er seit ein paar Jahren ebenfalls unter seinen Fittichen hat. Katharina LEGUTKE, Torben BEHM und Florian RUPPENSTEIN gebührt hier mein besonderer Dank für kompetente Koordination und umsichtige Beratung. Ernst HEIMERAN, der Begründer und erste Verleger der Sammlung Tusculum (sein Büchlein «Lehrer, die wir hatten» hatte uns just Peter LINDEGGER in Vorlesestunden vor den Ferien nahegebracht, und sein «Stillvergnügtes Streichquartett» hat mich auch im Privaten inzwischen gut vier Jahrzehnte lang begleitet), wäre gewiss hocherfreut über den nachhaltigen Erfolg seiner Initiative von 1923 und wohl auch über den vorliegenden Band, der ja auch den etwas mager ausgefallenen Vorgänger, verfasst von Hieronymus Geist ([1]1936, [2]1960), ersetzt. Dank den Übersetzungen wird die vorliegende Auswahl nun – ganz im Sinne Heimerans – einem deutlich größeren Leserkreis zugänglich sein, und all jene, die einmal das Glück hatten, etwas Latein zu lernen, werden bestimmt auch aus dem Kommentar einigen Gewinn ziehen.

Die kombinierte Tradition des «Diehl» und des «Geist» hat den Titel der vorliegenden Sammlung in natürlicher Weise vorgegeben. Möge dieses Buch mithelfen, den Ruhm Pompejis, der klassischen Antike und der lateinischen Sprache zu bewahren!

Basel, im August 2019 Rudolf Wachter

EINLEITUNG

1. Pompeji

Das antike Pompeji mit seinen Thermen, Gaststätten und dem Lupanar steht seit Jahrzehnten exemplarisch für die römische Lebensfreude, die im mehrfach bezeugten Halbvers *balnea, vina, venus* 'Bäder, Wein und Liebe' prägnant ausdrückt ist[1]. Besonders bekannt sind die Wandmalereien, einzigartige Schmuckstücke der Ausgrabungsstätten in Pompeji und Umgebung und des Museo Archeologico Nazionale in Neapel. Die Wandinschriften bestätigen die Wichtigkeit der drei genannten Aspekte des römischen Lebens: Vom Baden ist zwar eher selten die Rede[2] (immerhin sind in den Thermen ziemlich viele Wandinschriften gefunden worden), der Wein spielt schon eine größere Rolle, und die Liebe war – wen wundert's? – auch damals das klar dominierende Thema. Daneben gibt es aber noch viele weitere Lebensbereiche, in die uns diese Inschriften interessante Einblicke gewähren.

Wir halten Pompeji mit seinen Wandmalereien und -inschriften (Graffiti und Dipinti) heute für etwas Besonderes. Für die Römer war es das nicht: Wir könnten es vielleicht charakterisieren als wohlhabendes Städtchen mittlerer Größe in der Nähe der Kulturmetropole Neapel, das sich einer gewissen touristischen Beliebtheit erfreute. Auch Stadtrömer kamen manchmal mit überhöhten Erwartungen her und wurden enttäuscht (cf. #1073ff.). Was Pompeji zu einer Besonderheit gemacht hat, ist im Grunde einzig der – höchst prosaische – Umstand, dass so viele Wände noch stehen und daran so viel Verputz erhalten geblieben ist. Wir dürfen uns zu jener Zeit auch die Stadt Rom, ja jede mittlere bis größere Stadt in Italien und darüber hinaus ebenso bunt bemalt und, was uns hier besonders interessiert, übersät mit Wandinschriften vorstellen. Und tatsächlich: Wo immer wir römischen Verputz finden, finden wir auch Graffiti[3]. Die Sammlung auf Pompeji

1 CIL III 12274.c (= CLE 1923), VI 15258 (= CLE 1499), XIV 914 (= CLE 1318).

2 Cf. #179, #939, #995f.

3 Cf. #715, #794, #1040, #1066, #1173, #1410, #1412, unten n. 11 usw.

und Umgebung zu beschränken ist aber weiterhin gerechtfertigt durch die große Zahl der Inschriften und den Terminus ante quem von 79 n. Chr., der speziell für unsere Kenntnis der Entwicklung der lateinischen Sprache einen wertvollen Fixpunkt darstellt. Denn obwohl die Wandinschriften vor allem wegen ihrer Inhalte berühmt sind, die in der Literatur oder in anderen inschriftlichen Quellen sonst nicht so gut fassbar sind, geht aus ihnen gleichsam als Nebenprodukt auch hervor, dass sich das Latein damals schon erstaunlich weit vom klassischen (Schrift-)Standard weg in Richtung romanische Sprachen entwickelt hatte – und das kaum ein Jahrhundert nach dem Tod Vergils! Daneben gibt es aber auch in vollkommen klassischer Sprache abgefasste Wandinschriften, die ebenfalls aus den letzten Jahren vor dem Vesuvausbruch stammen müssen. Die lateinische Sprache ist in Pompeji in einem weiten Spektrum fassbar.

In den Städten Kampaniens war auch das Griechische in regem Gebrauch und stand mit dem Latein in intensivem Austausch. Es kommt an den Wänden Pompejis häufig vor, ganz besonders in Eigennamen, auch wenn diese meist lateinisch geschrieben sind. In den ersten Jahrzehnten der Kaiserzeit waren zahllose Menschen aus dem Orient nach Italien gekommen und hatten der Lingua franca der östlichen Reichshälfte hier zu einer stärkeren Präsenz verholfen, als sie je zuvor gehabt hatte.

Und schließlich habe ich exempli gratia auch ein paar Inschriften in oskischer Sprache, die bis zum Bundesgenossenkrieg (91–89 v. Chr.) in der Gegend vorgeherrscht hatte, aufgeführt oder zitiert[4]. Diese – und einige höchstens unwesentlich jüngere lateinische Graffiti[5] – zeigen gleichzeitig, dass auch Inschriften ephemeren Inhalts auf Verputz ohne weiteres 170 Jahre lang Bestand haben konnten, bevor sie

4 Cf. #467 und #1407f.; einige weitere, meist noch ältere Inschriften sind über den Index p. 546f. («ImagItal») zu finden. Osk.-umbr. Text im betreffenden «Nationalalphabet» wird fett gedruckt (es gibt auch solchen in lat. und gr. Alphabet).

5 Cf. z.B. #110, #523 und wohl auch noch #1062–65.

vom Vesuv begraben wurden und seither vor Hitze und Nässe geschützt zwei Jahrtausende überdauert haben.

Das Datum der Vesuveruption war vor kurzem wieder einmal für Schlagzeilen gut. Das Jahr 79 n. Chr. steht zwar fest, über den Tag herrscht hingegen ein – schon jahrzehntelanger – Gelehrtenstreit[6]. Eine kurze Zusammenfassung der Fakten mag deshalb hier willkommen sein: Das übliche Datum des 24. August stammt aus dem ersten Vesuv-Brief des jüngeren Plinius an Tacitus (epist. 6.16.4). Die Lesart des wichtigsten Codex M, *nonum kal. septembres hora septima*, wird durch den Befund der anderen Handschriften und der frühen Drucke in keiner Weise in Frage gestellt und darf grundsolid genannt werden. Ein allfälliger Überlieferungsfehler müsste noch in der Spätantike passiert sein. In den Räumen aufgestellte Kohleheizungen und versteinerte Herbstfrüchte säten indes früh Zweifel an einem Datum im August. Andere beigebrachte Argumente dagegen haben sich als nicht stichhaltig erwiesen: Bisher in der Zerstörungszone gefundene Münzen des Titus sind nicht später als vom August[7]. Die 15. Akklamation des Titus wegen der Erfolge in Britannien (Cass. Dio 61.20.3) muss zwar nach dem 8. September, aber nicht unbedingt vor der Eruption des Vesuvs stattgefunden haben[8]. Die Zeitangabe für die Eruption bei Cass. Dio 61.21.1: *κατὰ τὸ αὐτὸ φθινόπωρον* ‘im gleichen Spätsommer / Herbst’, schließt eine Eruption Ende August, deren katastrophale Folgen die Menschen wochen-, ja monatelang in Atem hielten, keinesfalls aus. Das in einem Bauernhof verschlossen aufgefundene Wein-Dolium (eines von achtzehn)[9], ist ebenfalls ohne Belang, denn ein Wein, der etwas höheren Ansprüchen genügen sollte, wurde nach dem Keltern oft ein Jahr oder länger gelagert[10]. Und das am 16.10.2018 von Massimo

[6] Einen Überblick über die Diskussion gibt G. STEFANI in H. MELLER und J.-A. DICKMANN (Hrsg.), Pompeji – Nola – Herculaneum. Katastrophen am Vesuv (München 2011), p. 81–84.

[7] R. ABDY, The Numismatic Chronicle 173 (2013), p. 79–83.

[8] Zu den betreffenden Zeugnissen cf. R. ABDY, ibid.

[9] Cf. G. STEFANI, ibid.

[10] Cf. David L. THURMOND, From Vines to Wines in Classical Rome (Leiden etc. 2017), u.a. p. 182f.

Osanna vor der Presse bekanntgegebene Graffito *XVI k. Nov.* etc. ‘am 17. Oktober’, das mit Kohle an die Wand eines Atriums geschrieben wurde und keine Jahresangabe enthält, ist nur dann relevant, wenn bewiesen werden kann, dass die Wand im Jahre 79 dem Regen ausgesetzt war (das Haus sei im Umbau begriffen gewesen).

2. Aufbau dieses Buches

Ziel dieses Buches war es ursprünglich, die vor allem wegen ihrer sprachwissenschaftlichen Bemerkungen überaus nützliche, aber hoffnungslos veraltete und längst vergriffene **Editio minor** von Ernst Diehl in der Reihe «Kleine Texte für Vorlesungen und Übungen» (^{2}1930) zu ersetzen. Dabei ist eine ganz neue Sammlung entstanden, die ihr Vorbild aber da und dort noch erkennen lässt: Von Diehls Corpus sind alle aus Pompeji und Umgebung (v.a. Herculaneum) stammenden Inschriften aufgenommen, die wenigen Inschriften von anderen Orten dagegen weggelassen worden, zumal diese praktisch alle deutlich später als 79 n. Chr. zu datieren sind[11]. Viele Nummern sind jedoch dazugekommen, teils aus den neueren Faszikeln des Corpus Inscriptionum Latinarum (CIL), teils aus noch jüngeren Publikationen. So zählt die vorliegende Ausgabe statt 1067 relevanten Nummern bei Diehl nun deren 1535 (einschließlich sechs Nachzügler[12]), und auf mehrere hundert weitere Wandinschriften wird verwiesen.

Diehls **sprachwissenschaftliches Interesse** wurde beibehalten. Meistens konnte nun für sprachliche Besonderheiten auf das hervorragende Werk von Veikko Väänänen (^{3}1966) verwiesen werden, das Diehl noch nicht zur Verfügung stand. Daneben ist aber auch den

[11] Die 83 weggelassenen Diehl-Nummern sind: aus Neapel Di. 779; Puteoli 1027; Capua 508; Ostia 844–49, 866, 869, 986, 1034, 1060, 1083, 1085, 1088f., 1102; Rom 56, 215–39, 436, 565, 588f., 591, 601, 616, 690, 692, 696, 703, 800, 843, 858f., 1027a; Etrurien 1094; Sardinien 1078; Sizilien 1081, 1090; Ägypten 214a–c; sonstiges Afrika 1092f.; Iberien 1091, 1103, 1144; Gallien 1075, 1099; Britannien 1142f.; Belgica 997, 1095; Germanien 1147; Rätien 1146; Pannonien 509, 798. Einige sind zu Vergleichszwecken im Kommentar genannt.

[12] #358a, #436a, #938a, #971a, #1128a, #1236a.

sachlichen Aspekten, die bei Diehl fast nur in der inhaltlichen Gliederung der Kapitel zum Ausdruck kamen, deutlich mehr Raum gegeben worden. Entsprechend erhalten die meisten Inschriften einen kleinen Kommentar und werden mit anderen durch Querverweise verbunden (nur auf unmittelbar vorangehende oder nachfolgende Nummern wird meist nicht eigens verwiesen). Die inhaltliche Gliederung ist sogar leicht ausgebaut und durch Unterkapitel verdeutlicht worden. Inschriften bei Diehl, die ich so schlecht verstanden habe, dass ich keine inhaltliche Einordnung wagen wollte, sind in einem kurzen Anhang versammelt; neue solche Problemfälle habe ich fast keine aufgenommen.

Übersetzungen waren zunächst nicht vorgesehen. Das Büchlein sollte eine Studienhilfe sein und zum selbständigen Erarbeiten der Texte ermuntern. Als mir aber im Herbst 2018 der Verlag De Gruyter, dem ich mein Manuskript angeboten hatte, weil schon der «Diehl» dort erschienen war, seinerseits das Angebot machte, es in die Tusculum-Reihe aufzunehmen, habe ich mich mit Freude ans Übersetzen gemacht und auch kurze Einführungen in die Thematik der einzelnen Kapitel verfasst. (Wie üblich hat das Übersetzen auch mein eigenes Verständnis nicht weniger Inschriften noch verbessert und mich vor allem auch gezwungen, mich erst mit einem *sinnvollen Text*, und nicht schon mit einer epigraphisch möglichen Lesung zufrieden zu geben!) So ist der Band nun einerseits einem breiteren Interessentenkreis zugänglich, andererseits erfüllt er die für einen neuen «Diehl» vorgesehene Aufgabe einer Studienhilfe nicht weniger. Ja, es wird nun erst noch deutlicher, wo ich eine Inschrift anders verstehe als die Herausgeber der früheren mit Übersetzungen versehenen Ausgaben (die jeweils, wie mir scheint, vieles etwas vorschnell von ihren Vorgängern übernommen haben).

Wie immer beim Übersetzen aus den Alten Sprachen war manch ein Kompromiss einzugehen zwischen möglichst getreuer Wiedergabe der originalen Ausdrucksweise und der heute üblichen Sprache. Manchmal konnte ich nicht widerstehen, immer gleichen Text jedesmal etwas anders wiederzugeben. Für Textteile, die ich nicht übersetzen konnte oder die nie fertig geschrieben waren oder verloren gegangen sind, stehen stellvertretend drei Punkte: «...». An der Wand fehlende Textteile, die einigermaßen sicher rekonstruiert werden können, stehen in eckigen: «[ ]», deutsche Verständnishilfen in runden Klammern: «( )». Fragezeichen: «(?)» oder «?», mit Absicht nicht zu sparsam gesetzt, weisen auf Unsicherheiten im Verständnis hin, wozu im Kommentar jeweils Genaueres zu erfahren ist.

In der **Bibliographie** zu jeder Inschrift werden die maßgebliche Publikation (meist CIL IV) sowie die wichtigsten wissenschaftlichen und populären Ausgaben, in der die betreffende Inschrift vokommt, zitiert. Auch kunstgeschichtliche und philologische Literatur ist in bescheidenem Umfang angegeben.

Auf **Abbildungen** wurde hingegen weitgehend verzichtet (cf. unten 4). Wo solche überhaupt greifbar sind, werden sie in der Bibliographie aber signalisiert: Zeichnungen (die fast immer aus CIL stammen) sind mit °, Fotos mit * bezeichnet. Wo gar keine Abbildungen existieren – und das heißt leider in der Mehrzahl der Inschriften – gibt es im Falle unsicherer Lesungen keine Möglichkeit weiterzukommen. Die frustrierendsten Fälle sind die Inschriften, bei denen schon die Herausgeber des CIL zu keiner befriedigenden Lesung gekommen sind und ihre – notwendigerweise ungenügenden – Zeichnungen alles sind, worauf sich unser Bemühen um Verbesserung des Verständnisses heute stützen kann[13]. Da braucht es mehr Glück als Verstand, um vielleicht noch einen Schritt voranzukommen (cf. #411, #615, #920). Und dass nicht öfter brauchbare Fotos gemacht wurden (und werden), ist angesichts der akuten Gefährdung von Graffiti und Dipinti auf Verputz besonders bedauerlich[14]. Verdienstvoll sind vor diesem Hintergrund A. VARONES Bildbände von 2009 und 2012, in denen wenigstens einmal die alten Abbildungen versammelt sind – allerdings leider meist zu klein und zu grob gerastert reproduziert, so dass die Überprüfung schwieriger Textstellen aussichtslos ist (z.B. bei #746, #756). Es wäre nun an der

[13] Cf. etwa #47, #59, #397, #444, #735, #737f., #854, #943, #951, #1007, #1015, #1023, #1172, #1290, #1477 und #1504ff. passim.

[14] Ungenügend sind z.B. die Fotos von #462, #611, #969, #979, #1214; einigermaßen brauchbar z.B. diejenigen von #911, #1017, #1034.

Zeit, dass das Museum in Neapel und die Soprintendenz für Pompeji ihrer großen Verantwortung nachkommen und neue Fotos von den noch vorhandenen Inschriften erstens herstellen (das ging noch nie so leicht und gut und billig wie heute) und zweitens unverzüglich ins Netz stellen lassen! Es gibt noch unzählige Lesungen, die einer Verbesserung harren, und hunderte Forscheraugen sehen nun einmal mehr als zwei.

Der **Index** (p. 529ff.) enthält nicht nur die Inschriften, die in dieser Sammlung eine eigene Nummer erhalten haben, sondern auch diejenigen, die nur zitiert werden, ja sogar diejenigen, die in frühere populäre Ausgaben Eingang gefunden haben, aber hier nicht erwähnt werden. So ist Durchlässigkeit in beide Richtungen gewährleistet.

3. Grundlagen

Grundlegend für Text und Kommentar ist das **CIL**. Auf die Bände wird mit I², IV, VI, X, XIV usw. verwiesen, «CIL» wird dabei weggelassen. Für die Wandinschriften von Pompeji und Umgebung ist vor allem IV wichtig. Es gibt darin einerseits eingeschobene Nummern (z.B. IV 8997a), andererseits unterteilte (z.B. IV 7305.a–d), die letzteren sind hier zur besseren Unterscheidung durch Punkt markiert. Die vor längerer Zeit erschienenen Addenda und Corrigenda sind hier folgendermaßen abgekürzt: «add. A» (p. 189–225; cf. auch p. 272), «add. B» (p. 459–66), «add. C» (p. 696–732, davon Corrigenda p. 696, 704f., 724f.; cf. auch p. 790). Dankenswerterweise hatte mir H. SOLIN die von seinem Team zu den Nummern 1–7115 erarbeiteten neuen Addenda und Corrigenda in einer provisorischen Fassung (vom 10.1.2006) zur Verfügung gestellt. Das war eine nützliche Arbeitsgrundlage. Diejenigen zu den Dipinti (sogar bis IV 9986) sind inzwischen erschienen (Suppl. pars 4, Berlin 2011, hier «add. D»), diejenigen zu den Graffiti (bis IV 7115) stehen vor dem Abschluss, ich konnte sie in zwei neueren Fassungen (vom 4.8.2017 und 25.5.2018) noch einsehen (hier «add. E»).

Einige technische Bemerkungen zu Text und Kommentar: Der **Text** ist weitgehend nach den epigraphischen Empfehlungen von PANCIERA /

KRUMMREY (1980) gestaltet: *ạḅc̣* = aus dem Kontext restituierbare Buchstaben, *á é í ó ú* = Buchstaben mit Apex, *ì* = *i* longa, *î* = *i* infra longa, *+++* bzw. *++ c. 7 ++* = unklare Buchstabenreste, *[..]* bzw. *[- c. 9 -]* = zwei bzw. etwa neun fehlende Buchstaben, *[---]* = unsichere Anzahl fehlender Buchstaben, *[------]* = fehlende Zeile, ------ = eine oder mehrere fehlende Zeilen, *⟦ ⟧* = antike Tilgung, *\`abc´* = eingefügt (meist oberhalb), *{abc}* = überzählig geschrieben, *<abc>* = einzufügen (hier selten verwendet), *(abc)* = aus nachvollziehbaren Gründen nicht geschrieben, / = Zeilenwechsel, /[5] = Anfang der 5. Zeile, // = Kolumnenwechsel. Wenn das Ende einer Inschrift verloren ist, ist oft nicht überliefert, ob nur die laufende Zeile fortgesetzt war: *[---]*, oder ob eventuell noch Text auf weiteren Zeilen existiert hatte: ------, ja die Herausgeber haben es oft nicht einmal klargemacht, ob die Inschrift in der Antike unvollendet geblieben ist ([vac.]) oder ob ihr Schluss zerstört war, als sie sie aufnahmen.

Um den Text möglichst lesbar zu machen, bin ich ein paar Kompromisse eingegangen: Einerseits werden **fehlende Buchstaben** nicht schon im Text ergänzt, es wird also z.B. *Nype, ancla*, nicht *Ny(m)p(h)e, anc(il)la* geschrieben (#778). So bleibt der orthographische Charakter des Originaltextes sichtbar. Die entsprechende Standardschreibung wird jeweils im Kommentar gegeben. Bei sog. «Kurzschreibung», z.B. *Ptronius* (#440), wird ebenso verfahren[15]. Andererseits sind um der Lesbarkeit willen **Wortabstände** eingefügt; Scriptio continua ist nur gelegentlich, zum Beispiel bei Proklise oder unsicherem Wortende, mit Unterstrich kenntlich gemacht: *ob_merita* (#139), umgekehrt unnötige Worttrennung mit ^: *impe^ratoris* (#98). **Originale Interpunktion** ist weggelassen und durch Wortabstand ersetzt. **Moderne**

[15] Dieses Prinzip (engl. «abbreviated writing») besteht in der Auslassung des Vokals des betreffenden Buchstabennames. Es geschah u.a., wenn ungeübte Schreiber halblaut vor sich hin buchstabierten. Ich habe die Erscheinung sowohl für das Latein (in WACHTER (1987), p. 50f.), als auch für das Griechische (zuletzt in E. J. BAKKER Hg., A Companion to the Ancient Greek Language, 2010, p. 55) ausgeführt. Cf. hier #440, #444, #452, #590, #655, #713, #1118, #1121, #1273, #1324, unsicher #82, #448, #457, #781, #866, #1042, #1259, #1384.

Satzzeichen sollen die Texte noch leichter lesbar machen. **Prosa** ist linksbündig gesetzt, **Verse** sind eingerückt, wie bei DIEHL.

Die gängigsten **Abkürzungen** in den Inschriften werden nur in der Übersetzung aufgelöst, insbesondere Vornamen (v.a. *A., C., Cn., D., L., M., N., P., Q., S./Sex., Sp., T., Ti.*, auch *f., l., ser.* für *filius/filia, libertus/liberta, servus*), Datumsangaben (*a. d., pr., k., n./non., id., cos., imp.* und Monatsnamen, cf. Einf. Kap. 1) sowie *sal.* u.ä. (*salutem dicit*), *va./val.* (*vale, valete* usw.), *fel./felic.* (*feliciter*), *s.* (*semis*), *a.* (*as, asses, assibus* usw.), *a. a.* (*aeris as, aeris asses* etc. 'Bronze-As'), *IIS/HS* (*sestertius* = 4 As), *p.* (*pondo*), *scr.* (*scripsit*), Ӿ (*denarius* = 4 Sesterz). Andere häufige Abkürzungen, insbesondere in den Wahlempfehlungen (Kap. 3) und Ankündigungen von Gladiatorenspielen (sog. Edicta munerum, Kap. 4.1), werden jeweils beim ersten Auftreten **fett** markiert und aufgelöst, und dies gilt dann für den Rest des Kapitels.

Im **Vorspann** zu jeder Inschrift finden sich folgende Angaben: ihre hiesige **Nummer** (mit #), gefolgt von ♪, wenn ganz oder teilweise metrisch; dann **dip.** (dipinto), falls mit Pinsel gemalt (meist von «professionellen» Malern), sonst fast immer **graff.** (graffito), wovon die allermeisten geritzt, wenige mit Kohle, Kreide, Rötel, Tusche o.ä. gezeichnet und jedenfalls fast alle viel spontaner und kursiver im Charakter sind als die Dipinti. Dann folgt der **Fundort** nach dem üblichen Schema «regio, insula, ianua» (Regio, Häuserblock, Haustüre). In der jeweiligen Präzisierung wurde darauf geachtet, dass möglichst gut ersichtlich ist, ob eine Inschrift aus dem öffentlichen, halbprivaten oder privaten Raum stammt. Als **öffentliche** Orte (mindestens weitgehend) gelten Außenmauern aller Art, aber auch das Innere von öffentlichen Gebäuden, Tavernen oder Läden (*tabernae*), Gasthäusern mit Übernachtungsmöglichkeiten, Bordellen sowie die Eingangskorridore von Privathäusern. **Halbprivat** ist das Atrium von Privathäusern, **privat** sind Peristyl, Triclinium, Küchen, Treppen und – noch intimer – Zimmer oder Toiletten. «VIII 7,16–17» bedeutet dabei «Regio VIII, Insula 7, an der Außenmauer zwischen Haustür 16 und 17», meist kann die Stelle aber noch präziser gefasst werden: «I 8,17, rechts der Tür» (d.h. an der Außenmauer) oder «VI 3,20: Türpfosten links». Mit «Eingang», z.B. in «I 7,1: Eingang rechts», wird hier das bezeichnet, was im CIL sehr heterogen teils *aditus* (z.B. #831), teils *ostium* (z.B. #1525), teils *vestibulum* (z.B. #844, #979), teils *fauces* (z.B. #654), teils beides (z.B. IV 8178 vs. 8180) genannt wird, nämlich der kurze Eingangskorridor bis zur Schwelle zum Atrium; oft ist allerdings nicht mehr sicher zu eruieren, ob die Inschrift vor oder hinter der (nachts geschlossenen) Haustür stand. Inschriften mit Angaben wie «IX 5,14/16, Triclinium» schließlich stammen aus dem Hausinnern. Meistens wird nur die Haupttüre des Hauses angegeben, selten – wie im soeben angeführten Beispiel – zwei wichtige Türen. Die Basis der Lokalisierungen ist L. ESCHEBACHs Plan in add. D (Stand 2004).[16]

Dann folgt jeweils der **Text** der Inschrift, die **Übersetzung**, und anschließend, sofern erforderlich, Angaben zur **Metrik** (M) und **Epigraphik** (E), ein **allgemeiner Kommentar** (K) zur Sprache, Geschichte, Literatur und Sachkunde sowie die **Bibliographie** (B). Die arabischen Zahlen, mit denen auf Stellen im Text verwiesen wird, beziehen sich auf die Zeilen an der Wand. Dies gilt – mit wenigen Ausnahmen – auch bei metrischen Inschriften, wo die Zeilen- und die Verseinteilung längst nicht immer deckungsgleich sind.

Für **sprachliche Erscheinungen** wird, wie erwähnt, grundsätzlich auf das hervorragende Buch von Veikko VÄÄNÄNEN (^{3}1966) verwiesen (VÄÄ.). Im Kommentar wird jeweils die erwartete «klassische» Form angegeben. (Oft ist übrigens gar nicht leicht zu entscheiden, ob eine Form damals ein «Fehler» war oder bereits einigermaßen akzeptabel.) Nicht jedesmal auf VÄÄ. verwiesen wird bei den folgenden, besonders häufigen Erscheinungen:

- *(m)* am Wortende (besonders häufig: *salute*), cf. VÄÄ. p. 71ff.
- *(n)s*, cf. VÄÄ. p. 68f.
- *e* statt *ae* und umgekehrt, cf. VÄÄ. p. 18, 23ff.
- *i* statt *e* vor Vokal und umgekehrt, cf. VÄÄ. p. 36ff.
- *(h)* am Wortanfang sowie *p(h)*, *t(h)*, *c(h)*, cf. VÄÄ. p. 55–58.

[16] Das Amphitheater ist hier nach dem Plan als II 6 bezeichnet, nicht als II 4, wie in add. D (ad IV 1096–1134). Auch bei den Türen in VIII 6 gibt es eine Verschiebung. Das Skandalon, dass DCO. vielen Insulae im CIL falsche Nummern gegeben hat, sei hier nur erwähnt.

- *l(l), t(t)* usw., cf. VÄÄ. p. 58ff.
- *b* statt *v* und umgekehrt, cf. VÄÄ. p. 50ff.

Sonstige wissenschaftliche Werke, von denen zwar die meisten nur selten genannt werden, die es sich aber immer wieder zu konsultieren lohnt, sind SOLIN (2003) zu den griechischen Namen im Latein, ESCHEBACH (1993) zu den Gebäuden, ADAMS (1982) und GIROD (2013) zur Sexualität, MCGINN (2004) zur Prostitution, OPELT (1965) zu den Schimpfwörtern, CASTRÉN (1983), FRANKLIN (1980) und (2001), JONGMAN (1988), ŁOŚ (1992), MOURITSEN (1988) und CHIAVIA (2002) zur Gesellschaft, Politik und Prosopographie, FRANKLIN (1987) und LEPPIN (1992) zu den Schauspielern, SABBATINI TUMOLESI (1980) und JACOBELLI (2003) zu den Gladiatoren, hierzu und generell zu den Graffiti-Zeichnungen LANGNER (2001), ferner LASSÈRE (2005) zu epigraphischen und historischen Fragen, LIEBENAM (1900) zur Organisation der städtischen Verwaltung, COOLEY / COOLEY (2004) zu den weiteren Quellen, sowie selbstverständlich die unten (5 und 6) genannten wissenschaftlichen Standard-Grammatiken zum Lateinischen und Griechischen, die ganz unentbehrlich sind, wenn man sich um das richtige Verständnis von Texten, die in vielem von der Standardsprache abweichen, bemühen will. Schließlich sei hier noch das Verzeichnis SCHEFOLD (1957) erwähnt, über das man ältere Abbildungen von Wandgemälden findet.

4. Grammatik, Metrik und Buchstabenformen

Gängige **grammatikalische** Ausdrücke sind um der Kürze willen «neolateinisch» abgekürzt, z.B. nom. sg. fem. adj.

Die verwendeten **metrischen** Ausdrücke sind: da6 = daktylisch-spondeischer Hexameter; da5 = daktylisch-spondeischer Pentameter; dist. = elegisches Distichon (da6 + da5); hemiep. (*ἡμιεπές*) = ein halber da5 bzw. ein da6 bis zur Penthemimeres; ia6 = iambischer Senar; ia3 = iambischer Trimeter griechischer Bauart; tro7 = trochäischer Septenar (= «Versus quadratus»); IK = Iambenkürzung; init. = Anfang; fin. = Ende; fr. = Fragment. Zur Klärung der Skandierung wird zuweilen der Iktus-Vokal unterstrichen: *arma virumque*.

Wenn für eine Inschrift metrische Form angenommen wird, so deshalb, weil sie metrisch *ist*, nicht unbedingt aber, weil ich glaube, sie sei auch als metrisch intendiert gewesen. Die Unsicherheit, ob Zufall im Spiel war, gilt allerdings nur für den iambisch-trochäischen Rhythmus[17]. Der daktylisch-spondeische ist der lateinischen Sprache allzu fremd, als dass breitere Kreise beim Sprechen «aus Versehen» einen Hexameter oder ein Distichon produziert haben könnten (Ovid war da die Ausnahme, die die Regel bestätigt, cf. trist. 4.10.25f.). In diesem Fall ist somit praktisch immer Absicht anzunehmen (z.B. #318), auch bei Teilen von Versen. Aber auch wenn jemandem zufällig ein iambischer Senar «gelang», konnte ihm das ebensowenig – ja noch viel weniger – verborgen bleiben als uns, denn das Gespür für die Metrik war in der Bevölkerung weit verbreitet[18]. Auch ein solcher Text verdient somit unbedingt das Zeichen ♪. Und sobald ein Vers oder Versteil an den Wänden mehrfach auftritt, ist die metrische Form ohnehin unzweifelhaft. Viele Verse waren allerdings nicht von der den Stilus führenden Person gedichtet worden. Der Grund für die Häufigkeit metrischer Inschriften dürfte nämlich nicht so sehr darin gelegen haben, dass die Musen damals mehr Menschen küssten, als vielmehr darin, dass die damaligen Leute mehr Verse auswendig wussten als wir heutigen Westler. Sinnlose oder metrisch unkorrekte Passagen in Versen, die sonst nirgends mehr erhalten sind[19], sind somit plausibler als falsche Zitate aus unbekannter Quelle denn als schlechte Stegreifdichtung zu deuten.

Zu den **Buchstabenformen** vgl. die große Tafel I im CIL IV mit der Besprechung p. 266f. Wir beschränken uns hier anhand von Abbildungen einiger weniger Inschriften auf die wichtigsten Erscheinungen (cf. die untenstehende Tabelle). Für Graffiti wurde vor allem Kursivschrift

[17] Cf. hierzu SPAL (2016), p. 10f.

[18] SPAL zitiert ibid. p. 7 n. 22 Cic. orat. 173 und weitere Cicero-Stellen, die dies belegen.

[19] #1 (*-εια*), #33 (*friat*), #614 (ab *virtutis*, schon vorher falsch zitiert), #718 (*omnes*), #913 (*tu vedes acuam*), #931 (zu kurz), #1044ff. (*hora*), #1057 (4 sollte ein da5 sein), #1068 (*obiurgat*), #1084 (*et non vis*; fehlendes *mutua*), #1261 (*deinde redei*); ferner wohl auch #613, #1060, #1089, #1226, #1253, #1474.

verwendet. In der vorliegenden Ausgabe sind aber nur spezielle Formen von *e*, *f* und *m* ausdrücklich als «kursiv» ausgewiesen. Das *e* besteht in diesen Fällen aus zwei gleich langen parallelen Strichen. Das *f* zeigt einen langen und einen kurzen, hochgestellten Strich, der im Prinzip ebenfalls parallel steht, oft aber auch nach links geneigt ist und die Spitze des ersten Strichs fast oder ganz berührt. Diese kursiven *e* und *f* hatten damals schon eine lange Tradition (cf. z.B. I[2] 2845f., Lavinium, Ende 4. Jh. v. Chr., ImagItal Marruvium-2, Mitte 3. Jh. v. Chr.). Das kursive *m* ist jünger. Es besteht aus vier senkrechten Strichen, von denen der erste meist nach unten, selten nach oben verlängert ist und die andern drei sich zunehmend nach links neigen.

Dies lässt sich aus den beigegebenen Abbildungen gut ersehen: Die Alphabetübung IV 9272 (Abb. 7, vor #1393.a), in eher unsorgfältiger Schrift, zeigt die typischen Buchstabenformen, im erwähnten Sinne kursiv ist aber nur *e*. Das Graffito #488 (Abb. 3) ist äußerst schwungvoll und mit großen Unterlängen geschrieben, *f* ist kursiv, *e* dagegen zeigt immer den horizontalen Mittelstrich, besteht aber zum Teil auch nur noch aus zwei Strichen, das *h* tendiert schon zur Minuskel «h», und besonders nachlässig ist das *o*, das seinem «Nachbarn» *p* gefährlich nahe kommt. Wie man das normale *e* oft auf zwei Striche reduzierte (nach Art des gr. Epsilon), machte man das auch mit anderen Buchstaben, vor allem *b* und *r*. Oder man ließ kleine Striche einfach weg, etwa beim *a*. Das Gedicht #1062 (Abb. 6) zeigt eine Handschrift, in der die Buchstaben besonders stark in Einzelstriche zerfallen. In #982 (Abb. 5) und #1479 (Abb. 8) finden sich typische kursive *m*.

In #747 (Abb. 4), mit eleganten Ober- und Unterlängen, sind die Serife bemerkenswert (nur oben), die sonst vor allem ein Merkmal der gepflegten Buchschrift sind. Diese wird in den Dipinti mit dem Pinsel imitiert, meist in enger und platzsparender Form wie in der Wahlpropagandainschrift #128 (Abb. 1), aber auch in anderen Textsorten (cf. #33, #906, #1117). Noch «luxuriöser» ist die Monumentalschrift, wie wir sie von «offiziellen» Steininschriften kennen. Auch sie wurde zuweilen mit dem Pinsel imitiert, vor allem in der Hauptzeile besonders pompöser Dipinti (so z.B. in #379.a, etwas geschwungener in #368.a).

Exempli gratia sind auch eine oskische und eine griechische Inschrift abgebildet. Die oskische ist ein Dipinto (ImagItal Pompei-2, Abb. 2, vor #467 mit fast demselben Text); cf. dazu auch die Alphabete #1407f. Die oskischen gehören zu den ältesten pompejanischen Wandinschriften. Dagegen zeigt das Beispiel eines griechischen Graffitos (#1496, Abb. 9), wie ähnlich im Charakter die lateinische und griechische Kursive einander damals waren. Dies gilt noch mehr für die Monumentalschrift und die Buchschrift.

Eine kleine Tabelle mit den in den Graffiti Abb. 3–8 vorkommenden Buchstaben mag die obigen Ausführungen veranschaulichen:

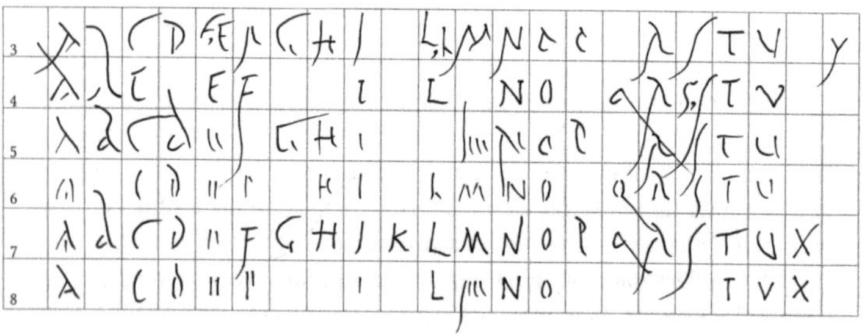

5. Abkürzungen

N.b.: Im Kommentar kommen weitere Autorennamen (ausgeschrieben und ohne Jahreszahl) vor. Diese stammen jeweils aus der Bibliographie der Inschrift oder aus dem CIL IV ad loc. (inkl. add. A–E).

I², IV, VI, X etc.	CIL I², IV, VI, X etc., no.
IV add. A	CIL IV, ed. C. ZANGEMEISTER, Berlin 1871, p. 189–225 (und p. 272)
IV add. B	CIL IV, Suppl., pars 2, ed. A. MAU, Berlin 1909, p. 459–66
IV add. C	ibid. p. 696–732 (und p. 790)
IV add. D	CIL IV, Suppl., pars 4, ed. V. WEBER et al., Berlin 2011
IV add. E	CIL IV, Suppl., pars 5, ed. H. SOLIN, Berlin (im Druck)
AD.	ADAMS (1982), p.

AE	L'Année épigraphique
Bü.	Bücheler (meist in CLE)
CIL	Corpus Inscriptionum Latinarum (Berlin), cf. oben.
CLE	Bücheler / Lommatsch (1895, 1926), no.
Co.	Courtney (1995), no.
CollEp	Solin (2017), no.
dCo.	Matteo della Corte (in CIL IV, Suppl., pars 3, fasc. 1–4, Berlin 1952–70)
Di.	Diehl (1930), no.
Di. tab.:	Diehl (1912), p.
E.–M.	Ernout / Meillet (1985)
Ge.	Geist (1960), no.
Gi.	Gigante (1979), p.
H.–Sz.	Hofmann / Szantyr (1963)
Hu.	Hunink (2014), no.
ImDip	Varone (2009), p.
ImGr	Varone (2012), p.
ImagItal	Crawford (2011), no.
K.–G.	Kühner / Gerth (1898–1904)
K.–St.	Kühner / Stegmann (1912–14)
Kr.	Krenkel (1963), p.
La.	Langner (2001), no.
Leum.	Leumann (1977)
LGPN	Fraser, Peter M. et al. (Hg.), A Lexicon of Greek Personal Names (Oxford 1987–)
LIMC DB	Lexicon iconographicum mythologiae classicae, Datenbank (http://www.limc.ch/public/Default.aspx), no.
Lo.	Lommatzsch (in CLE, ab no. 1859)
LSJ	Liddell, Henry G., Scott, Robert, Jones, H. Stuart, A Greek-English Lexicon, 9th edn., with a revised Suppl. (Oxford 1996)
Mo.	Moreau (1993), no.
Mau	August Mau (in CIL IV, Suppl., pars 2, 1909)
Mom.	Theodor Mommsen (in CIL IV zitiert)
NSc.	Notizie degli scavi di antichità
OLD	Glare, Peter W.G. (Hg.), Oxford Latin Dictionary (Oxford [1]1982, [2]2012)

SOLIN	Heikki SOLIN (u.a. in add. E)
SP.	SPAL (2016), no.
ThLL	Thesaurus linguae Latinae (ed. Bayerische Akademie der Wissenschaften, München 1900–)
VÄÄ.	VÄÄNÄNEN (1966)
VA.	VARONE (1994), p.
WE.	WEEBER (2003), no.
WICK	Friedrich Karl WICK (in CIL IV zitiert)
ZA.	Karl ZANGEMEISTER (meist in CIL IV, 1871).

6. Bibliographie

ADAMS, James N. (1982), The Latin Sexual Vocabulary (London).

BLUM, Cécile (2002), Fresques de la vie quotidienne à inscriptions peintes en Campanie (Paris).

BÜCHELER, Franz / LOMMATZSCH, Ernst (1895, 1926), Carmina Latina epigraphica (Leipzig). (CLE; BÜ., LO.)

CASTRÉN, Paavo (1970), Graffiti del Palatino: II. Domus Tiberiana (Acta Instituti Romani Finlandiae, 4; Rom).

--- (1983), Ordo Populusque Pompeianus: Polity and Society in Roman Pompeii (Acta Instituti Romani Finlandiae, 8; 2. Aufl., Rom). (1. Aufl. 1975.)

CHIAVIA, Catherine (2002), Programmata: manifesti elettorali nella colonia romana di Pompei (Torino).

COARELLI, Filippo (2002), Pompei: la vita ritrovata (Udine). (Dt. Übers. München 2002.)

COOLEY, Alison E. / COOLEY, Melvin G. L. (2014), Pompeii and Herculaneum: a Sourcebook (London). (1. Aufl. 2004.)

COURTNEY, Edward (1995), Musa Lapidaria, A Selection of Latin Verse Inscriptions (Atlanta, Georgia). (CO.)

CRAWFORD, Michael H. *et al.* (2011), Imagines Italicae (3 Bde., BICS Suppl., 110; London). (ImagItal)

DIEHL, Ernst (1912), Inscriptiones latinae (Tabulae in usum scholarum, 4; Bonn). (DI. tab.)

--- (1930), Pompeianische Wandinschriften und Verwandtes (2. Aufl.; Texte für Vorlesungen und Übungen, 56; Berlin). (1. Aufl. 1910.) (DI.)

DORNSEIFF, Franz (1922), Das Alphabet in Mystik und Magie (Leipzig).

ERNOUT, Alfred / MEILLET, Antoine ([4]1985), Dictionnaire étymologique de la langue latine: histoire des mots (Paris).

ESCHEBACH, Liselotte (Hg.) (1993), Gebäudeverzeichnis und Stadtplan der antiken Stadt Pompeji (Köln).

FRANKLIN, James Lee Jr. (1980), Pompeii: The Electoral Programmata, Campaigns and Politics, A.D. 71–79 (Rome).

--- (1987), «Pantomimists at Pompeii: Actius Anicetus and his troupe», AJPh 108, p. 95–107.

--- (2001), Pompeis difficile est: Studies in the political life of imperial Pompeii (Ann Arbor).

FRÖHLICH, Thomas (1991), Lararien- und Fassadenbilder in den Vesuvstädten (Mainz).

GEIST, Hieronymus (1960), Pompejanische Wandinschriften (2. Aufl. unter Mitarbeit von W. Krenkel; München). (1. Aufl. 1936.) (GE., zitiert nach Kapitel [A–I] und no.)

GIGANTE, Marcello (1979), Civiltà delle forme letterarie nell'antica Pompei (Napoli). (GI.)

GIROD, Virginie (2013), Les femmes et le sexe dans la Rome antique (Paris).

HOFMANN, Johann Baptist / SZANTYR, Anton (1963), Lateinische Syntax und Stilistik (2. Aufl., München). (H.–SZ.)

HUNINK, Vincent (2014), Oh Happy Place! Pompeii in 1000 graffiti (rev. and enlarged edn., Sant'Oreste). (1. Aufl. «Glücklich ist dieser Ort!», Reclams Universal-Bibl. 18842, Stuttgart 2011; 2. Aufl. «Felice è questo luogo», Sant' Oreste 2013.) (HU.)

JACOBELLI, Luciana (2003), Gladiatori a Pompei: Protagonisti, Luoghi, Immagini (Roma).

JONGMAN, Willem (1988), The economy and society of Pompeii (Amsterdam).

KRENKEL, Werner (1963), Pompejanische Inschriften (Heidelberg) (1. Aufl. Leipzig 1961). (KR.)

KÜHNER, Raphael / GERTH, Bernhard (1898–1904), Ausführliche Grammatik der griechischen Sprache. Satzlehre: Bd. 2.1–2 (3. Aufl., Hannover). (K.–G.)

KÜHNER, Raphael / STEGMANN, Carl (1912–14), Ausführliche Grammatik der lateinischen Sprache. Satzlehre: Bd. 2.1–2 (2. Aufl., Hannover). (K.–St.)

LANGNER, Martin (2001), Antike Graffitizeichnungen: Motive, Gestaltung und Bedeutung (mit CD) (Palilia, 11; Wiesbaden). (LA.)

LASSÈRE, Jean-Marie (2005): Manuel d'épigraphie romaine (2 Bde., Paris).

LEPPIN, Hartmut (1992), Histrionen: Untersuchungen zur sozialen Stellung von Bühnenkünstlern im Westen des Römischen Reiches zur Zeit der Republik und des Principats (Bonn).

LEUMANN, Manu (1977), Lateinische Laut- und Formenlehre (2. Aufl., München). (LEUM.)

LIEBENAM, Wilhelm (1900), Städteverwaltung im römischen Kaiserreiche (Leipzig).

ŁOŚ, Andrzej (1992), «Quibus patet curia municipalis. Remarques sur la structure de la classe dirigeante de Pompéi», Cahiers du Centre Gustave Glotz, 3, p. 259–97.

MCGINN, Thomas A. J. (2004), The Economy of Prostitution in the Roman World: A Study of Social History and the Brothel (Michigan).

MILNOR, Kristina (2014), Graffiti and the Literary Landscape in Roman Pompeii (Oxford).

MOREAU, Philippe (1993), Sur les murs de Pompéi: cent-vingt-trois inscriptions lapidaires et pariétales de Pompéi (Paris). (MO.)

MOURITSEN, Henrik (1988), Elections, magistrates and municipal élite: studies in Pompeian epigraphy (Rom).

OPELT, Ilona (1965), Die lateinischen Schimpfwörter und verwandte sprachliche Erscheinungen (Heidelberg).

PANCIERA, Silvio / KRUMMREY, Hans (1980), «Criteri di edizione e segni diacritici», Tituli 2, p. 205–15.

SABBATINI TUMOLESI, Patrizia (1980), Gladiatorum paria: annunci di spettacoli gladiatorii a Pompei (Roma).

SCHEFOLD, Karl (1957), Die Wände Pompejis: topographisches Verzeichnis der Bildmotive (Berlin).

SOLIN, Heikki (1975), «Die Wandinschriften im sog. Haus des M. Fabius Rufus», in: B. Andreae und H. Kyrieleis (Hg.), Neue Forschungen in Pompeii und den anderen vom Vesuvsausbruch 79 n. Chr. verschütteten Städten (Recklinghausen), p. 243–72.

--- (2003), Die griechischen Personennamen in Rom (2. Aufl., 3 Bde.; Berlin).

--- (2012), «On the use of Greek in Campania», in: M. Leiwo et al. (Hg.), Variation and Change in Greek and Latin (Helsinki), p. 97–114.

--- (2012a), «Le latiniste Veikko Väänänen», in: J. Härmä (Hg.), Veikko Väänänen, latiniste et romaniste: un bilan (Helsinki), p. 9–67.

--- (2013), «Zu pompejanischen Wandinschriften», in: W. Eck. et al. (Hg.), Studia epigraphica in memoriam Géza Alföldy (Antiquitas, Reihe 1 Bd. 61; Bonn), p. 327–50.

--- (2014), «Graffiti aus Pompeji: Bemerkungen zu einer neuen Veröffentlichung», Gymnasium 121, p. 91–105.

--- (2017), «Iscrizioni parietali di Pompei», in: C. Capaldi et al. (Hg.), Museo archeologico nazionale di Napoli: la collezione epigrafica (Milano), p. 246–75.

SPAL, Andreas (2016), Poesie – Erotik – Witz. Humorvoll-spöttische Versinschriften zu Liebe und Körperlichkeit in Pompeji und Umgebung (Berlin). (SP.)

VÄÄNÄNEN, Veikko (1966), Le latin vulgaire des inscriptions pompéiennes (3e éd. augm.; Berlin). (2e éd. 1959.) (VÄÄ.)

--- (1981), Introduction au latin vulgaire (3e éd. rev. et augm.; Paris).

VARONE, Antonio (1994), Erotica pompeiana: iscrizioni d'amore sui muri di Pompei (Studia archaeologica, 71; Roma). (Engl. Übers.: ibid. vol. 116, 2002.) (VA.)

--- (Hg.) (2009), Titulorum pictorum pompeianorum qui in C.I.L. vol. IV collecti sunt imagines (Rom). (ImDip)

--- (Hg.) (2012), Titulorum graphio exaratorum qui in C.I.L. vol. IV collecti sunt imagines (2 Bde., Rom). (ImGr)

WACHTER, Rudolf (1987), Altlateinische Inschriften. Sprachliche und epigraphische Untersuchungen zu den Dokumenten bis etwa 150 v. Chr. (Bern etc.).

--- (1998), «'Oral Poetry' in ungewohntem Kontext: Hinweise auf mündliche Dichtungstechnik in den pompejanischen Wandinschriften», ZPE 121, p. 73–89.

--- (2013), «Die Entstehung der lateinischen Orthographie im 3. bis. 1. Jh. v. Chr.», in: F. Biddau (Hg.), Die geheimen Mächte hinter der Rechtschreibung (Frankfurt a.M. usw.), p. 13–33.

WEEBER, Karl-Wilhelm (2003), Decius war hier ... Das Beste aus der römischen Graffiti-Szene (3. Aufl., Düsseldorf). (1. Aufl. 1996.) (WE.)

1. GÖTTER UND HEROEN

Schon die Sammlung von Diehl begann mit Göttern und Heroen, und auch unser erstes Kapitel vereint verschiedene religiöse und mythologische Themen, die ihre Allgegenwart im römischen Alltag sichtbar werden lassen: zuerst diverse Götter – außer die Haus- und Glücksgötter, die an den Anfang von Kap. 9, und Amor und Venus, die an den Anfang von Kap. 10 verlegt wurden[20] (auf die Planetengötter kommen wir gleich zurück). Dann der Mythos (#18ff.), insbesondere Beischriften zu Wandgemälden mythologischen Inhalts. Drittens Diverses zu Opfern, Weihungen, Vorzeichen und Himmelserscheinungen (#36ff.). Viertens ein paar Hinweise auf Feste (#42ff.). Und schließlich fünftens Datumsangaben, Tabellen und kurze Listen, die Einblick in das Kalenderwesen geben, einerseits in den traditionellen römischen Kalender (cf. auch Kap. 4), anderseits in die aus dem Orient stammende Wocheneinteilung mit den noch heute gebräuchlichen, nach Sonne, Mond und den damals bekannten Planeten bzw. den betreffenden Gottheiten benannten Wochentagen, die im 1. Jahrhundert n. Chr. offenbar auch im Westteil des Reichs schon in regem Gebrauch war und unter anderem zur Bezeichnung der Markttage diente (#45–66).

Hier mag eine «Gebrauchsanweisung» für den traditionellen römischen Kalender willkommen sein. Die Fixpunkte jedes Monats sind die Festtage *kalendae* (der 1. des Monats), *nōnae* (normalerweise der 5. des Monats, aber im März, Mai, Juli und Oktober – den sog. M-IL-M-O-Monaten – der 7.) und *īdūs* (normalerweise der 13., in den MILMO-Monaten der 15.). Von einem Tag wird bestimmt, der wievielte vor dem nächsten dieser Festtage er ist. Letzterer wird mitgezählt. Seit der Einführung des julianischen Kalenders 45 v. Chr. hatten die Monate dieselbe Anzahl Tage wie heute. So lautet beispielsweise 'am 25. September' wörtlich 'am 7. Tag vor den Kalenden des Oktober', also *ante*

[20] Zu Venus cf. überdies #88, #109, #114 etc., #430, #451, #902, #1425.

diem septimum kalendās Octōbrēs[21]. Oder 'am 6. März' lautet wörtlich 'am Vortag der Nonen des März', also *prīdiē nōnās Mārtiās*, 'am 14. März' *prīdiē īdūs Mārtiās* und 'am 31. März' *prīdiē kalendās Aprīlēs*[22]. Oder 'am 1., 5., bzw. 13. Dezember' lautet 'an den Kalenden bzw. Nonen bzw. Iden des Dezember', also *kalendīs* bzw. *nōnīs* bzw. *īdibus Decembribus.* Die Monatsnamen sind attributive Adjektive zu den Festnamen. Abweichende Formeln sind selten (cf. #62, #374, #737f.).

Das Jahr wird nach den beiden amtierenden Konsuln benannt (im absoluten Ablativ), z.B. #342 *C. Caesare, M. Lepido cos.*, vollständig: *Gaio Iulio Caesare et Marco Aemilio Lepido consulibus* 'als Gaius Iulius Caesar und Marcus Aemilius Lepidus Konsuln waren'.

1.1. Diverse Götter

#1 ♪ graff. VIII 6,5: Zimmer beim Atrium.

Λατογένεια Ἑκάτα.

Die von Leto geborene Hekate.

M hemiep. (-*γένει*'; die Vorlage hatte aber vielleicht -*γενῆς*).

K Artemis-Hekate, evt. aus hellenistischer Poesie, cf. Aisch. Th. 148 *Λατογένεια* und Suppl. 676 *Ἄρτεμιν δ' Ἑκάταν*, der Synkretismus ist nicht ohne das epische Artemis- und Apollon-Epitheton *ἑκατηβόλος / ἑκηβόλος* erklärbar.

B IV 4949 m. add. E; DI. 9; GI. 47.

#2 dip. VI 15,27: links der Tür, nahe der Hausecke.

Bacche.

Bacchus! *Oder:* Bacche.

K voc. masc. oder nom./dat. fem.; könnte aber auch einen Mann (cf. z.B. VI 27167, XI 1147) oder eine Frau (cf. z.B. VI 10537) meinen.

B IV 3508 m. add. D; DI. 4.

[21] Der formelhafte Anfang *ante diem* (abgekürzt *a. d.*) wird oft weggelassen, seine Syntax ist ohnehin nicht mehr richtig verständlich. Zahlen, Monate und Festtage werden fast immer abgekürzt.

[22] *ante diem secundum* 'am zweiten Tag (vor ...)' wird nicht verwendet.

#3 ♪ graff. II 7 (Palaestra).

matris Eḷesina vac.?

Der eleusinischen Mutter.

M Evt. da6 init.
E *e* kurs., alles durchgestrichen; am Ende unfertig?
K *Eleusinae*, gen.; gemeint ist *Ceres*, gr. Demeter, cf. Verg. georg. 1.163 *tardaque Eleusinae matris volventia plaustra.*
B IV 8560°; HU. 186°; GI. 168.

#4 ♪ graff. II 7 (Palaestra).

matris | Heleusinae.

Der eleusinischen Mutter.

M Evt. da6 init.
K 2 *Eleusinae.*
B IV 8610; ImGr. 140°, (526); HU. 186; GI. 168.

#5 dip. Herc.: genauer Fundort unbekannt.

Genius | huius_loci | montis.

Der Genius dieses Ortes am Berg.

K Zu einem Gemälde: Harpokrates (Horuskind) mit Rundaltar und Schlange. — 3 Gemeint ist zweifellos der Vesuv, BLUM.
B IV 1176 m. add. ABD; ImDip. (527), 529.7°; DI. 8; FRÖHLICH (1991), tab. 13.2*; BLUM (2002), p. 52°f., 55, no. 52; LIMC DB 285.

#6 ♪ graff. V 2,15: rechts der Tür.

Εἰσι^τύχη σώζουσα.

Die rettende Isityche.

M da6 init.
K Links davon die Abbildung einer menschlichen Figur. — 1 Cf. XIV 2867 *statuam ... Isityches*, dazu A.W. VAN BUREN, AJPh 47 (1926), p. 179; *σώζουσα* cf. auch #1037, es ist Epitheton von Isis in P.Oxy. XI 1380.76, add. E.
B IV 4138 m. add. E; DI. 24; HU. 309; GI. 46f.; LA. 690.

#7 graff. IX 5,11: Küche.

optume maxime | Iupiter, domus omnipotes. | Acratus servo nequa.

Bester und größter Iuppiter, allmächtiger Herr! Acratus (ist) ein unfähiger Sklave!

E *e* kurs. außer den je ersten in 1 und 2, cf. #1236a.
K 2 Für *domnus*, d.h. *dominus*, cf. #822, VÄÄ. p. 43; nom. als Apposition zu einem voc., cf. #482, #1144, wohl auch #1350, sowie VÄÄ. p. 115, H.–Sz. p. 25. — 3 *servus nequam* (in frappantem Kontrast zu *dominus omnipotens*), cf. #776, zu *-vo* für *-vus* cf. VÄÄ. p. 29 und 80 (α).
B IV 6864 m. add. E; Di. 13; Ge. E-37; We. 329; Hu. 872.

#8 graff. VII 6,33–34 (zwischen zwei Tabernae).

Lib vac. *| Liber.*

Liber (der Weingott).

E 1 Erster Versuch frühzeitig abgebrochen.
K Zu einem auf einem Pfeiler gemalten Bacchus.
B IV 1626° m. add. E; Di. 16; Fröhlich (1991), p. 327.

#9 graff. VIII 1,1 (Basilica).

Lupercus.

Lupercus.

K Faunus, einer seiner Priester oder aber ein Männername, cf. #42, #580.
B IV 1849° m. add. E; ImGr. 362*; Di. 39.

#10 graff. VII 6,35: links der Tür, evt. um die Ecke (oder im Innern?).

Mars.

Mars.

E Seit langem nicht mehr lesbar.
K Fundort unklar, evt. bei einem Lararium oder über der Ritzzeichnung eines Retiarius.
B IV 1644 m. add. E; ImGr. 310*; Di. 17; Hu. 554; La. 829°.

#11 ♪ graff. V 1,7: Raum beim Peristyl.

accipe Mars vetors.

Nimm (dies) an, wahnwitziger Mars!
(*Oder:* Nimm dies wahnwitzige Geschenk an, Mars!)

M hemiep.
e Obwohl *t* nach MAU eindeutig gelesen ist, muss *vecors* gemeint sein, denn -*t*- ist unerklärbar; zur Ähnlichkeit von T und C cf. z.B. Abb. 4 (#747).
K Cf. Sil. 5.627 *belli vecordia.*
B IV 4016 m. add. E; DI. 18.

#12 ♪ graff. VIII 2,28: Raum beim Eingang.

θεοδόμητε μαπατρα |
αἰθερίαι πτέρυγες Δολίου.

Von Göttern gebautes ...!
Die luftigen Schwingen des Listenreichen.

M 2 da6 init. (ab *αἰθερίαι*).
E 1 *μαπατρα* MAU auf einer (unpubl.) Zeichnung in Berlin, cf. add. E.
K 1 Üblich ist *θεόδμητος*, voc.; *μαπατρα* ist unklar. – 2 *Δόλιος* (scil. Hermes-Mercurius), SOLIN (2012), p. 104 n. 36.
B IV 4887 m. add. E; DI. 777; GI. 47.

#13 ♪ dip. IX 5,14/16: Triclinium.

Melpom|ene, ex | Musis una.

Melpomene, eine der Musen.

M ia6 init. oder da5 bzw. da6 init.
K Gemälde einer Muse, geschrieben auf einer Buchrolle in ihren Händen.
B IV 3695 m. add. D; DI. 19; HU. 874.

#14 graff. Villa dei Misteri: Peristyl.

[---? s]al., Musa, val., oro vos.

..., sei gegrüßt, Muse, leb wohl! Ich bitte euch.

K *salve, vale*; oder evt. pl. *salvete, Musa(e), valete*? Inhaltlich unklar.
B IV 9210; DI. 975.

#15 graff. I 10,4: links der Tür.

a *Neptunus.* — **b** *Netunus.* — **c** *Netq.*

a–c Neptun.

E **a–c** *e* kurs.
K **a–b** Neben der Ritzzeichnung eines Kranzes (cf. LANGNER p. 35 n. 185). — **b** *Neptunus*, cf. #440 -*(c)t*- und VÄÄ. p. 63. — **c** Wohl misslungene Kopie.
B IV 8289.a–c; DI. 833.

#16 graff. I 7,1: Peristyl.

Roma felix.

Glückliches Rom!

K Über der Ritzzeichnung eines Männerkopfes. — Cf. z.B. Lucan. 4.807, 6.301, Stat. silv. 3.3.51, 4.1.36, ferner hadrianische und andere Münzlegenden, etc.; hier evt. ironisch, cf. #1073 und Prop. 2.32.43.
B IV 8119°; DI. 857; WE. 559°; HU. 42°; GI. 174 n. 90; LA. 413°.

#17 ♪ graff. VI 14,20: Triclinium.

ruris incolae, | Telluris vac.?

Bewohner des Landes (und?) der Erde.

M Wohl tro7 init., SOLIN (2014), p. 100.
E *e* kurs. — 2 Wohl unfertig.
K Evt. religiöser Kontext, cf. die Weihinschrift AE 1998, no. 279 *Silvane, ruris incola* (ia6, 3. Jh.).
B IV 4520 m. add. E; HU. 429.

1.2. Mythos, mythologische Bilder

#18 graff. IX 3,5: Peristyl.

labyrinthus, | hic habitat | Min^otaurus.

Labyrinth, hier wohnt der Minotaurus.

K Zu einer Ritzzeichnung des Labyrinths. — 2 Cf. #503.
B IV 2331° m. add. AE; ImGr. 426*; DI. 53; GE. H-4; KR. 36°; WE. 268°; HU. 857°; LA. 150°.

#19 dip. I 10,4: Eingang zum Bad.

a *Πασιφάη.* – **b** *ἐπιθυμία.* – **c** *Δαίδαλ[ος].* – **d** *Ἀ[φρο]δε[ίτη].* – **e** *Μειν[ώ]ταυρος.* – **f** *[Θ]ησεύς.* – **g** *[λαβύ]ρινθος.* – **h** *[---]γην [---]* – **i** *γονεῖς.*

a Pasiphae. – **b** Wollust. – **c** Daidalos. – **d** Aphrodite. – **e** Minotauros. – **f** Theseus. – **g** Labyrinth. – **h** ... – **i** Eltern.

K **a–i** Beischriften auf einem Gemälde. – **d** *Ἀφροδίτη.* – **e** *Μινώταυρος.* – **g** *Πέρινθος / Κόρινθος* MAIURI, VARONE in ImDip, *[λαβύ]ρινθος* BINSFELD, nur die letztere Ergänzung ist plausibel. – **h** unklar. – **i** Evt. *[οἱ] γονεῖς* MAIURI.

B IV 7352.a–i m. add. D; ImDip. 126–29*°; GI. 46; LIMC DB 17510.

#20 graff. VII 1,8 (Stabianer Thermen).

Gorgonus.

(Bild?) der Gorgo.

K Zu den Ritzzeichnungen eines Tieres und zweier Köpfe, einer davon behelmt. – Gen. sg. *-us*, cf. #1318 und VÄÄ. p. 84, hier wohl gr. beeinflusst.

B IV 2089 m. add. E; DI. 387; LA. 576, 974°, 1577.

#21 dip. VIII 2, Haus unklar: auf Marmortafel.

Andro|medạ.

Andromeda.

B IV 6687° m. add. D; DI. 50.

#22 graff. I 4,22: Türpfosten rechts.

Ἀταλάντη.

Atalante.

K Evt. Frauenname?

B IV 2411 m. add. E; DI. 51.

#23 graff. V 1,18: Tablinum.

Pelias, | Alcestis.

Pelias, Alkestis

K Im selben Haus wurde ein Gemälde mit Admet und Alkestis gefunden.
B IV 4042 m. add. E; DI. 49; GI. 126.

#24 dip. IX 12,1: Esszimmer.

a *Cryses.* – **b** *Belerofontes.* – **c** *Peg[asus].*

a Chryses. – **b** Bellerophontes. – **c** Pegasos.

K Beischriften auf einem Gemälde des Bellerophon-Mythos. – **a** Chryses passt nicht in die Szene, erwartet ist vielmehr Proitos, DCO. Hat vielleicht die Ähnlichkeit des Namens Akrisios (Zwillingsbruder von Proitos) zu einer Verwechslung geführt? – **b** *Bellerophontes*, cf. VÄÄ. p. 57.
B IV 7894.a–c m. add. D; ImDip. 447*; HU. 944.

#25 graff. V 1,18: Seitenraum beim Peristyl.

hic iudices.

Hier sollst du urteilen!

K Zu einem Gemälde des Parisurteils. – Evt. Worte des Merkur zu Paris, wohl Verbum im conj. praes., nicht subst.
B IV 4050 m. add. E; DI. 54; LIMC DB 3659 (ohne Erwähnung des Parisurteils).

#26 dip. II 2,2: Biclinium h.

a *Danaus.* – **b** *Λykaon.*

a Danaos. – **b** Lykaon.

E **b** Die Buchstabenformen können – außer im Falle von Λ – lat. oder gr. sein, die Orthographie ist bei K gr., bei O lat.
K Beischriften auf einem Gemälde: Kampfszene; zum Maler cf. #800. – **b** *Lycaon*, wohl Fehler für Lynkeus.
B IV 7533.a–b° m. add. D; ImDip. 188* (nur a), 194°; DI. 842; HU. 148; GI. 61; LIMC DB 117.

#27 dip. II 2,2: Biclinium h.

c *Ai[ax] Telamonius.* – **d** *Hector.*

c Aiax, Sohn des Telamon. – **d** Hektor.

E **c** Zu GIGANTEs *Talamonius* cf. add. D.
K Beischriften auf einem Gemälde: Kampfszene.
B IV 7533.c–d m. add. D; ImDip. 194°; DI. 841; HU. 148; GI. 61; LIMC DB 117.

#28 dip. II 2,2: Biclinium h.

f *Xantus.* – **g** *Badius.* – **h** *Patroclos.*

f Xanthos. – **g** Balios. – **h** Patroklos.

K Beischriften auf einem Gemälde: Patroklos in der Rüstung des Achill auf dem Wagen, gezogen von dessen Pferden. – **f** *Xanthus.* – **g** Statt *Balius,* volksetymol. nach lat. *badius,* cf. DI. p. 86 und OLD s.v. – **h** *Patroclus.*
B IV 7533.f–h m. add. D; ImDip. 189f.* (f,h), 195°; DI. 840; HU. 148; GI. 61f.; LIMC DB 117.

#29 dip. II 2,2: Biclinium h.

i *Thetis.* – **k** *Badius.* – **l** *Achil[l?e]s.* – **m** *Auto[me]|don.*

i Thetis. – **k** Balios. – **l** Achilleus. – **m** Automedon.

K Beischriften auf einem Gemälde: Thetis übergibt Achill die neuen Waffen, Automedon rüstet den Streitwagen. – **k** Statt *Balius.*
B IV 7533.i–m (l°) m. add. D; ImDip. 190–92* (i,l), 195f.°; DI. 839; HU. 148; GI. 62; LIMC DB 117.

#30 dip. II 2,2: Biclinium h.

e *[Phr?]yg̣es.* – **p** *[Ac]hilles.* – **q** *[Achil?]les.* – **r** *[Xa]nthos.* – **s** *Da[r]danus.* – **t** *Hector.* – **u** *Patroclu[s].* – **v** *Athene.* – **x** *V++++.* – **y** *[H]ẹcto[r].*

e ...yges. – **p** Achilleus. – **q** Achilleus. – **r** Xanthos. – **s** Dardanos. – **t** Hektor. – **u** Patroklos. – **v** Athene. – **x** V... – **y** Hektor.

E **v** HE und NE Ligg.
K Beischriften auf weiteren Gemäldefragmenten. – **x** Evt. *Victoria?*
B IV 7533.e,p–y m. add. D; ImDip. 189* (e), 197° (p–x), 196° (y); HU. 148; GI. 61 (e), 62 (p, r, s); LIMC DB 117.

#31 dip. II 2,2: Biclinium h.

n *[Hect]or.* — **o** *Automedon.*

n Hektor. — **o** Automedon.

K Beischriften auf einem Gemälde: Achill siegreich auf dem Wagen.

B IV 7533.n–o m. add. D; ImDip. 192f.*, 196°; Di. 839; Hu. 148; LIMC DB 117.

#32 dip. I 2,6: Triclinium.

a *Ὀδυσσεύς.* — **b** *Διομήδης.* — **c** *Ἑλένη.* — **d** *Αἴθρα.* — **e** *ὑπηρέτης.* — **f** *[---]ịσ[---].* — **g** *Μ[---].*

a Odysseus. — **b** Diomedes. — **c** Helene. — **d** Aithra. — **e** Diener. — **f** … — **g** …

K Beischriften auf einem Gemälde: Raub des Palladions durch Odysseus und Diomedes. — **d** Aithra war Helenas Amme; cf. R. Wachter, Non-Attic Greek Vase Inscriptions (NAGVI) (2001), p. 304 (g) und p. 302 n. 1099. — **f** Evt. Kassandra, Mau, LIMC, dann wohl *[Κ]ạσ[σάνδρα]* zu lesen.

B IV 3356.1–7 m. add. D; (ImDip. 527); Di. 48; Gi. 46 mit n. 10; LIMC DB 10965.

#33 ♪ dip. V 4,a: Zimmer.

a *Pero.* — **b** *Micon.*

c *quae parvìs máter nátis alimenta | parábat,*
Fortuna in patrìos vertit | inìqua cibós.
aevo dignum opus est. | tenuì cervìce seniles,
asp̣[ice, ia]ṃ | venae lacte ṛẹ[plente tument.
admoto]q | simul voltu friat ipsa Miconem
Peró: | tristis inest cum pìetáte pudor.

a Pero. — **b** Micon.

c Nahrung, die eine Mutter ihren kleinen Kindern bereitete,
hat das ungerechte Schicksal in Speise für ihren Vater verwandelt.
Die Tat ist des Alters würdig. (*Auch*: Das Wandbild ist für die Ewigkeit bestimmt.)
Sieh nur, schon [sind] die alten Venen am dünnen Hals von der [sie nährenden] Milch [gekräftigt].

Gleichzeitig [bewegt] Pero selbst das Gesicht hin und massiert Mico:

Traurige Scham wohnt ihr inne, mit Hingebung vereint.

M **c** dist.

E Recht sorgfältige Capitalis-Schrift (cf. #906).

K **a–b** Beischriften auf einem Gemälde der Pērō, die ihren zu Unrecht im Gefängnis sitzenden und hungernden Vater Micō(n) besucht und an ihrer Brust nährt. – **c** Das Gedicht ist in so vielen Punkten zweideutig, dass Zufall ausgeschlossen scheint. – 1f. statt *quae alimenta* könnte auch *quae mater* als Objekt zu *vertit* verstanden werden, als ob Mico *sie äße* und nicht nur ihre Milch tränke (AD. p. 139). – 3 *aevum* und *opus* sind zweideutig (cf. MAU vs. WICK). – 5 *ṛẹ[plente tument* MAU, *ṃ[eante micant]* WICK; *[admoto]q(ue)* WICK et al., *[ancipiti]q(ue)* MAU, *[ambiguo]q(ue)* DEONNA, *[languentem]q(ue)* BÜ., *[deiecto]q(ue)* PIERI, alii alia; – 6 Ist mit *voltus* Peros oder Micos Gesicht gemeint, und wohin wendet sich dieses? *fri<c>at* ENGSTRÖM et al., dies gibt den besseren Sinn, ist aber ebenfalls zweideutig: Was massiert sie ihm? (Cf. AD. p. 184.) *ipsa* ist zudem ein stark erotisch aufgeladenes Wort, cf. #593. – 7 Alliteration, cf. Ov. met. 7.72 *pietasque pudorque*, COURTNEY p. 278; die ganz auf diese beiden Begriffe konzentrierte Interpretation von M. CARUCCI, Arctos 45 (2011), p. 27–44 scheint mir insgesamt zu einseitig zu sein. – Zum Mythos cf. Plin. nat. 7.(36.)121, Val. Max. 5.4.ext.1 (und 2), Hyg. fab. 254.3 etc., sowie P. PAVÓN, MEFRA 109 (1997), p. 633–57; zu weiteren Zeugnissen in Pompeji cf. die Bibl. bei COURTNEY p. 277 und in add. D.

B IV 6635.a–c m. add. D; ImDip. 303f.*; DI. 670; CLE 2048; GI. 223f.; CO. 56; LIMC DB 9320.

#34 dip. IX 6,d: Triclinium.

a *Dido.* – **b** *Aeneas.*

a Dido. – **b** Aeneas.

K Beischriften auf einem verblichenen Gemälde, unterhalb der Figuren.

B IV 3722 m. add. D; ImDip. 381*; DI. 47; HU. 880; CollEp. 20*; LIMC DB 3549.

#35 ♪ graff. III 5,1: wohl aus einem Esszimmer.

họ++++++++eos vinca, vinca pantorgaṇaṃ++[--- |
---]cịtaredus cantat Apolo.

tibic[i]naṃ++++e ego | *+++++++dus ạbet +++,*
ụtạnẹ+o+++++ | *s+m++++++++Volcanus+m medicina est.*

... sie soll die Spielerin aller Instrumente (?) besiegen
... singt der kitharaspielende Apoll.
Die Tibiaspielerin ... ich ... hat ...
... Vulkan ... ist Medizin.

M dactyl., Verseinteilung nicht ganz klar.

E *e* kurs.; die Edition dieses schwierigen Textes durch DCo. ist zu spekulativ und überdies metr. unwahrscheinlich. Neue Lesungsvorschläge macht Varone in ImGr. Wir wollen uns hier mit einem Minimalversuch begnügen.

K 1 *{h}omnes* DCo., dies ist unmöglich, der sechste Buchstabe kann kein *-s* sein, und *nego* gleich anschließend wäre unmetrisch; *vincat*, versehentlich wiederholt?; *παντόργανος* ist nicht bezeugt, aber *ἀν-* (s. LSJ s.v.) und *συν-* (P.Oxy. XVI 1985.11), hier evt. ein lat. nom. sg. fem. *pantorgana* und anschließend *M[usa]*, dann Versschluss. – 2 Der erhaltene Text beginnt mit einem Hexameterende (*citharoedus cantat Apollo*), gefolgt wohl von einem Hemiepes. – 3 DCo.s Lesung *came(l)o(p)ardus* ist unmöglich, die Reste der Buchstaben passen nicht, das Fehlen von *l* und *p* ist nicht zu rechtfertigen, das Wort ist am Versanfang unmetr. und lautet ohnehin *-pardalis*; wohl *(h)abet*; DCo.s *Aχiles* nach *ụt* ist nicht lesbar. – 4 Evt. *Volcanu(m)* und ein zum nächsten Wort gehöriges *s*: *s+m* oder *s++m*.

B IV 8873°; ImGr. 204*; Di. 831; Hu. 237; La. 2431 (kaum zugehörig).

1.3. Opfer, Weihungen, Vorzeichen, Himmelserscheinungen

#36 ♪ graff. V 5,3: Peristyl.

Hesy myrom quamvis circum aram sever vac.?

Obwohl er um den süßduftenden Altar herum ... gesät hat ... *Oder:* Obwohl das Vieh des Myron um den Altar herum stand ...

M Wohl da6 init. – oder ia6? (cf. unten).

E *e* kurs.; unfertig? Mau sagt, die Lesung sei sicher, das ist aber zweifelhaft.

K Für die Interpretation der überlieferten Lesung gibt es zwei Wege: Erstens könnte *hesy* (gr. *ἡσύ*) statt *hedy* (gr. *ἡδύ*) verlesen oder verschrieben sein (so add. E), was zusammen mit *μύρον* (mit lat. Endung) ein gr. Kompositum

**ἡδύμυρος* 'mit süßem Duft' ergäbe; *quamvis* pron. indef. zu *aram* 'um einen beliebigen Altar' gibt kaum einen Sinn, besser ist 'obwohl'; *sever* müsste dann abgebrochen für *sēver(it)* sein, mit *circum* in Tmesis stehend (cf. OLD s.v. *circumserō*), so ergäbe dies alles einen Hexameter ohne letzten Fuß. Zweitens klingt Prop. 2.31.7 *atque aram circum steterant armenta Myronis* überraschend stark an, dafür müssten wir aber mehr konjizieren, z.B. *pecu Myronis quamvis circum aram stetit* (ia6). Zu den weiteren Inschriften in diesem Haus cf. #1461.

B IV 4404 m. add. E; DI. 42.

#37 dip. IX 11,1: links der Tür.

a *Successus | Axclepiades.* – **b** *Victor | Cosstas.*

a Successus, Asklepiades. – **b** Victor | Constans.

E **a** *e* kurs.

K Zum Gemälde einer Opferszene. – **a** 2 *Asclepiades*, hyperkorrekt, cf. zu *x/s* und *ps/s* vor *c* #1105f., #1296 und VÄÄ. p. 65, ferner #416 zum lautlichen Zusammenfall von *-x* und *-s* am Wortende. – **b** 2 *Constans*, cf. #1496, VÄÄ. p. 62.

B IV 7855 m. add. D; ImDip. 417f.*, 420f.*°; Di. 838; BLUM (2002), p. 46*, 49, no. 41.

#38 ♪ graff. VI 15,1: Nebenatrium.

Romanus olim palim aurum pro ferrum dedica.

Der Römer weiht längst wieder Gold statt Eisen.
Oder: Der Römer deklariert manchmal wieder Gold als Eisen.

M ia6 (ohne *palim*, ENGSTRÖM).

E *e*, *f* kurs.

K *olim* 'seit langem, seit jeher' oder 'manchmal', cf. OLD s.v., 2.a und 4; *palim* ist gr. *πάλιν* 'wieder' und offenbar ein spontaner Zusatz, für den der Schreiber in seinen Überlegungen aber bestimmt einen guten Grund hatte; *pro ferro*, cf. #216, #841 und VÄÄ. p. 121; *dedicat*, cf. VÄÄ. p. 70. – Die Gesamtbedeutung ist unklar: Statt dem üblicherweise angenommenen religiösen Sinn (Eisen = erbeutete Waffen?) könnte auch 'deklariert (beim Zensus) x als y' gemeint sein, cf. OLD s.v. *dēdicō*, 1.b und s.v. *prō*[1], 9.c.

B IV 4603 m. add. E; DI. 41; HU. 456.

#39 graff. VI 13,19: Tablinum.

auspiciu | dextr. felic.

Ein Vogelzeichen von rechts (ist) sehr verheißungsvoll.

E *e*, *f* kurs.
K Wohl *auspicium dextrum felicissimum*, zum Inhaltlichen cf. Cic. div. 2.82; für die Ergänzung eines Verbums bestehen viele Möglichkeiten: '(Ich wünsche mir) ein ...', '(Ich habe) ein ... (gesehen)', '(Schau), ein ...!' usw.
B IV 4496 m. add. E; DI. 43; GE. E-17; HU. 422.

#40 graff. VI 7 oder 8: Via di Mercurio (?), bei einem Hauseingang.

bonum faustum felix.

Gut, glücklich, erfolgreich!

B IV 1354° m. add. AE; ImGr. 252–54*; DI. 44.

#41 ♪ graff. IX 13,4: links der Tür.

nihil durare potest tempore perpetuo: |
cum bene Sol nituit, redditur Oceano. |
decrescit Phoebe, quae modo plena fuit. |
venṭọrum feritas saepe fit aura lẹvis.

Nichts kann ewige Zeit dauern:
Kaum hat die Sonne hell gestrahlt, wird sie dem Ozean zurückgegeben.
Es schwindet der Mond, der eben noch voll war.
Die Wildheit der Winde wird oft zum lauen Lüftchen.

M da5 (1 *nīl* metr.).
E 2 *m* kurs.
K 4 *Venerum* (DCO.) gibt keinen Sinn, ist metr. falsch und hätte das einzige kurs. *e* dieser Inschrift; *Ventorum* ist die Lesung von A.E. HOUSMAN, CR 41 (1927), p. 61, zweifellos richtig (GIGANTEs Konjektur *Austrorum* ist nichtig).
B IV 9123°; DI. 1110; CLE 2292; GE. F-66; KR. 48f.°; MO. 18f.; WE. 73; HU. 951°; GI. 237f.; VA. 106f.

1.4. Feste

#42 graff. Boscoreale, Landhaus.

Lupercalia Marco et P̣acato felic[iter].

Die Lupercalien mögen Marcus und Pacatus Glück bringen!

E *e* kurs. außer dem letzten.
K Cf. #9.
B IV 6882 m. add. E; ImGr. 476*; DI. 38; GE. E-13; WE. 390.

#43 graff. VII 10,9 (Taberna).

Saturnina, | io Saturnalia.

Saturnina, hurra, die Saturnalien (fangen an)!

K 1 Eigenname.
B IV 2005a° m. add. E; DI. 40; GE. G-28; WE. 561; HU. 669°.

#44 graff. VII 11,11 (Gasthaus): hinter dem Atrium.

saeculares.

Die Säkularfeier!

E *e* kurs.
K Scil. *ludi*, DI.
B IV 2023 m. add. E; DI. 45.

1.5. Kalender und Wochentage

#45 graff. VIII 1,1 (Basilica).

Ti. Caesare tertio Germanico Cesare iter. cos., | Tị. Caesare | tert. | tertio Germanico.

(Im Jahr), als Kaiser Tiberius zum dritten Mal und Germanicus zum zweiten Mal Konsul war. Tiberius zum dritten Mal und zum dritten (!) Mal Germanicus.

K 1 *Caesare*; *iterum*; 18 n. Chr. – 4 *tertio* falsch statt *iterum*.
B IV 1885° m. add. AE; ImGr. 375f.*; DI. 106; CollEp. 17f*.

#46 graff. VI 14,5: Atrium.

[---] Rubelio Blando cos. | XV k. Octo.

Als [... und] Rubelius Blandus Konsuln waren, am 15. Tag vor den Kalenden des Oktober.

E *e* kurs.
K 1 Wohl *C. Rubellius Blandus* cos. suff. 18 n. Chr.; am Anfang ist wohl der Name des anderen Konsuls und vielleicht auch der Vorname des Rubellius verloren gegangen. – 2 17. September.
B IV 1552° m. add. BE; DI. 107.

#47 graff. VI 14,5: Atrium.

M. Emiliọ [S]cauro | Cn. Ṭrẹm`el´io cos. | VI ẹdus Iulias | Pri^-mogeniạ fduesisunt; caḷos habui[t?].

Als Marcus Aemilius Scaurus und Gnaeus Tremelius Konsuln waren, am 6. Tag vor den Iden des Juli ... Primogenia; es ging (ihr) prima.

E 2 *el* ist nachträglich eingefügt, mit kurs. *e*. – 3f. *e* kurs.
K 1 *Aemilio*. – 1f. 21 n. Chr.; die *e* in den Konsulnamen sind noch nicht kurs., cf. #1236a. – 3 *īdūs*, cf. VÄÄ. p. 23; 10. Juli. – 4 *fduesisunt* unklar; cf. z.B. Cic. fam. 9.9.1 *Terentia minus belle habuit*, ähnlich *εἰ ἔρρωσαι, καλῶς ἂν ἔχοι* (Pap. etc., cf. LSJ s.v. *ῥώννυμι*, A.II.3), ferner VÄÄ. p. 110.
B IV 1553° m. add. A°BE; DI. 105.

#48 graff. VI 14,5: Atrium.

L. Nonio Asprenate | A. Plotio cos. assellus natus | pridie nonas Capratinas.

Als Lucius Nonius Asprenás und Aulus Plotius Konsuln waren, ist am Tag vor den Capratinischen Nonen ein kleiner Esel zur Welt gekommen.

K 1–3 6. Juli 29 n. Chr. – 2 *asellus*, cf. VÄÄ. p. 60, 102, als Name interpretiert von DI. (cf. #134). – 3 Fest an den Nonen des Juli, sonst meist *Capro-*, cf.

aber Plu. Romul. 29.2 *νῶναι Καπρατῖναι*, Numa 2.1 und Camill. 33.6 *νώνας Καπρατίνας*.

B IV 1555° m. add. BE; DI. 108; GE. I-12; WE. 309; HU. 409.

#49 graff. IX 14,d: Atrium.

Nerone Claudio II L. Calpurnio Piso. cos.

Als (Kaiser) Nero zum zweiten Mal und Lucius Calpurnius Piso Konsul war.

K *II = iterum*; *Pisone*; 57 n. Chr.

B IV 8989°; DI. 860; KR. 17°.

#50 graff. V 2,i: Peristyl.

Nerone Caesare Augusto | Cosso Lentulo Cossi fil. cos. | VIII idus Febrarias | dies Solis, luna XIIIIX: nun. Cumis; V nun. Pompeis.

Als Kaiser Nero und Cossus (Cornelius) Lentulus, Sohn des Cossus, Konsuln waren, am 8. Tag vor den Iden des Februar, ein Sonntag, der 16. Tag des Mondmonats: Markt in Cumae. Am 5. (vor den Iden): Markt in Pompeji.

E *e*, *f* kurs.

K 3 *Februarias*, cf. #56, #821 und VÄÄ. p. 41, ferner AE 1990, no. 182a *me(n)ses quator* statt *-tuor* (Grabinschrift auf einer Stele außerhalb der Porta di Nocera). – 3f. Der 6. Februar 60 n. Chr. war nach heutiger Berechnung ein Mittwoch, nicht ein Sonntag, dies bleibt unklar; hingegen war der 6. Februar tatsächlich der 16. Mondtag (falls *XIIIIX* = '16', wie *XIIX* = '18', *XIX* = '19'), denn der vorangehende Leermond fiel auf den 21. Januar (22.40 Uhr); wohl *nundinae* im nom., wie *dies*; *V*, scil. *idus Februarias*, d.h. 9. Februar.

B IV 4182° m. add. E; ImGr. 219*; DI. 110; GE. I-50; WE. 532.

#51 graff. VI 16,10 (Taberna).

IX k. Iunias inperator. | dies fuit Solis.

Am 9. Tag vor den Kalenden des Juni: der Kaiser. Es war ein Sonntag.

E *e*, *f* kurs.

K 1 *imperator*, cf. VÄÄ. p. 66. – Der 24. Mai fiel unter Nero nach heutiger Berechnung nur zweimal auf einen Sonntag, nämlich in den Jahren 61 und 67, DI.; A. SOGLIANO, Miscellanea Ceriani (1910), p. 249ff. hatte die Inschrift dagegen auf Claudius im Jahre 50 bezogen. Dies zieht auch SOLIN (2014), p. 100 vor. Vielleicht ist zusätzlich von Belang, dass der 24. Mai (15 v. Chr.) der Geburtstag von Germanicus, Claudius' Bruder und Neros Großvater, war.

B IV 6838° m. add. E; DI. 88; GE. I-16; WE. 313; HU. 473.

#52 graff. VI 14,43: Peristyl (?).

M. Vinicius Vitalis exìt pr. non. Iulias Afreno et Africano cos.

Marcus Vinicius Vitalis ist gegangen (*wohl*: gestorben) am Tag vor den Nonen des Juli, als (Marcus Anius) Afrinus und (Gaius Paccius) Africanus Konsuln waren.

K *exiit*, wird meist als 'mortuus est' verstanden, cf. OLD s.v. *exeō*, 7; 6. Juli; die beiden waren coss. suff. 66 n. Chr.; *Afreno* statt *Afrino*, evt. nach dem (seltenen) Gentiliz *Afrenius*.

B IV 1544 m. add. BE; DI. 109; GE. I-9; WE. 321; HU. 442.

#53 graff. V 2,15: Peristyl.

Nero cọs.

(Kaiser) Nero Konsul.

E *e* kurs.; *ces.* (d.h. *Caes.*?) MAU auf einer (unpubl.) Zeichnung in Berlin (cf. add. E), in das CIL hat er dies aber nicht aufgenommen.

K Wenn *cos.* zu lesen, dann am ehesten das fünfte Konsulat (allein), 68 n. Chr. bis zu seinem Tod.

B IV 4147 m. add. E; DI. 86.

#54 graff. IX 6,8: rechts der Tür.

Sex. Vitulas.

Sextus Vitulasius (Konsul).

K *Vitulasius*, cos. suff. 78 n. Chr.; zum Namen cf. #316, die Familie stammte aus der «nordoskischen» Gegend von Peltuinum (cf. IX 3587, 3617, AE 1904, no. 51 und 193).
B IV 5184 m. add. E; DI. 111.

#55 graff. VI 16,29: Atrium.

XVI k. Feḅ. coṗo [re]ṿeṛṭịt.

Am 16. Tag vor den Kalenden des Februar ist der Wirt zurückgekehrt.

E *e, f* kurs.; *coc̣o[s]* (für *coquŏs*) oder *coṗo*, DCO. (cf. #254); wohl *[..]ṿeṛṭịt* (mit TI Lig.), *[..]ṿeṇịt* edd.
K 17. Januar.
B IV 6853° m. add. E; ImGr. 283°; DI. 767; GE. I-15; WE. 312; HU. 475.

#56 graff. IX 2,17: Eingang rechts.

XV k. Febrares.

Am 15. Tag vor den Kalenden des Februar.

E *e, f* kurs.
K 18. Januar; statt *Februarias*, cf. #50, VÄÄ. p. 41, 85.
B IV 4983 m. add. CE; DI. 769.

#57 graff. I 7,1: Peristyl.

Ol. III k. Ner.

... am 3. Tag vor den Kalenden des Neronius.

K *Olympica* DCO., unklar; *Neronias*, d.h. *Apriles*, cf. Suet. Nero 55; 30. März.
B IV 8092; ImGr. 34*; DI. 863.

#58 graff. I 7,1: Atrium.

nonis Neronis, sal.

An den Nonen des Neronius. Gruß!

K *Neroniis*, d.h. *Aprilibus*, zu *-is* cf. VÄÄ. p. 39; 5. April; Nero ist im selben Haus auch in #83ff., IV 8064, 8095 genannt.
B IV 8078a; ImGr. 31*; DI. 864.

#59 dip. I 3,30: Nebenraum beim Atrium.

XV k. Augustas | partis Caesernie | fuit, | +++ ḳ. Ìunias | ṛạṭuṃ tuica+uit.

Am 15. Tag vor den Kalenden des August war es Sache (?) der Partei der Caesernia (?), am ... Tag vor den Kalenden (?) des Juni wurde der Beschluss (?) ...

E 3/5 Evt. *ivit*, DI.

K 1 18. Juli. – 2 *Caeserniae*, wohl Gentiliz (die Worteinteilung von FIORELLI und DI. ist unplausibel), cf. vor der Porta di Nola einen *Sex. Caesernius Sp. f. Montanus* aus Aquileia, S. DE CARO, Cron. Pomp. 5 (1979), p. 90f. (von add. D übersehen). – 4 Wohl ca. 20. Mai. – 5 *ratu a tui caluit* MAU, unklar.

B IV 3388° m. add. D; DI. 771.

#60 graff. V 4,1 (Bäckerei).

VII κ. Αὐγόστα.

Am 7. Tag vor den Kalenden des August.

K Für *kalendas Augustas* (gr. ntr. pl.?), *-o-* cf. VÄÄ. p. 27; 26. Juli; die Zahl ist nicht gr. geschrieben.

B IV 6731 m. add. E; DI. 768.

#61 graff. VII 3,10–14 (?): «stanzina terrena».

Iue^n|il^la || nata | diiẹ Satu. |[5] oṛạ secu. | v. IIII non._Au.

Iuvenilla (ist) am Samstag zur zweiten Abend(?)stunde am 4. Tag vor den Nonen des August zur Welt gekommen.

E Mit Kohle geschrieben.

K Nach *Iue-* Zeichnung eines Kindes. – 1 *Iuvenilla*, cf. VÄÄ. p. 49. – 4 *die*, cf. VÄÄ. p. 48; *Saturni*. – 5 *horā secundā*. – 6 *vespertina* ZA. – 4/6 Der 2. August fiel nach heutiger Berechnung z.B. 77 n. Chr. auf einen Samstag.

B IV 294 m. add. AD; ImDip. (528), 531.30°; GE. I-4; WE. 306; HU. 536°; VA. 158f.; LA. 758°.

#62 graff. IX 2,4 (Taberna).

posteru nona[s] / Octobres.

Am Tag nach den Nonen des Oktober.

E *e* kurs.
K 1 *posteru(m)*, cf. #737f. – 1f. 8. Oktober.
B IV 2343 m. add. AE.

#63 graff. IX 1,22: NW-Peristyl.

VI id. De. o. VI, VI k. Ian. o. V.

Am 6. Tag vor den Iden des Dezember zur sechsten Stunde, am 6. Tag vor den Kalenden des Januar zur fünften Stunde.

E *e* kurs.
K 8. und 27. Dezember; *(h)o(ra)*, zweimal.
B IV 2399 m. add. AE; DI. 766.

#64 graff. IX 6,d: Atrium.

θεῶν ἡμέρας· / Κρόνου, / Ἡλίου, / Σελήνης, / Ἄρεως, / Ἑρμοῦ, / Διός, / [Ἀ]φροδείτης.

Die Tage(sbezeichnungen) nach den Göttern: (Tag) des Kronos, des Helios, der Selene, des Ares, des Hermes, des Zeus, der Aphrodite.

K Links neben einer gemalten Herkulesherme; der Wochenanfang ist hier nicht, wie im Orient bis heute üblich, am Sonntag (cf. Ov. ars 1.76), sondern am Samstag; so auch auf dem *παράπηγμα* in den Trajansthermen, cf. S. STERN, Calendars in Antiquity (2012), p. 319 n. 65 (mit Bibl.).
B IV 5202 m. add. E; DI. 32; GE. H-30; WE. 303.

#65 graff. V 4,b: Triclinium.

Saturni, / Solis, / Lunae, / Martis, / [Mercuri], / Iovis, / Veneris.

(Tag) des Saturn, der Sonne, des Mondes, des Mars, [des Merkur], des Juppiter, der Venus.

E *e* kurs.
B IV 6779 m. add. E; DI. 33.

#66 graff. III 4,1 (Taberna).

a	**b**	**c**			**d**		
dies	*nundinae*	*X[VIIII]*	*VIII*	*non.*	*I*	*XV*	*XXVIIII*
Sat	*Pompeis*	*X[VIII]*	*VII*	*VIIII*	*II*	*XVI*	*XXX*
Sol	*Nuceria*	*XV[II]*	*VI*	*VIII*	*III*	*XVII*	
Lun	*`Atilla´*	*XV[I]*	*`Ṿ´*	*VII*	*IV*	*XVIII*	
Mar	*⟦Cumis⟧*	*XV*	*[I]V]*	*VI*	*V*	*XVIIII*	
Merc	*Nola*	*XIV*	*[I]II*	*V*	*VI*	*XX*	
Iov	*Cumis*	*XIII*	*pri.*	*IV*	*VII*	*XXI*	
Ven	*Putiolos*	*XII*	*k.*	*III*	*VIII*	*XXII*	
	Roma	*XI*	*ṇoṇ*	*pri.*	*VIIII*	*XXIII*	
	Capua	*X*	*VII*	*idus*	*X*	*XXIIII*	
		VIIII	*VI*		*XI*	*XXV*	
			V		*XII*	*XXVI*	
					XIII	*XXVII*	
					XIV	*XXVIII.*	

a	**b**	**c**			**d**		
Tage	Markt	19.	8.	Non.	1	15	29
Sa	in Pompeji	18.	7.	9.	2	16	30
So	in Nuceria	17.	6.	8.	3	17	
Mo	in Atella	16.	5.	7.	4	18	
Di	in Nola	15.	4.	6.	5	19	
Mi	in Cumae	14.	3.	5.	6	20	
Do	in Puteoli	13.	Vortag	4.	7	21	
Fr	in Rom	12.	Kal.	3.	8	22	
	in Capua	11.	Non.?	Vortag	9	23	
		10.	7.	Id.	10	24	
		9.	6.		11	25	
			5.		12	26	
					13	27	
					14	28	

K «Index nundinarius», die Kolumnen sind aber auf der Wand nicht horizontal koordiniert wie in einer Tabelle, sondern bloße Listen. Die 1. Kolumne zeigt die Wochentage, die 2. Kolumne acht Städte, wo offenbar in dieser Reihenfolge Markt war, die 3.–5. Kolumne Tage eines Monats vom 14. (19. Tag vor den Kalenden = ein Tag nach den Iden) bis zum 13. (den Iden) des folgenden Monats, die 6.–8. Kolumne eine Aufzählung der Tage eines Monats von 30 Tagen, gegliedert in 14+14+2. – **a** Zum Wochenanfang cf. #64. – **b** Die Ortsnamen stehen meist im abl. statt loc., cf. #423, #1319, evt. #923 sowie VÄÄ. p. 119 oben; das erste *Cumis* ist gestrichen und durch *Atilla* (= *Atella*) ersetzt, zu dessen Form cf. *Atīna*, *Atilius* (#517 *Atillius*) etc. und #820; zum Markt in Pompeji und Cumae cf. auch #50; *Puteolos*, zum acc. cf. VÄÄ. p. 119f. – **c** Die Liste ist im zweiten Monat mehrfach fehlerhaft (z.B. gibt es *a. d. VIIII idus* nicht); *pridie*, *kalendas/-is*, *nonas/-is*, *idus/-ibus*; *ṇoṇ* ist unklar, DI. schlägt dafür *Nov.* vor, aber dessen Vormonat (Oktober) hat seine Iden am 15., nicht am 13., wie hier vorausgesetzt wird (cf. auch die Einf. dieses Kapitels). – **d** Falls hiermit der zweite Monat in **c** gemeint ist (der erste hat 31 Tage), muss dieser der September sein.

B IV 8863°; DI. 834; GE. I-51; KR. 55°; MO. 28f.; WE. 533 (nur ein Teil).

2. KAISER UND ANDERE BEKANNTE PERSÖNLICHKEITEN

Dieses zweite, kurze Kapitel (#67–98) bietet in mehr oder weniger chronologischer Reihenfolge Hinweise auf bedeutende Personen der römischen Politik, speziell die Kaiser und ihre Familien. Dazu könnten auch die Inschriften mit Jahresdatierungen gezählt werden, weil da die jeweiligen Konsuln genannt sind (s. Einf. Kap. 1). Solche Inschriften kommen vor allem in Kap. 1.5, sporadisch aber auch anderswo vor.

#67 graff. Vor der Porta del Vesuvio: Grab des C. Vestorius Priscus.

L. Sulla Cornelius.

Lucius Cornelius Sulla.

E NE Lig.
K Sulla ohne Kontext auch IV 5385 (= I² 1639), 10217a (= I² 2709), evt. 9100, zur sullanischen Kolonie cf. #93.
B IV 9161; DI. 867.

#68 graff. IX 11,2: rechts der Tür.

Sula ++ c. 7 ++ *Felix.*

Sulla ... Felix.

E *e* kurs.; *Ç̣ọṛṇẹḷị* DI., *F(e)lix in-* DCO.
K *Sulla.*
B IV 9099°; ImGr. 438*; DI. 868; WE. 364; HU. 941°.

#69 graff. VIII 1,1 (Basilica).

Caesar dict.

(Gaius Iulius) Caesar Diktator.

K *dictator*, 47–44 v. Chr.
B IV 1849a° (= I² 778) m. add. E; ImGr. 363*; DI. 76; HU. 728.

#70 graff. VII 1,8 (Stabianer Thermen).

Myrtile, habias propitium Caesare.

Myrtilus, möge (dir) der Kaiser gewogen sein!

K *habeas, Caesarem*, cf. #77f., ferner III 12068 (= DI. 214c), VI 632 (mit *abias*) und ein Tonmedaillon von Lyon mit *habeas propitium Caesare(m)* (A. ALLMER, Musée de Lyon, II, 1889, 172 = AE 1888, no. 23); wörtlich 'du mögest den Kaiser (dir) gewogen haben', cf. mit Göttern #86, #842, #852, #916, mit 'zornig' statt 'gewogen' #451, #755, #798.

B IV 2083° m. add. BE; DI. 77; GE. E-54; WE. 384; HU. 504.

#71 graff. VI 16,7: Peristyl.

μνησθῇ Πρειμένης πύπλεικος Καίσαρος.

Prim(og)enes, staatlicher (Sklave), soll des Kaisers gedenken.

K Abwandlung einer gängigen Formel (cf. #1148f.), aber kaum ind. *ἐμνήσθη* ohne Augment, sondern conj. (cf. F. BLASS–A. DEBRUNNER, Gramm. des neutestam. Gr., 1949, p. 221, §364.3), in Pompeji evt. gefördert durch den entsprechenden lat. Gebrauch im Hauptsatz; ungewöhnliche Gräzisierung von *Primigenius* (cf. #455, #488, #509, #563, #612, #652, #713, #1127, #1222): *-μένης* ist morphologisch wie #1170 *Primogenes*, die Verkürzung erscheint auch in #604 *Priminia*, letztlich wohl wegen einer Aussprache [pri:mʲen-] o.ä., speziell plausibel bei Griechen, womit #911 *fridam*, #865 *viria* etc. vergleichbar sind); *πύπλεικος* ist Lehnwort aus lat. *publicus* (scil. *servus*).

B IV 6828.(a) m. add. E; ImGr. 279*; DI. 79; HU. 472a; GI. 47.

#72 graff. VIII 7 (großes Theater): östliche Außenwand der Scaena.

Aug. / feli/citer.

Glück dem Kaiser!

K dat. *Augusto*, cf. Petron. 60.7 *consurreximus altius et «Augusto, patri patriae, feliciter» diximus*; cf. IV 2493, 5101.

B IV 2460° m. add. E; DI. 81; GE. E-16; WE. 385; HU. 802.

#73 ♪ graff. Boscotrecase, Landhaus.

Caesar[i]ṣ Augusti, femina, mater, eras. +[---]

Mutter des Caesar Augustus, (auch) du warst eine Menschenfrau!

M da5.
E *eras* liest SOLIN (2013), p. 346 «ohne Zögern», *erạt* die früheren edd.
K Es wurden verschiedene Deutungen vorgeschlagen (s. WEEBER, GIGANTE). Die sinnvollste ist (*etiam*) *Caesaris Augusti mater erat femina* von W.D. LEBEK, ZPE 24 (1977), p. 25–31. Dennoch ist der Vers nicht völlig klar.
B IV 6893° m. add. E; ImGr. 473*; DI. 80; CLE 2050; KR. 67°; WE. 580; GI. 233–36.

#74 graff. VII 2,16: Peristyl.

a *Antiochus Liviaes ser.* – **b** *[A]ṇṭioc̣ḥus Ḷiviae sẹṛ.* vac.?

a–b Antiochus, Sklave der Livia.

E **b** Unterhalb von a, in größeren Buchstaben.
K **a** Zum gen. *-aes* cf. #1158, #1174, #1348, #1314 (unsicher) und VÄÄ. p. 83.
B IV 3123° m. add. E; DI. 82; GE. D-3; MO. 28f.; HU. 523.

#75 dip. VIII 1,1 (Basilica).

C. Caesaris Augusti cịṿ vac.?

Des Gaius Caesar Augustus ...

E Wohl unfertig.
K Scil. Caligula, ZA. etc.; Schluss unklar.
B IV 669 m. add. AD; DI. 84.

#76 graff. V 1,26: Peristyl.

Ti. Claudi Caesaris.

Des Kaisers Claudius.

B IV 4089 m. add. E; DI. 85.

#77 graff. I 4,5: Nord-Peristyl.

a *Luci Augustiane, | ub. prop. Caes.* – **b** *Ner tum.*

a Lucius Augustianus, möge (dir) der Kaiser gewogen sein! – **b** Dein Nero.

E **b** Links von a2, von anderer Hand (aber nicht früher).

K **a** 1 Cf. #710, L. Popidius Secundus gehörte vermutlich zu einer speziellen Gruppe von Nero-Anhängern, den *Augustiani*, cf. Tac. ann. 14.15 etc. und FRANKLIN (2001), p. 115f., auch ibid. p. 172–74 und #286ff. zu seinem Sohn. – 2 *habeas propitium Caesarem*, cf. #70. – **b** *Neronem tuum*, spezifiziert zweifellos *Caesarem* in a2, immer noch im acc.; zu *tu(u)m* cf. VÄÄ. p. 41.

B IV 2380° m. add. AE; DI. 78.

#78 graff. I 4,5: Nord-Peristyl.

Luci Augustiane, / ab. prop. vac.

Lucius Augustianus, möge (er dir) gewogen sein!

E Wohl unfertig.

B IV 2381° m. add. AE.

#79 graff. IX 5,6: links der Küchentür.

Nero Caesar.

Kaiser Nero.

K Ähnlich IV 4254 (*C.* abgekürzt).

B IV 5081° m. add. E; DI. 87; KR. 67°.

#80 graff. VII 15,6: links der Tür.

Neroni fel.

Glück dem (Kaiser) Nero!

E *e, f* in *fel* kurs.

K Links davon die Ritzzeichnung einer Schildkröte, wohl nicht zugehörig. – *e* im Kaisernamen ist nicht kursiv, cf. #1236a; *feliciter.*

B IV 4814 m. add. E; DI. 89; GE. E-15; MO. 32f.; WE. 388; HU. 683; LA. 1817.

#81 dip. IX 9,d: links der Tür.

pro salute Ner. / in_terr[---]

Zum Wohl dem (Kaiser) Nero beim Erdb... (?).

K 1 *Neronis.* – 2 *in_terr[ae motu?]* DI., er vermutet einen Zusammenhang mit Neros Gesangsdarbietung 64 n. Chr. in Neapel, als die Erde bebte, cf. Tac. ann. 15.33f., Suet. Nero 20.

B IV 3822 m. add. D; DI. 91.

#82 graff. VII 1,8 (Stabianer Thermen).

Neroi Caesrì Agusto.

(Glück) dem Kaiser Nero!

E *e* kurs.

K *Neroni*, Fehler; *Caesari*, cf. #953 und zur nachtonigen Synkope VÄÄ. p. 19, 44, nicht ganz auszuschließen ist allerdings Kurzschreibung *(e)r*; *Augusto*, Dissimilation des ersten *u*, cf. #1106 (*auscultare*) und VÄÄ. p. 32.

B IV 2124° m. add. E; DI. 92; WE. 460; HU. 509.

#83 graff. I 7,1: Eingang rechts.

Cucuta ab ṛaṭịoṇịḅus{o} | Neronis Augustî.

Cucuta, Finanzsekretär des Kaisers Nero.

K 1 *Cucuta* wohl statt *Cicuta* 'Schierling' (cf. #946), cf. VÄÄ. p. 26, cognomine ducto forsitan e rebus gestis, DCO. – 2 Zum Haus cf. #58.

B IV 8075°; ImGr. 28*; DI. 862.a; HU. 42a.

#84 graff. I 7,1: links der Tür.

Cu vac. *| Cucuta Ṇẹr.*

Cucuta, Cucuta des Nero.

E 1 Erster Versuch abgebrochen.

K 2 *Neronis.*

B IV 8066; DI. 862.b.

#85 graff. I 7,1: links der Tür.

Cucuta.

Cucuta.

B IV 8065.

#86 graff. I 10,3: rechts der Tür.

Ọccṭavia Aucusṭi [- c. 5 -]ạḅias[..]ọpit[- c. 12 -]sa.

Octavia, (Gattin) des Kaisers, möge (dir) ... gewogen sein, ... sei gegrüßt!

K *Octavia*, cf. VÄÄ. p. 62; *Augusti [uxor?]* 'Gattin Neros' DI., zum *-c-* cf. VÄÄ. p. 53; etwa *[ux(or), va(le), h]abias [pr]opit[ium/-am - c. 9 -]sa(lutem)*, cf. #70.
B IV 8277°; DI. 861.

#87 graff. VI 14,43: Peristyl (?).

o vobis Nero Poppea.

Oh, euch (mögen) Nero (und) Poppaea (...)! *Oder:* Oh, euch, Nero (und) Poppaea, (soll ...)!

K *Poppaea*; wohl Drohung (an Ungenannte oder an das Kaiserpaar selbst).
B IV 1545° m. add. A°E; DI. 93; GE. E-44; WE. 363; HU. 443.

#88 ♪ graff. IX 13,3: Zimmer.

munera Poppaea misit Veneri sanctissimae, |
berullum helencumque; unio mixtus erat.

Poppaea ließ der allerheiligsten Venus Geschenke bringen:
einen Beryll und eine Tropfenperle; eine Solitärperle war (auch) dabei.

M Wohl dist. (zwei ebenso unbeholfene daktylische Versuche stehen gleich darunter eingeritzt, cf. AE 1977, no. 216 und 218 = HU. 950a,c).
E *e* kurs.
K 1 *-a* des Namens ist fälschlicherweise lang gemessen; *sanctissimae* ist unmetrisch oder synkopiert *sanctissmae* zu lesen, cf. #778. — 2 *elench-*, cf. ähnliche Fälle VÄÄ. p. 57; der erste Vokal ist zu *ēlench-* gedehnt (gr. *βήρυλλος*, *ἔλεγχος*), evt. hier im Gr. (unter dem gr. Akzent) wie im Lat. bei *Vēnerem* etc., cf. #1103; eleganter wäre *berullo ēlenchoque unio mixtus erat* 'eine Solitärperle war einem Beryll und einer Tropfenperle beigesellt'. — Erinnert wohl an einen Besuch Neros und Poppaeas in Pompeji ca. 64 n. Chr.
B AE 1977, no. 217; MO. 30f.; HU. 950b.

#89 dip. IX 1,23 (Taberna).

ìudiciìs Augusti Augustae feliciter. | vobis salvis felices sumus | perpetuo.

Glück den Entscheidungen des Kaisers und der Kaiserin! Wenn es euch gut geht, sind wir immerfort glücklich.

K 1 Zu den *iudicia Augusti* (hier im dat., zu *-ii-* cf. #422) cf. Vell. 2.128, Quint. 5.11.36f., Plin. epist. 10.4.6 und add. D zu #91; gen. *Augusti Augustae* wohl Nero und Poppaea Sabina, die ab 63 n. Chr. Augusta genannt wurde.

B IV 1074 m. add. ABD; ImDip. 378*; DI. 94; HU. 836a.

#90 dip. IX 6,b–c.

iudicis Augusti p. p. et Poppaeae Aug. feliciter.

Glück den Entscheidungen des Kaisers, des Vaters des Vaterlandes, und der Kaiserin Poppaea!

K *iudiciis*, cf. VÄÄ. p. 39; *patris patriae.*

B IV 3726 m. add. D; DI. 95.

#91 dip. VII 3,37–38.

iudicìs Aug. felic.

Glück den Entscheidungen des Kaisers!

K So auch IV 1612.

B IV 528 m. add. D; DI. 96.

#92 dip. III 2,1: rechts der Tür.

iúdícis Augc̣. felic.

Glück den Entscheidungen des Kaisers (*oder:* Kaiserpaares)!

K Augusti Caesaris oder Augg. = Augustorum, scil. Augusti et Augustae? DCO.

B IV 7625 m. add. D; ImDip. 234*, 237–39*; DI. 865.

#93 dip. VI 15,1: rechts der Tür.

iudicis Aug. felic. Puteolos, Antium, Tegeano, Pompeios: hae sunt verae | colonia[e].

Glück den Entscheidungen des Kaisers! Puteoli, Antium, Tegeanum, Pompeji: das sind die wahren Kolonien.

K 1 *Puteolos* etc. acc. exclam., cf. VÄÄ. p. 117; *Tegeanum* (wohl Teggiano in Lukanien, cf. add. D; auch X 317 *Tegeanensi*, sonst *Tegia-*). – 1f. Cf. Tac. ann. 14.27.1 *at in Italia vetus oppidum Puteoli ius coloniae et cognomentum a Nerone apiscuntur*, cf. #720; Suet. Nero 9 *Antium coloniam deduxit ascriptis veteranis e praetorio additisque per domicilii translationem ditissimis primipilarium*; zur *colonia Veneria Cornelia Pompeianorum* cf. IV 3340.143 etc. und X 787, zum Gründer #67; cf. Petron. 57.11 *haec sunt vera athla.*

B IV 3525 m. add. D; DI. 97.

#94 dip. VIII 1,1 (Basilica): links des Südeingangs.

L. Aelium Magnu[m] | iudicis Aug.

Den Lucius Aelius Magnus für die Entscheidungen des Kaisers!

K 1 Cf. #347, #1122 (derselbe?), IV 5766, 7247, 10039.

B IV 670 m. add. D.

#95 graff. VI 16,7: Eingang rechts.

Campylus Poppaeae sal.

Campylus (schickt) der Poppaea einen Gruß.

K Nicht sicher die Gattin Neros.

B IV 6817° m. add. E; ImGr. 276*; DI. 98; HU. 471a.

#96 graff. VI 7,20: wohl im Innern.

imp. Otho.

Kaiser Otho.

K Links der Ritzzeichnung eines Delphins (?).

B IV 1279° m. add. E; DI. 101; HU. 373; LA. 1789°.

#97 graff. Herc., Insula Orientalis I, 1: Latrina.

Apollinaris medicus Titi imp. | hic cacavit bene.

Apollinaris, der Arzt des Kaisers Titus, hat hier gut gekackt.

K 1 *imperatoris.* — 2 Cf. #753ff.; *bene* cf. auch #1236 etc.

B IV 10619; ImGr. 500*.

#98 graff. II 1,10: rechts der Tür.

a *Cimber.* — **b** *Sagitta,_impe^ratoris | servos, Pompeianoru's.*

a Cimber. — **b** Sagitta, Sklave des Kaisers, du gehörst den (*oder:* zu den) Pompejanern!

E **a** *e* kurs. — **b** *e* kurs. (schon in 1, pace DCo.); *Pompeianolus* DCo., statt *l* ist aber *r* zu lesen.

K Bei der Ritzzeichnung eines Gladiators. — **b** 1f. Evt. auch ein Gladiator; *imp. ser.* auch VI 8780 (ca. 80 n. Chr.). — 2 *servus*, cf. VÄÄ. p. 29; *Pompeianorum*; wohl elidiertes *es*, cf. #1049.

B IV 10082.a–b°; ImGr. 94* (b), 97 (b); HU. 137 (nur b); LA. 868.

3. LOKALPOLITIK

Viel präsenter als die zentrale Reichspolitik ist an den Wänden Pompejis die Lokalpolitik, die sich aber fast ausschließlich in Wahlpropaganda manifestiert, in der Einwohner andere auffordern, einen Politiker (oder ein Team) zu wählen. Die Sammlung und Interpretation der vielen hundert Inschriften, mit schwarzer, manchmal auch roter Farbe in eleganten, großen und schlanken Lettern gemalt, ist ein wichtiges Spezialgebiet der Forschung zu Pompeji und erlaubt einen vertieften Einblick in die Verwaltung und Prosopographie der Stadt. Leider ist die relative und absolute Chronologie der Amtsinhaber erst zu einem kleinen Teil etabliert. Wichtig wäre dafür auch die Feststellung, in welcher Reihenfolge übereinander gemalte Inschriften angebracht worden sind. Dies wurde kaum je sorgfältig genug untersucht, und die meisten Inschriften sind längst verwittert und erodiert. Aus der reichen Bibliographie seien speziell CASTRÉN (1983), FRANKLIN (1980) und (2001), JONGMAN (1988), ŁOŚ (1992), MOURITSEN (1988) und CHIAVIA (2002) hervorgehoben.

Das Kapitel ist gegliedert in Wahlpropaganda für Pompeji, die erdrückende Mehrheit der Zeugnisse und hier nur in einer Auswahl vertreten, sowie einige wenige für Nuceria (#362–67). Diejenigen für Pompeji sind in solche aus republikanischer Zeit (#99–112) und die weit häufigeren aus der Kaiserzeit gegliedert, die ihrerseits nach den Ämtern unterteilt sind: *Duumviri iure dicundo* (#113ff.), *Aediles* (#192ff.), *Duumviri* und *Aediles* zusammen (#327ff.), *Duumviri quinquennales* (#333ff.). Anschließend folgen noch diverse Inschriften zum Thema Öffentlichkeit in Pompeji (#341–61).

Die Duumviri waren als Exekutive für die Gemeinde insgesamt verantwortlich, hatten die Leitung des Rates, der Volksversammlung und der Wahlen inne sowie einen Teil der Rechtsprechung. Die beiden Aedile waren, wie ihre Abkürzung sagt (cf. #167), für den Bau und Unterhalt der Straßen und der öffentlichen und sakralen Gebäude zuständig, daneben aber auch für die Getreideversorgung, die Märkte und das Polizeiwesen. Beide Ämter waren auf ein Jahr befristet, spätere Wiederwahl war möglich. Als *quinquennales* waren die Duumviri jedes fünften Jahres für den Census zuständig (cf. #332), vergleichbar den Zensoren in Rom, denen sie zu rapportieren hatten. Aus dem Census leiteten sie die Zusammensetzung des Rates der Decurionen (*ordo decurionum*) für die nächsten fünf Jahre ab. Auch dieser Gemeinderat tritt in den Wandinschriften ein paarmal in Erscheinung[23]. Dagegen bleiben Sachfragen weitgehend unerwähnt.

Manchmal können wir einen Blick in die Welt der Maler dieser Wahlinschriften werfen (cf. #118), da sich diese nicht selten verewigt haben (meist mit *XY scr.* für *scripsit* 'XY hat dies geschrieben'). Eine nicht unwichtige Rolle spielte dabei der *dealbator*, wohl meist ein speziell dafür zuständiger Handwerker, der die – oft schon mehrfach beschriebenen – Wände wieder weiß strich und so für die neue Beschriftung bereit machte (cf. #183, #329, #389). Häufig schimmern aber ältere Inschriften noch durch oder wurden ohne neue Grundierung übermalt. Daneben wirkten im Team manchmal ein Assistent und einer, der den Text diktierte, mit (cf. #389). Cf. auch Einf. Kap. 4.

Besonders bunt ist die Schar derjenigen, wohl meist Bewohner aus dem jeweiligen Quartier oder Stadtteil, die sich für einen bestimmten Politiker einsetzten (meist mit *XY rog.* für *rogat* 'XY empfiehlt ihn' oder stärker: 'fordert ihn') und die wohl meist auch die Auftraggeber der Maler waren (cf. aber #118, #123, #159). Dabei wurde mittels zwielichtiger Namen für Wahlhelfer auch die Taktik der irreführenden Fake-Propaganda angewandt (cf. #211). *Nil sub sole novum.*

Die Formeln, mit denen Einwohner andere aufforderten, einen Politiker zu wählen, bestehen aus weitgehend fakultativen Elementen, die auf verschiedenste Art kombiniert werden können. Am Anfang steht fast immer der Kandidat und das angestrebte Amt im acc. Diese können zwar oft mit den darauf folgenden Elementen zu komplizierten Satzkonstruktionen verknüpft werden (z.B. #129). Weil aber ein Verbum wie 'wählen' oder 'empfehlen', das den doppelten acc. bedingt,

[23] Cf. #139, #142–46, #359, #382, #617.

oft fehlt oder isoliert in der Abkürzung *o. v. f.* (meist in Ligatur) steht (cf. #100), ist es besser, die Elemente generell als einzelne kurze Sätze aufzufassen und zu übersetzen. Abweichende Kombinationen und Formulierungen kommen vor, sind aber eher selten, cf. z.B. #108, #138, #196, #249, #251, #258, #261, #270, #324, #327.b, #330.

Es wird hier eine einigermaßen repräsentative Auswahl gegeben. Wo eine Abkürzung erstmals vorkommt, wird sie jeweils fett markiert und im Kommentar aufgeschlüsselt, nachher nicht mehr. In den längeren Unterkapiteln sind zudem die Gentilizien der Kandidaten (alphabetisch geordnet) beim ersten Mal fett gedruckt.

3.1. Wahlpropaganda für Pompeji

3.1.1. Republikanische Zeit (alle Ämter)

#99 dip. VII 4,46: links der Tür.

*L. Aqutium / **d. v.**, **v. b.**; / **o. v.**, **c.***

Lucius Acutius zum Duumvirn, einen guten Mann! Ich bitte euch (ihn zu wählen), Kolonisten!

E 1 TI, VM Ligg. – 2 VB Lig.

K 1 *Acutius*, cf. VÄÄ. p. 53 n. – 2f. *duumvirum, virum bonum* (oder *beneficum*, cf. #110), *oro vos, coloni* (bzw. hier *-ei*), cf. #93, später #139, #175, #182 usw.

B IV 7 (= I² 1641.c) m. add. ABD; ImDip. 356*; DI. 120.

#100 dip. V 1,3–4.

*P. Carpin. / **II v.**, v. b.; **o. v. f.***

Publius Carpinius zum Duumvirn, einen guten Mann! Ich bitte euch, (ihn) zu wählen.

E 1 IN Lig. – 2 OVF Lig.

K 1 *Carpinium*. – 2 *duumvirum*; *oro vos faciatis*, zu *facere*, *rogare* etc. cf. #203, ferner ZA. und add. D zu #140, OLD s.v. *faciō*, 7 und *rogō*, 5.c; die Formel *o. v. f.* bildet ein Hexameterende.

B IV 17 (= I² 1647) m. add. D; DI. 122.

#101 dip. VII 1,14–15, gegenüber IX 1,11.

P. Fur. II v., v. b.; o. v. f.

Publius Furius zum Duumvirn, einen guten Mann! Ich bitte euch, (ihn) zu wählen.

E VB, VF Ligg.
K *Furium.*
B IV 67 (= I² 1652.a) m. add. AD; DI. 123.

#102 dip. VII 1,7–8 (?) (Stabianer Thermen).

M. Mari., v. b., o., c. [---?]

Marcus Marius, einen guten Mann! Ich bitte (euch), Kolonisten, ...

E MAR Lig.
K *Marium*; evt. *oro, coloni.*
B IV 3347 (= I² 1656.g) m. add. D; DI. 118.

#103 dip. VIII 5,31: rechts der Tür.

*M. Marium | **aed.**; faci. | oro vos.*

Marcus Marius zum Aedilen! Ich bitte euch, (ihn) zu wählen.

K 2 *aedilem; faciatis*, vielleicht auch impv. *facite.*
B IV 61° (= I² 1656.a) m. add. D; ImDip. 370*, (528), 532°; DI. 158.

#104 dip. V 1,6–7.

L. Nir. II, v. b.

Lucius Niraemius zum Duumvirn, einen guten Mann!

E VB Lig.
K *Niraemium*, cf. I² 1628; wohl Haplographie statt *II v. v. b.* (cf. #106).
B IV 21 (= I² 1658) m. add. D; DI. 121.

#105 dip. VI 10,5–6.

M. Pompon. aed., v. b.

Marcus Pomponius zum Aedilen, einen guten Mann!

E MP, AED, VB Ligg.
K *Pomponium.*
B IV 27 (= I² 1662.a) m. add. AD; DI. 159.

#106 dip. VII 4,3 (Taberna): Tuffblock im Hinterzimmer.

L. Sestium II, v. b.

Lucius Sestius zum Duumvirn, einen guten Mann!

E VM, VB Ligg.
K Wohl Haplographie statt *II v. v. b.* (cf. #104).
B IV 6601 (= I² 1669) m. add. D; DI. 119.

#107 dip. V 1,5–6.

P. Veidi. II v. f.

Publius Veidius zum Duumvirn sollt ihr wählen!

K *Publium Veidium duumvirum faciatis*; *Vej(j)-idius*, von *Veius* (*Vejjus*) abgeleitet, cf. III 9392 *Veidius* neben *Veiedio.*
B IV 20 (= I² 1671) m. add. D; DI. 124.

#108 dip. VIII 5,29–30.

a *N. Veium I[I] / v., v. b.; o. v., co[l.]* – **b** *amator. vest. / faciat.; aed. M. / Ma.*

a Numerius Veius zum Duumvirn, einen guten Mann! Ich bitte euch, Kolonisten, – **b** einen euch Wohlgesonnenen zu wählen. (Und) zum Aedilen Marcus Marius.

E **a** 1 VE, VM Ligg. – **b** Steht unterhalb von a.
K **a** 1 Scil. *Barcam*, cf. #783. – **b** Schließt an a an. – 1f. *amatorem vestrum, faciatis*, cf. Cic. Att. 1.20.7 *L. Papirius Paetus, vir bonus amatorque noster*, cf. auch #348. – 3 Wohl *Marium*, cf. #103.
B IV 45 (= I² 1672.a) m. add. D; ImDip. 369*; DI. 126.

#109 dip. VI 10,6–8 (oder vis-à-vis?).

N. Barcha II v., v. b.; o. v. f.; ita v[o]beis Venus Pomp. sacra [---]

Numerius Barcha zum Duumvirn, einen guten Mann! Ich bitte euch, (ihn) zu wählen. So möge euch die heilige Venus von Pompeji [gnädig sein, wie (?) ...]!

E VE Lig.
K Cf. IV 72 *N. Barcam*, VÄÄ. p. 57, Cognomen evt. punisch; zu *Venus Pompeiana*, der Stadtgöttin von Pompeji, cf. #451, #852, #1037, #1158, wohl auch #1070 (und in anderen Funktionen #1032, #1425, ferner als Liebesgöttin #1027ff.); verloren ist evt. *sacra [sancta propitia sit]*, ZA., möglicherweise auch ein *ut*-Satz einer kompletten Beschwörungsformel, cf. #756.
B IV 26 (= I² 1644.a) m. add. AD; DI. 125.

#110 dip. VI 8,21–22.

Q. Caecil. ***q.***, ***v.*** *benific.; o. v. [---]*

Quintus Caecilius zum Qu..., einen wohltätigen Mann! Ich bitte euch, (ihn) [zu wählen, ...].

E AE Lig.
K *Caecilium*; vorgeschlagen wurden *q(uaestorem)*, scil. aus der Zeit zwischen dem Bundesgenossenkrieg und der Gründung der sullanischen Kolonie, *q(uattuorvirum)* und *q(uinquennalem)*, cf. add. D, die Frage ist nicht abschließend geklärt (cf. auch I² 1627 = X 794 *V. Popidius Ep. f. q.*); *virum beneficum*, zu *beni-* cf. #711 und VÄÄ. p. 20.
B IV 29 (= I² 1645.a) m. add. D; ImDip. 321*; DI. 191.

#111 dip. V 2,f–g (?).

C. Laecanium / [Succe?]ssum q., v. b.; L[ibe?]lla hoc iubet.

Gaius Laecanius Successus (?) zum Qu..., einen guten Mann! Libella befiehlt es (*nämlich*: diesen zu wählen).

K 2 Dasselbe Problem, und hier ist sogar die Datierung in republikanische Zeit umstritten, cf. add. D; mit *Libella* ist kaum der Duumvir quinquennalis von 25/26 n. Chr. (X 896, 1036) gemeint, cf. add. D.
B IV 7014 (= I² 3141) m. add. D; DI. 196.

#112 dip. VII 4,44–45.

Qui`n´tio siqui recusat, / assidat ad asinum / [---]+++++[---]

Quintius – wenn (den) einer ablehnt, soll er sich zum Esel setzen ...

K 1 Zur Korrektur cf. VÄÄ. p. 67, zu *-o(m)* ibid. p. 29, pace SOLIN (2012a), p. 46 n. 169; für *siquis*, cf. VÄÄ. p. 122. — 2 Nicht ganz klar, cf. evt. Catull. 97.10 *et non pistrino traditur atque asino?*

B IV 2887 (= I² 1665) m. add. BD; DI. 201; GE. A-60; HU. 542.

3.1.2. Kaiserzeit: Duumviri iure dicundo

#113 dip. IX 6,3: links der Tür.

***Bruttium** Balbum IIvir.; | Gen[ialis] | **r[og.]**; | hic aerarium conservabit.*

Bruttius Balbus zum Duumvirn! Genialis empfiehlt (ihn). Er wird die Gemeindekasse zusammenhalten.

K 1 Zur Person cf. #318. — 3 *rogat* (manchmal ist dies in pl. *rogant* aufzulösen, und auch *rogo* bzw. v.a. *rogamus* sind – trotz Nennung des Subjekts – oft zu erwägen, cf. explizit #125, #186, #194, #260, #279, #318, #360).

B IV 3702 m. add. D; DI. 132; GE. A-54; MO. 70f.

#114 dip. III 2,1: links der Tür.

***Caecilium** IIvir.; | Trebius soda. facit; | Trebius rog.*

Caecilius zum Duumvirn! (Sein) Freund Trebius wählt (ihn). Trebius empfiehlt (ihn).

K 2 *Trebius* cf. #123 etc., spez. #146, #261, #270, #309; *sodalis*, die Ergänzung «collegi iuvenum Veneriorum Pompeianorum» durch DCO. wird zurecht kritisiert (cf. add. D): *sodalis* ist, auch im pl., so häufig kein Term. techn. (cf. #488f., #531, #622.g, #671, #923, #1138, #1238, #1253, #1289), dass es, um als solcher verstanden zu werden, auch in diesen Propagandainschriften (#183, #216, #277) spezifiziert sein müsste, wie z.B. XIV 2635 *sodali iuvenum* und 2640 *sodales lusus iuvenalis* (Tusculum); dasselbe gilt für *iuvenis*, cf. #132f.

B IV 7617 m. add. D; DI. 872.

#115 dip. I 6,3: rechts der Tür.

*C. **Calventium** | Sittium Magnum | IIvir. **i. d.**; o. v. f.*

Gaius Calventius Sittius Magnus zum Duumvirn für die Rechtsprechung! Ich bitte euch, (ihn) zu wählen.

E 3 OVF Lig.
K 1f. Zur Reihung von Gentilizien cf. #316, #333, #368, #898 sowie CASTRÉN (1983), p. 133, LASSÈRE (2005), I p. 100ff. – 3 *duumvirum iurē dicundo*, zu *iurē* (dat.) cf. E. RISCH, Gerundivum und Gerundium (1984), p. 196ff.
B IV 7148 m. add. D; ImDip. 54*; DI. 891.

#116 dip. I 8,8: links der Tür, um die Ecke.

C. C. S. M. IIvir. Ascla rog.

Gaius Calventius Sittius Magnus zum Duumvirn! Ascla empfiehlt (ihn).

K *C. Calventium Sittium Magnum*; *Ascla* ist wohl masc., cf. IV 7288, 7291 und SOLIN (2003), p. 384, fem. evt. I² 1241.
B IV 7295 m. add. D; DI. 888.

#117 dip. I 7,6: rechts der Tür.

C. C. S. M. II vir. | Primilla rog.

Gaius Calventius Sittius Magnus zum Duumvirn! Primilla empfiehlt (ihn).

B IV 7230 m. add. D; DI. 889.

#118 dip. I 13,3: rechts der Tür.

C. Sittium Calventium Magnum | II vir. i. d.; Papilio **scr.**

Gaius Sittius Calventius Magnus zum Duumvirn für die Rechtsprechung! (Dies) hat Papilio geschrieben.

K 2 *Papilio* ist häufig bezeugt, cf. #205, #288, #347, auch als Wahlhelfer (IV 1157, 3367), zum Berufs- bzw. Spitznamen cf. #207 und #213; *scripsit.* Zu weiteren «professionellen» Inschriftenmalern cf. #123, #162, #166f., #183, #190, #205–7, #213, #361, #367, #370, #377–79, #389, ferner #257, #347.
B IV 7465 m. add. D; DI. 890.

#119 dip. I 6,7: rechts der Tür.

C. Calventium Sittium Magnum IIvir. i. d.; | o. v. f.

Gaius Calventius Sittius Magnus zum Duumvirn für die Rechtsprechung! Ich bitte euch, (ihn) zu wählen.

E 2 OVF Lig.
B IV 7173 m. add. D; ImDip. 58*, 60*, 62*; DI. 892.

#120 dip. IX 7,2: rechts der Tür.

Calventium | II v. i. d.; infectores | rog.

Calventius zum Duumvirn für die Rechtsprechung! Die Wollfärber empfehlen (ihn).

K Rechts davon ein Palmzweig, cf. dazu #200 und add. D zu IV 171. – 2 *infectores* cf. #301.
B IV 7812 m. add. D; ImDip. 384–87*, 389*, 391*; DI. 893; GE. A-16.

#121 dip. III 8,8: außen.

C. Calventium | Sittium IIv. i. d.; | ẹg̣ọ | Astylus ṣụṃ.

Gaius Calventius Sittius zum Duumvirn für die Rechtsprechung! Ich bin Astylus.

K 4 *Astylus* cf. #128, #158, #347.
B IV 423 m. add. D; ImDip. 294°; DI. 135.

#122 dip. IX 3,1: links der Tür.

C. Calventium Sittium | II v·r. i. d.; Uboni, vigula.

Gaius Calventius Sittius zum Duumvirn für die Rechtsprechung! Ubonius, sei wachsam!

E 2 II·V·R·I·D·VBONI·VIGVLA, versehentlich mit Interpunktion statt *-i-* in *vir(um)*, so mehrfach nicht nur bei diesem Kandidaten (cf. #135), die betr. Inschriften sind also wohl alle vom selben Inschriftenmaler (oder Diktierer, cf. #389).
K 2 Cf. *M. Ubonius Cogitatus* tab. cer. IV 3340.37.21; *vigila* impv., cf. #176, #191, #272, #276, ferner #283, durativ 'sei wachsam!' (nicht ingressiv 'erwache!'), cf. OLD s.v. *vigilō*, H.–SZ. p. 302; zu *-ul-* cf. VÄÄ. p. 26, LEUM. p. 85f. (Tendenz zu *-il-* vor vorderen, z.B. in *vigiliae*, und *-ul-* vor hinteren Vokalen, Durchführung durch Paradigmazwang behindert).
B IV 858 m. add. ABD; DI. 136.

#123 dip. III 3,6: Türpfosten rechts.

L. ***Ceium*** *Secundum IIvir.; | Scymnis nec sine Trebio; Infantio scr.*

Lucius Ceius Secundus zum Duumvirn! Scymnis (empfiehlt ihn), und nicht ohne Trebius. (Dies) hat Infantio geschrieben.

K 2 *nec sine* cf. #127, #153, #265, #671, #1204, IV 1083, 6610, sowie VÄÄ. p. 124f.; das Verbum fehlt, cf. #152; *Infantio* cf. #159 (auch als Wahlhelfer).
B IV 7658 m. add. D; ImDip. 246*, 249–51*°; DI. 879.

#124 dip. II 1,1: rechts der Tür.

L. Ceium Secundum IIvir.; | rogant clientes.

Lucius Ceius Secundus zum Duumvirn! (Seine) Klienten empfehlen (ihn).

K 2 Zum substantivierten ptc. (hier ein längst existierendes Beispiel) cf. #734.
B IV 7490 m. add. D; ImDip. 179f.*; DI. 880.

#125 dip. V 1,27: rechts der Tür.

Ceium Secundum | II vir.; Q. S. Caecili Iucundi rogam.

Ceius Secundus zum Duumvirn! Wir, Quintus und Sextus Caecilius Iucundus, empfehlen (ihn).

K Neben dem Haus, das in den 50er Jahren L. Caecilius Iucundus gehört hatte (V 1,26). – 2 *Quintus et Sextus*; *rogamus.*
B IV 3433 m. add. D; DI. 133.

#126 dip. I 13,2: rechts der Tür.

Ceium II vir., o. v., | benemerentem; rog.

Ceius zum Duumvirn, ich bitte euch, einen ausgezeichneten (und) verdienstvollen Mann! Ich empfehle (ihn).

K 1 Wohl *optimum virum* (cf. #132). – 2 *rogo* oder *rogamus.*
B IV 7460 m. add. D; (ImDip. 528); DI. 881.

#127 dip. III 2,1: rechts der Tür.

L. Ceium Secundum | II vir.; o. v. f.; Trebius nec sine | [------]

Lucius Ceius Secundus zum Duumvirn! Ich bitte euch, (ihn) zu wählen. Trebius [empfiehlt ihn], und nicht ohne [...].

E 2 OVF Lig.
K 2 *nec sine* cf. #123.
B IV 7627 m. add. D; ImDip. 234–38*; DI. 882.

Abb. 1: #128, nach ImDip. 156, leicht retouchiert
Mit freundlicher Genehmigung des Verlags «L'ERMA» di BRETSCHNEIDER, Rom.

#128 dip. I 13,2: links der Tür.

a *Ceium Secundum IIvir.; o. v. f.; | Sutoṛia Primigenia cum suis rog.* — **b** *Astyle, dormis.*

a Ceius Secundus zum Duumvirn! Ich bitte euch, (ihn) zu wählen. Sutoria Primigenia mit den Ihren empfiehlt (ihn). — **b** Astylus, du schläfst.

E Cf. Einl., 4. — 2 Das *i* von *Sutoria* ist versehentlich zu einem *t* geraten.
K **b** Über der Ritzzeichnung eines Kopfes. — Zu Astylus cf. #121; *dormis* cf. #283, ferner #247, #281, #292, #296, #389 sowie (ironisch) #211.
B IV 7464 m. add. D; ImDip. 156f.*; DI. 883; LA. 237°.

#129 dip. II 2,4: rechts der Tür.

L. Ceium Secundum | II vir.; o. v. f.; | Lorei, et ille te faciet.

Lucius Ceius Secundus zum Duumvirn! Ich bitte euch, (ihn) zu wählen. (Im Gegenzug), Loreius, wird auch er dich wählen.

E 2 OVF Lig.

K 3 *Loreius* cf. #283, #352 sowie IV 7724 *Loreius rog.*; *et ille* cf. #189, #270, #275, #287, IV 635. – Die ganze Inschrift könnte auch in einem Satz (mit *oro ut facias*) gelesen werden.

B IV 7539 m. add. D; ImDip. 199*, 201*; DI. 884.

#130 dip. III 4,1 (Taberna): Türpfosten links.

L. Ceium Secundum IIvir.; | o. v. f., ***d. r. p.****; Urblanenses rog.*

Lucius Ceius Secundus zum Duumvirn! Ich bitte euch, (ihn) zu wählen, einen der Gemeinde würdigen Mann. Die Bewohner von Urbulanum empfehlen (ihn).

K 2 *dignum rei publicae*, cf. #139, #216, IV 121 *dig. rei publ.*, ferner #315, zum gen. (dat. ist weniger wahrscheinlich) cf. auch #175, VÄÄ. p. 118, ferner #147 (*utilis* + dat.) und #163; *Urbl-* cf. VÄÄ. p. 45; cf. *Urbulanenses* #238 und #279 (beide ganz nahe); da die Ableitung nie auf *-iensis*, sondern nur auf *-ensis* lautet (cf. dagegen #208, #227) gab es vermutlich ein *o*-stämmiges Toponym **Urbulanum* (wie *Aeclanum*, *Herculan(e)um* etc., mit lat. adj. *-ān-ensi-*), dessen Bewohner hier gemeint sind, wohl im Bereich der heutigen Porta di Sarno (so SPANO, cf. add. D), die damals Urbulaner Tor geheißen haben muss, cf. ***veru Urubla[nu]*** (oder ***-[níu]****?*) 'Urbulaner Tor' in einer wenige Meter entfernten oskischen Inschrift (ImagItal Pompei-7*°; III 4,2, links der Tür); zu osk. ***veru*** cf. auch #467. Falls osk. **Urublanom* 'Kleinstadt' bedeutete, ist wohl eine Siedlung außerhalb, aber nahe bei Pompeji gemeint.

B IV 7676 m. add. D; (ImDip. 528); DI. 885.

#131 dip. I 20,4: links der Tür.

Ceium Secundum II vir.; o. v. f.; | faciat qui cupit.

Ceius Secundus zum Duumvirn! Ich bitte euch, (ihn) zu wählen. (Ihn) soll (jeder) wählen, der (ihn sich) dringend wünscht!

E 1 OVF Lig.

K 2 Cf. #171, #283.

B IV 9909 m. add. D; ImDip. 174*.

#132 dip. IX 13,6: rechts der Tür.

L. Ceium Secundum, | iuvenem optimum, | ***d. i. d.****; o. v. f.; Sex. Ceius f[acit].*

Lucius Ceius Secundus, einen ausgezeichneten jungen Mann, zum Duumvirn für die Rechtsprechung! Ich bitte euch, (ihn) zu wählen. Sextus Ceius wählt (ihn).

K 1 *iuvenem*, sehr häufig in diesen Inschriften, wird von DCo. durchwegs in einem «technischen» Sinne verstanden, nämlich als Mitglied des Jugendverbandes, den er postuliert (cf. #133, #358a). Dies überzeugt nicht (cf. auch #114 zu *sodalis*), erstens angesichts der nicht «technischen» Verwendung von *iuvenis* (#219 in einem öden Vers, ferner #298, #1103), zweitens wegen der gleichen Verwendung von einerseits *adulescens* (#261, #299, auch IV 1012 *egregium adulescentem*, cf. ferner IV 968 *verecundum adulescentem*) und anderseits *vir* (#99 etc., #126, #239; cf. auch #332). Drittens hat schon FRANKLIN (1980), p. 21 mit Anm. 15 zurecht darauf hingewiesen, dass die häufigen Attribute wie *probus* (IV 317, 566, 702 u.v.a.m.), *egregius* (IV 951, 1022), *innocens* (IV 3467, 7482), *dignus* (#140), *optimus* (hier und IV 158) bei einer «technischen» Bedeutung von *iuvenis* überflüssig, ja sogar unangebracht wären (cf. auch add. D zu IV 158 etc.). JACZYNOWSKA (1978), p. 64f. ist nur leicht vorsichtiger als DCo. und will auf diese ihr willkommenen Zeugnisse für den hypothetischen Jugendverband nicht verzichten (auch nicht auf #855, mit unhaltbarer Erklärung p. 52). An anderen Orten haben sich Lokalpolitiker zwar zuweilen während ihrer Karriere auch für die Jugend eingesetzt, insgesamt aber sind unzweifelhafte Zeugnisse dafür selten (cf. JACZYNOWSKA ibid. p. 65). — 3 *duumvirum iure dicundo.*

B IV 7974 m. add. D; ImDip. 471f.*; DI. 887.

#133 dip. III 7,1: rechts der Tür.

Ceium Secundum II v. i. d.; | Veneriosi rog. iuvenem.

Ceius Secundus zum Duumvirn für die Rechtsprechung! Die Jungs vom Sexclub empfehlen den jungen Mann.

K 2 Ableitung auf *-ōsus* (cf. #707) von *venerius*, evt. von *(iactus) venerius* beim Würfelspiel (cf. OLD s.v. *venerius*, 1.c), was an #245 und #273 erinnern würde, oder von *(balneum) venerium* in #995; da aber *Veneri(i) rog.* in #172 (an der Hauswand schräg gegenüber) zweifellos eine ähnliche Bedeutung hat, ist eine Ableitung von *res veneriae* (OLD ibid. 2.b) viel wahrscheinlicher, OLD gibt (für Personen) 'full of sexual desire' (ibid. 2.c) und gleich davor s.v. *Veneriōsī*: The (humorous) name for a group of young men at Pompeii ('the sex-addicts'?); sogar Prostituierte könnten gemeint sein, cf. #1314. In IV 1162 (II 3,5, ganz nahe, ebenfalls für L. Ceius Secundus) ist die Passage unlesbar (*dignum++uvensceneniirus o. v. f.*) und die Restitution *[i]uven[e]s [V]ene[r]i [rog.]* durch DCo. im Detail zweifelhaft. Die drei Dipinti können jedenfalls nicht als Zeugnisse für den von DCo. postulierten kommunalen Jugendverband herangezogen werden, DCo. wird denn auch dafür seit langem heftig kritisiert (cf. add. D sowie #114 und #132); viel eher sollten wir die Texte den Anti-Propaganda-Zeugnissen zurechnen (cf. #211).

B IV 7791 m. add. D; ImDip. 288*.

#134 dip. IX 11,3: rechts der Tür.

Ceium Secundum | II v. i. d.; Asellina rog.

Ceius Secundus zum Duumvirn für die Rechtsprechung! Asellina empfiehlt (ihn).

K 2 *Asellina* cf. #265.

B IV 7873 m. add. D; ImDip. 426–30*; DI. 886; GE. A-41.

#135 dip. I 14,2: rechts der Tür.

[L.] Ceium Secundum | II v·r. i. d.; pater facit fili[um].

Ceius Secundus zum Duumvirn für die Rechtsprechung! Der Vater wählt den Sohn.

E 2 V·R statt *vir(um)*, cf. #122.

B IV 9913 m. add. D.

#136 dip. VII 3,19–20.

[L.] C. S. IIvir.; o. v. f.; | Euhode perfusor cum Secu[ndo ---?], | o. v. f.

Lucius Ceius Secundus zum Duumvirn! Ich bitte euch, (ihn) zu wählen. Wassergießer Euodus samt Secundus [...?], ich bitte euch, (ihn) zu wählen.

E 1 OVF Lig.

K 2 *-h-* cf. #288 *Synhodus*, I[2] 836 *Panhormi*, dies sind keine Fälle von «*h* parasite», pace VÄÄ. p. 58, sondern *h* wurde in dieser Position in Süditalien offensichtlich ausgesprochen, cf. auch *παρhέξω* (SEG 4, no. 163) und *ἀνhίσταμαι* (SEG 34, no. 994) auf süditalischen Vasen (4. Jh. v. Chr.).

B IV 840 m. add. AD; DI. 134.

#137 dip. IX 14,2: Eingang links.

[T]i. ***Claudium*** *Verum | IIvir.; Obelli cum patre, fave, scis Vero favere.*

Tiberius Claudius Verus zum Duumvirn! Obellius samt Vater, unterstütz (ihn), du verstehst dich doch darauf, Verus (*oder:* die Wahrheit) zu unterstützen!

E 1 VM zweimal Lig.

K 1 Auch IV 3820. – 2 *Obelli* voc.; die Obellii Firmi und Ti. Claudius Verus hatten mit Gladiatorenspielen zu tun, cf. #375; *scire* wird in diesen Inschriften sonst in etwas anderem Sinn verwendet, cf. #162), *favere* mit acc. oder dat. cf. add. D, VÄÄ. p. 115; neben dat. *Vero* bzw. *vero* kann drittens adv. *vero* verstanden werden: 'du verstehst dich ja wahrlich aufs Unterstützen'.

B IV 3828 m. add. D, NSc. 1911, p. 221; DI. 127.

#138 dip. IX 8,2: links oder rechts der Tür.

Verum d. vir. i. d.; o. v. f., descende, d. r. p.

Verus zum Duumvirn für die Rechtsprechung! (Wir), die Schüler, bitten euch (*oder:* Ich bitte euch, Schüler), (ihn) zu wählen, einen der Gemeinde würdigen Mann.

K Wohl *discentes*, cf. #230, nom. (*oramus*) oder voc. (*oro*), kaum acc.

B IV 362 m. add. D; DI. 151; GE. A-65.

#139 ♪ dip. VII 1,11–12.

M. ***Epidium*** *Sabinum* ***d.*** *i. dic., `o. v. f., dig. est´, | defensorem coloniae; ex sententiá Suedi Clementis, sancti iudicis, | consensu ordinis, ob_merita eius et probitatem, dignum rei_publicae, faciat. |*

Sabinus dissignator cum plausu facit.

Marcus Epidius Sabinus zum Duumvirn für die Rechtsprechung, den Beschützer der Kolonie! `Ich bitte euch, (ihn) zu wählen. Er ist (des Amtes) würdig´. Auf Ratschluss des ehrenwerten Richters Suedius Clemens, mit Zustimmung des Gemeinderates (und) wegen seiner Verdienste und seiner Rechtschaffenheit, sollt ihr (ihn), einen der Gemeinde würdigen Mann, wählen!

Sabinus der Zeremonienmeister wählt (ihn) mit Applaus.

M 4 ia6.

E 1 OVF Lig.; *o. v. f.* und *dig(nus) est* sind rechts oben hinzugefügt.

K 1 Ein früher Vertreter der Gens in der Stadtregierung ist bezeugt in ImagItal Pompei-14* ***Ú(vis?) Epidiis Ú(vieís?)*** (Ende 3. Jh., außerhalb der Stadt gefunden). – 2 *defensorem* cf. #441; *coloniae* cf. #93, #99 usw.; zu *T. Suedius Clemens*, Vespasians Beauftragter für Pompeji, cf. X 1018 (wie X 1266 für Nola) und add. D mit Bibl. – 3 *ordinis* cf. #142ff., #359, #382, #617; *faciatis.* – 4 *dissignator* cf. #330 und OLD s.v., b.

B IV 768 (= 1030) m. add. ABD; ImDip. 352*; DI. 137; CLE 39; CO. 106.

#140 dip. IX 1,19–20.

M. Epidium | Sabinum | IIvir. iur. dìc.; o. v. f., dignum iuvenem; | Suedius Clemens sanctissimus | iudex facit vìcinis rogantibus.

Marcus Epidius Sabinus zum Duumvirn für die Rechtsprechung! Ich bitte euch, (ihn) zu wählen, einen würdigen jungen Mann. Der hochehrenwerte Richter Suedius Clemens wählt (ihn) auf Empfehlung der Nachbarn.

B IV 1059° m. add. D; Di. 138.

#141 dip. VII 9,33: links der Tür.

M. Epidium Sabinum | ex sententia Suedi Clementis d. v. i. d.; | o. v. f.

Marcus Epidius Sabinus auf Ratschluss des Suedius Clemens zum Duumvirn für die Rechtsprechung! Ich bitte euch, (ihn) zu wählen.

E 3 OVF Lig.

B IV 791 m. add. D; DI. 139.

#142 dip. II 4,7: links der Tür, gegen die Hausecke hin.

M. Epidium | Sabinum | II vir., d. r. p.; | ordo sanctiss. |5 facit; | val.

Marcus Epidius Sabinus zum Duumvirn, einen der Gemeinde würdigen Mann! Der hochehrenwerte Gemeinderat wählt (ihn). Alles Gute!

K 4 *ordo* cf. #139; *sanctissimus.* – 6 *vale, valeat* o.ä.
B IV 7576 m. add. D; ImDip. 216*.

#143 dip. II 7 (Palaestra).

Sabinum | IIvir. i. d.; sanctus ordo | consensu populi facit.

Sabinus zum Duumvirn für die Rechtsprechung! Der ehrenwerte Gemeinderat wählt (ihn) mit Zustimmung des Volkes.

K 3 Cf. #300.
B IV 7584 m. add. D; ImDip. 225*.

#144 dip. II 4,7: links der Tür, gegen die Hausecke hin.

M. Epidium Sabinum | IIvir. ì. d.; o. v. f., dignissimum iuvene[m]; | sanctus ordo facit; Clementi sancto ìudici fel.

Marcus Epidius Sabinus zum Duumvirn für die Rechtsprechung! Ich bitte euch, (ihn) zu wählen, einen hochwürdigen jungen Mann. Der ehrenwerte Gemeinderat wählt (ihn). Glück dem ehrenwerten Richter Clemens!

K 3 *feliciter.*
B IV 7579 m. add. D; ImDip. 218*, 219°.

#145 ♪ dip. I 7,1: links der Tür.

M. Epidium | Sabinum d. i. d.; o. v. f.; sanctus ordo facit; | Suedio Clementi, sancto iúdici, | feliciter.

Marcus Epidius Sabinus zum Duumvirn für die Rechtsprechung! Ich bitte euch, (ihn) zu wählen. Der ehrenwerte Gemeinderat wählt (ihn). Glück dem ehrenwerten Richter Suedius Clemens!

M 3f. tro7 (*Su̯ē-*).
E 2 OVF Lig.
B IV 7203 m. add. D; ImDip. 70–74*, 76–79*; DI. 895.

#146 dip. III 1,6: rechts der Tür.

Epidium Sabinum | IIvir. iur. dic.; o. v. f.; Trebius cliens facit | consentiente sanctissimó | ordine.

Epidius Sabinus zum Duumvirn für die Rechtsprechung! Ich bitte euch, (ihn) zu wählen. Trebius, (sein) Klient, wählt (ihn) mit Zustimmung des hochehrenwerten Gemeinderates.

B IV 7605 m. add. D; DI. 894; GE. A-7; MO. 16f.

#147 dip. VI 14,20: rechts der Tür.

C. ***Gavium*** *Rufum IIvir.; o. v. f., | utilem* ***r. p.****; Vesonius Primus rog.*

Gaius Gavius Rufus zum Duumvirn! Ich bitte euch, (ihn) zu wählen, einen für die Gemeinde nützlichen Mann. Vesonius Primus empfiehlt (ihn).

E 1 OVF Lig.
K 2 *utilem r. p.* cf. #278; *rei publicae* ist hier dat. und gramm. problemlos, aber in IV 6668, wo einer denselben Kandidaten als *d(ignum) r. p. et utilem iuvenem probum* bezeichnet, ist *rei publicae* zuerst als gen. (cf. #130, statt abl.) und dann als dat. aufzufassen, offenbar erregte das ebensowenig Anstoß wie dt. 'einen der Republik würdigen und nützlichen jungen Mann'; zum Wahlhelfer cf. IV 3476–78, 3480–82 und add. D.
B IV 3471 m. add. D; DI. 128.

#148 dip. VI 1,18–20 (nordwestlich gegenüber Brunnenhaus 19).

M. ***Holconium*** *Priscum, | C. Gavium Rufum II vir.; | Phoebus cum emptoribus | suis rogat.*

Marcus Holconius Priscus (und) Gaius Gavius Rufus zu Duumvirn! Phoebus mit seinen Kunden empfiehlt (sie).

K *duumviros.*
B IV 103 m. add. D; ImDip. (527), 529.3°; DI. 129; GE. A-10; KR. 20; MO. 28f.

#149 dip. I 6,7: rechts der Tür.

Holconium Priscum IIvir.; / fullones universi rog.

Holconius Priscus zum Duumvirn! Alle Walker empfehlen (ihn).

B IV 7164 m. add. D; ImDip. 55*, 57f.*, 60*, 62*; DI. 873; GE. A-14; MO. 52f.

#150 dip. VI 8,22–23.

M. Holconium / Priscum IIvir. i. d.; / pomari universì / cum Helvio Vestale rog.

Marcus Holconius Priscus zum Duumvirn für die Rechtsprechung! Sämtliche Obsthändler mit Helvius Vestalis empfehlen (ihn).

B IV 202 m. add. AD; ImDip. (528), 531.27°; DI. 140; GE. A-30.

#151 dip. II 7 (Palaestra).

Holconium Priscum / IIvir. i. d.; spectaculi spectantes rog.

Holconius Priscus zum Duumvirn für die Rechtsprechung! Die Zuschauer der Vorstellung(en) empfehlen (ihn).

K 2 *spectaculum* bezieht sich auf die Darbietungen im benachbarten Amphitheater; zum substantivierten ptc. cf. #734, hier sogar mit gen. konstruiert, also ganz als subst. empfunden.

B IV 7585 m. add. D; MO. 62f.

#152 dip. III 4,2: rechts der Tür.

Holconium / Priscum d. i. d.; o. v. f.; / Polites cliens.

Holconius Priscus zum Duumvirn für die Rechtsprechung! Ich bitte euch, (ihn) zu wählen. Polites, (sein) Klient, (empfiehlt ihn).

E 2 OVF Lig.

K 3 *Polites* cf. #272, #890; ohne Verbum cf. auch #123, #221, #229, #243, #263, #313 (?), #336, #347.

B IV 7685 m. add. D; ImDip. 255f.*; DI. 896.

#153 dip. I 4,8–9 (ZA.; 7, rechts der Tür, DCO.).

a *M. Holconium II v. i. d.* – **b** *L. Ceium Secundum IIvir.; | Passaratus nec sine Maeniano | rog.*

a Marcus Holconius zum Duumvirn für die Rechtsprechung. – **b** Lucius Ceius Secundus zum Duumvirn! Passaratus empfiehlt (ihn), und nicht ohne Maenianus.

E Separate Inschriften, cf. add. D.
K 3 *nec sine* cf. #123; *Passaratus* (dor. *Πᾱσάρᾱτος*, cf. LGPN III.A Megara Hybl. 6. Jh. v. Chr.; cf. #542).
B IV 994, 995 m. add. AD; DI. 141.

#154 dip. VI 1,5: außen.

C. ***Iulium*** *Polybium IIvir.; | c̣ḥyp̣arẹ rog.*

Gaius Iulius Polybius zum Duumvirn! ... empfiehlt / empfehlen (ihn).

K 2 *Cypare* (?) DI., *Thurari* (?) MOM., *cupari(i)* MOURITSEN, alii alia.
B IV 99 m. add. BD; DI. 130; KR. 23.

#155 dip. I 10,4: rechts der Tür.

C. Ìulium Polybium | IIvir.; | Fulbunguis rog., | [- c. 6 -]auelinc[- c. 8 -]

Gaius Iulius Polybius zum Duumvirn! «Rotnagel» empfiehlt (ihn), ...

K 3 Statt *Fulv-*, nach DCO. Spitzname (cf. #515) für Q. Poppaeus Sabinus, den Hausbesitzer, cf. zu diesem auch #979. – 4 Unklar.
B IV 7345 m. add. D; DI. 874.

#156 dip. IX 7,7: links der Tür.

C. Iulium Polybium | IIvir.; Cuculla rog.

Gaius Iulius Polybius zum Duumvirn! Cuculla empfiehlt (ihn).

K 2 *Cuculla* cf. ThLL IV 1281.60–69, OLD s.v. *cucūlus*, der Name war übermalt (wurde vielleicht die Unterstützung durch Cuculla für unerwünscht erachtet?), cf. #160 und #211.
B IV 7841 m. add. D; ImDip. 396f.*, 407f.*; DI. 875.

#157 dip. I 6,15: links der Tür.

C. Iulium / IIvir.; Fabia / rog.; / o. v. f.; dignus est.

Gaius Iulius zum Duumvirn! Fabia empfiehlt (ihn). Ich bitte euch, (ihn) zu wählen. Er ist (des Amtes) würdig.

B IV 7189 m. add. D; ImDip. 63–66*; DI. 876.

#158 dip. I 9,12: links der Tür.

C. Iulium Polybium / IIvir. ì. d.; o. v. f., bene / merentes; Astylus rog.

Gaius Iulius Polybius zum Duumvirn für die Rechtsprechung! Ich bitte euch, (ihn) zu wählen, den wohlverdienten. Astylus empfiehlt (ihn).

E 2 OVF Lig.
K 3 *merentes* statt *merentem*, der Inschriftenmaler hat wohl gleichzeitig an den Kollegen des Polybius gedacht; zu Astylus cf. #121.
B IV 9831 m. add. D; ImDip. 115*.

#159 graff. VI 1,7: Peristyl.

C. Iulium Polybium / IIvir.; / Infantio rogat.

Gaius Iulius Polybius zum Duumvirn! Infantio empfiehlt (ihn).

E In großen Buchstaben.
K 3 Cf. #233, #236, #277, als Inschriftenmaler #123, #181, #210, #275.
B IV 1226° m. add. AE; ImGr. 242*; DI. 131; KR. 24.

#160 dip. IX 11,2: links der Tür.

C. I. P. IIvir. i. d.; / Zmyrina rog.

Gaius Iulius Polybius zum Duumvirn für die Rechtsprechung! Zmyrina empfiehlt (ihn).

K 2 *Smyrna*, cf. #265; der Name war übermalt, cf. #156.
B IV 7864 m. add. D; ImDip. 422f.*, 425*.

#161 dip. IX 13,1: Türpfosten rechts, dem linken gegenüber.

C. I. P. IIvir.; | Prunicus | rog.

Gaius Iulius Polybius zum Duumvirn! Phrynichus empfiehlt (ihn).

K 2 *Phrynichus*, cf. VÄÄ. p. 32.
B IV 7941 m. add. D; ImDip. 465*; DI. 974.

#162 dip. IX 1,26–27.

Lucretium *IIv[---]. | Diadumene, scio te factu[rum]; | scr. Proto-g[enes].*

Lucretius zum Duumvirn [...]! Diadumenus, ich weiß, du wirst (ihn) wählen! (Dies) hat Protogenes geschrieben.

K 2 *scio* cf. #298, ferner #137.
B IV 2975 m. add. D; DI. 142.

#163 ♪ dip. V 4,d: rechts der Tür.

sì pudor in vìtá quicquam prodesse putatur, |
Lucretius hic Fronto dignus honore bono est.

Wenn man überzeugt ist, dass Anstand im Leben etwas hilft,
so ist unser Lucretius Fronto großer Ehre würdig.

M dist.
K 1 Cf. CLE 1117 (= III 1854) *si pietas prodest qui(c)quam, vixisse modeste* etc.; *si pudor* auch #1436. — 2 *hic* ist eher pron. *hĭc* 'dieser' als adv. *hīc* 'hier', cf. #786; ohne *hic* wäre der Vers besser; *dignus* hier für einmal – in «literarischem» Stil – mit abl. (cf. #130); *honore bono* wörtlich 'guter Ehre'.
B IV 6626 m. add. D; DI. 143; CLE 2052; HU. 321; GI. 232.

#164 graff. V 4,a: Peristyl.

M. Lucretius Fronto vir fortis | ⟦et ho+⟧ vac.?

Marcus Lucretius Fronto, ein starker Mann ~~und ehrl...~~

E 1 *f* in *Fronto* kurs. – 2 Wohl unfertig, *et ho+* teilweise radiert.

K 2 Der Inschriftenmaler hat es sich offenbar anders überlegt, innegehalten und das, was er von *et honestus* schon geschrieben hatte, wieder gelöscht.

B IV 6796° m. add. E; DI. 144; KR. 75; WE. 375; HU. 322; GI. 232.

#165 dip. I 13,11: rechts der Tür.

M. Lucretium Frontonem | IIvir.; Fundilius Eugamus | cum Floro suo rog.

Marcus Lucretius Fronto zum Duumvirn! Fundilius Eugamus mit seinem Florus empfiehlt (ihn).

K 2 Das Gentiliz *Fundilius* auch tab. cer. IV 3340.92.9. – 3 Cf. #213.

B IV 9877 m. add. D.

#166 dip. I 15,1: rechts der Tür.

M. Lucretium Frontonem | d. i. d.; Porcellus rogat.

Marcus Lucretius Fronto zum Duumvirn für die Rechtsprechung! Procellus empfiehlt (ihn).

K 2 *Porcellus* cf. IV 9919 *Porcellus cum suis rog.*, 9925 *scr. Porcellus.*

B IV 9922 m. add. D.

#167 dip. V 4,3: Gartenporticus.

M. ***Óbellium*** *| Firmum IIvir. i. d. |* ***v. a. s. p. p.*** *[..]++; scripsit C[---]*

Marcus Obellius Firmus zum Duumvirn für die Rechtsprechung (und?) für den Bau und Unterhalt der Straßen und der öffentlichen und sakralen Gebäude ...! (Dies) hat C... geschrieben.

E 3 Vor *scripsit* unklar: *tR* SOGLIANO, *tib* NSc. 1911 p. 222, *Tib.* DI. p. 62, cf. MAU und add. D.

K 2f. Zur merkwürdigen Kombination von *i. d.* und *v. a. s. p. p.* (*viis aedibus sacris publicis procurandis*, cf. #249), was normalerweise zum Amt der Aedilen gehört (cf. #226), cf. add. D. – Die Inschrift stand im Innern eines Privathauses, sie war also evt. nur ein Übungstext (cf. #304).

B IV 6621° m. add. D; DI. 155.

#168 dip. IX 2,13: links der Tür, gegen die Hausecke hin.

P. ***Paquium*** *Proculum | II vir. i. d.; Thalamus cliens facit.*

Publius Paquius Proculus zum Duumvirn für die Rechtsprechung! Thalamus, (sein) Klient, wählt (ihn).

B IV 933 m. add. AD; DI. 145.

#169 dip. I 7,1: links der Tür.

P. Paquium | Proculum II vir., d. r. p.; o. v. f.; | dignus est.

Publius Paquius Proculus zum Duumvirn, einen der Gemeinde würdigen Mann! Ich bitte euch, (ihn) zu wählen. Er ist (des Amtes) würdig.

E 2 OVF Lig.
B IV 7208 m. add. D; ImDip. 70–74*, 76–79*; DI. 898.

#170 dip. II 6 (Amphitheater): Westzugang zur Arena.

P. <P>aquium Proculum IIvir. | i._d., d. r. p.; | univer[si] Pompeìani fecerunt.

Publius Paquius Proculus zum Duumvirn für die Rechtsprechung, einen der Gemeinde würdigen Mann! Die Pompejaner in ihrer Gesamtheit haben (ihn) (schon letztesmal?) gewählt.

E 1 Das zweite P (nach dem Vornamen P·) wurde vergessen.
K 3 *ì* cf. #451; *Pompeìani* wohl auch um der Alliteration willen, cf. #286; *fecerunt* cf. #216.
B IV 1122° m. add. AD; DI. 154; KR. 20°.

#171 dip. I 7,1: rechts der Tür.

P. Paquium Proculum | [du]umvirum i. d.; vicini cupidi faciunt.

Publius Paquius Proculus zum Duumvirn für die Rechtsprechung! (Seine) Nachbarn wählen (ihn) mit Begeisterung.

K 2 *cupidi* cf. #312, sonst auch *cupit, cupide, cupiens*, cf. ferner #1073ff.
B IV 7197 m. add. D; ImDip. 70–74*; DI. 899.

#172 dip. II 4,4: links der Tür.

Paquium d. i. d.; | Veneri rog.

Paquius zum Duumvirn für die Rechtsprechung! Die sexhungrigen Jungs empfehlen (ihn).

K 2 *Venerii*, laut DCo. Name eines Jugendverbandes, cf. dazu #133 (add. D nimmt nicht klar Stellung); die angebliche Parallele in #339 ist nicht zugehörig, steht in stark fragm. Kontext und könnte dat. *Veneri* sein.

B IV 1146 m. add. D; ImDip. 210*.

#173 ♪ dip. VII 2,3: Eingang links.

Procule, Frontonì | tuo officium commoda.

Proculus, erfülle deinem Fronto gegenüber (deine) Pflicht!

M Wohl ia6 (2 *tŭŏ* mit IK, cf. #615, und nachfolgendem Hiat).

K 2 Evt. für *tuum*, wie wohl auch *in* #201 *perpetuo*; cf. OLD s.v. *commodō*, 3, ThLL III 1919.42, ferner Nep. Att. 9 *Fulviae ... officium suum praestitit*, cf. *commodare* in etwas anderer Bedeutung auch #254.

B IV 920 m. add. AD; DI. 197; GE. A-47.

#174 dip. IX 13,1: links der Tür, nahe der Hausecke.

*Ṇ. **Popidium** Rufum | d. v. i. d.; Sextilius | facit.*

Numerius Popidius Rufus zum Duumvirn für die Rechtsprechung! Sextilius wählt (ihn).

K 1 Ein früher Vertreter der Gens in der Stadtregierung ist bezeugt in ImagItal Pompei-8*/9* ***V(iíbis) Púpidiis V(iíbieís)*** 'Vibius Popidius, Sohn des Vibius' (2. Jh. v. Chr.), evt. derselbe ibid. 10°, ein jüngerer (91–89 v. Chr.) ibid. 7*° ***L. Púpid. L.***, ein weiterer ibid. 42*. – 2 *Sextilius* cf. #252.

B IV 7931 m. add. D; ImDip. 461*, 467*; KR. 86f.*

#175 dip. III 3,6: rechts der Tür, um die Ecke.

Popidium Rufum IIvir., | dignum coloniae Pompeianae.

Popidius Rufus zum Duumvirn, einen der Kolonie Pompeji würdigen Mann!

K 2 Zum gen. cf. #130.

B IV 7667 m. add. D; DI. 900.

#176 dip. III 3,4: links der Tür.

Popidiụṃ IIvir.; | Graphice, vigula.

Popidius zum Duumvirn! Graphicus, sei wachsam!

E 1 *Popidim*, VM Lig.?
K 2 Cf. #281, *graphicus* bedeutet im Lat. etwa 'smart, hübsch' (v.a. bei Plaut. bezeugt, cf. OLD s.v.), hier ist es aber wohl eher ein sprechender masc. Berufs- oder Spitzname (cf. #213); auch der fem. Name kommt in der Gegend vor, cf. LGPN III.A; *vigila*, cf. #122.
B IV 7649 m. add. D; (ImDip. 528); DI. 901; GE. A-51.

#177 dip. IX 2,13: links der Tür, gegen die Hausecke hin.

Popidium II v. i. d.; Iventus | rog.

Popidius zum Duumvirn für die Rechtsprechung! Inventus empfiehlt (ihn).

K 1 *Inventus*, cf. VÄÄ. p. 67, cf. IV 327 *Pompeium o. v. f.; Inventus rog.* und #429.
B IV 932 m. add. ACD; DI. 146.

#178 dip. I 13,9: rechts der Tür.

Popidium d. v. i. d.; | Lesbianus ⟦- c. 6 -⟧ rogat.

Popidius zum Duumvirn für die Rechtsprechung! Lesbianus ... empfiehlt (ihn).

E 2 Etwa sechs nicht zugehörige Zeichen sind rot übermalt.
B IV 9870 m. add. D; ImDip. 160*.

#179 dip. III 7,5: links der Tür.

Rufum d. v. i. d. | a balneo | rog.

Rufus zum Duumvirn für die Rechtsprechung! (Die) vom Bad empfehlen (ihn).

K 2 Wohl im Zusammenhang mit der gegenüberliegenden privaten Badeanstalt der Iulia Felix (II 4,6), DCO., cf. #995.
B IV 7802 m. add. D; ImDip. 291f.*

#180 dip. I 10,4: rechts der Tür.

Popidio Rufo feliciter; dignus est.

Glück dem Popidius Rufus! Er ist (des Amtes) würdig!

B IV 7346 m. add. D; DI. 1073; GE. A-2.

#181 dip. I 10,4: links der Tür.

[Popidio Rufo feliciter; dign]us est; omnibus Pompeìanis feliciter; scripsit Infantio.

[Glück dem Popidius Rufus]! Er ist (des Amtes) würdig! Allen Pompejanern Glück! (Dies) hat Infantio geschrieben.

K Ergänzung DCO. nach #180; ì cf. #451; *Infantio* cf. #159.
B IV 7343 m. add. D; DI. 1063.

#182 dip. I 10,4: links der Tür.

defensoribus coloniae felic[iter].

Glück den Beschützern der Kolonie!

K Cf. #441.
B IV 7342 m. add. D; ImDip. 121*; DI. 1065.

#183 dip. VI 15,3: rechts der Tür.

M. ***Púpium*** *Rúfum || II vir. i. d., dignum r. [p.]; o. v. f.; | Mustius fullo facit, | et dealbat, scr. unicus |5 s[in]e reliq. sodalib. non[---]*

Marcus Pupius Rufus zum Duumvirn für die Rechtsprechung, einen der Gemeinde würdigen Mann! Ich bitte euch, (ihn) zu wählen. Mustius der Walker wählt (ihn), und er streicht (die Mauer) weiß (und) schreibt (dies) allein, ohne die restlichen Freunde, (und) nicht ...

E 1/2/3f./5 Schrift wird kleiner. – 1 OVF Lig. – 4 VN Lig. – 5 *e* in *s[in]e* kurs.
K 4 *dealbat* cf. #329. – 5 *reliquis sodalibus*, cf. #114; *non* oder *nonis*?
B IV 3529 m. add. D; DI. 147; GE. A-63; MO. 52–55.

#184 dip. VI 15,3: links der Tür.

Pupium IIvir. i. d.; o. v. f.; Appuleia | cum Mustio vicino f., | et Narcissus vos rogaṭ.

Pupius zum Duumvirn für die Rechtsprechung! Ich bitte euch, (ihn) zu wählen. Appuleia mit Nachbar Mustius wählt (ihn), und auch Narcissus empfiehlt (ihn) euch.

E 1 OVF Lig.
K 1 *Appuleia* cf. #442, – 2 *facit*.
B IV 3527 m. add. D.

#185 dip. VI 15,26: rechts der Tür, gegen die Hausecke hin.

L. ***Rústicelium*** *Celerem IIvir. i. d.* ***iter.****, d. r. p.; o. v. f.*

Rusticelius Celer zum zweiten Mal zum Duumvirn für die Rechtsprechung, einen der Gemeinde würdigen Mann! Ich bitte euch, (ihn) zu wählen.

E OVF Lig.
K Die Länge des *ū* in *rūsticus* etc. ist auch etymologisch erwiesen; *iterum*.
B IV 3572 m. add. D; DI. 148.

#186 graff. VII 1,40: Peristyl.

Rustìum *Verum | duumvirum ì. d. | rogamus; Aug.*

Rustius Verus zum Duumvirn für die Rechtsprechung! Wir empfehlen (ihn). (Glück dem) Kaiser!

K 3 *Aug.* cf. #306 bei demselben Kandidaten (etwas früher), deshalb ist eine Interpretation *nos Augustales rogamus* o.ä. weniger wahrscheinlich.
B IV 1731° m. add. BE; DI. 149.

#187 dip. IX 8,6–7.

Rustium Verum d. i. d.; Vere, | fac qui te fe[cit].

Rustius Verus zum Duumvirn für die Rechtsprechung! Verus, wähl den, der (auch) dich gewählt hat!

K 1 *Vere* ist evt. an *Ti. Claudius Verus* gerichtet, cf. #137. — 2 *fac* cf. #188f., #246, #254, #261f., #268, #270, #275, #284, #320f., ferner #283.

B IV 3760 m. add. D; DI. 150; GE. A-49.

#188 dip. IX 13,1: Türpfosten rechts und anschließende Wand.

A. Rustium Verum, | d. i. d.; Polybî, collega fac.

Aulus Rustius Verus zum Duumvirn für die Rechtsprechung! Polybius, wähl (ihn) zu (deinem) Kollegen (*oder:* wähl (deinen) Kollegen)!

K 2 *Polybius* cf. #154 etc.; *collegam*, eher nicht nom. *collega* 'als (sein) Kollege'.

B IV 7942 m. add. D; ImDip. 462f.*, 465*, 467*; DI. 902.

#189 dip. I 9,1: rechts der Tür.

[A. Rust]ium [Verum d. i. d.]; | o. v. f.; Iuli Philippe, fac, | et ille Polybium faciet.

[Aulus Rust]ius [Verus zum Duumvirn für die Rechtsprechung]! Ich bitte euch, (ihn) zu wählen. Iulius Philippus, wähl (ihn), und er wird (dafür) Polybius wählen!

K 1 Ergänzt von DCo. — 2f. *et ille* cf. #129.

B IV 7316 m. add. D; ImDip. 108*.

#190 dip. IX 8,8: links der Tür.

L. ***Statium*** *Receptum | II vir. i. d.; o. v. f., vicinì, dig.; | scr. Aemilius Celer vic.; | invidiose, |5 qui deles, | ae[g]rotes.*

Lucius Statius Receptus zum Duumvirn für die Rechtsprechung! Ich bitte euch, (ihn) zu wählen, Nachbarn, einen würdigen Mann. (Dies) hat Aemilius Celer geschrieben, (sein) Nachbar. Neidhammel, der du dies zerstörst, sollst krank werden!

K 2 *dignum.* — 3 *Aemilius Celer* cf. #378; *vicinus.* — 4 Cf. #1174, #1481. — 5f. Cf. #451, #798. — 6 Cf. #761.

B IV 3775 m. add. D; DI. 152; GE. A-62; MO. 56f.; GI. 161 n. 71.

#191 dip. I 6,3: rechts der Tür.

M R L L M | IIvir. iter.; Faber, | vigula et roga; d. r. p. o. v. f.

.... zum zweiten Mal zum Duumvirn! Faber, sei wachsam und empfiehl (ihn). (Ihn), einen der Gemeinde würdigen Mann, bitte ich euch (?) zu wählen.

E 1 Das erste L wird von DCo. kleiner wiedergegeben. – 3 OVF Lig.
K 1 Unklar, kaum als *Marcellum* zu deuten (so DCo. mit Hinweis auf #199, einen Aedilen). – 2 Kaum *faber*. – 3 *vigila* cf. #122, zur Kombination mit *roga* cf. #283; *o. v. f.* kann hier auch als *oro ut facias* 'ich bitte (dich), dass du (ihn) wählst' verstanden werden (cf. #129, #363).
B IV 7147 m. add. D; ImDip. 54*; DI. 877.

3.1.3. Kaiserzeit: Aediles

#192 dip. I 19,4: links der Tür.

*L. **Albucium** Celsum | aed.; o. v. f.; Earinu^s rogat, d. r. p.*

Lucius Albucius Celsus zum Aedilen! Ich bitte euch, (ihn) zu wählen; Earinus empfiehlt (ihn), einen der Gemeinde würdigen Mann.

E 2 AE, OVF Ligg.
K 1 Cf. auch #201. – 2 *Earinus*, oft *Iar-*, cf. #347, IV 1228, 2111, 3934, 3938 usw.
B IV 7387 m. add. D; ImDip. 172f.*

#193 dip. IX 12,4–5.

L. Albucium `val. iLcini´ | aed.; o. v. f.

Lucius Albucius zum Aedilen! Ich bitte euch, (ihn) zu wählen. (*Klein:*) Byebye, Licinius!

E 1 *val. ilcini* ist innerhalb der Zeichenfolge *L. Albucium* geschrieben: *val* neben dem Praenomen, *i* nach dem *a, l* im ersten *u, c* im *c, i* nach dem *i, n* nach dem zweiten *u* und *i* im *m.*
K 1 *vale Licini* (mit Vertauschung von *Li*) evt. spöttische Verabschiedung des Vorgängers oder Mitbewerbers, cf. #259, #328.
B IV 7905 m. add. D.

#194 dip. I 14,7: rechts der Tür.

C. ***Ateium*** *Capitonem aed.; | rogamus coloni et incolae.*

Gaius Ateius Capito zum Aedil! Wir, die Kolonisten und Einwohner, empfehlen (ihn).

B IV 9918.a m. add. D; ImDip. 164f.*

#195 dip. IX 7,1: rechts der Tür, um die Ecke.

Cn. ***Audium*** *| aed.; clientes rogant.*

Gnaeus Audius zum Aedilen! (Seine) Klienten empfehlen (ihn).

B IV 7808 m. add. D; ImDip. 383*; DI. 903.

#196 dip. VI 16,23: rechts der Tür.

Casellium *| vindemitores | aed. rog.*

Casellius empfehlen die Winzer als Aedilen!

B IV 6672 m. add. D; ImDip. 337*; DI. 160; GE. A-26.

#197 dip. II 1,3: rechts der Tür.

Casellium aed.; o. v. f.; | dignus est.

Casellius zum Aedilen! Ich bitte euch, (ihn) zu wählen. Er ist (des Amtes) würdig.

B IV 7505 m. add. D; DI. 904.

#198 dip. I 6,7: links der Tür.

Casellium aed.; | Ingenuos rog.

Casellius zum Aedilen! Ingenuus empfiehlt (ihn).

K 2 *Ingenuus*, cf. VAA. p. 28f.; cf. am gleichen Ort IV 7155 *Ingenús*, 7157 *Ingen.*, weiter entfernt 8443 *Ingenus*; cf. auch #302.

B IV 7163 m. add. D; ImDip. 58*.

#199 graff. IX 2,26: links der Tür.

M. Casellium Marcellum aedilem, bonum et munerarium magnum.

Casellius Marcellus zum Aedilen, einen guten Mann und großen Spielespender!

K Cf. #441 und Quint. 8.3.34 *«munerarium» nemo ante Augustum dixerat.*
B IV 4999 (= 3338) m. add. E; DI. 162; GE. A-40; MO. 64f.

#200 dip. IX 3,18–19.

M. C. M. aed., M. S. M._aed. | Pyramus olympionica, | Calvos rog.; o. v. f.

Marcus Casellius Marcellus zum Aedilen (und) Marcus Samellius Modestus (ebenfalls) zum Aedilen! Pyramus, der olympische Sieger, (und) Calvus empfehlen (sie). Ich bitte euch, (sie) zu wählen.

E 1 AED, MAED Ligg. – 1ff. Ab *M. S. M.* evt. separate Inschrift. – 3 OVF Lig., dargestellt als Kranz mit Palmzweig, cf. #120.
K 1 *Casellium Marcellum, Samellium Modestum*, auch der zweite Kandidat ist häufig bezeugt, cf. hier #250. – 3 *Calvos*, korr. aus *Calvus* oder umgekehrt, ist nom. sg., cf. VÄÄ. p. 28f., wohl ein zweiter Wahlhelfer.
B IV 3674 (= 3291) m. add. D; DI. 163.

#201 dip. IX 3,18–19.

M. Casellium et L. Albucium aed.; o. v. f.; | Statia et Petronia rog.; tales cives in colonia in perpetuo.

Marcus Casellius und Lucius Albucius zu Aedilen! Ich bitte euch, (sie) zu wählen. Statia und Petronia empfehlen (sie). Solche Bürger (mögen) in der Kolonie für immer (regieren)!

E 1 OVF Lig.
K 2 Wohl *in perpetuum*, cf. #173 und VÄÄ. p. 29, 73.
B IV 3678 (= 3294) m. add. D; DI. 161; GE. A-39; MO. 18f.

#202 dip. VI 3,20: Türpfosten links.

Marcellum; | Fortunata cupit.

Marcellus (zum Aedilen)! Fortunata wünscht (ihn sich) dringend.

B IV 111 m. add. D; (ImDip. 528); DI. 164.

#203 dip. I 10,4: rechts der Tür.

L. ***Ceium*** *Secundum aed.; Vatinia | [cupi]de facit.*

Lucius Ceius Secundus zum Aedilen! Vatinia propagiert (ihn) mit Begeisterung.

E 1 AED Lig.

K 1f. Frauen hatten kein Wahlrecht, weshalb wir hier *facit* nicht mit 'wählt' übersetzen können (cf. auch #289, #319), ihre Empfehlung konnte aber, wie die vielen Beispiele mit *rogat* zeigen, trotzdem Gewicht haben. Die Ansichten der Spezialisten zur Bedeutung von *rogare* und *facere* gehen nach wie vor auseinander (cf. #100). Die Frage ist wohl deshalb nicht lösbar, weil keines der beiden Verben eine präzise technische Bedeutung hatte und sie nicht einmal klar gegeneinander abgegrenzt wurden. Das erstaunt in solchen inoffiziellen Inschriften nicht (cf. auch #283).

B IV 7347 m. add. D; DI. 905.

#204 dip. I 6,15: rechts der Tür.

L. Ceium aed.; | vicini rogant.

Lucius Ceius zum Aedilen! (Seine) Nachbarn empfehlen (ihn).

B IV 7195 m. add. D; DI. 906.

#205 dip. II 2,4: rechts der Tür.

L. Secundum aed.; o. v. f.; | scr. Papilio.

Lucius Secundus zum Aedilen! Ich bitte euch, (ihn) zu wählen. (Dies) hat Papilio geschrieben.

E 1 OVF Lig.

K 1 Scil. *Ceium* oder *Popidium*, zu letzterem cf. #286 etc. – 2 Cf. #118.

B IV 7536 m. add. D; ImDip. 199*, 202*; DI. 907.

#206 dip. V 2,1: links der Tür.

*M. **Cerrinium** | aed.; Capito rog.; | scr. Fructus pycta.*

Marcus Cerrinius zum Aedilen! Capito empfiehlt (ihn). (Dies) hat Fructus der Faustkämpfer geschrieben.

K 3 Derselbe auch #213 und IV 934 *[scr.?] Fructus cu[pidus]* (oder *py[cta]?*); πύκτης, mit hübscher Assonanz zum Namen.

B IV 387 m. add. AD; DI. 165.

#207 dip. VI 15,5: rechts der Tür.

[---], Fructus cum Raecio Guttaq., agentes gratias.

... Fructus mit Raecius und Gutta, sich bedankend.

K *Guttaque.* Lucius Raecius Felix ist als Gladiator bekannt (cf. IV 10236.a), *Gutta* 'Tropfen' (derselbe auch #1035?) dagegen klingt wie ein sprechender Spitzname eines Malers, beide Sphären treffen sich in der Person des Fructus. Auch dessen Kollege Florus (cf. #213) war wahrscheinlich Maler und Gladiator, und auch der Name *Epaphra* ist für beide Berufsgattungen belegt (cf. #415, u.a. im «Haus der Gladiatoren», zu diesem cf. #1461). Die Tätigkeit des Wahlpropagandamalers war wohl nicht ganz ohne Risiko. Da war die Fähigkeit, einen anderen verprügeln zu können, ganz hilfreich. Umgekehrt konnte man ungestraft einen Pinsel klauen (cf. #361). Zudem konnte es für einen Gladiator nur nützlich sein, aktiv für die Spiele, in denen er auftrat, oder für Politiker, die solche Spiele finanzierten, zu werben (cf. #429). Auch die Flinkheit eines *Celer* (cf. #378) oder die schwebende Leichtigkeit eines *Papilio* (cf. #118) war für die Tätigkeit eines Inschriftenmalers und eines Gladiator gleichermaßen von Vorteil (wozu einem unweigerlich eine tänzelnde Boxlegende der 1960er und -70er Jahre in den Sinn kommt).

B IV 3539 m. add. D; DI. 198.

#208 dip. VI 17,11–12 (?).

M. Cerrinium | aed.; Salinienses | rog.

Marcus Cerrinius zum Aedilen! Die Einwohner von Salinae (Herculeae) empfehlen (ihn).

K 2 Wer die Bewohner oder Berufsleute sind, die hier Partei nehmen, ist umstritten, cf. add. D, #631, #227, die Form *Salinienses* ist von *Salinae* abgeleitet wie *Athenienses* von *Athenae*; Salinen bei Pompeji bezeugt Colum. 10.135.

B IV 128 m. add. BD; ImDip. (528), 530.15°; DI. 166; GE. A-37.

#209 ♪ dip. VI 13,6 oder VII 4,51 (d.h. schräg gegenüber): außen.

a *M. Cerrinium | aed.*
alter amat, alter | amatur, ego fastidì.
b *qui fastidit, amat.*

a Marcus Cerrinius zum Aedilen!
Der eine liebt, der andere wird geliebt, ich war angewidert.
b Wer angewidert ist, liebt.

M **a** 2f. Wohl ia6 (ab *alter*; *fastīdiī* ist perf., ZA. und MILNOR (2014), p. 105 n. 24). – **b** hemiep.

E **b** Von anderer Hand, AVELLINO.

K **a** 2 SPAL p. 27 erwägt, dass der Inschriftenmaler ein homosexuelles Verhältnis des Kandidaten insinuieren wollte (cf. #217 und generell #211). – 3 *fastīdiī* bedeutet demnach wohl 'ich habe seine Avancen angewidert zurückgewiesen', cf. #1337 und ThLL VI 311.27–29; das kontrahiert geschriebene *-iī* kann in einem Zug, ohne Hiat, aber dennoch iambisch-zweisilbig ausgesprochen werden, cf. #1444 *medìs*, #907 *eximus*. – **b** Neutralisierung der Aussage a durch einen Anhänger des Kandidaten, VARONE; evt. Zitat, SPAL p. 32; hier praes., wie #1337; cf. inhaltlich Catull. 85.1 *odi et amo*.

B IV 346 m. add. D; DI. 167; GE. F-37; WE. 84; HU. 500; VA. 48f.; SP. 1.

#210 dip. VI 17,1–19 (?).

M. Cerrinium Vatiam aed.; o. v. fac.; et | Fabius Eupor rog.; scr. Infan[ti]o.

Marcus Cerrinius Vatia zum Aedilen! Ich bitte euch, (ihn) zu wählen. Auch Fabius Eupor empfiehlt (ihn). (Dies) hat Infantio geschrieben.

K 2 Derselbe *Fabius Eupor* auch IV 117, ferner evt. #910; *Infantio* cf. #159.

B IV 120 m. add. D; ImDip. 340f.*; DI. 168.

#211 dip. VII 2,40–41.

Vatiam aed.; rogant | Macerio, dormientes | universi cum [---]

Vatia zum Aedilen! Macerio (und) die Schlafmützen in corpore samt ... empfehlen (ihn).

K 2 Im Zeitalter von Fake-News im Zusammenhang mit Wahlen ist eine analoge Praxis von augenzwinkernd bis bös-desavouierend reichender Antipropaganda in Pompeji nicht mehr zu übersehen, cf. für denselben Aedil-Kandidaten #212–15 und wohl auch #209, #217, für andere #218, #219 (?), #243, #245, #273, #289, #295, #299, #302, #321, #355 (alles Aedil-Kandidaten), ähnlich gelagert vielleicht auch #156 und #160 (mit übermalten Namen), evt. sogar #133, #172 (Kandidaten für das Duumvirat) sowie die Diffamierungen #336 und #707 (graff.); cf. zu *dormientes* auch #128 etc. *dormis* (dieses hat jeweils aber keinen irreführenden, sondern einen ernst gemeinten, vorwurfsvollen Unterton), und generell zu «Fake» #302 und #1155.

B IV 575 m. add. CD; GE. A-57; KR. 22; MO. 68f.

#212 dip. VII 2,41–42.

Vatiam aed.; | furunculi rog.

Vatia zum Aedilen! Die Langfinger empfehlen (ihn).

K 2 Cf. #211, #465 und OLD s.v. *fūrunculus*, 1.

B IV 576 m. add. AD; GE. A-58; KR. 22; MO. 64f.

#213 dip. VII 2,43–44.

M. Cerrinium | Vatiam aed.; o. v. f.; seri^bibi | universi rogant; | scr. Florus cum Fructo[---] | [------]

Marcus Cerrinius Vatia zum Aedilen! Ich bitte euch, (ihn) zu wählen. Die gesamten Spätsäufer empfehlen (ihn). (Dies) hat Florus mit Fructus geschrieben ...

E 2 OVF Lig.

K 2f. Cf. #211. – 4 *Florus* cf. #165 und #422, *Fructus* cf. #206f., wohl Berufs- oder Spitznamen; diese sind oft «sprechend», cf. zum Bereich der Maler auch #118, #176, #378, zum Bereich des Theaters #481, des Amphitheaters

#394ff. passim und #518, der Prostitution #1321, der Erotik allgemein #1134, ferner zu diversen Beispielen #515 und zu Beinamen #309.

B IV 581 m. add. D; DI. 169; GE. A-56; KR. 24; MO. 48f. (nur 1–3).

#214 dip. VII 5,7–8 (Forumsthermen).

M. C. V., v. b., aed.; o. v. f.; Colepius / rog.; secario[---]

Marcus Cerrinius Vatia, einen guten Mann, zum Aedilen! Ich bitte euch, (ihn) zu wählen. Colepius empfiehlt (ihn). Die Messerstecher ...

E 1 AE Lig.

K 1 *Cerrinium Vatiam*; *Colepius* auch IV 582, 2081, kaum Cognomen von *κόλᾰφος*, lat. *colăphus* 'Schlag, Ohrfeige', das *-e-* wäre nicht erklärbar, sondern Gentiliz, evt. eine Variante von *Clepius* (bezeugt in Norditalien). — 2 Wohl für *sicarii_o[---]*, cf. VÄÄ. p. 23, 94. — Cf. #211.

B IV 246 m. add. D; ImDip. (528), 530.16°.

#215 dip. VI 10,8, gegenüber VI 8,20.

M. Cerrinium aed.; / [- c. 5 -] Sucula rog.; / d. r. p. ọ. ṿ. f.

Marcus Cerrinius zum Aedilen! ... (und?) Sucula empfiehlt / empfehlen (ihn). Ich bitte euch, (ihn), einen der Gemeinde würdigen Mann, zu wählen.

E 3 OVF Lig., von Früheren als S verlesen, korr. ZA.

K 2 Wohl ein fiktiver Name, cf. #211 und #1182.

B IV 159 m. add. D.

#216 dip. VI 7,19–20.

M. Cerrinium Vatiam / aed., dignum rei p.; Tyrannus cupiens / fecit cum sodales.

Marcus Cerrinius Vatia zum Aedilen, einen der Gemeinde würdigen Mann! Tyrannus samt seinen Freunden hat (ihn) enthusiastisch gewählt.

K 2 Zum gen. cf. #130. — 3 *fecit* cf. #170 (pl.) und #289, anders verwendet #275, und cf. add. D zu IV 98; *cum* + acc., cf. #225, #522, #671, #940, *pro* + acc. #38, #841 und VÄÄ. p. 121; *sodales* cf. #114.

B IV 221 m. add. BD; ImDip. (528), 531.29°; DI. 170; GE. A-12; KR. 22.

#217 dip. I 15,3: rechts der Tür.

M. Cerrinium Vatiam | [--- Gr]anius amator.

Marcus Cerrinius Vatia [zum Aedilen]! [Gr]anius, (sein?) Liebhaber, [empfiehlt] (ihn).

K 2 *Granius*, DCo., cf. IV 9883, 9884, 9869, alle in der Nähe; cf. zu *amare* #209 und zu möglicher Doppeldeutigkeit #211 (wenn *amator* so gemeint ist, wozu cf. #348, wird *Granius* gleichzeitig auch desavouiert).

B IV 9926 m. add. D.

#218 dip. IX 13,5: Türpfosten links.

C. ***Cuspium*** *Pa̧nsam et | L. Popidium L. f. Secundum aed.; o. v. f.; | Fabius Ululîtremulus cum Sula rog.*

Gaius Cuspius Pansa und Lucius Popidius Secundus, Sohn des Lucius, zu Aedilen! Ich bitte euch, (sie) zu wählen. Fabius «Eulenscheu» mit Sulla (?) empfiehlt (ihn).

E 1–3 VM und 2 AED, OVF Ligg.

K 3 Kein sehr schmeichelhafter Spitzname als «Cognomen» eines Wahlhelfers (cf. #211, #515), zur Bedeutung cf. #634 (Varro-Zitat) und #636f.; *Sulla*?

B IV 7963 m. add. D; ImDip. 469–72*; DI. 910.

#219 ♪ dip. I 7,1: Eingang rechts.

C. Cuspium aed. |
si qua verecunde vìventi gloria danda est, |
huic iuveni debet gloria digna dari.

Gaius Cuspius zum Aedilen!
Wenn einem ehrfürchtig Lebenden irgendwelcher Ruhm zu geben ist,
muss diesem jungen Mann würdiger Ruhm gegeben werden.

M 2f. dist.

K 2 Cf. Catull. 76.1f. *si qua recordanti benefacta priora voluptas / est homini* etc.; *verecunde* cf. #253, hier adv. zu *viventi*. — 3 *iuveni* cf. #132, *digna* cf. #130 etc., #140. — Je nachdem, für welchen Lebensstil Cuspius bekannt war, kann das ziemlich schale Distichon auch ironisch gemeint sein (#211, #302).

B IV 7201 m. add. D; ImDip. 75*; DI. 908; CLE 2053; GI. 232 n. 68.

#220 dip. VIII 4,27: links der Tür.

Cuspium Pansam aed.; | Popidius Natalis cliens cum Isiacis rog.

Cuspius Pansa zum Aedilen! Popidius Natalis, (sein) Klient, mit den Isiskultanhängern empfiehlt (ihn).

K 2 Cf. #235; war Popidius vielleicht Isispriester?
B IV 1011 m. add. BD; DI. 171.

#221 dip. IX 12,7: links der Tür.

C. Cuspium Pansam aed. o. v. f.; | Purpurio cum Paridianis.

Gaius Cuspius Pansa zum Aedilen! Ich bitte euch, (ihn) zu wählen. Purpurio mit den Anhängern des Paris (empfiehlt ihn).

E 1 AE, OVF Ligg.
K 2 *Purpurio* für *Porphyrio*, cf. VÄÄ. p. 27 und 33 (kaum für *Purpureo* von *purpureus*, p. 37); *Paridianis* cf. #493ff., spez. #500, und VÄÄ. p. 97; das Verbum fehlt, cf. #152.
B IV 7919 m. add. D; ImDip. 451f.*, 455*, 458f.*; DI. 909; GE. A-8; KR. 94f.*

#222 dip. IX 12,2: Türpfosten rechts.

Pansam aed.; | Amandus sacerdos rog.

Pansa zum Aedilen! Der Priester Amandus empfiehlt (ihn).

K 2 Cf. #264.
B IV 7900 m. add. D; ImDip. 442–45*, 449*; DI. 911.

#223 dip. I 13,2: links der Tür.

Pansam aed.; | o. v. f.; dignus est.

Pansa zum Aedilen! Ich bitte euch, (ihn) zu wählen. Er ist (des Amtes) würdig.

B IV 7463 m. add. D; (ImDip. 528); DI. 912; GE. A-3.

#224 dip. III 4,1 (Taberna): rechts der Tür.

Pansam aed., iuvenem | sanctissimum, d. r. p.; o. v. f.

Pansa zum Aedilen, einen hochehrenwerten jungen Mann, der Gemeinde würdig! Ich bitte euch, (ihn) zu wählen.

E 2 OVF Lig.

B IV 7684 m. add. D; DI. 913.

#225 dip. VII 4,60–61.

C. Cuspium Pansam | aed., d. r. [p.]; o. v. f.; Saturninus | cum discentes rog.

Gaius Cuspius Pansa zum Aedilen, einen der Gemeinde würdigen Mann! Ich bitte euch, (ihn) zu wählen. Saturninus mit seinen Schülern empfiehlt (ihn).

E 2 OVF Lig.

K 3 *cum* + acc. cf. #216 und VÄÄ. p. 121, auch IV 698 *Valentinus cum discentes suos rog.* (*Saturninus* und *Valentinus* waren wohl keine Grammatiklehrer); *discentes* cf. #230.

B IV 275 m. add. AD; DI. 172; GE. A-11; KR. 33; MO. 34f.

#226 dip. IX 12,6: rechts der Tür.

Cispium [Pa]nsam IIvir. v. a. s. p., v. b.; o. v. f. d. r. p.

Cuspius Pansa zum Duumvirn für die Straßen und die öffentlichen und sakralen Gebäude, einen guten Mann! Ich bitte euch, (ihn) zu wählen, einen der Gemeinde würdigen Mann.

K *Cisp-* statt *Cusp-*, cf. VÄÄ. p. 26 («lapsus?»); *v. a. s. p.* verkürzte Abkürzung (eher ohne *procurandis* als ohne *publicis*), wie #229, #266, #268, #293, cf. auch unverkürzt #249 etc.; *duumvirum* steht zuweilen für *aedilem*, cf. #265f., #268, evt. auch #248, sowie add. D.

B IV 7913 m. add. D; ImDip. 451f.*, 454*, 457–59*; KR. 94f.*

#227 dip. IV 2,7–V 3,1: außen.

M. ***Epidium*** *| Sabinum aed.; | Campanienses rog.*

M. Epidius Sabinus zum Aedilen! Die Bewohner der Campaner Straße (?) empfehlen (ihn).

K 3 *Campanienses*, auch IV 480, Bedeutung unklar, am besten ist SPANOs Vermutung, dass die Bezeichnung im Zusammenhang mit der nahegelegenen Porta di Nola steht, die damals wohl *Porta Campana* hieß, ebenso wie die Straße über Nola nach Capua *Via Campana* (cf. add. D. *Campanus* war primär adj. zu *Capua*, cf. #413, #458, #621, ferner X 5204 eine *Porta Campana* in Casinum. Ob die Ableitung auf *-iensis* direkt vom *a*-Stamm *(Via* oder *Porta) Campana* (wie in #208) oder von einem zwischengeschalteten **Campanium* o.ä. gebildet ist, bleibt offen; auch wer genau die Bewohner oder Parteigänger waren, die sich hier in die pompejanische Politik einbringen (cf. auch #130 und #631ff.), ist umstritten (cf. add. D).

B IV 470 m. add. BD; DI. 173.

#228 dip. III 4,b: rechts der Tür.

*M. Epidium Sabinum || aed.; o. | v. f., **c. b.**; | Piranus rog.*

Epidius Sabinus zum Aedilen! Ich bitte euch, (ihn) zu wählen, einen guten Bürger. Piranus empfiehlt (ihn).

K Darum herum Ritzzeichnungen lächerlicher Männerfiguren. – 3 *civem bonum*. – 4 *Piranus* ist selten, aber bezeugt, z.B. AE 1998, no. 543a/d.

B IV 7674 m. add. D; ImDip. 252*; DI. 914; LA. 247, 248, 1153.

#229 dip. III 3,6: rechts der Tür, um die Ecke.

Epidium Sabinum aed. | v. aed. s. p.; o. v. f.; Q. Martialis.

Epidius Sabinus zum Aedilen für die Straßen und die öffentlichen und sakralen Gebäude! Ich bitte euch, (ihn) zu wählen. Quintus Martialis (empfiehlt ihn).

K 2 Cf. zur verkürzten Formel #226; das Verbum fehlt, cf. #152.

B IV 7666 m. add. D; DI. 915.

#230 dip. VII 8 (Forum): Säule gegen die Basilica (VIII 1) hin.

Sabinum aed.; discentes rogant.

Sabinus zum Aedilen! Die Schüler empfehlen (ihn).

K Scil. *M. Epidium* oder *Cn. Helvium*; *discentes* cf. #138, #225, IV 694, 698, zum ptc. generell cf. #734.

B IV 673 m. add. D.

#231 dip. III 4,1: rechts der Tür.

Gavium *aed.; | Marcellus Praenestinam amat | et non curatur.*

Gavius zum Aedilen! Marcellus liebt Praenestina, und wird (von dieser) nicht beachtet.

E 2f. In kleineren Buchstaben. – 3 Cf. #1174.

K 3 *et non* ist in dieser Verwendung nachklass., cf. K.–St. II p. 39ff. und #1084.a.

B IV 7679 m. add. D; ImDip. 254*; DI. 1084; GE. F-29; WE. 36 (nur 2f.); HU. 230; VA. 97.

#232 dip. V 1,17–18.

Helvium *Sabinum | aed.; Parthope rog. | cum Rufino.*

Helvius Sabinus zum Aedilen! Parthenope mit Rufinus empfiehlt (ihn).

K 2 Wohl versehentlich für *Parthenope.* – 3 *Rufino* cf. #287.

B IV 3403 m. add. D; DI. 174.

#233 dip. I 10,4: rechts der Tür.

Helvium Sabinum | aed.; Infantio cupit.

Helvius Sabinus zum Aedilen! Infantio wünscht (ihn sich) dringend.

K 2 *Infantio* cf. #159.

B IV 7348 m. add. D; DI. 916.

#234 dip. III 4,3: rechts der Tür, bei der Hausecke.

Cn. Helvium Sabin. | aed.; Epidius cum suis | vol et probat.

Gnaeus Helvius Sabinus zum Aedilen! Epidius mit seinen Leuten möchte (ihn) und findet (ihn) gut.

E DI. ergänzt *probav(it)* und demnach *vol(uit)*, richtig ist aber *probat* DCO.

K 3 *vult*, zum *-o-* cf. VÄÄ. p. 28 und zum fehlenden *-t* #915.d, #993 etc.; hier könnte, wie ähnlich vielleicht in #1049, ein Glottisverschluss für das *-t* eingesprungen sein; zur Bedeutung cf. auch *vis* #283.

B IV 7708 m. add. D; ImDip. 262f.*, 270f.*, 273*; DI. 917.

#235 dip. VIII 4,29: rechts der Tür.

Cn. Helvium / Sabinum aed.; Isiaci / universi rog.

Gnaeus Helvius Sabinus zum Aedilen! Alle Isiskultanhänger empfehlen (ihn).

E 2 AED Lig.
K 2f. *Isiaci* cf. #220.
B IV 787 m. add. D; ImDip. (527), 529.4°; GE. A-38.

#236 dip. I 6,15: links der Tür.

Cn. Helvium Sabinum / aed.; Infantio rog. cum suis.

Gnaeus Helvius Sabinus zum Aedilen! Infantio mit seinen Leuten empfiehlt (ihn).

E 1 VM in *Sabinum* Lig.
K 2 *Infantio* cf. #159 und spez. #277.
B IV 7191 m. add. D; ImDip. 63–66*; DI. 918.

#237 dip. I 8,7: rechts der Tür (?).

Cn. Helvium Sabinum aed.; / pistores rog. et cupiunt cum vicinis.

Gnaeus Helvius Sabinus zum Aedilen! Die Bäcker mit (ihren) Nachbarn empfehlen (ihn) und wünschen (ihn sich) dringend.

E 1 AED Lig.
B IV 7273 m. add. D; ImDip. 93*, (528); DI. 919; GE. A-27.

#238 dip. III 6,1: links der Tür.

Cn. Helvium Sabi[num] / aed.; o. v. f.; Urbulanenses / rog.

Gnaeus Helvius Sabinus zum Aedilen! Ich bitte euch, (ihn) zu wählen. Die Bewohner von Urbulanum empfehlen (ihn).

E 2 OVF Lig.
K 2 *Urbulanenses* cf. #130.
B IV 7747 m. add. D; ImDip. 279*.

#239 dip. IX 13,1: links der Tür, nahe der Hausecke.

Cn. Helvium Sabin. / aed. v. p.; vicini rog.

Gnaeus Helvius Sabinus zum Aedilen, einen rechtschaffenen Mann! (Seine) Nachbarn empfehlen (ihn).

K 2 Wohl *virum probum*, cf. #249 und add. D.

B IV 7928 m. add. D; ImDip. 460f.*, 467*; DI. 920; KR. 86f.*

#240 dip. I 7,1: links der Tür.

Cn. Helvium Sabinum / aed., d. r. p.; Amandio cum sua rog.

Gnaeus Helvius Sabinus zum Aedilen, einen der Gemeinde würdigen Mann! Amandio mit seiner (Frau) empfiehlt (ihn).

B IV 7213 m. add. D; ImDip. 70–74*, 76–79*; DI. 921; GE. A-9.

#241 dip. IX 11,2: rechts der Tür (?).

Cn. Helvium Sabinum / aed., d. r. p.; o. v. f.; Maria rogat.

Gnaeus Helvius Sabinus zum Aedilen, einen der Gemeinde würdigen Mann! Ich bitte euch, (ihn) zu wählen. Maria empfiehlt (ihn).

K 2 Kaum fem. von *Marius*, sondern semit.-gr. *Μαρία*, cf. andere Frauen, meist östlicher Herkunft, am gleichen Ort in #134, #160 (mit #265, #297), #242, sowie eine Weberin *Maria* mit vielen Griechinnen in #985.

B IV 7866 m. add. D; DI. 922; GE. A-43; HU. 940a.

#242 dip. IX 11,1–2.

Cn. Helvium Sabinum / aed., d. r. p.; o. v. f.; Aegle rogat.

Gnaeus Helvius Sabinus zum Aedilen, einen der Gemeinde würdigen Mann! Ich bitte euch, (ihn) zu wählen. Aegle empfiehlt (ihn).

E 1 VM in *Sabinum* Lig.

K 2 Von *αἴγλη*.

B IV 7862 m. add. D; ImDip. 422f.*; DI. 923; GE. A-42.

#243 dip. I 7,14: rechts der Tür.

Cn. Helvium | Sabinum aed., d. r. p.; o. v. f.; | Masculus cum codatis ubiq.

Gnaeus Helvius Sabinus zum Aedilen, einen der Gemeinde würdigen Mann! Ich bitte euch, (ihn) zu wählen. Masculus mit den Geschwänzten (empfiehlt ihn) überall.

E 2 OVF Lig. — 3 MA Lig.

K 3 *Masculus* (allein) empfiehlt Kandidaten in IV 7238f.; *caudatis*, wohl auch in #462 belegt, zum Sinn cf. OLD s.v. *cauda*, 2, und VÄÄ. p. 30ff., 108; wohl Fake-Propaganda, cf. #211; das Verbum fehlt, cf. #152; zur Verwendung von *ubique* cf. #1243.

B IV 7240 m. add. D; ImDip. 86*.

#244 dip. IX 13,3–4.

Helvium Sabin. | aed., d. r. p.; o. v. f.

Helvius Sabinus zum Aedilen, einen der Gemeinde würdigen Mann! Ich bitte euch, (ihn) zu wählen.

E 2 OVF Lig.

B IV 7948 m. add. D; ImDip. 465–68*; DI. 924.

#245 dip. VI 14,28 (Taberna): rechts der Tür.

Cn. Helvium | Sabinum aed. | aliarì rog.

Gnaeus Helvius Sabinus zum Aedilen! Die Würfelspieler empfehlen (ihn).

K 3 *alearii* DCO.; wohl Fake-Propaganda, cf. #273, #321 und generell #211.

B IV 3485 m. add. D; DI. 175; GE. A-29; MO. 22f.

#246 dip. II 1,12: rechts der Tür.

Helvium Sabinum aed.; | Biri cum Biria rog., | d. r. p., v. b.; o. v. f.; Onomaste, cupide fac.

Helvius Sabinus zum Aedilen! Die Birrii mit der Birria empfehlen (ihn), einen der Gemeinde würdigen (und) guten Mann. Ich bitte euch, (ihn) zu wählen. Onomastus, wähl (ihn) mit Enthusiasmus!

E 1 AED Lig. – 3 OVF Lig.
K 2 *Birrii, Birria*; über dem G von *rogant* ein kleiner Palmzweig. – 3 *fac* cf. #187; über dem C von *fac* wieder ein Palmzweig.
B IV 9885 m. add. D; ImDip. 187*.

#247 dip. I 3,22–23.

Helvium | Sabinum | aed.; dormis.

Helvius Sabinus zum Aedilen! Du schläfst.

K 3 *dormis* cf. #128.
B IV 2993t m. add. D; DI. 176.

#248 dip. V 6,b: rechts der Tür.

Cn. Helvium Sabinum [II]vir.

Gnaeus Helvius Sabinus zum Duumvirn!

K Nur hier für das Amt eines Duumvirn empfohlen, cf. #226 und add. D.
B IV 7034 m. add. D.

#249 dip. II 9,1: links der Tür.

Sabinum aed.; o. v. f. v. a. s. p. p., v. p., d. r. p.

Sabinus zum Aedilen! Ich bitte Euch, (ihn) zu wählen für den Bau und Unterhalt der Straßen und der öffentlichen und sakralen Gebäude, einen rechtschaffenen Mann, der Gemeinde würdig.

E AED Lig.; *v. s.* DCO., das Foto zeigt aber unten den Serif eines *p.*, also *v. p.* wie #239, IV 896, 7733 (alle ebenfalls für *Helvius Sabinus*).
K *viis aedibus sacris publicis procurandis*, cf. #252, #257, #265, #306, #314, #329, ferner #226 etc. (verkürzt; *IIvir.* statt *aed.*), sowie merkwürdig #167.
B IV 9904 m. add. D; ImDip. 226*.

#250 dip. V 3,11: rechts der Tür.

Cn. Helvium Sabinum, | M. Samellium Modes[tum] | aed., d. r. p.; o. v. f.

Gnaeus Helvius Sabinus (und) Marcus Samellius Modestus zu Aedilen, der Gemeinde würdige Männer! Ich bitte euch, (sie) zu wählen.

B IV 6616 m. add. D.

#251 dip. IX 7,1: rechts der Tür, um die Ecke.

Herennium *et Suettium | aed.; quactiliari rogant; d. r. p.*

Herennius und Suettius zu Aedilen! Die Filzmacher empfehlen (sie). (Sie sind) der Gemeinde würdig.

E 2 AE Lig.
K 1 Cf. #330. – 2 *coactiliarii* (scil. *lanarii*), cf. #322 und VÄÄ. p. 39, 53, 92, cf. ferner #389 *lanifricarius* im voc.
B IV 7809 m. add. D; DI. 925; GE. A-15.

#252 dip. IX 13,1: links der Tür, nahe der Hausecke.

M. ***Holconium*** *Priscum | aed. v. a. s. p. p.; [- c. 15 -]lius adstitit.*

Marcus Holconius Priscus zum Aedilen für den Bau und Unterhalt der Straßen und der öffentlichen und sakralen Gebäude! ... ...lius ist ihm zur Hand gegangen.

E 1 VM in *Priscum* Lig.
K 2 Wohl *[Sexti]lius*, der offenbar in diesem Haus wohnte, cf. #174; *adstitit* cf. #389 und OLD s.v. *astō*, 6 bzw. *assistō*, 3.c.
B IV 7934 m. add. D; ImDip. 461*, 467*; DI. 926.

#253 dip. VI 13,1–2.

Holconium Priscum, | verecundissimum, d. r. p., aed.; o. v. f., dignissimum.

Holconius Priscus, einen sehr bescheidenen, der Gemeinde würdigen Mann, zum Aedilen! Ich bitte euch, (ihn) zu wählen, den hochwürdigen.

K 2 *verecundissimum* cf. #219.
B IV 309 m. add. D; ImDip. (528), 531.33°; DI. 177.

#254 dip. VI 14,39: links der Tür.

[H]ol[c]oṇium Priscum_aed.; Clodi, | fac; Sei copo, probe fecisti, | quod sella commodasti.

Holconius Priscus zum Aedilen! Wähl (ihn), Clodius! Gastwirt Seius, das hast du brav gemacht, dass du (uns) einen Stuhl zur Verfügung gestellt hast.

E 1 VM, VMAED Ligg.
K 2 *fac* cf. #187; *Sei* voc. von *Seius*; *caupo*, cf. #625, #628, #913, #1415, evt. #55, #730, Ableitungen #1174 (?), #1226, #1231, VÄÄ. p. 31f., 96 (*caup-* kommt in Pompeji nur in dip. vor). – 3 *sellam*; *commodasti* cf. VÄÄ. p. 40.
B IV 3502 m. add. D; DI. 178; GE. A-66; MO. 20f.

#255 dip. IX 8,1–III 8,8: außen.

C. ***Iulium*** *Polybium | aed.; o. v. f.; panem bonum fert.*

Gaius Iulius Polybius zum Aedilen! Ich bitte euch, (ihn) zu wählen. Er bringt gutes Brot.

E 2 AE, OVF Ligg.
B IV 429 m. add. D; DI. 179; GE. A-53; KR. 24; MO. 26f.

#256 dip. I 8,8: links der Tür.

C. Iulium Polybium | aed.; o. v. f.; Placidus cliens rog.

Gaius Iulius Polybius zum Aedilen! Ich bitte euch, (ihn) zu wählen. Placidus, (sein) Klient, empfiehlt (ihn).

E 2 OVF Lig.
K 2 *Placidus* cf. #278.
B IV 7279 m. add. D; ImDip. 93f.*

#257 dip. III 2,1: rechts der Tür.

a *C. Iúlium Polybium | aed. v. a. s. p. p.* – **b** *lanternarì, tene | scalam.*

a Gaius Iulius Polybius zum Aedilen für den Bau und Unterhalt der Straßen und der öffentlichen und sakralen Gebäude! – **b** Laternenträger, halt die Leiter!

K **b** 2 Cf. OLD s.v. *scālae*, zum sg. cf. VÄÄ. p. 114 (ohne dieses Beispiel).
B IV 7621 m. add. D; ImDip. 234–38*; DI. 927; GE. A-64; MO. 68f.

#258 dip. IX 12,7: links der Tür.

Polybium aed.; | vicini, civem bonum | fa[cite].

Polybius zum Aedilen! Nachbarn, wählt einen guten Bürger!

K 1 DCo. denkt an *C. Iulius Polybius*, wohnhaft in IX 13,1–3 gleich nebenan. – 2 *fa[cite]* cf. #268.

B IV 7925 m. add. D; ImDip. 451f.*, 455*, 458f.*; DI. 928.

#259 dip. VI 6,2: links oder rechts der Tür.

M. ***Licinium*** *| Faustinum.*

Den Marcus Licinius Faustinus!

E 1 VM Lig. (als V diente offenbar die Mitte des M)

K Derselbe cf. #328.

B IV 252 m. add. D.

#260 graff. II 4,7A (Nische bei der Hausecke): rechts der Nische.

Pompeianis | fel. feliciter. | Faustinum viginti | rogamus.

Glück den glücklichen Pompejanern! Wir, die Zwanzig, empfehlen Faustinus.

E *e* kurs. – 3 VM Lig.

K 1f. Cf. #698. – 2 *fel(icibus)* ist sinnvoller als zweimal *feliciter* (so DCo.). – 3 *Faustinom* zu *Faustinum* korrigiert; wer die *viginti* sind, ist unklar, cf. #910.

B IV 8516; ImGr. 521°; DI. 1061; KR. 37.

#261 dip. III 2,1: links der Tür.

Trebi, surge, fac | aed. ***Lollium*** *Fuscum, | adulescentem probum.*

Trebius, steh auf, wähl zum Aedilen Lollius Fuscus, einen rechtschaffenen jungen Mann!

K 1 Die Kombination *surge* (pl. in #282) + *fac* (cf. #187) auch #262 und #284, cf. ferner #283. – 3 Zum ptc. cf. #734.

B IV 7619 m. add. D; ImDip. 233–35*; DI. 931; GE. A-50; MO. 22f.

#262 dip. III 3,6: rechts der Tür, um die Ecke.

L. F. aed.; cliens, / surge, fac.

Lollius Fuscus zum Aedilen! Klient, steh auf, wähl (ihn)!

K 1 *(C.) Lollium Fuscum*, DCo. etc., *(M.) Licinium Faustinum*, DI. – Die zwei sind demnach in diesem Jahr nicht beide angetreten.
B IV 7668 m. add. D; DI. 930.

#263 dip. I 13,4: rechts der Tür.

Lollium / aed.; o. v. f.; tegettarî.

Lollius zum Aedilen! Ich bitte euch, (ihn) zu wählen. Die Mattenflechter (empfehlen ihn).

E 2 AED, OVF Ligg.
K 2 *tegetarii*, nicht im OLD; das Verbum fehlt, cf. #152.
B IV 7473 m. add. D; DI. 932; GE. A-19.

#264 dip. I 7,7: rechts der Tür.

Fuscum aed.; / Amandus sacerdos / [rog.].

Fuscus zum Aedilen! Amandus der Priester [empfiehlt] (ihn).

K 2 Nach DCo. wohnte Amandus in diesem Haus, cf. IV 8156 und 8159.a sowie an derselben Kreuzung #222 und IV 7257, etwas weiter weg IV 3707.
B IV 7231 m. add. D; DI. 933.

#265 dip. IX 11,2: links der Tür.

C. Lollium / Fuscum II vir. v. a. s. p. p.; / Asellinas rogant / nec sine Zmyrina.

Gaius Lollius Fuscus zum Duumvirn für den Bau und Unterhalt der Straßen und der öffentlichen und sakralen Gebäude! Asellina und ihr Team empfehlen (ihn), und nicht ohne Smyrna.

E 2 VM Lig.
K 2 *duumvirum* für *aedilem*, cf. #226. – 3f. Cf. #134 und #241. – 3 *-as* in *Asellinas*, einem rein lat. Wort, ist kaum mit VÄÄ. p. 83f. als osk. nom. pl.

zu beurteilen, sondern als acc. für nom. (cf. #1022, #1253 und VÄÄ. p. 116f.), mit VÄÄ. wohl als 'Asellina und Mitarbeiterinnen' zu verstehen; *nec sine* cf. #123. — 4 *Smyrna*, cf. an derselben Wand #160 (gleich geschrieben), auf der anderen Straßenseite #297 (anders geschrieben), zu *Zm-* cf. IV 9153 *Zmaragdus*, schon gr. gibt es *ζμ-* statt älterem *σμ-*, cf. E. SCHWYZER, Gr. Gramm. I (1939), p. 217; zur Anaptyxe cf. #598.

B IV 7863 m. add. D; ImDip. 422f.*, 425*; DI. 897; GE. A-45.

#266 dip. IX 11,2: rechts der Tür.

Lollium d. v. a. s. p.; o. v. f.

Lollius zum Duumvirn für die Straßen und die öffentlichen und sakralen Gebäude! Ich bitte euch, (ihn) zu wählen.

E OVF Lig.; *d. v. a. s. p.* klein «innerhalb» der Buchstaben *olliu.*

K *d.* = *duumvirum*, zum fehlenden *p.* und *duumvirum* statt *aedilem* cf. #226.

B IV 7868° m. add. D; ImDip. 73*, 422*, 424–27*.

#267 dip. III 4,3: links der Tür.

***Lucretium** / Valentem filum aed.*

Lucretius Valens junior zum Aedilen!

K 2 *filium*, 'Sohn' (cf. denselben in #378), mit *-l-* für [lj], cf. #347 *Aelo*, #542 *Clodamos*, #985 *Heracla*, #1363 *Eupla*, mit *-li-* für metr. gesichtertes [lj] #1172 *Ampliatus*, #1358 *filius* und *mulierorum* (hier sogar einkonsonantisch gemessen, wohl [ʎ]), mit anderen Konsonanten #613 *Theorianis* (metr.), #631 *Salinesibus* (?), #789 *trichilino* (auch metr., nebst *trichilinium*), #1030 *pupa(m) mea* (metr.), #1072 wohl statt *vita mea meae deliciae*, #915 *vasu*, #1259 *Caesum*, #580 *Antistus*, #759 *otiosis* (metr.), #1084 *posteac* (metr.), #1196 *destilato*, #866 *semuca*, am Wortanfang #1112 *eādem*, und cf. VÄÄ. p. 34 (Fälle mit geschriebenem *-i-*), 40 (Fälle ohne *-i-*), die gleich zu beurteilen sind, wogegen die Fälle wie *valia*, *peria* zweideutig sind, cf. #1049.

B IV 7695 m. add. D; ImDip. 262–65*; DI. 934.

#268 dip. I 6,2: links der Tür.

Carum / II vir. v. a. s. p.; vicini, facite.

Carus zum Duumvirn für die Straßen und die öffentlichen und sakralen Gebäude! Nachbarn, wählt (ihn)!

K 1 Cf. #707, DCo. erwägt einen Enkel des Dichters Lukrez, unsicher. – 2 Zu *duumvirum* für *aedilem* und dem fehlenden *p.* cf. #226; *facite* cf. #187.
B IV 7132 m. add. D; ImDip. 25*; DI. 878.

#269 dip. IX 8,6: links der Tür.

L. ***Numisium*** *| Rarum aed.*

Lucius Numisius Rarus zum Aedilen!

K 1 Osk. Namensform, cf. auch #619; kommt als Kandidat mehrmals vor.
B IV 3755 m. add. D.

#270 dip. I 12,3 (Taberna): rechts der Tür.

[L. ***O]vidium*** *Veientonem, | Trebi Valens, fac aed.; et ille te faciet.*

Trebius Valens, wähl Marcus Ovidius Veiento zum Aedilen! (Im Gegenzug) wird auch er dich wählen!

K 1 *[M. O]vidium* DCo., *[L. O]vidium* alii, cf. add. D (auch zu IV 1039). – 2 *Trebi Valens* cf. #292, #309; *fac* cf. #187; *et ille* cf. #129.
B IV 7429 m. add. D; ImDip. 145–48*; DI. 935.

#271 dip. I 6,3: rechts der Tür.

Veientonem aed.; o. v. f.; | et Vettium, innocentes.

Veiento zum Aedilen! Ich bitte Euch, (ihn) zu wählen. Und auch Vettius, (zwei) unbescholtene Männer.

E 1 OVF Lig.
K 2 *innocentes* cf. #294, #330.
B IV 7143 m. add. D; ImDip. 54*; DI. 936.

#272 dip. III 4,3: rechts der Tür.

Veientonem aed.; | Polites, vigila.

Veiento zum Aedilen! Polites, sei wachsam!

K 2 *Polites* cf. #152; *vigila* cf. #122.
B IV 7703 m. add. D; ImDip. 262f.*, 269*; DI. 937.

#273 dip. IX 7,9: links der Tür.

L. ***Popidium*** *L. f. Ampliatum | aed.; Montanus cliens | rogat cum latruncularis.*

Lucius Popidius Ampliatus, Sohn des Lucius, zum Aedilen! Montanus, (sein) Klient, empfiehlt (ihn), zusammen mit den Brettspielern.

E 1 VM in *Ampliatum* Lig.
K 3 *latrunculariis*, cf. VÄÄ. p. 39, 93; *latruncularii* spielen mit Figuren (*latrunculi*, wörtlich 'kleine Räuber') auf einem Brett mit 8 × 8 Feldern (*tabula latruncularia*); zu anderen Spielern als «Wahlhelfer» cf. #245.
B IV 7851 m. add. D; ImDip. 412–14*; DI. 938; GE. A-6; MO. 44f.

#274 dip. I 7,1: links der Tür.

L. Popidium Ampliatum | aed.; Paquius rog.

Lucius Popidius Ampliatus zum Aedilen! Paquius empfiehlt (ihn).

E 1 VM in *Ampliatum* Lig.
B IV 7210 m. add. D; ImDip. 70–74*, 76–79*; DI. 939; GE. A-5.

#275 dip. III 2,1: links der Tür.

Popidium L. f. Ampliatum aed.; | Valens, fac, et ille te fecit; Infan.

Popidius Ampliatus, Sohn des Lucius, zum Aedilen! Valens, wähl (ihn)! Er hat dich auch gewählt! Infantio (hat dies geschrieben).

E 1 AED Lig.
K 2 *fac* cf. #187; *fecit* cf. anders verwendet #216; *et ille* cf. #129; *Infantio* scil. *scripsit*, cf. #159.
B IV 7618 m. add. D; ImDip. 233–35*; DI. 940.

#276 dip. III 2,1: rechts der Tür.

L. Popidium L. f. Ampliatum aed.; o. te fac., | Trebi, et Soteriche; et vigilate.

Lucius Popidius Ampliatus, Sohn des Lucius, zum Aedilen! Ich bitte dich, (ihn) zu wählen, Trebius, und (auch dich) Soterichus. Und seid wachsam!

E 1 AE Lig.
K 1 *oro te facias* oder *oro te, fac* (impv.). – 2 Kaum mit DI. voc. *Vigilate*, cf. #122; *Sotericus* auch IV 7432 und 7635.
B IV 7632 m. add. D; ImDip. 234*, 237*, 239*; DI. 941.

#277 dip. III 3,6: rechts der Tür, um die Ecke.

L. Popidium L. f. Ampliatum | aed., d. r. p. et coloniae Pompeianae; o. v. f.; | Infanticulus cum sodalibus rog.

Lucius Popidius Ampliatus, Sohn des Lucius, zum Aedilen, einen der Gemeinde und der Kolonie Pompeji würdigen Mann! Ich bitte Euch, (ihn) zu wählen. Infanticulus mit seinen Freunden empfieht (ihn).

K 3 Cf. #159 und spez. #123 (am selben Haus, das DCO. für die «schola iuventutis» hält; seine Hypothese ist abzulehnen, cf. #132f.); *sodalibus* cf. #114.
B IV 7665 m. add. D; DI. 942.

#278 dip. I 8,8: rechts der Tür (?).

L. Popidium Ampliatum, | v. b. utilem r. p.; Placidus rog.

Lucius Popidius Ampliatus, einen guten und der Gemeinde nützlichen Mann! Placidus empfiehlt (ihn).

K 2 *utilem* cf. #147; *Placidus* cf. #256.
B IV 7290 m. add. D; (ImDip. 93).

#279 dip. III 4,3: rechts der Tür, nahe der Hausecke.

L. Popium L. f. Ampliatum, v. b., aed., d. r. p.; o. v. f.; | Urbulanenses rogamus.

Lucius Popidius Ampliatus, Sohn des Lucius, einen guten Mann, zum Aedilen, einen der Gemeinde würdigen Mann! Ich bitte Euch, (ihn) zu wählen. Wir, die Bewohner von Urbulanum, empfehlen (ihn).

E 1 OVF Lig.
K 1 *Popidium*, zum lautlichen Hintergrund des Fehlers cf. #865. – 2 Cf. #130.
B IV 7706 m. add. D; ImDip. 262f.*, 270f.*, 273*; DI. 943.

#280 dip. II 2,2: rechts der Tür.

L. Popidium Ampliatum, | iuvenem probum, aed., d. r. p.; o. v. f. | [v.] a. s. p. p.

Lucius Popidius Ampliatus, einen rechtschaffenen jungen Mann, zum Aedilen, einen der Gemeinde würdigen Mann! Ich bitte Euch, (ihn) zu wählen für den Bau und Unterhalt [der Straßen und] der öffentlichen und sakralen Gebäude.

E 2 OVF Lig.

B IV 7526 m. add. D; DI. 944.

#281 dip. III 3,4: links der Tür.

Ampliatum aed.; dignus | est; Grapichae, dormis | et cupis.

Ampliatus zum Aedilen! Er ist (des Amtes) würdig! Graphicus, du schläfst, und du wünschst (ihn dir doch) dringend!

K 2 *Graphice*, cf. #176; *-pich-* cf. #316; *dormis* cf. #128. – 3 *cupis* cf. #283 *vis.*

B IV 7650 m. add. D; DI. 945.

#282 dip. I 12,5 (Taberna): links der Tür.

Ampliatum L. f. aed.; | vicini, | surgite et | rogate; | Lutati, f[ac].

Ampliatus, Sohn des Lucius (Popidius), zum Aedilen! Nachbarn, steht auf und empfehlt (ihn)! Lutatius, wähl (ihn)!

K 3 Cf. #261.

B IV 7443 m. add. D; DI. 946.

#283 dip. II 1,6: links der Tür.

Ampliatum aed.; o. v. f.; | Lorei vicinae, vis et dormis.

Ampliatus zum Aedilen! Ich bitte Euch, (ihn) zu wählen. Loreius, Nachbar, du willst (ihn doch) und schläfst!

K 2 *Lorei* cf. #129; *vicine*; *dormis* cf. #128; eine «aktivere» Variante zum hiesigen (leicht vorwurfsvollen) *dormis et vis* (oder #281 *cupis*) bietet *vigila et roga* in #191 (etwas stärker #282), die «aktivste» Variante ist *surge (et) fac* in #261 etc.

B IV 7517 m. add. D; DI. 947.

#284 dip. III 2,1: Türpfosten rechts.

Ampliatum aed.; | Trebi, surge, | fac.

Ampliatus zum Aedilen! Trebius, steh auf und wähl (ihn)!

E 1 VM, AE Ligg.
K 2 Cf. #261. – 3 Cf. #187.
B IV 7624 m. add. D; ImDip. 234–38*; DI. 948.

#285 dip. VIII 4, Westseite oder VIII 5, Ostseite: außen.

Popidium Rufum aed.; | piscicapi fac[---].

Popidius Rufus zum Aedilen! Die Fischer wähl[en (ihn)]. *Oder:* Fischer, wähl[t (ihn)]!

K 1 Wohl derselbe wie *N. Popidius Rufus* in IV 1186. – 2 *piscicapus* ist hapax leg.; *faciunt* oder *facite.*
B IV 826 m. add. D; DI. 181; GE. A-33; MO. 72f.

#286 dip. I 4,26: links der Tür.

L. Popidium Secundum | aedilem; populus rogat.

Lucius Popidius Secundus zum Aedilen! Das Volk empfiehlt (ihn).

K 1 Cf. #77 und #710. – 2 *populus* steht hier und in #300 wohl nicht zuletzt um der Figura etym. mit *Popidius* willen, cf. auch #170.
B IV 1045 m. add. AD.

#287 dip. V 1,18: rechts der Tür.

Popidium Secundum | aed., d. r. p., probissimum iuvenem; o. v. f.; | Rufine, fave; et ille te faciet.

Popidius Secundus zum Aedilen, einen der Gemeinde würdigen Mann, einen höchst rechtschaffenen jungen Mann. Ich bitte euch, (ihn) zu wählen. Rufinus, unterstütz, (ihn)! (Im Gegenzug) wird auch er dich wählen!

E 2 OVF Lig.
K 3 *Rufine* cf. #232 ganz nahe; *et ille* cf. #129.
B IV 3409 m. add. D; DI. 182; GE. A-48.

#288 dip. I 11,5: links der Tür.

L. Popidium Secundum | aed.; o. v. f.; Lollius Synhodus cliens rog.; scr. Papilio.

Lucius Popidius Secundus zum Aedilen! Ich bitte euch, (ihn) zu wählen. Lollius Synodus, sein Klient, empfiehlt (ihn). (Dies) hat Papilio geschrieben.

E 2 OVF Lig.
K 2 *Synh-* cf. #136 *Euh-*; *Papilio* cf. #118.
B IV 7418 m. add. D; DI. 949.

#289 dip. I 13,4: rechts der Tür.

L. Popi[dium] S[ecun]d[u]m aed.; o. v. f.; | Taed[i]a Secunda cupiens avia rog. et fecit.

Lucius Popidius Secundus zum Aedilen! Ich bitte euch, (ihn) zu wählen. Taedia Secunda, die gierige Großmutter, hat (ihn) empfohlen und propagiert.

K 2 Das Gentiliz *Taedius* ist außerordentlich selten (und klingt negativ nach *taedet, taedium*). *avia* 'Großmutter' liest DCO., dies müsste aber unbedingt vor *cupiens* stehen, denn nun versteht man 'die gierige Großmutter'. Vielleicht wollte der Schreiber gleichzeitig *avida* 'begierig' als Steigerung von *cupiens* insinuieren (*d* war wohl schwaches [ð] wie *b* [v], ebenso gr. β γ δ, cf. VÄÄNÄNEN (1981), p. 57f.). Überdies konnte man auch *āvius* 'irregeleitet' u.ä. verstehen (cf. OLD s.v.). Schließlich ist merkwürdig, dass eine Frau gewählt haben soll (cf. #203, zu perf. *fecit* cf. #216). Letztlich werden wir hier wohl am besten einmal mehr Fake-Propaganda annehmen (cf. #211).
B IV 7469 m. add. D; DI. 950.

#290 dip. I 6,3: rechts der Tür.

L. Popidium Secundum | aed. d. r. p.; o. v. f., | iuvenem probum; | dignus est.

Lucius Popidius Secundus zum Aedilen, einen der Gemeinde würdigen Mann! Ich bitte euch, (ihn) zu wählen, einen rechtschaffenen jungen Mann. Er ist (des Amtes) würdig.

E 1 VM in *Secundum* Lig.
B IV 7146 m. add. D; ImDip. 54*; DI. 951.

#291 dip. II 1,1: rechts der Tür.

Popidium Secundum | aed., d. r. p.; o. v. f.; Hermes | cupit.

Popidius Secundus zum Aedilen, einen der Gemeinde würdigen Mann! Ich bitte euch, (ihn) zu wählen. Hermes wünscht (ihn sich) dringend.

K 2 *Hermes* war evt. der Wirt des Hauses, DCO.
B IV 7489 m. add. D; ImDip. 179f.*; DI. 952.

#292 dip. III 2,1: links der Tür.

L. Popidium Secundum f. | aed., v. b.; o. v. f.; Trebi Valens, dormis.

Lucius Popidius Secundus junior zum Aedilen, einen guten Mann! Ich bitte euch, (ihn) zu wählen. Trebius Valens, du schläfst.

K 1 *filium*? DI., d.h. Sohn ebenfalls eines Lucius. – 2 *Trebi Valens* cf. #270 und (wohl derselbe) #309; *dormis* cf. #128.
B IV 7614 m. add. D; ImDip. 233f.*; DI. 953.

#293 dip. III 4,3: links der Tür.

L. Popidium Secundum | aed. v. a. s. p.; Epidius Hymenaeus r.

Lucius Popidius Secundus zum Aedilen für die Straßen und die öffentlichen und sakralen Gebäude! Epidius Hymenaeus empfiehlt (ihn).

K 2 Zum fehlenden *p.* cf. #226; *Hymenaeus* cf. #307; *rogat.*
B IV 7692 m. add. D; ImDip. 262–65*; DI. 954.

#294 dip. III 4,1–2.

L. Popidium aed.; o. v. f., | Secundum, innocentem.

Lucius Popidius zum Aedilen! Ich bitte euch, (ihn) zu wählen, den Secundus, einen unbescholtenen Mann.

E 1 OVF Lig.
K 2 *innocentem* cf. #271.
B IV 7681 m. add. D; DI. 955.

#295 dip. III 7,1: rechts der Tür.

L. Popidium | Secundum aed.; propin facientes | rogant.

Lucius Popidius Secundus zum Aedilen! Die Zuproster empfehlen (ihn).

K 2 Wohl Fake-Propaganda, cf. #211; *propīn*, cf. OLD s.v.; zum substantivierten ptc. cf. #734.
B IV 7787 m. add. D; ImDip. 287f.*

#296 dip. IX 6,g: rechts der Tür.

[L.] Popidium Secundum | aed.; o. v. f.; Attale, dormìs.

[Lucius] Popidius Secundus zum Aedilen! Ich bitte euch, (ihn) zu wählen. Attalus, du schläfst.

E 2 OVF Lig.
K 2 *dormis* cf. #128.
B IV 3718 m. add. D; DI. 183.

#297 dip. I 7,3–4.

L. Popidium aed.; Ismurna rog.

Lucius Popidius zum Aedilen! Smyrna empfiehlt (ihn).

E LP Lig.
K *Smyrna*, cf. *Zmyrina* #160 und #265, zur Vokalprothese cf. VÄÄ. p. 48.
B IV 7221 m. add. D; ImDip. 69*, 78f.*; DI. 956; GE. A-44.

#298 dip. IX 12,6: rechts der Tür.

L. Popidium iuvenem | aed.; Crescens, scio te cupere.

Lucius Popidius junior (?) zum Aedilen! Crescens, ich weiß, dass du (ihn dir) dringend wünschst.

E 1 LP Lig.
K 1 Zweifellos scil. *Secundum*, cf. #299. – 2 *scio* cf. #162.
B IV 7910 m. add. D; ImDip. 451f.*, 454*, 457–59*; DI. 958; GE. A-46; KR. 94f.*; MO. 50f.

#299 dip. III 1,6: rechts der Tür.

Popidium adulescentem / Praedicinius rog. aed.

Den Popidius junior empfiehlt Praedicinius als Aedilen.

K 1 Cf. mit *Secundum* IV 968 *Popidium Secundum / verecundum adulescentem aed. o. v. f.*, 1012 *Popidium Secundum / egregium adulescentem aed. o. v. f.* – 2 Hapax leg., deshalb wohl kaum eine hochseriöse Bildung zu *praes -dis* wie *vāticinium -cinārī -cin(i)us* zu *vātēs* (cf. LEUM. p. 551), sondern eher **praedōcinius* (des Typs *lātrō-*, *lēnōcinium*), mit *-di-* etwas «verharmlost», und somit wohl ein weiterer Fall von Fake-Propaganda für diesen Kandidaten (cf. #211).
B IV 7608 m. add. D; DI. 957.

#300 dip. III 3,6: Türpfosten links.

Popidium / aedilem a. v. s. p. p., d. r. p.; populus / facit et rogat.

Popidius zum Aedilen für den Bau und Unterhalt der Straßen und der öffentlichen und sakralen Gebäude, einen der Gemeinde würdigen Mann! Das Volk wählt und empfiehlt (ihn).

K 2 Formel beginnt verkehrt; *populus* cf. #143, #286.
B IV 7657 m. add. D; ImDip. 246–49*°, 251*; DI. 959.

#301 dip. IX 3,2–3.

***Postumium** Proculum / aed.; / offectores rog.*

Postumius Proculus zum Aedilen! Die Wollfärber empfehlen (ihn).

K 1 Cf. auch #687. – 3 Fest. p. 99.27f. LINDSAY *infectores qui alienum colorem in lanam coiciunt, offectores qui proprio colori novum officiunt*, cf. auch #120 und add. D mit Bibl.
B IV 864 m. add. D; DI. 184.

#302 ♪ graff. V 6,c: rechts der Tür.

aedilem Proculam; ⟦cr⟧ cunctorum turba probavit:
hoc pudor ingenuus postulat et pietas.

Procula zum Aedilen! Der Pöbel aller (Leute) hat (ihn) für geeignet befunden.
(Seine?) noble Ehrfurcht und Verlässlichkeit fordert dies.

M dist.

E *cr* getilgt.

K Statt *Proculum*, cf. auch #168–73; *ingenuus pudor* Catull. 61.79, Prop. 2.24.4, cf. auch #163; *Ingenuus* als Name #198; *hoc* d.h. seine Wahl; derselbe Text von *probavit* an auch IV 7066. – Die weibliche Namensform ist zweifellos Absicht und die zweite Zeile somit ironisch gemeint (wie evt. auch #219; cf. #211 zur Fake-Propaganda), zumal *turba* klar negativ konnotiert ist (M. ABERSON mündl.); Feminisierung des Gegners war gang und gäbe: Cicero erzählt ausführlich, wie Clodius als Knabe älteren Lüstlingen und später als Mann den kilikischen Piraten willfahrt habe (Cic. har. resp. 42, dom. 139, ähnlich schmähte er Verres, Catilina und Mark Anton), Brutus bezeichnete Crassus als *Venerem Palatinam* (Plin. nat. 36.(3.)7), Caesars Widersacher nannten diesen u.a. *Bithynicam reginam* und *omnium mulierum virum et omnium virorum mulierem* (Suet. Iul. 49, 52), cf. zu solchen Invektiven z.B. O. SEEL, Cicero (1953), p. 72–74.

B IV 7065 m. add. E; DI. 185; CLE 2051 mit n.; GE. A-55; GI. 158, 202, 232f.

#303 dip. I 10,7–8.

Q. Postumium Proculum | aed.; o. v. f.; Epaphra rog.

Postumius Proculus zum Aedilen! Ich bitte euch, (ihn) zu wählen. Epaphra empfiehlt (ihn).

E 2 OVF Lig.

K 2 *Epaphra* cf. #207, #415.

B IV 7357 m. add. D.

#304 dip. I 7,16: Atrium.

Q. Postumium Proculum, | M. Cerrinium Vatiam aed.; `o.v.f.´.

Quintus Postumius Proculus (und) Marcus Cerrinius Vatia zu Aedilen! Ich bitte euch, (sie) zu wählen.

E 2 OVF Lig., rechts in halber Höhe.
K Übungsinschrift im Innern eines Privathauses, cf. #347, ähnlich #167.
B IV 7245.e m. add. D; ImDip. 86*, 88f.*

#305 graff. II 7 (Palaestra).

VII idus Sep[tem]bres | Q. Postumius | rogavit, | A. Attium |5 pedicarim.

Am 7. Tag vor den Iden des September hat (mir) Quintus Postumius empfohlen, Aulus Attius zu – ficken.

E 1 *e* kurs.
K Wohl eine Verleumdung des Kandidaten Postumius, das wird aber erst mit dem letzten Wort klar. – 1 7. September. – 3 Scil. *me*; *rogare* ist dem stereotypen Vokabular der Wahlpropaganda entnommen. – 4 Wohl der für das Amt des Aedilen empfohlene Attius in IV 3818 (*Attium Amplu[m]*) und 3699 (*Amplum*). – 4f. Scil. *ut*. – 5 Nicht für *pedicaverim* (VÄÄ. p. 40), sondern *pedicarem* (DCO.), statt stereotypem *facerem* 'zu wählen'.
B IV 8805°; (ImGr. 525); WE. 170°; HU. 215°; VA. 125.

#306 dip. IX 8,1–III 8,8: außen.

***Rustium** Verum **a.** v. a. s. p. p.; | Augusto feliciter; aediles sic decet.*

Rustius Verus zum Aedilen für den Bau und Unterhalt der Straßen und der öffentlichen und sakralen Gebäude! Glück dem Kaiser! So ziemt es sich für Aedilen.

K 1 *aedilem*, einige Jahre vor #186ff. – 2 *Augusto* cf. #186.
B IV 427 m. add. D; DI. 190.

#307 dip. III 4,3: links der Tür.

*A. **Suettium** Verum | aed.; Hymeneus rog. et cupit.*

Aulus Suettius Verus zum Aedilen! Hymenaeus empfiehlt (ihn) und wünscht (ihn sich) dringend.

E 1 VM in *Verum* Lig. – 2 NA Lig., also *-naeus*, DCO., bezweifelt in add. D.
K 2 *Hymenaeus*, cf. #293.
B IV 7691 m. add. D; ImDip. 262–65*; DI. 960.

#308 dip. III 3,1: Türpfosten rechts.

A. Suettium Verum | aed.; o. v. f.; [..]ct[....]us | veterarius rogat.

Aulus Suettius Verus zum Aedilen! Ich bitte euch, (ihn) zu wählen. ...us der Gebrauchtwarenhändler empfiehlt (ihn).

E 2 OVF Lig.
K 3 Etwa wie *veteramentarius*, DCO., cf. Thes. gloss. II 410 s.vv.
B IV 7643 m. add. D; ImDip. 243*; DI. 961.

#309 dip. III 4,b: rechts der Tür.

A. ***Trebium*** *Valentem aed.; Cerialis | Acrátopínón cum Cassia rog.*

Aulus Trebius Valens zum Aedilen! Cerealis «Trinkpur», mit Cassia, empfiehlt (ihn).

K 1 Cf. auch #270, #292; ein früherer Vertreter der Gens in der Stadtregierung ist bezeugt in ImagItal Pompei-11* ***Ni(umsis) Trebiis Tr(ebieís)*** 'Numerius Trebius, Sohn des Trebius' (2. Jh. v. Chr.); *Cerealis*, dies ist ein Name und gehört zu *Acratopinon*, cf. IV 8845. — 2 Ἀκρατοπίνων (alle Langvokale sind korrekt markiert), wohl ein schnippischer Beiname: 'der ungemischten Wein trinkt' (cf. #913); weitere Beinamen (Agnomina) cf. #336, #420, #1028f., #1243, #1347, #1357, und generell zu den sprechenden Namen #213.
B IV 7669 m. add. D; ImDip. 253*; DI. 962.

#310 dip. VII 9,42: rechts der Tür.

Trebium aed.; o. v. f.; | clibanari rog.

Trebius zum Aedilen! Ich bitte euch, (ihn) zu wählen. Die Backformenmacher empfehlen (ihn).

E 1 OVF Lig.
K 2 Hapax leg., cf. OLD s.v. *clībanus.*
B IV 677 m. add. AD; DI. 186; GE. A-28; KR. 19.

#311 dip. I 11,1: links der Tür.

A. Terebium.

Den Aulus Trebius!

E *e* kurs.; *m* unter dem *u*.
K *Trebium*, cf. VÄÄ. p. 47 (hyper-oskische Anaptyxe).
B IV 7403° m. add. D.

#312 dip. I 13,1: links der Tür.

Trebium et Rufum | aed.; o. v. f.; Crescens cupidus rog.

Trebius und Rufus zu Aedilen! Ich bitte euch, (sie) zu wählen. Crescens empfiehlt (sie) mit Begeisterung.

E 2 OVF Lig.
B IV 7455 m. add. D; (ImDip. 528); DI. 963.

#313 dip. IX 13,1: links der Tür, nahe der Hausecke.

Trebium | et Gavium aed., | d. r. p.; o. v. f.; vicini.

Trebius und Gavius zu Aedilen, der Gemeinde würdige Männer! Ich bitte euch, (sie) zu wählen. Die Nachbarn (empfehlen sie).

E 3 OVF Lig.
K 3 Das Verbum fehlt, cf. #152, vielleicht ist aber auch voc. gemeint.
B IV 7927 m. add. D; ImDip. 460f.*, 467*; DI. 964; KR. 86f.*

#314 dip. IX 7,2: links der Tür.

P. ***Vedium*** *Numianum | aed. v. a. s. p. p.; Coniunctus | facit.*

Publius Vedius Numianus zum Aedilen für den Bau und Unterhalt der Straßen und der öffentlichen und sakralen Gebäude! Coniunctus wählt (ihn).

K 1 *Nummianum.*
B IV 7817 m. add. D; ImDip. 384*, 389–92*; DI. 965.

#315 dip. I 7,3–4.

Nummianum | aed., dignum coloniae | Pompeianae.

Den Nummianus zum Aedilen, einen der Kolonie Pompeji würdigen Mann!

K 2 Cf. IV 3736 *dignos coloniae*, cf. #130. – 3 Rechts ein Palmzweig.
B IV 7219 m. add. D; ImDip. 69*, 78f.*; DI. 966.

#316 dip. VII 2,33–34.

A. ***Vettium*** *Caprasium | Felicem aed.; o. v. f.; Pilipphus rog.*

Aulus Vettius Caprasius Felix zum Aedilen! Ich bitte euch, (ihn) zu wählen. Philippus empfiehlt (ihn).

E 2 OVF Lig.
K 1 Zur Reihung von Gentilizien cf. #115; *Caprasius* ist in Pompeji gut bezeugt, auch z.B. tab. cer. IV 3340.22, 59, 71; angesichts des intervokalischen *s* muss dies ein zu einem Gentiliz gewordener osk. Individualname 'Ziegenhirt' sein (entspr. lat. *caprārius*; bezeugt ist umbr. ***kapru-*** 'Bock'), ähnlich, nur leicht latinisiert, ist #54 *Vitulasius*, urspr. 'Kälberhirt' (umbr. ***vitlu-/ vitla-*** 'Kalb') und ganz lat. #420 *Armentarius* 'Rinderhirt'; cf. auch #518. – 2 *Philippus*, cf. #281, *φ* war wohl noch nicht konsequent [f].
B IV 567 m. add. D; DI. 187.

#317 dip. IX 3,20–21.

A. Vettium Caprasium | Felicem aed. v. a. sacr. p. p.; vicinî rogant.

Aulus Vettius Caprasius Felix zum Aedilen für den Bau und Unterhalt der Straßen und der öffentlichen und sakralen Gebäude! (Seine) Nachbarn empfehlen (ihn).

B IV 3687 m. add. D; DI. 189.

#318 ♪ dip. IX 2,16: rechts der Tür.

A. Vettium
Caprasium Felicem aed., Balbe, rogamus.

Aulus Vettius
Caprasius Felix als Aedilen empfehlen wir, Balbus.

M da6 (beginnend nach dem ersten Gentiliz, der ganze Name war zu lang, cf. #763, das zweite, *-āsjum* gemessen, und das Cognomen genügten aber).
K *aedilem*; *Q. Bruttius Balbus*, cf. IV 935b, d, g, #113.
B IV 935i m. add. AD.

#319 dip. VI 9,5–6.

A. Vettium Fìrmum aed.; o. v. f.; | Fuscus cum Vaccula facit.

Aulus Vettius Firmus zum Aedilen! Ich bitte euch, (ihn) zu wählen. Fuscus mit Vaccula wählt (ihn).

K 2 Cf. #203.
B IV 175 m. add. D; ImDip. (528), 530.20°; DI. 188.

#320 dip. VI 8,12–13.

Vettium Firmum | aed.; o. v. f.; dign. | est; pomari, facite.

Vettius Firmus zum Aedilen! Ich bitte euch, (ihn) zu wählen. Er ist (des Amtes) würdig. Obsthändler, wählt (ihn)!

E 1 VM in *Vettium* Lig. — 2 AED Lig.
K 2 *dignus.* — 3 *facite* cf. #187.
B IV 183 m. add. AD.

#321 dip. II 4,4: links der Tür.

A. Vettium Firmum | aed.; o. v. f.; d. r. p. o. v. f.; pilicrepì, facite.

Vettius Firmus zum Aedilen! Ich bitte euch, (ihn) zu wählen. (Ihn), einen der Gemeinde würdigen Mann, bitte ich euch zu wählen. Ballzähler, wählt (ihn)!

K 2 *pĭlicrepus* cf. #1419, zu anderen Spielern als «Wahlhelfer» cf. #245.
B IV 1147 m. add. D; ImDip. 210*; GE. A-36; KR. 21.

#322 dip. IX 7,7: rechts der Tür.

Vetti^um Firmum aed.; quactiliarî | rog.

Vettius Firmus zum Aedilen! Die Filzmacher empfehlen (ihn).

E 1 VM in *Firmum* Lig.
K Auf einem Gemälde der Wollverarbeitung. — 1 *quact-* cf. #251.
B IV 7838 m. add. D; ImDip. 401–7*; DI. 967; FRÖHLICH (1991), tab. 61.1*, 3*.

#323 dip. IX 7,4: links der Tür.

A. Vettium Firmum aed.; | o. v. f.; dig. est; | Sergius Felix rog.

Aulus Vettius Firmus zum Aedilen! Ich bitte euch, (ihn) zu wählen. Er ist (des Amtes) würdig. Sergius Felix empfiehlt (ihn).

E 1 AED Lig.
K 2 *dignus.*
B IV 7829 m. add. D; ImDip. 394f.*; Di. 968.

#324 dip. II 1,1: links der Tür.

Vettium aed. | o. v. f., d. i. d., d. r. p.; o. v. f.; | suilimeA | rog.

Vettius zum Aedilen bitte ich euch zu wählen, zum Duumvirn für die Rechtsprechung, (ihn), einen der Gemeinde würdigen Mann. Ich bitte euch, (ihn) zu wählen. Aemilius empfiehlt (ihn).

E 2 OVF Lig. – 3 Rückläufig (cf. auch #534, #600, #639ff., #658, #671, #1143).
K 1f. Konnte man gleichzeitig für das Amt des Aedilen und des Duumvirn kandidieren? Es könnte auch ein einfaches Versehen vorliegen. IV 7958 ist jedenfalls nicht vergleichbar (pace add. D), dort hat der Schreiber wohl vorzeitig abgebrochen. – 3 Cf. #641f. und #658, derselbe. – 3f. Zwischen den Zeilen ein Palmzweig.
B IV 7494 m. add. D; Di. 969.

#325 ♪ dip. II 2,2: links der Tür.

[------] | aedilis fav[e].

[... und ...] sollst du als Aedil-Kandidaten unterstützen!

M Evt. ia6 fin., *aed.* ist sonst praktisch immer abgekürzt.
K Wohl eher acc. pl. *aedīlīs* als nom. sg. *aedīlĭs* 'du als Aedil'; *fave* cf. #137.
B IV 7532 m. add. D; Di. 970.

#326 graff. Genauer Fundort unbekannt.

Popam aed.; oro vos [- c. 8 -]; XXI Salpio.

Popa zum Aedilen! Ich bitte euch, (ihn) [zu wählen ...]. 21 (?), Salpio.

E XXI?, MAU.
K *Popam* wohl Cognomen, cf. evt. IV 2612.a; *XXI* ist unklar.
B IV 5424 m. add. E; DI. 180.

3.1.4. Kaiserzeit: Duumviri iure dicundo und Aediles

#327 dip. I 8,15: links der Tür.

a *Caecilium Capell. aed., d. r. p.; o. v. f.* – **b** *Fufidius Successus Serenum aed., d. r. | p., o. v. f.* – **c** *C. Numitorium aed.; o. v. f., | Serenum.* – **d** *Lucretium, d. r. p.; o. v. f.; | rogat* vac.

a Caecilius Capella zum Aedilen, einen der Gemeinde würdigen Mann! Ich bitte euch, (ihn) zu wählen. – **b** Fufidius Successus bittet euch, Serenus, einen der Gemeinde würdigen Mann, zum Aedilen zu wählen. – **c** Gaius Numitorius zum Aedilen! Ich bitte euch, (ihn), den Serenus, zu wählen. – **d** Lucretius, einen der Gemeinde würdigen Mann! Ich bitte euch, (ihn) zu wählen. Es empfiehlt (ihn) ...

E **a** AED, VF Ligg. – **b** VM, AED Ligg. – **c** 1 AED Lig. – 2 VM Lig.; der Text von DCO. nach *Serenum* ist anhand der Fotos nicht nachvollziehbar, an der Stelle steht seine Inschrift no. IV 7306.b. – **d** 1 In größeren Buchstaben. – 1 OVF Lig. – 2 wohl unfertig.
K **a** *Capellam.* – **b** 1 *Fufidius* cf. #644; *o.* ist hier als *orat* zu lesen. – **b–c** *Serenus* ist Cognomen zu *Numitorius*, ebenso X 1403 (Herc.), cf. auch IV 970 *Serenum aed.*
B IV 7305.a°–d° m. add. D; ImDip. 98–100*.

#328 dip. IX 11,5: rechts der Tür.

Licinium Faust. aed.; o. v. f.; | et Cn. IIvir. i. d.

(Marcus) Licinius Faustinus zum Aedilen! Ich bitte euch, (ihn) zu wählen. Und Gnaeus zum Duumvirn für die Rechtsprechung.

E 1 AED, OVF Ligg.
K 1 *Faustinum.* – 1f. *Marcus* (cf. #259) und *Gnaeus* waren wohl Brüder; cf. ferner #193.
B IV 7881 m. add. D; ImDip. 432f.*; DI. 929; KR. 96*.

#329 dip. VI 7,19–20.

P. Paquium Proculum II vir., virum b. d. r. [p.]; o. v. f.; | A. Vettium [Caprasi]um Felicem II vir., v. b. d. r. p.; o. v. f.; digni sunt; | Q. Marium [Rufum], M. Epìdium Sabinum aediles v. a. s. p. p.; o. v. f.; digni sunt; | s[crip]sit [...]sius de^albatore Onesimo.

Publius Paquius Proculus zum Duumvirn, einen guten Mann, der Gemeinde würdig! Ich bitte euch, (ihn) zu wählen. Aulus Vettius Caprasius Felix zum Duumvirn, einen guten Mann, der Gemeinde würdig! Ich bitte euch, (ihn) zu wählen. (Beide) sind (des Amtes) würdig. Quintus Marius [Rufus] (und) Marcus Epidius Sabinus zu Aedilen für den Bau und Unterhalt der Straßen und der öffentlichen und sakralen Gebäude! Ich bitte euch, (sie) zu wählen. (Auch) sie sind (des Amtes) würdig. (Dies) hat ...sius geschrieben, nachdem Onesimus als Weißgrundierer gewirkt hat.

E 1–3 OVF Lig.
K 3 Ergänzt nach IV 929. – 4 *dealbatore* cf. #183, #389 (ptc.).
B IV 222 m. add. D; DI. 156; GI. 141 n. 191.

#330 dip. VII 2,51–52.

Suettios Certum IIvir. i. d., | Verum aed., Celsum collegam rog.; quorum innocentiam | probastis; | Elainus dissign. rog.

Ich empfehle die Suettier, Certus als Duumvirn für die Rechtsprechung, Verus als Aedilen, (und Herennius) Celsus als seinen Kollegen. Ihre Unbescholtenheit habt ihr überprüfen können. Helenus der Zeremonienmeister empfiehlt (sie).

E 2 AED Lig.
K 1 Cf. #389. – 2 Cf. #307 etc., und evt. #786? *Celsus* ist der in #331 und #251 bezeugte Herennius, cf. IV 3274 *Verum et Herennium Celsum aed.*; *innocentiam* cf. #271. – 3 *probastis* cf. VÄÄ. p. 40. – 4 Wohl *Helenus*; *dissignator*, cf. #139.
B IV 597 m. add. D; DI. 157.

#331 dip. VI 17,1–19 (?).

Suettium cum Epidio | IIvir. i. d.; o. v. f.; dig. sunt; | Herennium et Verum | aed.; o. v. f.

Suettius mit Epidius zu Duumvirn für die Rechtsprechung! Ich bitte euch, (sie) zu wählen. Sie sind (des Amtes) würdig. Herennius und Verus zu Aedilen! (Auch sie) bitte ich euch zu wählen.

E 2/4 OVF Ligg.
K 2 *digni.* — 3 *Herennius* cf. #330; das Gentiliz ist schon osk. bezeugt, cf. ImagItal Pompei-31*° ***Mạ. Herenni [---].***
B IV 122 m. add. D; ImDip. 339*.

#332 dip. VI 8,14–15.

L. Veranium Hypsaeum | II vir. i. d. tertio, ***quinq.****, | Casellium Marcellum | aed., optimos collegas.*

Lucius Veranius Hypsaeus das dritte Mal zum Duumvirn für die Rechtsprechung und (gleichzeitig) für den Fünfjahreszensus, Casellius Marcellus zum Aedilen, ausgezeichnete Kollegen!

E 1 VM in *Hypsaeum* Lig.
K 1 Cf. #336. — 2 *quinquennalem*; dies zeigt, dass das Amt des *quinquennalis* eine Zusatzfunktion der Duumviri iure dicundo und kein eigenes Amt war, cf. in Pompeji z.B. tab. cer. IV 3340.148, X 1074.d, Zeile 9, add. D zu IV 170 sowie LIEBENAM (1900), p. 258.
B IV 187 m. add. D; ImDip. (528), 530.25°; DI. 153.

3.1.5. Kaiserzeit: Duumviri quinquennales

#333 graff. VIII 1,1 (Basilica).

M. Holconio M. f. Rufo, N. Curtio Vibio Salasso quinq.

(Im Jahr,) als Marcus Holconius Rufus, Sohn des Marcus, (und) Numerius Curtius Vibius Salassus (als Duumvirn für die Rechtsprechung und) für den Fünfjahreszensus (amtierten).

K Nahe bei #45, also hier wohl ebenfalls Jahresangabe mit Namen im abl., aber wohl einige Jahre früher, cf. add. E; zu M. Holconius Rufus cf. CIL X 830; zur Reihung von Gentilizien cf. #115.

B IV 1886° m. add. BE; ImGr. 375*; DI. 194; CollEp. 17g*.

#334 graff. Villa dei Misteri: großes Atrium.

Rufus est.

(Dies) ist Rufus.

K Über der Ritzzeichnung eines Männerkopfes mit Lorbeerkranz und eines (ersten?) Versuchs desselben Motivs; cf. ähnlich SOLIN (1975), no. 34, p. 264 (VII 16,22, auch mit Beischrift *Rufus*). – Es muss sich um einen in beiden Häusern wohlbekannten Mann gehandelt haben, das Cognomen ist aber sehr häufig (cf. #147f., #174ff., #329, #333, #386, #565, #1133 usw.).

B IV 9226°; ImGr. 453*; WE. 365°; HU. 999°; LA. 261°, 262°.

#335 dip. II 1,3: rechts der Tür.

Q. Postumium quinq. | Polites facit.

Quintus Postumius (zum Duumvirn für die Rechtsprechung und) für den Fünfjahreszensus! Polites wählt (ihn).

B IV 7502 m. add. D; ImDip. 181f.*; DI. 971.

#336 graff. IX 7,14: Eingang zum Peristyl.

Q. P[o]stumius Modestus | [A?]logius Veranium | quinq.

Quintus Postumius Modestus «Unverstand» (?) (empfiehlt) Veranius (als Duumvirn für die Rechtsprechung und) für den Fünfjahreszensus.

E *e* kurs. – 2 *[..]logius* MAU, es kann aber wohl auch nur ein Zeichen fehlen.

K 2 MAU schlägt *[Eu]logius* als weiteres Cognomen des Postumius vor, SOLIN in add. D hält *[Ph]logius* für wahrscheinlicher und fasst diesen zudem als weitere Person auf, doch hätte hier m.E. kein antiker Leser die Sequenz *Q. Postumius Modestus ..logius* als ein aus einem hohen Beamten und einem Sklaven zusammengesetztes Wahlhelfer-Team verstanden, vor allem nicht ohne verbindendes *et*, somit handelt es sich wohl eher um einen lat. Spitz-

und Beinamen (cf. #309), abgeleitet von ἄλογος, *alogia* (cf. OLD s.v., sowie #707, wo mit *Alogiosus* ebenfalls unser Postumius gemeint sein könnte), und damit um einen Fall von Fake-Propaganda (cf. #211); *Veranium* cf. #332. — 3 Das Verbum fehlt, cf. #152.

B IV 5352 m. add. E; DI. 195.

#337 dip. Vor der Porta del Vesuvio: Grab der Septumia.

M. Stl[ab]orium | quinq.

Marcus Stlaborius (zum Duumvirn für die Rechtsprechung und) für den Fünfjahreszensus!

K 1 Zur Person cf. v.a. X 806, 896.

B IV 7977 m. add. D.

#338 dip. Vor der Porta del Vesuvio: Grab der Septumia.

a *Stla[boriu]m.* — **b** *Stlaborium.*

a–b Den Stlaborius!

B IV 7976.a–b m. add. D.

#339 dip. Vor der Porta del Vesuvio: Grab der Septumia.

M. Stlaborium Frontonis | [---]ịd ḍa[. o.]v. f. v[---?] | Ḟuṣç++ vac.?

Marcus Stlaborius, (den Sohn?) des Fronto, ...

E 2 VF Lig. — 3 Was hinter ++ folgt, ist nicht mehr zugehörig (cf. #172).

K 1 Scil. *filium* DCO.

B IV 7978 m. add. D; ImDip. 477°.

#340 dip. III 2,1: rechts der Tür.

[A. Tre]bium qu[inqu.]; | o. v. f.

[Aulus] Trebius (zum Duumvirn für die Rechtsprechung und) für den Fünfjahreszensus! Ich bitte euch, (ihn) zu wählen.

E 2 OVF Lig.

B IV 7633 m. add. D; ImDip. 234*, 239f.*; DI. 972.(a).

#341 ♪ graff. VIII 1,1 (Basilica).

non est ex albo iu[de]x patre Aegyptio.

Auf der Liste ist kein Richter mit einem ägyptischen Vater.
Und: Einen Richter von einem hellhäutigen ägyptischen Vater gibt es nicht.

M ia6.

K Wortspiel zwischen *album* 'Liste' (insb. von Richtern), cf. OLD s.v., 4.b, und *albus* 'hellhäutig', cf. COURTNEY p. 316 sowie DI. (mit Verweis auf MOM.) und BÜ. (mit Verweis auf LEO); (scil. *ullus*) *ex* wie in *unus ex.* – Der prosopographische Hintergrund ist unklar.

B IV 1943° m. add. ABE; ImGr. 392f.*; DI. 114; CLE 40; CO. 107.

#342 dip. Tuffblock an einer der Straßen, die von der SO-Ecke des Forums (VII 8) wegführen.

C. Iulio Caesare dict. iter., | M. Antonio mag. eq. | mag. vici et compiti: | M. Blattius M. f., | M. Cerrinius M. f., | M. Sepullius [---], | [------] | Q. Pra[---], | C. Corne[lius ---], | [------], | P. Ro[c?]ius [---]s, | Salvius E[...]ro M. s. |
[C. Caes]are, M. Lepido cos.: | [.] Blattius M. f., | C. [H?]ermatorius P. f., | M. Ṭ++ius M. l. Plutus, | M. Stronnius M. l. Nic[..]o, | M. Oppius S. l. Aes[---], | C. Cepidius C[---] | [------]

(Im Jahr), als Gaius Iulius Caesar zum zweiten Mal Diktator (und) Marcus Antonius Kavalleriegeneral war, (waren) Vorsteher des (Forum-)Quartiers und der Straßenkreuzung (sowie ihres Kults): Marcus Blattius, Sohn des Marcus, Marcus Cerrinius, Sohn des Marcus, Marcus Sepullius ..., ..., Quintus Pra..., Gaius Cornelius ..., ..., Publius Rocius ...s, Salvius E...o, Sklave des Marcus.
(Im Jahr), als Gaius (Iulius) Caesar und Marcus (Aemilius) Lepidus Konsuln waren: [Marcus?] Blattius, Sohn des Marcus, Gaius Hermatorius, Sohn des Publius, Marcus T..ius Plutus, Freigelassener des Marcus, Marcus Stronnius Nic[..]o, Freigelassener des Marcus, Marcus Oppius Aes[c...], Freigelassener des Sextus, Gaius Cepidius, [Freigelassener] des Gaius, ..., ...

K 1 *dictatore iterum*, 47 v. Chr. – 2 *magistro equitum*. – 13 Caesar war zwar fünfmal Konsul, aber mit Lepidus zusammen nur 46 v. Chr.
B IV 60 (= I[2] 777) m. add. AD; (ImDip. 527); DI. 112.

#343 dip. I 6,14: rechts der Tür.

L. Pericatium | ------

Den Lucius Pericatius zum ...

K Zum Namen cf. #891.
B IV 7185 m. add. D; DI. 995.

#344 dip. VII 1,25: Zimmer.

Se^cundus | regimoni|um tenet | feliciter.

Secundus hält seine Herrschaft mit glücklicher Hand.

E *e* kurs.
K 1 Häufiger Name, cf. #123, #218, #389, #570, #654 usw. – 2f. Wohl *rēgi-*, cf. LEUM. p. 297 (denominativ).
B IV 918 m. add. D; DI. 763; GE. I-11; HU. 1010.

#345 dip. II 6 (Amphitheater): Nordzugang.

Regulo feliciter.

Glück dem Regulus!

K Falls ein Politiker, dann viel eher *Livineius*, der mit dem Amphitheater unmittelbar zu tun hatte (cf. add. D und #458), als *Memmius*, der Konsul von 63 n. Chr. (cf. IV 3046 und 5519); vermutlich derselbe auch #346 und #1375.
B IV 1098 m. add. CD.

#346 graff. VIII 2,20 (Sarno-Thermen).

Regulo feliciter, quia verpa est. | Reg. | Regu.

«Glück» dem Regulus, weil er einen Schwanz verschlingt (*oder:* ein Schwanz ist)! Reg..., Regu...

E *e*, *f* kurs.

K 1 Am Zeilenende die Ritzzeichnung eines Phallus. Es ist wohl nicht nur nom. + 'er ist' gemeint, sondern mindestens so sehr acc. *verpam + est* von *edō* (cf. dazu #1104f., #1314, #1376, ferner #1321 zu *feliciter* und *fellare*), so entspricht die Inschrift inhaltlich genau #1375, wo zweifellos derselbe Regulus wie hier und #345 gemeint ist. Livineius Regulus war als Organisator der fatalen Spiele von 59 n. Chr. bestimmt vielen eine Verwünschung wert.

B IV 4876 m. add. E; DI. 568.

#347 dip. I 7,16: Atrium.

L. Aeló Magnó | feliciter; Astylus; | Iarine, fellas.

Glück dem Lucius Aelius Magnus! Astylus (empfiehlt ihn). Iarinus, du bläst.

K 1 *Aelio*, cf. #267; zur Person cf. #94. – 2 *Astylus* scil. *rogat* (eher als *scripsit*), cf. #121. – 3 Beschimpfung, zur Nähe von *feliciter* und *fellare* cf. #1321; *Earine*, von ἐαρινός, hier wohl 'im Frühling geboren', cf. #192; das Verbum fehlt, cf. #152. – Von den im Innern dieses Hauses gemalten Namen gehört nur *Papilio* sicher einem Inschriftenmaler, pace DCO. (cf. #118 und #304).

B IV 7243 m. add. D; ImDip. 86*, 88f.*

#348 graff. VII 15,11: links der Tür.

Vẹṭtî Vere, amator ̣coctor.

Vettius Verus, Liebhaber von Gekochtem!

E Das erste V ist angesichts seiner Größe zweifellos der Anfangsbuchstabe.

K *Vettius* steht vielleicht irrtümlich statt *Suettius* (cf. #307f., #330f.), die Namen waren leicht zu verwechseln; wohl eine Verspottung, denn in #786, gleich daneben, wird zweifellos derselbe *Verus* verulkt; *amator* dürfte ein ironischer Anklang an Wahlpropaganda sein, cf. #108 und – evt. ebenfalls ironisch – #217; *coctorum* ist gen. pl. ntr., abgekürzt wie in #369 (und ähnlich in #108), cf. Suet. Claud. 38 *inquilinos ... cocta vendentes* (*coctor* 'Koch', so die bisherigen edd., ist selten und gibt hier keinen Sinn).

B IV 1658° m. add. A°E; DI. 199.

#349 dip III 2,1: rechts der Tür.

[---] et te tenẹribib[..]ace[---?] | vere dico.

... und dich, Edelweintrinker (?), ... sage ich die Wahrheit.

E 1 *tenẹribib* (in einem Wort) ist auf dem Foto ImDip. 239 ganz rechts klar sichtbar; DI.s Lesung *teneri bibace* ist kaum möglich.
K 1 Zur hier angenommenen Bedeutung von *tener* cf. OLD, s.v., 4.a.
B IV 7634° m. add. D; ImDip. 234*, 239f.*; DI. 972.(b).

#350 dip. VII 7,20: links der Tür.

tu de contra rog. deb. Artor.

Du musst im Gegenzug den Artorius empfehlen.

E *de contra* mit Punkt getrennt.
K *de contra* cf. VÄÄ. p. 108, OLD s.v. *dēcontrā*; *rogare debes Artorium*, zum Namen cf. #394.a, IV 8, 16, 68 etc. (gesammelt in I² 1642).
B IV 548 m. add. D; DI. 202; GE. A-52.

#351 dip. I 8,8: links der Tür.

Betutius rog. Betitî filium.

Betutius empfiehlt den Sohn des Betitius.

K Beide Vokale (*Betu-/Beti-*) sind in diesem Namen häufig, vergleichbar *inclutus / inclitus*, cf. LEUM. p. 80, hier in einer Art Vokalharmonie: *u* vor *-us*, *i* vor *-ī*; wohl Werbung des Vaters (oder in seinem Namen) für den Sohn.
B IV 7284 m. add. D; ImDip. 93f.*; DI. 973.

#352 dip. II 2,2: links der Tür.

[------] | Lorei clie[ns], | [f]ac, qu[em] dilig[is].

... Loreius, Klient, wähl den, den Du magst!

K 2 *Lorei* voc. oder gen. ('Klient des Loreius'), zum Namen cf. #129.
B IV 7531 m. add. D; DI. 976.

#353 dip. III 4,3: links der Tür.

[------] | Alipe, cupis.

... Alypus, du wünschst (ihn dir doch) dringend.

K 2 Von ἄλῡπος 'kummerlos, heiter', cf. #549.
B IV 7694 m. add. D; ImDip. 262–64*; DI. 977.

#354 dip. II 2,2: rechts der Tür.

[------] | Athictus rog.

[Den ...] empfiehlt Athictus.

K 2 Von ἄθικτος 'unberührt; unberührbar, heilig', recht beliebtes Cognomen, cf. #485, IV 7523 und 7545 (*Athicte, fac*) sowie SOLIN (2003), p. 917f.
B IV 7523 m. add. D.

#355 dip. I 19,4: links der Tür.

drapetae omnes.

Alle Ausreißer-Sklaven.

K δρᾱπέται, wohl Fake-Propaganda, cf. #211.
B IV 7389 m. add. D; ImDip. 172*; HU. 104.

#356 dip. VI 16,35–36.

Poppaeenses | facimus, | sunt ṿ[...]ṃ[.]fr[---]

Wir wählen die Poppaea-Anhänger, sie sind ...

E Die Inschrift war übermalt.
K 1 Eher acc. als nom., scheint eine Art Partei gewesen zu sein, cf. FRANKLIN (2001), p. 125ff.
B IV 6682 m. add. D; DI. 100.

#357 dip. VI 6,4: links oder rechts der Tür.

Neropoppaeeses, factum.

Die Nero-Poppaea-Anhänger, gewählt.

K Kompositum; *-enses.*
B IV 259 m. add. CD; DI. 99.

#358 graff. VI 13,6. Peristyl.

Neropoppaeeses.

Die Nero-Poppaea-Anhänger.

E *e* kurs.
B IV 1499° m. add. CE.

#358a graff. II 7 (Palaestra).

Geganius | Romulus | aedilis | iuenalium.

Geganius Romulus, Aedil für die Jugendwettkämpfe.

E *e* kurs.
K 4 *iuvenalium*, scil. *ludorum*, cf. OLD s.v. *iuuenālis*, 2.b und #114; zu *iu(v)en-* cf. VÄÄ. p. 49. – Dies ist die einzige Inschrift in Pompeji, von der mit Sicherheit auf eine Jugendorganisation geschlossen werden kann. Der Name Geganius ist in Pompeji aber so selten, dass sogar DCo. den Mann für den Leiter einer *auswärtigen* Gruppe hält. Auch die vielerorts zu lesende Interpretation von osk. «vereia» in ImagItal Pompei-24 ***vereiiaí púmpaiianaí*** (dat.) als 'Jugend(verband)' ist sprachlich durch nichts zu stützen, cf. J. UNTERMANN, Wörterbuch des Osk.-Umbr. (2000), s.v., das einzige (schwache) Argument dafür ist der Fundort des Steins in der sog. samnitischen Palaestra VIII 7,29, n.b. in Zweitverwendung.
B IV 8521.

#359 graff. VIII 7 (großes Theater): östliche Außenwand der Scaena.

ex scito | ordinis | primus or|[------]

Durch Beschluss des Gemeinderates als erster ...

K 1 Unsichere Lesung, aber plausibel, cf. OLD s.v. *scītum*. – 2 Cf. #139 etc.
B IV 2459° m. add. E; DI. 200.

#360 graff. Boscoreale, Landhaus.

duos | Ḟaḅios | mẹrcates | rogamus.

Wir, die Kaufleute, empfehlen die beiden Fabier.

E 3 Zweites *e* kurs.
K 1f. Cf. #708. – 3 *mercantes*, zu *-(n)t-* cf. VÄÄ. p. 67, zum ptc. (frz. *marchand*) statt Nomen agentis (*mercator*) cf. #734.
B IV 6902° m. add. E; DI. 203.

#361 graff. VIII 1,1 (Basilica).

Epaphra, redde penicillum.

Epaphra, gib (mir) den Pinsel zurück!

E *e* kurs.
K *Epaphra* cf. #415; *pēnicillus* cf. OLD s.v., 1 (und #820); zu den Inschriftenmalern cf. #118.
B IV 1787° m. add. AE; DI. 514; HU. 702.

3.3. Wahlpropaganda für Nuceria

#362 dip. Vor der Porta di Nocera, SE vom Amphitheater: Grab [6].

L. Munatium / Caesernìnum / Nuceri{ri}ae II vir. / quinq., v. b.; o. v. f.

Lucius Munatius Caeserninus in Nuceria zum Duumvirn für den Fünfjahreszensus, einen guten Mann! Ich bitte euch, (ihn) zu wählen.

E 4 OVF Lig.
K 2 Zum Namen cf. #619, cf. auch das Gentiliz *Caesernius* #59.
B IV 3874 m. add. D; ImDip. 481°; DI. 193.

#363 dip. Vor der Porta di Nocera, SE vom Amphitheater: Grab [5].

C. Tampium Sabeinum / tri. ple., v. b.; o. / v. v. facia.

Tampius Sabinus zum Volkstribunen, einen guten Mann! Ich bitte euch, (ihn) zu wählen.

K 1 *Sabinum*, cf. VÄÄ. p. 22. – 2 *tribunum plebis*. – 3 *oro, volo vos faciatis* DI., *oro v(ehementer?) v(os) f(aciatis)* DEGRASSI, oder einfach *oro vos ut faciatis*.
B IV 3872 m. add. D; DI. 192.

#364 dip. Vor der Porta di Nocera: Grab 10.EN (alt 12).

Sabi. tr. pl., v. b., ọ. ỵ. f.

Sabinus zum Volkstribunen, einen guten Mann! Ich bitte euch, (ihn) zu wählen.

E AB, TR, PL, VB Ligg.; OVF Lig., ähnlich einem Q.
K (*C. Tampium*) *Sabinum.*
B IV 9949 m. add. D; ImDip. 485–87*.

#365 dip. Vor der Porta di Nocera: Grab 12.EN (alt 13).

A. Fabium | tr. pl., v. b.; o. v. f.

Aulus Fabius zum Volkstribunen, einen guten Mann! Ich bitte euch, (ihn) zu wählen.

E 2 OVF Lig.
B IV 9953 m. add. D.

#366 dip. Vor der Porta di Nocera: Grab 14.EN (alt 19).

L. Lusium Satur. pr., v. b.; o. v. f.

Lucius Lusius Saturninus zum Praetor, einen guten Mann! Ich bitte euch, (ihn) zu wählen.

E VR, VB, OVF Ligg.
K *Saturninum*; derselbe Kandidat auch IV 3861f., dort zum Duumvirn vorgeschlagen; *pr.* (auch #367, IV 9951f., und evt. 9957 mit anderen Namen) ist kaum als *praefectum* oder *probum*, sondern als *praetorem* zu lesen, was in Nuceria wohl die ältere Bezeichnung für *duumvir* war, cf. add. D.
B IV 9956 m. add. D; ImDip. 491f.*

#367 dip. Vor der Porta di Nocera: Grab 38.EN (alt 39).

a *Q. Fabricium | pr., v. b.; o. v. f.* — **b** *Gafio.*

a Quintus Fabricius zum Praetor, einen guten Mann! Ich bitte euch, (ihn) zu wählen. — **b** Gafio (hat dies geschrieben?).

E **a** 2 VB, OVF Ligg. — **b** Klein im Buchstaben *Q* geschrieben.
K **b** Evt. der Inschriftenmaler, evt. statt *Grafio*?
B IV 9961.(a–b°) m. add. D.

4. GLADIATOREN

Die Welt des Amphitheaters und der riesigen, unmittelbar daneben liegenden Palaestra im Osten der Stadt, weit weg vom historischen Stadtzentrum, war zweifellos ein Faszinosum erster Güte für große Teile der Bevölkerung Pompejis. Davon handeln zwei ganz verschiedene Arten von Wandinschriften. Die erste Gruppe sind sorgfältige Dipinti, die sog. Edicta munerum, die Gladiatorenspiele ankündigen (#368ff.). Das Wort *munus* bedeutet Amt, Geschenk und Gladiatorenspiel und illustriert damit die – auch unserer Zeit nicht fremde – Verflechtung von Politikern mit der Organisation populärer Spiele zu ihrem persönlichen Prestige- und Machtgewinn, nur dass dies damals noch nicht als unredlich erachtet wurde. Die Namen dieser Politiker sind denn auch oft der auffälligste Teil dieser Inschriften.

Dass es im Zuschauerraum des Amphitheaters von Pompeji manchmal ebenso wüst zuging wie in heutigen Fußballstadien, dokumentieren ein Wandgemälde, eine Inschrift und eine Stelle beim Historiker Tacitus (cf. #458). Auch bei diesen Dipinti, die ganz ähnlich wie Wahlpropagandainschriften geschrieben sind, treten oft die professionellen Maler in Erscheinung, teilweise dieselben wie bei jenen (cf. #190 und #378). Ihre Arbeit, die sie wohl meist bei Nacht verrichteten (cf. #257, #378), war nicht ganz ungefährlich (cf. #207).

Die zweite Art von Inschriften zu den Spielen im Amphitheater sind Graffiti, die sich um die Gladiatoren drehen (#394–466). Diese müssen fast Kultstatus genossen haben und hatten offenbar auch bei Frauen großen Erfolg (cf. #406ff.). Über ihre Kämpfe, Siege und Niederlagen wurde ebenso Buch geführt wie heute über die Tore der Fußballer (cf. #394), oft sind sie in Ritzzeichnungen an den Wänden in einen Kampf verwickelt dargestellt (cf. #399f. etc.). Sie wurden in lokalen Clubs (*familiae*) trainiert (cf. z.B. #371, #377, #389, #416), daneben gab es reichsweite, vor allem nach Caesar (?) und Nero benannte Gruppierungen (#394 *Iul.* und *Ner.*, #419 *N./Neronianus*), und auch andere, gleichartige

Abkürzungen machen keinen lokalen Eindruck (z.B. #403 *Sisen.*, #405f. *Oct.*, #434 *Aug.*, #437 *Sull.* usw.).

Wichtig ist zu diesem Thema in Pompeji auch die Grabinschrift des A. Clodius Flaccus (CIL X 1074.d). An modernen Werken seien hier SABBATINI TUMOLESI (1980) und JACOBELLI (2003), ferner für die Graffiti-Zeichnungen LANGNER (2001) genannt.

4.1. Edicta munerum

#368 dip. III 2,1: links der Tür.

a *Cn. Alleì Nigidì | Mai quinq. sine impensa publica* ***glad. par.*** *XX et eorum* ***supp. pugn.*** *Pompeìs.*
b *Gávellius Tigillo | et Clodio sal.; | Telephe, summa rudis, | instrumentum muneris, |*^{5} *u. va.; | Diadumeno et Pyladionî fel.*

a Zwanzig Gladiatorenpaare des Gnaeus Alleius Nigidius Maius, Duumvir für den Fünfjahreszensus, (gesponsert) ohne öffentliche Gelder, und ihre Ersatzleute werden in Pompeji kämpfen.
b Gavellius (schickt) Tigillus und Clodius einen Gruß. Telephus, höchster Stabträger, Schmuck des Gladiatorenspiels, alles Gute (*d.h.*: bleib stark) überall! Glück dem Diadumenus und dem Pyladio!

E **a** 1 Cf. Einl., 4. — **b** 3 VMMA Lig. — 4 VM beidemale Lig. — 6 FEL Lig.
K **a** 1f. Cn. Alleius Nigidus Maius war Duumvir quinquennalis 55/56 n. Chr. (cf. tab. cer. IV 3340.148). — 1f. Derselbe in #998; zur Reihung von Gentilizien cf. #115. — 2 *gladiatorum paria*, cf. OLD s.v. *par*^{3}; *suppositicii*, cf. Mart. 5.24.8 *Hermes subpositicius sibi ipse*; *pugnabunt*; *ì* cf. #451. — **b** 3 Cf. OLD s.v. *rudis*^{2}, 3.b. — 5 Wohl *ubique vale*, zu *ubique* cf. #1243, *vale* hat hier und öfter (auch IV 3546, 3547) den urspr. Sinn, wie gr. *ἔρρωσο*. — 6 *feliciter.*
B IV 7991° m. add. D; ImDip. 233–35*; DI. 980; GE. B-4; MO. 48–51; WE. 394°.

#369 dip. IX 5, Nordseite: außen.

[C]n. Allei Nigidi | Maì quinq. gl. par. XXX et eor. supp. pugn. Pompeìs VIII, VII, VI k. Dec. | [..?]ellius [- c. 5 -], ***ven.*** *erit. Maio quinq. feliciter. Paris, va. | Marti[- c. 4 -]aio.*

Dreißig Gladiatorenpaare des Gnaeus Alleius Nigidius Maius, Duumvir für den Fünfjahreszensus, und ihre Ersatzleute werden kämpfen in Pompeji am 8., 7., 6. Tag vor den Kalenden des Dezember. ... Es wird eine Tierhatz geben. Glück dem Maius, Duumvir für den Fünfjahreszensus! Paris, alles Gute (*d.h.*: bleib stark)! Marti...

K 2 *eorum*; 24.–26. November. – 3 Evt. *[Gav]ellius*, cf. #368; *venatio*; *Paris* cf. #436a.

B IV 1179 m. add. D; DI. 243.

#370 dip. III 2,1: rechts der Tür.

a *dedicatione | operis tabularum Cn. Allei Nigidi Maî Pompeis idibus Iunis | pompa, venatio, athletae, véla erunt. | Nigra, va.*
b *Ocella.*

a Anlässlich der Einweihung des Tafelwerks des Gnaeus Alleius Nigidius Maius wird es in Pompeji an den Iden des Juni einen Festzug, eine Tierhatz, Wettkämpfer und Sonnensegel geben. Nigra, alles Gute!
b Ocella (hat dies geschrieben).

E **a** 4 VA Lig. – **b** Im O von a1, cf. #372.

K **a** 1f. Cf. #372f. und #463, beim *opus tabularum* handelt es sich wohl um gestiftete Gemälde. – 2 *Iuniis*, cf. VÄÄ. p. 39; 13. Juni. – 4 Unter einem gemalten Frauenkopf mit Haarnetz. – **b** Cf. #651; scil. *scripsit.*

B IV 7993.a–b° m. add. D; ImDip. 232*, 234*, 237*, 239f.*; DI. 981; GE. B-3; WE. 395 (nur a); LA. 239°.

#371 dip. VIII 7,16–17.

pro salute | [---] Caesaris Augu[sti] li[b]e[ro]rumqu[e] | [eius et ob] dedicationem arae [fam. gladiat.?] Cn. [All]ei Nigidi Maî | flami[nis ---?] Caesaris Augusti pugn. Pompeis sine ulla dilatione |5 IIII non. Iul.; venatio, [---], vela erunt.

Zum Heil des Kaisers [...] und [seiner] Kinder [und anlässlich] der Weihe eines Altars wird [die Gladiatorentruppe?] des Gnaeus Alleius Nigidius Maius, des Priesters des Kaisers [...?], kämpfen in Pompeji ohne jeden Aufschub am 4. Tag vor den Nonen des Juli. Es wird eine Tierhatz, ... (und) Sonnensegel geben.

E 5 NT Lig.

K 2ff. Zu den Schwierigkeiten der Ergänzungen, insbesondere der Kaisernamen (in Frage kommen Tiberius, Claudius und evt. Vespasian), cf. add. D (die Inschrift ist seit langem verloren). – 5 4. Juli.

B IV 1180 m. add. ABCD; DI. 245; GE. B-5; WE. 397.

#372 dip. VII 5,2 etc. (Forumsthermen): Hof.

a *dedicatione / [operis tabula]rum muneris Cn. Allei Nigidì Mai / [pompa], venatio, athletae, sparsiones, vela erunt.*
b *Poly.*
c *Maio / principi coloniae / feliciter.*

a Anlässlich der Einweihung des Tafelwerks der Spiele des Gnaeus Alleius Nigidius Maius wird es einen Festzug, eine Tierhatz, Wettkämpfer, (die üblichen) Annehmlichkeiten (und) Sonnensegel geben.
b Poly(bius hat dies geschrieben).
c Glück dem Maius, dem Oberhaupt der Kolonie!

E **b** Im O von a1, cf. #370, #373, #378f. und (graff.) #1231. – **c** Neben a und b.

K **a** 1f. Cf. #370, #463 und den reichen Kommentar in add. D, u.a. zu *opus tabularum* und *sparsiones* (Duftsprühregen, Snacks und andere Köstlichkeiten, cf. OLD s.v. *sparsiō*). – **b** *Polybius* (?) scil. *scripsit*, cf. #379.

B IV 1177 m. add. D; ImDip. (528), 532.44°; DI. 244.

#373 dip. VII 5,8 (Forumsthermen): links der Tür.

dedic`ati´on[e ---] `scr.´ [---] / ọ[peris tabula]rum [muneris] Cn. Ạḷḷẹị Ṇịg̣ịḍị Maị[- c. 9 -]

Anlässlich der Einweihung des Tafelwerks der Spiele des Gnaeus Alleius Nigidius Maius ... hat geschrieben ...

E 1 *ati* steht im *C* und *scr* im *O*.

B IV 1178.a m. add. D.

#374 dip. II 7 (Palaestra).

a *pro salute / Nerónis Claudi Caesaris Aug. Germanici Pompeìs Ti. Claudi Veri venátió / athletaé et sparsiónes erụnt V, IIII f. Mart.*

b *Celer lorarius Maio delibat; | Maio principi coloniae felic.*
c *Claudio Vero felic.*

a Zum Heil des Kaisers Nero wird es in Pompeji von Tiberius Claudius Verus eine Tierhatz, Wettkämpfer und (die üblichen) Annehmlichkeiten geben am 5. und 4. Tag vor den Marsferien (= vor den Kalenden des März).
b Celer der Tiertreiber (?) huldigt dem Maius. Glück dem Maius, dem Oberhaupt der Kolonie!
c Glück dem Claudius Verus!

E **a** 3 Wohl RV Lig. – **b** 2 AE Lig.

K **a–b** Beide Texte beziehen sich auf das benachbarte Amphitheater. – **a** 2 *ì* cf. #451. – 3 *sparsiones* cf. #372; *erunt*, eher Ligatur als Schreibfehler, pace VÄÄ. p. 87, cf. add. D und #377; *f.* ist kein Schreibfehler für *k(alendas)*, sondern es ist *ferias Marti* (oder *Martias*) zu lesen; also 25.–26. Februar; am Ende der Zeile ein Phallus in schwächerer Farbe, anschließend Zahlen (*C CCLXXIII*), deren Sinn unklar ist, wohl nicht zugehörig. – **b** 1 Cf. OLD s.v. *dēlībō*, 2.b (selten im Sinne von *lībāre*); Maius cf. #368, #372, #998 usw. – **c** *Claudius Verus* cf. #137f.

B IV 7989.a–c m. add. D; ImDip. 222–24*°; GE. B-7 (nur Teile aus a, b); WE. 396 (nur a); HU. 216a.

#375 dip. V 2,17: nahe der Tür.

a *[pro salute Ner. Claudi Caes. Aug. Ger]man[ici Ti.] Claudi V[e]ri | [V, IIII f./k. Ma]rt. Pompeis venạ[tio, athle]tae, sparsiones, qua dies patientur, erunt.*
b *Ṿẹrọ feliçịṭer.*

a [Zum Heil des Kaisers Nero wird es von Tiberius] Claudius Verus [am 5. und 4. Tag vor den Kalenden des Mä]rz (*oder:* vor den [Ma]rs-[ferien]) in Pompeji eine Tierhatz, Wettkämpfer (und die üblichen) Annehmlichkeiten geben, soweit es das Wetter erlaubt.
b Glück dem Verus!

E **b** Klein, rechts neben a1.

K 2 25.–26. Februar. Die Formel *qua dies patientur* 'soweit die Tage (d.h. wohl die Wetterverhältnisse) es erlauben' enthält die Konjunktion *quād* (kontrahiert aus *quō-ad*), wobei das *-d* oft nicht geschrieben wurde wegen des stereotyp folgenden *dies*. Cf. auch IV 370 (wohl zusammengeschrieben *quadies*) und noch fehlerhafter am Grab des M. Obellius Firmus vor der Porta di Nola: *quadiepatietur* (S. DE CARO, Cron. Pomp. 5 (1979), p. 73–78 no. 1) mit einem fehlenden *-s* wie bei den Fällen VÄÄ. p. 80 (δ). *quoad* zu verstehen hatte schon DCO. vorgeschlagen, cf. ferner add. D und OLD s.v. *quaad* (dies wohl eine künstliche Form); *quad* steht evt. auch in #1510. Lautlich ist *qua-* aus *quoa-* mit #251 *quactiliari* aus *coact-* vergleichbar.

B IV 1181 m. add. BD; WE. 399 (nur *qua dies patientur*).

#376 ♪ dip. II 6 (Amphitheater): Westzugang zur Arena.

ìam docui [si]lices_verba [diserta?] loqui. | Claudio Vero feli[c]it[e]r.

Ich habe schon Steine gelehrt, [wohlgesetzte?] Worte zu sprechen. Glück dem Claudius Verus!

M 1 da5.

K 1 Cf. Prop. 3.23.6 *verba diserta loqui*; BÜ. bevorzugte *[benigna]* wegen des Bildes 'Stein in der Brust' = Hartherzigkeit, cf. Tib. 1.1.64, Ov. met. 9.614 u.ä., das muss aber hier nicht gemeint sein, vielmehr bezieht sich der Vers wohl auf die Tätigkeit des Steinmetzen und Inschriftenmalers.

B IV 1118° m. add. ABD; DI. 567; CLE 952; HU. 180; GI. 192 n. 65.

#377 dip. III 4,1–2.

par. XL ix | familia Capiniana muneri[bus] | Augustorum pug. Puteol. a. d. IV, I[II], | pr. id. Mai., et XVII, XVI k. Iu[nias]; |5 vela erụṇt. Magus.

Vierzig Paare aus der Gladiatorentruppe des Capinius werden an den Spielen der Kaiserfamilie kämpfen in Puteoli an den drei Tagen vor den Iden des Mai und am 17. und 16. Tag vor den Kalenden des Juni. Es wird Sonnensegel geben. Magus (hat dies geschrieben).

E 1 *XLIX* edd., cf. unten. — 2 AP, MV, NE Ligg. — 3 VM, VTE Ligg.; *[dus Maias]* DCO. — 5 VE, MA Ligg., und wohl auch RVN.

K 1 *XLIX* ist wohl Schreib- (oder Diktier)fehler für *XL ex* (cf. ähnlich #381), denn '49' ist ganz ungewöhnlich (besonders über fünf Tage berechnet), 40 dagegen ist das Doppelte der üblichen Anzahl Paare. — 2 *familia Capiniana* ist somit weder ein archaischer gen. part. auf *-ās* (wofür zwei fehlende *-s* angenommen werden müssten, cf. VÄÄ. p. 80), noch nom. (#389 ist nicht vergleichbar, denn dort steht *familia* statt *paria*), sondern abl. sep. mit *ex* (cf. ähnlich #416). – 3 *Puteolis.* – 3f. 12.–14. und 16.–17. Mai. – 5 *erunt* ähnlich wie #374; *Magus* scil. *scripsit.*

B IV 7994 m. add. D; ImDip. 258*, 260f.*; DI. 978; GE. B-8; WE. 393.

#378 dip. IX 9,d: links der Tür.

a *D. Lucreti | Satrí Valentis, flaminis Nerónis Caesaris Aug. fílì | perpetuí, gladiatórum paria XX et D. Lucreti{o} Valentis fílì | glad. pariá X pug. Pompeís VI, V, IV, III, pr. ídus Apr.; vénatió legitima |[5] et vela erunt. || scr. | Aemilius | Celer sing. | ad luna.*
b *scr. Celer.*

a Zwanzig Gladiatorenpaare des Decimus Lucretius Satrius Valens, des ständigen Priesters (seit der Zeit?) des Kaisersohnes Nero, und zehn Gladiatorenpaare des Decimus Lucretius Valens, seines Sohnes, werden kämpfen in Pompeji an den fünf Tagen vor den Iden des April. Es wird eine gehörige Tierhatz und Sonnensegel geben. (Dies) hat Aemilius Celer allein im Mondschein geschrieben.
b (Dies) hat Celer geschrieben.

E **a** 4 *ídus* mit *ì* longa samt Apex. – **b** Im C von a1, cf. #372.

K **a** 1f. Zu Satrius Valens cf. #267, #379–81, #384f., IV 1185, 5364, 7557, 7563, 7995; er wurde *flamen* zwischen 50 und 54 n. Chr., die Inschriften stammen aber ziemlich sicher aus späterer Zeit, evt. 68 n. Chr., cf. add. D zu IV 1185; ein früherer Vertreter der Gens Satria in der Stadtregierung ist bezeugt in ImagItal Pompei-18* ***V(ibis) Sadiriis V(ibieís)*** 'Vibius Satrius, Sohn des Vibius' (2. Jh. v. Chr.?). – 2 *Augusti.* – 4 Cf. Suet. Claud. 21 (zu Spielen in Pompeji unter Claudius); *-peís* cf. #451; 8.–12. April. – 7f. *P. Aemilius Celer* cf. #190, #503, IV 3790, 3792, 3820, 5325 u.a., evt. auch #1019, zum Berufs- bzw. Spitznamen *Celer* cf. #207 und generell #213. – 8f. *singulus ad lunam.*

B IV 3884 m. add. D; DI. 242; GE. B-2; KR. 37f.°; MO. 54–57 (nur a); WE. 392° (nur a); HU. 924a.

#379 dip. III 2,1: rechts der Tür.

a *D. Lucrétì Satrì | Valentis, fláminis Nerónis Caésaris Aug. f. perpetui, glad. par. XX et | D. Lucreti Valentis fili | glad. par. X pugn. Pompeìs ex a. d. nonìs Apr.; vénátio et véla erunt.*
b *Poly.*

a Zwanzig Gladiatorenpaare des Decimus Lucretius Satrius Valens, des ständigen Priesters des Kaisersohnes Nero, und zehn Gladiatorenpaare des Decimus Lucretius Valens, seines Sohnes, werden kämpfen in Pompeji vom Vortag der Nonen des April an. Es wird eine Tierhatz und Sonnensegel geben.
b Poly(bius hat dies geschrieben).

E **a** 1 Cf. Einl., 4. — 2 *Nerónis* überschmiert nach der «Abolitio memoriae». – **b** Im D von a1, cf. #372.

K **a** 4 *-peìs* cf. #451; *nonis* cf. #964, hier steht der abl. aber wohl v.a. wegen *ex*; *a. d.* evt. statt *pridie* (dann 4. April), vielleicht vergaß der Inschriftenmaler aber auch eine Zahl, cf. IV 7995 *ex a. d. V k. April.* – **b** *Polybius* (?) scil. *scripsit*, cf. #372.

B IV 7992.a–b° m. add. D; ImDip. 232*, 234*, 237–40*; DI. 979.

#380 dip. I 3,23: Peristyl.

Σατριω | Ουαλεντι | +++++++ | +++ φηλικιτ[ερ].

Glück dem Satrius Valens, [dem Priester des Nero?]!

E 3f. SOLIN (2013), p. 347f. steht der traditionellen Lesung *Ὀ[γ]ούστω | Νήρ* skeptisch gegenüber.

K Auf dem bekannten Gemälde des Amphitheaters von Pompeji (cf. #458). – 3f. Wenn 4 *Νήρ* richtig gelesen ist, stand in 3 zweifellos 'flamini', cf. #378, also wohl *φλαμινι | Νηρ.*

B IV 2993y m. add. BD; ImDip. 21*; DI. 90; HU. 28; GI. 48; FRÖHLICH (1991), tab. 23.2*; BLUM (2002), p. 13, 14*f., no. 2.

#381 dip. VIII 7,16 (Gladiatorenschule): Nordwand, außen.

Satrió Lucrétio Valenti múnifico, | Iusṭạẹ, lìberis feliciter. pró Valente ex^rog.

Glück dem Satrius Lucretius Valens, dem freigebigen, der Iusta, den Kindern! (Glück) für Valens, dass er (Geld für die Spiele) beschafft!

E 2 *exrogante* WALLACE; *LX rog.* DCO., cf. add. D und #377.

B IV 1084 m. add. AD; ImDip. (528), 532.40°; DI. 83.

#382 dip. III 4,2: rechts der Tür.

ordini [fe]liciter. | m. s. l. r. b. m. LX[---] | [---]amus.

Glück dem Gemeinderat! Marcus Satrius (?) … 60 (?) … wir (?) …

E *L̄X̄* ist hier sicher eine Zahl, und evt. unvollständig.

K 1 Zum Gemeinderat cf. #139 etc. – 2 *m. s. l. r. b. m.* ist ganz unklar, der Anfang evt. *M. Satrio*, DCo.; *LX (iuvenes) [rog]amus*, DCo., cf. #132, *[---]amus* kann aber auch ein Name sein, cf. #165 *Eugamus*, #168 *Thalamus*, #200 *Pyramus* etc.

B IV 7687 m. add. D; Di. 1066; Ge. E-14 (nur 1); We. 389 (nur 1).

#383 dip. I 13,1: links der Tür.

a *M. Satrio, Iustae, liberis | feliciter. digni LX d. f. d.*
b *iuvenes, si | memores | simus* vac.

a Glück dem Marcus Satrius, der Iusta, den Kindern! Die würdigen Sechzig …
b Junge Männer! Falls wir uns erinnern …

E **a** 2 *LX̄* ist hier sicher eine Zahl. – **b** Rechts, kleiner; wohl unfertig.

K **a** 2 *d. f. d.* unklar. – **b** 1 *iuvenes* scil. *Venerii Pompeiani* DCo., cf. #132. – Unklar, die Inschrift muss keinen Zusammenhang mit a haben.

B IV 7454 m. add. D; (ImDip. 528); Di. 1074.

#384 dip. II 3,3: Peristyl.

Satrio | feliciter. | Iustae feliciter. | Valentinae feliciter. | D. L. V. f[ilio] | feliciter.

Glück dem Satrius! Glück der Iusta! Glück der Valentina! Glück dem Decimus Lucretius Valens junior!

K 5 *D. Lucretio Valenti filio*, cf. #378.

B IV 9888 m. add. D.

#385 dip. II 3,3: Peristyl.

D., Iustae, | liberis feliciter.

Glück dem Decimus, der Iusta, den Kindern!

B IV 9889 m. add. D; ImDip. 205*.

#386 dip. Vor der Porta di Nocera: Grab 5.OS (alt 3).

glad. par. XX Q. Monni | Rufi pug. Noia k. Mais, VI, | V nonas Maias, et | venatio erit.

Zwanzig Gladiatorenpaare des Quintus Monnius Rufus werden kämpfen in Nola an den Kalenden des Mai und am 6. und 5. Tag vor den Nonen des Mai. Es wird auch eine Tierhatz geben.

E 1 AD, AR Ligg. – 2 RUF, MA Ligg. – 4 VE, AT Ligg.

K 2 *Nolae*, verschrieben, cf. ganz gleich IV 1187 m. add. B. – 2f. 1.–3. Mai.

B IV 3881 m. add. D; DI. 240; WE. 401.

#387 dip. Vor der Porta di Nocera: Grab 7.OS (alt 2).

a *numini | Augusti | glad. par. XX et venatio +a._Pompeî flaminis | Augustalis; |5 pugnab. Constant. Nucer. III, pr. non., | nonis, VIII eidus Maias.*
b *Nucerini officia mea, certo îndex.*

a Dem göttlichen Walten des Kaisers! Zwanzig Gladiatorenpaare und eine Tierhatz des Kaiser-Priesters ... Pompeius werden kämpfen in Constantia Nuceria am 3. Tag und am Vortag der Nonen, an den Nonen und am 8. Tag vor den Iden des Mai.
b Die Aufgaben des Nuceriners (sind) meine, (dies zeigt?) das Verzeichnis eindeutig.

E **b** *e* kurs.

K **a** Evt. Tiberius, cf. add. D mit Bibl. – 3 Anfang unklar, wohl verschriebener Vorname des *Pompeius*; *-peî* cf. #451. – 5 *Constantiae Nuceriae*, cf. IV 9972, AE 1926, no. 122, sowie X p. 124. – 5f. 5.–8. Mai; *idus*, cf. VÄÄ. p. 22. – **b** Nicht klar, cf. add. D, *index* scil. *declarat* MOM. (oder *index* scil. *indicat*?). – Evt. eine Botschaft des Inschriftenmalers an die Konkurrenz; cf. #554.

B IV 3882 m. add. D; DI. 241.

#388 dip. VII 5,8 (Forumsthermen): links der Tür.

Grosphos.

Die (beiden) Grosphus!

K Cn. Pompeius Grosphus und Cn. Pompeius Grosphus Gavianus (cf. z.B. tab. cer. IV 3340.143) waren Duumviri zur Zeit der Schlägerei zwischen Pompejanern und Nucerinern im Amphitheater 59 n. Chr. und wurden abgesetzt (cf. #458f.); kaum *Grospho_s(alutem)*, eher *Grosphōs* acc. exclam., cf. #93 und VÄÄ. p. 116f.; von *γρόσφος* 'Speer'.

B IV 1178.b m. add. BD; DI. 117.

#389 dip. VII 12,15: rechts der Tür.

a *A. Suetti Certi | aedilis familia gladiatoria pugnabit Pompeìs | pr. k. Iúnias; venatió et véla erunt. | omnibus Nero[n. mun]eribus feliciter.*
b *lanifricari, | dormis.*
c *scr. | Secundus | de^albante Vic[tor?]e | adstante |⁵ Vesbino | [m]em[ora]tore | [..]ri[...]o.*

a Die Gladiatorentruppe des Aedils Aulus Suettius Certus wird in Pompeji kämpfen am Tag vor den Kalenden des Juni. Es wird eine Tierhatz und Sonnensegel geben. Glück allen Spielen des Nero!
b Wollschläger, du schläfst.
c (Dies) hat Secundus geschrieben, während Victor als Weißgrundierer, Vesbinus als Handlanger und ...us als wandelndes Gedächtnis wirkte.

E **a** 3 NT Lig. – **b** Klein, rechts unterhalb von a. – **c** Rechts neben a. – 6 *[.]em[...]tore.*

K **a** 1–3 Fast gleich IV 1189. – 2 *familia* cf. #377; *ì* cf. #451. – 3 31. Mai. – **b** Rest einer Wahlempfehlung. – 1 *lanifricarius* (hier voc. sg.) ist evt. ein ähnlicher Beruf wie *coactiliarius* (#251), cf. ThLL VII.2 930.30f. – 2 Cf. #128. – **c** 3 Cf. #329 (subst.), zum ptc. cf. #734. – 4 Cf. #252. – 6 *[red]em[p]tore* edd., dies wird den Lücken aber nicht gerecht, sehr gut passt hingegen *[m]em[ora]tore* 'Erinnerer, Diktierer', cf. OLD s.v. und s.v. *memorō*, 4.

B IV 1190 m. add. AD; DI. 246; GE. B-1 (nur a bis *erunt*); WE. 398 (nur a).

#390 dip. Vor der Porta di Nocera: Grab 17.OS (alt 14).

ven. et glad. par. XX | M. Tulli pugn. Pom. pr. non. Novembres | VII idus Nov.

Eine Tierhatz und zwanzig Gladiatorenpaare des Marcus Tullius werden in Pompeji kämpfen (vom) Tag vor den Nonen (bis) am 7. Tag vor den Iden des November.

K 2 *M. Tullius* cf. auch X 820–22; *Pompeis.* – 3f. Zu ergänzen (*ex / a*) *pridie nonas* (*ad ante diem*) *VII idus Novembres*, 4.–7. November, cf. #391f.
B IV 9979 m. add. D; ImDip. 505*.

#391 dip. Vor der Porta di Nocera: Grab 17.OS (alt 14).

venat. et glad. par. XX M. Tulli / pug. Pom. pr. non., non., VIII, VII idu. / Novembres.

Eine Tierhatz und zwanzig Gladiatorenpaare des Marcus Tullius werden in Pompeji kämpfen am Tag vor den Nonen, an den Nonen und am 8. und 7. Tag vor den Iden des November.

K 2f. Hier vollständig aufgezählt: 4., 5., 6. und 7. November.
B IV 9980 m. add. D; ImDip. 506*.

#392 dip. Vor der Porta di Nocera: Grab 20.EN (alt 23).

venat. [et] gladiat. [par. XX] M. Tulli pug. [Pom.] p[r.] noṇ. / [non.], VIII, VII eidus Novembr.

Eine Tierhatz und zwanzig Gladiatorenpaare des Marcus Tullius werden in Pompeji kämpfen am Tag vor den Nonen, an den Nonen und am 8. und 7. Tag vor den Iden des November.

K 2 *idus*, cf. VÄÄ. p. 22. – 1f. 4., 5., 6. und 7. November.
B IV 9981.a m. add. D; ImDip. 493*.

#393 dip. I 9,13: rechts der Tür.

[---]r[---] / glad. pa[r. ---] / L. Valeri Primi Augustalis pugn. Pomp[eis IV], III, I[---] / Februarias. venatio m[a]tutin[a ---]

... und ... Gladiatorenpaare des Augustalen Lucius Valerius Primus werden in Pompeji kämpfen am 4., 3. ... (vor den) ... des Februar. Eine morgendliche Tierhatz ...

K 1 Evt. Rest von *honorem* oder *Neronis*. — 3 Zum Augustalen cf. #697; das letzte *I* ist der Anfang von *k*., *non*., *id*. oder *pr*.

B IV 9962 m. add. D; (ImDip. 528).

4.2. Graffiti über Gladiatoren

#394 graff. Genauer Fundort unbekannt.

b *munus N+[- c. 5 -] Ṿ, IV, III, pr^id. idus, iḍị[b.] Mai[s]: |*
di. *vac.* ***o.*** *|* ***m.*** *++ciens* ***Ner.*** *XX[---], |* ***v.*** *Nobilior* ***Iul.*** *II; |*
T. *vac.* ***m.*** *| m. L. Sempronịu[s ---], | v. Platanus Iu[l. ---]; |*
T. m. | v. Pugnax Ner. III, | ***p.*** *Murranus Ner. III; |*
o. T. | v. Cycnus Iul. VIIII, | m. Atticus Iul. XIV; |
T. m. | v. Herma Iul. IV, | m. Q. Petillius [---]; |
ess. *| m. P. Ostorius LI, | v. Scylax Iul. XXVI; |*
Tr. m. | v. Nodu[...] Iul. VII, | m. L. Petronius XIV; |
T. m. | p. L. Fabius VIIII, | v. Astus Iul. XIV.

b Spiele des N... an den vier Tagen vor den Iden und den Iden des Mai: Dimachaerus (Zweischwertkämpfer) plus Hoplomachus (Schwerbewaffneter): entlassen wurde ..ciens, Neronianer, zwanzig (?) Kränze ..., gesiegt hat Nobilior, Iulianer, zwei Kränze.
Thraker plus Murmillo (Fischhelmkämpfer): entlassen wurde Lucius Sempronius ..., gesiegt hat Platanus, Iulianer, ...
Thraker plus Murmillo: gesiegt hat Pugnax, Neronianer, drei Kränze, kapituliert hat Murranus, Neronianer, drei Kränze.
Hoplomachus plus Thraker: gesiegt hat Cygnus, Iulianer, neun Kränze, entlassen wurde Atticus, Iulianer, vierzehn Kränze.
Thraker plus Murmillo: gesiegt hat Herma, Iulianer, vier Kränze, entlassen wurde Quintus Petillius, ...
(Zwei) Essedarii (Wagenkämpfer): entlassen wurde Publius Ostorius, einundfünfzig Kränze, gesiegt hat Scylax, Iulianer, sechsundzwanzig Kränze.
Thraker plus Murmillo: gesiegt hat Nodu..., Iulianer, sieben Kränze, entlassen wurde Lucius Petronius, vierzehn Kränze.
Thraker plus Murmillo: kapituliert hat Lucius Fabius, neun Kränze, gesiegt hat Astus, Iulianer, vierzehn Kränze.

E **b** *e*, *f* kurs. außer in 10 NE Lig.

K **a–b** Berichte über zwei Kampfserien; a und die zweite Kolumne von b sind hier weggelassen, sie waren schon zu ZA.s Zeit weitgehend unlesbar (klar waren in a: 2 *munus*, 3 *VI nonas Maias* (2. Mai) und die Namen 5 *Tigris*, 6 *Speculator*, 8 *M. Artorius*). – **b** (col. 1) Acht Paare. – 1 11.–15. Mai. – 2 Wohl *dimachaerus (et) (h)oplomachus*. – 3 etc. *missus (est)* 'als Verlierer vorzeitig aus dem Kampf entlassen', 'begnadigt'; *Neronianus*; *XX* (scil. *pugnarum*) 'Kämpfe gefochten' oder wohl eher *coronarum* 'Kränze errungen', cf. #402. – 4 etc. *vicit* 'hat gesiegt'; *Iulianus*. – 5 etc. *T(h)raex (et) murmillo*, cf. auch #422. – 7 'Platane' (cf. #213, #518) – 9 'Schläger'. – 10 etc. *periit* 'hat verloren', 'hat kapituliert', 'ist zu Tode gekommen' (cf. #419); cf. #433. – 11 *(h)oplomachus (et) T(h)raex*. – 17 *essedarii*. – 19 'Hündchen'. – 25 'Finte'.

B IV 2508 m. add. AE; ImGr. 449*; DI. 260; CollEp. 8*.

#395 graff. V 5,3: Peristyl.

Amarantus ess., Marumọ[---?]

Amarantus, Wagenkämpfer, Marumo...

E *e* kurs.

B IV 4296 m. add. E.

#396 graff. V 5,3: Peristyl.

N[...]ị[..]c[.]us et Ìucundus | Amaranthum ess. Marc+[---] | tremant, utroque e[---]

Nymphicus (?) und Iucundus sollen zittern vor dem Wagenkämpfer Amarantus des Marc... (?), [er wird] beiden ...

E 2 Das *-u-* nach *Marc-* ist nicht sicher. – 3 Erstes *e* kurs.

K 1 *N[ym]p[hi]cus* liest zweifelnd DI. – 2 *Amarantum*, 'der Unvergängliche', *-th-* auch IV 10008; z.B. *Marcelli* (cf. #199, #332; ein anderer cf. #1016), oder *Marci(i)* (cf. IV 7309.d *G. Marcius Fortunatus*. – 3 *tremant* transit. 'zittern vor', cf. OLD s.v. *tremō*, 2; *utroque* wohl dat., cf. VÄÄ. p. 86.

B IV 4295 m. add. E; DI. 267.

#397 graff. V 5,3: Peristyl.

edictum M. Ati Primi: | si qui muria | bona volet, | peṭạṭ_a L. Asicio |5 ++++++bus mu++ | scito muriola es[- c. 4 -]ịes+[---?]

Verfügung des Marcus Atius Primus: Wenn einer gute Salzlake will, soll er sie von Lucius Asicius verlangen ... Du sollst wissen, ein Traubenliqueur ist ...

E *m* kurs.
K 1 Parodie, *edictum* spielt zweifellos auf offizielle Edikte an. – 2f. *muriam bonam.* – 2ff. Wortspiel zwischen *muria, mu++, muriola* und evt. *murmillo* (cf. *Asicius* in #398), aber unklar. – 6 Evt. *muriolam es[se]* etc.
B IV 4287° m. add. E; DI. 248; HU. 326a (nur z.T.).

#398 graff. V 5,3: Peristyl.

Asicius ***mur.*** *X̣V.*

Asicius Murmillo, fünfzehn Kränze.

K *murmillo.*
B IV 4329 m. add. E.

#399 graff. VI 11,10: Peristyl.

a *Asteropaeus | Ner. c._VII, | v.* – **b** *Oce`a´n{ean}us |* ***l.*** *VI, | m.*

a Asteropaeus, Neronianer, sieben Kränze, hat gesiegt. – **b** Oceanus, frei, sechs Kränze, hat verloren.

E **b** 1 Erstes *e* kurs., erstes *a* unterhalb eingefügt.
K Zur Ritzzeichnung eines Zweikampfs. – **a** 2 Wohl *c._VII* (cf. #403 etc.), cf. add. E. – **b** 1 Derselbe evt. in #915. – 2 *liber* (?), cf. auch #419 mit add. E, #428, #439f., #446, #448, #451, Bedeutung nicht klar.
B IV 1422° m. add. E; DI. 262; GE. B-18; MO. 70f.; HU. 391; LA. 1003°.

#400 graff. I 6,15: Pseudoperistyl.

a *Oceanus l. XIII v.* – **b** *Aracintus l. [..]IIII.* – **c** *pisitiario.*

a Oceanus, frei, dreizehn Kränze, hat gesiegt. – **b** Aracynthus, frei, ... Kränze, ... (?). – **c** Tierkämpfer (?).

K Zur Ritzzeichnung zweier Gladiatoren: Aracynthus hat seinen Schild verloren und verlässt den Kampf als *missus.* – **b** *Ἀράκυνθος.* – **c** In kleineren Buchstaben, nach DCO. wohl ein Kasus von *bestiarius,* d.h. mit Anaptyxe und *p* statt *b,* cf. VÄÄ. p. 47, 54 (ohne dieses Beispiel).

B IV 8055.a°–c°; ImGr. 26*; DI. 982; KR. 39° (nur a–b); MO. 13° (nur a); WE. 424°; HU. 36°, 37°, 38°; LA. 1023°.

#401 graff. V 5,3: Peristyl.

Herachinthus mur. | Bal. II3.

Aracynthus, Murmillo, Valerianer, zwei Kämpfe, zwei Kränze (?).

K 1 *Aracynthus*, wie in #400. – 2 *Balonianus*, DI., wahrscheinlicher ist *Valerianus*, cf. #393; *II3* wohl *duarum pugnarum et coronarum*, MAU, cf. #403.
B IV 4327 m. add. E; DI. 268.

#402 graff. IX 9,e–f.

Auctus Iul. XXXXX.

Auctus, Iulianer, fünfzig Kränze.

K Wenn nur eine Zahl angegeben ist, wird hier und im folgenden angenommen, dass 'Kränze', nicht 'Kämpfe' gemeint sind.
B IV 5306 m. add. E; DI. 258.

#403 graff. V 5,3: Peristyl.

essed. | Auriolus | Sisen. III, **c.** *III.*

Der Wagenkämpfer Auriolus, Sisennaner, drei Kämpfe, drei Kränze.

E 3 Nach dem zweiten *III* noch zwei Striche, wohl nicht zugehörig.
K 1 Von *aureolus*. – 3 *Sisennae*; MAU vermutet Sisenna Statilius Taurus, cos. 16 n. Chr., oder dessen Sohn; *trium (pugnarum), trium coronarum.*
B IV 4334 m. add. E; DI. 266.

#404 graff. I 7,10: auf Marmorplatte.

[C]allinice, | ave, vivas, valeas | m.

Callinicus, sei gegrüßt, lebe (und) bleib stark, Murmillo (?)!

E Die Platte wurde in den oberen Schichten der NE Hausecke gefunden, evt. Zweitverwendung?
K Begrüßung eines Gladiators? – 1 'Mit schönen Siegen'. – 3 *murmillo*?
B NSc. 1927, p. 81 no. 28.; DI. 988.

#405 graff. V 5,3: Peristyl.

Celadus Oct. III, ɔ. III.

Celadus, Oktavianer, drei Kämpfe, drei Kränze.

K ‘Getöse’; *Octavianus* (cf. #450); zu umgekehrtem ɔ cf. auch #406, #422, #433, #438, #443, #445, mit anderer Bedeutung #468f., #471, #474–76, wieder anders #769 und nochmals anders #917.

B IV 4297.a m. add. E; DI. 255; HU. 328.

#406 graff. V 5,3: Peristyl.

suspirium puellarum | Tr. | Celadus Oct. III, ɔ. III.

Der Seufzer der Mädchen: der Thraker Celadus, Oktavianer, drei Kämpfe, drei Kränze.

B IV 4342 m. add. E; DI. 274; WE. ad 414; HU. 335; GI. 219 n. 126.

#407 graff. V 5,3: Peristyl.

suspirium puellarum Celadus Tr.

Der Seufzer der Mädchen: Celadus der Thraker.

B IV 4397 m. add. E; GE. B-26; KR. 40; MO. 16f.; WE. 414; HU. 343; GI. 219 n. 126; VA. 67.

#408 graff. V 5,3: Peristyl.

puellarum decus | Celadus Tr.

Schmuckstück der Mädchen: Celadus der Thraker.

B IV 4345 m. add. E; DI. 275; GE. B-27; WE. 413; HU. 336; VA. 67.

#409 graff. V 5,3: Peristyl.

puellarum | decus Celadus.

Schmuckstück der Mädchen: Celadus.

E 1 Cf. add. E, *puelarum* MAU, offenbar versehentlich.

B IV 4289 m. add. E; WE. 412; HU. 327.

#410 graff. V 5,3: Peristyl.

a *Tr. | Celadus.* – **b** ***reti.*** *| Cresces, | puparru domnus i[---?]*

a Der Thraker Celadus. – **b** Der Netzkämpfer Crescens, Herr der Püppchen ...

E **b** Erstes und drittes *e* kurs.
K **b** 1 *retiarius* 'Netzkämpfer'. – 2 *Crescens* 'Aufsteiger'. – 3 *puparum*, cf. VÄÄ. p. 61; *dominus*, cf. #822 und VÄÄ. p. 43; *I* evt. = 'primus', add. E.
B IV 4356 m. add. E; ImGr. 236*; DI. 276; GE. B-29; WE. 415; HU. 338; GI. 219 n. 126; VA. 66.

#411 graff. V 5,3: Peristyl.

Cresces retia., | puparum nocturnarum mat[u]t[in]ar[um] ạḷiarumq[u]ẹ |'sṭ ḍoṃiṇus ẹṭ medicus.

Crescens der Netzkämpfer ist der Herr und «Heiler» der nächtlichen, morgendlichen und anderen Püppchen.

E 2 *matụ[tin]ar[um]*? MAU. – 2f. MAUs Zeichnung und Lesung zwischen *aliarum* und *medicus* gibt keinen Sinn.
K 1 *retiarius.*
B IV 4353° m. add. E; DI. 277; GE. B-28; MO. 64f. (nur z.T.); WE. 416; HU. 337; VA. 67f.

#412 graff. III 6,1: rechts der Tür.

Cresces puellariuṃ dominus.

Cresces, Herr der Mädchen.

E *e* kurs.
K Versehentlich statt *puellarum.*
B IV 8916.b; WE. 411; HU. 248; VA. 67.

#413 graff. III 6,1: rechts der Tür.

Crescens insigniarius | Campanus sus salute.

Crescens, der Kämpfer in Prachtrüstung aus Capua (schickt) seinen (Fans) einen Gruß.

E Drittes *e* kurs.

K 1 *e* im Namen ist nicht kursiv, cf. #1236a; *insigniarius* cf. VÄÄ. p. 93. – 2 *Campanus* cf. #227; wohl statt *suis*; *salutem*.

B IV 8915.a; HU. 247.

#414 ♪ graff. II 1,10: rechts der Tür.

a *carmina ṇoṇ mẹṃiṇi.*
b *p̣ḥallus / durus Cr., / vastus.*

a An Gedichte kann ich mich nicht erinnern (?).
b Ein harter Phallus der von Crescens, gewaltig!

M **a** da6 init.

E **a** *carmina* ist sicher gelesen, dann *aio summa viri* DCO., *non memini* H. SOLIN, Gnomon 45 (1973), p. 274 (aufgrund des publizierten Fotos), die Lesung bleibt aber unsicher. – **b** 1 SOLIN p. 269 liest harmloseren Text, VARONE stimmt ihm aber zurecht nicht zu.

K **b** 2 *Crescentis*, cf. gleich darüber IV 10084, wo *Crescens* mehrfach genannt ist; zur Interpretation als gen. eher denn als nom., cf. #1379; Ritzzeichnungen von Gladiatoren leicht links darüber (bei #98).

B IV 10085.a°–b°; ImGr. 95* (a); HU. 138°, 139°; GI. 168; VA. 85 (nur b).

#415 graff. V 5,3: Peristyl.

Epapra.

Epaphra.

E *e* kurs.

K Unter dem Namen *Epaphra*, Kurzname zu Ἐπαφρόδιτος (cf. #896f., #1207f.), sind in Pompeji bekannt: hier ein Mann im Haus der Gladiatoren, gleich gegenüber ein Rätselsteller (#1415), ein Inschriftenmaler in der Basilica (#361), wohl derselbe als Wahlhelfer in der Nähe des Theaters (#303), ein Graffitoschreiber in einem Haus ganz in der Nähe (#1135), ein junger Lebemann ebenfalls im Theater, aber schon im Jahre 3 v. Chr. (#1317f., nicht weit davon auch IV 4899 mit nur dem Namen), und schließlich wieder in der Basilica ein 'Glattrasierter' (#1360), ein Ballspieler (#1418f.) und ein nicht näher beschreibbarer Mann (IV 1916); teilweise wird es sich um dieselbe Person handeln (z.B. beim Gladiator und Inschriftenmaler, cf. #207).

B IV 4382 m. add. E; DI. 288.

#416 graff. VIII 7,16 (Gladiatorenschule).

Eros Pleia Apelei,_'s familia gladiato[r]ia Pomponî Fa[u]sti[n]î.

Eros Pleia des Appuleius, aus der Gladiatorentruppe des Pomponius Faustinus.

E ZA. überliefert Worttrennung; die Inschrift ist längst verloren.

K Über *Pleia* bzw. *Spleia* (cf. #417) war sich offenbar schon der Schreiber im unklaren, möglich scheint *Πληϊάς* 'Stern'; mit *Apeleis* muss gen. *Appulei* (wie in #442, dort auch *Eros*) gemeint sein, zu *-el-/-ul-* cf. evt. #122 *vigula* (Tendenz zur Vokalharmonie); somit gehört das *s* nicht dazu (an eine alte osk. Form *-eis* ist nicht zu denken) und muss *ex* wiedergeben, cf. *ex familia* #377 (auch dort verschrieben), weiter zu *-s* statt *-x* #772, #953, #1293, #1307 und evt. IV 10093.c etc., ferner im Inlaut #1178 (*-x-*) und #493 (*-ps-*) sowie umgekehrt #37, generell VÄÄ. p. 65 und zur realisierten Elision #1049.

B IV 2476 m. add. E; DI. 286.

#417 graff. VIII 7,16 (Gladiatorenschule).

Eros Spleia.

Eros Pleia.

E *Eros · Spleia*, ZA.

K Zur Wortfuge cf. #417.

B IV 2474.

#418 graff. Vor der Porta Marina (Nordseite der Straße): Porticus.

a *Faustianum.* — **b** *Faust[---?]* — **f** *puellarum delir[i]us.*

a Den Faustianus. — **b** Faust... — **f** Ekstase der Mädchen.

K **f** Statt *delirium*, cf. ähnliche Fälle VÄÄ. p. 82; nicht sicher auf a und b bezüglich.

B IV 9146.a, b, f; WE. 378; HU. 988.

#419 graff. VI 11,10: Peristyl.

a *Faustus Itaci Neronianus, ad_ampithẹatr.* — **b** *Priscus N. | VI v.* — **c** *Herennius | l. XIIX, p.*

a Faustus, Sklave des Ithacus, Neronianer, beim Amphitheater. – **b** Priscus, Neronianer, sechs Kränze, hat gesiegt. – **c** Herennius, frei, achtzehn Kränze, hat kapituliert.

E **a–c**: a ist der Titel, b und c sind Beischriften von zwei gegeneinander kämpfenden Gladiatoren, in kleineren Buchstaben unter *Neronianus*. – **a** *ampithẹatr* ZA. mit add. A, wo er die Vermutung, es folge der Rest eines *u* und eine Lücke, widerruft.

K Zur Ritzzeichnung einer Gladiatorenszene. – **a** *Ithaci*, wohl gen. des Cognomens, cf. add. E; *amphi-*; *-theatr(um)* abgekürzt aus Platzmangel. – **b** 1 *Neronianus*. – **c** 1 Hat den Schild verloren und kapituliert, aber stehend (LANGNER p. 52). – 2 *l.* cf. #399; *periit*, dies kann (mindestens hier) also nicht 'ist zu Tode gekommen' bedeuten.

B IV 1421° m. add. AE; DI. 261; GE. B-17; HU. 390; LA. 1040°.

#420 graff. V 5,3: Peristyl.

ṃ[..] / Fau[stus] / qui vocạṭ[u]r / Armentarius.

Der Murmillo (?) Faustus, der Rinderhirt genannt wird.

E *e*, *f* kurs.

K 1 *m[ur.?]*. – 4 «Agnomen», add. E; cf. auch #316 und #309.

B IV 4379° m. add. CE; DI. 270.

#421 graff. VIII 3,24: Peristyl.

hẹc venatio pugnabet V k. Septembres, / et Felix ad ursos pugnabet.

Diese (?) Tierhatztruppe wird am 5. Tag vor den Kalenden des September kämpfen, und Felix wird gegen (die?) Bären kämpfen.

E *e*, *f* kurs.

K 1 *hẹc* eher für *haec* als für (sinnloses) *heic* / *hīc* 'hier', welche *venatio* gemeint ist, wird aber nicht klar; *venatio* cf. OLD s.v., 2.b (Truppe und Tiere); 28. August. – 1f. *pugnabit*, cf. VÄÄ. p. 21f. und 130. – 2 *ad* cf. VÄÄ. p. 125, Cypr. epist. 1.7 *pugnare ad bestias* und ThLL II 1938.55ff.

B IV 1989° m. add. AE; DI. 247; GE. B-9; MO. 16f.; WE. 402; HU. 778.

#422 graff. V 5,3: Peristyl.

Tṛ ṃ. | Felix Cassii XIII,_ɔ._XIII, | Frorus o+ca+ XXIV,_ɔ._XXIV.

Thraker plus Murmillo: Felix, Sklave des Cassius, dreizehn Kämpfe, dreizehn Kränze, Florus, Sklave des ..., vierundzwanzig Kämpfe, vierundzwanzig Kränze.

E *m* kurs. – 1 *Th.*, *Tr.* oder *Thr.* – 3 MAUs Lesung *O[.]cae* gibt keinen Sinn; besser passt *Eugami* (cf. #165, #213): in MAUs Transkription würde die Folge eines Schrägstrichs (*u*), eines *c* (für *g*), eines *a* und evt. des Anfangs eines kursiven *m* dafür sprechen, sein anfängliches *o* eher dagegen.

K 1 Cf. #394, #439 und IV 4371. – 2 Derselbe (einen Kampf früher) IV 4331; ɔ cf. #405; gen. auf *-ii* ist sehr selten (cf. #884), und sogar nom. *-ii*, dat. *-iis* etc. sind in Pompeji fast immer kontrahiert geschrieben (cf. VÄÄ. p. 39f., Ausnahmen z.B. in #89, #779). – 3 *Florus* (cf. #213) mit Assimilation, cf. VÄÄ. p. 81.

B IV 4378 m. add. E; DI. 252.

#423 graff. V 5,3: Peristyl.

V k. Aug. Nuceriae Florus vic., | XIIX k. Sept. Herclanio vicit.

Am 5. Tag vor den Kalenden des August hat Florus in Nuceria gesiegt, am 18. Tag vor den Kalenden des September hat er in Herculaneum gesiegt.

K 1 28. Juli. – 2 Statt loc. *Herculanei*, cf. #66, zu *-cl-* cf. VÄÄ. p. 45; 15. August.

B IV 4299° m. add. E; DI. 279; WE. 417; HU. 329.

#424 graff. IX 1,22: SO-Peristyl.

proeliare, Gangens, Caesar te spectat.

Kämpfe, Ganges! Caesar schaut dir zu.

K *Ganges*, wohl nach dem Fluss in Indien; zu *-es* cf. VÄÄ. p. 69 (contrépels).

B IV 2398 m. add. AE; DI. 280; GE. B-14; MO. 74f.; WE. 403; HU. 820.

#425 graff. VII 15,11: links der Tür.

nica, Glaphyrine.

Siege, Glaphyrinus!

K Gr. impv., cf. #435, #436a.
B IV 1664° m. add. E; DI. 281; GE. B-25; GI. 48.

#426 graff. VII 7,19: links der Tür.

Hermaiscus invictus hac.

Hermaiscus der Unbesiegte ist hier vorbei(gekommen).

E ZA. vermutet dahinter noch eine Zahl (XXIV?).
K Zur Ritzzeichnung eines Gladiators. – *invictus* cf. auch #436a und generell #480; dass *hāc* (scil. *viā*) 'hier vorbei' und *hīc* 'hier am Ort' genau dieselbe räumliche Vorstellung ausdrückten, ist nicht glaubhaft, pace VÄÄ. p. 120, jedenfalls gibt es (in Pompeji und anderswo) keinen Beleg mit *hac fuit*, und *hic* wird fast immer durch *fuit* ergänzt, *hac* aber bleibt durchwegs ohne Verbum; cf. auch #1201.
B IV 1653° m. add. E; DI. 283; HU. 580; LA. 1052.

#427 graff. V 5,3: Peristyl.

Omullus.

Homullus.

E Einige weitere Buchstaben sind nicht zugehörig.
K *Homullus*, cf. #1147, hier wohl ein Gladiator angesichts der vielen Gladiatoreninschriften in diesem Peristyl (cf. aber auch #1190, #1296, #1461 etc.).
B IV 4355 m. add. E; DI. 290.

#428 graff. VI 15,6: Treppenaufgang hinten im Haus.

*In^citatus | libe. **p.** LXXXX.*

Incitatus, frei, neunzig Kämpfe.

K 1 'Der Angetriebene', derselbe in X 4920 (cf. #518). – 2 Cf. #399; *pugnarum.*
B IV 4636 m. add. E; DI. 264.

#429 graff. V 5,3: Peristyl.

Invetus | Pompe. XIIII, XI | III.

Inventus, (Sklave) des Pompejus, vierzehn Kämpfe, vierzehn Kränze.

K 1 *Inventus*, cf. #177, VÄÄ. p. 67. – 2 *Pompei* gen., cf. #387 und #177 (dort auch IV 327, wo der Gladiator für seinen Herrn wirbt, so CASTRÉN; cf. #207).
B IV 4294 m. add. E; DI. 250.

#430 ♪ graff. VIII 7,16 (Gladiatorenschule).

Mansuetus provocator | victor Veneri par|mam feret.

Mansuetus, der Herausforderer, wird, wenn er siegt, der Venus seinen Schild darbringen.

M tro7 (der Name ist eine Silbe zu lang, cf. #763; *V̄ener̆ī*, cf. #1103).
E 2f. *e* kurs.
K 1 *e* im Namen ist nicht kursiv, cf. #1236a. – 2 *victor* wirkt viel zuversichtlicher als z.B. *si vincat*.
B IV 2483° m. add. BE; DI. 29; GE. B-13; MO. 66f.; WE. 405; HU. 793; VA. 22.

#431 graff. V 4,b–c.

Mas^colus.

Masculus.

K Rechts neben #447; *Masculus*, cf. VÄÄ. p. 28.
B IV 6773 m. add. E; DI. 291.

#432 dip. I 10,8: links der Tür.

Minucio Fusco f[eli]c[iter]. | Minuci, mur., vic. | [- c. 5 -]tio, va. fel.

Glück dem Minucius Fuscus! Minucius, Murmillo, du hast gesiegt, ...tio, alles Gute und viel Glück!

K 2 *vicisti*? – 3 *[Infan]tio* DCO.; *va. fel.* cf. #497, IV 5574, 9149, umgekehrt IV 1908, *valēre* und *fēlīx* in freierer Kombination #528, #719, #1049.
B IV 7360 m. add. D; DI. 985.

#433 graff. V 5,3: Peristyl.

Murranus | Clod. III, ɔ. III.

Murranus, Clodianer, drei Kämpfe, drei Kränze.

K 1 Cf. #394. – 2 Wohl *Clodianus*, cf. A. Clodius Flaccus in X 1074.d; ɔ cf. #405.
B IV 4288 m. add. E; DI. 254.

#434 graff. IX 9,12 (Gasthaus): Garten.

Nasica Aug. LX.

Nasica, Augustianer (?), sechzig Kränze.

K Über der Ritzzeichnung diverser Gladiatorenfiguren. — 1 Wohl *Augustianus*, dies bedeutet aber kaum dasselbe wie in #77 etc.

B IV 5275 m. add. E; ImGr. 436*; DI. 259; GE. B-16; MO. 36f.; WE. 428; LA. 976°, 977°, 1058°.

#435 graff. I 2,24 (Taberna): Peristyl.

Nicanor, | nica.

Nicanor, siege!

K Derselbe Text wohl IV 9895, add. E. — 1 'Männerbesieger'. — 2 Cf. #425.

B IV 3950 m. add. E; DI. 282; WE. 404.

#436 graff. I 7,7: Peristyl.

b *Pales ṿicit.* — **d** *Dexer vicit.*

b Pales hat gesiegt. — **d** Dexter hat gesiegt.

K **b** Von πάλη 'Ringkampf'. — **d** Fehlerhaft statt *Dexter.*

B IV 8159.b,d; ImGr. 43 (b°, d*); DI. 984.

#436a graff. IX 13,3: Peristyl.

Paris invicte, nica.

Paris, Unbesiegter, siege!

K Dieser *Paris* wohl auch #369, zu einem Schauspieler gleichen Namens cf. #493ff.; *invicte* cf. #426 und generell #480; *nica* cf. #425.

B AE 1977, no. 222, 1985, no. 288; GI. tab. 1*.

#437 dip. IX 9,8 (Taberna).

[Ph?]aedim. Sull. XIIX, | v.

Phaedimus, Sullaner, achtzehn Kränze, hat gesiegt.

K Zu einem Gemälde eines Gladiators. — 1 Wohl *Phaedimus, Sullanus.*

B IV 3789 m. add. D; DI. 256.

#438 graff. V 5,3: Peristyl.

esse. | Philippus Tettia. VIII, ɔ. VIII.

Der Wagenkämpfer Philippus, Tettianer, acht Kämpfe, acht Kränze.

E *e* kurs.
K 2 *Tettianus*, vom Gentiliz *Tettius* abgeleitet; ɔ cf. #405.
B IV 4280 m. add. E; DI. 265; HU. 326.

#439 graff. IX 1,20: Atrium.

T. m. | Pinna Neronianus XVI, v., | Columbus liber LXXXVIII, p.

Thraker plus Murmillo: Pinna, Neronianer, sechzehn Kränze, hat gesiegt, Columbus, frei, achtundachtzig Kränze, hat kapituliert.

E 2 *e* kurs.
K 1 Cf. #422. – 2 'Feder, Pfeil'. – 3 'Taube', cf. evt. #556; *liber* cf. #399.
B IV 2387 m. add. ABE; DI. 271.

#440 graff. VIII 2,20 (Sarno-Thermen).

a *Q. Ptronius | Otaus XXXIIII, || m.* – **b** *Severus | lib. XXXXXV, || v.*

a Quintus Petronius Octavus, vierunddreißig Kränze, wurde entlassen. – **b** Severus, frei, fünfundfünfzig Kränze, hat gesiegt.

E **a** 1 *Petronius* mit Kurzschreibung *p(e)*. – **b** *e* kurs.
K Zur Ritzzeichnung zweier Gladiatoren: Petronius flieht, Severus verfolgt ihn. – **a** 2 *Octavus*, zu *-ct-* cf. #15 und VÄÄ. p. 63, zu *-vu-* cf. #1035 und VÄÄ. p. 50. – **b** 1 Cf. #446. – 2 Cf. #399.
B IV 4870 m. add. CE; DI. 249; LA. 1029.

#441 dip. VIII 7,16 (Gladiatorenschule): Eingang rechts.

Popidio Rufo invicto muner. III, | defensoribus colonorum feliciter.

Glück dem Popidius Rufus, dem unübertroffenen (Sponsor) dreier Spielserien, (und den Seinen), den Beschützern der Kolonisten!

K 1 *invicto* cf. #480; *munerario*, cf. #199; *III* am ehesten '*munerum trium editori*', ZA. – 2 pl., scil. auch der Familie, ZA.; cf. #139, #182, IV 1032.
B IV 1094 m. add. D; ImDip. 374*; DI. 285; CollEp. 6*.

#442 graff. V 5,3: Peristyl.

Tḥṛ. | Redemteus | Appulei, L. Sextius | Eros.

Die (?) Thraker Redemptus, Sklave des Appuleius, (und) Lucius Sextius Eros.

E *e* kurs. außer dem ersten.
K 1 Wohl pl. *Thra(e)ces*. – 2 *Redemptus, -mteus* (sofern richtig gelesen) ist merkwürdig: ohne *p* («etymologische» Schreibung), dafür mit überflüssigem *e*. – 3f. Cf. #416, *Appuleius* ist in Pompeji häufig (cf. z.B. #184).
B IV 4286 m. add. E; DI. 273.

#443 graff. V 5,3: Peristyl.

Tr. | Ldemtus IIII, ɔ. IIII; | Ḷde *vac.*

Der Thraker Redemptus, vier Kämpfe, vier Kränze; Rede...

E *e* kurs. – 3 Wohl unfertig.
K 2f. Statt *Redemptus*, MAU, noch merkwürdiger als in #442; ɔ cf. #405.
B IV 4308 m. add. E; DI. 272.

#444 graff. V 5,3: Peristyl.

Rusticus Malius XII, c. XI, | M. Terntius III, c. III, | + Nola++ | + Nucuria[..?]s |5 pueḷḷ++ul++

Rusticus Malius, zwölf Kämpfe, elf Kränze, Marcus Terentius, drei Kämpfe, drei Kränze, ... Nola ..., Nuceria (?) ..., Mädch... (?)

K 2 *Terentius*, mit Kurzschreibung *(e)n*, auch #452, IV 4361, 4405 und VÄÄ. p. 43. – 4 *Nuceria*-? – 5 Unklar.
B IV 4302° m. add. E; DI. 251; GE. B-15, MO. 46f. (nur 1); WE. 418 (nur 1f.); HU. 331.

#445 graff. V 5,3: Triclinium.

Samus I, ɔ. I, | m., | idem eq. | hic hab.

Samus, ein Kampf, ein Kranz, Murmillo (und) derselbe (auch) Kämpfer zu Pferd, wohnt(e) hier.

K 1 ɔ cf. #405. – 2 Wohl *murmillo.* – 3 *eques* MAU. – 4 *habitat* oder *habitavit*; cf. #503.

B IV 4420 m. add. CE; ImGr. 239*; DI. 269; HU. 350.

#446 graff. I 6,15: Pseudoperistyl.

a *Severus l. XIII.* – **b** *Albanus sc. l. XIX v.*

a Severus, frei, dreizehn Kränze. – **b** Albanus, Linkshänder, frei, neunzehn Kränze, hat gesiegt.

K Zur Ritzzeichnung zweier Gladiatoren: Severus hat seinen Schild verloren und verlässt die Arena kapitulierend oder als *missus*; darunter weitere Zeichnungen: ein Kopf, ein Rumpf und kleinere Figuren. – **a** Cf. #440, wo Severus erfolgreicher war; *l.* cf. #399. – **b** Eher *sc(aeva manu)* mit K. COLEMAN, ZPE 114 (1996), p. 194–96, als *sc(issor)* (so DI., nach IX 466) oder *Sc(auri)* (DCO.).

B IV 8056.a°–b°; ImGr. 26*; DI. 983; KR. 39°; MO. 14° (a), 76° (b); WE. 425°; HU. 39°; LA. 1024°, 1047.

#447 graff. V 4,b–c.

Simplex.

Simplex.

K Über der Ritzzeichnung eines Gladiators. Rechts daneben ist #431.

B IV 6772 m. add. E; LA. 877.

#448 graff. VI 12,2: Korridor zwischen den Peristylen.

a *Spiculus Ner. | tiro, || v.* – **b** *Aptonetus | libr XVI, || p.*

a Spiculus, Neronianer, Nachwuchskämpfer, hat gesiegt. – **b** Aphthonetus, frei, sechzehn Kränze, hat verloren.

E **a** 1 *e* kurs.

K Zur Ritzzeichnung eines Gladiatorenkampfes. – **a** 1 'Lanzenspitze', cf. #451, Suet. Nero 30 *Menecraten citharoedum et Spiculum murmillonem triumphalium virorum patrimoniis aedibusque donavit*, Plu. Galb. 8 *Σπῖκλον μὲν οὖν τὸν μονομάχον ἀνδριάσι Νέρωνος ἑλκομένοις ὑποβαλόντες ἐν ἀγορᾷ διέφθειραν*. – **b** 1 Sonst *Apthonetus*, von *ἀφθόνητος* 'neidlos'; liegt am Boden und kapituliert mit einem Handzeichen (LANGNER p. 52). – 2 *liber*, cf. #399, *-br* mit Kurzschreibung *b(e)* oder *(e)r* oder aber nachtoniger Vokalsynkope, cf. #781, #866, #1042, #1259 und VÄÄ. p. 43ff.

B IV 1474° m. add. BE; DI. 278; WE. 422; HU. 405; LA. 1046° (und 1006°).

#449 dip. V 4,9–10.

Spiclus.

Spiculus.

K Über der Ritzzeichnung zweier Gladiatoren. – Zu *-cl-* cf. VÄÄ. p. 44 (ohne dieses Beispiel).

B IV 6624 m. add. D; DI. 294; LA. 1049.

#450 graff. V 4,13: Atrium.

Taurus Oc[t]avianus Vic[to]riae.

Taurus, Oktavianer, der Victoria (einen Gruß?).

K Nahe beim Haus der Gladiatoren (V 5,3); 'Stier'; zu *Octavianus* cf. #405 etc., zum Frauennamen *Victoria* #696, #1118.

B IV 6757 m. add. E; DI. 296.

#451 ♪ dip. VII 5,14–15.

a *Tetraites. Prudes. Prudes l. XIIX, Tetraites l. X[---]*
b *abiat Venere Bompeiiana iratam qui hoc laesaerit.*

a Tetraites. Prudens. Prudens, frei, achtzehn Kränze. Tetraites, frei, zehn (?) Kränze.
b Möge der den Zorn der Venus von Pompeji zu spüren bekommen, der dies beschädigt!

M **b** tro7 (*qui hoc* mit Hiat).

E 1 *l. p. XIIX* DI., offenbar versehentlich.

K **a** Beischriften auf einem (zerstörten) großen Gladiatorengemälde. – Evt. der in Petron. 52.3 und 71.6 genannte *Petraites* (*Tetr-* ist davon die «normalisierte» Dialektform), cf. auch add. D; *Prudens*; die Gladiatorennamen *P/Tetraites*, *Prudens*, *Spiculus* (cf. #448f.), *Columbus* (cf. #439) und einige weitere sind im Römischen Reich häufig und weitherum bezeugt, oft mehrere davon kombiniert; *l.* cf. #399. – **b** Memento am unteren Rand des Gemäldes, cf. #190. – *habeat*, wörtlich 'er möge Venus zornig haben', cf. auch #755, #798 sowie #70; *Venerem Pompeianam*, [-m p-] > [b-] ähnlich wie im Neugr., wo *μπ* teils [b], teils [mb] ausgesprochen wird, cf. evt. #556, VÄÄ. p. 54; der Name *Pompeius*, *-eiī* enthielt ein langes, auf zwei Silben verteiltes [j:], worauf mehreres hinweist: erstens unser *-ii-* (*Pom-pej-jī*, *-jāna*), cf. VÄÄ. p. 49 mit Hinweis auf die gleiche Schreibung bereits in osk. Schrift (ImagItal Pompei-24* ***púmpaiians*** 'Pompeianus', 2. Jh. v. Chr.), zweitens die zahlreichen *-ì-* (oder *-î-*), cf. #170, #181, #368f., #374, #379, #389, #460, #630, #1103 metr., #1141, ähnlich mit Apex *-í-* #378, entsprechend im Gentiliz #387, drittens die gleiche Schreibung in #1344 *peìus*, wo die Länge metr. und etymol. bestätigt wird, und cf. auch *coj-jugēs* #529 usw. mit Ersatzdehnung des *-j-* für *-nj-* (Schreibung mit *ii* ist in diesen Fällen häufig, cf. LEUM. p. 127, 289, VÄÄ. p. 63); *laeserit*, cf. #798 und ähnlich #190.

B IV 538 m. add. ABD; ImDip. (528), 531.35° (nur b); DI. 263; CLE 233 (nur b); GE. B-21 (nur b); KR. 27 (nur b); MO. 38f. (nur b); HU. 546 (nur b); VA. 23 (nur b).

#452 graff. V 5,3: Peristyl.

M. Trntius | Crysanthu | colo. V, c. V.

Marcus Terentius Chrysanthus, Kolonist, fünf Kämpfe, fünf Kränze.

K 1 Mit zweifacher Kurzschreibung: *t(e)* oder *(e)r* und *(e)n* (cf. #444), das erste *e* könnte allerdings auch wegen vortoniger Vokalsynkope fehlen, cf. VÄÄ. p. 45. – 2 *Chrysanthus*, ein Fall wie VÄÄ. p. 80 (α), nicht p. 79 (β). – 3 *colonus*, für denselben Mann auch in IV 4325, 4361.

B IV 4384 m. add. E; ImGr. 237*; DI. 253; HU. 341.

#453 graff. I 6,4: Nebenraum beim zweiten Atrium.

Venustus.

Venustus.

E *e* kurs.

K In Gestalt eines Schiffes geschrieben, cf. #571ff., #1018f., 1020•?, #1100•, IV 4742•?, 4755, etwas aufwendiger #1212•, Zeichnung separat #649, #664• (mit #1123), #799, #1251•, #1465, und cf. spez. #1037•, nicht wenige (mit • markiert) haben einen Bezug zur erotischen Sphäre. – Evt. ein Gladiator, cf. im selben Raum IV 8017 *Venustus* ... bei der Ritzzeichnung eines *bestiarius*.

B IV 8020°; GI. 220 n. 132; LA. 10°.

#454 graff. V 5,3: Peristyl.

Berus.

Verus.

K *Verus*, wohl derjenige von #374–76 angesichts der vielen Gladiatoreninschriften in diesem Peristyl (cf. #1461).

B IV 4380 m. add. E; DI. 295.

#455 graff. VII 7,32 (Apollotempel): rechts des Zugangs.

[---]nus Iulianus I ṿ. Ị **s.**, *Primigenius Iulianus XXII ṿ Ị m.; | v. m.*

...nus, Iulianer, einmal gesiegt, einmal stehend entlassen, Primigenius, Iulianer, zweiundzwanzigmal gesiegt, einmal entlassen; (der links) hat gesiegt, (der rechts) wurde entlassen.

E *e* kurs.

K 1 *stans* etwa 'vorzeitig (als potentieller Verlierer, aber ehrenvoll) aus dem Kampf entlassen', cf. OLD s.v. *stō*, 2.b und z.B. X 7297 (Panhormus). – 2 Unter *v.* und *m.* je die Ritzzeichnung eines Gladiators, der erste in Angriffsstellung, der andere entweichend.

B IV 1773° m. add. AE; DI. 257; LA. 1025°.

#456 ♪ dip. II 6 (Amphitheater): Nordzugang.

omnia munera vicisti, | ton hepta theamaton esti.

Du hast alle Spiele gewonnen, es ist eines der sieben Weltwunder.

M Wohl das beabsichtigt (einen Fuß zu lang; mit -*matŏn*, cf. #1094).

E 2 PT Lig.

K 2 *τῶν ἑπτὰ θεαμάτων ἐστί.*

B IV 1111 m. add. D; DI. 300; GE. B-20; MO. 56f.; WE. 407; HU. 178a.

#457 graff. V 5,3: Peristyl.

aud'_omnia.

Wag alles!

K *aude omnia* SOGLIANO, Kurzschreibung *d(e)* oder realisierte Elision (cf. #1049), wohl Prosa.

B IV 4385 m. add. E; DI. 287; HU. 342.

#458 graff. VI 9,6–7.

Campanî, victoria una / cum_Nucerinis peristîs.

Capuaner, in einem einzigen Sieg seid ihr samt den Nucerinern zugrundegegangen.

K Zur Ritzzeichnung eines Gladiators mit *galea pinnata*, Schild, Lendenschurz und einem Palmzweig in der rechten Hand, die Stufen einer Treppe herabsteigend; links neben der Inschrift zwei weitere Männer, der eine auf einem Podest, der andere davor. Nimmt vielleicht Bezug auf das Ereignis Tac. ann. 14.17: *sub idem tempus* (59 n. Chr.) *levi contentione orta atrox caedes inter colonos Nucerinos Pompeianosque gladiatorio spectaculo, quod Livineius Regulus, quem motum senatu rettuli, edebat. quippe oppidana lascivia in vicem incessentes, probra, dein saxa, postremo ferrum sumpsere, validiore Pompeianorum plebe, apud quos spectaculum edebatur. ergo deportati sunt in urbem multi e Nucerinis trunco per vulnera corpore, ac plerique liberorum aut parentum mortes deflebant. cuius rei iudicium princeps senatui, senatus consulibus permisit. et rursus re ad patres relata prohibiti publice in decem annos eius modi coetu Pompeiani, collegiaque, quae contra leges instituerant, dissoluta; Livineius et qui alii seditionem conciverant exilio multati sunt.* Zu *Livineius* cf. #345 mit add. D, zu den Duumviri des Jahres cf. #388, zu einem Gemälde des Ereignisses cf. #380. — 1 *Campani* zweifellos 'Capuaner', cf. #227 sowie add. E; *ūnā* ist primär adj. zu *victoriā*, gilt aber gleichzeitig als adv. zu *cum*.

B IV 1293° m. add. E; DI. 297; GE. B-12; WE. 430; HU. 385°; LA. 927°, 1138°.

#459 graff. VI 9, Westseite, südlich von 5: außen.

Nucerinis / infelicia.

Den Nucerinern alles Üble!

E *e* kurs.
K 2 Cf. ThLL VII.1 1363.20.
B IV 1329° m. add. E; Di. 298; Ge. B-10; We. 356; Hu. 381.

#460 graff. VII 12,18 (Lupanar).

a *Puteolanis feliciter, / omnibus Nucherinis / felicia.* — **b** *et uncu Pompeìanis.* — **c** *Petecusanis.*

a Glück den Puteolanern, Glück allen Nucerinern! — **b** Und für die Pompejaner den Leichenabschlepphaken! — **c** (Ebenso?) den Pithecussanern.

E *e* kurs. außer bei *et* und *Petecusanis.* — **b** Von zweiter Hand. — **c** Von dritter Hand.
K **a** 2 *Nucerinis.* — **b** *uncum*; cf. Cass. Dio 60.35.4 *τοὺς ἐν τῷ δεσμωτηρίῳ θανατουμένους ἀγκίστροις τισὶ μεγάλοις οἱ δήμιοι ἔς τε τὴν ἀγορὰν ἀνεῖλκον κἀντεῦθεν ἐς τὸν ποταμὸν ἔσυρον*; Suet. Tib. 75 *morte eius ita laetatus est populus, ut … pars «Tiberium in Tiberim!» clamitarent, … alii uncum … cadaveri minarentur*, cf. auch OLD s.v. *uncus*[2], b; *ì* cf. #451. — **c** *Pĭthēcūss-*, cf. VÄÄ. p. 21.
B IV 2183° m. add. BE; ImGr. 338*, 341*; Di. 299; Ge. B-11; Mo. 18f.; We. 357 (nur a–b); Hu. 613.

#461 graff. VIII 7,20 (Theaterkorridor).

C. Allẹius Astraga[l]us / curator / fuit IV non. Dec. usce ad / VI eid. Dec. M. Agrip. T. Stat. cos., /5 ce[ntu?]ria C. Iuli Heleni, turma / C. Iuli Hilari.

Gaius Alleius Astragalus war Aufseher vom 4. Tag vor den Nonen des Dezember bis zum 6. Tag vor den Iden des Dezember, als Marcus (Vipsanius) Agrippa und Titus Statilius (Taurus) Konsuln waren. (Dies betrifft) die (Gladiatoren-)Zenturie des Gaius Iulius Helenus, die Reitertruppe des Gaius Iulius Hilarus.

E 1 Die frühere Lesung *Aellius* ist obsolet, cf. add. E.
K 2 *curator* scil. *muneris gladiatorii.* — 3 *usque*, cf. #931 und #1244 (cf. VÄÄ. p. 55; Suffixersatz ist als Grund aber unplausibel, es liegt eher Dissimilation

zum anlautenden *u*- vor). – 3f. 2.–8. Dezember. – 4 *idus*, cf. #1062 und VÄÄ. p. 22; 37 v. Chr. – 5 *turma* scil. *gladiatorum equitum* ZA.

B IV 2437° m. add. ABE; DI. 301.

#462 graff. VIII 7,20 (Theaterkorridor).

o curatores Nuelas et Barnaee, ne vos essetis virei ḅọnẹị, sẹị commeatum ọgiṇṭiṭṛạị++ / ad t[e]mpus daretis. nam semper negatis vac.? *redx̣aẹ [...?]+++ṇqụạ++ / P̣aṇ, tibi [.?]ḍẹịco et cauda[t]os nunçquạm_ne numụ[---?]*

Oh Aufseher Nuelas und Barnaeus, ihr sollt keine guten Männer (mehr) sein, wenn (ihr) den Nachschub ... rechtzeitig geben würdet. Denn immer streitet ihr ab ... Pan, ich sage dir, dass auch die Geschwänzten niemals auch nur eine Münze ... (?)

E Heute teilweise nicht mehr sichtbar.

K Zu einem großen Teil unklar. – 1 Semit. Namen, cf. add. E; *viri boni, si* (evt. auch 3 *deico* für *dīcō*), cf. VÄÄ. p. 22; zu *viri boni* cf. die Wahlversprechen #99ff. – 3 Zweifellos *caudatos*, cf. #243; *numquam*, zu *-nc-* cf. #1084; evt. *ne nummum [quidem ...]*?

B IV 2430° m. add. E; ImGr. 410*; DI. 302.

#463 graff. VIII 7,16 (Gladiatorenschule).

[---] VIIII k. Febr. / tabulas positas / in muscario CCCVIIII[- c. 9 -]

... am 9. Tag vor den Kalenden des Februar hat [...] die Tafeln, die im Schrank deponiert waren, für 309 ...

K 1 24. Januar. – 2 Cf. #370, #372f., und in Benevent IX 1666 *basilicam in qua tabul(ae) muneris ab eo editi posit(ae) sunt*. – 3 Cf. ThLL VIII 1696.66ff., OLD s.v. *muscārium*, 2, VÄÄ. p. 95.

B IV 2464° m. add. BE; DI. 303.

#464 ♪ graff. V 5,3: Peristyl.

[---] τὰ πρῶτα λέλογχε.

... hat den ersten Platz (?) erlost.

M da6 fin.
K Im Haus der Gladiatoren; Anklang an Hes. theog. 202f.; wohl Verlosung im Zusammenhang mit Gladiatorenspielen, SOLIN in add. E; cf. auch #1461.
B IV 4370 m. add. E; DI. 313; HU. 339; GI. 47.

#465 ♪ graff. VIII 1,1 (Basilica).

Oppi emboliari, fur, furuncule.

Oppius, Pausenclown, (du) Dieb, (du) Langfinger!

M ia6 mit zu kurzem Namen (cf. #1116, #1153, #1356 und cf. das Gegenteil #763 etc.).
K Evt. derselbe wie #492 (dort sollte diese Inschrift eingereiht sein); *emboliarius* cf. VÄÄ. p. 92, 'Zwischenaktspieler'; *furuncule* cf. #212.
B IV 1949 m. add. BE; DI. 316; CLE 41; GE. E-35; MO. 40f.; WE. 339; HU. 763.

#466 graff. II 3,3: rechts der Tür.

a *quesọ modịcẹ.* – **b** *colonia Claudia, va.*

a Bitte maßvoll! – **b** Claudische Kolonie, alles Gute!

E **a** Lesung MARICHAL bei VARONE in ImGr. – **b** Lesung VARONE ibid.
K Bei der Ritzzeichnung eines Männerkopfes. – **a** *quaeso*; insgesamt unklar. – **b** Der Anfangsbuchstabe von *colonia* ist zu einem Palmzweig weitergezeichnet (als Siegeszeichen?); gemeint ist Puteoli, cf. #720.
B IV 8496.a°–b°; ImGr. 106°; HU. 252; LA. 275.

5. SOLDATEN

Das Kapitel zu den Soldaten ist gegenüber demjenigen bei Diehl stark reduziert, da die Inschriften Di. 214a–c und 215–39, die nicht aus Pompeji stammen und über hundert Jahre jünger sind, wegfallen (cf. Einl., n. 11). Dafür sind die in roter Farbe gemalten oskischen Mobilmachungsinschriften aus dem Bundesgenossenkrieg mit zwei Beispielen vertreten (#467 und Abb. 2). Die verbliebenen lateinischen Graffiti berichten außer über die Truppeneinteilung der Soldaten unter anderem auch über ihre abendlichen Aktivitäten (cf. #470, #475).

Abb. 2: ImagItal Pompei-2° (cf. unter #467), nach ImagItal.

#467 dip. VI 6,3–4.

eksuk amvían^ud eít. | anter tiurrí XII íní | veru Sar⟦u⟧í-nu, puf | faamat Mr. Aadiriís V.

Aus diesem Quartier einrückend (?) zwischen Turm XII und Sarno-Tor, wo Marhius Atrius, Sohn des Vibius, das Kommando hat (?).

E 1 *amv* Lig., 2 *nt* Lig. – 3 *í* über versehentlichem *u*. – 4 *aa* und *aad* Ligg.

K 1 ***amviannud*** (lat. **ambi-viandō*), zu *-nn-* statt *-nd-* cf. #1004; ***eituns***, wohl nom. pl., etwa 'einrückend'. — 2 ***tiurrím***, die Nummern der Türme X, XI und XII wurden aus drei osk. Inschriften und ihren Fundorten erschlossen, nämlich ImagItal Pompei-2° (VI 2,1–2; cf. Abb. 2), Pompei-5° (VI 12,1, links der Tür) und der hiesigen; ***íním***. — 3 Zu ***veru*** cf. #130. Die gängige Identifikation des Tores mit der Porta di Ercolano ist plausibel, aber die sprachliche

Verknüpfung von osk. ***Sarínu*** (mit kurzem *ĭ*) und *Salīnae* (cf. #631, #971a) macht Schwierigkeiten: Da die Annahme, das Wort 'Salz' habe im Osk. ein *r* gehabt, durch nichts zu rechtfertigen ist, werden wir eher annehmen, dass das Tor nach dem *Sarnus* benannt war und erst von den Römern wegen des zusätzlichen osk. *-i-* volksetymologisch mit den Salzlagerstätten verbunden wurde. — 4 Entspricht wohl lat. *Atrius*, später noch bezeugt z.B. in tab. cer. IV 3340.37.6, ferner X 661 (Salernum), X 1288 (Nola), X 5278 (Casinum); cf. zu einem ähnlichen Namen mit *Sa-* #378. – Ähnliche Texte ImagItal Pompei-2° und 4°–6°, 7*°, zur letzten cf. #130; alle sechs sind von 91–89 v. Chr.

B ImagItal Pompei-3° (mit Bibl.).

#468 graff. V 5,3: Peristyl.

*T. Crassellius | **coh.** VIIII **pr.**, | ͻ. Viri. | Crassellius ||⁵ IX Sa[..]vi* vac?

Titus Crassellius, aus der neunten Prätorianerkohorte, der Zenturie des Virius. Crassellius aus der neunten Sa... Vi(rius?).

E 5 ist evt. ein separater Text, DI., die nach rechts verschobene Z. 4 gehört dann allerdings wohl auch schon dazu; beide Zeilen sind unklar.

K 2 *cohortis, praetoriae.* — 3 *centuriā* oder *-ae*; ͻ mit anderer Bedeutung cf. #405 und #769; *Viri* cf. #476.

B IV 4311 m. add. E; DI. 208.

#469 graff. VIII 3,21: Atrium.

Sex. Decimius Rufus | milis coh. V̄ pr., ͻ. Martialis.

Sextus Decimius Rufus, Soldat der fünften Prätorianerkohorte, der Zenturie des Martialis.

K 2 *miles*, cf. VÄÄ. p. 84.

B IV 1994° m. add. E; DI. 205; HU. 777.

#470 graff. II 7 (Palaestra).

Floronius, | binetas, miles | leg. VII, hic | fuit neque |⁵ mulieres | scierunt nisi | paucae, et | ses^erunt.

Floronius der Ficker, Soldat der siebten Legion, war hier, und Frauen haben es nur wenige erfahren, und (diese aber) haben es zu spüren bekommen.

E Alles von derselben Hand.

K 2 *binetas*, d.h. **βῑνητής* 'fututor', PISANI; *fututor* (cf. #475, #1111) und sogar *pedicator* (#1106) waren eher positiv konnotiert, *fellator* dagegen gar nicht (#915.h, #1180, #1348 etc.), cf. F. DUPONT / Th. ÉLOI, L'érotisme masculin dans la Rome antique (2001), p. 161ff. – 3 *legionis*. – 8 Kaum *sex erunt* VARONE (mit Bibl.), sondern *senserunt* (scil. *illae*), KRENKEL etc.

B IV 8767°; ImGr. 182*°, 524°; KR. 51f.°; WE. 145°; HU. 207°; GI. 216 n. 98; VA. 64.

#471 graff. VII 1,42 (Taberna).

M. Nonius Campanus mil. coh. VIIII pr., ɔ. Caesì.

Marcus Nonius Campanus, Soldat der neunten Prätorianerkohorte, der Zenturie des Caesius.

B IV 1711° m. add. E; ImGr. 303*; DI. 207; GE. D-5; HU. 515.

#472 graff. I 3,3: Peristyl.

Q. Spurennius Priscus | prim. pilar. | pilar.

Quintus Spurennius Priscus, Primipilaris.

K 1f. Derselbe IV 3985, sonst ist der Name sehr selten. – 2f. *primipilaris*. – 3 Wohl versehentlich wiederholt.

B IV 3992 m. add. E; DI. 211; HU. 19.

#473 graff. VII 12,35 (Gasthaus): Atrium.

C. Valìrius Maximus, | milis, domus vac.

Gaius Valerius Maximus, Soldat, (mein) Gebieter.

E 2 MV Lig.

K 1 *Valerius*, cf. VÄÄ. p. 20. – 2 *miles*, cf. VÄÄ. p. 84; *domus* gen. HUNINK, oder eher wie #7 statt *dominus* (cf. #410)?

B IV 2157° m. add. E; DI. 210; HU. 676.

#474 graff. VI 8,20: Eingang rechts.

Valerius Sacer, ɔ. Martialis.

Valerius Sacer, aus der Zenturie des Martialis.

E VA Lig.
K Zur Zenturie cf. #469.
B IV 1266° m. add. E; DI. 209; GE. D-4.

#475 graff. VII 12,35 (Gasthaus): Zimmer.

C. Valerius Venustus m. ch. Ị pr.{rr}, | ɔ. Rufi, fututuḷor maximum.

Gaius Valerius Venustus, Soldat der ersten Prätorianerkohorte, der Zenturie des Rufus, Ficker im höchsten Maß.

E 1 Zweites *e* und beide *f* kurs. – 2 In der Zeichnung sieht *tulor* aus wie TV Lig. + ein kleines V, dann ein L mit nicht zusammenhängenden Strichen (anders als dasjenige in 1) und klares *or.*
K 1 *chortis* für *cohortis*, cf. VÄÄ. p. 57. – 2 Evt. *fututuṭ{uṭ}or*; M. ABERSON (mündl.) erwägt eine misslungene Korrektur aus versehentlichem *futūtu-* (ptc. pass.) zu *futūtor* (act.); *maximum* evt. für adv. *-e*, SOLIN in add. E.
B IV 2145° m. add. E; DI. 204; GE. G-16; WE. 135, 261; HU. 671; GI. 220 n. 132.

#476 graff. V 5,3: Peristyl.

coh. VII pr., | ɔ. C. Viri.

Siebte Prätorianerkohorte, Zenture des Gaius Virius.

B IV 4310 m. add. E; DI. 206.

#477 graff. VI 15,5: Garten.

commilitones.

Kommilitonen!

E *e* kurs.
K Ein militärischer Zusammenhang ist nicht ganz sicher.
B IV 4618 m. add. E; DI. 213.a; HU. 459.

#478 graff. VI 15,5: Garten.

commilitonibus.

Den Kommilitonen.

B IV 4622.b m. add. E; DI. 213.b; HU. 460.

#479 graff. VI 15,5: Garten.

commil[ito]nes, vos rogo.

Kommilitonen, ich bitte euch.

E *e* kurs.

B IV 4622.d m. add. E; DI. 214; HU. 460.

6. SCHAUSPIELER

Das Thema Schauspieler und Theater in Pompeji ist in der Forschung ebenfalls auf breites Interesse gestoßen. Viel Sicheres ist jedoch aus den spärlichen Inschriften nicht herauszuholen. Die Arbeiten von FRANKLIN (1987) und LEPPIN (1992) enthalten die wichtigsten Erkenntnisse. Einige Schauspieler scheinen sehr bekannt gewesen zu sein. Das griechische Element war in diesem Bereich erwartungsgemäß besonders stark. Was gespielt wurde, entzieht sich unserer Kenntnis leider vollständig, vermutlich waren es einerseits Komödien (cf. #1488), Mimen (cf. #491, #622.c, #1478, #1489) und Atellanen (cf. #732, #1158), andererseits tragische Stücke in pantomimischer Aufführung (cf. #480, #1460f.). Aus dem Mimus stammt – mindestens zu einem großen Teil – die Sammlung von prägnanten Sprüchen des Publilius Syrus aus dem 1. Jahrhundert v. Chr. (cf. #1478).

#480 graff. I 2,6: Peristyl.

Actì Anicete, va.; / Hore, va.

Actius Anicetus, alles Gute! Horus, alles Gute!

E VA Ligg.

K 1 *Actius Anicetus* im voc., cf. #488, add. E zu IV 1903, ferner X 1946 *C. Ummidius Actius Anicetus pantomimus* (Puteoli); mit LEPPIN (1992), p. 191 ist *Anicetus* als Cognomen zu verstehen, in der gr. Form individualisiert aus der Akklamation *invictus* (cf. #426, #436a, #441, #502, #916, ferner unter #839). – 2 *Horus*, voc.

B IV 3891 m. add. E; DI. 305; HU. 4.

#481 graff. Herc., Insula Orientalis I, 2/3: Zimmer.

a *Anicete, Paris, va.* – **b** *Echio, vale.* – **c** *L. Acti, va.; Mystice Mus (?), comici icui (?) pro te fuimus.*

a Anicetus, Paris, alles Gute! – **b** Echio, alles Gute! – **c** Lucius Actius, alles Gute! Mysticus Maus (?), wir, die Komiker, waren ... für dich.

K **a** *Paris* cf. #493; wohl *valete.* – **c** *Lucius* (im Gegensatz zum unter #480 zitierten *Gaius* in Puteoli) erweist mehr als einen Schauspieler mit Cognomen *Actius*, was bei einem sprechenden Berufsnamen nicht erstaunt (dieser ist von *ag-/act-* abgeleitet, cf. OLD s.vv. *agō*, 25, *actor*, 5, *actus*, 8f. etc.); zu anderen solchen Namen in der Theatersphäre cf. #677, #732, evt. auch #622 und generell #213; *Mysticus* cf. den Schauspieler dieses Namens Plin. nat. 7.(54.)184; *Mus* hier evt. *mus(icus)* (M. ABERSON mündl.), *Mus* ist sonst allerdings häufig bezeugt, cf. #681f., #752, #1240 (Übername), #1352; *icui* ist unklar, nachher folgt ein größerer Abstand, d.h. Wortende, evt. ist *qui* zu verstehen (cf. VÄÄ. p. 54).

B IV 10643.a–c.

#482 graff. Vor der Porta di Nocera, SE vom Amphitheater: Grab [4].

Acti, dominus | scaenicorum,_va.

Actius, Nummer Eins der Schauspieler, alles Gute!

E 2 M_VA Lig.

K 1 *dominus* nom. als Apposition zu einem voc. cf. #7, ferner cf. #822.

B IV 5399 m. add. E; DI. 306; GE. E-59; WE. 475; HU. 969.

#483 dip. Vor der Porta di Nocera, SE vom Amphitheater: Grab [6].

[s]caen[ae] domine, | v[a]le.

Nummer Eins der Bühne, alles Gute!

B IV 3877 m. add. D; HU. 964.

#484 graff. Vor der Porta di Nocera, SE vom Amphitheater: Grab [4].

Acti, aṃoṛ | populi, cito | redi, va.

Actius, Liebling des Volkes, komm rasch wieder zurück! Alles Gute!

E 1 *amor* liest plausibel SOGLIANO; dahinter die Spuren zweier weiterer Buchstaben, die wohl nicht zugehörig sind. – 3 VA Lig.

B IV 5395° m. add. E; DI. 308; GE. E-60; WE. 476; HU. 968.

#485 graff. Boscotrecase, Landhaus.

Receptus Actio sa[l.], | Actî, va.; | Receptus Athicto sal.

Receptus (schickt) dem Actius einen Gruß: Actius, alles Gute! Receptus (schickt) dem Athictus einen Gruß.

K 3 *Athicto* (cf. #354) ist hier vielleicht anklingende Ehrbezeugung an Actius.

B IV 6894 m. add. E; ImGr. 473*; DI. 546.

#486 graff. VII 12,18 (Lupanar).

calos, Castrensis.

Großartig, Castrensis!

E Am Ende ein zusätzliches, nicht zugehöriges *s*.

K *καλῶς*, cf. #725; *Castrensis* cf. auch #916.

B IV 2180° m. add. E; ImGr. 336–38*; HU. 612.

#487 graff. VII 12,35 (Gasthaus): Atrium.

a *Castresis, vaḷẹ.* – **b** *Castresis, va.; | calos, Acti Castr.; | Castresis, va.; | Anicet[e], va.*

a Castrensis, alles Gute! – **b** Castrensis, alles Gute! Hurra, Actius Castrensis! Castrensis, alles Gute! Anicetus, alles Gute!

E **a** VA Lig. – **b** Größere Schrift; VA dreimal Lig.

K **a** *Castrensis.* – **b** 1 *Castrensis.* – 2 *Acti* wohl voc. – 2f. *Castrensis*; cf. AE 1984, no. 416 *calos Acti Castre(n)sis* (Urne aus Alba Pompeia in Ligurien).

B IV 2150° m. add. AE; ImGr. 345*; HU. 670.

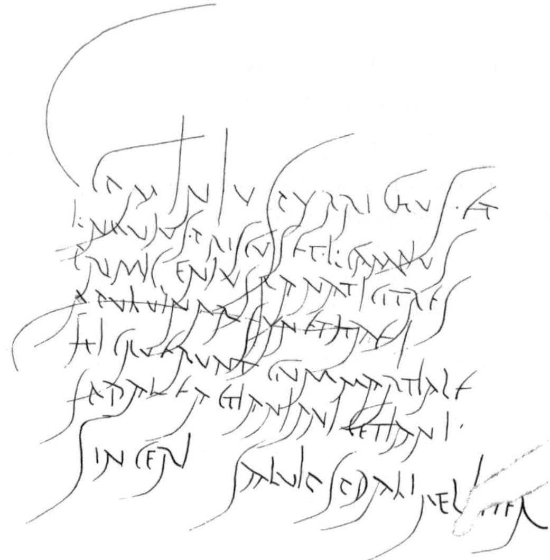

Abb. 3: #488, aus CIL IV.

#488 graff. VII 12,35 (Gasthaus): Zimmer.

C. Comìnìus Pyrrichus et | L. Novìus Priscus et L. Campìus | Primìgenìus, fanatìci tres | a_pulvinar synethaeì, | hìc fuerunt cum Martìale | sodale, Actìanì Anìcetìanì | sincerì. Salvìo sodali felì[c]iter.

Gaius Cominius Pyrrhichus und Lucius Novius Priscus und Lucius Campius Primigenius, drei Begeisterte vom Gelage (ihres) Freundes (kommend), waren hier mit ihrem Freund Martialis, (alles) echte Fans von Actius Anicetus. Glück dem Freund Salvius!

E *f* kurs.; cf. Einl., 4.

K 1 *Pyrrhichus, Πύρριχος*, cf. #677. – 3f. *fanatici* ist wohl spaßhaft gemeint, cf. add. E («sensu laxiore»). – 4 *a pulvinari*, cf. VÄÄ. p. 120, wörtlich 'vom Polster'; *synethaeì* ist kaum mit #1339 zu verbinden, sondern eher zu *ἠθαῖοι* 'Freunde' Antim. 22 zu stellen, cf. LSJ s.v. *ἠθεῖος*. – 5 *hic fuerunt (sodales)* cf. #1289. – 6 Anhänger des Actius Anicetus. – 7 Salvius ist wohl der genannte *synethaeus* und Gastgeber; *feliciter* cf. #698ff.

B IV 2155° m. add. BE; DI. 46; GE. G-18; WE. 262; HU. 674; GI. 148 n. 252.

#489 graff. VII 12,35 (Gasthaus): Zimmer.

[P]yrrìchus Salvìo sodali sal.

Pyrrhichus (schickt) seinem Freund Salvius einen Gruß.

B IV 2154 m. add. E; WE. 444.

#490 graff. IX 8,3/6/a: beim Bad.

histrionica Actia[na].

Eine Schauspielfanatikerin der Actius-Truppe.

E SOLIN in add. E; *Actica* MAU.
K fem. -*ĭca*, Schauspielerin oder Anhängerin des Actius Anicetus.
B IV 5233 m. add. E; DI. 289.

#491 graff. VII 7,5: Peristyl.

Fumiolus | cum archimìmo | a sipario. | Receptus.

Fumiolus (war hier) mit dem Mimenmeister vom Zwischenaktvorhang. Receptus (hat dies geschrieben?).

E *e* kurs.
K 1–3 Wohl scil. *hic fuit*, cf. #516ff. – 3 Cf. OLD s.v. *sīpărium*. – 4 Wohl scil. *scripsit*; derselbe wie in #485?
B IV 4767° m. add. E; DI. 314; HU. 575.

#492 ♪ graff. VIII 1,1 (Basilica).

quaenam digrediens magnis a_laudibus Oppi.

Welche denn (ist es), die, von großen Lobeshymnen auf Oppius Abstand nehmend, ...?

M da6.
K BÜ. ergänzt e.g. *nunc alium memoret* 'nun einen anderen lobt'; der Text ist aber nicht restlos klar.
B IV 1856 m. add. ABE; ImGr. 365*; DI. 317; CLE 353.

#493 graff. VI 9,6: rechts der Tür.

calos, Paris isse. | Septentrio.

Hervorragend, Paris, Meister! Septentrio (hat dies geschrieben?).

K 1 *calos* adv., cf. #725; *isse* für *ipse*, cf. #416, VÄÄ. p. 65 und OLD s.v., hier gleichzeitig etwa 'Meister, Genie' und 'Star, Berühmtheit', wohl auch 'Idol, Schwarm, Ziel sexueller Begierde' (dazu cf. #406ff. und fem. #593ff.); es gab zwei Schauspieler *Paris*: *L. Domitius P.*, hingerichtet von Nero 67 n. Chr. und denjenigen unter Domitian, hingerichtet 83 n. Chr., cf. auch #221, #369, #481. – 2 Wohl scil. *scripsit*, HUNINK. – ZA. signalisiert eine gr. Inschrift im Innern des Hauses: *Εὔπλους* | *φιλ.*, (ImGr. 260*, LGPN III.A s.v., no. 8).
B IV 1294 m. add. AE; DI. 309; HU. 384.

#494 dip. VI 8,3: rechts der Tür, etwa in der Mitte zur Hausecke hin.

[Pa]ris isse, isse Paris Aug., va.

Paris, du Star, du Star, Paris, (Lieblingsschauspieler?) des Kaisers, alles Gute!

E VA Lig.
K *Augusti*? Oder ist #434 zu vergleichen, und einige der hiesigen Inschriften betreffen nicht den Schauspieler, sondern den Gladiator (#369, #436a)?
B IV 148° m. add. D; DI. 310.

#495 dip. VIII 7 (großes Theater): östlicher Durchgang.

Paris | isse, | val.

Paris, Gebieter, alles Gute!

E 3 VA Lig. – Durchgang zum Postscaenium und zur Gladiatorenschule.
B IV 1085° m. add. D; DI. 311; HU. 798 (Abb. = LANGNER no. 1263, p. 61).

#496 graff. VII 12,18 (Lupanar).

calos, Paris.

Bravo, Paris!

B IV 2179° m. add. E; ImGr. 336f.*; WE. 373; HU. 611.

#497 graff. III 4,b: rechts der Tür.

Paris, va. fel.

Paris, alles Gute und viel Glück!

K *vale feliciter* cf. #432.
B IV 8856; DI. 989.

#498 dip. Vor der Porta di Nocera, SE vom Amphitheater: Grab [4].

Paris, únio scaenae | [---]

Paris, du Perle der Bühne, ...

K Cf. OLD s.v. *ūniō*[2], cf. auch #88.
B IV 3867 m. add. D; DI. 312.

#499 graff. VI 9,4: Eingangsraum mit Treppe.

Paris hic | fuit.

Paris war hier.

K Nicht sicher von Paris selber geschrieben.
B IV 1305° m. add. E; WE. 485; HU. 383.

#500 graff. III 5,3: links der Tür.

a *Triaria Paridianis sal.* – **b** *Triaria Paridianis.* – **c** *Triaria Pari|dianis.*

a Triaria (schickt) den Anhängern des Paris einen Gruß. – **b–c** Triaria den Anhängern des Paris.

K **a–c** *Paridianis* cf. #221 und #493f.
B IV 8888.a–c; HU. 240.

#501 graff. VIII 1,1 (Basilica).

M. Pilei Piere, lux | Pompeianorum, s.; Ἄλκιμος.

Marcus Pileius Pier, Licht der Pompejaner, sei gegrüßt! Alkimos (hat dies geschrieben).

K 1 Cf. RE suppl. X (1965), col. 542, die Form nom. sg. *Pier* z.B. IV 2103, 7062, *Pierus* in Pompeji nur IV 8928, evt. #560. – 2 *salve* add. E; *Ἄλκιμος* cf. #536.
B IV 1901° m. add. ABE; ImGr. 381*; DI. 307; GI. 148 n. 244.

#502 graff. VI 9,3: rechts der Tür.

Thalia invìcta, | calos pagitai, | Thy $^{vac.}$

Thalia, Unbesiegte, bravo, Angebetete (?)! Thy...

E 2 A und I stehen leicht getrennt, aber der Punkt dazwischen ist evt. nur eine Beschädigung, jedenfalls weniger klar als derjenige nach *calos*. – 3 Unfertig.
K 1 *Thalia* auch #1207; *invicta* cf. #480. – 2 Zu *καλὸς παγεῖτα εἶ* GARRUCCI, *καλῶς, παγῖδα εἶ* HERAEUS bei DI. p. 61f. ist add. E zurecht skeptisch. Vielleicht liegt vielmehr ein Anagramm (cf. #1369) von [agapi'ti] vor, d.h. voc. *ἀγαπητή* oder dat. *ἀγαπητῇ* (zu den erwarteten Kasus cf. #725), die Schließung des gr. *η* zu [iː] war ca. 100 n. Chr. abgeschlossen, cf. E. SCHWYZER, Gr. Gramm. I (1939), p. 186, frühe Fälle bei L. THREATTE, Grammar of Attic Inscriptions I (1986), p. 165–171.
B IV 1309° m. add. AE; DI. 284.

7. EINWOHNER, PASSANTEN, TOURISTEN

Unzählige Menschen, die sich in den Straßen Pompejis tummelten oder in den Gebäuden aufhielten, haben sich an den Wänden verewigt, oft mit wenig mehr als ihrem Namen. Einige dieser kurzen Inschriften dienten als «Namensschilder» oder andere Hinweise auf Wohnstätten (#503ff.). Eine auffällige Gruppe bilden die Inschriften vom Typus «Ich war hier» (#516ff.). Den Hauptteil des Kapitels bildet schließlich eine große Zahl von Namensnennungen von Männern (#533ff.) und Frauen (#591–607) mit unterschiedlichem, oft auch unklarem Beweggrund. Bemerkenswert ist der hohe Anteil griechischer Namen. Die Inschriften sind alphabetisch nach den Namen angeordnet.

7.1. Namensschilder

#503 dip. IX 9,g: rechts der Tür.

Ae[mili]us Celer hìc habitat.

Aemilius Celer wohnt hier.

K Zu *Aemilius Celer* cf. #378; zu *hic habitat* cf. auch #445, #507f., #1298f., Gottheiten #837, #839, #849, eine mythische Figur #18.

B IV 3794 m. add. D; GE. D-10; MO. 44f.; HU. 930; GI. 76 n. 35.

#504 graff. V 7,1: links der Tür, an der Hausecke.

Aiutor | hoc emit.

Adiutor hat dies gekauft.

E *e* kurs.

K 1 *Adiutor*, cf. #589, #969 und VÄÄ. p. 49, 63.

B IV 7069 m. add. E; DI. 445.

#505 graff. I 10,4: links der Tür.

Amiantus Coeli Caldi ser. fullo.

Amiantus, Sklave des Coelius Caldus, Walker.

K *Coelius Caldus* cf. IV 708, 8982; darunter die Ritzzeichnung eines Retiarius mit Dreizack, nicht zugehörig.
B IV 8288; DI. 990.

#506 graff. I 10,3: rechts der Tür.

a *Famulus.* – **b** *Famulus hic.*

a Famulus. – **b** Famulus (wohnt?) hier.

K **a–b** *Famulus* als Name auch IV 10491.
B IV 8280.a–b; DI. 1122.

#507 dip. V 6,c: rechts der Tür.

Circinaeus hic habitat.

Circinaeus wohnt hier.

K Cf. #503.
B IV 7037 m. add. D; DI. 318; WE. 504; HU. 324.

#508 graff. VI 11,10: Peristyl.

felix est Ianuarius | Fuficius qui hic habitat.

Glücklich ist Fuficius Ianuarius, der hier wohnt.

E 1 *felix est* war klar zu lesen.
K 2 *Fuf-* ist osk. Ursprungs, cf. #644.
B IV 1435 m. add. E; DI. 319; WE. 509; HU. 394.

#509 graff. VII 7,23: Zimmer.

C. Iulius [Pri]migenius hic. | tu quid moraris?

Gaius Iulius Primigenius (wohnt) hier. Du, was lungerst du (hier) herum?

E 2 Evt. von zweiter Hand.
K 2 Cf. #759.
B IV 1650° m. add. E; DI. 705; GE. F-28; HU. 550.

#510 graff. VI 5,10/19: bei einer der Türen.

M. Iuni insula sum.

Ich bin das Haus des Marcus Iunius.

B IV 4429 m. add. E; DI. 320; GE. D-11; MO. 42f.; HU. 367.

#511 graff. IX 3,20: Verschlag unter einer Treppe im Hausinnern.

hic domus Papiriu Sabinium.

Hier (ist) das Haus des Papirius (?) Sabinus (?).

E Das U in *domus* und die beiden M sehen modern aus.

K *Papiriu* kaum gr. gen., unklar, *Sabinium* ebenfalls; statt *hīc* erwarten wir *haec*. Fälschung? Damit rechnet auch SOLIN in add. E.

B IV 5065 m. add. E; ImGr. 426*; DI. 321; HU. 865.

#512 dip. VIII 3,10: über der Tür.

A. Pumponius | Magonianus.

Aulus Pomponius Magonianus.

K 1 *Pomponius*, cf. I² 2883 *Cucordia* (3. Jh. v. Chr.), A. KROPP, Defixiones (2008), no. 1.4.1/1 *frute* für *frontem* (Minturnae, 1. Jh. n. Chr.).

B IV 9934 m. add. D.

#513 graff. V 1,18: Peristyl.

Rufi^ni cu^bicul^um s.

Ich bin (?) das Schlafzimmer des Rufinus.

K *s* ist unklar, evt. *sum* wie in #510.

B IV 4049 m. add. E; GE. D-7; HU. 266; VA. 149f.

#514 graff. IX 6,8: rechts der Tür.

S. sortilogus.

S., der Wahrsager.

K *S.* ist wohl ein abgekürzter Name; *sortilegus*, zu *-log-* cf. VI 9659 *sacrilogos* (= 33814, CLE 1583), ferner Plaut. Pseud. 255 *inanilogista* und VÄÄ. p. 106.

B IV 5182 m. add. E; DI. 448.

#515 graff. Herc., Insula III, 14: Zimmer.

Vasileus habitat | Putelis in castris August[---] | su Valeri[---]

Basileus wohnt (nun?) in Puteoli im kaiserlichen Lager unter den Valeri...

K 1 *Βασιλεύς* (eher als für *-ίλιος* oder *-ίλειος*), wohl Spitzname (hier eines Sklaven), cf. #155, #218, #624, #908, #1028, #1214, #1236, ferner generell #213. — 2 *Puteolis*, wohl Schreibfehler; *Augusti* oder *Augustis*. — 3 Wohl *su(v) V-* statt *sub V-*, durch den üblichen Wandel (cf. 1 *Vasileus* und z.B. auch *au-ferō*).

B IV 10502.

7.2. Ich war hier

#516 graff. II 1,4: rechts der Tür.

Arruntius | hic fuit | cum Tiburtino.

Arruntius war hier mit Tiburtinus.

B IV 8480; DI. 1120; GE. D-17; HU. 135.

#517 graff. II 7 (Palaestra).

M. Atillius hic stationem fecit.

Marcus Atillius hat hier haltgemacht.

E *e*, *f* kurs.

K Statt *Atilius*, cf. IV 8565, 8569, 8628 und 8646 (zu *-ll-* cf. #66 und VÄÄ. p. 61); cf. OLD s.v. *statiō*, 1 und 2.a, 'Halt, Rast', mit *facere* z.B. Vitr. 9.1.9.

B IV 8625.d; HU. 193.

#518 graff. I 7,1: Peristyl.

Blastus | albosarius | hic ad[---]

Blastus der Baumkämpfer [war] hier bei ...

E 2 Offenbar zweifelsfrei gelesen.

K 1 *Blastus* cf. *βλαστός* 'Ast, Zweig', IV 2436 und X 4920 (Venafrum, wohl derselbe Gladiator, cf. #428). – 2 Cf. Thes. gloss. I 88 *δενδροβάτης arborarius* (Kontext des Amphitheaters); dialektale Mischform: *-l-* weist auf ital. *albero* voraus, setzt aber für die Dissimilation den lat. Rhotazismus voraus, cf. VÄÄ. p. 81, 92; *-s-* weist hingegen auf ein osk. Wort zurück (adj. **arbosāsio-*), was VÄÄ. mit «lire sans doute ARBORARIVS» allzu leichtfertig überspielt), ähnliche Fälle cf. #316; *Blastus* ist also Berufsname (cf. #213). – 3 *ad[fuit?]* DI.

B IV 8115; DI. 1121; LA. 1852 (nicht zugehörig).

#519 graff. VI 9,7: rechts der Tür, gegen die Hausecke hin.

P. Comicius Restitutus cum fratre | ic stetit.

Publius Comicius Restitutus hat hier mit seinem Bruder gestanden.

E *e* kurs.

K 2 *hic.*

B IV 1321 m. add. AE; DI. 707; GE. D-18; WE. 501; HU. 386.

#520 ♪ graff. VII 7,5: Peristyl.

Crocịṇe cum | noverca, | tres panṇosì, | pater cum Agla[ide].

Crocine mit ihrer Stiefmutter, drei in Lumpen Gekleidete, Vater mit Aglais.

M tro7 (*pater* mit IK, cf. #615; *Aglāïde*).

E *e* kurs. – 1 *Cro(c)me*, MAU, besser *Crocịṇị* (SOLIN in add. E), wir sollten aber das «M» als IN Lig. (mit verkehrtem N) lesen, so ist auch das erwartete Schluss-*e* gewährleistet.

K 1 Cf. #646f. – 4 *Agla[ide]* SOLIN. – FRANKLIN (cf. add. E) denkt an einen Theaterzusammenhang, wozu die metr. Form passen würde.

B IV 4768° m. add. E; DI. 730; WE. 494°; HU. 576.

#521 graff. VI 11,10: Peristyl.

Neo heic | fuet.

Neo war hier.

E 1 *e* kurs.

K 1 *Νέων*; *hīc*, cf. VÄÄ. p. 22. – 2 *fuit*, cf. VÄÄ. p. 21f.

B IV 1446° m. add. E; DI. 712.

#522 graff. IX 14,2: Zimmer.

Progamus cum iumentum.

Progamus mit (seinem) Lasttier.

E *e* kurs.
K Beischrift zu einer von zwei ähnlichen Ritzzeichnungen eines Mannes mit Kappe und Peitsche, der ein Pferd oder einen Esel am Zügel führt. – Von πρόγαμος, als Name sonst nicht bezeugt, cf. #165 *Eu-*; zum acc. cf. #216.
B IV 8976; ImGr. 442*; DI. 1127; HU. 962; LA. 1087°, 1358°.

#523 graff. VIII 1,1 (Basilica).

C. Pumidius Dipilus heic fuit | a. d. V nonas Octobreis M. Lepid. Q. Catul. cos. | con[---?]

Gaius Pumidius Diphilus war hier am 5. Tag vor den Nonen des Oktober, als Marcus (Aemilius) Lepidus und Quintus (Lutatius) Catulus Konsuln waren. Zusammen...

E 1 *fuìt* MOM. – 3 Lesung add. E, *cum* oder *quia* ZA.
K 1 *Diphilus*; *hīc*, cf. VÄÄ. p. 22. – 2 3. Oktober 78 v. Chr. (88 versehentlich DI.); *Octobrīs*, cf. VÄÄ. ibid.
B IV 1842° (= I² 735) m. add. AE; ImGr. 361*; DI. 102; GE. D-15; KR. 16°; WE. 500; HU. 725.

#524 graff. VII 7,5: Peristyl.

S | a | b | i | n | i | o | h | i | c.

Sabinio (war) hier.

K Links der Ritzzeichnung eines hirschartigen Tieres, ähnlich wie bei #732 (gleich daneben). – Zur Namensform cf. SOLIN (2014), p. 102; scil. *fuit.*
B IV 4722° m. add. E; WE. 489; HU. 564°; LA. 1508°.

#525 graff. I 10,4: rechts der Tür.

III non. Sẹptẹ. | Satura ++++ hic.

Am dritten Tag vor den Nonen des September war Satura hier.

E 1 *e* kurs.? – 2 *fụịṭ hic* DCO.

K Über den Ritzzeichnungen eines Trinkgefäßes und eines kleinen Kürbisses. — 1 3. September.
B IV 8304°; DI. 1138; LA. 2429.

#526 graff. I 12,16: links der Tür.

Symphorus hic IIII non. Apr.

Symphorus (war) hier am 4. Tag vor den Nonen des April.

K 2. April; scil. *fuit.*
B IV 10054; HU. 119.

#527 graff. VIII 1,1 (Basilica).

[---]ṇonas Sept. hic fuit | [---]tus Volteì M. ser. Marianus.

Am [...] Tag vor den Nonen des September war [...]tus, Sklave des Marcus Volteius, Marianer, hier.

E Oberhalb von #557; *e*, *f* kurs.
K 2 gen. von *Volteius*; nach add. E könnte der Sklave früher dem M. Marius der gleich unterhalb angebrachten Inschrift #557 gehört haben.
B IV 1782° m. add. E.

#528 graff. II 7 (Palaestra).

ic sumus | felices; | valiamus | recte.

Hier sind wir vom Glück begünstigt. Mögen wir recht stark sein!

E 4 *e* kurs.
K 1 *hic.* — 3 *valeamus*; zur Kombination von *felix* und *valēre* cf. #432.
B IV 8657; ImGr. 154*°; HU. 198.

#529 graff. VIII 5,9: Zimmer.

[Ba]lbus et Fortunata, duo coiuges.

Balbus und Fortunata, zwei Ehepartner, (waren hier).

K *coj-jugēs* für *coniugēs*, cf. #1089 *coiunxit*, LEUM. p. 214, zur lautlichen Weiterentwicklung cf. VÄÄ. p. 49, 63, VÄÄNÄNEN (1981), p. 53.
B IV 4933 m. add. E; GE. D-8; MO. 42f.; WE. 33; HU. 787; VA. 149f.

#530 graff. IX 3,25: Zimmer.

L. Clodius Varus, | Pelagia coniunx.

Lucius Clodius Varus (und) Pelagia, (seine) Gattin, (waren hier).

B IV 2321° m. add. E; GE. D-9; HU. 866; VA. 150.

#531 ♪ graff. I 7,8 (Taberna): links der Tür.

hic fuimus cari duo nos sine fine sodales. |
nomina si [---]

Hier waren wir, zwei Freunde, (einander) lieb ohne Ende.
Wenn nach den Namen [du fragst: Gaius und Aulus sind sie.]

M Wohl dist.

E *e* kurs.

K 1 Cf. #1289. — 2 *nomina si [quaeris, Gaius et Aulus erant]* ARMINI e.g.

B IV 8162°; DI. 1123; CLE 2055; GE. G-6; KR. 71°; MO. 72f.; WE. 249, 502°; HU. 46°.

#532 graff. IX 2,16: rechts der Tür.

cu_amecis.

Mit den Freunden.

E *e* kurs.

K *cum*; *amicis*, cf. VÄÄ. p. 22f.

B IV 3152a m. add. E; DI. 715.

7.3. Sonstige Namennennungen

7.3.1. Männer

#533 graff. I 2,18: links der Tür, nahe der Hausecke.

Amuntinus.

Amyntinus.

K Statt *Amyntianus*? DI.

B IV 3200g m. add. E; DI. 325.

#534 graff. V 2,15: links der Tür.

suqumA sum.

Ich bin Amycus.

E Name rückläufig (cf. #324).
K Ἄμυκος, mit V für Y und Q statt C, cf. VÄÄ. p. 32, 53 n.
B IV 4140 m. add. E; DI. 323; HU. 309a.

#535 graff. I 7,1: Peristyl.

Anthus fullo.

Anthus (?) der Walker.

K *Anthus* cf. #574, #1362, IV 1911, evt. fehlt hier aber etwas: *[Ami]anthus*, cf. #1418 und v.a. #505 *Amiantus*, ein *fullo* in der Nähe.
B IV 8108; DI. 991.

#536 graff. VI 10,2: Gartenporticus.

Αὖκτος, | Αὖκτος, | Ἰσώχρυσος, | Ἄλκιμος.

Auctus, Auctus, Isochrysos, Alkimos.

K 3 *Ἰσό-*. – 4 Cf. #501.
B IV 1289° m. add. E; DI. 339.

#537 graff. VI 15,5: Garten.

Bseurly.

Beryllus.

E *e* kurs.
K *Berylus* für *Beryllus*: Die Buchstaben sind in der Reihenfolge 1-3-5-7-6-4-2 zu lesen, in der Art der Alphabetübung #1393ff.; cf. auch #1369.
B IV 4621 m. add. E; DI. 327; HU. 460a.

#538 graff. V 2,4: Korridor beim Peristyl.

Capapanus.

Campanus.

K Verschrieben (oder verlesen) für *Campanus* (PA = M), gleich darüber steht IV 4121 *Canpanus.*
B IV 4122 m. add. E; DI. 328.

#539 graff. I 13,9: links der Tür.

a *Canpanus.* — **b** *Ca Canpanius.*

a Campanus. — **b** Ca... Campanius.

E **b** Erster Versuch abgebrochen.
K **a** *Campanus*, cf. VÄÄ. p. 66. — **b** *Campanius* existiert als Gentiliz.
B IV 10071.a–b.

#540 graff. I 6,15: Türpfosten rechts.

Celer, | M. P. C. servos.

Celer, Sklave des Marcus P. C. (*oder:* des Publius und Gaius M.)

E *e* kurs. — 2 *servos* von anderer Hand.
K 2 *M. P. C.* wohl gen.; *servos* nom. sg., cf. VÄÄ. p. 29.
B IV 8042; ImGr. 23*; DI. 992.

#541 graff. VIII 7,16 (Gladiatorenschule).

Clemes.

Clemens.

K *Clemens.*
B IV 2479 m. add. E; DI. 330.

#542 graff. IX 6,3: Atrium.

Clodamọs.

Cleodamus.

E Evt. *-ụs.*
K Für *Cleodamos*, zu *Cl(e)o-* cf. VÄÄ. p. 40 und #267, das *-ā-* stammt am ehesten aus den Gebieten mit dorischer Koine, cf. auch #153, #771, #1340.
B IV 5158° m. add. E; DI. 331.

#543 graff. V 1,18: Seitenraum beim Peristyl.

Ṭi. Comnis / Oḷịthus / Rectus.

Tiberius (?) Cominius (?) Olynthus (?), Rectus.

E Lesung unsicher. – 1 *hic omnis* add. E; oder Lig.? – 2 Unsicher. – 3 Evt. von anderer Hand, *e* kurs.
K 1 *Cominius* oder *Communis* DI. – 2 Evt. *Olynthus*, cf. VÄÄ. p. 33 und 67.
B IV 4051 m. add. E; DI. 354.

#544 graff. IX 14,2: Peristyl.

Cornelius / Pedicidius.

Cornelius Pedicidius.

K 2 Hapax leg., zweifellos ein Spitzname (cf. #1134), Mischbildung aus *pēdīcāre* (cf. #1105f., #1115f. usw.) und *-cīdere* (cf. #1369), auch gr. *παιδ-* 'Junge' klingt an (zur Monophthongierung in gr. Wörtern cf. #839, #1340).
B IV 8964; DI. 994.

#545 graff. VI 7,13 (Taberna).

Crẹṇcens.

Crescens (?).

E Lesung unsicher.
K Wohl *Crescens*, cf. #410ff. #627ff. usw.
B IV 1277 m. add. E; DI. 333.

#546 graff. I 7,7: Peristyl.

a *Ἔρως+.* – **b** *Ἔρως+.* – **c** *Florus.*

a–b Eros. – **c** Florus.

E **b** DCO.; die Lesung *E(u)pinetis / E(u)pinetu(s)* ist überholt. – **c** *f* kurs.
K Beischriften zum Gemälde eines Eros und Ritzzeichnungen weiterer Eroten, die *fullones* bzw. *unguentarii* begleiten.
B IV 8153.a°–c°; DI. 993; LA. 1175°–77°.

#547 graff. VIII 2,36: Zimmer.

Eulymenus.

Eulymenus.

E *e* kurs.
K Cf. IV 4900 *Eulymeṇ[---]*, ähnl. wie *εὔλυτος*; oder statt *Eulim-* (so add. E).
B IV 4903 m. add. E; Di. 337.

#548 graff. III 4,b: rechts der Tür.

a *Fuscus.* – **b** *Cryseros.* – **c** *vesatnus.* – **d** *Noetus.*

a Fuscus. – **b** Chryseros. – **c** Schönheit. – **d** Noetus.

E Die vier Inschriften müssen nicht gleichartig gewesen sein, das *e* in c ist jedenfalls andersartig als diejenigen in b und d (cf. NSc 1927, tab. XI°).
K **b** *Chryseros.* – **c** Kaum statt **Vestanus*, wohl eher ein Anagramm (cf. #1369) von *venustas.* – **d** Von *νοητός*, cf. #685, #1140, IV 10604.c, LGPN III.A.
B IV 8854.a–d; Di. 996 (nur c).

#549 dip. I 2,24 (Taberna): Peristyl.

Halypus | Thereus.

Alypus, Thereus.

K 1 *Alypus*, cf. #353. – 2 *Θηρεύς* cf. z.B. LGPN II.
B IV 3377 m. add. D; Di. 322.

#550 graff. VI 14,38–39.

Iusstus.

Iustus.

E Erstes *s* leichter eingeritzt.
K *Iustus*, cf. VÄÄ. p. 62.
B IV 4551 m. add. E; Di. 340.

#551 graff. VI 14,5: Zimmer.

Κόρινθος Δεξτρο.

Korinthos (schickt) dem Dexter (einen Gruß).

K *Δεξτρο* wohl lat. dat.; im selben Haus IV 1563 *Dexter, va.*
B IV 1564 m. add. E; DI. 334.

#552 dip. IX 9,12 (Gasthaus): Garten.

Mur|tilus.

Myrtilus.

B IV 3804 m. add. D; DI. 347.

#553 graff. II 4,6: beim Schwimmbecken.

Nacrissus.

Narcissus.

K Statt *Narcissus*, wohl nur graphischer Fehler; ironisch für einen, der sich dort im Wasser betrachtete?
B IV 10124°.

#554 graff. IX 14,2: Peristyl.

a *[N]ucerinus homo | bellus.* — **b** *Nucerinus.* — **c** *Nuch[erinus].* — **d** *Nuceṛ[inus].*

a Nucerinus (ist) ein hübscher Kerl. — **b–d** Nucerinus.

K **a–d** Cf. auch #387.
B IV 8966.a–d; DI. 1020; GE. F-47; WE. 211; HU. 958.

#555 graff. VII 7,5: Peristyl.

Nunp[o]dote | c vac.

Nymphodotus (?), bravo (?).

E *e* kurs. — 2 Unfertig?
K Cf. IV 1235 *Nymphodote va(le)*, masc. oder fem.; zu *-u-* und *-np-* cf. VÄÄ. p. 32 bzw. 66. — 2 Unklar, evt. *calos*, cf. #725ff.
B IV 4760 m. add. E; DI. 352.

#556 graff. VII 12,14–15.

Olumb|us.

Olympus (?).

E *m* kurs.
K *[C]olumbus* oder *Olympus* DI., im ersten Fall cf. #439, im zweiten zum *-b-* #451, es gibt keinen Hinweis auf einen Gladiatorenkontext.
B IV 2168° m. add. E; DI. 353.

#557 graff. VIII 1,1 (Basilica).

Philodamus fuit Craudeli Fes., | nunc est Mari Ṃ. ser.

Philodamus war Sklave des Craudelius Festus (?), jetzt gehört er Marcus Marius.

E Unterhalb von #527.
K 1 *Craudelius* ist hapax leg., cf. aber immerhin *C. Craudi Galli* AE 2004, no. 465 (Histonium in Samnium); *Fes(ti)*? – 2 Zu M. Marius cf. #102f., #527.
B IV 1783° m. add. E; DI. 356; HU. 701.

#558 graff. VIII 1,1 (Basilica).

Phebus.

Phoebus.

K *Phoebus*, cf. VÄÄ. p. 25; evt. derselbe wie #1374.
B IV 1890 m. add. E; ImGr. 377*; DI. 358.

#559 graff. IX 7,12: rechts der Tür.

Phoe[---] | Bhebeo | Ph[---].

Phoe[be], Phoebe (?), Ph[oebe].

K 1 *Phoe[be]* (wohl fem.), im Hauseingang auch IV 5348 *[Ph]oebe / P̣ḥo[e]be / Phoebe*. – 2 Evt. Anagramm (cf. #1369) von *Phoebe*, evt. dieselbe wie #1265.
B IV 5347 m. add. E; DI. 359; HU. 895.

#560 graff. IX 5,6: Raum hinter dem Atrium.

Pieṛus.

Pierus.

E Von ZA. (cf. add. E) erwogen (*e* kurs.), MAU entschied sich für *Pilipus.*
K Evt. derselbe wie in #501 usw.
B IV 5080 m. add. E; DI. 357.

#561 graff. II 4,6: Statuenpodest in Gartenporticus.

Πίττακος Μιτυληναῖος.

Pittakos von Mytilene.

K *Μυτιληναῖος*, die Metathese ist auch im Gr. häufig, die Mytilener selbst schrieben *Μυτιλ-*, cf. z.B. SEG 34, no. 849 (2. H. 5. Jh. v. Chr.).
B IV 10120; ImGr. 108*; GI. 101.

#562 graff. VII 9,47: Garten, nahe der Hintertür 65.

Πολυβι.

Polybius.

E Lat. *V* statt *Y*, sorgfältige Buchstaben.
K Abkürzung oder lat. gen.?
B IV 2025 m. add. E; DI. 360.

#563 graff. VII 5,2 etc. (Forumsthermen).

Primogenius.

Primogenius.

K Mit *-o-* in Pompeji auch IV 7061, ferner *Primogenes* (gen. *-is*) auf tab. cer. (IV 3340.37.17, 104.2, 111.7 etc.) und dat. *-geni* IV 3658.
B IV 1463° m. add. E; DI. 364.

#564 graff. VII 8 (Forum, Iuppitertempel): rechts der Tür.

Procullus.

Proculus.

K *Proculus*, cf. VÄÄ. p. 61f.
B IV 4793 m. add. E; DI. 366.

#565 graff. VI 15,5: Tablinum.

M. Pupius Ruphus.

Marcus Pupius Rufus.

E PH Lig.
K Cf. #183f.; *Rufus*, cf. VÄÄ. p. 57 und add. E.
B IV 4615° m. add. E; DI. 367.

#566 graff. I 10,3: rechts der Tür.

Pycracus.

Pygargus.

E Vielleicht verschrieben für *Pygargus*, DI., evt. auch weil A und R sich oft so ähnlich sehen. Die Lesung DCO.s scheint aber klar zu sein.
K 'Weißsteiß', das gr. Wort ist für eine Gazellenart bezeugt, cf. LSJ s.v.
B IV 8263; ImGr. 65°; DI. 987.

#567 graff. VI 14,40: Gartenporticus.

Queintus, Romanus, / sụa+ vac.

Quintus, Romanus, süß (?).

E *e* kurs. – 2 *sum*, DI., *suae* add. E, oder *suavis*, aber unfertig?
K 1 *Quintus*, cf. VÄÄ. p. 22; evt. mehrere Personen, add. E plausibel, cf. auch IV 4565 *Quintus Romanus Felix / felix.* – 2 Unklar.
B IV 4563° m. add. E; DI. 368.

#568 graff. VIII 2,36: Zimmer.

Rhenus / Rhinus.

Rhenus, Rhinus.

E *e* kurs.
K Wohl zweimal der gleiche Name, zu *i/e* cf. VÄÄ. p. 20.
B IV 4905 m. add. E; DI. 292.

#569 graff. IX 3,2–3.

Romlus.

Romulus.

K *Romulus*, cf. z.B. #727, #742 (beide in der Nähe) und – in einer ganz anderen Sphäre – #1420ff.; zur Synkope des *-u-* cf. VÄÄ. p. 44.
B IV 2326 m. add. E; DI. 293.

#570 graff. VII 1,42 (Taberna).

Secundus | Opscus.

Secundus der Osker.

E *e* kurs.
K 2 *Oscus*, die ältere Lautung auch bei Enn. ann. 291 SKUTSCH, und cf. #1105.
B IV 1713° m. add. AE; DI. 355.

#571 graff. V 2,4: Peristyl.

Siletiollus.

Silentiolus.

E *e* kurs.; T und die beiden S sind größer, desgl. in #572f.
K In Gestalt eines Schiffes geschrieben, desgl. #572f., cf. #453. – *Silentiolus*, cf. VÄÄ. p. 61.
B IV 4110 m. add. E; DI. 369; LA. 18.

#572 graff. V 2,4: Peristyl.

Siletiollus.

Silentiolus.

B IV 4111 m. add. E; LA. 20.

#573 graff. V 2,4: Peristyl.

Siletiolus.

Silentiolus.

B IV 4116 m. add. E; ImGr. 216*; LA. 19.

#574 graff. IX 1,22: Eingang links.

Sinquetus | Anthus.

Zwilling (?) Anthus.

E *e* kurs.
K 1 Wohl gr. **συγκύητος* 'Zwilling' (zu *κυέω*) mit *i* für *υ*, cf. VÄÄ. p. 33; kaum fehlerhaft für *σύγκλητος* (cf. #581), das nicht von Personen verwendet wird, alii alia (keltisch, add. E). – 2 Cf. #535.
B IV 3184° m. add. E.

#575 graff. IX 1,22: Eingang links.

Sinquetus | Phîlumenus.

Zwilling (?) Philumenus.

E *e*, *m* kurs.
B IV 3185° m. add. E; DI. 370.

#576 graff. VIII 7,20 (Theaterkorridor).

Stẹḷio.

Stelio.

E *e* kurs.; evt. *Stulio* oder *Stirio* zu lesen, ZA.
K Neben der Ritzzeichnung eines Pferdes. SOLIN (per litt. und add. E) denkt für *Stelio* an die Zeichnung des Tiers auf der Stirn (cf. *stelio* 'Sterneidechse').
B IV 2448 m. add. E; DI. 388; LA. 1420.

#577 graff. VII 7,5: Peristyl.

Succesus.

Successus.

K *Successus*; cf. #643.
B IV 4721 m. add. E; DI. 372.

#578 graff. VII 7,5: Raum beim Peristyl.

Sucesus.

Successus.

E *e* kurs.
K So auch IV 5903 und 7075.
B IV 4714 m. add. E; DI. 373.

#579 graff. VI 7 oder 8 (cf. #40).

Sucesstus.

Successus.

E *e* kurs.
K Merkwürdige Form, offenbar zuverlässig gelesen.
B IV 1355 m. add. E; ImGr. 253f.*; DI. 374.

#580 graff. VI 14,20: Peristyl.

Sullanus, | Antistus, | Marius, | Phoebus, |5 Falernus, | Festus, | Antonius, | Serenus, | Lupercus, |10 Verus, | Amphituo, | Vinirius, | Nisus, Narcissus, | Nereus.

Sullanus, Antistius, Marius, Phoebus, Falernus, Festus, Antonius, Serenus, Lupercus, Verus, Amphitruo, Venerius, Nisus, Narcissus, Nereus.

E *e* kurs. außer in *Phoebus.*
K 2 Wohl *Antistius* (cf. #666), zum fehlenden *-i-* cf. add. E, VÄÄ. p. 40 und #267. – 9 Cf. #9. – 11 *Amphitruo.* – 12 *Venerius*, cf. VÄÄ. p. 20.
B IV 4514 m. add. E; DI. 324; WE. 496.

#581 dip. V 1,18: beim Tablinum.

Asyncletus.

Asyncletus.

E Ein Abstand oder Punkt nach A, wie MAU vermerkt, ist nicht zu sehen.
K Zu einem Gemälde eines weißen Hundes, also zweifellos ‘der Nichtherbeirufbare’ (von *ἀ-* und *σύγκλητος*).
B IV 3406 m. add. D; ImDip. 297*; DI. 389; K. SCHEFOLD, Vergessenes Pompeji (1962), tab. 148.3*.

#582 graff. VII 7,5: Peristyl.

Θηόμνηστος.

Theomnestos.

K *Θεό-*.
B IV 4772 m. add. E; DI. 381.

#583 graff. VIII 1,1 (Basilica).

A. Titini Pricipis.

Des Aulus Titinius Princeps.

K *Principis*, cf. VÄÄ. p. 67.
B IV 1945° m. add. E; ImGr. 393*; DI. 365.

#584 graff. VIII 1,1 (Basilica).

A. Titini Pricip.

Des Aulus Titinius Princeps.

B IV 1932° m. add. E; ImGr. 388*.

#585 graff. IX 5,6: rechts der Küchentür.

anumrub.

Den Urbanus.

K Wohl spielerisch (cf. #1369) für *urbanum* oder *Urbanum*; evt. Reaktion auf IV 5085 *Rusticus* gleich darüber, MAU.
B IV 5086° m. add. E; DI. 747; HU. 866a.

#586 graff. VI 13,19: links der Tür.

Vitcro.

Victor.

K *Victor*, cf. ebenfalls #1369.
B IV 4474 m. add. E; DI. 384.

#587 graff. V 4,a: Atrium.

Xustus.

Xystus.

K Wohl gr. adj. *ξυστός* als Cognomen, auch IV 1458 und 1459a.
B IV 6785 m. add. E; ImGr. 516*; DI. 385.

#588 graff. Vor der Porta di Nocera: Grab 6.EN (alt 10).

Yacintus.

Hyacinthus.

E YA, INT Ligg.
K *Hyacinthus.*
B IV 10225°.

#589 graff. VI 15,1: Peristyl.

Ìosimus | au Iosimus.

Zosimus, ... Zosimus.

E Die *ì-/i-* sind einfache Striche, ohne Serife, können also keine Zeta sein.
K 1f. *Zosimus*; umgekehrt analog zu den Fällen, in denen anlautendes [j] zu [ʤ] wurde (z.B. *iustus* zu ital. *giusto*, ähnlich auch *diurnus* zu *giorno*) und der Aussprache des gr. *ζ* somit ziemlich nahe kam; cf. die wahrscheinliche Parallele in #623, den Fall im Inlaut #504 und VÄÄ. p. 49, 63. – 2 *au* unklar.
B IV 4599 m. add. E; DI. 386.

#590 graff. V 3,8: erstes Zimmer links.

[.]omius, | Sabinus, | Primignia, | Masculus.

...omius, Sabinus, Primigenia, Masculus.

E 3 Mit Kurzschreibung *g(e)* wie #713, cf. ähnlich erklärt von VÄÄ. p. 45 (die Silbe ist aber nicht nachtonig). – 4 *C* aus *Q* verbessert (auch hier hatte der Buchstabenname hereingespielt).
K 1 *[Br]omius*? add. E.
B IV 4270 m. add. E; DI. 362.

7.3.2. Frauen

#591 eingemeißelt Stadtmauer, zw. Porta di Nola und Porta di Sarno.

Alleia | Calaes, | Al. Nuphe.

Alleia Calais (?), Alleia Nymphe.

E 3 PHE Lig.
K 2 Unklar. – 3 *Alleia*; *Nymphe*, cf. X 8071.01 *Nype*, VÄÄ. p. 32 und 67. – Grabinschrift.
B IV 2495 (= X 8349); DI. 350.

#592 graff. V 2,h: Eingang rechts.

Aufidia Suscessa.

Aufidia Successa.

K Statt *Successa*, nach *sus-cipere*, *sus-citare* etc., add. E und SOLIN (2013), p. 346 mit späteren Parallelen; wohl Ausdruck fortgeschrittener Palatalisierung, wozu VÄÄNÄNEN (1981), p. 54f., §100.
B IV 7059 m. add. E; ImGr. 218*; DI. 375.

#593 graff. V 1,7: Atrium.

Aprodite ìssa.

Aphrodite, Gebieterin!

E *e* kurs., *ì* supra infraque longa.
K *Aphrodite*, angesichts von #594 ein Frauenname, SOLIN (2014), p. 98f. und add. E; *ìssa* (= *ipsa*) bedeutet ‘Herrin’ und ‘Geliebte’ wie *domina* (cf. #822), cf. Catull. 3.6f. *suamque norat ipsam* (cf. masc. #493); in #1034 ist mit *domna Venus* hingegen mit Sicherheit keine Sterbliche angesprochen.
B IV 1589° m. add. AE; DI. 2; HU. 259.

#594 graff. V 1,7: Atrium.

Euce ìssa.

Euche, Gebieterin!

E *e* kurs.
K Von *εὐχή*, cf. #670, #1163.
B IV 1590° m. add. ACE; DI. 336; HU. 259.

#595 graff. VI 16,15: Eingang links.

Φηλίκλα.

Felicula.

K *Felicula* in #1201ff. (in der Nähe) ist vielleicht, diejenige in #1274 sicher eine Prostituierte, ebenso die in #1286 und IV 2199 (beide im Lupanar VII 12,18), unsicher #1027.a; zum Namen cf. #1321; zu *-cla* cf. VÄÄ. p. 44.
B IV 6839 m. add. E; ImGr. 281*; DI. 338.

#596 graff. IX 7,19–20.

HiridicoLa[d]icula.

HiridicuLadicula.

E Nach *Hiridicola* schreibt eine andere Hand, cf. die L und A; *La[d]-* eher als *La[id]icula.*
K DI. p. 62 vermutet einen Namen (mit Verweis auf #1174, nur zwei Insulae entfernt), add. E verweist zudem auf #771 *Ladicula*: Der zweite Schreiber hat (haplologisch-spielerisch, cf. #1236) den Schluss des ersten Namens für den Anfang des zweiten verwendet; der erste ist lat. demin. auf *-icula* (cf. LEUM. p. 306 unten) von *Ἶρις Ἴριδ-ος* (wie #1174), der zweite entweder ebenso von *Λᾱΐς Λᾱΐδ-ος* (cf. #1193, #1291) gebildet oder, weil für *La[ïd]icula* kaum genug Platz ist, eher auf *-ula* von *Λᾱδίκη* (wie wohl auch #771).
B IV 5360° m. add. E; DI. 740.

#597 eingemeißelt Stadtmauer, zw. Porta di Nola und Porta di Sarno.

Λολλία | Χειλειδών.

Lollia Chelidon.

K 1 Daneben IV 2497 (= X 8354) *Loḷ(l)ia.* – 2 *Χελῑδών*, das zweite *-ει-* wie VÄÄ. p. 22, das erste durch Angleichung. – Grabinschrift.
B IV 2498 (= X 8355); DI. 329.

#598 graff. VII 2,51: Raum beim Atrium.

Lucinis.

Lychnis.

K *Lychnis*, zu *-u-* cf. VÄÄ. p. 32; zur Anaptyxe cf. VÄÄ. p. 47f., VI 26846 *Claudia Lychinis*, II^2.5 340 *Illychiniuriorum* (cf. #857.b, Z. 6), #909 *Dapine*, #866 *libera*, literar. z.B. *techina* (cf. OLD s.v.), mit [r] + cons. cf. #160, #265, #692.
B IV 4704 m. add. E; DI. 342.

#599 graff. V 2,a: rechts der Tür.

Musa.

Musa.

K Wohl Frauenname, add. E.
B IV 4268 m. add. E; DI. 21; HU. 272.

#600 graff. VI 14,43: Peristyl (?).

ισεμεΝ.

Für Nemesis.

E Name rückläufig (cf. #324).
K *Nemesi*, als Name auch I² 1622 = X 1846 (Puteoli), X 2752 (ibid.).
B IV 1547e; DI. 348.

#601 graff. VI 7 oder 8 (cf. #40).

Niaereidi.

Für Nereis.

K *Nereidi*, cf. VÄÄ. p. 24.
B IV 1353e m. add. AE; ImGr. 253f.*; DI. 349.

#602 dip. VII 11,14: erster Garten.

Nupe / eo[---?]

Nymphe ...

E *e* kurs.
K 1 *Nymphe*, cf. VÄÄ. p. 32 und 67. – 2 Unklar.
B IV 3580 m. add. D; DI. 351.

#603 graff. VII 2,25: Zimmer.

Primgenia.

Primigenia.

E *e* kurs.
K *Primigenia*, cf. VÄÄ. p. 45.
B IV 1621 m. add. E; DI. 361.

#604 graff. I 2,28: Eingang rechts.

Priminia.

Primigenia.

K *Primigenia*, der Fehler hat nichts zu tun mit demjenigen in #590 und #713, aber ist vergleichbar mit #71 *Πρειμένης*.

B IV 3957 m. add. E; DI. 363.

#605 graff. IX 3,19: rechts der Tür.

Sucasa.

Successa.

E Verschrieben oder verlesen, die beiden A waren jedenfalls nicht gleich.

K *Successa*, cf. am gleichen Ort IV 5073 *Sucesa*, 5066 *Sucessus*, und cf. #1270ff.

B IV 5069 m. add. E; DI. 378.

#606 graff. IX 3,19: rechts der Tür.

Sẹcesse.

Für Successa.

E *e* kurs., das erste könnte ein unten weit offenes V gewesen sein, cf. add. E.

K *Sucessae.*

B IV 5068 m. add. E; DI. 380.

#607 graff. VII 15,11: links der Tür.

Venaeria.

Veneria.

E *e* kurs.

K Cf. IV 1642 *Veneria.*

B IV 4836 m. add. E; DI. 383.

8. MITTEILUNGEN

Die hier versammelten «Mitteilungen» wurden von ihren Absendern – sehr oft anonym – an einen bestimmten Empfänger oder an die Allgemeinheit gerichtet. Es können kurze Briefe, Grüße, Glückwünsche und Lebewohl-Botschaften sein (#608ff.), wobei weitaus am häufigsten die stereotype Formel verwendet wird, mit der einer (im nom.) dem andern (im dat.) einen Gruß (im acc.) schickt (wörtlich 'sagt'): *salutem dicit.* Offenbar konnte man es durchaus so einrichten, dass der Adressat eine solche Botschaft auch fand (cf. #622, #638ff., #660f., #1174). Eine kleine Gruppe von Texten besteht aus Bekundungen der Trauer oder des Mitleids (#734ff.), eine andere aus Warnungen (#746ff.), besonders solche an potentielle Diebe (#749ff.) und an Passanten, die auf die Idee kommen könnten, am betreffenden Ort ihr größeres oder kleineres Geschäft zu verrichten (#753ff.). Häufig sind ferner Spott, Verleumdung, Schimpf, Drohung und Fluch (#761ff., cf. auch Kap. 10.7). Ein paar Nummern handeln von den Inschriften und ihren Schreibern (#794ff.), darunter sind auch Schreiber- und Künstlersignaturen, wie wir sie ähnlich schon früher getroffen haben (v.a. in Kap. 3f.). Eine Reihe diverser Mitteilungen (#803–36) beschließt das Kapitel.

Selbstverständlich finden sich Mitteilungen auch in anderen Kapiteln, wo spezifischere Themen im Vordergrund stehen.

8.1. Briefe, Mitteilungen, Grüße, Glückwünsche, Lebewohl

#608 graff. VII 16,22: Peristyl.

occasionem nactus non praetermisi tibi scribendi, ut scires me recte valere.

Da ich (zufällig) eine Gelegenheit erhalten habe, Dir zu schreiben, habe ich diese nicht vorübergehen lassen, damit Du wissen mögest, dass ich mich recht wohl befinde.

E *e* kurs.; von derselben Hand wie #1444 und wohl auch #660.

K Übung für einen Briefanfang (stilistisch ziemlich gestelzt)? Abgebrochene Anfänge davon auch SOLIN no. 7 und 12; unterhalb no. 7 (*e* nicht kurs.) folgen #1494, #660 (und wohl links davon #661), #608, #1444.

B SOLIN (1975), no. 11°, obere Zeile; WE. 81 (nur der Anfang); HU. 482.

#609 graff. IX 2,26: Gartenporticus.

accepî epistulam tuam ++ *c. 20* ++

Ich habe Deinen Brief erhalten ...

E *e* kurs.

B IV 5031° m. add. E; DI. 481; GE. F-26; KR. 42; MO. 70f.; WE. 562; HU. 852.

#610 graff. Boscoreale, Landhaus: Badetrakt.

Publi, rogo, fru^stra noli tibi ++ *c. 12* ++ / \`++ *c. 10* ++´ / *illa* ++++ *te carum semp.* *vac.*

Publius, ich bitte (dich), (versuch?) nicht vergeblich, dir ...! Sie ... dich immer lieb.

E *e, f* kurs. – 2 Nachträglich eingefügt. – 3 Am Schluss wohl unvollendet.

K 1 *rogo frustra: noli tibi ...* gibt keinen guten Sinn. – 3 *semper.*

B IV 5437° m. add. E; DI. 1028.

#611 graff. I 14,7: rechts der Tür.

M. Castricius Admetus_surystatianiaustuus P. Sutịo Certo cottidi salutem.

Marcus Castricius Admetus ... dein Großvater (?) (schickt) Publius Suettius (?) Certus täglich einen Gruß.

E VS in *Castricius* und *Admetus* Ligg.; *saluem* DCO., es ist VT oder TE Lig. anzunehmen.

K Mittelteil unklar: DCO. liest *Syrus* statt *Surys, Tatiani av(u)s tuus, Suettio* statt *Sutio* (cf. #330f., #389) und *cottidie*; offenbar mehrere Schreibfehler.

B IV 10189; ImGr. 88*°.

#612 graff. IX 7,15–16.

Lucius Severo sal. | conveṇi Vedium Primîgenium.

Lucius (schickt) Severus einen Gruß. Ich habe Vedius Primigenius getroffen.

E 2 VM in *Vedium* Lig.
B IV 2413a m. add. A°E; DI. 479; HU. 898.

#613 ♪ graff. VIII 1,1 (Basilica).

littera Theorianis semper dictura salutem |
nomine_nunc Dextri tempus in_omne_manet.

Der Buchstabe, der den Theorianern stets Grüße schicken wird
im Namen des Dexter, bleibt jetzt (und) für alle Zeiten.

M dist.
K 1 Evt. bedeutet *littera* hier 'Brief'; cf. *Theorus* #825; zur Prosodie *Th͡ōrjān-* cf. VÄÄ. p. 34 (und zu *e/i* p. 36ff.), cf. auch #267. – 2 *Dextri* cf. #551. – Die Formulierung ist ungeschickt und der Gesamtsinn nicht recht klar.
B IV 1891° m. add. CE; ImGr. 377*; DI. 482; CLE 926; WE. 511; HU. 741; CollEp. 17h*; GI. 147f.

#614 ♪ graff. VI 1,24: links der Tür.

Mystes Communi suo salute.
vidisti quo Turnum aequoribus eibat in armis. |
virtutis merces palmam, pretium gloriae,
victoriae spem causas [vac.]

Mystes (schickt) seinem Communis einen Gruß.
Du hast gesehen, wohin «Turnum auf Meeren» in Waffen ging.
Der Lohn der Tüchtigkeit (bringt?) die Siegespalme, den Preis des Ruhmes,
die Hoffnung auf den Sieg vorschützend (?) ...

M 1 da6 (ab *vidisti*). – 2 ia6, der zweite unvollständig.
E c kurs. – 2 Unfertig, es hätten wohl noch weitere Zeilen folgen sollen.
K Brief mit Versen auf einer gezeichneten Buchrolle, cf. #1049. – 1 *salutem*; *-m aequor-* ist falsch zitiert aus Verg. Aen. 9.269 *vidisti, quo Turnus equo, quibus ibat in armis*, cf. #1453; zu *ei-* cf. #1062, #1443 und VÄÄ. p. 22;

zu gelängtem *-ŏr-* (klassisch ist *aequŏribus*) cf. #1103 *Vĕnerem* usw. – 2 Ebenfalls ziemlich sinnlos; cf. Verg. Aen. 5.111 *palma pretium victoribus*, weniger nahe Sen. Tro. 208ff.; *causas* cf. evt. OLD s.v. *causor*, 2, hier evt. ptc. *-a(n)s*; W.D. LEBEK, ZPE 58 (1985), p. 45f. bemüht sich, eine sinnvolle Vorlage zu konjizieren: *virtutis merces palma, pretium gloria, victoriae spem causa s(emper dat bona)* 'Der Lohn der Tüchtigkeit ist die Siegespalme, ihr Preis der Ruhm. / Den Sieg erhoffen (lässt immer die gute) Sache'.

B IV 1237.(b)° m. add. E; ImGr. 243*; DI. 476; CLE 32, 1785; GE. H-14 (nur z.T.); WE. 291; HU. 357; GI. 174.

#615 ♪ graff. V 2,1–19.

[L?]ivia Aḷex̣andṛo | salute. |
si vales, non muḷtu curo, | s[i peris, l]ịc̣ịṭẹ[gau]deo.

Livia (?) (schickt) Alexander einen Gruß.
Wenn es dir gut geht, kümmert mich das nicht sehr, wenn [du zugrunde gehst, freu]e ich (mich) mit Recht.

M 3f. tro7.

E 3 *muntu* ZA. irrtümlich, cf. VÄÄ. p. 69, 74. – 4 Lesbar war *s[- c. 6 -]ịc̣ịṭẹ[- c. 3 -]deo.*

K 2 *salutem.* – 3 *multum.* – 4 *s[i? fel?]ịc̣ịṭẹ[r gau?]deo?* MOM. und ZA. ist wenig sinnvoll und auch metr. unplausibel, ebenso VARONES *s[i - c. 4 -]icite[s a]deo*; die Lösungen *s[i perieris gau]deo* von SCHOENE in add. A und *s[i male perias gau]deo* von DI. haben zwar guten Sinn, sind aber zu frei angesichts von MOM.s Skizze. Hier ein Kompromissvorschlag, mit Iambenkürzung (IK) in *perĭs*, cf. #173, #520, #736, #756, #902, #1057 (dactyl.!), #1103, #1113, #1169, #1415 (cf. aber ⏑ – z.B. #906.a am Pentameterende).

B IV 1593° m. add. AE; DI. 480; GE. F-42; WE. 46; HU. 257; VA. 49f.

#616 dip. I 10,18: rechts der Tür, gegen die Hausecke hin.

C. Masco s., | [gr]atias ago qam plurimas, va.

Dem Gaius Masculus (?) einen Gruß. Ich sage (dir) ganz vielen Dank. Leb wohl!

K 1 *Masc(l)o* DCO., *-cl-* cf. #243, #1014 und VÄÄ. p. 44; *salutem.* – 2 *quam*, ähnliche Beispiele cf. VÄÄ. p. 55.

B IV 7382 m. add. D; ImDip. 132*; GE. E-51; WE. 483; HU. 99.

#617 dip. IX 3,5: Raum beim Peristyl (?).

M. Lucretio flam. Martis decuri|oni Pompei[s].

An Marcus Lucretius, Priester des Mars, Ratsherr in Pompeji.

E 1 *e* kurs.

K Adresse auf einem gemalten Brief (zwei Wachstafeln, aufgeklappt), daneben Schreibzeug; zwischen *flam(inī)* und *Martis* ein Siegel. – 1f. Zum Gemeinderat cf. #139 etc.

B IV 879 m. add. AD; ImDip. 380*; DI. 472; GE. I-10; HU. 856; BLUM (2002), p. 42°, 45, no. 34.

#618 graff. I 2,7 (Taberna): Nebenraum.

Hirtia Psacas C. Hostilio | Conopi manuductori `coniugi suo´ et | Clementi monitori fratri | et Diodote sorori et Fortuna|⁵to fratri et Celeri suis | salutem semper ubique | plurima, et Primigeniae | suae salutem.

Hirtia Psacás (schickt) dem Theatertruppenleiter Gaius Hostilius Conops, ihrem Mann, und dem Souffleur Clemens, (ihrem) Bruder, und Diodote, der Schwester, und Fortunatus, dem Bruder, und dem Celer, (allen) Ihrigen, ganz viele Grüße immer (und) überall, sowie auch ihrer Primigenia.

E *e* kurs., *f* ab 4. – 2 *coniugi suo* ist keine eigene Zeile, sondern eine Einfügung (vor *et*).

K 1 *Psacas* von *ψακάς* / *ψεκάς*. – 2 *Conops* on *κώνωψ* 'Stechmücke'. – 2f. Zu *manuductor* verweist HERAEUS (bei DI. p. 61f.) auf Thes. gloss. I 676 *manductus μεσόχορος*, es handelt sich also um eine Theaterfunktion, wie auch *monitor* = *ὑποβολεύς* sein kann; dies passt zum Fundort beim Theater; nicht plausibler ist E. RISCH, MH 32 (1975), p. 107–14: *manuductor* = *χειραγωγός* und *monitor* = *παιδαγωγός*. – 4 *Diodote* dat. (wohl als gr. dat. -*η* gedacht angesichts von 7f. lat. -*ae*). – 6 *ubique* cf. #1243. – 7 *plurimam*.

B IV 3905 m. add. E; DI. 483; GE. E-11; HU. 5.

#619 dip. VII 7,18 (Taberna).

a *Gemellus Cesernine, Luc̣i_Numisi_uxxori, sal.* – **b** *Faustus, | Faustiano | et ipso || esurientibus.*

a Gemellus (schickt) Caesernina, der Frau des Lucius Numisius, einen Gruß. – **b** Faustus (grüßt auch), während Faustianus und er selbst hungern.

K **a** *Gemellus* cf. auch #1219; *Caeserninae*, cf. #362; zum Namen *Numisius* cf. #269; *uxori*, *-xx-* ist ähnlich zu beurteilen wie *-xs-*, cf. #799 und VÄÄ. p. 64f. – **b** 2 Cf. evt. #418f. und v.a. #659. – 2ff. Wohl abl. abs., nicht dat. (zu Formen wie dat. *ipso*, die durchaus existieren, cf. VÄÄ. p. 86).
B IV 549° m. add. AD; DI. 484.

#620 graff. VII 1,8 (Stabianer Thermen).

Aegyptus Gallo / suo salu/tem.

Der Ägypter (schickt) seinem Gallier einen Gruß.

E 3 *e* kurs.
K 1 Fortasse ad Cornelium Gallum, primum Aegypti praefectum, spectat, ZA. Eher wohl spielerische Pseudonyme zweier Freunde.
B IV 2107 m. add. ABE; DI. 115; HU. 506.

#621 ♪ graff. IX 2,15 (?): Türpfosten rechts.

Cam[p]anî, salvete, / viri.
Aulus Olo suo / salutem.

Seid gegrüßt, Männer von Capua!
Aulus (schickt) seinem Olus einen Gruß.

M 1f. da6 init. (bis *viri*).
K 1 Zum adj. *Campanus* cf. #227. – 2 *Aulus / Olus* cf. VÄÄ. p. 31, wohl zwei Freunde mit (fast) gleichem Vornamen.
B IV 2353 m. add. A°E; DI. 525; CLE 1785; HU. 843.

#622 graff. Vor der Porta di Nocera: Grab 9.ES (alt 30).

a *Cassio sal.* – **b** *Autostolus hac.* – **c** *Petroselinus mim[us] / cum / Servulo et / Vatifoni et / Cellico sal. / Af[ri]ca[n]us.* – **d** *Maximo feliciter.* – **e** *[---]us hac.* – **f** *[C]apito hac.* – **g** *Autostolus / sodalibus / [feli]cit[er].* – **h** *Scepsiṇịus / Occaso sal.* – **i** *quis Cassio sa.?* – **j** *Petroselinus hac, / Capito [h]ac.* – **k** *[F]austa, sal.*

a Dem Cassius einen Gruß. – **b** Autostolus ist hier vorbei(gekommen). – **c** Petroselinus der Mime mit Servulus (schickt) sowohl Bathyphon als auch Cellicus einen Gruß. Africanus (grüßt auch). – **d** Glück dem Maximus! – **e** ...us ist hier vorbei(gekommen). – **f** Capito ist hier vorbei(gekommen). – **g** Autostolus (wünscht) seinen Freunden Glück. – **h** Scepsinius (schickt) dem Occasus einen Gruß. – **i** Wer (hat hier oben) dem Cassius einen Gruß (notiert)? – **j** Petroselinus ist hier vorbei(gekommen, und) Capito ist hier vorbei(gekommen). – **k** Fausta, sei gegrüßt!

E **h** 1 *Scepsimus* DCo.; *Scepsinianus* H. SOLIN, Arctos 44 (2010), p. 257f., der Name ist hier aber kürzer. – **k** AV Lig.

K Grüße von und an Passanten, einige Namen machen einen spielerischen Eindruck (cf. #481, #213). – **b** 'der Selbsttätige'. – **c** 'Mr. Petersilie'; kaum subst. *servulo*; *Βαθύφων*, cf. LSJ s.v. *βαθύφωνος* (mit add.) 'der mit der tiefen Stimme'; *Cellicus* 'Kellermeister' o.ä. – **f** 'Großkopf', auch Cognomen. – **h** SOLIN vergleicht *Scepsinianus Occaso sal.* (2×) auf dem Grab von Obellius Firmus (cf. #375) und leitet den Namen von **Scepsis*, mit (lat.) Stamm *Scepsīn-*, ab (cf. #1128a dat. *Scepsini*), gemeint ist hier zweifellos derselbe Mann, 'Stammkunde der Skepsis' o.ä., hier ist der Name aber kürzer, es handelt sich also um einen flexiblen Spitznamen; *Occasus* 'Pleitegeier' o.ä. – **i** Die Frage *quis Cassio salutem dicit?* nimmt Bezug auf a. – **k** Wohl *salve*.

B IV 10246.a–k; ImGr. 468*; WE. 472; HU. 985.

#623 graff. I 6,15: links der Tür.

Castus Iumae | suaẹ sal.

Castus (schickt) seiner Zuma (?) einen Gruß.

E *e* kurs.; *Zumae* oder *Iuṇịae* DI., *Iumae* DCo.

K Da ein I (ohne Serife) kein Z sein kann, ist für DI.s Vorschlag *Zumae* (= *Ζύμη*) die Form *Iosimus* in #589 als Stütze heranzuziehen; die Lösung leuchtet ein, weil eine *Iunia* (freigeboren) wohl eher unpassend wäre.

B IV 8039; ImGr. 23°; DI. 1035; HU. 34.

#624 dip. IX 8,a: links der Tür, gegen die Hausecke hin.

Coelius Cynisculo | salutem.

Coelius (schickt) Cynisculus einen Gruß.

K 2 *κυνίσκος* 'Welpe', zusätzlich mit lat. Deminutivsuffix, wohl ein Spitzname, cf. #515.
B IV 3784 m. add. D; DI. 518; HU. 913.

#625 graff. VIII 1,1 (Basilica).

Q. Contobovio_Vindillus | coponibus sal.

Quintus Contobovius Vindillus (schickt) den Wirten einen Gruß.

K 1 Keltisch, cf. add. E. – 2 *caup-*, cf. #254.
B IV 1838° m. add. E; ImGr. 359*; DI. 524; HU. 722°; CollEp. 18g*.

#626 graff. Boscoreale, Villa Greco: auf Kelter.

Cornelis sui^s salute+++

Seinen (?) Corneliern einen Gruß.

E *e* kurs.
K *Corneliis*; *suis* ist unsicher, evt. *Ciis* o.ä.
B IV 9259.a°; DI. 1037.

#627 graff. VII 7,5: Peristyl.

Cresces conservis | universis sal.

Crescens (schickt seinen) sämtlichen Mitsklaven einen Gruß.

E *e* kurs. außer in *Cresces*.
K 1 *Crescens*; *e* im Namen ist nicht kursiv, cf. #1236a.
B IV 4752 m. add. E; HU. 567.

#628 graff. V 2,4: Peristyl.

Cresces `fullo´ | coponi sal.

Crescens der Walker (schickt) dem Wirt einen Gruß.

E *e* kurs. – 1 *fullo* (*f* kurs.) oben rechts hinzugefügt, ebenso #629–32, ähnlich #633 (oben links).
K 1 *Crescens*. – 2 *caup-*, cf. #254. – Diese und die folgenden Nummern sind wohl Geschäftsinschriften, jedenfalls ohne politischen Hintergrund.
B IV 4100 m. add. E; DI. 523; HU. 300.

#629 graff. V 2,4: Peristyl.

L. Quintilius `fullo´ | Cresces hic | regnatus est.

Lucius Quintilius Crescens, der Walker, hat / ist hier ge...

E *e*, *f* kurs.; alles vom selben Schreiber, wohl Crescens selbst.
K 1f. Dies ist der volle Name des Walkers *Crescens* (cf. auch IV 4104 *Fu(llo) Quintilius Cresces*). — 3 Wird teils als *regnavit* 'hat geherrscht' verstanden (ähnlich wie #344; dep. statt act. wegen *dominari* u.ä.; cf. den umgekehrten Fall bei VÄÄ. p. 87), meist aber als *re-gnatus* 'ist wiedergeboren worden' (so auch VÄÄ. p. 67), die Bedeutung bleibt unklar.
B IV 4107 m. add. E; DI. 764; HU. 301.

#630 graff. V 2,4: Peristyl.

Cresces `fullo´ | Pompeîanis | salutem.

Crescens der Walker (schickt) den Pompejanern einen Gruß.

E *e*, *f* kurs.
K 2 *-eî-* cf. #451.
B IV 4102 m. add. E; WE. 432.

#631 graff. V 2,4: Peristyl.

Cresces `fullo´ | Salinesibus | salute.

Crescens der Walker (schickt) den Salinern einen Gruß.

E *e*, *f* kurs.
K 2 So auch IV 1611, für *Saliniensibus*, cf. #208 *Salinienses* (dip.); angesichts #632f. sind die Bewohner von *Salinae Herculeae* gemeint (cf. #813), einer Örtlichkeit außerhalb Pompejis wohl in Richtung Herculaneum gelegen, und nicht die eines allfälligen Quartiers in Pompeji bei dem betreffenden Tor (cf. #227), obwohl ein Tor dieses Namens durchaus bezeugt ist (cf. #971a); zum fehlenden *-i-* cf. VÄÄ. p. 40 und #267. — 3 *salutem.*
B IV 4106 m. add. E; ImGr. 214*; DI. 535.

#632 graff. V 2,4: Peristyl.

Cresces `fullo´ | Stabianis | salute.

Crescens der Walker (schickt) den Stabianern einen Gruß.

E *e*, *f* kurs.
K 3 *salutem.*
B IV 4109 m. add. E; WE. 434; HU. 302.

#633 graff. V 2,4: Peristyl.

`fullo´ Cresces | Surentinis | saluteṃ.

Crescens der Walker (schickt) den Surrentinern einen Gruß.

E *e*, *f* kurs.
K 2 *Surrentinis* (*-rr-* ist häufig, pace VÄÄ. p. 61, z.B. #1018, IV 10075).
B IV 4103 m. add. E; ImGr. 213*.

#634 graff. V 2,4: Peristyl.

a *Cresces fullonibus et ululae suae sal.* — **b** *ulula est.*

a Crescens (schickt) den Walkern und seiner Eule einen Gruß. — **b** (Dies) ist die Eule.

E **a** *e* außer dem ersten kurs. — **b** Von anderer Hand.
K **a** Erstes *e* im Namen ist nicht kursiv, cf. #1236a; zu *ulula* und dem Walkerberuf cf. Varro Men. 539 *saltem infernus tenebrio, κακὸς δαίμων, atque habeat homines sollicitos quod eum peius formidant quam fullo ululam*, wozu der Spitzname in #218 passt, jedoch weniger das hiesige *suae*: Zum Totemtier hatte man wohl eine ambivalente Beziehung. — **b** Darunter die Ritzzeichnung eines Vogels.
B IV 4118 m. add. E; ImGr. 214f.*; DI. 532; GE. E-8–9; WE. 434 (nur a); HU. 303; GI. 170 n. 58; LA. 1731°.

#635 graff. V 2,4: Peristyl.

Cresces fullonibus salutem | hic et ubq.

Crescens (schickt) den Walkern einen Gruß hier und überall.

E 2 VBQ Lig.
K Hinter den Zeilen Männerköpfe. — 2 *ubique*, cf. #1243, hier abgekürzt *ubq.* wie gleich oder ähnlich #696 (*ubque*), #732, #1130.
B IV 4120 m. add. E; ImGr. 214f.*; DI. 543; WE. 434; HU. 304; LA. 254°, 255°, 476° (cf. p. 116 Abb. 65°).

#636 graff. V 2,4: Peristyl.

Cresces fullonibus | ullulaqe canont.

Crescens den Walkern – (er) und die Eule singen (ihnen Grüße?).

E *e, f* kurs.

K Über der Ritzzeichnung einer Eule. — 2 Wohl ein Nachgedanke statt üblichem *salutem*; *ululaque* (nom.) cf. VÄÄ. p. 61 (*-ll-*), 55 (*-qe*); *canunt*, cf. VÄÄ. p. 29; scil. *salutem*?

B IV 4112 m. add. E; DI. 721; HU. 273a; GI. 170 n. 58; LA. 1767.

#637 ♪ graff. IX 13,5: links der Tür.

fullones ululamque cano, non arma virumq.

Die Walker und die Eule besinge ich, nicht die Waffen und den Mann.

M da6.

K Spiel mit dem berühmten Vers Verg. Aen. 1.1 (cf. #1439); zu Walkern und Eule cf. das Gemälde bei COARELLI (2002), p. 137* mit einem jungen Fullo, der einen großen Weidenkorb trägt, auf dem eine Eule sitzt (VI 8,20).

B IV 9131°; DI. 1125; CLE 1936; GE. H-9; KR. 36°; WE. 286°; HU. 954°; GI. 170; CO. 60.

#638 graff. I 6,15: Eingang rechts.

a *Cursor Tyranno suo sal.* — **b** *Tyrannus Cursori sal.*

a Cursor (schickt) seinem Tyrannus einen Gruß. — **b** Tyrannus (schickt) Cursor einen Gruß.

B IV 8045; ImGr. 24*; DI. 1040; HU. 35.

#639 graff. IX 1,22: Raum beim NW-Peristyl.

s^uivruC onibaS sal.

Curvius (schickt) Sabinus einen Gruß.

E Namen rückläufig (cf. #324), das erste *s* durch einen Punkt abgesetzt, C größer geschrieben (*-S* dagegen nur hier in der Transkription).

K Diese und die folgenden Inschriften stehen beim Palindrom #1412.

B IV 2400g m. add. AE; DI. 526; HU. 834.

#640 graff. IX 1,22: Raum beim NW-Peristyl.

sun[i]baS oìvruC sal. | su+ $^{vac.}$

Sabinus (schickt) Curvius einen Gruß. Sab…

E 1 C größer geschrieben. – 2 Neuanfang, abgebrochen.
B IV 2400f m. add. AE; DI. 527; HU. 833.

#641 graff. IX 1,22: Raum beim NW-Peristyl.

s^uìvruC ọìlimeA sal.

Curvius (schickt) Aemilius einen Gruß.

E C deutlich größer geschrieben, das erste S leicht größer.
B IV 2400e m. add. AE; DI. 528; HU. 832.

#642 graff. IX 1,22: Raum beim NW-Peristyl.

suilimeA Curvìo sal.

Aemilius (schickt) Curvius einen Gruß.

E C größer geschrieben.
B IV 2400d m. add. AE; DI. 529; HU. 831.

#643 graff. VII 7,5: Peristyl.

Aephebus | Successo patri | suo salut.

Ephebus (schickt) Successus, seinem Vater, einen Gruß.

K 1 *Ephebus.* – 1f. Zu den Personen cf. #577, #762.
B IV 4753° m. add. E; DI. 522; GE. E-6; WE. 451°; HU. 568°.

#644 graff. V 2,d–e.

Fufidius Hiceti sal.

Fufidius (schickt) der Hicetis einen Gruß.

K *Fuf-* ist osk. (d.h. samnit.) Ursprungs angesichts des intervok. *-f-*, cf. auch #327.b, #508 und LEUM. p. 169f.; *Hiceti*, von Ἱκέτης, add. E, wahrscheinlicher aber von fem. -τις, cf. LEUM. p. 458 (*Thetis*), denn die masc. auf -της flektieren im Lat. als *a*-Stämme, ibid. p. 454.
B IV 4244 m. add. E; DI. 533.

#645 dip. Vor der Porta di Ercolano (Südseite der Straße): Grab 18.

Gemellus Cesernine sal.

Gemellus (schickt) Caesernina einen Gruß.

K *Caeserninae*; cf. #619.a.

B IV 90° m. add. AD; HU. 995.

#646 graff. IX 9,f: Türpfosten rechts.

Ismarus | Crocineni suae | sal.

Ismarus (schickt) seiner Crocine einen Gruß.

E 2 NI Lig.

K 2 Von *Κροκίνη*; *-ēn-* hybrider *n*-Stamm, solche sind in Pompeji nie sicher masc. und nie sicher nicht-gr., cf. #649, #981, #1025, #1128a, #1256, #1281, ferner *Ticene* für *Tychenem* (von *Τύχη*) in der unter #512 zitierten Defixio, sowie VÄÄ. p. 86, LEUM. p. 459f.

B IV 5298 m. add. E; ImGr. 437f.*; DI. 521; HU. 929.

#647 graff. IX 9,f: Türpfosten rechts.

Crocine, va.; | Ismare, va.

Crocine, alles Gute! Ismarus, alles Gute!

E 1f. VA Lig. – 2 *m* kurs.

B IV 5297 m. add. E; ImGr. 437f.*; HU. 928.

#648 graff. IX 9,f: Türpfosten rechts.

Duoḍsmaro.

Dem Zweimal-I-smarus (?).

K MAU erwägt Wortspiel «II-smaro, nicht I-smaro» (d.h. vielleicht für Ismarus und Crocine); unklar, vor allem auch der Buchstabe vor dem *s*.

B IV 5300 m. add. E; DI. 341.

#649 graff. VI 11,13: Atrium.

Ịucundus | Sinurini sal.

Iucundus (schickt) Synoris einen Gruß.

K Links davon Ritzzeichnung eines Schiffes und eines Ankers, cf. #453. – 2 *Synoridi*, cf. #1170.a, IV 1408 und VÄÄ. p. 27, 33, sowie p. 86 zur Stammbildung *-īn-* (hier für gr. *-ιδ-*), cf. dazu auch #646.

B IV 1398° m. add. E; DI. 530; LA. 2122.

#650 graff. III 3,6: links der Tür.

Pelagio Fuscae | salutem.

Pelagio (schickt) Fusca einen Gruß.

B IV 8836; DI. 1036.

#651 dip. VIII 7,16 (Gladiatorenschule): Eingang rechts.

Perennìnus | Ocellae, Nympheroti, | Ìkaro unico sal.

Perenninus (schickt) dem Ocella, dem Nympheros und dem einzigartigen (?) Ikarus einen Gruß.

K 2 *Ocellae* wohl masc. und dat., cf. auch #370; *Nympheros* cf. tab. cer. IV 3340.81.7 (ohne *-h-*) und LGPN III.A. – 3 SOLIN in CollEp nimmt *unico* als adv. 'in einzigartiger Weise'.

B IV 1093 m. add. AD; ImDip. 373*; DI. 519; CollEp. 10*.

#652 graff. IX 13,4: links der Tür.

Primigenius Fortunatae sal.

Primigenius (schickt) Fortunata einen Gruß.

B IV 9117; DI. 1038; HU. 950.

#653 graff. I 7,19: Eingang rechts (?).

Primigen[ia] | va., salute.

Primigenia, es möge dir gut gehen! Gruß!

E *e* kurs. – 2 VA Lig.

K 2 Hier evt. *valeas*, cf. #689; *salutem*.

B IV 8175; ImGr. 47°; DI. 1039.

#654 graff. VI 2,16: Eingang rechts.

Secundus quoservis | proficisces salutem | libes $^{vac.}$

Secundus (schickt) seinen Mitsklaven bei seiner Abreise gerne einen Gruß.

E *f* kurs. (?) (*e* nicht). – 3 Evt. sollte noch mehr Text folgen.
K 1 *conservis*, cf. VÄÄ. p. 55 (*qu-* hyperarchaisierend), 68, zur Bildung LEUM. p. 388. – 2 *proficiscens*. – 3 *libens*.
B IV 1241° m. add. E; DI. 531; GE. E-10; MO. 62f.; WE. 458; HU. 365.

#655 graff. IX 7,20: Raum beim Atrium.

Sucsus Fel[i]ci salutem | et Fornatae.

Successus (schickt) dem Felix und der Fortunata einen Gruß.

E *e* kurs. – 1 *Successus*, mit Kurzschreibung *c(e)*.
K 2 Zweifellos für *Fortunatae*, offenbar konnte das vortonige *-ū-* damals bereits gekürzt und sogar synkopiert werden, cf. auch #1289, ferner #1094 (nachtonig). – 1f. Ein *Felix* mit einer *Fortunata* auch #1280 im Lupanar.
B IV 5373 m. add. E; DI. 520; HU. 909; VA. 153.

#656 graff. IX 9,12 (Gasthaus): Garten.

Didumo soda[l]ị[bus? sal.?]

Didymus (schickt) den Freunden [...]. *Oder:* (Dem) Freund Didymus [schickt ...]. *Oder:* (Dem) Didymus [schickt] Freund [... einen Gruß].

E MAU ähnl.
K *Δίδυμος* (*-s* fehlt vor *s-*) oder dat. *Didumō sodālī [---]* bzw. *sodāli[s ---]*.
B IV 5274 m. add. E; DI. 534.

#657 graff. V 5,3: beim Peristyl.

socis vicesumaris | nonis et veteribus.

Den Kollegen Steuereintreibern, den neuen und alten, (einen Gruß?)!

E *e* kurs.
K 1 *sociis*, cf. VÄÄ. p. 39; zu *vīcēsimārius*, Eintreiber der 5%-Steuer auf Freilassung oder Erbschaft, cf. OLD s.v., VÄÄ. p. 94, ferner p. 26 (*-u-*), 39 (*-is* für *-iis*), und cf. #768. – 2 *novis*, verschrieben; wohl scil. *salutem*.
B IV 4411 m. add. E; DI. 536.

#658 dip. VII 16,3: links der Tür.

suilimeA Cissonio fratrabiliter sal.

Aemilius (schickt) dem Cissonius auf schwellende Art und Weise einen Gruß.

E Name rückläufig (cf. #324).

K Cf. #324; *Cissonius* ist keltisch; angesichts der anderen adv. auf *-abiliter* (cf. #1255) kann dieses hier kaum nur 'brüderlich' bedeuten, sondern gehört eigentlich zu *fratrare* 'schwellen' (von den beiden Brüsten am Beginn der Pubertät, cf. OLD s.vv. *frātrō*, *frāterculō* und *sorōriō* mit den betreffenden Stellen), wobei hier allerdings kaum Brüste gemeint sind.

B IV 659 m. add. AD; ImDip. 361*; DI. 537; HU. 697; CollEp. 9*.

#659 graff. I 8,1 (Taberna): rechts der Tür, um die Ecke.

Coelius cum Rufio | et Eburiolo et Fausto | [f]ratrabiliter. | Eburiolus Marinae |5 et Valeria. | Eburiolus Fausto | amico et Coelio | Faustiani.

Coelius mit Rufius (schickt) Eburiolus und Faustus (je einen Gruß) auf schwellende Art und Weise. Eburiolus der Marina und Valeria. Eburiolus (seinem) Freund Faustus und dem Coelius, (Freund?) des Faustianus.

K 5 Wohl statt *Valeriae*, scil. *salutem*. – 8 *Faustiani(s? salutem)* DCO., unplausibel, eher *Faustiani* scil. *amico*. – 5/8 Cf. dieselben #619.

B IV 8227°; DI. 1041; GE. G-7; WE. 503°; HU. 55.

#660 ♪ graff. VII 16,22: Peristyl.

Secundus Onesimo fratri suo p[lu]rimam
perpetuamque salutem.

Secundus (schickt) seinem Bruder Onesimus mannigfachen
und ewigen Gruß.

M da6 fin. (ab *perpetuamque*).

E *e* kurs.

K Dank dem ungewöhnlichen *perpetuamque* entsteht ein Hexameterende. Der pompöse Briefentwurf #608 und das Vergilzitat #1444 stehen gleich darunter, der Vers aus einem Lehrgedicht #1494 gleich darüber.

B SOLIN (1975), no. 9°; HU. 480.

#661 graff. VII 16,22: Peristyl.

Onesimus Secundo fratri suo.

Onesimus (schickt) seinem Bruder Secundus (einen ebensolchen Gruß).

E Antwort auf #660 nahebei.
B SOLIN (1975), no. 10°; HU. 481.

#662 graff. VI 15,1: Peristyl.

Vitalio, va.; | Actius Cossiniae | mamme suae | plurima salut.

Vitalio, alles Gute! Actius (schickt) Cossinia, seiner Mama, ganz viele Grüße.

E *e* kurs.
K 1 Cf. #675 (und cf. #674, #981). – 3 *mammae.* – 4 *plurimam salutem.*
B IV 4596 m. add. E; DI. 538; GE. E-7; MO. 26f. (nur 2ff.); WE. 452 (nur 2ff.); HU. 453.

#663 graff. I 3,3: Peristyl.

Cornelius | Carito Primicenie | salute plurima.

Cornelius Charito (schickt) der Primigenia ganz viele Grüße.

E *e* kurs.
K 2 *Χαρίτων*; *Primigeniae*, cf. VÄÄ. p. 53. – 3 *salutem plurimam.*
B IV 3976 m. add. E; DI. 539.

#664 graff. I 10,3: rechts der Tür.

Prima Secudo salute plurima.

Prima (schickt) dem Secundus ganz viele Grüße.

E *e* kurs.
K Darunter verschiedene Ritzzeichnungen: ein Gladiator, ein Schiff (cf. #453), vier Eber, drei Vögel und eine Leiter. – *Secundo*, cf. VÄÄ. p. 67; cf. dieselben #1123; *salutem plurimam.*
B IV 8270; ImGr. 65°; DI. 1042; GE. F-20; HU. 71; LA. 867, 2099, 1585–88, 1748–50, 2274.

#665 graff. VII 12,35 (Gasthaus): Zimmer.

Saenecio | Fortunato | plurimam | salutem | ubique.

Senecio (schickt) dem Fortunatus ganz viele Grüße allenthalben.

E *f* kurs.
K 1 *Sĕnecio*. – 5 *ubique* 'überall, allenthalben', cf. #1243.
B IV 2163° m. add. E; DI. 541; WE. 445; HU. 678.

#666 graff. I 7,1: Eingang rechts.

Antistio Cammarus | ubique saluṭẹ+.

Dem Antistius (schickt) Cammarus allenthalben einen Gruß.

E 1f. Die Lesung ist eher zweifelhaft.
K 1 *Antistius* cf. #580; von *κάμμαρος*; *salutem*.
B IV 8073; ImGr. 30*; DI. 1044; WE. 436; HU. 40.

#667 graff. VII 11,11 (Gasthaus): Atrium.

mendax veraci ubique salute.

Der Lügner (schickt) dem Wahrheitsliebenden allenthalben einen Gruß.

E *e*, *m* kurs.
K *salutem*.
B IV 2018c° m. add. E; DI. 542; GE. E-62; WE. 455; HU. 599.

#668 graff. VII 16,22: Atrium.

P̣ọmpeianis ubique sal.

Den Pompejanern allenthalben einen Gruß!

K Cf. auch #260, #698ff.
B IV 9143°; DI. 1043; MO. 74f.; WE. 433; HU. 477°.

#669 graff. VI 16,26: Atrium.

salutem.

Gruß!

E Lesung SOGLIANO, mit LVT Lig.; DI. liest rückläufig *saneM* (gr. Name), weniger plausibel.

B IV 6847 m. add. E; DI. 343.

#670 graff. V 1,7: Atrium.

Cerialis | Euce.

Cerealis (schickt) der Euche (einen Gruß).

E *e* kurs.

K 1 *Cerealis*, cf. add. A. – 2 *Euche*, cf. VÄÄ. p. 53 und #594, wohl dat. (wie #618, #1243, aber mit anderer Form #1256); *εὖγε* DI., kaum richtig.

B IV 1592 m. add. ACE; DI. 335; GE. E-57; WE. 383; HU. 260.

#671 dip. IX 6,7: links der Tür, nahe der Hausecke.

sullimaH sodalibus nec si[ne] dulcissimam Philoth[---]

Hamillus (schickt seinen) Freunden (einen Gruß), und ganz speziell seiner süßesten Philoth....

E Name rückläufig (cf. #324).

K *Hamillus* cf. #1143; zu *sodalis* cf. #114; *nec sine* cf. #123; *sine* + acc. cf. #216 und VÄÄ. p. 121; angesichts des adj. *dulcissima* ist die Frau eher Adressatin als Teil des subj., vielleicht war sie die Schwester eines Freundes.

B IV 3710 m. add. D; DI. 544; GE. D-1 (nur *sullimaH*); HU. 882.

#672 graff. I 7,19: Eingang rechts (?).

Sestius Magulnio Chrysan[tho sal.].

Sestius (schickt) Magulnius Chrysanthus [einen Gruß].

B IV 8176; ImGr. 47°; DI. 1045.

#673 graff. I 10,8: Zimmer.

Γελαστή, χαῖρε.

Gelasté, sei gegrüßt!

K Von *γελαστός* 'lustig' (nicht: 'lächerlich'), cf. das Gegenteil Hom. Od. 8.307 *ἔργ' ἀγέλαστα* 'Machenschaften, die nicht zum Lachen sind'.

B IV 8381; ImGr. 78*, (518); GE. F-12; HU. 93; GI. 46.

#674 graff. I 7,1: Eingang rechts.

salve, | Vitaḷi.

Sei gegrüßt, Vitalis.

K 2 Wohl unvollständig für *Vitalis* (kaum für *Vitalio*), cf. #981.
B IV 8072; ImGr. 30°; DI. 1047.

#675 graff. VIII 2,20 (Sarno-Thermen).

Vit vac. *| Vitalio baḷlat, cum est | musicus.*

Vit... Vitalio tanzt, denn er ist musisch.

E *e* kurs. – 1 Erster Versuch abgebrochen. – 2 *ballat, cum* SOLIN (per litt.), *baliat, car* (d.h. *valeat*) die früheren edd.
K 1f. *Vitalio* cf. #662. – 2 Cf. VI 2265 *ballatore[s] Cybelae*, 2./3. Jh. (cf. L. DUBOSSON-SBRIGLIONE, Le culte de la Mère des dieux dans l'Empire romain, 2018, p. 283f.); *cum* cf. OLD s.v. *cum*², *quom*, 6.a. – 3 *musicus* cf. SOLIN (2012), p. 99. – Die Inschrift ist also keine Grußbotschaft.
B IV 4874° m. add. E; DI. 551; HU. 774a.

#676 ♪ graff. Vor der Porta del Vesuvio: Turm X.

hospes, salve, salus sis, qui`s´quis est, vaḷḷẹ.

Gastfreund, sei gegrüßt, bleib gesund, wer immer du bist! Leb wohl!

M ia6, der Anfang ist nicht gut gedichtet.
E *est valle* MAU, *es io valis* DCO., der Kreis vor *val-* ist aber zu klein für ein *o*.
K *salvus sis*, cf. VÄÄ. p. 49f.; *quisquis* Korrektur; BÜ. zitiert dies als Illustration zu V 1939 *et tu quisquis es, vale* mit klarer 2. pers. sg., das *-t* ist wohl graphisch-hyperkorrekt, weil es in der 3. pers. mündl. und schriftl. oft fehlte (cf. #1431, umgekehrt #1102); *vale*, cf. VÄÄ. p. 61 (für die erste Silbe ist hier aus metr. Gründen ihre normale Kürze anzunehmen, deshalb ist die Geminata kaum lautlich bedingt, sondern ebenfalls hyperkorrekt).
B IV 5386 (= 9158); ImGr. 459*; DI. 550; CLE 1585 n.; GE. E-4; WE. 459; HU. 992 = 1005.

#677 graff. Vor der Porta di Nocera, SE vom Amphitheater: Grab [4].

Ars, Pyrrhice, va.

Ars (und) Pyrrhichus (?), alles Gute!

E add. E liest gen. *-cei*, kaum richtig.

K *Ars* cf. #732; *Pyrrhiche*, wohl voc. masc. (cf. LGPN I, III.A,B), von *πύρριχος* 'Kriegstänzer', als Cognomen #488 (im Kontext der Schauspielkunst), hier wohl ebenfalls ein Tänzer; auch möglich ist allerdings fem. voc. *Pyrrhiche* (cf. ibid. LGPN II, III.B; hier ist der Tanz *πυρρίχη* selbst als Name verwendet); *valete*.

B IV 5398° m. add. E; DI. 549.

#678 graff. I 10,4: rechts der Tür.

M++++ẹc̣unde, va.

Marcus ... Secundus, alles Gute!

K Nach DCO. evt. voc. *M. C̣ẹị Ṣecunde*, ein Verwandter von *L.* (cf. #123 usw.).

B IV 8309°; DI. 1049.

#679 graff. III 4,b: links der Tür.

Feste, vale.

Festus, alles Gute!

E *e* kurs.

B IV 8848; DI. 1050.

#680 graff. I 10,4: rechts der Tür.

Galle, va.

Gallus, alles Gute!

E VA Lig.

B IV 8300; DI. 1051.

#681 graff. II 7 (Palaestra).

Mus, va.

Mus, alles Gute!

E MV, VA Ligg.
K Cf. #481.
B IV 8794; ImGr. 193°, (526); LA. 468° (an der nächsten Säule, nicht zugehörig).

#682 graff. II 7 (Palaestra).

Mus, v.

Mus, alles Gute!

K Über einer unklaren Ritzzeichnung (ein Schwert, DCo.).
B IV 8802; ImGr. 197*°, 525°; HU. 214; LA. 955.

#683 graff. V 2,i: Peristyl.

Mussicus, / Licisca, v.

Musicus (und) Lycisce möge es gut gehen!

E 2 Lesung SOLIN (cf. add. E).
K 1 *Musicus*, von *μουσικός*, cf. VÄÄ. p. 59. – 2 *Λυκίσκη*, cf. LGPN III.A,B; wohl *valeant*.
B IV 4161 m. add. E; ImGr. 220f.*; DI. 552.

#684 graff. IX 6,g: Peristyl.

Mystiche, va.

Mysticus (?), alles Gute!

E *e* kurs.
K *Mystice*, cf. VÄÄ. p. 57; cf. #481, aber IV 5241 fem.
B IV 5198 m. add. E; DI. 554; HU. 892.

#685 graff. I 6,15: links der Tür.

Noete, / va., / G. Iulli / Noete, va.

Noetus, alles Gute! Gaius Iulius Noetus, alles Gute!

E 2/4 VA Ligg.
K 1/4 Cf. #548.d. – 3 *G.* statt *C.*, cf. #763, #834, #914; die Schreibung *Iullius* (und *-inus*) ist in der Kaiserzeit nicht selten anzutreffen.
B IV 8040; DI. 1057.

#686 graff. VIII 1,1 (Basilica).

Poluḅi, | va.

Polybius, alles Gute!

K 1 *Polybi*, cf. VÄÄ. p. 32.
B IV 3083 m. add. E; DI. 556.

#687 graff. II 4,7A (Nische bei der Hausecke): in der Nische.

Procule | Postumi, va.

Proculus Postumius, alles Gute!

K Cf. #301 (ein Politiker).
B IV 8506; DI. 1052.

#688 graff. III 4,b: links der Tür.

Vern., va.

Verna, alles Gute!

E *e* kurs.
K Über der Ritzzeichnung eines Mannes. – Wohl ein abgekürzter Name: *Verna, Vernasius -a, Vernaculus -a* o.ä.
B IV 8846; DI. 1054; LA. 725.

#689 graff. III 4,b: rechts der Tür.

Cuspia, valeas.

Cuspia, es möge dir gut gehen!

K Zum Namen cf. #218ff.
B IV 8850; DI. 1055.

#690 graff. I 7,19: Pseudoperistyl.

Ihria, va.

Hirria, alles Gute!

K Links der Ritzzeichnung einer Frauenbüste. – Wohl *Hir(r)ia*, der Name auch in IV 4633, 8968, 10212.

B IV 8184; ImGr. 47*; DI. 1056; HU. 50; LA. 188°.

#691 graff. VI 13,19: Raum hinter der linken Ala.

va., Modesta, va., valeas ubicumqe's.

Leb wohl, Modesta, leb wohl, möge es Dir gut gehen, wo immer du bist!

K *ubicumque es*, cf. *ubique* #1243; cf. VÄÄ. p. 55 (*-qe*), es ist aber wohl nicht *ubicumq(ue) es*, sondern *ubicumqe's* gemeint, cf. zur Elision #1049.

B IV 4504 m. add. E; GE. F-2; WE. 477; HU. 424.

#692 graff. I 8,17: großer Raum hinter dem Atrium.

a *Nicopolis, va.* – **b** *Anthis, va.* – **c** *Anthis, va.* – **d** *Nicopolis, vale.* – **e** *Nicopolis, va.* – **f** *Hantis, va.* – **g** *Hantis.* – **h** *Plia.* – **i** *Plataco, | Turuda.* – **k** *va., Quartilla.* – **l** *Quartila, va.*

a Nicopolis, alles Gute! – **b** Anthis, alles Gute! – **c** Anthis, alles Gute! – **d** Nicopolis, alles Gute! – **e** Nicopolis, alles Gute! – **f** Anthis, alles Gute! – **g** Anthis. – **h** Plia (?). – **i** Plataco (?), | Turuda (?). – **k** Alles Gute, Quartilla! – **l** Quartilla, alles Gute!

E **a, e, f, l** VA Lig. – **d** VALE Lig.

K **f–g** *Anthis*, vergleichbare Fälle bei VÄÄ. p. 57. – **h** Evt. abgebrochener Anfang von *Plataco*, DCO.; R. BENEFIEL, The Ancient Graffiti Project (online), vermutet *[Eu]plia*. – **i** Unklar, πλάταξ ist ein Fisch, *turdus* kann dies auch sein (cf. OLD s.v. *turdus*, *turda*), die Anaptyxe *-rud-* ist vergleichbar mit derjenigen in #160 und #265 *Zmyrina*, cf. #598; wohl ebenfalls zwei Eigennamen. – **l** *Quartilla.*

B IV 8218.a–l; ImGr. 52* (a–b), 53* (c–d); HU. 53 (nur k–l).

#693 graff. I 10,5: rechts der Tür.

Primilla, val.

Primilla, alles Gute!

B IV 8360; DI. 1058.

#694 graff. V 2,i: Peristyl.

Spedusa, | va.

Spendusa, alles Gute!

E *e* kurs.
K 1 *Spendusa, Σπένδουσα*, cf. #1146 und VÄÄ. p. 67.
B IV 4184 m. add. CE; DI. 557; HU. 283.

#695 graff. I 10,4: rechts der Tür.

Veneria, va.

Veneria, alles Gute!

B IV 8290°; DI. 1059.

#696 graff. VI 12,2: großes Peristyl.

Victoria, va., | et ubque vis | suaviter sternuṭẹs.

Victoria, alles Gute, und wo überall du willst, mögest du angenehm niesen!

E *e* kurs. — 1 VA Lig. — 3 *sternuitis*, corr. MOM. (Schreibfehler ITI statt TII).
K 2 *ubique*, cf. #1243 und #635. — 3 Das Intensivum (cf. OLD s.v. *sternūtō*) auch bei Petron. 98.4, ferner span., frz., ähnlich it. (*-ire*).
B IV 1477° m. add. AE; DI. 558; GE. F-4; WE. 482; HU. 406.

#697 ♪ graff. I 8,17: Raum beim Atrium.

quos lup' amat, valeant.

(Alle) die Lucius Valerius Primus (*oder:* die Hure) liebt, denen möge es gut gehen!

M da6 init.
E *·L·V·P·amat·* DCo.
K Wortspiel (wohl spöttisch): Die Initialen *L V P* wurden von DCo. auch auf einer Amphore im selben Haus festgestellt (IV 9469.b), woraus er auf den Hausbesitzer schloss. Er übersah aber, dass diese dem Augustalen der Inschrift #393 gehören, die nur wenige Meter vom Hinterausgang I 8,11 entfernt gefunden wurde. Daneben drängt sich nun aber eine zweite Interpretation der drei Buchstaben als *lupa* (mit realisierter Elision des *-a*, cf. #1049) auf, vorgeschlagen von Michel FUCHS und Richard SYLVESTRE am IV. Colloque Ductus, Rom, 6.12.2018. – Wir haben hier somit eine weitere originelle Variation von *quisquis amat, valeat* (cf. #1047–62).
B IV 8215; ImGr. 54*, (517); HU. 52a.

#698 graff. I 10,4: rechts der Tür.

Pompeianis felciter.

Glück den Pompejanern!

K Cf. #260 (und #668); *feliciter*, hier evt. statt *felicter* (cf. #703) oder Schreibfehler, betontes *ī* kann jedenfalls kaum lautlich synkopiert sein (*ubq.* für *ubīque* – zu dessen *ī* cf. hier #855 – beruht ebenfalls nicht auf lautlicher Synkope, sondern ist gängige graphische Abkürzung, cf. #635).
B IV 8305; DI. 1062.

#699 graff. V 4,b–c.

Pompeianis Aug. feliciter.

Glück den Pompejanern, den kaiserlichen!

E *e*, *f* kurs.
K *Augustis*; nach MAU ist *Augusta* ein Titel der Kolonie Pompeji; Glückwünsche an die Kolonie auch IV 7755 *[sa]n[cti]ssimae coloniae et populo Pompeieno ubique sal.* (*-eno* ist wohl reines Versehen), cf. ferner #93.
B IV 6764° m. add. E; DI. 561; KR. 77°; WE. 391.

#700 graff. I 10,3: Türpfosten links.

Pomp. Aug.

(Glück) den Pompejanern, den kaiserlichen!

E AV Lig.
K Wohl *Pompeianis Augustis (feliciter).*
B IV 8253; DI. 1064.

#701 graff. VI 14,43: rechts der Tür.

Nolanis feliciter.

Glück den Nolanern!

E *e, f* kurs.
B IV 1512° m. add. E; DI. 562; HU. 438.

#702 graff. V 2,a–b.

coloniae Puteolanae feliciter.

Glück der Kolonie Puteoli!

K Cf. #720.
B IV 4262 m. add. E; DI. 564; HU. 277.

#703 graff. VII 7,2: Zimmer.

Cissoni, alapa duobus puveris, felicter.

Cissonius, eine Ohrfeige den beiden Sklaven – sie soll Glück bringen!

E *e, f* kurs.; *duveris* MAU, SOLIN hält ein P für möglich, cf. add. E.
K Wohl acc. *alapam*, cf. #716; *puveris* = *pueris*, cf. #1225 und VÄÄ. p. 49; *feliciter*, cf. ähnliche Fälle von Vokalsynkope bei VÄÄ. p. 44f. (und cf. #698).
B IV 4707° m. add. E; ImGr. 311*; DI. 566; HU. 560.

#704 graff. I 7,1: Eingang rechts.

OΛbliato feliciter.

Glück dem Ampliatus!

E Zweites *e* kurs.
K Wohl *Ampliato* gemeint (cf. #273ff.), *Ombliato* DI.
B IV 8076; ImGr. 29*; DI. 1067.

#705 graff. III 4,b: rechts der Tür.

Arruntio / fe/li/cite/r.

Glück dem Arruntius!

K Über der Ritzzeichnung eines Palmzweiges und eines Phallus. — 1 Das Gentiliz ist schon osk. bezeugt: ImagItal Pompei-40° ***Atis Arruntiis*** (Ende 3. Jh. v. Chr.).
B IV 8858; DI. 1068.

#706 graff. II 4,7A (Nische bei der Hausecke): in der Nische.

Priscus caelator / Campano / gemmario / fel.

Priscus der Graveur (wünscht) dem Edelsteinhändler Campanus Glück.

B IV 8505°; DI. 1069; GE. E-12; KR. 75°; WE. 450; HU. 157.

#707 graff. I 7,1: Peristyl.

Alogiosus fecit, / Caro feliciter.

«Unverstand» hat (ihn) gewählt: «Glück» dem Carus!

E *e*, *f* kurs.
K Über der Ritzzeichnung zweier Hände. — 1 Ableitung auf *-ōsus* (cf. #133) von *alogia* = ἀλογία 'Unvernunft', also 'voller Unvernunft', cf. #336; *fecit* wohl 'hat gewählt', scil. *Carum*; evt. ähnlich der Fake-Propaganda, cf. #211. — 2 Cf. #268; *feliciter* kann ebenfalls ironisch sein, cf. #346.
B IV 8098; ImGr. 35*; DI. 1070; LA. 2489°.

#708 graff. II 4,7A (Nische bei der Hausecke): in der Nische.

duobus / Fabis fẹ[l.].

Glück den beiden Fabiern!

K Auch in drei dip. (einmal mit *Fabiis*, cf. VÄÄ. p. 39), cf. zudem #360.
B IV 8503; DI. 1071.

#709 dip. I 10,4: links der Tür.

L. Octaviọ | felicite[r].

Glück dem Lucius Octavius!

B IV 7341 m. add. D; DI. 1072.

#710 graff. I 4,5: Nord-Peristyl.

L. Popidio Secundo | Augustiano feliciter | ++++

Glück dem Lucius Popidius Secundus Augustianus!

E 2 Erstes *e* kurs.
K Cf. #77.
B IV 2383° m. add. E; HU. 26.

#711 graff. VI 9, Westseite, südlich von 5: außen.

benivolentibus feliceṣ.

Die Glücklichen den Wohlmeinenden.

E Lesung MOM. und SOLIN (cf. add. E), die übrigen schreiben *feliceṭ[er].*
K *bene-*, cf. #110 und VÄÄ. p. 20, zum ptc. cf. #734. – Unklar, evt. ein Gruß, scil. *salutem*, oder ein Glückwunsch, scil. *feliciter.*
B IV 1326° m. add. E; DI. 569.

#712 ♪ dip. VII 11,14: erster Garten.

(⏑ – ⏑ –) Valerì, | sit tibi felic.

Valerius, es möge dir glücklich (gelingen)!

M Evt. ia6 fin. (*tibi* ⏑⏑).
K 2 *feliciter* (kaum *felicius* 'glücklicher', das müsste ausgeschrieben sein).
B IV 3579 m. add. D; DI. 570; CLE 1940 (versehentlich da6).

#713 graff. VI 7 oder 8 (cf. #40).

Primlgni,_es feliix.

Primigenius, du bist ein Glückspilz (*oder:* sei glücklich)!

E -*gn-* mit Kurzschreibung *g(e)* wie #590; die zwei sicheren *e* sind nicht kurs.
K *feliix* für -*īx* (kaum -*ex* zu lesen), cf. zur Vokalgemination #1113.
B IV 1357° m. add. AE; ImGr. 254–56*; DI. 571.

#714 ♪ graff. VII 7,32 (Apollotempel): Nord-Porticus.

felix et tu qui vac.

Glücklich (bist) auch du, der du ...

M Wohl da6 init.
E *e*, *f* kurs.; unfertig.
K Wohl von einem Gedichtanfang.
B IV 1763° m. add. E; DI. 572; WE. 594; HU. 769.

#715 dip. I 11,11: links der Tür.

Phoenix, felix et tu.

Phoenix, glücklich (bist) auch du.

K Zu einem Gemälde mit einem mythischen Vogel, darunter zwei Pfauen. – *Phoe-* und *fē-* Wortspiel; H. SOLIN, Epigraphica 30 (1968), p. 123f. gibt eine Parallele aus der Domus Tiberiana in Rom: CASTRÉN (1970), no. 1–2: *Tharros, felix et tu.*
B IV 9850 m. add. D; ImDip. 142f.*; FRÖHLICH (1991), tab. 15.2*; BLUM (2002), p. 21, tab. 1*, no. 9.

#716 graff. VII 13,8: Atrium.

Ìanuarias nobis felìces multis annis.

Uns (allen) glückbringende Neujahrsfeiern viele Jahre lang!

E *ì* supra infraque longae.
K *Ìanuarias* (scil. *kalendas*, 'Neujahrsfest'); scil. *optō* 'ich wünsche' o.ä.
B IV 2059° m. add. E; DI. 573; GE. E-18; WE. 386; HU. 680.

#717 ♪ graff. VI 16,4–5.

Felicem Aufidium felicem semper deus |
faciat.

(Ein) Gott möge Aufidius Felix immer glücklich
machen!

M ia6 plus Anfang eines weiteren.
K 1 Cognomen ist eher das erste *Felicem*, DI. – 1f. Cf. #850.
B IV 6815° m. add. E; DI. 35; CLE 1862; KR. 74; WE. 387; HU. 470.

#718 ♪ graff. IX 2,26: Gartenporticus.

[– ⏑⏑ ?] felices omnes frustraque vocantur:
quem sufferre potest nemo [⏑⏑ – ⏑⏑ – ⏑ ?]

... und vergeblich werden die Menschen glücklich genannt:
(das), was niemand ertragen kann, (nämlich) ...

M da6 fin. und init.; dist. (mit *nem'* oder *nemŏ* wie z.B. Mart. 5.47.2, 10.70.6) ist weniger wahrscheinlich, weil *potest nemo* eng zusammengehört.
E Von gleicher Hand wie #1434; MAU macht es nicht klar, ob am Anfang und am Ende Text zerstört ist.
K Bedeutung insgesamt unsicher: Am Anfang könnte z.B. *falso* 'falsch' und am Ende *metus enecat Orci* 'die Furcht vor dem Orcus bringt (sie alle) fast um' ergänzt werden (cf. OLD s.v. *ēnecō*, c); statt des wenig sinnvollen *omnes* ist zudem wohl *homines* zu verstehen (cf. #719; zur Synkope cf. VÄÄ. p. 43).
B IV 5009 (= 3301) m. add. E; DI. 574; CLE 1785.

#719 graff. VI 7 oder 8 (cf. #40).

a *felices homines, va.* – **b** *felices.*

a Glückliche Menschen, alles Gute (*oder:* lebt wohl)! – **b** Glückliche!

E **b** *e* kurs.; von anderer Hand.
B IV 1347 m. add. E; ImGr. 249*; DI. 560; GE. E-3; WE. 480 (nur a); HU. 378.

#720 graff. VII 12,35 (Gasthaus): Zimmer.

coloniae Clau. | Neronesi Putiolane | feliciter. | scripsit C. Ìulius Speratus. |⁵ Sperate, va.

Glück der Claudisch-Neronianischen Kolonie Puteoli! Dies hat Gaius Iulius Speratus geschrieben. – Speratus, alles Gute!

E *e* kurs. – 5 Offenbar von derselben Hand; VA Lig.
K 1 *Clau(diae)*, kaum *Cl(audiae)_Au(gustae)*. – 2 *Neronensi*, *Puteolanae*; cf. #93, #466, #702 und X 5369.
B IV 2152° m. add. E; DI. 563; GE. G-19 (nur bis 4); WE. 478 (nur ab *C.*); HU. 673.

#721 graff. VII 9,13–14.

Optate, va.; Caietanus scripsit.

Optatus, alles Gute! (Dies) hat Caietanus geschrieben.

E *e* kurs.; VA Lig.
B IV 1690° m. add. AE; DI. 555.

#722 dip. I 3, Nordseite: außen.

Melicertes scribit.

Melicertes schreibt (dies).

K *Melicertes* auch IV 8023 (graff.); praes. *scribit* statt perf. ist recht häufig, cf. auch #1083, #1106, #1111, #1147f.
B IV 2993n m. add. D.

#723 dip. I 6,14: rechts der Tür.

Certimeles scribis. va.

Certimeles schreibt (dies). Alles Gute!

K *Melicertes*, zum Wortspiel cf. #1369; *scribis* wohl versehentlich statt *-it*.
B IV 7186 m. add. D; DI. 1053.

#724 graff. II 4,7A (Nische bei der Hausecke): über der Nische.

καλῶς, μαιορ̣ε̣ς [- c. 5 -]ικα.

Prima, ihr Vorfahren ...!

K *maiores* voc. des lateinischen Worts.
B IV 8509; GI. 48.

#725 graff. VI 8,3: rechts der Tür, nicht ganz bei der Hausecke.

Sabine calos, Hermeros te amat; | Sabine calos, Herṃeroeteamata.

Sabinus (*oder:* für Sabina), ein Hurra! Hermeros liebt dich. (2×)

E *e* kurs.

K 1f. *Sabine* voc. masc. oder dat. fem. (*-ae*). – Das adv. *καλῶς* ist unzweifelhaft in #47, #1326, eindeutig ist es zudem in Kombination mit dat., dies ist wohl letztlich eine Verselbständigung aus gr. Redensarten wie *χαῖρε, καλῶς σοι γένοιτο* 'es möge dir gut gehen' (G.E. BEAN, Klio 52 (1970), p. 16 no. 2, Pisidien), *καλῶς σοί ἐστι* '(dann) geht es dir prima' (P.Oxy. XLII 3070), aber auch aus Ausdrücken wie 'das hast du gut gemacht'. Auch bei einem voc. ist dies sinnvoll: 'toll, klasse', oder freier: 'bravo, hurra'. Eindeutig das adv. haben somit #724 (mit voc. pl., hier ist auch die Schreibweise unmissverständlich), #728 (fem. dat./voc.), #729 (fem. voc.), #916 (einmal fem. dat./voc. und einmal masc. dat.). Die meisten edd. haben aber versucht, die Form *calos* möglichst als nom. sg. masc. des adj. zu interpretieren (auch VÄÄ. p. 110, ThLL III 183.48ff.), also hier 'schöner Sabinus!' (so VARONE und HUNINK). In den genannten Inschriften mit dat. geht das nicht, und ebensowenig in den Fällen mit voc., da ein attrib. *calos* ('schöner Sabinus') ebenfalls im voc. stehen müsste und für 'Sabinus, du bist schön' das Verbum 'du bist' (2. pers.) nötig wäre. So ist auch in #726 (voc. masc. oder dat. fem.) und #730 (masc. dat. oder voc.) adv. viel wahrscheinlicher als adj. Bleiben noch die Fälle wie #486 *calos Castrensis*, in denen masc. nom. oder voc. vorliegen kann und wir versucht sein könnten, in die 3. pers. auszuweichen (wo das Verbum fehlen darf): 'Castrensis (ist) schön'. Dies ist aber angesichts von #487 (und IV 5018 *calos, Acti*), wo voc., d.h. 2. pers. herrscht, abzulehnen, und dasselbe gilt für #493 und #496 angesichts von #494f., ebenfalls mit klarem voc. So werden wir auch #731, IV 3069 und 4567 besser mit voc. und adv. auffassen. Übrig bleibt #727 (nom., nicht voc.), hier liegt aber nahe, ein Verbum wie *futuit* zu ergänzen. Die Auffassung als adv. ist in diesen Fällen somit generell am besten begründet. – 2 *Hermeros te amat.*

B IV 1256 m. add. E; DI. 576; WE. 59, 168; HU. 375; VA. 123.

#726 graff. IX 5,19 (Lupanar): links der Tür.

calos Probe.

Bravo, Probus! *Oder:* Applaus für Proba.

K *-e* voc. masc. oder dat. fem. (*-ae*); der gleiche Text IV 5136.

B IV 5138° m. add. E; DI. 577; HU. 877°.

#727 graff. IX 5,19 (Lupanar): links der Tür.

Romulus cal`v´os.

Romulus (macht's) klasse! *Oder (mit `v´):* Romulus (hat) Glatze.

E Ob das eingefügte V von derselben Hand stammt, bleibt leider offen.

K Zum Namen cf. #569; angesichts des Fundortes ist wohl *futuit* zu ergänzen (cf. #1326); den gleichen Text (ohne -*v*-) liest MAU in IV 4725 (VII 7,5: Peristyl), die beiden Wörter stehen allerdings auf zwei Zeilen und nicht genau untereinander, somit sind Zweifel angebracht.

B IV 5148 m. add. E; WE. 210.

#728 graff. VI 7,20: Peristyl.

calos | Hedîa.

Hurra, Hedeia! *Oder:* Ein Hurra für Hedeia!

K 2 voc. Ἡδεῖα oder dat. Ἡδείᾳ.

B IV 1283° m. add. E; DI. 578.

#729 graff. VI 7,20: Peristyl.

calos, | Epictesis.

Ausgezeichnet, Epictesis!

K 2 Der Name ist fem., also adv. und voc.

B IV 1286° m. add. E.

#730 graff. Vor der Porta Marina (Nordseite der Straße): Porticus.

calos qoponi.

Bravo dem Wirt! *Oder:* Bravo, Coponius!

K καλός scil. *puer* (d.h. der Sklave des Coponius) DCO., unplausibel; *qoponi* ist dat. von *caupo* (cf. #254) oder voc. masc. des Eigennamens (cf. #1174), die dritte Möglichkeit, das gleichlautende adj. auf -*ius*, scheidet aus, es ist zu schwach bezeugt (cf. OLD s.v. *cauponius*) und gibt keinen Sinn; *q*- cf. ähnlich VÄÄ. p. 55. — Ist von #418 (gleich oberhalb) inhaltlich wohl zu trennen.

B IV 9146.h; WE. 51, 378; HU. 988.

#731 dip. Porta Marina, links.

calos, Victor, ubique.

Großartig, Victor, überall!

K *Victor* cf. #1341; *ubique* cf. #1243.
B IV 652° m. add. D; DI. 579; HU. 695.

#732 graff. VII 7,5: Peristyl.

Sabinio, Ars, | Ars Urbici ubq.

Sabinio, Ars – Ars des Urbicus, überall!

K Über der Ritzzeichnung eines hirschartigen Tieres, ähnlich wie bei #524 (gleich daneben). — 1 *Sabinio* nom., cf. ebenfalls #524. — 1f. *Ars* ist evt. Berufsname einer Schauspielerin (cf. #677, ferner #481), die 'Kunst' des Tierzeichners ist kaum gemeint, auch nicht ironisch, pace add. E. — 2 *Ars* ist wiederholt, wohl um klarzustellen, dass es syntaktisch zu *Urbicus* gehört; *Urbicus* heißt ein Atellanendichter bei Iuv. 6.71, in Pompeji kommt der Name auch IV 9368f. als Cognomen vor; *ubique*, cf. #1243 und #635.
B IV 4723° m. add. E; DI. 714; WE. 454°; LA. 1581°.

#733 graff. I 10,4: zwischen Peristyl und Küche.

Ιουκουνδο.

Dem Iucundus.

K *Iucundo*, wohl ein Gruß, links davon ein Phallus.
B IV 8346.

8.2. Trauer und Mitleid

#734 graff. VII 12,18 (Lupanar).

Africanus moritur, | scribet puer Rusticus, | condisces, cui dolet pro Africano.

Africanus liegt im Sterben, (dies) schreibt der Sklave Rusticus, sein Schulkamerad, dem es um Africanus leid tut.

K 1 'liegt im Sterben', nicht 'ist tot' (so WEEBER; richtig HUNINK), cf. H.-SZ. p. 302. — 2 *scribit*, cf. VÄÄ. p. 21f. — 3 *condiscens*, cf. *discens* #230 usw.; substantivierte Partizipien (statt nom. agent. u.ä.) sind auffällig häufig, einige sind zwar schon früher üblich, cf. #124, #261, #711, #1098 (mit #1047,

#1456f.), #1429, aber die Zunahme gegenüber der klass. Zeit ist deutlich: cf. #151, #295, #360, #389, #1237, in Namen #37, #270, #298, #451, und auch Formen mit hyperkorrektem *-ns* (cf. #424, #794) bestätigen den Trend; dieselbe Erscheinung ist im Gr. zu beobachten, z.B. NT Matth. 25.9 und Luc. 19.45 *πωλοῦντες* 'Verkäufer', Matth. 21.42, Marc. 12.11 usw. *οἰκοδομοῦντες* 'Bauleute'; *pro* cf. OLD s.v. *prō*[1], 18 (z.B. Sen. dial. 2.2.1).

B IV 2258a° m. add. E; ImGr. 326–28*; DI. 494; WE. 319; HU. 656.

#735 graff. VII 7,5: Peristyl.

Confirminus, / L. Otạc̣ịlius moritur.

Confirminus; Lucius (?) Otacilius (?) liegt im Sterben.

K 1 Evt. Cognomen (*Firminus* ist häufig), unklar. – 2 Der Name ist u.a. in Puteoli bezeugt (X 2665, 2815), die Lesung ist aber ganz unsicher; HUNINK übersetzt hier wie WEEBER 'ist gestorben'.

B IV 4777° m. add. E; DI. 742; WE. 320; HU. 578°.

#736 ♪ graff. VIII 1,1 (Basilica).

Pyrrhus Chìo conlegae sal. /
moleste fero quod audivi / te mortuom,
itaqẹ vạl. vac.

Pyrrhus (schickt) seinem Kollegen Chius einen Gruß.
Ich bin betrübt, denn ich habe gehört, dass du gestorben (bist).
Darum: Ade!

M 2f. ia6 (add. E, zweifelnd; *fero* mit IK, cf. #615), der zweite unvollständig.

E 1 Erstes *e* in *conlegae* kurs. – 3 *e* in *te* kurs.

K 1 *Chius* war evt. derselbe wie in #1344. – 3 *mortuum*, cf. VÄÄ. p. 29; *-que*, cf. VÄÄ. p. 55. – 2f. Cf. Plin. epist. 3.21.1 *audio Valerium Martialem decessisse et moleste fero.*

B IV 1852° m. add. E; ImGr. 363*; DI. 477; GE. E-42; MO. 32f.; WE. 371; HU. 730.

#737 graff. IX 13,4: links der Tür.

mortus / Gloẹrus / posteru nonas.

Gloerus (?) (ist) am Tag nach den Nonen gestorben.

E 2 Lesung unsicher.

K 1 *mortus* für *mortuus*, cf. auch #772, #774, IV 10680, ferner #954 *fatus* und VÄÄ. p. 41. – 2 Name unklar. – 3 *posteru(m)* statt *postero* (scil. *die*), cf. #62, VÄÄ. p. 119, OLD s.v. *posterus*, 2.b; *nonas* wie in #62 statt gen., cf. Cic. Sul. 52 *nocte ea quae consecuta est posterum diem nonarum Novembrium.*

B IV 9116; DI. 1131; GE. I-7; WE. 318; HU. 949.

#738 graff. IX 13,5: links der Tür.

mortus | Ç̣lạutus | nonas | postẹ[r]u.

Clautus (?) (ist) am Tag nach den Nonen gestorben.

E 2 Lesung unsicher.

K 2 Wohl dieselbe Person wie zuvor, *C* bzw. *G* ist evt. Praenomen.

B IV 9132°.

#739 dip. I 10,4: Peristyl.

Sporus_om|o_mortus.

Sporus: ein toter Mann!

K 1 *Sporus* ist gut bezeugt. – 1f. *homo.* – Vielleicht eine Drohung.

B IV 7355 m. add. D; ImDip. 130*; GE. I-8; HU. 77.

#740 graff. VII 2,23: Tablinum.

o pater, pater, [---?] | prolipo pen[---] | in_ma[---]

Oh Vater, Vater, ich lasse die Penaten (?) zurück ... in ...

E *e* kurs. – 2 Alle drei *p* sind klar sichtbar. – 3 Wohl *in_ma[---].*

K 2f. Evt. *προλείπω* (wie z.B. Hom. Il. 17.275) und dann *Penates*; ganz anders N.W. BRUUN, ThLL X.1 1074.59f., und H. BEIKIRCHER, ThLL X.1 1825.19–22: *prolibo pene in manu* o.ä., das *-p-* in *-lipo* spricht aber dagegen.

B IV 1618° m. add. BE; ImGr. 303f.*; DI. 770.

#741 graff. I 10,4: zwischen Peristyl und Küche.

Crescens Cryseroti salutem. | quid agit tibi dexter ocellus?

Crescens (schickt) Chryseros einen Gruß. Was macht dein rechtes Auge?

E 1 *e* in *Cryseroti* kurs.
K 2 DCo. versucht, *dexter ocellus* mit einer italienischen Redensart zu erklären, unplausibel (unentschieden VÄÄ. p. 102), es ist wohl ein «Veilchen» gemeint, und die Anteilnahme ist dann ironisch.
B IV 8347°; GE. E-53; KR. 45; WE. 453; HU. 86.

#742 graff. IX 7,15–16.

Romulus Cerdonî sal. / scias volo / me tuì curam aegisse.

Romulus (schickt) Cerdo einen Gruß. Ich möchte, dass du weißt, dass ich mir Sorgen um dich gemacht habe.

E *e* kurs. außer dem letzten.
K 1 *Romulus* cf. #569, *Cerdo* #922ff. – 3 *egisse.*
B IV 2413f m. add. A°E; ImGr. 431*; DI. 478; GE. E-50; WE. 380; HU. 899.

#743 graff. IX 2,26: Gartenporticus.

en aspice fratrem, miseri pavor vac.?

Komm, schau den Bruder an, die Angst (*oder:* Blässe) des Armen!

E Statt *pavor* kann auch *pallor* gelesen werden; am Schluss evt. unfertig.
K nom. *pavor / pallor* gibt keinen Sinn; ist vielleicht *-em* zu ergänzen, oder (ohne Komma) gen. qualit. *-is* 'voll elender Angst'? Der Kontext is unklar.
B IV 5006° (= 3298) m. add. E; DI. 758.

#744 graff. IX 9,12 (Gasthaus): Garten.

Fausta, ploras.

Fausta, du weinst.

K Cf. #745, also kaum zweimal *ploras* statt impv. *plora* (pace MAU).
B IV 5280 m. add. E; DI. 760; GE. E-64; HU. 939.

#745 graff. IX 9,12 (Gasthaus): Garten.

a *Hermes / [---]si / [.]onitus.* – **b** *ploras, / Paussta, / va.*

a Hermes ... gemahnt (?). – **b** Du weinst, Fausta, leb wohl!

K **a** 2 *monitus?* – **b** 2 *Fausta,* zu *-sst-* cf. VÄÄ. p. 62.
B IV 5281 m. add. E.

8.3. Warnungen

#746 ♪ graff. VIII 1,1 (Basilica).

tu qui lucernam cogitas accendere |
++++++ạdẹsṭ os+++nt++++++nṭịḅị[---?]

Du, der du daran denkst, die Laterne anzuzünden,
… hilft … dir …

M ia6.

E *e* kurs. außer evt. in 2 *adest.* – 1 *cogitas* ZA., add. E, *-ans* VARONE in ImGr, aber auf dem Foto ist ein (langes) S nach dem A ziemlich sicher sichtbar, und ein N hätte kaum Platz.

K 1 *-ans* wäre auch möglich (wenn hyperkorrekt cf. VÄÄ. p. 69, contrépels).

B IV 1941° m. add. BE; ImGr. 390*; DI. 674; CLE 48; HU. 760.

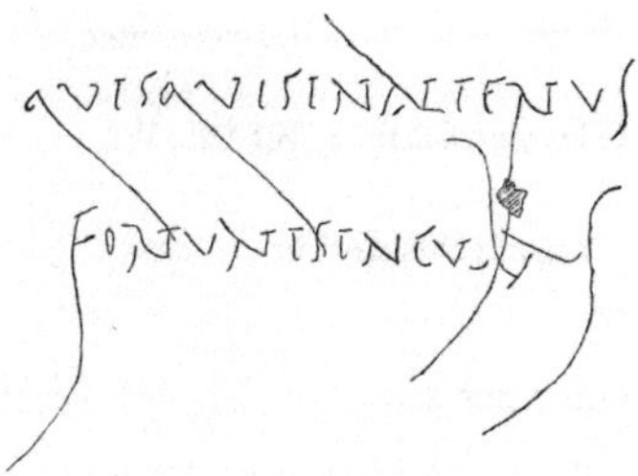

Abb. 4: #747, aus CIL IV.

#747 ♪ graff. IX 5,6: rechts der Küchentür.

quisquis in alterius | fortunis incubas (⏔ – ⏑ ⏔ bzw. – ⏔).

Wer immer eines anderen Besitztümer bewachend (*oder evt.:* Wer immer über eines anderen Glücksfälle nachdenkend) …

M Eher tro7 init. als da6 init.

E Cf. Einl., 4.

K 2 Wohl tro7 mit ptc. *incubans* (zu ergänzen z.B. *furtum facit* ‘einen Diebstahl begeht’); 2. pers. sg. *as* ‘du, wer immer du seist, der du …’ und da6 (mit gekürzter Endsilbe *-ăns/-ăs*, cf. #1094) sind ebenfalls möglich, aber weniger wahrscheinlich.

B IV 5087° m. add. E; DI. 688; CLE 1785; WE. 54; HU. 867°.

#748 graff. IX 1,26: Triclinium beim Atrium.

Sodoma | Gomora.

Sodom (und) Gomorrha.

K Bibl. zu möglichen Interpretationen cf. add. E; kaum christlicher, sondern jüdischer Hintergrund.

B IV 4976° m. add. E; ImGr. 425*; DI. 693; GE. F-52; KR. 52°; WE. 241°; HU. 837°; VA. 130f.

#749 graff. V 5,2: Raum beim Atrium.

fures | faras, | frugi intro.

Diebe 'raus, Brave 'rein!

E *e*, *f* kurs.

K 2 *faras* auch VI 13070, statt *foras*, cf. VÄÄ. p. 30. – Der Spruch mit seiner grandiosen Alliteration war zweifellos verbreitet; cf. Petron. 52.6 *aquam foras, vinum intro.*

B IV 4278 m. add. E; DI. 720; GE. E-24; MO. 66f.; WE. 335; HU. 325.

#750 graff. V 3,9: rechts der Tür.

fur, cave; | siq.$^{vac.?}$

Dieb, pass auf! Wenn einer ...

E *e* kurs. – 1 Nach *fur* ein kleines Häkchen als Worttrenner, add. E. – 2 Wohl unfertig.

K 1 Cf. die bekannte Warnung X 877 *cave canem* (Mosaik). – 2 Beginn von *siquis* etc.

B IV 6701 m. add. E; GE. E-23; MO. 72f. (nur 1); WE. 334; HU. 314.

#751 graff. Gebäude vor der Porta del Vesuvio: auf Trinkschale.

fur, cave malu.

Dieb, hüte dich vor Prügeln!

E *f* kurs.

K *malum*, 'Prügel' cf. OLD s.v. *malum*[1], 1.a–b, *cave malo* z.B. Plaut. Bacch. 147, Mil. 1335, Rud. 945, 1089, cf. ferner Amph. 563ff., Persa 816f.

B IV 6253; HU. 1008.

#752 graff. II 7 (Palaestra).

Mus, cave | malum.

Mus, hüte dich vor Prügeln!

K 1 *Mus* cf. #481.
B IV 8645; ImGr. 153°; WE. 582; HU. 197.

#753 dip. III 4,3: rechts der Tür, um die Ecke.

cacator, cave malum.

Scheißer, hüte dich vor Prügeln!

E VE Lig.; in großen, dicken Buchstaben.
K Auch IV 7715 (gleich daneben, von derselben Hand), cf. ferner IV 3782, 4586, 5438; Alliteration.
B IV 7714 m. add. D; ImDip. 274*; DI. 1116; HU. 235.

#754 dip. IX 7,21 (Taberna): Eingang zur Latrina.

cacator, | cave malu.

Scheißer, hüte dich vor Prügeln!

K Über dem Gemälde eines nackten Mannes in der Hocke, von zwei Schlangen flankiert; diese erinnern an die reale Gefahr und sollen auch generell apotropäisch wirken. – 2 *malum.*
B IV 3832 m. add. D; ImDip. 415f.*; DI. 696a; HU. 910; FRÖHLICH (1991), tab. 10.1*; BLUM (2002), p. 46*f., 49, no. 39.

#755 dip. III 5,1: links der Tür, um die Ecke.

cacator, cave malum, | aut, si contempseris, habeas | Iove iratum.

Scheißer, hüte dich vor Prügeln, oder du mögest, wenn du (dies) missachtest, Iuppiters Zorn zu spüren bekommen!

E 1/3 VE Lig.
K 3 *Iovem*; zur Formel cf. #70, #451.
B IV 7716 m. add. D; ImDip. 273*; DI. 1117; GE. C-7; MO. 44f.; WE. 342; HU. 236.

#756 ♪ dip. V 6,18: bei der Porta del Vesuvio.

cacator, sig_valeas, | ut tu hoc_locum trasiaṣ.

Scheißer, dir soll es so gut ergehen, wie du an diesem Ort vorbeigehst.

(*Das heißt*: Geh vorbei, sonst kannst du was erleben!)

M ia6 (*lŏcŭm* mit IK, cf. #615).

E 2 Das Schluss-*s* ist auf dem Rahmen der gemalten Tafel sichtbar (cf. ZA. und die leider viel zu klein reproduzierten Fotos in ImDip).

K Auf einer gemalten viereckigen Tafel (cf. #843, #997) links auf dem Gemälde eines von zwei Schlangen flankierten Rundaltars. – 1 Statt *sic*, offenbar wurde diese Formel *sic valeas* als ein Wort (eine Akzenteinheit, cf. ähnlich #1185) empfunden, weshalb die Assimilation auch in der Schrift ausgedrückt wurde. – 2 *locum* ntr., cf. VÄÄ. p. 82; *transeas*, das *-i-* ist sicher gelesen, die Form unterscheidet sich von *valeas* durch die Länge der ersten Silbe, vielleicht wirkte sich dies auf die Aussprache aus; der conj. ist unerwartet (VÄÄ. p. 123), denn *ut* heißt in dieser Beschwörungsformel 'wie', cf. #1251 und Plaut. Aul. 445, 496, 761f. (iron.), Bacch. 111f., 892–97, Capt. 622f. etc., Phaedr. 4.2.19 (iron.); unvollständig erhalten oder verwendet ist die Formel in #109, #852, #855, #902, #1025, #1039 (mit VI 29629).

B IV 6641 m. add. D; ImDip. 308*; DI. 697; GE. C-8; HU. 353; GI. 231 n. 63; FRÖHLICH (1991), tab. 56.2*; BLUM (2002), p. 33f.*, no. 23.

#757 ♪ dip. V 6,c: rechts der Tür, um die Ecke.

stercorari, | ad_murum | progredere,
si | presu's p̣ueris, poena |[5] patiare necese | est.
cave.

Mistablagerer, geh weiter bis zur Stadtmauer!
Wenn du von den Sklaven erwischt wirst, ist es unvermeidlich, dass du eine Strafe erleidest.
Pass auf!

M 3–6 (*si – est*) da6.

E 3ff. *e* kurs. außer in *presus*; kein «professioneller» Maler.

K 1 voc. sg. von *-arius* (so VÄÄ. p. 94) oder – weniger wahrscheinlich – finaler inf. (cf. #907) des depon. (cf. VÄÄ. p. 87). – 2 Wohl 'Stadtmauer', zu der es nicht weit ist; kein Worttrenner, die Präposition ist proklitisch (cf. #1185).

– 4 *prens-*; *poenam* (zur Prosodie cf. #1041). Die Lesung *p-* in *pueris* ist mindestens so gut vertretbar wie *f-* (evt. hat der Schreiber ja beide Textversionen gekannt und absichtlich eine «Kompromissbuchstabenform» gemalt), *si prensu's pueris* zeigt in vorklass. Weise elidiertes *es* (cf. #763, #1085 und LEUM. p. 123, sog. «Aphaerese») sowie *pueris* im dat. auct. Dies war gut analysierbar und verstärkte noch die Alliteration, die Normalversion hatte aber wohl *fueris* (cf. #1476), denn in der gleichen Tradition steht Priap. 35 (ed. BÜCHELER / HERAEUS mit Komm.): *Pedicabere, fur, semel. Sed idem / si deprensus eris* (n.b. mit varia lectio *si prensus fueris*) *bis, irrumabo. / quod si tertia furta molieris, / ut poenam patiare et hanc et illam, / pedicaberis irrumaberisque*. – 5 Ältere Form von *patiaris*, cf. LEUM. p. 517; *necesse*.

B IV 7038 m. add. D; ImDip. 307*; DI. 698; CLE 1934; GE. C-9; WE. 590 (ohne *cave*); HU. 320; GI. 188 n. 32, 221; CO. 152.

#758 ♪ graff. III 5,4: links der Tür.

hospes, ad_ḥuc tumuli ni_meias, ossa prec[antur], |
nam, si vis [h?]uic gratior_esse cacaṇṣ, |
urticae monumenta vides. discede, cacator, |
non est hic tutum culu aperire tibi.

Unbekannter Besucher, dass du an diese Grabstätte nicht pinkeln mögest, bitten die Gebeine.
Denn für den Fall, dass du ihr kackend willkommener sein willst,
siehst du die Warnungen der Brennessel! Geh (also) weg, Kacker!
Hier ist es für dich nicht gefahrlos, den Hintern zu öffnen.

M dist.

E Mit *calamus* und Tinte geschrieben. – 2 *caca* (impv.) edd., am Ende sind aber Reste von einem oder zwei Buchstaben zu sehen, eine Lesung *-ns* (cf. #1047) scheint mir somit gut möglich und empfehlenswert.

K 1 Cf. VI 2357 (CLE 838; da6) *hospes, ad hunc tumulum ne meias, ossa precantur | tecta hominis, {set} si gratus homo es, misce, bibe, da mi*, wo im zweiten Vers ebenfalls *gratus* erscheint; *hunc*, cf. VÄÄ. p. 67; *hunc* + gen. *tumuli* ist wohl ähnlich dem 'gen. appositivus' (K.–ST. I p. 418ff.) zu beurteilen (so auch 3 *urticae*), evt. ist scil. *locum* zu ergänzen (cf. #756); *ni* für *ne* cf. #1119, VÄÄ. p. 88, WACHTER (1987), §12b. – 2 *huic* DCO., dies ist – außer dem *h* – offenbar zuverlässig gelesen, aber unmetrisch (außer man liest in altlat. Manier *hūīc*, cf. Plaut. Amph. 702, LEUM. p. 478); *istis* (scil. den Gebeinen) statt *huic* konjiziert (für die Vorlage) W.D. LEBEK, ZPE 22 (1976), p. 287–92; mit ptc. *cacans* löst sich die von vielen edd. monierte Diskrepanz zwischen impv. *caca* und der Fortsetzung, die diese Tätigkeit untersagt. – 3 *Urtica* edd., aber der Grabkontext ist ja fingiert, somit liegt kein Name vor, sondern ganz real subst. 'Brennessel' (hier sg. collect.) oder höchstens die Vortäuschung eines Namens; *discede, cacator,* cf. #759. – 4 *culum.* – Zum Thema cf. auch #97, #788ff., #937f., ferner Petron. 71.8 (COURTNEY); *urtica* und *culus* bleiben ein treues Gespann: afrz. *Qui sent son cul ortier, envis se tient de fremier* 'Wer merkt, dass sein Hintern brenn(nessel)t, hält sich nur mit Mühe davon ab, sich zu bewegen', ital. (1693) *Io ti dico come il culo diceva all'ortica: ti conosco cattiva herba*, usw.

B IV 8899°; ImDip. 278*, ImGr. 207*, (527); KR. 76°; WE. 343°; HU. 243°; GI. 230–32; CO. 168b.

#759 ♪ dip. VII 11,13–14.

otiosis locus hic non est, discede, | morator.

Dies ist kein Ort für Müßiggänger, hau ab, Herumlungerer!

M da6 (*ōtjōsīs*; nicht *-tĭŏ-* mit MILNOR (2014), p. 58, das *ō* trägt den Akzent).

K Zu einem Gemälde mit Schlangen, neben einer Taberna. – 1 *otiosis* mit [tj], cf. VÄÄ. p. 34 und #267. – 1f. Cf. Mart. 13.25.1 ... *procul hinc discede, viator,* VI 10493 ... *moram concede, viator* (beide Verben und Substantive metr. je gleichwertig), sowie Pers. 1.113 *pinge duos anguis: «pueri, sacer est locus, extra / meiite»*; cf. ferner #509.

B IV 813 m. add. D; DI. 704; CLE 333; GE. E-25; KR. 36; MO. 54f.; WE. 366; HU. 604; CO. 157.

#760 ♪ graff. IX 2,26: Gartenporticus.

pravu|s v[ir] cutius ibet.

Ein cleverer (?) Mann wird vorsichtiger (?) gehen.

M Evt. da6 fin.

E *e* kurs.

K 1f. *pravus* cf. #1174. – 2 Evt. statt *cautius*, skeptisch VÄÄ. p. 32, vielleicht etwa 'wird besser / klüger daran tun zu gehen'; *ibit*, cf. VÄÄ. p. 21f.

B IV 5035 (= 3306) m. add. E; DI. 676.

8.4. Spott, Verleumdung, Schimpf und Fluch ohne sexuelle Implikation

#761 graff. Herc., Insula Orientalis I, 2/3: Zimmer.

Fuibus, | egrotes.

Phoebus, du sollst krank werden!

E 2 Zweites *e* kurs.

K 1 Statt voc. *Phoebe*, DCo., und cf. VÄÄ. p. 57. – 2 *aegrotes*, dieser Wunsch auch #190, IV 762, 2960, 5339, ähnlich IV 4507 (3× impv. *aegrota*), und cf. die Praxis der sog. Defixiones (cf. #783f.).

B IV 10631.

#762 graff. VII 7,5: Peristyl.

Aephebe, | ardalio es.

Ephebus, du bist ein Angeber!

K 1 *Ephebe*, voc., von ἔφηβος, derselbe auch #643. – 2 *ardăliō* cf. OLD s.v., von ἄρδἄλος.

B IV 4765° m. add. E; Di. 645; Ge. E-31; We. 322°; Hu. 574.

#763 ♪ graff. VI 14,37: Atrium.

G. Hadius
Ventrio | eques natụṣ Romanus inter | beta et brassica.

Gaius Hadius
Ventrio wurde als römischer Ritter geboren zwischen Kraut und Rüben.

M 2f. Statt ia6 (ab *natus*, edd.) liegt wohl eher ein tro7 («Versus quadratus»), der nächstlängere Vers, vor, denn *eques* gehört untrennbar zu *Romanus* und damit zur Versaussage. Der Vers ist also mitsamt dem Cognomen konzipiert worden, ähnlich wie in #318, der ganze Name war jedoch zu lang. Vergleichbare Fälle sind #430, #1167, #1348, #1359, das Gegenteil zeigen #465 etc., in #830 passt die Länge einigermaßen, nicht aber die Prosodie.

E *e* kurs. – 2 VS in *natus* Lig.

K 1 *G.* statt *C.*, cf. #685; *Adius*, cf. X 904 und ähnliche Fälle VÄÄ. p. 57. – 2 Cf. aus ähnlicher Zeit VI 1632 *natus eques Romanus in vico Iugario*; bei *natus* war evt. noch ein *est* mitgedacht: *natu's(t)*, cf. #757, #676. – 3 *betam* ('rote Rübe'), *brassicam* ('Kohl'), beides erinnert an das Cognomen des Mannes.
B IV 4533° m. add. E; DI. 113; CLE 41; GE. E-32; WE. 325; HU. 432°.

#764 graff. I 7,1: Atrium.

canitiẹṣ.

Weißhaarigkeit.

E *e* kurs.?
K Cf. ebenso isoliert IV 2022, 7093, zudem #765, das Wort war vielleicht als Beleidigung gemeint, cf. Iuv. 10.208.
B IV 8083; ImGr. 32°; DI. 1141.

#765 ♪ graff. VII 11,11 (Gasthaus): Atrium.

canities ded[---?]

Die Altersgräue gab ...

M Evt. da6 init.
E *e* kurs.
K Wie IV 2022 direkt gegenüber dem Lupanar VII 12,18.
B IV 2019; HU. 603.

#766 graff. VII 1,8 (Stabianer Thermen).

in cruce | figarus.

Mögest du ans Kreuz geschlagen werden!

K 2 *figaris*, wie #1119 *[oblivisca]ṛus*, #1162 *fruniscarus*, #1171 *paterus*, ferner z.B. I² 1702 *utarus* (Venosa), I² 1732 *spatiarus* (Benevent), Cato agr. 157.8 *experirus*, VÄÄ. p. 87, LEUM. p. 517.
B IV 2082° m. add. BE; DI. 490; GE. E-47; MO. 60f.; WE. 352; HU. 503.

#767 graff. II 4,6: Atrium.

Lite, es dypundi. || Lite | aeris a.

Litus, du bist (nur) zwei As wert! Litus, ein As (bist du wert)!

E *e* kurs.

K 1 *dupundi*, cf. VÄÄ. p. 25f. und 33; als Beleidigung gemeint, cf. Petron. 58.4 *matrem meam dupundii non facio* und adj. *dupundiarius* in diesem Sinn ibid. 58.5 und 74.15, ferner cf. die Prostitutionsannoncen #1264ff. – 3 *aeris assis* (scil. *unius*).

B IV 10119; WE. 338; HU. 163.

#768 graff. IX 7,17: Türpfosten links.

a *viginticipitum s.* – **b** *Vitalis ebr.*

a (Club?) der Zwanzigköpfer. – **b** Vitalis (ist) betrunken.

E **a** *s.* ist größer geschrieben. – **b** Von anderer Hand.

K **a** Ein Nomen auf *-tus* (oder *-tum*), wie es VÄÄ. p. 106 postuliert, ist abzulehnen, problemlos ist dagegen eine Bildung auf *-ceps -cipitis* (cf. *an-/bi-*, *tri-*, *quadri-*, *centi-*) im gen. pl. (part.), abhängig von *s.*, wohl *s(ocietas)*; zu vergleichen sind die Steuereintreiber von #657, beabsichtigt war deshalb vielleicht gen. pl. *viginticipum* (wie von *municeps*, *particeps -cipis*) 'die (den) Zwanzig(stel) holen', aber der Schreiber scheint eher ein Rudel zwanzigköpfiger Hydren vor Augen gehabt zu haben. – **b** Wohl *ebrius*.

B IV 2413k m. add. A°BE, 3196b; DI. 752.

#769 graff. I 3,3: Peristyl.

L. Statius Ɔ. l. | Philadelpus | fur est. || Ae_Statius Ɔ. l.

Lucius Statius Philadelphus, Freigelassener der Statia, ist ein Dieb. … Statius, Freigelassener der Statia.

E 2f. *e* kurs.

K 1/4 *Ɔ.* sprich: *Gaiae* 'Frau', d.h. von einer Frau, hier Statia, freigelassen; zu umgekehrtem *c* cf. auch #405 etc. und #468 etc. – 2 *Philadelphus.* – 4 *Ae* ist merkwürdig: A ist unerklärt; E (nur hier nicht kursiv) evt. statt L wie in 1?

B IV 3990 m. add. E; DI. 642.

#770 graff. VII 7,5: Peristyl.

Perarị, | fur es.

Perarius (?), du bist ein Dieb!

E 1 Letzter Buchstabe wie ein L.
K 1 Evt. für *P. Aerari*, add. E. – 2 Cf. Plaut. Aul. 325f.
B IV 4764° m. add. E; DI. 643; GE. E-34; MO. 52f.; WE. 331°; HU. 573°.

#771 graff. VII 7,5: Peristyl.

Ladicula | fur est.

Ladicula ist eine Diebin.

E *e* kurs. – 1 SOLIN (cf. AE 2004, no. 402) bevorzugt *Lab-*, das D scheint aber sicher gelesen zu sein.
K 1 Wohl demin. von *Λᾱοδίκη*, dor. *Λᾱ-* (cf. z.B. X 4536 *Ladice* in Capua), cf. auch #596 sowie #542.
B IV 4776° m. add. E; DI. 644; WE. 333°; HU. 577.

#772 graff. IX 9,12 (Gasthaus): Garten.

tu mortus es, | tu nugas es.

Du bist (so gut wie) tot, du bist eine Nulpe.

E *e* kurs.
K Derselbe Text auch IV 5282 (an derselben Wand, *e* nicht kurs.) und teilweise #773, also wohl verbreitet in Gebrauch. – 1 *mortus* für *mortuus*, cf. #737. – 2 *nugas* 'unnütz, Unsinn, Nichtsnutz', bezeugt seit altlat. Zeit (cf. Plaut. Amph. 604 *quas, malum, nugas?* 'Was ist das für ein Unsinn, du Schurke?' usw.) ist indecl. wie *nequam* (cf. CHAR. p. 27.5ff. BARWICK und andere Gramm.), also liegt hier synchron gesehen kein Fall von acc. statt nom. vor (cf. #265). Der Vorschlag von SOGLIANO, *nūgāx* hinter unserer Form zu sehen (nach Petron. 52.4), als 'einer, der Unnützes tut oder sagt', wird von VÄÄ. p. 116 abgelehnt, ist aber lautlich und semantisch genauso passend. VÄÄ. hat nicht berücksichtigt, dass sich ursprüngliches *-ās* und *-āx* nicht mehr unterschied (cf. #416 und VÄÄ. p. 65). Die Petronstelle, *cito, inquit, te ipsum caede, quia nugax es*, zeigt, dass hier schon in der Antike *nugax* verstanden werden konnte, denn die Stelle gibt die Redensart der Inschriften wieder (der erste Teil entspricht *tu mortus es*; cf. auch #781).
B IV 5279 m. add. E; DI. 830; GE. H-27; WE. 336 (nur 2), 337 (nur 1); HU. 938; GI. 196f.

#773 graff. VII 5,2 etc. (Forumsthermen).

nugas e^s.

Du bist eine Niete.

E Nach dem *e* eine beschädigte Stelle, evt. vom Schreiber übersprungen?

B IV 1467° m. add. E; ImGr. 306*; GI. 196 n. 98.

#774 graff. VII 2,16: Peristyl.

cadaver mortus.

Tote Leiche!

K *cadaver* masc. statt ntr., cf. VÄÄ. p. 82; *mortuus*, cf. #737.

B IV 3129° m. add. E; DI. 743.

#775 graff. Villa dei Misteri: Peristyl.

morticinae | hereditas.

Erbschaft eines Kadavers!

K 1 *morticīna* fem., ein frühes Beispiel für den häufigen Vorgang, dass der pl. eines ntr. zu einem fem. uminterpretiert wurde, cf. VÄÄ. p. 82, #940 und z.B. frz. *la joie*, ital. *la gioia* < pl. von *gaudium*.

B IV 9205°; DI. 1132.

#776 graff. VII 15,8: Atrium.

qui scripsit, Syrus, nequa.

Der das geschrieben hat, Syrus, ist zu nichts zu gebrauchen.

E *e* kurs.

K *nequam*, cf. #7. – Bezieht sich vielleicht auf #778 gleich darunter (dazwischen steht nur #1439).

B IV 4831 m. add. E; DI. 731; HU. 688.

#777 graff. I 9,9: links der Tür.

Sope_nequam.

Sophe ist eine Flasche.

E *e* kurs.
K *Sophe*; evt. dieselbe in IV 5095.
B IV 10013; WE. 327.

#778 graff. VII 15,8: Atrium.

Nype Crispini aṇc̣ḷạ necuisma.

Nymphe, die Sklavin des Crispinus, ist ein ganz großer Taugenichts.

E *e* kurs.; *ancla* mit Kurzschreibung *c(e)*?
K *Nymphe*, cf. VÄÄ. p. 67; *Crispini* cf. IV 4834f.; zu *ancilla* (evt. mit *-e-*, cf. VÄÄ. p. 21) oder für *ancula* (VÄÄ. p. 44), das aber schwach bezeugt ist, cf. OLD s.vv.; *nequissima*, cf. VÄÄ. p. 54 (*-cu-*), zur Synkope in *-sm-* cf. #88 und span. *mismo*, frz. *même* neben ital. *medesimo* (< *-met ipsimus*, cf. OLD s.vv., Petron. 63.3, 69.3, 75.11, sowie #493 zum Wandel *ps* > *ss*), und cf. die ähnliche Synkope in #1134 *plurma*.
B IV 4833° m. add. E; DI. 647; GE. E-38; WE. 330; HU. 690°.

#779 graff. IX 14,d: Atrium.

qui Caeciliiṣ serves, | male perit.

Du, der du den Caeciliern dienst, gehst jämmerlich zugrunde.

E *e* kurs.
K 1 Zu *-iis* cf. #422; wohl praes. *servīs*, cf. VÄÄ. p. 22f. — 2 *-t* steht statt *-s* (oder 1 *-s* statt *-t*).
B IV 8997; ImGr. 448°; DI. 1126.

#780 graff. IX 1,26: Atrium.

Stronìus. | Stronnius | nil scit.

Stronius. Stronnius weiß nichts.

E 1 Wohl abgebrochener erster Versuch.
K 1 *Stronnius*, cf. #342.
B IV 2409a m. add. AE; ImGr. 425*; GE. E-63; WE. 326; HU. 823.

#781 graff. VIII 1,1 (Basilica).

Samius | Cornelio | suspendre.

Samius (sagt) dem Cornelius: «Aufhängen!»

E 2 *e* kurs. – 3 E mit nur dem mittleren Horizontalstrich (zweimal).

K 3 *suspendere*, zur nachtonigen Vokalsynkope cf. VÄÄ. p. 44 und #907, nicht ganz auszuschließen ist allerdings Kurzschreibung *d(e)* oder *(e)r*. Zu verstehen ist scil. *dicit*, *suspendere* ist ironisch statt *salutem*. Schon deshalb ist *-ere* eher der acc. des Verbums (d.h. der inf.) als der impv. pass. (pace add. E). Dafür spricht erstens der inf. in Sen. de ira 3.23.2 *facere quid possim? – te suspendere* (Zitat gekürzt). Zweitens ist der impv. immer aktiv-reflexiv, nie passiv, cf. *suspende te* Plaut. Bacch. 903, Capt. 636, Persa 815, Poen. 309, 311, Ter. Andr. 255 (ähnlich Plaut. Poen. 746, Pseud. 92, 1229 etc.). Da *se* hier allerdings gefährlich missverständlich gewesen wäre, weil *se suspendat* / *se suspendere* als Aufforderung, 'ihn (d.h. den Samius) aufzuhängen', verstanden werden konnte, war die beste Lösung, *se* wegzulassen.

B IV 1864° m. add. E; ImGr. 369*; DI. 489; GE. E-45; WE. 353; HU. 734°.

#782 graff. Vor der Porta di Nocera: Grab 5.ES (alt 25).

a *Raro* | *infelici*|*tir*. – **b** *Raro* | *infelici*|*tẹr*. – **c** *Caelio Maximo* | *feliciter*. – **e** *Macer cerebri_moti*. – **h** *C._Raro_male_eveniat*. – **i** *T. Urvinius scripsit nobis* | *notitia*. – **j** *Macro_male_eveni* vac. | *Macro_male_eveniat*.

a–b Unglück dem Rarus! – **c** Glück dem Caelius Maximus! – **e** Macer mit dem durchgeschüttelten Hirn. – **h** Für Gaius Rarus soll es bös enden! – **i** Titus Urvinius hat uns mit (viel) Kenntnis geschrieben. – **j** Für Macer soll es bös enden! (2×)

E **a** *e* kurs. – **b** *e* in 2 *-fel-* kurs. – **e** nach *Macer* ist ein Abstand, nach *cerebri* nicht. – **j** 1 Erster Versuch abgebrochen.

K **a** 2f. *infeliciter*, cf. VÄÄ. p. 20. – **e** Über der Ritzzeichnung eines Männerkopfes. – *cerebri moti* ist gen. qualit., die Grundlage ist Sen. epist. 36.1 *felicitas … movet cerebrum*, eine Weiterentwicklung Petron. 45.5 und 58.4 adj. *caldicerebrius* (auch **moticerebrius* wäre somit denkbar). – **h** In der Zeichnung eines Phallus; zu *eveniat* cf. #1201.b. – **i** Neben und in der Zeichnung zweier Männer. – 2 abl. *nōtitiā* gibt den besseren Sinn als acc. *nōtitia(m)*.

B IV 10243.a–c, e, h–j; ImGr. 467* (nur h), (515) (i, j); WE. 324 (e), 360 (a–b), 361 (h), 362 (j); HU. 982–84 (nur e, j, h); LA. 236, 489, 490.

#783 dip. II 6 (Amphitheater): Nordzugang.

Ṇ. Vei Barca, tabescas.

Numerius Veius Barca, du sollst verwesen!

K Cf. #108; *tabescas* (scil. wie eine Leiche), cf. *si illa vider[o] dabescete* für *si illam videro tabescentem* 'wenn ich sehe, dass sie (allmählich) verfault' in der unter #512 zitierten Defixio; cf. auch #761.

B IV 75 (= I² 1644.c) m. add. D; (ImDip. 527); GE. B-24; MO. 62f.; WE. 406.

#784 graff. I 19,5: links der Tür.

Minio Cạṛp̣o ṣ., tumiscas.

Dem Minius Carpus einen Gruß! Du sollst aufschwellen!

K Wohl dat., cf. IV 5391 *Minius*; *s(alutem)* DCO.; *tumescas* (scil. wie eine Leiche in der Fermentationsphase), zum *-i-* cf. VÄÄ. p. 88.

B IV 8422°; GE. E-46; WE. 351°; HU. 105.

#785 graff. VIII 1,1 (Basilica).

vae tibi.

Wehe dir!

B IV 1813.(b)° m. add. CE; ImGr. 349*; GE. E-43; WE. 355; HU. 708.

#786 graff. VII 15,11: links der Tür.

Verus hic ubi stat, / nihil veri.

Wo dieser Verus steht, ist nichts Wahres.

E *e* kurs.

K Sarkastisches Wortspiel, wohl auf einen Politiker mit diesem Cognomen bezogen. — 1 *Verus* cf. #348 etc.; *hic* ist wohl eher pron. als adv. (*hic, ubi Verus stat*), cf. #163. — 2 Ähnlich IV 4579.

B IV 1662° m. add. E; DI. 708; GE. E-26; WE. 340; HU. 583.

#787 ♪ graff. VI 2,10: Zimmer bei der Küche.

Verus me docuit dare et accipere [p]rohibere,
me_mo[l]l+[---]

Verus hat mich gelehrt zu verhindern, dass (andere) geben und nehmen,
mich ...

M da6, nach *prohibere* ist die Lesung unsicher, evt. *memo...*, add. A.
K Teilweise wiederholt in IV 3031a *da[r]e et accipere prohibere*; zum Satz- und Versschema cf. #1070, zum Inhalt Plaut. Trin. 370 *tu modo ne me prohibeas accipere, si quid det mihi*, gemeint ist vielleicht (ironisch), dass Verus alles in die eigene Tasche lenkt, was zirkuliert.
B IV 1240° m. add. A°E; HU. 364.

#788 graff. VIII 7,20 (Theaterkorridor).

Miccìociòcìo, [t]u [t]ụọ patri cacantì confregisti peram. Mìccionis statum cosiderate.

Miccio-cio-cio, du hast deinem Vater, als er am Kacken war, den Beutel zerschlagen. Bedenkt Miccios Zustand!

E *e* in *peram* kurs.
K Unter dem zweiten Satz Ritzzeichnungen von Köpfen, nahebei weitere Zeichnungen. – Interpretation unsicher; *considerate*.
B IV 2416° m. add. A°E; ImGr. 418f.*; DI. 694; GE. E-33; WE. 588; HU. 808; LA. 541, 542, 740°.

#789 ♪ graff. IX 8,3/6/a: Latrina.

Marthae hoc trichilinium | est. nam in trichilino | cacat.

Dies ist Marthas Esszimmer. Denn sie kackt im Esszimmer.

M ia6 (mit Hiat nach *Marthae*, sowie *-njum* und *-nʲō*) oder tro7 (mit Hiat vor *hoc* und *in* und Restitution von *-niō*).
E 2 Der kleine Strich über dem N von *trichilino* ist wohl nicht mit MAU als *-i-* zu lesen.
K 1 *Martha* evt. orientalischer Name, cf. #241. – 1f *triclīnium, -iō*, cf. VÄÄ. p. 47f. (*-il-*), 57 (*-ch-*; cf. auch Catull. 84.1); zur Konsonantisierung von *-j-* cf. VÄÄ. p. 34, 40 und #267. – Hat der Schreiber Martha beim Essen auf der

Latrine überrascht? Cf. auch #938, am gleichen Ort, und #1511, nicht weit davon.

B IV 5244 m. add. E; ImGr. 435f.*; DI. 695; WE. 267; HU. 923.

#790 graff. I 13,9: links der Tür.

Lesbiane, cacas. scribit qui valuit.

Lesbianus, du scheißt. (Dies) schreibt (einer), der schon erfolgreich war.

E Lesung (*t qui valuit*) VARONE in ImGr, AE 2014 etc.; DCO. las am Ende *scribisquẹ [sa]lute*, um einen (unvollst.) da6 zu erhalten, unplausibel.

K *Lesbianus* cf. am gleichen Ort #178 und (fragm.) IV 10073.a; cf. OLD s.v. *valeō*, 7.a, 8.b.

B IV 10070°, AE 2014, no. 306.d; ImGr. 88*°; WE. 349°; HU. 123°; FRÖHLICH (1991), tab. 17.1*.

#791 graff. VII 12,14 (Taberna): Durchgang zum hinteren Raum.

a *diced_nobis Sineros ẹṭ_sopio: / ut merdas_edat_is qui_scripseraṭ.* — **b** *sopionis.*

a Es sagt uns Syneros und (sein) Schwanz: Der soll Scheiße fressen, der (jenes?) geschrieben hatte. — **b** Des Schwanzes.

E *e* kurs.

K **a** 1 *diced* wohl für *dicit* (VÄÄ. p. 22, 67, 70); *Συνέρως*, lat. auch *Suneros*, z.B. P.Oxy. XLIV 3208; zu *sopio* cf. Catull. 37.9f. *namque totius vobis / frontem tabernae sopionibus scribam* und AD. p. 64f. (cf. #1379), es handelt sich angesichts des Verbums im sg. eher nicht um einen zweiten Namen, add. E. — 2 *qui scripseraṭ* ist noch von der ersten Hand, also ist eher *ut merdas edat is qui scripseraṭ* zu verstehen als ein Dialog *ut merdas edatis. (immo) qui scripserạṣ.* — **b** Unklar. — **a**–**b** Gesamtbedeutung ebenfalls unklar.

B IV 1700° m. add. BE; DI. 666; HU. 513.

#792 graff. V 1,26: Raum neben Atrium und Tablinum.

innoces.

Unschuldig.

E *e* kurs.
K *innocens.*
B IV 4079 m. add. E.

#793 graff. V 1,26: Raum neben Atrium und Tablinum.

non sum no^ces.

Ich bin nicht schuldig.

E *e, m* kurs.
K *nocens* MAU (Index p. 761), *no(n) ces(so)* DI.
B IV 4080 m. add. E; DI. 829; GE. E-56 (nach DI.); WE. 558; HU. 270.

8.5. Schreiber und Inschrift

#794 ♪ graff. VIII 1,1 (Basilica).

admiror, {o} pariens, te non cecidisse ruinis,
qui tot | scriptorum taedia sustineas.

Ich bewundere (dich), Wand, dass du (noch) nicht in Trümmer gefallen bist,
die du so viel Schreiber-Unsinn aushalten musst!

M dist.
K 1 *paries*, cf. VÄÄ. p. 69 (contrépels). – 1f. Raffiniert mehrdeutig: *taedia tot scriptorum* oder *tot taedia scriptorum*, mindestens in #796 schwebte dem Schreiber angesichts des Punktes vor *scriptorum* die zweite Interpretation vor, im übrigen kann *scriptorum* nicht nur gen. pl. von *scriptor*, sondern auch von *scriptum* sein); cf. Priap. 61.13f. *sed quod carmina pessimi poetae / ramis sustineo laboriosis.* – Cf. zur Reflexion über das Schreiben auch #1096, #1155 und den Vers (da6) *πολλοὶ πολλὰ ἐπέγραψαν, ἐγὼ μόνος οὐδὲν ἔγραψα* 'viele haben vieles geschrieben, nur ich habe nichts geschrieben' mit Belegen aus Ostia und Rom (Domus Tiberiana, hier *οὔτι*) bei CASTRÉN (1970), no. 70 bzw. H. SOLIN, Arctos 7 (1972), p. 195–97 und LANGNER (2001), p. 21 mit n. 82.
B IV 1904° m. add. ABE; ImGr. 381*; DI. 668; CLE 957; GE. E-68; MO. 60f.; WE. 598°; HU. 750; CollEp. 17p*; GI. 233; CO. 77.

#795 ♪ graff. VIII 7 (großes Theater): östliche Außenwand der Scaena.

admiror, paries | te non cecidise ruina.

Ich bewundere (dich), Wand, dass du (noch) nicht durch Einsturz zerfallen bist.

M da6.

E *e* kurs. – 1 *admiror* mit einem kleinen senkrechten Strich nach *ad*, wogegen Wörter durch Abstand getrennt werden.

K 2 *cecidisse.*

B IV 2461° m. add. ABE; GE. E-68; WE. 598; HU. 803; GI. 233; CO. 77.

#796 ♪ graff. II 6 (Amphitheater): Nordzugang.

admiror_te, paries, non cẹcidisse vac. |
qui_tot scriptorum taedia sustineas.

Ich bewundere dich, Wand, dass (du noch) nicht eingestürzt bist,
die du so viel Schreiber-Unsinn aushalten musst!

M dist.

E *e* in *te* kurs. – 2 Punkte vor und hinter *scriptorum*, cf. #794.

K 1 *te* ist in natürlicher Stellung (enklitisch angehängt), aber *paries* – ausgesprochen ['parjes]? – passt auf diese Weise metrisch nicht gut, und der Vers ist ohne *ruinis* zu kurz. Der Schreiber war sich wohl nicht bewusst, dass es sich um ein Gedicht handelt.

B IV 2487° m. add. E; ImGr. 113*; KR. 16°; WE. 598; HU. 182°; GI. 233; CO. 77.

#797 ♪ dip. VI 15,27: links der Tür, gegen die Hausecke hin.

a *novitas.*
b *artis opus queritur scriptori[- c. 6 -]+et esse.*
c *videmus.*

a Etwas Neues!
b Das Kunstwerk bekiagt sich, dem Schreiber (?) sei ...
c Wir sehen (es)!

M **b** da6.

E **a** Größer und unmittelbar links von b. – **c** (= 3513) Ist etwas zu weit rechts von b, um unmittelbar dazuzugehören, zudem ist *e* hier kurs.

K **a/c** Kommentare zu b? – **b** *scriptori [quod vac]et* BÜ., *scriptori[a cuilib]et* BIRT, *scriptori[a quaelib]et* WICK, alii alia.
B IV 3512, 3513 m. add. CD; DI. 669; CLE 332; HU. 451a.

#798 graff. I 10,7: Türpfosten links.

a *cus uc le[se]|rit, abeat i|ratum{ạ} [---]* – **b** *quilibet nigra fac[i-le (?) ---]*

a Wer dies beschädigt, möge den Zorn des ... zu spüren bekommen. – **b** Jeder beliebige (wird) eine Dunkelhäutige leicht (?) ...

E **b** Unterhalb von a, von anderer Hand.
K **a** 1 *quis*, cf. #1050 *cuscus*; *uc* für *hoc*, cf. VÄÄ. p. 27. – 1f. *laeserit*, cf. #451. – 2 *habeat*, zur Formel cf. #451, #70. – 2f. *iratum [Iovem]* DI. – **b** Wohl *nigram*, cf. #1060, #1070f.
B IV 8368.a°–b°; DI. 837.

#799 graff. VIII 1,1 (Basilica).

a *Ṛufio Siṭṭi Q. et P. ser. | haec navẹ pinxset.* – **b** *a._d._X_k._A. | C. Caesare P. Serv. | [c]os.*

a Rufio, Sklave von Quintus und Publius Sittius, hat dieses Schiff gezeichnet. – **b** Am 10. Tag vor den Kalenden des April, als Gaius (Iulius) Caesar und Publius Servilius (Isauricus) Konsuln waren.

E **a** 1 Lesung *Q. et* SOLIN in add. E. – 2 Letztes *e* kurs.
K **a** Unter *navẹ* ist ein Schiff gezeichnet (bei LANGNER ist fälschlicherweise der Anfang von #1057, Z. 4, abgebildet), cf. #453. – 1 *Rufio* ist in Pompeji auch als Cognomen bezeugt (X 8047.08a–d); *servus*. – 2 *haec* statt *hanc*, cf. VÄÄ. p. 115 («fautes d'inadvertance»); *navem*; *pinxit*, zu *-xs-* (auch #830, #915, #1063, #1226f., #1317, #1455, evt. #836, und cf. #619) war seit vorklass. Zeit ein orthographischer Fast-Standard, cf. WACHTER (1987), §222c, id. (2013), p. 31, ferner VÄÄ. p. 64f.; zu *-et* VÄÄ. p. 21f. – **b** 23. März 48 v. Chr.
B IV 1847° (= I² 776) m. add. AE; ImGr. 362*; DI. 103; HU. 727; LA. 2098° (nicht zugehörig).

#800 dip. II 2,2: Biclinium h.

Lucius | pinxit.

Lucius hat (dies) gemalt.

K 1 Der Maler der Gemälde in diesem Raum (cf. #26ff.) und der Inschrift.
B IV 7535° m. add. D; ImDip. 188*; KR. 27; MO. 24f.; HU. 149°.

#801 graff. Herc., Insula II, 2: Peristyl.

a *Στρα/τόνι/κος.* — **b** *Stra/tonicos / scrips.*

a Stratonikos. — **b** Stratonicos hat (dies) geschrieben.

K **b** 3 *scripsit.*
B IV 2513° m. add. E; DI. 371.

#802 graff. IX 13,5: Türpfosten links.

scripsit Calamus cum Atramentario; leno Ephẹbus hac.

(Dies) hat (Herr) Schilfrohr mit (Frau) Tintenfass geschrieben. Der Kuppler Ephebus ist hier vorbei(gekommen).

E Worttrennungspunkte (zweifellos auch vor *leno*, wo keiner vermerkt ist).
K Zwischen den Zeilen der Wahlempfehlung #218, mit der aber wohl kein direkter Zusammenhang besteht. — *atramentarium* (auch Vulg. Ezech. 9.2f.), hier wie *calamus* als (erotischer?) Spitzname verwendet (cf. #1127 und #1134 für ähnliche Paare); vielleicht ist auch *leno* in ähnlicher Weise zu verstehen, falls nämlich Ephebus die beiden anderen zusammengeführt hat; ein Name *Lenus* (so LGPN III.A) im abl. mit *atramentario* zusammengenommen gibt jedenfalls keinen besseren Sinn; *hac* (sc. *viā*) cf. #426.
B IV 9127; ImGr. 439*; DI. 1129; GE. E-67; WE. 595 (nur bis *atramentario*); HU. 953.

8.6. Diverses

#803 graff. I 11,3: links der Tür.

barba / barbaru.

Bart der Bärte.

K 2 *barbārum*, ein sog. «Genetivus hebraicus», die Inschrift hat somit nichts mit #1413 zu tun (pace BÜ., DCO. et al.).
B IV 8436°; ImGr. 85*, ImDip. 141*; CLE 1940; GE. H-21; WE. 279.

#804 ♪ graff. VI 16,7: Eingang rechts.

sic Cotini voto pos fata novissima vac. *(– ⏓).*

So (ist?) durch das Gelübde des Cotinus nach dem Jüngsten Tag ...

M da6 init.

E Zwischen *voto* und *pos* ein größerer Abstand; am Schluss unfertig.

K Cf. #823, von *κότῐνος*; *post*, cf. VÄÄ. p. 71; cf. Ov. met. 13.478 *pertulit intrepidos ad fata novissima vultus* (mit *fata novissima* an derselben Versstelle); unklar, cf. add. E, und cf. #836.

B IV 6820 m. add. E; ImGr. 277*; DI. 737; CLE 1940.

#805 dip. IX 9,e–f.

[---?]inp̣[i]g̣er delecta, | mecum cane.

... sorge unermüdlich für Unterhaltung, (und) sing mit mir!

E 1 *integer* oder *inpiger* (mit C) MAU.

K 1 Zu *c* statt *g* cf. VÄÄ. p. 53. – 2 *cane* impv., eine Lesung *delecta me cum cane* ist angesichts der Verwendung von Worttrennung in der Mitte der Zeilen unwahrscheinlich und offenbar auch nie erwogen worden.

B IV 3811 m. add. D; DI. 723.

#806 dip. V 2,4: Triclinium.

a *facitis vobis su^aviter, ego canto.* – **b** *est ita, v^alea[s].*

a Macht's euch angenehm, ich singe. – **b** So ist's, möge es dir gut gehen!

K Zum Gemälde eines Symposiums. – **a** Keiner Person sicher zuzuordnen; *facitis* wohl für impv., cf. VÄÄ. p. 123; cf. Petron. 75.8 *vos rogo, amici, ut vobis suaviter sit*, ähnlich 71.10 *totum populum sibi suaviter facientem.* – **b** Gehört dem Symposiasten rechts, der mit erhobener Hand antwortet.

B IV 3442.a–b m. add. D; ImDip. 300f.*; DI. 722; HU. 298, 299; CollEp. 14*; FRÖHLICH (1991), tab. 21.2* (cf. p. 222); BLUM (2002), p. 31, 32°f., tab. 2*, no. 21.

#807 graff. VII 6,7: Peristyl

a *omnes lusero.* – **b** *sum_max.*

a Ich werde sie alle austricksen. – **b** Ich bin der Größte.

E **a** *m* und erstes *e* kurs. – **b** Wohl von derselben Hand, *m* aber nicht kurs.
K **a** *lusero* cf. OLD s.v. *lūdō*, 9.b. – **b** In der Ritzzeichnung eines Männerkopfes (S bildet Stirn und Nase). – *maximus*, scil. *natu* oder *animi*, oder vielleicht ein Spitzname.
B IV 9008.a°–b°; KR. 75°; MO. 46f.; WE. 575°; HU. 549°; LA. 257°.

#808 ♪ graff. Boscoreale, Landhaus: Säule.

nuncquam mi libuit crura mea confṛingẹṛẹ.

Mir hat es nie beliebt, mir die Beine zu brechen.

M ia6.
E *e*, *f* kurs.; Lesung VARONE in ImGr; die letzten drei Buchstaben sind flüchtig.
K *numquam*, cf. #1084.
B IV 6884° m. add. E; ImGr. 475*; DI. 744.

#809 graff. III 3,6: rechts der Tür.

casta su, mater, et | omnino alo, quod mercas.

Ich bin gewissenhaft (?), Mutter, und füttere voll und ganz, was du kaufst.

E *e* kurs.
K Sinn unklar, es spricht eine junge Frau. – 1 *sum*. – 2 *mercas* statt *mercaris*, cf. VÄÄ. p. 87.
B IV 8842°; DI. 1113; HU. 223°.

#810 ♪ graff. III 3,6: links der Tür.

casstu si fieri Cer[---]

Wenn durch Enthaltsamkeit (?) der Ceres zu werden ...

M Evt. da6 init.
E *e* in *Cer-* kurs.
K Zu *-sst-* cf. VÄÄ. p. 62; abl. des *u*-stämmigen subst. oder evt. für nom. sg. adj. *castu(s) s-* 'Wenn ein Enthaltsamer ...', cf. VÄÄ. p. 79 (γ); *Cereris* o.ä.
B IV 8837; DI. 1114; HU. 225.

#811 ♪ graff. VI 7 oder 8 (cf. #40).

Phosphor, tuis / choreis [vac.]

Phosphorus, bei deinen Tänzen ...

E *e* kurs. – 2 Unfertig.
M Evt. da6 init. (M. ABERSON, mündl.), mit kurzgemessenem *-phor* und *chorĕ-*, cf. OLD s.v. *chorēa.*
K 1 Cf. IV 2241 *Phosphorus.* – 2 Eher von *χορεία* als von *χορεῖος*, cf. LSJ s.vv.
B IV 1336° m. add. AE; ImGr. 247f.*

#812 ♪ graff. VI 7 oder 8 (cf. #40).

Phosphor, tuis corịịs asum[---]

Phosphor, bei deinen Tänzen bin ich dabei ...

E Eher zweisilbig *ii* als *e* kurs.; VM Lig.
K 2 *choreis*, cf. VÄÄ. p. 36, 56; wohl *assum* (= *adsum*).
B IV 1337 m. add. E; ImGr. 248*; DI. 512.

#813 graff. IX 6,8: rechts der Tür.

VII k. Dec. Salinis in conventu, / multa HSS XX.

Am 7. Tag vor den Kalenden des Dezember an der Versammlung in Salinae: Strafe 20 Sesterz.

E *e* kurs. – 2 XX Lig.
K 1 25. November. – *Salinae* cf. #631.
B IV 5181° m. add. E; DI. 446; GE. I-18; WE. 315; HU. 885.

#814 graff. I 2,6: Atrium.

XIII k. Dec. / in conventu veni.

Am 13. Tag vor den Kalenden des Dezember bin ich an die Versammlung gekommen (*oder:* sollst du an die Versammlung kommen).

E *e* kurs.; eine zusätzliche Linie am Schluss wurde von MAU als nicht zugehörig erachtet, cf. add. E.
K 1 19. November. – 2 *conventum*; *vēnī* pert. oder *vĕnī* impv.
B IV 3888 m. add. E; DI. 729; GE. I-17; WE. 314; HU. 2.

#815 ♪ graff. Boscoreale, Landhaus: Säule.

[--- f]ormonsa domus domino veneranda futura /
ḥọsp̣ịp̣[t]ịḅuṣ +[---]

[Wie?] ein wohlgestaltes Haus, das dem Herrn Anlass zur Verehrung sein wird,
den Gastfreunden ...

M 1 da6 fin. – 2 da5 oder da6 init.

E *e*, *f* kurs. – 2 DCO., cf. add. E.

K 1 Am Anfang fehlt eine Silbe: *en* MAU, *o* GEIST, oder *ut*, *quam*, *cui*, *quae* etc.; *formosa*, cf. VÄÄ. p. 69 (contrépels). – Unklar, ein erotischer Sinn ist nicht auszuschließen.

B IV 6885° m. add. E; ImGr. 475*; DI. 672; CLE 1932; GE. I-3; WE. 565.

#816 graff. VII 2,20: Eingang rechts.

δουμμος περτουσα.

Das Haus (ist) durchstoßen.

K *domus pertusa*, der Text wurde von ZA. und anderen als 'angebohrt (und geplündert)' verstanden und unbestimmte Zeit nach dem Vesuvausbruch angesetzt, cf. noch VÄÄ. p. 27; ablehnend add. E.

B IV 2311° m. add. E; DI. 776; HU. 530; GI. 46.

#817 graff. IX 8,3/6/a: Zimmer.

qui iaceo ictus *vac.*

Der ich getroffen liege ...

K Zusammenhang unklar: wovon 'getroffen' – von Prügeln, einem Dolch, einem Schwert in der Arena oder gar einem Penis (AD. p. 148f.)?

B IV 5232 m. add. E; DI. 735; HU. 918.

#818 graff. Herc., Insula IV, 15/16 (Taberna): Nebenraum.

est res incosid.

Das ist eine unüberlegte Sache.

K *incosid.* wohl für *inconsiderata.*

B IV 10530.

#819 graff. I 10,4: zwischen Peristyl und Küche.

a *numelḷis.* — **b** *Agatḥịani curae XI.*

a Mit den Halseisen. — **b** In die Obhut des Agathianus: elf.

E **b** Das erste *i* hat die Form eines oskischen *í*.
K **a** Cf. OLD s.v. *numella.* — **b** Üblicher sind Komposita wie *Epagathianus.*
B IV 8345.a–b.

#820 graff. VIII 1,1 (Basilica).

quid faciam vobis, ocịlli lusci?

Was soll ich für euch tun, ihr schielenden Äuglein?

E *f* kurs.
K *vobis* ‘für euch’, ‘mit euch’ usw.; *luscus* ‘einäugig, halbblind’, hier (pl.) wohl schon ‘schielend’ wie in den meisten roman. Sprachen, was oft zur Amblyopie führt (cf. auch VÄÄ. p. 113); die Lesung *ocilli* (sic, ZA.) für übliches *ocelli* ist durchaus glaubhaft, *-illus* (zur Herkunft cf. LEUM. p. 306) ist ein eigenständiges Suffix, das schon früh in Konkurrenz zu *-ellus* getreten ist, cf. v.a. #66, #361, #920, #1127, #1174.
B IV 1780° m. add. E; DI. 736; GE. F-11; WE. 7; HU. 768; VA. 34.

#821 graff. III 2,1: Atrium.

X k. Febra. | Ursa peperit, diem | Iovis.

Am 10. Tag vor den Kalenden des Februar hat Ursa geboren, an einem Donnerstag.

K 1 23. Januar; *Februarias*, cf. #50 und VÄÄ. p. 41. — 2 *die*, cf. VÄÄ. p. 75. — 2f. *diem Iovis* cf. #65f., z.B. 72 oder 77 n. Chr.
B IV 8820°; DI. 1128; GE. I-13; KR. 61°; WE. 311°; HU. 219°; VA. 157f.

#822 graff. Herc., Thermae maritimae: Nebenraum beim Eingang.

Hermeros Primigeniae dominae: | veni Puteolos in vico Tyaniano et quaere | a Messio numulario Hermerotem Phoebi.

Hermeros seiner Gebieterin Primigenia: Komm nach Puteoli in die Tyanianer Gasse und frag beim Bankier Messius nach Hermeros, dem Sklaven des Phoebus.

E 2 *Tịṃniano* DCO., *Tyaniano* von VARONE in ImGr ist besser, cf. das Foto.

K Unter der Ritzzeichnung eines Frauenkopfes. — 1 *domina* cf. #1096, #1119 (*-mn-*), #1122f., #1125, #1126 (*-μν-*), ferner IV 1375 (cf. #1154, *-mn-*), es bedeutet meist 'Geliebte', so auch gr. #1149, und Venus #1034 (*-mn-*), gr. #1148 gehört ebenfalls in diese Sphäre; cf. schließlich #593 *issa* (dort just eine *Aprodite*) sowie – in vielfältigerer Verwendung – das masc. Pendant *dominus* #7 (Iuppiter), #410 (*-mn-*), #411f., #482f., #815, #876, #1267 (*-mn-*), #1470 (?), #1525 und #493ff. *isse*. — 2 *in vicum Tyanianum*, offenbar benannt nach einem **Tyanius* 'aus *Τύανα* (Kleinasien) stammend', hapax leg.; *quaerere* + acc. + *ab* wörtlich 'etw./jdn. von jdm. erfragen'. — 3 *nummulario*, cf. VÄÄ. p. 62, 93, die Form mit nur einem *-m-* ist auch sonst recht häufig.

B IV 10676°; ImGr. 509*; WE. 29; LA. 309°.

#823 graff. III 8,4: Eingang rechts.

queres | Faḷḷacem et | Fabium in_decuria | Cotini.

Frag nach Fallax und Fabius im Club des Cotinus!

E *e*, *f* kurs. — 2 LL Lig.?

K 1 *quaeris*, cf. VÄÄ. p. 21f. (*-es*), 123f. (ind. statt impv.). — 2 Name unklar, cf. add. E. — 3 *decuria* cf. OLD s.v., 3, ferner add. E. — 4 Cf. #804.

B IV 1604° m. add. E; DI. 496; GE. G-8; WE. 254; HU. 816.

#824 graff. VII 16,22: Peristyl.

Aprilis queritur.

Aprilis wird gesucht (*oder:* beklagt sich).

K *Aprilis* ist ein häufiger Eigenname, z.B. VI 5700, VIII 7076 (masc.), VIII 12685 (fem.); von *quaerere* oder *quĕrī*.

B SOLIN (1975), no. 6°.

#825 graff. VIII 1,1 (Basilica).

Theorus est Holconì, nec tamen Mazgaba.

Theorus gehört Holconius, aber nicht so Mazgaba.

K *Theorus* cf. #613; *Holconi* scil. *servus*; *Mazgaba* ist ein punischer Name, cf. Liv. 45.13.12 und Suet. Aug. 98.4; SOLIN (2013), p. 333–35 räumt zurecht mit früheren prosopographischen Spekulationen auf.

B IV 1917° m. add. E; ImGr. 384f.*; DI. 382; GI. 147.

#826 graff. III 8,4: bei der Tür.

Tullio Severo. rogo [te?] ut Ṛụfelịum / referas in Urgulana. viṭẹranus / Q. Naevius te rogat. val.

(Gruß) dem Tullius Severus! Ich bitte [dich], dass du Rufelius in die (Decuria) Urgulana einschreibst. Der Veteran Quintus (?) Naevius bittet dich. Alles Gute!

E 3 *Q.* evt. nicht zugehörig.
K 1 *Tullio Severo*, scil. *salutem*; *Rufellium*? – 2 'einschreiben', cf. OLD s.v. *referō*, 8–9; wohl *Urgulanam* scil. *decuriam*, dazu gehören Namen wie *Urgulanius* in tiberisch-claudischer Zeit; *veteranus*, cf. die Fälle VÄÄ. p. 20.
B IV 1607° m. add. AE; DI. 513.

#827 graff. VII 7,19: rechts der Tür.

Fa[u]ste, Pollianum reporta exilio, +[..]cus eum rog[at].

Faustus, bring den Pollianus aus dem Exil zurück! ...cus erbittet ihn (zurück).

E *e* in *reporta* kurs.
K *reporta* cf. OLD s.v. *reportō*, 2.
B IV 4788 m. add. E; DI. 498; GE. E-55; WE. 570; HU. 581.

#828 graff. VI 17,44: links der Tür.

Vibi signum.

Zeichen des Vibius.

B IV 1449° m. add. AE; DI. 733.

#829 graff. VII 7,5: Peristyl.

Restitutus / servos bo/nus.

Restitutus (ist) ein guter Sklave.

E *e* kurs.
K 2 *servus*, cf. VÄÄ. p. 29.
B IV 4719 m. add. E; WE. 374; HU. 563.

#830 ♪ graff. VI 13,6: Zimmer.

semper M. Terentius Eudoxsus | unus {supstenet} amicos
et tenet | et tutat, supstenet omne modu.

Immer unterstützt Marcus Terentius Eudoxus höchstpersönlich (seine) Freunde,
er hält sie umfasst und behütet sie, stützt sie auf jegliche Art und Weise.

M dist.

K 1 *-xs-* cf. #799. – 1f. Der Hexameter geht nicht auf: *supstenet* ist versehentlich aus dem Pentameter verdoppelt (MAU), der Name passt dabei erstaunlich gut in den Vers. Weniger plausibel ist die Konjektur der Vorlage durch BÜ.: *semper* – ⏑⏑ – *unus sustentat amicos* mit zu langem Namen (cf. #763), und auch die Beibehaltung des unschön verdoppelten Verbums mit Messung *sustēnet* (VÄÄ. p. 19) ist angesichts der zweimaligen Kurzmessung von *tĕn-* im Pentameter abzulehnen. – 2f. *sups-* cf. #1089 *supstulit* und VÄÄ. p. 66. – 3 *tutat* statt *tutatur*, das act. ist unklassisch, cf. VÄÄ. p. 87 und OLD s.v. *tūtor*²; *omne* und *modu* sind durch Punkt getrennt, *omni modo* und *omnem modum* passen metrisch nicht, acc. (VÄÄ. p. 116) ist aber wohl richtig, am besten ntr. (cf. #756 *hoc locum*) und nach gr. *πάντα (τὸν) τρόπον*. – Der Pentameter ist so überschwenglich, dass der Verdacht aufkommt, er könnte doppeldeutig gemeint sein (mit obszön gedachtem *sustinēre*, cf. #217).

B IV 4456° m. add. CE; DI. 671; CLE 929; GE. G-26°; WE. 578; HU. 414; DI. tab. XIV/4°.

#831 graff. VI 9,1 (Gasthaus): Eingang links.

venies in Gabinianu pro masu.

Du wirst ins Haus der Gabinii kommen für einen Aufenthalt.

K Funktion des fut. (oder ptc. *-ns*?) ist unklar; *Gabinianum* ntr., d.h. Haus oder Grundstück der *Gabinii*; *mansu*, cf. VÄÄ. p. 126 ‘pour rester’, normal wäre supin. I *mansu(m)*, dies konnte der Schreiber aber nicht mehr verwenden, weil es nach dem bereits gesetzten *in Gabinianu(m)* falsch verstanden worden wäre, so wich er ad hoc auf finales *prō* (nachklass., cf. K.–St. I p. 516, δ) + abl. desselben *u*-Stammes aus (dieser ist als subst. sonst nicht bezeugt, cf. OLD s.v. *mansus*).

B IV 1314° m. add. E; DI. 495.

#832 ♪ graff. V 2,b (Taberna).

vicinos fugitivos.

Die flüchtigen Nachbarn.

M Evt. da6 fin.
B IV 4257 m. add. E; DI. 734; HU. 363.

#833 graff. VI 14,38–39.

Matialis, | hac te | videbo.

Martialis, (wenn du) hier vorbei(kommst), werde ich dich sehen.

E *e* kurs.
K 1 *Martialis*, cf. VÄÄ. p. 69. – 2 *hac* (scil. *viā*) cf. #426.
B IV 4550 m. add. E; DI. 497; WE. 507; HU. 434.

#834 ♪ graff. VII 12,29–30.

Gn._Aninius | quen_quisque vinculis solvet bene.

Gnaeus Aninius, den jeder leicht aus den Fesseln lösen wird.

M tro7.
E *e* kurs.
K 1 Cf. #999; *Gn.* statt *Cn.*, cf. #685. – 2 *quem*, assimiliert, cf. #1455 und VÄÄ. p. 66 (und 55). – Gesamtsinn unklar.
B IV 1997° m. add. BE; DI. 580; CLE 41.

#835 graff. V 2,i: Peristyl.

Sittia, boco | [t]e, Sit., Siṭṭia.

Sittia, ich rufe dich, Sit-Sittia!

E *e* kurs.
K Links der Ritzzeichnung eines menschlichen Kopfes. – 1 *voco*. – 1f. Cf. *te, te, te* #1170.
B IV 4186 m. add. E; DI. 499; HU. 285; LA. 340°.

#836 ♪ graff. VI 16,7: Eingang links.

quo bibet felexṣ, ossa çinisque tegunt.

Wovon (einer) glücklich lebt (*oder:* Was einer glücklich trinken wird, *u.v.a.m.*), das decken Gebeine und Asche zu.

M da5.

E *e* kurs.; *pelex* (*pae-*) ENGSTRÖM; *quo bibe* ist heute verloren, anschließend liest VARONE (in ImGr) *-(t)_triplexṣ*, SOLIN (2013), p. 344f. und add. E (nach GUARDUCCI) aber *-t felexs*, was den besseren Sinn gibt; VARONEs Vorschlag *posca* nach *triplex* ist abzulehnen, *-ss-* ist unzweifelhaft, und ein *s* (für *-xs* von SOLIN) ist auf dem Foto eher zu finden als ein *p* (für VARONEs *-x p-*).

K *quō* 'wohin' gibt keinen Sinn, abl. 'wodurch', 'wovon', 'womit' aber durchaus, geeignet scheint zudem *quo(d)*, mit Assimilation an das folgende Wort (cf. #1172); *vīvet* LO., aus metr. Gründen; oder statt *-it*, cf. VÄÄ. p. 21f.; *bībet/-it* (fut, praes., perf.) von *bibere* mit Längung unter dem Akzent (cf. #1103) ist angesichts von *tĕgunt* zwar a priori nicht sehr wahrscheinlich, falls aber doch 'trinken' gemeint ist, könnte nach *quō/quod* ein *-que/-ve* der Vorlage ausgefallen sein; es somit gibt zahlreiche Verständnismöglichkeiten: 'wovon ... lebt / leben wird', 'was / wovon / woraus ... trinkt / getrunken hat / trinken wird', 'was (nom.) glücklich trinkt (etc.)', 'was (acc.) ein Glücklicher trinkt (etc.)', zudem könnte *Felix* ein Name sein; zu *-xs* cf. #799; cf. Ov. met. 7.521 *ossa cinisque iacent*; DCo. schlägt eine Kombination mit dem Hexameter #804 vor, der jedoch an der gegenüberliegenden Wand steht (add. E). – Eine sichere Interpretation steht noch aus, cf. ausführlich add. E. Könnte es sich evt. um ein Rätsel handeln (cf. Kap. 11.2)? Eine Möglichkeit wäre, je nach Bedeutung von *bib-*, die Lösung «Wein» oder «Korn», da Asche, die oft auch Tierabfälle wie Knochen, Hufe, Hörner etc. enthalten haben muss, verbreitet zur Düngung der Weingärten und Felder ausgebracht wurde (cf. Verg. georg. 1.81, Plin. nat. 17.(5.)49).

B IV 6825° m. add. E; ImGr. 275*; DI. 635; CLE 2061; HU. 472; GI. 188.

9. HAUS UND GESCHÄFT

Ein weiterer wichtiger Bereich des pompejanischen Alltags gilt dem Haus und dem Geschäft (cf. dazu auch Kap. 1.5 zum Marktwesen). Wir beginnen unseren Rundgang mit Inschriften, die Haus- und Glücksgötter, Lebensglück und -unglück in den Blick nehmen (#837ff.). Ein matter Abglanz davon sind die Grußformeln in Kap. 8.

Anschließend wenden wir uns den Lebensmitteln zu, zuerst in Inschriften auf den Wänden (#857ff.), danach auf Transportgefäßen (#880ff.). Letztere Zeugnisse sind in diesem Band (wie schon bei DIEHL) zwar eigentlich ein Fremdkörper, eben weil sie nicht an Wänden stehen, doch haben sie mit den spontanen Graffiti in Schrift, Sprache und Inhalt so viele Gemeinsamkeiten und zusätzlich denselben Terminus ante quem des Vesuvausbruchs von 79 n. Chr., dass die Aufnahme einiger Beispiele lohnend und gerechtfertigt schien.

Das nächste Unterkapitel handelt von Gaststätten, Essen und Trinken und den Folgen (#906ff.). Pompeji war übersät mit Tavernen, wo nicht nur kampanische Weine (billigere und bessere) ausgeschenkt wurden, sondern auch gegessen und teilweise sogar übernachtet werden konnte. Die Beziehungen unter den Gästen (cf. #907, #915, #931), zwischen ihnen und dem Wirt (*cōpō*, cf. #913, #936), seiner Frau (*cōpōna*, cf. #1231) und dem Personal (cf. #915) waren nicht immer harmonisch.

Dann folgen Inschriften zu den verschiedensten Nicht-Lebensmitteln (#940ff.), zu Geldgeschäften (#972ff.), Arbeitspensen (#985f.), zu Baulichem und Vermietungen (#987ff.) und schließlich noch diverse Annoncen (#1007–23).

9.1. Haus- und Glücksgötter, Lebensglück und -unglück

#837 graff. VI 6,17 (Bäckerei).

hic habitat | Felicitas.

Hier wohnt der Erfolg.

K Über einem Backofen, zwischen den Zeilen ein (apotropäischer) Phallus. – 1 Cf. #503.
B IV 1454 m. add. AE; ImGr. 246*; DI. 6; GE. E-19; WE. 181*; HU. 370; GI. 76 n. 35.

#838 graff. IX 7,20: zwischen Atrium und Peristyl.

Fortuna.

Schicksal.

K Cf. #33, #1089.
B IV 5371° m. add. E; DI. 7; KR. 41°; HU. 907.

#839 ♪ dip. VIII 4,7 (Taberna).

ὁ τοῦ Διὸς | παῖς, καλλί|νεικος Ἡρακλῆς ||
ẹ[νθ]άδαι |⁵ κατοικεῖ· | μηδὲν εἰ|σειαίτω | κακόμ.

Der Zeussohn, der schönsiegreiche Herakles
wohnt hier; nichts Böses soll hineingehen!

M ia3.
E Recht sorgfältige Capitalis-Schrift, scriptio continua, in zwei Blöcken angeordnet, der zweite Vers links neben dem ersten, kleiner.
K 6f. *εἰσίτω* 'soll eintreten', *εἰσιέτω* von *ἵημι* gibt keinen guten Sinn. – 8 Der Schreiber war ein Römer (v.a. wegen *κακόμ*). – Cf. Diog. Laert. 6.50 *Ὁ τοῦ Διὸς παῖς καλλίνικος Ἡρακλῆς | ἐνθάδε κατοικεῖ· μηδὲν εἰσίτω κακόν*, der erste Vers steht mit anderer Fortsetzung auch bei Cass. Dio 72.22.3; cf. III 5561 *hic habitat [--- | ---] nil intret mali* (ia6?, CLE 26), #837, ferner die freie lat. Version VI 30738 (CLE 23) *Herc{u}les invicte, sancte Silvani nepos, | hic advenisti: ne quid hic fiat mali* (ia6); cf. R. MERKELBACH, ZPE 86 (1991), p. 41–43 (mit weiteren inschr. Zeugnissen in n. 1). Ob die Legende, Herakles habe Pompeji (und Herculaneum) gegründet, damals schon existierte, ist nicht sicher (Serv. Aen. 7.662 *in quadam Campaniae civitate pompam* – scil. mit den Rindern des Geryoneus – *triumphi sui exhibuit, unde Pompei dicitur civitas*); jedenfalls ist das Dipinto nicht als Argument dafür zu werten.
B IV 733 m. add. ABD; ImDip. 366*; DI. 10; HU. 779; CollEp. 1*; GI. 75f.

#840 dip. IX 3,5: Zimmer, ZA. (Mauer zum Garten von IX 3,15).

Pilo[ca]lus votum sol. libes merito.

Philocalus hat sein Gelübde eingelöst, gerne und wie es sich gehört.

K Zu einem Gemälde der Isis-Fortuna. – *Φιλόκαλος*; *solvit libens.*

B IV 882 m. add. AD; ImDip. (527), 529.5°; DI. 12; GE. E-49; HU. 862; FRÖHLICH (1991), tab. 47.1*; BLUM (2002), p. 44°f. no. 35; LIMC DB 2448.

#841 graff. IX 13,3: Zimmer.

pro salutem reditum et victoria | C. Iuli Philippi votum h. fecit Laribus | P. Cornelius Felix et Vitalis Cuspi.

Für Glück, Rückkehr und Sieg des Gaius Iulius Philippus hat Publius Cornelius Felix samt Vitalis, (Sklave) des Cuspius, hier den Laren ein Gelübde abgelegt.

K Nahe beim Gemälde einer Altarszene mit Laren (cf. #1073). – 1 *salute, reditu*, cf. #38, #216. – 2 Wohl *hīc* 'an diesem Ort'. – 3 *Cuspi* scil. *servus.*

B AE 1977, no. 219; FRÖHLICH (1991), p. 298; BLUM (2002), p. 48*–50 no. 42; LIMC DB 4.

#842 dip. VII 3,22 (Taberna).

Lares | propi|[ti]os.

(Mögen uns) die Laren gewogen (sein)!

K Unter dem Gemälde eines Altars mit Schlangen zwischen Pflanzen. – 2 Scil. *habeamus* o.ä., cf. #70.

B IV 844 m. add. D; DI. 15; GE. I-1; HU. 1009.

#843 ♪ dip. II 1,13: Lararium in der Küche.

Felix [hoc] Laribus | conse[crat], votum | ṣ[olvens].

Felix weiht [dies?] den Laren, ein Gelübde einlösend.

M Evt. da6.

K Auf einer gemalten Tabula ansata, cf. #997, #756.

B IV 9887° m. add. D; HU. 174a.

#844 graff. I 10,3: Aedicula im Eingang links.

Lares August^i_ṣ[---]

Die Laren des Kaisers ...

E *e* kurs.; Lesung VARONE in ImGr.
K Bei einer gemalten Schlange.
B IV 8282; ImGr. 66*°, (518); GE. I-2; HU. 72; FRÖHLICH (1991), p. 255.

#845 graff. VI 14,43: Peristyl.

a *ite.* — **b** *Lares.*

a Geht! — **b** Die Laren.

M Kaum **a–b** da6 init., wie add. E vorschlägt.
E Ganz unterschiedlicher Duktus, also nicht zusammengehörig, ZA.
K Unterhalb einer Nische mit dem Gemälde eines Rundaltars mit Schlange.
B IV 1539° m. add. AE; FRÖHLICH (1991), p. 279.

#846 graff. I 11,1: rechts der Tür, gleich um die Ecke.

[per] Lares sanctos | rogo ṭẹ, ut vac.

Bei den heiligen Laren bitte ich dich, dass (du) ...

E *e* kurs. — 1 *[per]* DCO., wo dies gestanden haben könnte, ist jedoch unklar. — 2 Vorzeitig abgebrochen.
K Neben dem Gemälde eines Rundaltars mit einer Schlange und zwei Laren, an der Hausecke.
B IV 8426; ImDip. 134f.*, ImGr. 85*; HU. 133; FRÖHLICH (1991), tab. 53.1*; BLUM (2002), p. 20*f. no. 8.

#847 ♪ dip. VII 11,13–14.

Mercurius | felix CCCTↃↃↃXXX.

Merkur der erfolgreiche: 3030 (?).

M hemiep.
E Die Zahlen waren zu ZA.s Zeit schon unlesbar; evt. ein Schiff (cf. #453)?

K Über einem Geldtäschchen in der rechten Hand eines Merkur, der auf einem Pfeiler neben einer Taberna dargestellt (und heute zerstört) ist. – 2 Die Zahl (Geldbetrag?) ist unklar.

B IV 812 m. add. D; DI. 20.

#848 ♪ graff. VII 2,13 (Taberna).

felix hic locus | est.

Glücklich ist dieser Ort.

M hemiep.

E *e, f* kurs.

B IV 2320° m. add. E; GE. E-21; HU. 1013°.

#849 graff. I 19,2 (Taberna): Theke.

bonus deus | hic abitat in do|mo | act.

Ein guter Gott wohnt hier im Haus ...

E *e* kurs.

K 1f. Cf. ähnlich IV 8418. – 2 Cf. #503; *habitat.* – 4 Unklar, gen. *Acti*?; darunter evt. ein Phallus.

B IV 8417; ImGr. 519°; GE. E-22; WE. 508; HU. 101; GI. 76 n. 35.

#850 graff. II 7 (Palaestra).

ic abitamus, | felices | nos | dii | faciant.

Hier wohnen wir: Mögen uns die Götter glücklich machen!

K 1 *hic habitamus.* – 2ff. Cf. #717.

B IV 8670; ImGr. 157*; KR. 73; MO. 16f.

#851 dip. IX 8,8: rechts der Tür.

a *Salutis.* – **b** *Salutei | sacrum.*

a Der Salus (gehörig). – **b** Der Salus geweiht.

K Gemälde über einem Altar: zwei Füllhörner und darüber ein Kranz. – **a** Unter dem Kranz. – **b** Am oberen Rand, zu einem älteren Wandschmuck gehörend. – 1 *Saluti*, cf. VÄÄ. p. 22.

B IV 3774.a–b (= I² 1626) m. add. D; DI. 23.

#852 ♪ graff. I 3,30: Peristyl.

tu, pupa,
sic valeas, | sic habeas | Venere Pompeianam | propitia, |[5]
munn | [------]

Du, Schätzchen,
mögest du so gesund sein, möge dir Venus von Pompeji so wohlgesonnen sein,
wie du ...

M tro7 (ab 1 *sic*).
E *e* kurs. – 4 *propytia* MAU, aber cf. add. E.
K 1ff. Zur Beschwörungsformel *sic ... ut ...* cf. #756. – 2ff. *habeas* cf. #70 etc. (und cf. mit nom. + *sit* #109, #1158). – 3 *Venerem.* – 4 *propitiam.* – 5 *munn* ist sinnlos, vermutlich verlesener Anfang der Bedingung *ut* ...
B IV 4007 m. add. E; DI. 31; CLE 233; GE. F-3; WE. 48; HU. 21; VA. 22.

#853 graff. I 8,1 (Taberna): rechts der Tür.

bono ut sit.

Möge es nützen!

K *ut* für *utinam.*
B IV 8186; DI. 1076.

#854 ♪ graff. IX 7,20: zwischen Atrium und Peristyl.

qui vịṭam spernit, facile | contemneṭ deî |
nẹ in[.]deî mod oịọmụṇd[---]

(Den), der das Leben geringschätzt, werden die Götter leicht mit Verachtung strafen,
damit er nicht ...

M ia6.
E *e* kurs.
K 2 Wohl *contemnent*, cf. VÄÄ. p. 67. – 3 Unklar.
B IV 5370° m. add. CE; DI. 36; CLE 1863; WE. 593 (nur 1f.); HU. 906°.

#855 ♪ graff. V 1,1–V 2,19.

s[e]ṛpentis lusus si qui sibi forte notavit,
Sẹpumius iuvenis quos fact ingenio,
spectator scaenae sive es studiosus equorum,
sic habeas ḷaṇces seṃper ubiqụẹ p̣ạṛẹṣ.

Wenn einer sich zufällig die Spiele der Schlange gemerkt hat,
die der junge Sepumius mit Talent macht,
seist du ein Zuschauer der (Theater-)Bühne oder ein Liebhaber der Pferde(rennen),
so mögest Du immer (und) überall gleiche Waagschalen haben!

M dist.; *facit* ist vom Metrum gefordert, *fact* also ein simpler Schreibfehler.

E In einer einzigen langen Schlangenlinie geschrieben, mit wenigen Worttrennungspunkten. Im Schlangenkopf haben G. BIANCHINI und G.L. GREGORI das Anfangs-*s* identifiziert (Präsentation am IV. Colloque Ductus, Dez. 2018, Publikation im Druck in den Akten des Colloque «Présences ovidiennes», Clermont-Ferrand, Nov. 2018).

K Die Inschrift beginnt mit einem eingeritzten Schlangenkopf. – Cf. an derselben Versstelle *si forte notasti* Ov. epist. 20.205f. und met. 9.538; fut. *-bit* statt perf. *-vit* passt wegen *forte* nicht, denn der Leser weiß ja von jetzt an Bescheid; *Sepumius* hapax leg., wohl wieder Schreibfehler statt gängigem *Sepunius*, cf. IV 1460, X 802, X 831 etc.; *iuvenis* cf. #132; *facit*; *studiosus equorum* an derselben Versstelle Ov. am. 3.2.1 und met. 14.321; zur Beschwörungsformel *sic habeas …* cf. #756, hier ist sie leicht abgewandelt ohne explizites 'wie'; COURTNEY bezieht den letzten Vers auf den Einkauf bei ehrlich wägenden Händlern, BIANCHINI & GREGORI aber schlagen (gegen die frühen Lesungen von GARRUCCI und GUARINI) vor, *faciles semper ubique deos* zu lesen als weitere Ovid-Reminiszenz, v.a. an Ov. epist. 16.282 *sic habeas faciles in tua vota deos.* – Der Gesamtsinn bleibt unklar, ja es ist nicht einmal sicher, dass mit den 'Spielen' das vorliegende schlangenförmige Schreiben gemeint – oder auch nur mitgemeint – ist.

B IV 1595 m. add. ABE; ImGr. 211*; DI. 304; CLE 927; GE. I-54; KR. 40°; WE. 554°; HU. 258°; CollEp. 12*; GI. 229f.; CO. 120; LA. 30°.

#856 ♪ graff. III 2,1: Peristyl.

q[u]i meminit vitae, scit quod mortis [initium (est)].

Wer das Leben bedenkt, weiß, dass es des Todes [Anfang (ist)].
Oder: Wer des Lebens Anfang bedenkt, weiß, dass er des Todes [Anfang (ist)].

M da6 DCo., ia6 Lo. und Di.

K Die Ergänzungen *morti_s[it habendum]* DCo. und *morti_s[it mali]* Lo. und Di. sind unbefriedigend, v.a. weil nach *morti* kein Abstand ist und wir *quid*, nicht *quod* erwarten; zu *scīre + quod* 'dass' cf. OLD s.v. *sciō*, 2.b; günstig ist eine Ergänzung *mortis [initium]* oder *[initium'st]*, wobei *initium* schon auf *vitae* bezogen werden kann.

B IV 8832; Di. 836; CLE 2292; We. 591; Hu. 222.

9.2. Lebensmittel

#857 graff. IX 7,25: Zimmer.

a *VIII ìdus: casium I, | pane VIII, | oleum II, | vinum III. | VII ìdus: | pane VIII, | oleum V, | feçịas V, | pultarium I, | pane puero II, | vinum II. | VI ìdus: pane VIII, | puero pane IV, | halica III. | V_ìdus: vinum domatori 𐆖, | pane VIII, vinum II, casium II. | IV ìdus: ++++++ 𐆖, pane II, | femininum VIII, | tridicum 𐆖 I, | bubella I, palmas I, | thus I, casium II, | botellum I, | casium molle IV, | oleum VIIỊ.*
b *servato | montana 𐆖 I, | oleum 𐆖 I VIIII, | pane IV, casium IV, | porrum I, pro patella I, | Sittiae VIIII, inlicnium I. | III ìdus: pane II, | pane puero II. | pri. ìdus: puero pane II, | pane cibariu I, | porrum I.*
c *ìdubus: pane II, | pane cibar. II, | oleum V, | halica III, | domato[ri] pisciculum II.*

a Am 8. Tag vor den Iden: Käse für 1 As, Brot für 8 As, Öl für 2 As, Wein für 3 As. – Am 7. vor den Iden: Brot für 8 As, Öl für 5 As, Hefe für 5 As, einen Topf für 1 As, Brot für den Sklaven für 2 As, Wein für

2 As. – Am 6. vor den Iden: Brot für 8 As, Brot für den Sklaven für 4 As, Dinkelgraupen für 3 As. – Am 5. vor den Iden: Wein für den Tierbändiger (?) für 1 Denar, Brot für 8 As, Wein für 2 As, Käse für 2 As. – Am 4. vor den Iden: ... für 1 Denar, Brot für 2 As, «Weibliches» für 8 As, Weizen für 1 Denar 1 As (?), Rindfleisch für 1 As, Datteln für 1 As, Weihrauch für 1 As, Käse für 2 As, ein Würstchen für 1 As, Weichkäse für 4 As, Öl für 8 As.
b ... 1 Denar 1 As, Öl für 1 Denar 9 As, Brot für 4 As, Käse für 4 As, Lauch für 1 As, Ersatz für die (kaputte) Schüssel (?) für 1 As, für Sittia (?) 9 As, Lampendocht für 1 As. – Am 3. Tag vor den Iden: Brot für 2 As, Brot für den Sklaven für 2 As. – Am Tag vor den Iden: Brot für den Sklaven für 2 As, grobes Brot für 1 As, Lauch für 1 As.
c An den Iden: Brot für 2 As, grobes Brot für 2 As, Öl für 5 As, Dinkelgraupen für 3 As, einen kleinen Fisch für den Tierbändiger (?) für 2 As.

E Zeilenzählung hier separat für **a**, **b**, **c** (CIL nimmt eine Tabelle mit drei Kolonnen an). — **a**–**c** *e* kurs.; bloße Zahlen bedeuten As (abl. *asse / assibus*), X̶ = Denar (*denario*). — **a** 8 SOLIN (2013), p. 341–44 lehnt die alte Lesung *cepas* ab und liest zögernd *fecias*. — 17 *hxeres* MAU, unverständlich, cf. add. E. — **b** 6 *Sittiae* SOLIN (Foto per litt.), *sittuae* MAU, *sittube* SOGLIANO; *inlicnium* SOLIN, *inltynium* MAU. — 10 VARONE und SOLIN, *cibar. II* MAU.

K **a** 1 *caseum*, mit *-i-* auch #864, IV 1761 (m. add. E), 8566.b. — 2 *panem*. — 3 *oleum* auch #864f., IV 6263, 8561.a, 8566.b, 9435, 9606 (?), 10293 (?) (IV 3353 *ol_ium* ist ganz unsicher, #870 *oli* ist korrekt kontrahiert), offenbar wurde das *-e-* zu dieser Zeit noch nicht gleich ausgesprochen wie in *caseum*: urspr. *olē(v)um*, cf. LEUM. p. 65). — 8 *faecias* 'Hefe' (cf. ital. *feccia*). — 14 *alica*, cf. VÄÄ. p. 58, *h-* selten schon gr. — 15 Zur Bildung von *domator* cf. VÄÄ. p. 90. — 18 *femininum* unklar. — 19 *triticum*, cf. VÄÄ. p. 54; X̶ *I* evt. '1 Denar'. — 20 *bubella* demin., cf. VÄÄ. p. 102. — 21 *tus*, cf. VÄÄ. p. 111. — 22 *botellus* demin. — **b** 1 *servato* unklar, am ehesten 'aufbewahrt, zur Seite gelegt', cf. OLD s.v. *servō*, 8, SOLIN in add. E hält die Form für einen Namen im dat., wie unten *Sittiae*. — 2 *montana* unklar, cf. VÄÄ. p. 97, könnte ebenfalls ein Name sein. — 3 X̶ *I VIIII* = '1 Denar und 9 As'. — 5 *pro* evt. '(etwas) als Ersatz für' (cf. #863); *patella* demin. — 6 Die Funktion des Eigennamens bleibt unklar; *ἐλλύχνιον* 'Lampendocht' SOLIN mit Verweis auf Frühere und II².5 340 *illychiniariorum* (zu *-chn-* cf. #598). — 10 Cf. OLD s.v. *cibārius*, 2; der Unterschied zu *panis puero* ist unklar. — **c** 1 *idibus*, cf. VÄÄ. p. 25f.

B IV 5380 m. add. E; ImGr. 433*; DI. 390; GE. I-23; KR. 60; WE. 531.

#858 graff. IX 9,2: Eingang links.

allio a._II., garum.

Knoblauch für 2 As (und) Fischsauce.

K *allium*, cf. VÄÄ. p. 29.
B IV 5246 m. add. E; DI. 394.

#859 graff. VIII 4,4: Peristyl.

IIX id. Iulias axungia p. CC, | aliu manuplos CCL.

Am 8. Tag vor den Iden des Juli Schweinefett 200 Pfund, Knoblauch 250 Bund.

K 1 8. Juli; *axungiam*, cf. OLD s.v. *axungia*; *pondō* adv., cf. OLD s.v. – 2 *allium manipulos*, cf. VÄÄ. p. 26, 44, und zum acc. statt gen. part. *alli* 117f.
B IV 2070° m. add. E; DI. 402; GE. I-26; WE. 525; HU. 784.

#860 graff. III 4,2: Raum beim Eingang.

V k. Aug. manipul. LX, | exec. XII.

Am 5. Tag vor den Kalenden des August 60 Bund (erhalten?), ausgeführt (?) 12.

E *e* kurs.
K 1 28. Juli; *manipulos LX* (scil. *conficiendos accepi* DCO.). – 2 *exec(utus sum)* DCO., *exec(tos?)* DI.
B IV 8869; DI. 1007.

#861 graff. Boscoreale, Landhaus: auf Kelter.

hordeum CCDLXX^VI, | faba MCDLXXXVII.

Gerste 76 Scheffel (?), Bohnen 87 Scheffel (?).

K 2 Erstes D sei spiegelverkehrt (MAU), es ist also evt. ein O: *mọd. LXXXVII*; ebenso ist in 1 für die unmögliche Zahl evt. *ṃọd. LXXVI* zu lesen.
B IV 5430 m. add. E; DI. 405; GE. I-33.

#862 graff. V 3,10: Atrium.

a *laciniae LXXXXIII, Iuṇia | IIII, | Clodia | IIII, |5 lacerti | VIII.* – **b** *hạḅ_III, | II panes, lacerti XIV, | Helias* vac.?

a Kleine Portionen 93 (As?), (an) Iunia 4 As, (an) Clodia 4 As, Makrelen für 8 As. – **b** Hafer für 3 As, 2 Brote (und) Makrelen für 14 As, (an) Helias ...

E **a–b** *e* kurs. – **a** 1 *Iunia* CASTRÉN (cf. add. E), *Iuiiia* MAU. – **b** 3 Wohl unfertig.

K **a** 1 Cf. OLD s.v. *lacinia*, 4. – 5 Cf. OLD s.v. *lacerta*, 2. – **b** 1 Wohl *avena*, wie #867.

B IV 6716° m. add. E; DI. 398.

#863 graff. VIII 2,30: Zimmer.

lign. [.], | pro cụ. IV, | pan. HVỊ, | coliclo II, |5 be. I, | sina. I, | men. I, | sale [.?]

Holz für [...] As, Ersatz (?) für ... für 4 As, Brot für ..., Stangenkohl für 2 As, rote Bete für 1 As, Senf für 1 As, Minze für 1 As, Salz für [...] As.

E Links von #867. – 2 *crocu(m)* VARONE, aber der erste Buchstabe ist kein C (cf. add. E), und nach *pro* ist ein deutlicher Abstand. – 7f. *e* kurs.

K 1 *ligna.* – 2 Ersatz für etwas (cf. #857.b, Z. 5), oder scil. *ligna* z.B. *pro cubiculis.* – 3 *panem*; der Betrag ist unklar, kaum mit VARONE *dupundiis VI*, man rechnet nicht in Dupundien. – 4 *cauliculum*, cf. VÄÄ. p. 29, 31, 44, 101. – 5 *betam.* – 6 *sinapi.* – 7 *ment(h)am*, gr. *μίνθη*. – 8 *salem*, cf. VÄÄ. p. 73.

B IV 4888° m. add. E; DI. 396; WE. 528.

#864 graff. V 5,3: Triclinium.

C. Iunius	*a. |*	(Bei) Gaius Iunius	Preis
vino	*a. I++ |*	Wein	für ... As
casiu	*a. II s. |*	Käse	für 2½ As
pan[e]	*a. V s. |*	Brot	für 5½ As
ligna	*[a.] II s. 5|*	Brennholz	für 2½ As
oleum	*[a.] III |*	Öl (?)	für 3 As
cepaṣ	*[a. ---] |*	Zwiebeln	für ... As
vino	*[a. ---].*	Wein	für ... As.

E *e* kurs.; stark verbesserte Lesung SOLIN (2013), p. 339–41. – 6 *oleum* MAU; *olicula* SOLIN, es gibt aber kein Wort *olis* o.ä., und als demin. von *olla* ist die Form nur einmal spät bei Theodorus Priscianus bezeugt und passt auch sachlich nicht. – 7 *cepa* SOLIN.

K 1 Kopfzeile für die beiden Kolonnen; C. Iunius könnte z.B. der Empfänger der Waren (Schuldner?) oder der Händler (Gläubiger?) sein. – 2/8 *vinum*, cf. VÄÄ. p. 29. – 3 *caseum*, cf. #857. – 3–5 *semis*. – 4 *panem*. – 7 *cepas* (wird nicht im kollektiven sg. gebraucht).

B IV 4422° m. add. E; ImGr. 240*; DI. 393.

#865 graff. I 3,27 (Bäckerei): Nebenraum.

oleum l.	*a. IV |*	(Lampen-?) Öl	für 4 As
palea	*a. V |*	Spreu	für 5 As
faenum	*a. XVI |*	Heu	für 16 As
diaria	*a. V |*	Tagesportionen (Mehl)	für 5 As
furfure	*a. VI* 5*|*	Kleie	für 6 As
viria I	*a. Ẋ |*	Grünfutter (?) 1 (Scheffel?)	für 10 As
oleum	*a. VI.*	Öl	für 6 As.

E *e* kurs.

K 1/6 *libra(m)* passt nicht, es sind hier sonst keine Gewichte angegeben, evt. *lucernis* u.ä.? – 2 *paleam*. – 4 Cf. OLD s.v. *diārium*, 2, hier und in #927 ein Bäckerei-Terminus, zweifellos für das Alltagsmehl. – 5 *furfurem* oder *-es*, cf. add. E, VÄÄ. p. 75. – 6 *viri(di)a* BALDI, cf. add. E (cf. OLD s.v. *viridis*, 4.a, 'Grünfutter'), wohl durch Palatalisierung von [dj], d.h. etwa [vi'rija] (cf. #71), ebenso in #279 *Popi(di)um*, #1213 *Istaci(di)us*; der Vorschlag 'Armband 1, 10 As' in add. E (laut Plin. nat. 33.(12.)39 gab es ein Wort *viria* für ein Goldarmband keltischer Machart) ist dagegen unplausibel, da dies sachlich nicht in die Liste passt und der Preis dafür viel zu tief ist.

B IV 4000 m. add. E; DI. 395; GE. I-24; KR. 56f.; MO. 20f.; WE. 527.

#866 graff. V 2,g: Atrium.

Sal._a._I[I]_s., panm_l._I_s. | P._Catiḷlus liber[a I]_ucias qiqe semuca.

In Salinae (?) für 2½ As 1½ Pfund Brot, (bei) Publius Catillus (zum gleichen Preis) 1 Pfund 5½ Unzen.

E *e* kurs.
K 1 Wohl nicht Salz, sondern eine Örtlichkeit (cf. #631, #813); *panem*, evt. mit Kurzschreibung *(e)m* oder nachtoniger Vokalsynkope, cf. #448; *panm_l._ I_s.* kann kaum '1 Pfund Brot kostet 1½ (As)' bedeuten, denn so hat 2 keinen Sinn. – 2 Kaum *pendit catillus*, MOM.; *libram unam uncias quinque semunciam*, zur Vokalanaptyxe in *libera* cf. #598, VÄÄ. p. 47, zu *-nc-* p. 67, zu *qiqe* auch p. 55, *-c-* in *semuca* steht wohl für [kʲ], cf. #267 und VÄÄ. p. 40; dies ist eine halbe Unze weniger als in *Sal.*, die Inschrift ist also ein Preisvergleich.
B IV 4227 m. add. E; DI. 400.

#867 graff. VIII 2,30: Zimmer.

silig., | habẹ., | col., | bet., |⁵ men., | coeloẹ.

Winterweizen, Hafer, Kohl, rote Bete, Minze, …

E *e* kurs.; rechts von #863.
K 1 *siliginem.* – 2 *avenam.* – 3 *cauliculum*, cf. #863. – 4 *betam.* – 5 *mentam.* – 6 Unklar.
B IV 4889° m. add. E; DI. 397.

#868 graff. VIII 1,1 (Basilica).

frumentu m. I s. a. XIIX.

Getreide 1½ Scheffel für 18 As.

E *e, f* kurs.
K *frumentum*; *m. I s.* = *modium unum semis*; ein *modius* kostete damals also 12 As, cf. Tac. ann. 15.39.2 *pretiumque frumenti minutum usque ad ternos nummos* 'bis auf 3 Sesterz (= 12 As) herabgesetzt' (64 n. Chr.; cf. #916).
B IV 1858.(a) m. add. ABE; ImGr. 366*; DI. 391; GE. I-34; WE. 526.

#869 graff. VIII 6,5: Atrium.

Φηλεικίων μό. α' ἄσ. γ'.

Felicio 1 Scheffel (Lupinen) für 3 As.

E In den Abkürzungen steht das *ο* über dem *μ*, das *σ* über dem *α*.
K Lat.: *Felicio modium unum assibus tribus*; cf. IV 3423 *Felicio lupinarius*, 3483 *Felicio lupinipolus* (OLD schreibt versehentlich *lupīnopōlus*).
B IV 4946° m. add. E; DI. 406.

#870 graff. VI 15,2: Garten.

XIII k. Fe. oli p. DCCCXXXX.

Am 13. Tag vor den Kalenden des Februar 840 Pfund Öl.

E Statt *XIII* ist evt. *XVII* mit XV Lig. zu lesen; XXXX Lig.; *e*, *f* kurs.
K 20. Januar; *olei*, cf. #857 und VÄÄ. p. 39; *pondō.*
B IV 4610° m. add. E; DI. 407; GE. I-27; WE. 522°; HU. 457°.

#871 graff. II 2,3 (Taberna).

oliva condita | XVII k. Novembres.

Oliven eingelegt am 17. Tag vor den Kalenden des November.

K An derselben Wand wie #910. — 1 *condīta.* — 2 16. Oktober.
B IV 8489; ImGr. 104*; DI. 1001; GE. I-21; MO. 18f.; WE. 514; HU. 152.

#872 graff. Boscoreale, Landhaus: Pfeiler.

operaris pane denariu.

Für die Taglöhner Brot (und) einen Denar.

E *e* kurs.
K *operariis*, cf. VÄÄ. p. 39; *panem*, *denarium*, cf. VÄÄ. p. 74, *-u* statt *-ō* 'für einen Denar' ist weniger wahrscheinlich, aber möglich, cf. #1460 *cernu.*
B IV 6877 m. add. E; DI. 442; GE. I-40; WE. 543.

#873 graff. IX 14,2: Zimmer.

XIII k. Maias panem feci.

Am 13. Tag vor den Kalenden des Mai habe ich Brot gebacken.

E *e*, *f* kurs.
K 19. April.
B IV 8972; ImGr. 441*; DI. 998; GE. I-20; WE. 512; HU. 960.

#874 graff. VIII 2,36: Zimmer.

datu | Tyrano_paniçu_m._Ị vac.?

Dem Tyrannus 1 Scheffel Hirse gegeben.

E 2 *paneum* (mit *e* kurs.) MAU, *Tyrano panicum I* add. E aufgrund einer (unpubl.) Zeichnung ZA.s, *panicu m(odius) I* gibt einen noch besseren Sinn.

K 1 *datum.* – 2 *Tyranno*, zum Namen cf. #216, #638; *panicum* cf. add. E, wo u.a. Plin. nat. 18.(29.)111 zitiert wird.

B IV 4906 m. add. E; DI. 401.

#875 graff. VII 15,3: Triclinium.

trici modius XXX, | modios | amphras +V [vac.]

30 Scheffel Weizen. Scheffel, Amphoren ...5.

E 2 Oder *modius*; Zeile nach links verschoben, von derselben Hand, MAU.

K 1 *tritici*, cf. VÄÄ. p. 45; eher für *modios* (cf. VÄÄ. p. 30) als '(1) Scheffel Weizen 30 (As)', der Preis wäre sehr hoch, cf. #868, und auch 30 Scheffelgefäße sind kaum gemeint (anders evt. in 3?). – 3 *amphoras*, cf. VÄÄ. p. 44; danach wohl eher eine Zahl als *qu( )* wie bei DI.

B IV 4811 m. add. E; DI. 392.

#876 graff. Herc., Insula V, 7: Nymphaeum.

vinum acceptum | ab domino VII ìdus Apriles.

Wein erhalten vom Herrn am 7. Tag vor den Iden des April.

E 1 *e* kurs.

K 2 7. April.

B IV 10565°; ImGr. 492*; WE. 542.

#877 graff. Herc., Insula VI, Nebengebäude der Thermen: Innenraum.

vinum	*a. III |*	Wein	3 As
quatus_vi[..]i	*VIII |*	Quattus-Wein (?)	8 As
nig[rum]	*X V s. |*	dunklen Wein	5½ Denar;
Capitoni: |		dem Capito:	
nigro	*X V* 5*|*	für dunklen Wein	5 Denar
nig[rum	*---]*	dunk...	...

K 2 Gemeint ist entweder *quartus*, *quantus* (scil. ?) oder – am ehesten – *quattus* (indecl.), evt. eine bestimmte Abfüllung, cf. #916; *kyathos* RUGGIERO, ablehnend MAU. – 3/5/6 Wohl kein Name, sondern ein Weintyp, cf. OLD s.v. *niger*, 1.c., auch Plin. nat. 24.(36.)55. – 4 Cf. den Grabstein X 1073 *C.*

Muttio ... Capitoni (Pompeji) und die Amphore mit *(vinum) Sur(rentinum) Mut(tianum)* IV 9328. – Insgesamt ziemlich unklar.
B IV 5448 m. add. E; Di. 399.

#878 graff. V 5,2: Raum beim Eingang.

VII eidus vinu | [--- n]on bibet. Logas, va.

Am 7. Tag vor den Iden wird (?) [...] keinen Wein trinken. (Und auch du), Logas, leb wohl!

E *e* kurs. – 2 VA Lig.
K 1 *idus*, cf. VÄÄ. p. 22; *vinum*. – 2 fut. oder perf., im zweiten Fall cf. VÄÄ. p. 21f.; wohl eher *Λωγάς* (cf. #1275) als *Λογάς* (häufig, cf. LGPN III.A), dafür spricht auch die Nähe von #981. – Der Schreiber scheint sich vorzunehmen, sich nicht nur des Weines, sondern auch der Mädchen zu enthalten.
B IV 4276 m. add. E; Di. 637.

#879 graff. V 2,4: Atrium.

ami_se. p. CXXI.

Ammei-Samen 121 Pfund.

K Worttrennung von Di., cf. OLD s.v. *ami*, dt. 'Ammei, Bischofskraut'; *semen*.
B IV 4098 m. add. E; Di. 408.

9.3. Auf Gefäßen

#880 dip. II 1,4: auf Krug.

olivas ex aqua.

Oliven aus dem Wasser.

K Zum acc. cf. VÄÄ. p. 117; in Wasser oder Salzlake, jedenfalls nicht in Öl eingelegt.
B IV 10292°.

#881 dip. I 7,11: auf Amphore.

oliva_alba | Publio Tegéti.

Helle Oliven für Publius (Cornelius) Tagēs.

K 1 Scil. wohl *missa* DCo. – 2 Sonst *Tagēti*, cf. DCo. zu IV 7314 sowie tab. cer. IV 3340.113.9, wohl einfach ein Fehler (es gibt *teges* und *Tages*).

B IV 9437°; DI. 1000.

#882 dip. III 4,3: auf Krug.

liquamen | optimum | Horatio Amandionî | ab Agathopode.

Fischsauce bester Qualität für Horatius Amandio, von Agathopūs.

K 4 Scil. wohl *missum* (auch in den folgenden Nummern).

B IV 9419°; DI. 1002.

#883 dip. I 10,11: auf Krug.

liquamen | optimum | Claudio Eulogo | ab Umbricio Agathopode.

Fischsauce bester Qualität für Claudius Eulogus, von Umbricius Agathopūs.

K 3 Ohne Kontext auch IV 9486 (im selben Haus). – 3f. Cf. auch IV 6921 *g. f. scombr. Scauri ab Agathopode Claudio Eulogo* (Boscoreale) und #887ff. – 4 Cf. auch IV 9394 *ab Agathopode*, aber IV 5690f. etc. *Agathopi* (gen. des sekundären lat. *o*-Stammes, cf. z.B. OLD s.v. *Oedipūs*, LEUM. p. 456).

B IV 9418.

#884 dip. III 4,b: auf Krug.

liquamen | optimum | Granii Ter+++++[---?]

Fischsauce bester Qualität des Granius Ter...

K 3 Zum gen. auf *-ii* (die Lesung scheint sicher zu sein, cf. NSA 1927, tab. XII°) cf. #422.

B IV 9416; DI. 1003.

#885 dip. VII 6,7: auf Krüglein.

hallex | optima | Vibiae.

Fischsuppe bester Qualität der (*oder:* für) Vibia.

K 1 Auch *hallec / allec* ntr., cf. VÄÄ. p. 57f., 82, mit *-x* auch z.B. Plin. nat. 31. (44.)95. – 1f. Auch IV 9407–9. – 3 Cf. evt. IV 5792 *c. h. / ab Vibia* (Amphore).

B IV 9411°; DI. 999.

#886 dip. I 10,11: Zimmer, auf Topf.

hallex | optima | Cot+++a | ab Scauro.

Fischsuppe bester Qualität Cot... von Scaurus.

E 3 *Cotiana* DCO.
K 3 Unklar, müsste ein dat. sein. – 4 *A. Umbricius Scaurus* (cf. z.B. IV 2587), wohl der Patron des *Agathopūs*, cf. auch #899.
B IV 9410.

#887 dip. I 7,8 (Taberna): auf Amphore.

g. f. scombr. | Scauri | ex officina Scauri, | ab Martiale Aug. l.

Makrelengarum-Blüte des Scaurus aus der Produktionsstätte des Scaurus, von Martialis, dem Freigelassenen des Kaisers.

K 1 *gari flos scombri* in Pompeji auch z.B. IV 9395–9400, 9403–5 sowie weit herum im Römischen Reich. – 4 *Augusti liberto.*
B IV 9406°.

#888 dip. Sant' Antonio Abate, La Carità: auf Krug.

g. f. scombr. | Scauri.

Makrelengarum-Blüte des Scaurus.

B IV 9401.

#889 dip. Villa dei Misteri: Atrium bei Küche, auf Krug.

g. f. scombr. | Scauri | C. S. D.

Makrelengarum-Blüte des Scaurus für (?) Gaius S. D.

K 3 Evt. der Empfänger.
B IV 9402.

#890 dip. III 4,3: auf Amphore.

ab Stephano | T. A. Pol.

Von Stephanus für Titus Arrius Polites.

E 2 POL Lig.
K 2 DI. ergänzt *T. Arrio Politae* (dat.), zu diesem cf. #152, #272 (beide im selben Haus); dieselben Initialen IV 9461–63.
B IV 9460°; DI. 1004.

#891 dip. Bottaro: auf Amphore.

a *Erotis Musaẹị.* – **b** *Pericatia | Optate | Pọmpeiaṇ[ae?].*

a Des Eros, (des Sklaven) des Musaeus. – **b** Pericatia, für die Pompejanerin Optata.

K **b** 1 Cf. #343 und IV 9578. – 2 Wohl *-ae* dat.
B IV 9577.a°–b°; DI. 1005.

#892 dip. II 1,7: auf Amphore.

Choum | vet. | C. Atinio.

Alter Kōer Wein für Gaius Atinius.

K 1 So auch IV 9321 (vor der Stadt gefunden), aber richtig *Coum* z.B. IV 5536–38; scil. *vinum*. – 2 *vetus*. – 3 Ein früherer Vertreter der Gens Atinia ist bezeugt in ImagItal Pompei-16* und 21* ***Mr. Atiniís Mr.*** (Aedil bzw. Quaestor, Ende 3. Jh. v. Chr.).
B IV 9320.

#893 dip. I 10,4: auf Amphore.

vi._r. | in usus Coeliae Proculae.

Rotwein für den Gebrauch der Coelia Procula.

E 1 VIR Lig.
K 1 *vinum rubrum*, cf. auch IV 6218 *v. r.* – 2 *in usus* ist in Pompeji auf Gefäßen die Normalform, cf. IV 2568 (= 5732), 2583, 5597, 6201, 6218 (soeben erwähnt), 9452, 9503, zweifellos nach dem häufigen Gebrauch von *εἰς* und pl. in der gr. Koine, z.B. LXX Ies. Sirach 39.21/31 *εἰς χρείας*, I.Priene 108.80 *εἰς χρείας ἀναγκαίας ἔδωκε[ν]* (Ende 2. Jh. v. Chr.), Diod. 19.15.5 *ἱκανὸν εἰς τὰς χρείας*, u.v.a.m., klass. lat. ist dagegen *ad usum* (pl. nur wenn nötig, *in* nur, wenn es das Verbum o.ä. erfordert, z.B. *conferre* + *in* Cic. Flacc. 55), in der Kaiserzeit nimmt *in usum* dann rasch zu, z.B. Liv. 44.7.11, 45.33.3 etc.); zum Inhaltlichen cf. add. C zu IV 2583.
B IV 9362.

#894 dip. I 10,4: auf Amphore.

in usuṃ | L. L. + [vac.?]

Für den Gebrauch von Lucius L.

K 1 *in usum* (sg.) in Pompeji nur hier.

B IV 9549.

#895 dip. I 13,9: auf Amphore.

lomen verax | Numiciae Primige. | C. N. Sperati.

Echtes Waschmittel von (*oder:* für) Numicia Primigenia, des Gaius Numicius (?) Speratus.

K 1 Für *lomentum* (nicht sicher eine Abkürzung). – 2 *Primigeniae* (gen. oder dat.). – 3 Das Gentiliz *N.* ist unklar, vielleicht *Numicius* (im gen.).

B IV 10282°.

#896 dip. II 3,4: auf drei Amphoren.

a *Τι. Κ. | Ἐπαφρ̣ο̣δίτου | M. Ant. Cer.* – **b** *Τι. Κ. | Ἐπαφροδίτου | M. Ant. Cerialis.* – **c** *Τι. Κ. | Ἐπαφρ̣ο̣δίτου | M. Ant. Cer.*

a–c Des Tiberius Claudius Epaphroditus (und) des Marcus Antonius Cerialis. (3×)

E **a–c** *e* kurs.

K **a–c** 1 *Κλαυδίου.* – 1f. Auch IV 5942, 6408, 10443. – 3 *M. Ant(oni) Cer(ialis)* ist – mindestens in a und b – wohl später und von anderer Hand zugefügt.

B IV 10444.a°–c°.

#897 dip. Herc., Insula IV, 14: auf zwei Amphoren.

a *Τι. Κ. | Ἐπαφροδείτου.* – **b** *Τι. Κ. | Ἐπαφροδείτου.*

a–b Des Tiberius Claudius Epaphroditus.

K **a–b** *Τιβερίου Κλαυδίου Ἐπαφροδίτου.* – Eine dritte gleichartige Amphore, auch aus Herculaneum, IV 10890.

B IV 10889.a–b.

#898 dip. II 2,4: auf Amphore.

T. Catio P. Galerio | cos.

Als Tiberius Catius (Asconius Silius Italicus) und Publius Galerius (Trachalus) Konsuln waren.

K 1 *T.* statt *Ti.*; der Dichter Silius Italicus (zur Reihung von Gentilizien cf. #115) und der Redner P. Galerius Trachalus, 68 n. Chr.; wohl das Jahr der Abfüllung der Amphore.

B IV 9316; DI. 871.

#899 dip. I 8,14: auf Amphore.

a *ante exemplar | traṿ. XV CC, | in n̄. C. Umbr. A++++++, tutela Ìovis et | Ìuno., para^semị Victoria P. Pompilî |[5] Saturî, mag. M. Lartidìus Vitalis, domo Clupeis | vẹct. ẹstis r+++++ld+ gratis MCC. | s. f. pr. idus Octobr.*
b *Rustico | ab ++ c. 8 ++*

a Muster (?), vorausgeliefert (?), no. 15/200 (?), im Schiff des Gaius Umbricius A..., im Schutze Iuppiters und Iunos, unter der Flagge «Victoria» des Publius Pompilius Satur, mit Kapitän Marcus Lartidius Vitalis, (direkt) von zu Hause in Clupea transportiert. Ihr seid (?) ... umsonst 1200, ... am Tag vor den Iden des Oktober.
b Für Rusticus von ...

E Die Interpretation ist schwierig, einige neue Vorschläge macht R. Zucca, Voce concordi (FS Claudio Zaccaria) (2016), p. 304f., v.a. 3 *in n(ostra) cumba* 'in unserem Boot'.

K **a** Syntax unklar. – 1 *ante* (scil. *missum*?) DCO. – 2 Evt. *tra(ns)vectum* und 'no. 15 von 200'? – 3 *in nave*; evt. *C. Umbrici*, zur Familie cf. #886; *Amprioc(i)* DCO. ist sinnlos, evt. *Ampliat(i)*? – 4 *Iunonis*; cf. OLD s.v. *parasēmum*, etwa 'unter der Flagge', *Victoria* nom. oder abl. (zu *nave*). – 5 *magister* (scil. *navis*); *Clupeis* (Stadt in Afrika, abl. ntr. pl.). – 6 *vectores*? DCO., wohl eher *vectum* (scil. *exemplar*); *ẹstis rec(..) soldo* DCO., sehr unsicher. – 7 *solutio facta* (?) DCO.; 14. Oktober. – **b** 1 Vermutlich der Empfänger des Gefäßes. – 2 Wohl der Lieferant.

B IV 9591.a°–b°.

#900 dip. Genauer Fundort unbekannt: auf Amphore.

M. Teṛenṭị Ạ+++++++ | in_nave Cn. Senti Omerî, | Tî. Claudî Orp̣ẹî | vect.

Des Marcus Terentius A... Im Schiff des Gnaeus Sentius Homerus und des Tiberius Claudius Orpheus transportiert.

K 1 Wohl für dat. *Terentio*; *Artritati* Mau, unsicher und sinnlos (*verlesen für Ampliati*?). – 2 *Homerì*. – 3 *Orphei*. – 4 *vecta* (scil. *amphora*)? – Die von zwei vielgereisten Sängern genommenen Cognomina sind ungewöhnlich.

B IV 5894° m. add. C; DI. 1006.

#901 dip. I 6,2: auf Amphore.

advaentu Orphei.

Bei Ankunft des Orpheus.

E Wohl HEI Lig.

K *adventu*, kaum mit VÄÄ. p. 84 als gr. gen. aufzufassen.

B IV 9573°.

#902 ♪ graff. Genauer Fundort unbekannt: auf Amphore.

presta mi sinceru, | sic te_amet, que_custodit ortu_Venus.

Gib mir reinen (Wein)! So möge dich Venus lieben, die den Garten beschützt!

M Mit IK in *amet* (cf. #615) und *quae hortum custodit* ergibt sich ein tro7.

E *sinceru* mit horizontalem Strich über dem V, add. E.

K 1 *praesta*, cf. Petron. 34.7 *verum Opimianum praesto*; *sincerum*, zweifellos scil. *vinum*, cf. OLD s.v. *sincērus*, 3. – 2 Wohl formelhaft; *quae*; *hortum*; zu *Venus* cf. Varro rust. 1.1.6 *item adveneror Minervam et Venerem, quarum unius procuratio oliveti, alterius hortorum*, cf. OLD s.v. *hortus*, 1.c (Teil eines Weingartens); die traditionelle Beschwörungsformel (cf. #756) wäre: *Sic te amet ... Venus, ut (tu) mihi praestas sincerum.*

B IV 2776° m. add. E; DI. 833a; HU. 1018.

#903 dip. I 7,1: auf Amphore.

Σέραπις | δῶρα.

Gaben des Serapis.

K 1 Lat. gen.?; der gleiche Text IV 2725, 2849, 6546, 6547, 7006, 9812; DCo. vermutet, dass die Amphoren Nilwasser enthielten.

B IV 9811; Di. 835.

#904 graff. I 8,18: auf Dolium.

M. Hostirius.

Marcus Host(o)rius.

K Wohl Besitzerangabe; *Hostilius* DCo.; wohl eher *Hostrius* mit Anaptyxe, cf. zum Namen X 4181 (Capua, spätrepubl.), IX 1423 = 6078.98; derselbe Name mit anderer Anaptyxe wohl in #394 *P. Ostorius* (Gladiator), IV 9838 *C. Hostoriu[s ---]* (Lokalpolitiker), auch sonst in Kampanien gut belegt, cf. ferner die Familie der Suffektkonsuln *P.* und *M. Ostorii Scapulae.*

B IV 8226.

#905 graff. Boscoreale: auf Sieb.

pertudit Pompeis Felicio.

Felicio hat (dies) in Pompeji gepunzt.

K Eine Bronzeschale, die offenbar sekundär zu einem Sieb umfunktioniert worden war (cf. #1022).

B NSc. 1921, p. 425f.*; AE 1922, no. 77; Di. 1010.

9.4. Essen und Trinken und die Folgen

#906 ♪ dip. III 4,3: Triclinium.

a *abluat unda pedes, puer et détergeat údós, |*
mappa torum vélet ḷintea nostra cavé. |

b *lascivos voltús et blandós aufer ocellos |*
coniuge ab alterius, sit tibi in óre pudor. |

c *[insanas] ḷịṭịs odiosaque iúrgia differ, |*
si potes, aut gressús ad tua técta refer.

a Sorge dafür, dass die Wasserwoge die Füße abwäscht und der Sklave die nassen abtrocknet,
dass ein Leintuch von uns (zur Verfügung gestellt) das Sitzpolster bedeckt!
b Wende lüsterne Blicke und schmeichlerische Äuglein
vom Partner des anderen ab! Es sei Anstand in deinem Gesicht!
c Verschieb [unsinnige] Streitereien und hasserfüllte Zankworte,
wenn du kannst, oder lenk die Schritte zurück zu deinem Haus!

M **a–c** dist.

E Capitalis-Buchschrift mit Worttrennungspunkten, Apices (*tēcta* nach dem Lachmannschen Gesetz) und Abständen bei syntaktischen Einschnitten (in c gleichzeitig das Enjambement betonend); Reihenfolge a–c von DI.

K **a** 1 Cf. Catull. 65.6 *alluit unda pedem.* — 2 *cavē* (ohne IK, cf. #615), scil. *ut.* — **b** 1 *vultūs*, cf. VÄÄ. p. 28. — 2 Cf. Ov. trist. 2.(1.)30 *ab ore pudor* (auch am Ende eines da5); kein Worttrennungspunkt nach proklitischem *ab* (*coniuge abalterius* wie *abalterius coniuge*) und *in* (cf. #1185). — **c** 1 Ergänzungen cf. add. D, epigraphisch und philologisch überzeugt nur O. MORGENSTERN (1925) *[insanas] ḷịṭịs* (er vergleicht Ov. fast. 1.73f. *lite vacent aures, insanaque protinus absint iurgia: differ opus, livida turba, tuum*, der aber vielleicht eher seinerseits diesen Vers anklingen lässt, cf. #1038, #1048ff., #1084, #1089, evt. auch #1066, #1070f., ferner zur dahinterstehenden Dichtungstradition #1048, #1066, #1073f. und WACHTER (1998), spez. p. 88 mit n. 86f.); nach *ad* steht ein Punkt – evt. wegen der längenden Konsonantengruppe?

B IV 7698° m. add. D; ImDip. 266–68*; DI. 1096; CLE 2054; GE. G-21–23; WE. 253; HU. 231, 232, 233; GI. 225–28; VA. 110 (nur b); CO. 47; BLUM (2002), p. 29, 30*, 31, no. 19.

#907 graff. II 2,3 (Taberna).

avete, utres sumus; cot estis, ere voluimus; | quando venistis, ere eximus.

Grüß' euch! Wir sind Schläuche (*d.h.*: werden wie Luft behandelt). Was ihr esst, wollten wir essen. Nachdem ihr gekommen seid, sind wir woanders essen gegangen.

E *e* kurs. – 1 VT Lig.

K 1 *utres sumus* 'wir gelten nichts', cf. Petron. 42.4 *heu, eheu. utres inflati ambulamus. minoris quam muscae sumus*; *cot* statt *quod*, cf. VÄÄ. p. 55, 70; *estis* 'ihr seid' und *ere* 'mit Geld' (*aere*) der bisherigen edd. ist sinnlos, besser ist *estis* 'ihr esst' und *ere* (für *erre*) = *edere* (cf. span. *comer*): jüngeres intervokalisches *-dr-* wurde regelmäßig zu *-r-* vereinfacht (cf. LEUM. p. 199 §199. a.δ, z.B. roman. *quaranta, cuarenta* etc.), hier nach Synkope *edere* > *edre* (cf. VÄÄ. p. 44 und #781). – 2 *ere* dito (finaler inf. statt supin. ist zu allen Zeiten möglich, mit *īre* z.B. Plaut. Bacch. 354 *senex in Ephesum ibit aurum arcessere*, Hyg. fab. 88.4 *dum ad flumen exit sanguinem abluere*, mit *mittere* Plaut. Pseud. 642 *reddere hoc, non perdere erus me misit*, Prop. 2.16.17 *semper in Oceanum mittit me quaerere gemmas*, cf. sogar bei Cic.: top. 5 *sed iam tempus est ad id quod instituimus accedere*, Caec. 15 *nullam esse rationem amittere eius modi occasionem*, und cf. auch #1283); perf. *exīimus* (kontrahiert, cf. #209) gibt den besseren Sinn als praes. *exīmus*.

B IV 8492; ImGr. 105*; DI. 1097; GE. G-5; MO. 46f. (nur bis *sumus*); WE. 248; HU. 153.

#908 graff. I 12,5 (Taberna): rechts der Tür.

Saturio, famelice.

«Pumpelsatt», ewighungriger!

E *e* kurs.

K Wohl Spitzname mit witzigem Wortspiel (cf. #515) im voc., cf. OLD s.vv.

B IV 8457; DI. 1098; HU. 155.

#909 graff. V 2,i: Seitenraum beim Peristyl.

esurit Dap̣ine, | cum suma vac.

Daphne hat Hunger, obwohl sie (dauernd etwas) zu sich nimmt.

E *e* kurs. – 1 *Danne* (für *Δανάη*) ZA., *Dapine* (für *Δάφνη*) SOLIN (2013), p. 338f. – 2 *cum suma[t]* mit VM in *cum* Lig., VARONE in ImGr, *t* war aber nie geschrieben.

K 1 SOLIN erwägt sexuellen Sinn und verweist auf Parallelen in AD. p. 139; *Dapine* cf. #598, VÄÄ. p. 47 (X 1053 *Daphine* u.a.). – 2 *sumat*, cf. VÄÄ. p. 70.

B IV 4207 m. add. CE; ImGr. 228f.*; DI. 52; CLE 359; HU. 293; GI. 187 n. 21.

#910 graff. II 2,3 (Taberna).

a *XVII k. Feb. / Eupọṛ, / omn. XX.* – **b** *XI k. Febr. Eupor, / omnes XX.*

a Am 17. Tag vor den Kalenden des Februar: Eupor, alle zwanzig. – **b** Am 11. Tag vor den Kalenden des Februar: Eupor, alle zwanzig.

E **a–b** *e* kurs.

K **a** 1 16. Januar. – 3 *omnes.* – **b** 1 22. Januar. – DCo. vergleicht #260, anders als dort muss es sich hier aber nicht um Menschen handeln (z.B. scil. 'habe ich gewonnen / getrunken / gestohlen'); *Eupor* cf. #210; insgesamt unklar.

B IV 8491.a–b; ImGr. 105*; Di. 1100; Ge. G-4.

#911 graff. VI 10,1/19 (Taberna).

da fridam puslilum.

Gib (mir) ein Schlückchen kaltes Wasser!

E Lesung Varone in ImGr., statt *pusillum.*

K Wohl sekundärer Kommentar zu einem Gemälde eines Soldaten, der einem Diener den Becher hinhält. – 1 *frigidam* scheint weitgehend synkopiert und assimiliert zu sein, etwa ['friʲdam], cf. #71 und Vää. p. 44 mit n. 1; scil. *aquam,* cf. ibid. p. 112, parallel zu gr. *νεαρόν* 'frisch' (scil. *ὕδωρ*) > neugr. *νερό*; add. B gibt Parallelen, z.B. ICUR VI 15945 *da calda(m)*; *puslilum,* wenn richtig gelesen, ist dialektale Nebenform mit älterem *-sl-*, etwa *pusl̥um* < **putslelom,* cf. Leum. p. 208, 306; cf. ferner Vää. p. 103 und p. 117f. (Syntax).

B IV 1291° m. add. ABE; ImGr. 260*; Di. 631; Ge. G-2; We. 244; Hu. 387; Fröhlich (1991), tab. 19.2*; Blum (2002), p. 34°*f. no. 24.

#912 graff. VI 10,1/19 (Taberna).

a *adde calicem Setinum.* – **b** *ḥavẹ.*

a Bring (mir) noch einen Becher Setiner! – **b** (Da), nimm!

K Zu einem Gemälde ähnlich wie in #911, a spricht der Gast, b der Diener. – **a** *Setinum* zu *Sētia,* cf. OLD s.v., 2; zur Syntax cf. #911. – **b** Wohl impv. *habe.*

B IV 1292 m. add. AE; Di. 632; Ge. G-3; We. 243; Hu. 388; Fröhlich (1991), tab. 18.2*.

#913 ♪ graff. I 2,24 (Taberna): Peristyl.

talia te fallant | utinam medacia, copo: |
tu vedes acuam et | bibes ipse merum.

Hoffentlich fällt solches auf dich zurück, Wirt:
Du verkaufst Wasser und trinkst den reinen Wein selbst.

M dist. (3 unkorrekt).
E *e* kurs.
K Über der Ritzzeichnung eines Hirsches. – 2 *mendacia*, cf. VÄÄ. p. 67; *caup-*, cf. #254. – 3 Der Halbvers ist metr. völlig missraten: *-es* ist lang gemessen, *aquam* troch. oder anap. statt iamb., und anschließend folgt Hiat, wurde wohl vom Schreiber falsch erinnert (COURTNEY konjiziert als mögliche Vorlage: *vendis aquam nobis*); praes. *vendis* (fut. *-ēs* gibt keinen Sinn), zu *-es* statt *-is* cf. VÄÄ. p. 21f., zu *ve(n)d-* cf. *me(n)dacia*; zu *aquam* cf. VÄÄ. p. 54, das Zeugnis App. Probi 112 (= 4.198.18 GL) *aqua non acqua* löst nur das mittlere der drei metr. Probleme. – 4 *bibis*, wie *vendis*; *merum* 'ungemischt'.
B IV 3948 m. add. E; DI. 636; CLE 930; GE. G-13; MO. 36f.; WE. 245; HU. 17; GI. 229; CO. 71; LA. 1522.

#914 ♪ graff. III 5,4: links der Tür.

Ga. Sabinius Statio plurima sal.; | viator,
Pompeis pane gustas, | Nuceriae bibes. |
Nucc+++e+++es.

Gaius Sabinius (schickt) Statius ganz viele Grüße. Reisender,
in Pompeji kostest du Brot, in Nuceria wirst du trinken.
Nucc...

M 2f. ia6 (ab *Pompeis*), cf. W.D. LEBEK, ZPE 32 (1978), p. 221f.
E *e* kurs. – 1 *m* kurs.
K 1 *Ga.* statt *C.*, cf. #685; *plurimam*. – 2 *panem*. – 4 Unklar, evt. Wiederholung von Zeile 3?
B IV 8903°; ImGr. 208°, (527); KR. 73°; WE. 257°; HU. 244°; GI. 225 n. 18.

#915 dip. VI 14,36 (Taberna).

a *nolo | cum Murtaḷẹ vạsụ.* — **b** *hoc.* — **c** *non, | mea est.* — **d** *qui vol, | sumat. | Oceane, | veni, bibe.* — **e** *exsi.* — **f** *non | tria, duas est.* — **g** *noxsi, | a_me | tria, | eco | fui.* — **h** *or_te, fellator, | eco fui.* — **i** *itis, | foras | rixsatis.*

a Ich will nicht mit Myrtale knutschen. — **b** Hierher! — **c** Nein, die gehört mir! — **d** Wer will, soll nehmen. Oceanus, komm, trink! — **e** Ich habe gewonnen. — **f** Nicht drei, die Zwei ist es. — **g** Schummler! Von mir sind drei! *Ich* habe gewonnen. — **h** Bittschön, du Schwanzlutscher, *ich* habe gewonnen! — **i** Geht! Zankt euch draußen!

E **a** 2 *e* kurs.; *Murtale vasu* add. D. — **c** 2 *mea* add. D. — **d** *e* kurs. außer in *-ne.* — **g–h** *e*, *f* kurs.

K Zu einer Gruppe von Gemälden: a Kuss, b–c zwei Männer mit d einer Kellnerin, e–i Würfelspiel. — **a** 2 Für *Μυρτάλη*, cf. VÄÄ. p. 32; *vasu* zweifellos für *bāsium* (J.N. ADAMS apud J. CLACKSON in Early and Late Latin, Cambridge 2016, p. 73, mit Hinweis auf *osculari + cum* bei Plautus, z.B. Mil. 243, 245, 264), *v-* wie in #1047, zu [s^j] cf. #267. — **b** Wohl für *hūc*, cf. VÄÄ. p. 30. — **c** 1 Interpunktion F.A. TODD, CR 53 (1939), p. 5; cf. OLD s.v. *nōn*, 5.b. — **d** 1 *vult*, cf. VÄÄ. p. 28 sowie zum fehlenden *-t* #234, #993. — **e** Wohl kontrahiertes perf.; VÄÄ. p. 112 und CLACKSON vermuten in dieser Verwendung den Ursprung der panroman. Bedeutung 'Erfolg haben' (frz. *réussir* etc.); zu *-xs-* cf. g und i sowie #799. — **f** 2 Eher für *δυάς* 'Zweizahl' mit TODD und VÄÄ. p. 111, denn für 'zwei' wäre nicht fem. (cf. #265 nom./acc. *-as*) zu erwarten, sondern ntr. wie in *tria.* — **g** 1f. Der Punkt nach *noxsi* macht DCO.s Lesung *noxsia* unwahrscheinlich; *noxsi* ist eher voc. von *noxius* (TODD). — 4f. Zu *ego fui* 'ich habe gewonnen' cf. J. COLIN, Ant. Class. 20 (1951), p. 132f.; zum *-c-* cf. VÄÄ. p. 53. — **h** Kaum voc. *Orte*, sondern wohl *or(o)_te*, aber mit Schreibfehler (Synkope eines *-ō* ist wenig plausibel, pace add. D hierzu und zu IV 2960); dies ist ein sehr höflicher Ausdruck und kann im hiesigen Zusammenhang nur ironisch gemeint sein. — **i** Vom Gastwirt gesprochen; *itis* und *rixsatis* statt impv. (ind. ist sinnlos), cf. VÄÄ. p. 123f., CLACKSON p. 81. — 2 *foras* gehört zu *rixsatis*, nicht zu *itis*; acc. statt abl.-loc., cf. VÄÄ. p. 119. — 3 *rixsatis* act. statt dep., cf. VÄÄ. p. 87.

B IV 3494.a°–i m. add. D; ImDip. 330–34*; DI. 639; GE. G-32 (nur i); WE. 252 (nur i); HU. 431 (nur i); CollEp. 16*; GI. 46 (f), 227f. n. 36 (i), 228 n. 41 (b).; FRÖHLICH (1991), tab. 62f.*; BLUM (2002), p. 35, 36°*, 37, no. 25.

#916 ♪ graff. VII 2,45: Atrium.

invicte Castresịṣ, | habeas propiteos | deos tuos tres,_it|e et qui leges. | calos, Edone; | valeat, qui legerit. |
Edone dicit: |
assibus hic | bibitur, dipundium |
si dederis, meliora | bibes,
quaṭtus | si dederis, vina {F} | Falerna bib. ||
caloƨ_c Castresì t++[---]

Castrensis, Unbesiegter, mögen dir deine drei Götter gewogen sein, ebenso (dir), der du (dies) liest! Bravo, Hedone (*oder:* Bravo der Hedone)! Möge es dem gut gehen, der dies (alles) gelesen hat!
Hedone sagt:
Hier trinkt man (schon) für ein As. Wenn du zwei As
gibst, wirst du etwas Besseres trinken.
Wenn du vier As gibst, wirst du Falernerwein trinken.
Bravo dem Castrensis!

M 8f. hemiep. (ohne *dipundium*). — 10f. da6 init. (bis *bibes*). — 11ff. da5 (*quaṭtus – bibes*).

E 5 Erstes *e*, 7 zweites *e* und ab 9 alle *e* sowie *f*, *m* kurs. — 1 *-sis* schwer lesbar, *-sii* VÄÄ. p. 68, *-se* DI. — 11 Erstes *t* ist evt. ein *n*, aus *d* korrigiert. — 12 Nach *F* abgebrochen, wohl aus Platzmangel. — 14 Rechts neben 13, eigene Zeile.

K 1 *invicte* cf. #480; *Castrensis*, cf. 0486f. — 2 *propitios*. — 2f. Cf. #70. — 3 Welche Götter, ist umstritten, cf. add. E. — 3f. *item*. — 4 Wohl statt *legis*, cf. VÄÄ. p. 21f. — 5 *καλῶς Ἡδονῇ* oder voc. *Ἡδονή*, cf. #725. — 6 *qui legerit* mit der im Lat. beliebten Präzisierung der Vorzeitigkeit, so auch hier 10/12 und #930, cf. aber hier 4 und #1105. — 9 *di-* und *du-* sind beide häufig, cf. VÄÄ. p. 26, LEUM. p. 101 (*di-* ursprünglich?); *-pund-* hat den regulären Mittelsilbenvokal, *-pond-* ist restituiert, cf. LEUM. p. 82. — 11 *quattus* (indecl.), cf. auch #877, bedeutet hier 'vier As', BÜ., also so viel wie zwei Dupundien oder ein Sesterz (cf. #868 und add. E); falls *-nt-* zutrifft, ist es volksetymologischer Uminterpretation zuzuschreiben (*-n-* hyperkorrekt). — 13 *bibes*.

B IV 1679° m. add. ABCE; DI. 34; CLE 931; GE. G-12; KR. 57f. (nur 7–13); MO. 32f. (nur 7–13); WE. 250; HU. 533; CO. 72.

#917 graff. I 10,1: erster Innenraum.

quisquis in catecra sederit, dabit vini ɔ. II.; | qui leco, fello; sugat, qui legit.

Wer immer sich auf (diesen) Sessel setzt, gibt 2 Sextarii Wein. Ich lutsche (Schwänze), der ich (dies) lese. Saugen soll, der (dies) liest.

E 2 *e* in *fello* und *legit* kurs.; ɔ in der Mitte von *catecra* in CIL ist falsch.
K 1 *cathedra*, cf. VÄÄ. p. 104, H. SOLIN, Epigraphica 30 (1968), p. 112 (*cath-* sei dort ein Versehen, SOLIN per litt.); *ɔ. II* für *sextarios duos*, cf. #405. – 2 *lego*, cf. VÄÄ. p. 53; *sugat* (kaum statt *surgat*) ist conj., ind. und conj. haben in diesen Schmähungen ähnliche Bedeutung, ebenso fut. und praes. (cf. #1105), und ebenso hier wohl *fellare* und *sugere*.
B IV 8230; ImGr. 62*°, (517); HU. 65.

#918 graff. I 8,10: Korridor.

quisquis | in catedra.

Wer immer sich auf (diesen) Sessel ...

E 2 *e* kurs.
B IV 8196.

#919 graff. VIII 1,1 (Basilica).

si quisquis bibit, ḥilera turba est.

Wenn einer trinkt, ist die (ganze) Schar lustig.

E *hilera* MARICHAL, *cetera* (GEIST, WEEBER, HUNINK) ist die veraltete Lesung.
K Für *si quis*, cf. K.–ST. II p. 199; statt *hilara*, cf. #953 und VÄÄ. p. 19.
B IV 1831° m. add. E; ImGr. 354f.*; DI. 633; GE. G-10; WE. 247; HU. 720; CollEp. 18d*.

#920 ♪ graff. I 9,13: Atrium.

[ructa?] | quom biberis, felicìter, ac quoque, crude, |
[c]lusum cluṇẹṃ ạpẹriṛ[e] aude, voci{ci}lla[s ef?]f̣ḷạṇs.

Rülps (?), wenn du getrunken hast, glückbringend, und auch (du), von Verdauungsstörungen Geplagter,
wage den geschlossenen Hintern zu öffnen, Stimmchen hinausblasend (?).

M da6.

E 1 Unmittelbar vor *quom* ist nichts verloren, aber das für Metrik und Sinn notwendige Wort (– ⏑⏑, *ructa* DCo., plausibel) könnte oberhalb gestanden haben. — 2 *lusum clum̟i̩a̩ris* DCo., *[c?]lusum clun̩e̩m̩ a̩p̩e̩ris* H. Solin, Gnomon 45 (1973), p. 273; *aude voci{ci}illa magis* Solin, am Schluss legt DCo.s Zeichnung aber *+u̩r̩us* oder *++a̩n̩s* nahe.

K 1 *cum*, cf. #1040, #1467, Vää. p. 28; *hac* Solin, unnötig. — 2 *clunis* im sg. cf. #1096; vor *aude* erwarten wir inf. *aperire*; Solins *audĕ* ist unmetrisch, somit ist kein da5, sondern ein da6 zu ergänzen; *vōcilla* statt klass. *vōcula* (zum Suffix cf. #820); für den Schluss wären evt. auch *vōcilla(m) [ēmi]t̩t̩e̩n̩s* oder – sprachlich etwas gewagter – *vōcilla(m) [oli]t̩u̩r̩us* zu erwägen.

B IV 10024°; Hu. 61°; Gi. 217 n. 104.

#921 graff. VIII 1,1 (Basilica).

Suavis vinaria | sitit, rogo vos, et | valde sitit. Calpurnia tibi dicit val.

Suavis lechzt (immerfort) nach Weinkrügen, ich bitte euch, und er lechzt sogar sehr. Calpurnia sagt dir lebwohl.

K 2 *sitit* transit. — 3 *dicit vale* oder *valeas*, cf. #1153.

B IV 1819 m. add. E; ImGr. 351*, 353f.*; Di. 634; Ge. G-9; We. 246 (bis *sitit*), 481 (Rest); Hu. 710.

#922 graff. Boscoreale, Landhaus: Pfeiler.

Cerdo hic bibit, | Silvatice, vides.

Cerdo trinkt hier. Silvaticus, du siehst (es).

K 1 *Cerdo* ist Cognomen, add. E, cf. auch #742; *bibit* nicht statt *vivit*, das kaum je ‘wohnen’ bedeutet.

B IV 6868 m. add. E; ImGr. 475*; Di. 638; We. 242.

#923 graff. Boscoreale, Landhaus: Pfeiler.

Cerdo sodalibus | Brundisio.

Cerdo (schickt) seinen Freunden von/in Brundisium (einen Gruß).

K 2 abl. evt. statt loc., cf. #66.

B IV 6867 m. add. E; We. 439.

#924 graff. Boscoreale, Landhaus: Pfeiler.

Cerdo cerdonibus | sal.

Cerdo (schickt seinen) Mithandwerkern einen Gruß.

K 1 Wortspiel mit dem Beruf und Cognomen; add. E erwägt zusätzlich, aber wenig plausibel, dass *cerdonibus* alle Träger des Cognomens meint, egal ob sie Handwerker sind oder nicht (mehr).
B IV 6869 m. add. E; WE. 440.

#925 graff. IX 14,2: beim Atrium.

auqua | vinu.

Wasser, Wein.

K 1 *aqua*, mit fernassimilatorischer Epenthese (cf. #953)? – 2 *vinum.*
B IV 8958.

#926 graff. II 2,3 (Taberna).

dea, nolo cenam unde | chirograp̣uṃ s[---]

Göttin, ich will keine Mahlzeit, von wo ein handschriftliches Dokument ...

E 1 *e* in *unde* kurs.
K Sinn unklar. – 1 *v(e)nde(re)* DI. – 2 *chirographum*; oder *S[---].*
B IV 8490°; (ImGr. 515); DI. 1101.

#927 graff. V 4,1 (Bäckerei).

ex XIIII k. Apriles diaria reliquimus.

Seit dem 14. Tag vor den Kalenden des April haben wir Tagesportionen (Mehl) übriggelassen.

E *e* kurs.
K Unterhalb der Ritzzeichnung zweier Mühlsteine (?). – *ex* 'seit'; 19. März; *diarium* ist wohl ein term. techn. der Bäckerei, cf. #865, ähnlich VÄÄ. p. 95; *reliquimus* cf. OLD s.v. *relinquō*, 10–13, WEEBER und HUNINK übersetzen 'wir haben den Lohn nicht erhalten', warum, bleibt unklar.
B IV 6733 m. add. E; DI. 772; GE. I-41; WE. 544; HU. 323; LA. 2539.

#928 ♪ graff. VIII 1,1 (Basilica).

ubi perna cocta est, si convivae apponitur, |
non gustat pernam, lingit ollam aut caccabum.

Wenn ein Schinken, frisch gekocht, einem Gast vorgesetzt wird,
kostet er nicht den Schinken, (sondern) schleckt den Kochtopf
und die Bratpfanne aus.

M ia6.
K 1 *pernam apponere* Plaut. Persa 105. – 2 *non* allein kann kaum als 'nicht nur, sondern auch' verstanden werden; *olla* zusammen mit *caccabus* auch Vulg. chron. (paralip.) 2.35.13 *in lebetis et caccabis et ollis,* Ies. Sirach (eccles.) 13.3. – Falls es sich um ein Zitat handelt, bleibt die Quelle im dunkeln (Fabula Atellana, GIGANTE), auch der generelle Sinn ist unklar. Handelt es sich vielleicht um ein Rätsel (cf. Einf. Kap. 11) mit Lösung «der Koch»? (In diese Richtung geht GEISTs Übersetzung.)
B IV 1896° m. add. E; ImGr. 379*; DI. 782; CLE 33; GE. G-27; WE. 266; HU. 746°; CollEp. 17l*; GI. 148.

#929 ♪ graff. VIII 1,1 (Basilica).

L. Istacidi,
at quem non ceno, barbarus ille mihi est.

(Hallo), Lucius Istacidius! (*Und wie zu sich selbst gesagt:*)
Bei dem speise ich nicht, er ist in meinen Augen ein Barbar.

M da5 (ab *at*).
K Wohl eher voc. als gen., der ohne Bezug bliebe; zum Namen cf. #1213; *ad,* cf. VÄÄ. p. 70, 125; *ille* cf. VÄÄ. p. 122.
B IV 1880° m. add. E; ImGr. 373*; DI. 641; CLE 933; GE. G-25; MO. 20f.; WE. 265; HU. 736; CollEp. 17a*; GI. 145f.

#930 graff. VIII 1,1 (Basilica).

quisque me ad c[e]nam | vocarit ṿ.

Wer immer mich zum Essen einlädt, dem möge es gut gehen!

E *e* kurs. – 2 Am Ende *a*, add. E.

K 1 *quisque* statt *quisquis* ist ziemlich häufig (OLD s.v. *quisque*, 9; VÄÄ. p. 123). – 2 *-arit* cf. VÄÄ. p. 40 und #916; *valeat.*

B IV 1937° m. add. E; ImGr. 389f.*; DI. 559; GE. G-24; MO. 40f.; WE. 264; HU. 756; GI. 145.

#931 ♪ graff. I 15,3: rechts der Tür.

a *si qui mi dicat: surge fututụm, |*
si causa est{e}, surga, si miṇụs, | usce biba.

b *[p]uẹlla mea emisti tibe.*

a Wenn mir jemand sagt: «Steh auf (und komm) ficken!»
und ein (guter) Grund besteht, so will ich aufstehen; sonst
trinke ich (lieber) weiter!

b Du hast dir mein Mädchen gekauft.

M **a** dist., der da6 ist aber unvollständig, die Vorlage hatte wohl *mi dicat potanti*, W.D. LEBEK, ZPE 22 (1976), p. 291f.

E **a** *e*, *f* kurs. – **b** Wohl von derselben Hand; *e* kurs.; ob das *p-* lesbar war, macht DCO. nicht klar.

K **a** 1 *quis*, cf. VÄÄ. p. 122; Th. GÄRTNER, Editionen in der Kritik 9 (2017), p. 135f. verweist für supin. I *fututum* auf Mart. 10.81.1 und 11.7.13. – 2 *-e* in *este* ist überflüssig, vergleichbar evt. mit demjenigen in #968 (B.W. FORTSON / R.E. WALLACE, Glotta 79 (2003), p. 23–28), kann aber hier aus metrischen Gründen nicht voll silbisch ausgesprochen worden sein (SPAL; unbestimmt SOLIN (2012a), p. 25f.), cf. auch #1083 und zur schwindenden Aussprache des *-t* #1049; *surgam.* – 3 *usque*, cf. #461; *bibam.* – **b** Wohl acc. *puellam meam*; *tibi*, cf. ähnliche Fälle VÄÄ. p. 21 bzw. 23.

B IV 10195°; WE. 251; HU. 127°; SP. 17.

#932 graff. V 7,6–7.

gravido me | tenet. | rạ[---]

Ein Kater hat mich im Griff ...

E *e* kurs.

K 1 *gravedo*, cf. VÄÄ. p. 20 und OLD s.v. *gravēdō*. – 1f. Cf. #1195f. und IV 116* (p. 6*) *pituita me tenet* 'Fließschnupfen'; VARONE versteht 'gravidanza indesiderata', was nicht überzeugt, cf. auch add. E. – Heute haben wir die Krankheit, in der Antike hatte die Krankheit uns.

B IV 7080 m. add. E; DI. 738; HU. 355; VA. 157.

#933 graff. Vor der Porta di Nocera: Grab 12.EN (alt 13).

gravidọ me tenet. | at_mi[...?]

Ein Kater hält mich gepackt. Aber mir (?) ...

E *e* kurs. – 1 H. SOLIN per litt. aufgrund einer Autopsie vom 23.5.1973; *gravidam tenet* DCO.

K Bei der Ritzzeichnung eines Frauenkopfes (in der Nähe ein zweiter Kopf).

B IV 10231; ImGr. 463*; HU. 975; VA. 157; LA. 306°, 461°.

#934 dip. V 1,12: rechts der Tür.

gravid[o]_ṃe_t[enet].

Ich habe einen Kater.

E *gravid[o me te]net* MAU, die Lücke ist aber zu klein für *[omete]*; *e* kurs.

B IV 7024 m. add. D.

#935 graff. VI 3,5 (Taberna): Latrina.

λοχῷ ἡμι.

Ich bin Wöchnerin (?).

E MI Lig.

K *λοχώ* cf. LSJ s.v.; Lesung (v.a. des Omega) und Interpretation sind aber zweifelhaft.

B IV 1236a (= 10203); ImGr. 245*; DI. 1130.

#936 ♪ graff. VIII 6,7: links der Tür.

miximus in lecto. fateor, peccavimus, | hospes.
si dices «quare?»: nulla matella fuit.

Wir haben ins Bett gepinkelt. Ich gebe zu, wir haben sträflich gehandelt, Gastwirt!
Wenn du sagst: «Warum?» – Es war kein Nachttopf (da).

M dist.

E *e* kurs.

K 1 *mix-* ist die ältere Form des perf., cf. LEUM. p. 533, ThLL VIII 604.19ff., 998. 17ff.). – 2 *dices* fut. wie z.B. Mart. 1.70.16; *dicere* statt präziserem *quaerere*, so Prop. 2.22.14 *quod quaeris quare.* – 1f. Zur Struktur MILNOR (2014), p. 28.

B IV 4957° m. add. CE; DI. 702; CLE 932; GE. G-20; KR. 72°; MO. 34f.; WE. 263; HU. 792°; GI. 229; CO. 73.

#937 ♪ graff. IX 9,11–12.

quoniam fuit voluntas | animi et corporis,
satur | nite[ris] e[---]

Da der Wille des Geistes und des Körpers vorhanden war,
wirst du dich (?), gesättigt, anstrengen (?) ...

M ia6.

E 3 *e* kurs.

K 3 Evt. *nītēre* oder *-ris* (fut.), MAU, der auf Suet. Ves. 20 *fuit ... vultu veluti nitentis* verweist, aber 3. pers. *-tur* sowie Formen von *nĭtēre* wären auch möglich. Unklar.

B IV 5254 m. add. CE; DI. 699; CLE 51.

#938 graff. IX 8,3/6/a: Latrina.

quodam quidem testis eris, quid senserim: | ubi cacaturiero, veniam | cacatum.

Einst wirst du (hier) Zeuge sein (dessen), was ich (dann zuvor) gespürt habe: Sobald ich den Drang zum Kacken habe, werde ich kacken kommen.

K 1 *quondam*, cf. VÄÄ. p. 67. – 2 *cacātūrīverō*, cf. am gleichen Ort #789. – 3 Zum supin. I cf. J.H.W. PENNEY in J.N. ADAMS / R.G. MAYER (Hg.), Aspects of the Language of Latin Poetry (1999), p. 254f. und n. 15 mit Verweis auf Petron. 71.8.

B IV 5242 m. add. E; ImGr. 435f.*; DI. 700; WE. 589; HU. 922.

#938a graff. Stabiae, Villa San Marco: Latrina.

cacavi et culu non extersi.

Ich habe gekackt und den Hintern nicht abgewischt.

K *culum*; publ. von A. VARONE; dessen Versuch (cf. ibid. no. 306.b), IV 10580 (Herc.) neu *exsetri* zu lesen und als *extersi* zu verstehen, ist dagegen abzulehnen, v.a. weil es dort kein R gibt.

B AE 2014, no. 306.a.

#939 graff. I 4,19 (Taberna).

im balneum.

Ins Bad.

K *in*, cf. VÄÄ. p. 66.

B IV 2410° m. add. E; HU. 824.

9.5. Nicht-Lebensmittel

#940 graff. Herc., Insula V, 7: Nymphaeum.

aquaria dua cum basis; | aqua in manus dua cum basis; | hamas duas cum basis; | aqua in manu cotidian. +++ | cum basis; | urciolos duos; | candelabra quatuor | et lucubratoriu unum; | lucerna aenea; | hamula una; | pelvị cum basim | et lytrum; | gutos tres; | scapheola dua; | ferreas strigles VII; | haenas quattuor; || marmor cum basim | aenea; | fụminaria dua.

Zwei Wasserbehälter mit Untersätzen. Zwei Wasserkrüge zum Händewaschen mit Untersätzen. Zwei Eimer mit Untersätzen. Alltagswasserkrüge zum Händewaschen ... mit Untersätzen. Zwei kleine Wasserkrüge. Vier Kerzenständer und eine Nachtleuchte. Eine Bronzelampe. Ein kleiner Eimer. Ein Becken mit Untersatz und Waschtrog (?). Drei Flaschen. Zwei kleine längliche Becken. Sieben eiserne Schaber. Vier eherne Kessel. Ein Marmorbildnis mit ehernem Untersatz. Zwei ...

E 4 *manu[s?]; cotidian(a) VI*, SOLIN (2012a), p. 16 n. 27; *CII* oder *-u I* (cf. CIL) sind sinnlos.

K Wohl ein Inventar. – 1/14/19 ntr. *dua* statt *duo*, auch #1527. – 1/2/3/5 *basis* acc. pl. statt abl., cf. #216 und VÄÄ. p. 121. – 2/4 *aqua in manūs*, cf. z.B. Petron. 31.3, 34.4 (älter *manibus* Plaut. Most. 308, Persa 769 etc.), hier konkretisiert, cf. span. *aguamanos*; *dua* soll wohl auch hier ntr. pl. sein. – 3 *hama* ist ein Gefäß (ThLL VI 2520.43–59). – 4 *manus*, ein Fall wie VÄÄ. p. 80 (ε); *cottidiana*. – 6 *urceolos*. – 7 *quattuor* (cf. 16). – 8 *lucubratorium* (als subst. hapax leg.). – 9 *lucernam aeneam*. – 10 *hamulam unam*, cf. ThLL VI 2522.45–58). – 11 *pelvim*; *basim* acc. statt abl., cf. oben 1. – 12 *lytrum* wohl für gr. *λουτρόν*. – 13 *gūtus / guttus* ist eine Flasche (ThLL VI 2378.11–38; OLD s.v.). – 14 *scaphiola*, von *scaphium*, cf. umgekehrt oben 6. – 15 *strigiles*, cf. VÄÄ. p. 44. – 16 *haenas* statt *ahenas*, subst. fem. statt ntr., cf. VÄÄ. p. 82 und #775; eine Interpretation *ferreas strigles VII, / haenas quattuor* '7 eiserne Schaber (und) vier eherne' ist weniger wahrscheinlich, weil der Form *haenas* altes *aēnus* zugrundeliegt, das adj. in 9 und 18 aber die neue Form *aēneus* zeigt, cf. LEUM. p. 286 und 321. – 18 *aeneam*. – 19 Lesung zweifelhaft pace VÄÄ. p. 95, evt. *luminaria* oder *heminaria*?

B IV 10566°; ImGr. 492*.

#941 graff. I 6,4: Nebenraum beim zweiten Atrium.

idibus Martia / in sumptum sumisi.

An den Iden des März habe ich (Geld) für den täglichen Bedarf geschickt.

E 2 *sumpsi* DCO.; das letzte *i* ist sehr kurz.

K 1 *Martias*, statt *Martiis*, cf. IV 6903 (Scafati) *Nonis Apriles* (m. add. E) sowie VÄÄ. p. 79 (β) und 116; 15. März. – 2 *in sumptum* (*dare, habere* etc.) scil. *pecuniam* o.ä., z.B. Cic. Att. 8.5.2 *ut det ei si quid opus erit in sumptum*, 15.15.4 *velim cures ... ut permutetur Athenas quod sit in annuum sumptum ei*, fam. 9.20.1 *cum in sumptum habebas*; *summīsī*, z.B. Cic. Verr. 2.1.105 *tamen ad pupillae matrem submittebat*, mit *subsidia* Caes. Gall. 4.26.4.

B IV 8013; ImGr. 19*; DI. 1015.

#942 graff. Boscoreale, Landhaus: Eingang.

VII_ìdus Maias / auct. fact. / Germanico cos.

An den Iden des Mai (im Jahr), als Germanicus Konsul war, (wurde) eine Auktion durchgeführt.

K 1 15. Mai. – 2 Wohl *auctio facta (est)*. – 3 Vermutlich 12 n. Chr.

B IV 5432 m. add. E; ImGr. 474*; DI. 441; GE. I-45; WE. 541.

#943 graff. VI 13,19: Raum beim Eingang.

a. d. XI k. Iun. | Ḷaṃius auctio|nem fecit et eọ | VII n. VIII |5 VI k. Iun. m.

Am 11. Tag vor den Kalenden des Juni hat Lamius eine Auktion veranstaltet, und … 7 … 8 (?), am 6. Tag vor den Kalenden des Juni …

E *e*, *f* kurs. — 4 *VII n. VIII* hat keinen Sinn; vor dem *n* ist eine Lücke.

K 1 22. Mai. — 3 Kaum mit Di. *eo* = *ego*. — 4 Unklar; eine mögliche Lesung wäre *et eọ / ve^nuṃ* 'und ich gehe zum Verkauf' (= *vēneō*), angesichts der erwähnten Lücke ist sie aber auch problematisch. — 5 27. Mai; *m.* unklar.

B IV 4495° m. add. E; Di. 440; Ge. I-44 (nur bis *fecit*); Mo. 40f. (desgl.); We. 540 (desgl.).

#944 graff. VIII 7,20 (Theaterkorridor).

a. d. VI k. Nọvembres praebuit Surus Petilius ornamenta | M. Fausto Siloni honoris causa Surì liberti.

Am 6. Tag vor den Kalenden des November hat Petilius Syrus dem Marcus (Petilius) Faustus Silo Auszeichnungen verliehen (*oder:* Preziosen geschenkt) wegen der ehrenvollen Behandlung seines Freigelassenen Syrus (*oder:* ehrenhalber wegen der Freilassung des Syrus).

E 1 VE, AE, NT Ligg. — 2 Erstes AV Lig.

K 1 27. Oktober. — 1f. Wohl *Syrus*, cf. VÄÄ. p. 32. — 2 Die Inschrift gibt einen befriedigenden Sinn, wenn M. Faustus Silo ebenfalls das Gentiliz Petilius trug und der ehemalige Herr des Syrus war (cf. einen *Petilius Faustus* in VI 23976). In *honoris causa Surì liberti* steckt am ehesten im ersten Wort die Verbalhandlung; allerdings kann auch *liberti* statt verbalem *liberati* stehen (dann bezieht sich *causā* sowohl auf *honoris* als auch auf *Surì liberti*). Dass Syrus am Schluss seinen Namen wiederholt hat, ist verständlich, wenn man sich die Ambiguität der Alternative (*sui*) vor Augen hält. *Honor* als Cognomen (so zögernd Krenkel und Weeber) gibt es nicht, cf. add. E.

B IV 2455° m. add. ABE; ImGr. 408f.*; Di. 422; Kr. 61, 86*; We. 538.

#945 graff. VI 16,28: Tablinum.

cer. | XXXI, | d. IIIIIIII, | sas. XVII, |5 per. XIIII, | cocti duo.

… 31, … 8, … 17, … 14, gebrannt (?) zwei.

E 1 *e* kurs.
K Alles unklar. – 6 Scil. *lateres*? Di.
B IV 6849 m. add. E; ImGr. 282*; Di. 412.

#946 graff. VII 6,28: Peristyl.

opocarpasum, | batracium, | hyoscuimon, | ⟦cicuta⟧.

Opocarpasum, Batrachium, Schwarzes Bilsenkraut, ~~Schierling~~.

E 4 Durchgestrichen.
K 1 *ὀποκάρπασον* im Lat. auch mit *-th-* statt *-s-* und *-l-* statt *-r-*, cf. LSJ und OLD s.v. – 2 *batrachium, βατράχιον*, cf. LSJ s.v., OLD s.v. *batrachion*, evt. Ranunculus muricatus L. – 3 *ὑοσκύαμον*, lat. *iusquiamo* u.ä., cf. Thes. gloss. I 532. – 4 Durchgestrichen, weil zu gefährlich? – 1/3/4 Cf. Plin. nat. 28.(45.)158.
B IV 9024°; Di. 1009.

#947 graff. IX 2,17: Peristyl.

ruta qui oderat, tisana edeba.

Wer Raute hasste, aß Gerstengrütze.

E *e* kurs.
K *rutam, tisanam, ĕdēbat*, cf. Vää. p. 70. – Evt. als Verdauungsmittel?
B IV 4986° m. add. E; Di. 640; Kr. 74; We. 569; Hu. 901°.

#948 dip. II 7 (Palaestra).

Auc. Pier C+[...]dus | Papirị Ạmạn^du[- c. 5 -]um | medicạvit.

Au... (?) Pier(us) C...dus hat Papirius Amandus (?) ... medizinisch behandelt.

E Mit weißer Farbe gemalt. – 1 *Auc.* und *C+[...]dus* sind deutlich größer geschrieben als *Pier.* – 2 AMAN Lig., dann ein Abstand.
K 1 Anfang unklar, *Augustalis* vor einem Namen wäre merkwürdig; *Pier* cf. #501; evt. *Celadus.* – 2 Die Interpretation 'Amandus, den Sklaven des Papirius' (Krenkel etc.) ist angesichts der Wortstellung kaum möglich, *Papirị* könnte abgekürzt für *Papirium* stehen (cf. #1016), also 'hat den Papirius Amandus ... behandelt'; vielleicht stand vor dem Verb noch etwas wie *[par]um* 'zu wenig'.
B IV 8810; ImGr. 525°; Kr. 61; Mo. 24f.; We. 548.

#949 graff. VII 2,35: Triclinium.

p. adipe | CXXVI CXX CXII.

Pfund Schmalz: 126, 120, 112.

E 1 Lesung ZA. und DI. mit *e* kurs.; nicht besser war *Papirii* von GARRUCCI.
K 1 Die Voranstellung von *p(ondō)* ist ungewöhnlich; *adeps* ist m./f., eine Lesung *adipis* scheint nicht möglich zu sein, also wohl acc. *adipem*. – Wohl Verbrauchsliste; Schweineschmalz wurde u.a. auch für Salben verwendet.
B IV 1678° m. add. A°E; DI. 410.

#950 graff. I 9,5: Tablinum.

a *VIII idus Dec. solitas emi as. I.* – **b** *cera I s.*

a Am 8. Tag vor den Iden des Dezember habe ich für ein As die gewohnten (Tafeln) gekauft. – **b** Wachs für eineinhalb As.

E **a**–**b** *e* kurs.
K **a** 6. Dezember; *solitas* wohl scil. *ceras*. – **b** Wohl *ceram*; *(asse) uno semis*.
B IV 9997.a–b; WE. 521; HU. 56.

#951 graff. VI 1,26: Eingangsraum (Hintereingang von VI 1,7).

faenu | alatuṃ | VIII idus | Octo. |5 ponido | ạ c̣ọ | ṃan vac.

Heu herbeigebracht am 8. Tag vor den Iden des Oktober, ... Pfund, As (?) ...

E *e*, *f* kurs.
K 1f. *faenum allatum*. – 3f. 8. Oktober. – 5 Wenn richtig gelesen, wohl hyperkorrekt statt *pondo* entsprechend *valde* / *validus*, *domno* / *domino* etc. (cf. VÄÄ. p. 43). – 6f. Unklar, *a(ssibus)* add. E.
B IV 1239° m. add. AE; DI. 403; GE. I-29; HU. 361.

#952 graff. IX 7,20: zwischen Atrium und Peristyl.

lana p. XVIII.

Wolle, achtzehn Pfund.

B IV 5363 m. add. E; DI. 409; GE. I-28; WE. 518; HU. 905.

#953 graff. VII 3,21 (Taberna).

lintẹnaṛịo VI, | Felis Caeseris.

Dem Leinwandhändler 6, Felix (Sklave) des Caesar.

E *e* in 1 *linte-* und 2 *Caes-* kurs.; *f* kurs. – 1 Nicht *lintenaṇo* zu lesen.

K 1 Statt *lintеario*, DI. und add. E, das zweite *-n-* wohl fernassimilatorisch (cf. #925 und LEUM. p. 233), hier auch zur Hiatüberbrückung. – 2 *Felix*, cf. #416 (kaum 'Katze'); zu *Caeser-* cf. #919 und VÄÄ. p. 19.

B IV 2308° m. add. E; DI. 411.

#954 dip. I 17,1–2.

a *ferra|menta, | per geni[um] | iuratus, null[i] | credo; |5 ab_Annio | Atimeto | domitus | nulli_credo.* – **b** *abomino_paupero[s]: | quisqui_quid gratis | rogat, fatus_est; | aes det et_ac|cipiat rem.* – **c** *materiaẹ | venales: | conveniat | M. Epidium. |5 serras_Phladio[nis?] | conducere | si_qui_volt | ------* – **d** *vaḍ.*

a Eisenwerkzeuge, (das habe ich) bei (meinem) Genius geschworen, leihe ich niemandem (mehr) aus. Von Annius Atimetus gezwungen leihe ich (sie) keinem (mehr). – **b** Ich verabscheue die Armen: Wer immer etwas umsonst fordert, ist ein Narr; er soll Geld geben, dann kriegt er die Sache. – **c** Bauholz zum Verkauf: Man möge Marcus Epidius kontaktieren. Wenn einer Sägen des Pyladio mieten will, ... – **d** Bürgschaft.

E *e* kurs. – **a** 4 Unterhalb 3 hineingezwängt. – **b** 2 Unterhalb *-ra-* von *gratis* sind Reste eines wohl nicht zugehörigen Buchstabens.

K **a** 3f. Lesung H. SOLIN, Gnomon 45 (1973), p. 275. – 5f. Sein Patron – oder ein besonders ruchloser Leihnehmer? – 8 Scil. *ferramenta.* – **b** 1 *abominor*, cf. VÄÄ. p. 87; *pauperes*, cf. VÄÄ. p. 85. – 2 *quisquis*, ein klarer Fall wie VÄÄ. p. 80 (β); *quid*: z.B. seine Werkzeuge; *gratiis*, cf. VÄÄ. p. 39. – 3 *fatuus*, cf. #737 und VÄÄ. p. 41. – **c** 3 Unpers. 'man möge', cf. E. LÖFSTEDT, Vermischte Studien (1936), p. 130ff. – 5 Wohl *Pyladionis*, zum Namen cf. #368. – 7 *si quis vult*, zu *qui* (auch in b2?) cf. VÄÄ. p. 122f., zu *vo-* ibid. p. 28. – **d** Wohl *vadimonium*; das Wort (ohne Kontext auch IV 8817) ist in Pompeji schon auf osk. bezeugt, cf. ImagItal Pompei-28° ***vaamunim*** (gemalt auf vier Säulen am Forum).

B IV 9839.a°–c°,d m. add. D; ImDip. 167f.*; MO. 44f. (nur b); WE. 539 (nur b); HU. 113 (nur b).

#955 graff. VII 1,42 (Taberna).

pr. idus Iulias refecî | scalprọ anglatọ et | subla nerviaria.

Am Tag vor den Iden des Juli habe ich ein Schustermesser und eine Schuhriemenahle repariert.

E 2f. *e* kurs.
K 1 14. Juli; *refeci* o.ä. — 2f. SOLIN (2012a), p. 46 n. 169 spricht sich für abl. aus, aber ohne Objekt (scil. 'Schuhe' o.ä.) gibt dies keinen befriedigenden Sinn; zu *-o* statt *-um* cf. VÄÄ. p. 29 und 73, in antevok. Position lag die Verwechslung der Kasus noch umso näher. — 3 *subulam*, cf. VÄÄ. p. 43; *nerviarius* cf. VÄÄ. p. 91. — In der Taberna wurden u.a. zwei sichelförmige *scalpra* und eine *subula* gefunden.
B IV 1712° m. add. E; (ImGr. 515); DI. 417; GE. I-53; HU. 516; GI. 207 n. 30.

#956 graff. Genauer Fundort unbekannt: auf Bleigewicht.

eme | habebis.

Kauf! (Und) du wirst haben.

K Unklar, z.B. 'Kauf (dir was), dann wirst du (was) haben!' o.ä. — 1 Cf. #958.
B X 8067.5.c, d; DI. 1016.

#957 graff. Genauer Fundort unbekannt: auf Bleigewicht.

eme | habbebi.

Kauf! (Und) du wirst haben.

K 2 Zu *-bb-* cf. VÄÄ. p. 61; *-s* fehlt kaum aus Platzmangel, pace VÄÄ. p. 79 (α).
B X 8067.5.e, f, h; DI. 1016.

#958 graff. Genauer Fundort unbekannt: auf Bleigewicht.

eme | et habebis.

Kauf! Und du wirst haben.

K In den anderen Exemplaren ist vielleicht *em' e(t)* zu denken, cf. #1049.
B X 8067.5.g.

#959 graff. Porta Marina, links.

Euphemus | stecus e_fundo et | rota.

Euphemus (verkauft?) Mist vom Hof und ein Rad.

E 1 *e* kurs., MV Lig., Lesung CIL Index p. 749 und Corrigenda p. 790.
K 2 *stercus*, cf. VÄÄ. p. 69; wohl *rotam*.
B IV 1754° m. add. AE; DI. 416; HU. 698.

#960 graff. Porta Marina, links.

stercu[s] e fundọ [---]h[---]

Mist vom Hof ...

B IV 656° n. m. add. AD.

#961 graff. VI 14,5: Eingang zum Tablinum.

IV k. Febr. dat. Gavio X̶ XII, | IV k. Fe[br. ---?] ligulae CVII | [---] CVII.

Am 4. Tag vor den Kalenden des Februar dem Gavius 12 Denar gegeben; am gleichen Tag ... (?) 107 Löffel (und) 107 ...

K *f* kurs. – 1f. 29. Januar. – 1 *dati (sunt)*. – 2 Zum Wort *ligula* cf. OLD s.v., E.–M. s.v. *lingō* und Mart. 14.120 (es spricht ein Silberlöffel): *quamvis me ligulam dicant equitesque patresque, dicor ab indoctis lingula grammaticis.* – Evt. Leihgaben für ein Bankett o.ä.
B IV 1560° m. add. AE; DI. 418.

#962 graff. VIII 3,8: Zimmer.

IIX idus Ianuar. | sacculum.

Am 8. Tag vor den Iden des Januar: ein (Geld-?)Säcklein.

K 1 6. Januar. – 2 Cf. VÄÄ. p. 102; scil. *perdidi* o.ä., DI. denkt an Wäsche.
B IV 2040 m. add. E; DI. 424.

#963 graff. VI 11,13: Atrium.

III ìdus Apriles | tunica X̶ I | +++

Am 3. Tag vor den Iden des April eine Tunica für 1 Denar ...

E *e* kurs.
K 1 11. April. – 2 Scil. *lauta* 'gewaschen' DI., andere denken an einen Kauf.
B IV 1392° m. add. AE; DI. 425.

#964 graff. IX 12,1: Kleidergeschäft.

prid. nonis | Iulis tunica | SH XV.

Am Tag vor den Nonen des Juli eine Tunika für 15 Sesterz.

K 1f. Statt *nonas Iulias*, zur Unsicherheit zw. abl. und acc. cf. VÄÄ. p. 119–21, später z.B. ICUR VII 18492 *pr. idibus Augusti(s?)*, cf. auch #379, #941. – 3 *SH* statt *HS* 'Sesterz'.
B IV 9108; DI. 1012; GE. I-36; MO. 34f.; HU. 946.

#965 graff. IX 7,5: rechts der Tür.

tunica | lintea | aur.

Eine Leinentunika, mit Goldverzierung.

K 3 *aurata*?
B IV 9083; ImGr. 430*; DI. 1013; GE. I-37; KR. 62; HU. 894.

#966 graff. VII 2,16: Peristyl.

M. Vecilius | Verecund|us vestiar[ius].

Marcus Vecilius Verecundus der Kleiderhändler.

E *e* kurs.
K 3 *vestiarius* cf. VÄÄ. p. 94. – Erstaunliche Alliteration.
B IV 3130° m. add. E; GE. D-6; HU. 524.

#967 graff. VI 11,13: Atrium.

k. XII Maias tun. pal., | nonis Mais fas., | VIII ìdus Mas | tunicas II.

Am 12. Tag vor den Kalenden des Mai eine Tunika und einen Mantel, an den Nonen des Mai eine Bandage (?), am 8. Tag vor den Iden des Mai zwei Tuniken.

K Es scheint um Wäsche oder Handel zu gehen. – 1 *k. XII* statt *XII k.*; 20. April; *tunicam (et) pallium*. – 2 *Maiis*, cf. VÄÄ. p. 39; 7. Mai; *fasciam*. – 3 *Maias*, Schreibfehler; 8. Mai.

B IV 1393° m. add. E; DI. 426; GE. I-25; WE. 516; HU. 396.

#968 graff. VI 15,1: Peristyl.

oc Celer fecit{e}.

Dies hat Celer gemacht.

E *e, f* kurs.

K *hoc*; *fecit*, *-e* markiert evt. Bemühung um klare Aussprache des *-t*, cf. #931.

B IV 4600 m. add. E; DI. 746; HU. 455.

#969 graff. In der Gegend der Porta Marina.

Sponsor_hoc fecit,_Celeris ịụṭịus.

Sponsor hat dies gemacht, seit längerem (?) (Sklave) des Celer.

E *e, f* kurs.; am Ende evt. *ntius* oder *neus* zu lesen, add. E, N könnte aber in IV aufzulösen sein.

K *Celeris* scil. *servus*; einigermaßen sinnvoll wäre *ịụtius* für *diutius* 'schon länger', 'zu lange' (cf. #589, #504 *Aiutor* für *Adiutor* sowie VÄÄ. p. 49, 63).

B IV 2507° m. add. E; ImGr. 449*; DI. 748.

#970 graff. V 7,7: rechts der Tür.

Διδας ἐποίει, | Δοχιχο ἐποί[ει], | Δαδοῦχος ἐπ[ο]ίει, | Μνη^στὴρ ἐποίει.

Didas hat (dies) gemacht, Dolichos (?) hat es gemacht, Dadouchos hat es gemacht, Mnester hat es gemacht.

K Über der Ritzzeichnung eines Kranzes, eines Kopfes und eines Palmzweiges. – 1 *Διδᾶς* oder *Δίδας*, gr. gut bezeugt, cf. LGPN I, II, IV, V.A–C, kaum illyrisch (pace add. E), eher Kurzname zu *Δίδυμος*. – 2 Wohl verlesen für *Δολιχ-*, add. E, gr. *-ων* ist nicht bezeugt, also *Δόḷιχο(ς)*?

B IV 7090 m. add. E; DI. 780; LA. 397f..

#971 graff. VII 1,40: Peristyl.

itu reditu X: passî | ĐC XL.

Zehnmal hin und zurück (macht) 640 Doppelschritte.

K 1 Statt *passūs*, cf. VÄÄ. p. 85. – Cf. MAU in add. B. Die Formen *itu* und *reditu* sind als dat. oder abl. interpretierbar (ähnl. dem supin. II, cf. Leum. p. 355), dat.: 'um zehnmal hin- und zurückzugehen, (sind) 640 Doppelschritte (nötig)', abl.: 'durch zehnmaliges Hin- und Zurückgehen (ergeben sich) 640 Doppelschritte'; ähnlich z.B. VI 29776 *[p]orticus tri|umphi itu re|ditu octies se|mis efficit passus 'mille'* (*itu reditu* sind hier im abl.); anders die häufige Formel *pro salute itu reditu* u.ä. (cf. #841). Die Strecke, die hier (aus welchem Grund auch immer) zwanzigmal zurückgelegt werden soll, nämlich 32 passūs = 43,2 m, entspricht genau der Länge des Hauses von der Haustür im Nordwesten bis zur Rückwand des letzten Raumes (Nr. 23) im Südosten.

B IV 1714° m. add. BE; DI. 773.

#971a graff. Vor der Porta del Vesuvio: Turm X.

[---] a porta Saliṇ[iensi] | usque hoc [---?]

... vom Saliner Tor bis hierher ...

E 1 *saliṣ* DCO.

K 1 DCO.s Lesung *porta saliṣ* 'Tor des Salzes' ist wenig plausibel (cf. #631). Die (verlorene) Distanz war eher von der etwas ferneren Porta di Ercolano als von der ganz nahe gelegenen Porta del Vesuvio her gemessen, also ist hier wohl vom Tor nach Salinae (und weiter nach Herculaneum) die Rede. – 2 *hūc*, cf. VÄÄ. p. 30.

B IV 9159°.

9.6. Geldgeschäfte

#972 graff. II 1,13: Pfeiler im Innern.

V idus Ianuarias | X̶ X usura ded.

Am 5. Tag vor den Iden des Januar 10 Denar unter Zinsabzug.

E 2 *e* kurs.

K 1 9. Januar. – 2 *usurā deductā* DCO.

B IV 10106°.

#973 graff. VI 14,28 (Taberna): Nebenraum.

IV idus Feb. Vettia | ✗ XX, usu. a. XII. | noṇ._Febr. a_Faustilla | ✗ XV, usu. a. VIIII.

Am 4. Tag vor den Iden des Februar: (von) Vettia 20 Denar, Zins 12 As. An den Nonen des Februar: von Faustilla 15 Denar, Zins 9 As.

K 1 10. Februar. – 2/4 *usura*; der Zins beträgt 3 As auf 5 Denar, d.h. 3,75%, MAU. – 3 5. Februar; *Faustilla* evt. auch IV 8204 (sehr fragm.). – Es handelt sich um Kreditaufnahmen ohne Pfand. Dass der Zins von 3,75% monatlich anfiel (so MAU), was einen Jahreszins von 45% ergäbe, steht nirgends. Vielleicht waren viertel- oder halbjährliche Perioden üblich..

B IV 4528° m. add. E; DI. 430; GE. I-42; WE. 534°.

#974 graff. I 8,13: zweites Atrium.

idibus Iulis | inaures postas ad Faustilla. | pro ✗ II usura deduxit aeris a. | ex ṣum. XXX.

An den Iden des Juli bei Faustilla Ohrringe hinterlegt. Pro zwei Denar hat sie ein As Zins abgezogen, von der (ganzen) Summe 30 As.

E 2/4 *e* kurs.

K 1 15. Juli; *Iuliis*, cf. VÄÄ. p. 39. – 2 *positas*, cf. VÄÄ. p. 44; *Faustillam*. – 3 *usuram*; *assem*. – 4 *summa*. – Der Zins beträgt offenbar 1 As auf 2 Denar, d.h. 5%, insgesamt 30 As, das Darlehen, mit Pfandgarantie, demnach 60 Denar; ein Jahreszins von 60% ist vollends unglaubhaft.

B IV 8203°; ImGr. 49*°; KR. 61; WE. 536°.

#975 graff. VII 16,22: im Untergeschoss nahe dem Eingang.

Abascantus ✗ II a. II, | Aplus ✗ I a. III, | Rectus ✗ I a. X.

Abascantus 2 Denar 2 As. Haplus 1 Denar 3 As. Rectus 1 Denar 10 As.

K 1 Ἀβάσκαντος. – 2 *Haplus*. – Kleine Geldleihen oder Honorare?

B SOLIN (1975), no. 70*.

#976 graff. VII 5,18: rechts der Tür.

Amandus Ceius Ð dedit unus.

Ceius Amandus hat allein 500 gegeben.

E MA Lig.
K Ɖ = 500 (z.B. *nummos*).
B IV 8997a; DI. 1136.

#977 graff. I 3,1 (Taberna): Nebenraum.

Communiṣ ✗ III, | Successus ✗ III, | Nicepor {SII} ✗̣ Ịỵ, | Amunus ✗ IV, |5 Cresimụṣ ṿẹṛṇ[a] ✗ IV.

Communis 3 Denar. Successus 3 Denar. Nicepor 2 Denar. Amoenus 4 Denar. Chresimus der Haussklave 4 Denar.

E *e* kurs. – 1 DI., *commune* MAU. – 3 Cf. MAU.
K Wohl Honorare oder ähnliches. – 4 Evt. für *Amoenus*, cf. IV 1808 *Amoenum* (und VÄÄ. p. 25). – 5 *Chresimus*, von *χρήσιμος* 'nützlich'; *ṿẹṛṇ[a]* unsicher.
B IV 3964° m. add. E; DI. 423; HU. 18a.

#978 graff. V 1,25 (Taberna).

pri. k. Augusta | Pergamu ✗ XV s.

Am Tag vor den Kalenden des August Pergamus 15½ Denar.

E 2 *e* kurs.; *XVS* MAU, *XVIS* add. E.
K Schulden mit Termin. – 1 31. Juli; *Augustas*, evt. Abkürzung, cf. VÄÄ. p. 79. – 2 nom. *Pergamus* oder dat. *Pergamo* (cf. #980, zu *-u* VÄÄ. p. 30).
B IV 4074 m. add. E; DI. 419.

#979 graff. I 10,4: Eingang rechts.

ex mesạ Ṃ++S, | quam pecuniam Quintus | Pontiụ++la+ `Cn.´ ++ S | locavit.

Vom Tisch (des Bankiers) 2000 (?) Sesterz (?), Geld, das Quintus dem Gnaeus Pont... geliehen hat.

E 3 Das große *s* am Ende ist evt. nicht zugehörig.
K 1 *mensa*, cf. OLD s.v., 8.a (gr./ngr. *τράπεζα*); eine Zahl und anschließend evt. *Ḥ̣S.* – 2 Scil. *Q. Poppaeus Sabinus*, der Hausherr, DCO. (ad IV 8310–57). – 3 Unklar, *Pontio [S]ilano s.* zögernd DCO.
B IV 8310°; ImGr. 67*; GE. I-43; WE. 535; HU. 80.

#980 graff. VI 15,9: Eingang rechts.

IV k. Iulias | Primae ~~X~~ XX.

Am 4. Tag vor den Kalenden des Juli 20 Denar für Prima.

K 1 28. Juni.
B IV 4661 m. add. E; DI. 420.

#981 graff. V 5,2: Raum im Eingang rechts.

Vitalini a. IIII.

Für Vitalis 4 As.

K Versehentlich statt *Vitalioni* (cf. #662, #675, häufig in Pompeji), MAU. Plausibler ist aber ein sekundärer *īn*-Stamm von *Vitalis*, so SOLIN in add. E. Da solche Fälle in Pompeji nie sicher masc. sind (cf. #646), sind wohl Schulden bei einer Prostituierten gemeint (cf. nahe dabei im selben Raum #878).
B IV 4277 m. add. E; DI. 421.

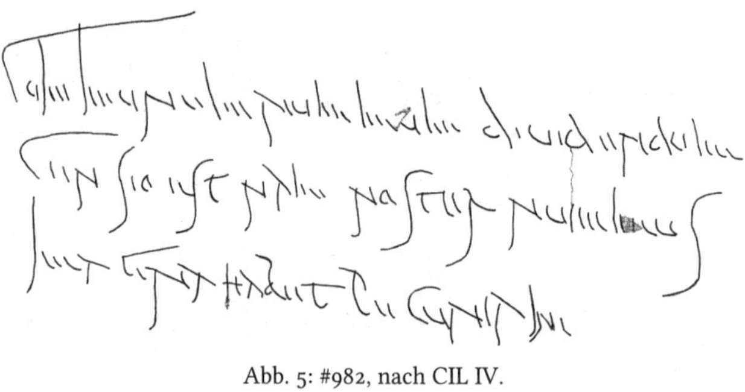

Abb. 5: #982, nach CIL IV.

#982 ♪ graff. III 8,4: Eingang links.

communem nummum dividendum | censio est,
nam noster nummus | magna habet pecuniam.

Die Gemeinschaftskasse soll aufgeteilt werden, (so) lautet (m)ein Beschluss.

Denn unsere Kasse hat viel Geld.

M ia6.
E *e*, *m* kurs., cf. Einl., 4.
K 1 *nummum*, i.e. quasi arcam collegii BÜ. – 2 *censio*, i.e. quasi sententia BÜ. – 3 *magnam*, wegen der Elision? – Derselbe Text fragm. auch IV 1251 (mit add. A; cf. auch CLE 2292), 1766, 4272, 5046 (= 3328 = CLE 1864), 8030, 9192.
B IV 1597° m. add. ABE; DI. 429; CLE 38; GE. A-61; KR. 22f.°; MO. 48f.; WE. 550; HU. 1012; CO. 104.

#983 graff. I 7,19: Pseudoperistyl.

res ausim_inr.

Ich will es wagen, die Dinge anzupacken! (?)

E *e* kurs.
K Bei der Ritzzeichnung eines bärtigen Kopfes. – *in(i)r(e)* DCO., die Abkürzungsweise wäre allerdings merkwürdig, daneben kommen auch andere Verben in Frage: *inrīdēre*, *inrītāre*, *inrogāre* usw.; unklar.
B IV 8183; DI. 1134; HU. 49; LA. 308°.

#984 graff. VIII 2,36: Zimmer.

ἡ κλεὶς τῆς ἄρκλας.

Der Schlüssel des Schmuckkästchens.

K Für lat. *arculae*, cf. VÄÄ. p. 44.
B IV 4901 m. add. E; DI. 778.

9.7. Arbeitspensen

#985 graff. VI 13,6: Peristyl.

Vitalis trama, pesu, | Florentina pesa ỊII, | Amaryllis pesu, trama et stamen, | Ianuaria supte., pesa_IIỊ et sta. pes._dua_s., |5 Heracla p. II, suptemen, | Maria p._III, stamen, | Lalage p._III, stamen, | Ianuaria p._II, trama, | Florentina pesu, trama, |10 Damalis trama, pesu, | Ṣ+rusa trama, pesu, | +a+tiṣ pesu, trama, | Doris pesu, stamen.

Vitalis (macht) das Fach (d.h. knüpft die Litzen) (und verarbeitet) ein Pensum. Florentina 3 Pensen. Amaryllis ein Pensum, (macht) Fach und Kette. Ianuaria (macht) den Einschlag, 3 (?) Pensen, und Kette, zweieinhalb (?) Pensen. Heraclia 2 Pensen, Einschlag. Maria 3 Pensen, Kette. Lalage 3 Pensen, Kette. Ianuaria 2 Pensen, Fach. Florentina ein Pensum, Fach. Damalis Fach, ein Pensum. S...rusa Fach, ein Pensum. ...tis ein Pensum, Fach. Doris ein Pensum, Kette.

E *e* kurs. außer in 2 *Florentina.* – 5 *p. II suptemen* DI. (*pesu stamen* ZA.). – 11 *S[ymphe]rusa* oder eher *S[yne]rusa*, add. E, aber 11 und 12 waren zweifellos mit 10 und 13 linksbündig, somit sind diese Namen beide zu lang.

K 1ff. Wohl acc. *tramam*; *pensum* oder *pensa.* – 1 Die Interpretation *pes._V* von DI. ist unwahrscheinlich, '5' ist zu hoch. – 4 *subtemen*; evt. *pesa_II· et.* – 5 *Heraclia*, der Name muss in gr. Weise akzentuiert (Ἡράκλεια) und das *ī* (gr. *ει*) antevokalisch gekürzt und mit dem *l* zu palatalem [lʲ] verschmolzen worden sein (beides wohl auch im Gr.), damit es nach dem Sprachgefühl des Schreibers fehlen konnte, cf. #267. – 6 Cf. #241. – 7 DI.; *Lalage* cf. #1165.

B IV 1507 m. add. A°E; DI. 427; GE. I-39; MO. 38f. (nur 1–6); WE. 545.

#986 graff. IX 12,2: Treppenaufgang.

scripsi coeptum sta+++ | Decembre VII k. Ianuarias.

Ich habe notiert, dass das Gewebe (?) für den Dezember am 7. Tag vor den Kalenden des Januar begonnen (wurde).

E *e* kurs. – 1 *staṃịṇị* DCO., nach *sta-* ist die Lesung aber ganz unsicher; wenn *stamen* gemeint ist, so ist am Ende INI für IIN verschrieben oder verlesen.

K Über der Ritzzeichnung eines Hirschkopfes und eines Hirsches. – 2 *Decembre* wohl adj. zu *stamen*; 26. Dezember.

B IV 9109°; DI. 1014; GE. I-38; KR. 62°; WE. 517°; HU. 947; LA. 1530, 1531.

9.8. Bauliches und Vermietungen

#987 graff. VII 7,5: Peristyl.

a *fenestra | cyparẹs | alta a terra | inter duo | hoc est.* – **b** *lata fenestra | inter duo hoc est.*

a Fenster aus Zypresse (?), es ist vom Boden (gemessen) im lichten Maß hoch bis hierher. – **b** Das Fenster ist im lichten Maß breit bis hierher.

E **a–b** Über beiden Inschriften ist je ein kurzer horizontaler Strich gezogen. – **a** 2 Das *e* wäre das einzige kursive, also unsicher. – **b** Unterhalb von a.
K **a** 2 Wohl für *cupressea / κυπαρισσίνη*, Form unklar; MAU vermutet den gr. gen. eines Frauennamens *Cypare*. – 4 *inter duo* 'im lichten Maß', MAU. – 5 *hōc* 'bis hierher', cf. #1073.
B IV 4713.a°–b° m. add. E; DI. 745; WE. 568.

#988 graff. I 6,4: Nebenraum beim zweiten Atrium.

VII idus Novem. asseres IIII; | Tertius.

Am 7. Tag vor den Iden des November 4 Latten. Tertius.

E *e* kurs.
K 7. November.
B IV 8015; ImGr. 20*; DI. 1011.

#989 graff. IX 3,2: Zimmer beim Garten.

Logadi lateres XXXIIX.

Für Logás 38 Ziegelsteine.

E *e* kurs.
K *Logadi* dat. fem.
B IV 2325° m. add. E; DI. 413.

#990 graff. V 5,1 (Taberna).

lateres LX, | mag. va.

Ziegelsteine 60, …

E *e* kurs.
K 2 Unklar.
B IV 4273 m. add. E; DI. 414.

#991 Stempel V 5,3 (beim Peristyl) und Boscotrecase: auf drei Ziegeln.

pupil. Agrip., | Tub. Fabio cos.

(Aus der Ziegelei) des Knaben Agrippa, als (Quintus Aelius) Tubero und (Paullus) Fabius (Maximus) Konsuln waren.

K Die zwei Exemplare aus Pompeji sind fragm. — 1 Scil. *ex figlinis pupilli Agrippae*: *Marcus Vipsanius Agrippa Postumus* wurde 12 v. Chr. geboren und stand nach seines Vaters Tod wohl unter der Tutel seines Großvaters mütterlicherseits, Augustus, cf. MAU zu IV 6499. — 2 *Tuberone*; 11 v. Chr.

B NSc. 1899, p. 104 (Pompeji); NSc. 1922, p. 478 (Boscotrecase).; DI. 870.

#992 graff. Boscoreale, Landhaus: Säule.

palos acutos DCCCXL, | qui non acuti CDLX, | summa ṂCCC.

Gespitzte Pfähle 840, solche, die nicht spitz, 460, total 1300.

B IV 6886 m. add. E; ImGr. 475*; GE. I-32; WE. 524.

#993 graff. Boscotrecase, Landhaus (cf. ImGr).

in_acervo | magno | pali_sun || ∞XXIII.

Auf dem großen Stapel sind 1023 Pfähle.

E *e* kurs.

K 3 *sunt*, cf. #1109 *comedan*, #234 und #915 *vol* für *vult*, evt. #1063 *tabifican*, ferner #1102 sowie VÄÄ. p. 70f., LEUM. p. 193 (c).

B IV 6887° m. add. E; ImGr. 470*; DI. 404; GE. I-31; WE. 523.

#994 graff. IX 1,18: Raum beim Eingang.

temones XXIIII.

24 Deichseln.

E *e*, *m* kurs.

B IV 3169° m. add. E; DI. 415.

#995 dip. II 4,5–6.

in praedìs Iuliae Sp. f. Felìcis | locantur | balneum venerium et nongentum, tabernae, pergulae, | cenácula ex idibus Aug. prìmìs, in idús Aug. sextás annós continuos quinque. |5 s. q. d. l. e. n. c.

Auf dem Grundstück der Iulia Felix, Tochter des Spurius, sind zu vermieten: ein Bad, erotisch und chic, Ladenlokale, Lagerräume im Obergeschoss, Speiseräume, ab den kommenden Iden des August bis zu den sechsten Iden des August, fünf Jahre ohne Unterbruch. ...

K 3 *venerium et nongentum* unklar, *nongentum* wird seit MOM. als gen. pl. masc. 'der Noblen' aufgefasst, und danach *venerium* ebenso, v.a. von DCO. (cf. add. D; OLD s.v. *nōngentus -ī*, m.), *nongentus* könnte aber zu einem adj. geworden sein, wie *venerius* dies immer war, jedenfalls muss zweimal dieselbe Form vorliegen; ausgeschlossen ist '900 tabernae ...'. — 5 Die lange Abkürzung muss 'Standard' und für jedermann auf Anhieb verständlich gewesen sein; von den modernen Auflösungen (s. CIL) ist bestenfalls eine richtig, am ehesten *si quis desiderabit, locatricem eo nomine convenito* 'Wenn jemand (die Räume zu mieten) wünscht, soll er die Vermieterin mit dem (erwähnten) Namen kontaktieren!' (MOM.).

B IV 1136 m. add. ABD; ImDip. 212f.*; DI. 435; GE. C-3 (nur z.T.); CollEp. 5*.

#996 dip. Vor der Porta di Nocera, SE vom Amphitheater: Grab [6].

ba[l]neus Agrippae ṿ[..]eat [...]li[.]t so+u[---] | [- c. 20 -]no[.]tạ+ [---] | q[u]oi ̣cup[..]ṛatiauc̣[- c. 5 -]ḷeṇuṣ au[- c. 5 -]++[---] | plurạ scrip[- c. 13 -]ṣseṃ |5 ro+[..] cap̣r[- c. 5 -]vos | Ịunius vạ.

Das Bad des Agrippa ...

M da6 LO.; oder ia6, oder einfach Prosa?

E 2 Evt. eher Zusatz oberhalb der nächsten Zeile. — 6 Unterhalb, schräg aufwärts geschrieben.

K 1 *balneum*, cf. VÄÄ. p. 82; zu *Agrippa* cf. #991; *v[al]eat* HERAEUS.

B IV 3878° m. add. D; ImDip. 481°; DI. 1048; CLE 1940 (nur Anfang).

#997 dip. VII 1,44–45.

a *Sittius res|tituit | elepan|tu.*
b *hospitium hic locatur, | triclinium cum tribus lectis | ẹṭ comṃ.* [vac.]

a Sittius hat den Elefanten restauriert.
b Ein Gasthaus wird hier vermietet: Speisezimmer mit drei Liegen und (allen) Annehmlichkeiten (?).

E **a** *e* kurs.
K Zu einem Gemälde eines roten Elefanten, der von einer gelben Schlange umwunden ist und von einem roten Pygmäen bewacht wird. — **a** 3f. *elephantum.* — **b** Auf einer oberhalb der Szene gemalten Tabula ansata (cf. auch #843). — 1 *hospitium* auch IV 3779. — 3 Unklar, evt. *commodis.*
B IV 806, 807 m. add. ABD; DI. 439; GE. G-1, C-1; KR. 54 (nur b); HU. 519, 520; FRÖHLICH (1991), p. 324.

#998 dip. VI 6,19: links oder rechts der Tür.

insula Arriana | Polliana [C]n. Al[le]ì Nigidì Mai: | locantur ex ì. Iulìs primis tabernae | cum pergulis suis et c[e]nacula |[5] equestria et domus. conductor | convenito Primum [C]n. Al[le]ì | Nigidì Mai ser.

Insula «Arriana Polliana» des Gnaeus Alleius Nigidius Maius: Vermietet werden ab den kommenden Iden des Juli Ladenlokale mit separaten Lagerräumen, ritterstandesgemäße Speisezimmer und ein Haus. Der Mietinteressent soll Primus, den Sklaven des Gnaeus Alleius Nigidius Maius, kontaktieren.

K 1 «Nominatif de rubrique»; gemeint ist die insula VI 6. — 2 Name ergänzt nach #368ff. und IV 7990. — 3 *ì(dibus)* akzeptiert von MOM. et al., cf. #995, und abgekürzt *i.* z.B. auch VI 220; 15. Juli. — 5 'würdig eines *eques*', cf. add. B, OLD s.v. *equester*, 3.b.
B IV 138 m. add. ABD; ImDip. (528), 531.26°; DI. 437; GE. C-2; KR. 54; MO. 48f.

#999 dip. II 6 (Amphitheater): außen.

permissu | aedilium Cn. | Aninius Fortu|natus occup.

Mit Genehmigung der Aedile besetzt (diesen Standort) Gnaeus Aninius Fortunatus.

E 2 AE Lig.
K 4 Scil. *hunc locum*, für einen Stand mit Speisen und Getränken (MOM.); *occup(avit)* oder *occup(at)*.
B IV 1096 m. add. ABD; DI. 444; GE. I-46; HU. 176.

#1000 dip. II 6 (Amphitheater): außen.

[per]missum_aedil. | occupavit.

Hat (diesen Standort) mit Genehmigung der Aedile besetzt.

K 1 *permissū*, cf. VÄÄ. p. 75. – 2 Ein Name war offenbar nie genannt.
B IV 1096a° m. add. A°D; DI. 443.

#1001 dip. II 6 (Amphitheater): außen.

permissum aedilium [---?]

[... besetzt] (diesen Standort) mit Genehmigung der Aedile.

K *permissū*.
B IV 2996° m. add. D; DI. 443 n.

#1002 dip. II 6 (Amphitheater): Nordzugang.

Laelius Narcissus occupat.

Laelius Narcissus besetzt (diesen Standort).

B IV 1115 m. add. AD; HU. 179.

#1003 dip. II 6 (Amphitheater): außen.

locu[s] | oc[cup]|atus | esst.

Dieser Standort ist besetzt.

K 4 *est*, cf. VÄÄ. p. 62.
B IV 1097a° m. add. AD; HU. 177.

#1004 graff. VII 7,32 (Apollotempel): rechts des Zugangs.

Verecunnus | libarius hic cc.

Verecundus der Kuchenverkäufer hier ...

K 1 Oskisierende Lautform, cf. #467 und VÄÄ. p. 67 («avec un jeu de mots?», unser Kuchenverkäufer ist in dieser Hinsicht allerdings unverdächtig, cf. aber #1338). – 2 *cc* evt. für *occupa(vi)t*; cf. ähnlich IV 1769.
B IV 1768° m. add. E; DI. 447; HU. 771.

#1005 graff. VII 4,57: Peristyl.

a *texe.* – **b** *Erati locus.*

a Web! *Oder:* Flicht! – **b** Standort des Eratus.

E **a** *e* kurs. – **b** größer.
K **a** *texe* unklar. – **b** Cf. gleich dabei IV 1572 *Crescentis locus* und IV 1569 *Tiburtinus locus* (statt *Tiburtini*, cf. VÄÄ. p. 115 zu IV 4853). – Evt. ein Spiel (cf. Kap. 11.2)?
B IV 1570°, 1571° m. add. E; DI. 428.

#1006 graff. VI 15,9: Atrium.

[---]ocus vacat.

[Dieser] Standort ist frei.

K Wohl *(hic) locus.*
B IV 4666 m. add. E; HU. 467.

9.9. Diverse Annoncen

#1007 graff. VII 2,51: Raum beim Atrium.

virum vendere | nolo meọm | +++++++quantiqumtqẹ | viruenenịorum.

Ich will meinen Mann (*oder eher:* mein Gift?) nicht verkaufen ... um wieviel auch immer (?) ...

M Metr., BÜ.: *vendere nolo meom* kann dactyl. sein.
E *e* kurs. – 3 *nuli merti quanti quantqe* (mit zweitem AN Lig.), ZA. und add. B, Ligatur AN in Form eines M ist aber wenig plausibel, und ZA. ließ an *-tq-* keinen Zweifel, ein *-i-* fehlt für ein zweites *quanti* also auf jeden Fall.

K 1 Wenn metr., dann eher dactyl. als iamb., also *vīrum*, dies für *vĭrum* mit Vokallängung (cf. #1103 *Vēnerem* usw.) oder aber statt *vīrus* ntr. 'magischer Trank, Gift' (mit ererbtem *ī* und unerklärtem *-s*, cf. LEUM. p. 450). — 2 *meum*, cf. VÄÄ. p. 29. — 3 Evt. für *quanticumque* mit vorklass. Orthographie, cf. z.B. I^2 1547 *qum*, cf. auch #1012 *quei* für *cuī* und #1358. — 4 Unklar; wenn *venen-* richtig gelesen ist, spricht dies für 1 'Gift', ebenso #1008 *hoc*; die Vorstellung, dass eine Pompejanerin ihren Mann verkaufen wollte (bzw. nicht wollte), ist ohnehin ziemlich absurd.

B IV 3061° m. add. BE; DI. 673; CLE 1785; GE. E-66; KR. 48° (nur 1f.); WE. 35; HU. 535; VA. 152.

#1008 graff. VII 2,51: Raum beim Atrium.

virum vendere[---] | hoc me[---]

[Meinen] Mann (*oder eher:* [mein] Gift?) verkaufen ... dies ...

E *e* kurs., gleiche Hand wie #1007, das gleich oberhalb steht.

B IV 3062 m. add. BE; CLE 1785.

#1009 graff. IX 8,3: Atrium.

Officiosus fugit VIII idus Nov. | Druso Caesare M. Iunio Silano cos.

Officiosus ist ausgerissen, (und zwar) am 8. Tag vor den Iden des November (im Jahr), als (Tiberius) Drusus (Iulius) Caesar und Marcus Iunius Silanus Konsuln waren.

K 1 Zweifellos ein Sklave. — 1f. 6. November 15 n. Chr. — SOLIN in add. E weist darauf hin, dass es sich um keine offizielle Inschrift handelt.

B IV 5214° m. add. E; DI. 104; WE. 317°; HU. 916.

#1010 dip. VIII 5,33–34.

urna aenia pereit de taberna. | seiquis rettulerit, dabuntur | ~~HS~~ LXV. sei furem | dabit, unde ++ṃ |^{5} servarẹ p̣ọ[---] | XXCIIII[---]

Ein Bronzegefäß ist aus der Taverne verschwunden. Wenn es einer zurückbringt, werden 65 Sesterz gezahlt. Wenn er den Dieb ausliefert, von dem der Gegenstand zurückgewonnen werden kann, 84 ...

K 1 *aenia* cf. #940; *pereit* wohl mit -ī- kontrahiert aus -*ii*-, cf. VÄÄ. p. 40 und 22 (auch zu 2f. *sei*); *de* für *ex*, cf. VÄÄ. p. 126. — 4f. DI. konjiziert *unde rem* | *servare possimus, ~~HS~~* |, in den Nachträgen (p. 62) jedoch – nicht plausibel – *unde recuperare [p]o[ssimus ---].*

B IV 64° (= I² 1680) m. add. AD; ImDip. 372*; DI. 432; GE. C-4; KR. 62f.°; MO. 50f.; HU. 788.

#1011 graff. Herc., Insula Orientalis II, 16 (Taberna): Nebenraum.

III non. Mai.; | VII idus paeriit.

Am 3. Tag vor den Nonen des Mai (gekauft?). Am 7. Tag vor den Iden verloren gegangen.

E *e* kurs. — 1 MAI Lig.

K 1 5. Mai. — 2 9. Mai; *periit*, evt. 'gestorben'?

B IV 10668.(a); ImGr. 507*.

#1012 dip. Vor der Porta di Nocera, SE vom Amphitheater: Grab [3].

equa siquei aberavit cum semuncis honerata, a. d. VII k[a]l. S[ep-t]embres `Decembres´ | convenito Q. Deciu. Q. l. Hilarum [au]t L. [Deci]um L. l. [Amp]hionem citra pontem | Sarni | fundo |⁵ Mamiano.

Wenn jemandem eine Stute entlaufen ist mit Satteltaschen (?) beladen, soll er am 7. Tag vor den Kalenden des September (*überschrieben*: Dezember) den Quintus Decius Hilarus, den Freigelassenen des Quintus, oder Lucius Decius Amphio, den Freigelassenen des Lucius, aufsuchen, (und zwar) diesseits der Sarnobrücke über das Mamianische Grundstück.

E 1 Vor *siquei* ein wohl nicht zugehöriger Rest eines Buchstaben. — 5 O über N Lig.

K 1 *si cui*, cf. VÄÄ. p. 86 und v.a. p. 53 n. 1, cf. ferner #1007, #1358; *aberravit*; die Bedeutung von *semuncia* wird bestätigt durch den Kontext in Cato agr. 10.3: *semuncias III, instrata asinis III*, ibid. 11.4 *ornamenta asinis instrata III, semuncias III* (OLD s.v. kennt unsere Inschrift nicht); *onerata* 'beladen', cf. VÄÄ. p. 58, *semunciae* müssen also mehr als nur Decken gewesen sein; das Datum – mit der Aktualisierung (cf. auch #1013), also 26. August bzw. 25.

November – gehört zu *convenito*. — 2 *Decium*. — 2f. Zweifellos die Sarnobrücke der Straße nach Nuceria; *fundo* ist abl. ohne Präposition, 'das Grundstück überquerend', cf. H.–Sz. p. 145, K.–St. I p. 348f., 350f.; die Familie der *Mamii / Mammii* ist gut bezeugt, z.B. X 803, 998. — Cf. Petron. 97.2 *puer in balneo paulo ante aberravit, annorum circa XVI, crispus, mollis, formosus, nomine Giton. Si quis eum reddere aut commonstrare voluerit, accipiet nummos mille*; ferner Apul. met. 6.8.1.

B IV 3864 m. add. D; Di. 433; Ge. C-5.

#1013 dip. Vor der Porta di Nocera: Grab 10.EN (alt 12).

[---]avit cum semuncis, a. d. VII k. Novembres / convenit[o] / Q. De[cium ---] / -----

[... entlauf]en ist mit Satteltaschen (?) (beladen), soll er am 7. Tag vor den Kalenden des November den Quintus Decius ... aufsuchen.

K 1 26. Oktober; das Treffen scheint regelmäßig jeden Monat auf den 7. Tag vor den nächsten Kalenden angesetzt worden zu sein.

B IV 9948 m. add. D; ImDip. 485–87*.

#1014 graff. I 2,6: Peristyl.

a *IIII non. Nov. in lud. / gallin. dat. V et gall.*
b *XV k. Nov. / Puteolana peperit mascl. III, femel. II.*

a Am 4. Tag vor den Nonen des November (wurden) für die Spiele fünf Hühner und ein Hahn gegeben.
b Am 15. Tag vor den Kalenden des November hat die Puteolana drei männliche und zwei weibliche Junge geworfen.

K **a** 1 2. November; wohl *ludos*, cf. add. E. — 2 Wohl *gallinae datae*; *gallus*. — 1f. Hühner sind Anreiz für die Kampfhähne; der Besitzer des siegreichen Hahns erhält die Hühner des Gegners und ggf. Geld, cf. das Mosaik in VI.11.8–10 (Napoli Mus. Naz. 9982, V.M. Strocka, Casa del Labirinto, München 1991, p. 48f., 101 n. 313ff. mit Bibl., ph. fig. 322) und in ganz anderem Zusammenhang R. Wachter, Non-Attic Greek Vase Inscriptions (2001), p. 19 no. BOI 11. — **b** 1 18. Oktober. — 2 Wohl Hund oder Schwein; *masculos*, cf. Vää. p. 44; *femellas*.

B IV 3890 m. add. E; Di. 434; Ge. I-14; We. 310.

#1015 graff. Boscoreale, Landhaus: Pfeiler.

pr. k. M[a]ias | supposui gall., | III k. Maias | on++ c. 13 ++

Am Tag vor den Kalenden des Mai habe ich der Henne (Eier) untergelegt, (und schon) am 3. Tag vor den Kalenden ...

E 4 *onnonera veto era( )* DI., unklar.
K 1 30. April. – 2 *gallinae*; scil. *ova*. – 3 29. April.
B IV 6873° m. add. E; DI. 434a; GE. I-22; KR. 62 (nur 1f.); WE. 515 (nur 1f.).

#1016 graff. Vor der Porta del Vesuvio: Grab des M. Veius Marcellus.

L. Calventi. +[f.?] | at Quintium | colet et abet | violarium |5 ide locum.

Lucius Calventius ... pflegt und besitzt bei Quintius ein Veilchenbeet am gleichen Ort.

E 3 *e* in *colet* kurs. – 5 DI. vermutet noch eine verlorene 6. Zeile.
K 1 Für nom. *Calventius* (cf. #948), anschließend wohl die Vatersangabe. – 2 *ad*, cf. VÄÄ. p. 70, scil. *fundum*. – 3 *colet* (wenn richtig gelesen) statt *colit*, cf. VÄÄ. p. 21f.; *habet*. – 5 Evt. acc. *ide(m) locum* statt abl. *eodem loco* (cf. VÄÄ. p. 119f.) mit *locum* ntr. (VÄÄ. p. 82); *(v)ide* nach DCO. ist unplausibel.
B IV 9167; DI. 1133; HU. 1006.

#1017 graff. IX 1,22: SO-Peristyl.

a *quantịṣ_ṃọḍ^esṭa_vi_maxim+ vac.*
b *quantes_mo^ḍesta_vi_maxima_sicạ.*

a–b Wie wertvoll du bist, ein bescheidener, (aber) mit größter Gewalt (versehener) Dolch!

E **a–b** *e* kurs. – **a** *++ḍ^esṭa*; unfertig. – **b** *modesta vi* ZA., *moḍo pụtavi* MAU, *quanvis* VARONE in ImGr, kaum richtig.
K Zweifach geschrieben, je auf einem gezeichneten Dolch mit gekrümmter Klinge; der erste Versuch wurde abgebrochen. – **a** *quantī's* 'wie wertvoll du bist', gen. pretii. – **b** *quantes* für *quanta es*, add. E, das müsste aber *quanta's* sein, also wohl eher auch statt *-ī's*, cf. VÄÄ. p. 23; cf. OLD s.v. *sīca*.
B IV 2397, 2396 m. add. A°CE; ImGr. 423f.*; DI. 753; HU. 818a; LA. 32°, 33°.

#1018 graff. VI 15,10: links der Tür.

Surretinas | Surrentinas.

Sorretiner, (*will sagen:*) Sorrentiner (Schiffe).

E *e* kurs.
K In Gestalt von Schiffen geschrieben, cf. #453; rechts von 1 die Ritzzeichnung eines Männerkopfes. – 1 *Surrentinas*, cf. VÄÄ. p. 67f. – 1f. Scil. *naves.*
B IV 4668 m. add. E; DI. 756; LA. 21, 22, 525.

#1019 graff. IX 14,d: Atrium.

[n]avigiu Celeris.

Ein Schiff des Celer.

K In Gestalt eines Schiffes geschrieben. – *navigium*; zu *Celer* cf. evt. #378.
B IV 8991°; KR. 74°; HU. 956°; LA. 4°.

#1020 graff. V 2,g: Atrium.

[T]ḥalassae_fusa_Optatus.

Der Thalassa (schickt?) Optatus Güsse.

E AE Lig.; *[t]ḥalassae_fusa optatus* MAU, *-a_ef(f)usa* zögernd add. E, was aber angesichts der Ligatur nicht wahrscheinlich ist.
K In Gestalt eines Schiffes geschrieben. – Unklar. *Optatus* ist wohl Eigenname, add. E. Am ehesten handelt es sich wohl um einen außergewöhnlichen Liebesgruß: *Θάλαττα* 'die See' ist ein sprechender Hetärenname (Diocl. com. p. 20 und Pherecr. p. 129), cf. #1321; zu *fusa* ntr. pl. cf. #1183 (*fundere* wird für diverse Körperflüssigkeiten verwendet, cf. OLD s.v. *fundo*[1], 4.a, c); nicht wenige andere Schiff-Inschriften sind zudem Grüße oder haben erotischen Bezug, cf. #453; vergleichbar ist schließlich auch der abgewandelte Gruß #781.
B IV 4225° m. add. E; DI. 755; LA. 7°.

#1021 graff. VIII 3,7 (Taberna).

vasa in camella | Ị Ξ ¯ Э VI.

Gefäße in einer Schale ... Quadrans (?) ... Scripulus, 6.

E *e* kurs. — 2 *Ị* = *i*, *p* oder *f*; *Ξ* wohl ‘quadrans’; *Ə* = *scripulus*, DI.
K Insgesamt unklar.
B IV 2030° m. add. E; DI. 450.

#1022 graff. III 2,1: Atrium.

X k. Febr. | {s}salitast | trulam argentiam | p. Ӿ C.

Am 10. Tag vor den Kalenden des Februar ist eine silberne Schöpfkelle von 100 Denar Gewicht zu einem Sieb gemacht worden (?).

K 1 Am. 23. Januar. — 2 ‘gesalzen’ (cf. OLD s.v. *saliō*[1]) passt nicht, und ‘besprungen’ o.ä. (ibid. s.v. *saliō*[2]) noch weniger; evt. ein zum gr. (dor. etc.) *σᾱλία* ‘Sieb’ gebildetes faktitives Verb (cf. #905)? — 3 *trullam argenteam*, wohl acc. statt nom. (cf. #265); wertvolle Schöpfkellen auch II 2326, X 6. — 4 *pondo denariis centum* DCO., der Denar wog zur Zeit Neros noch 3,4 g.
B IV 8821; DI. 1018.

#1023 graff. III 2,1: Atrium.

X k. ++brẹ | salita est | aliṭaniariaẹ.

Am 10. Tag vor den Kalenden des Februar (?) ist eine Schöpfkelle (?) zu einem Sieb umgestaltet worden (?).

E 1 Älterer Text überschrieben; *(N)ove(m)bre(s)* DCO.; eher *Febr.* wie #1022. — 3 Oder *alif-* und *-iana II*, DCO.; *[...]a Liciana a(?)* DI., kaum richtig.
K 3 Unklar, evt. mit gr. *ἀρύταινα* ‘Schöpfkelle’ in Zusammenhang?
B IV 8822°; DI. 1019.

10. LIEBE IN POESIE UND PROSA

Die Liebe (und alles, was üblicherweise dazugezählt wird) ist das bei weitem vielfältigste Thema auf den pompejanischen Wänden, und die große Zahl der aufgenommenen Nummern (gut 250) gibt seine Häufigkeit in durchaus angemessener Weise wieder. Es ist bekanntlich auch das Thema, bei dem sogar Menschen mit wenig ausgeprägter Affinität zur Kultur des Geistes am ehesten dann und wann zu kreativer Hochform auflaufen. Trotzdem ist auffällig, wie oft die Pompejaner, die den Drang verspürten, etwas zum Thema Liebe auf eine Wand zu schreiben, zur poetischen Form griffen. So sind erstaunlich viele hübsche Gedichte gefunden worden, meist Zweizeiler (Distichen, seltener Hexameterpaare), und allzu oft leider fragmentarisch erhalten. Diese vielen Verse sind nun allerdings nicht nur originale Schöpfungen einer aus lauter Poeten bestehenden Stadtbevölkerung, sondern greifen zu einem erheblichen Teil auf eine – weitgehend mündliche – traditionelle Volkspoesie im Hintergrund zurück[24], der sich sogar die großen augusteischen Elegiker nicht ganz entziehen wollten und konnten[25]. Umgekehrt haben auch die Dichter zum poetischen Reichtum an den pompejanischen Wänden beigetragen (#1420ff.)[26].

Neben Versen, die durchaus den Segen Apolls und der Musen erwarten durften, gibt es poetische Ergüsse auf pompejanischen Wänden, die zwar einwandfrei gedichtet sind (#1096, #1104, #1105f., #1112) – oder wenigstens fast (#1094) –, die aber inhaltlich doch eher als *horto carmina digna, non libello* 'Gedichte für den Garten, nicht für ein Büchlein' (Priap. 2.2) zu bewerten sind (viele davon finden sich in Pompeji tatsächlich in Peristylen). Sie sind hier natürlich trotzdem aufgenommen worden.

[24] Cf. #1048, #1066, #1073f. usw.

[25] Cf. #1038, #1048ff., #1084, #1089, evt. #1066, #1070f., sowie #906.

[26] Cf. insbesondere «verselbständigte» Zitate wie in #1428, #1455, #1460.

Nach zwanzig Jahren Internet erübrigt sich zudem wohl auch eine «Apologie», wie sie noch WEEBER (2003, p. 43–45) in feinfühligen Worten seinem entsprechenden Kapitel vorangestellt hat – obwohl der Leitspruch *De gustibus non est disputandum*, an den er zurecht erinnert, selbstverständlich weiterhin gilt. Ich habe deshalb auch in den Übersetzungen absichtlich kein Blatt vor den Mund genommen, damit die erfrischende Nonchalance, die die Menschen in der Antike dem Thema Sexualität entgegengebracht haben, unverfälscht herüberkommt.

Viele Inschriften in diesem Kapitel sind sicher von Männern, wenige sicher von Frauen geschrieben worden. Für die meisten ist dies aber nicht a priori klar, und es ist sehr zu empfehlen, ja sogar bereichernd und amüsant, sich in diesen Fällen immer beide Perspektiven zu überlegen.

Am Anfang des Kapitels stehen Inschriften, in denen Vĕnus und ihr Gehilfe Ămor bzw. Cupīdō genannt sind (#1024ff.), dann folgt die Mehrzahl der Texte in Gedichtform (#1038ff.), gefolgt von einer Serie Liebesbriefe und -grüße (#1118ff.), zu denen zweifellos auch eine Anzahl Grüße in Kap. 8.1 zu zählen wären (z.B. #664). Einige Inschriften können etwas spezifischer den Themen Harmonie, Ablehnung, Liebeskummer, Eifersucht u.ä. zugeteilt werden (#1158ff.).

Besonders derb geht es im fünften Unterkapitel zu: «Liebesabenteuer» (#1185ff.), wobei hier bestimmt einige Nummern dem Bereich der Prostitution zugehören; sie sind deshalb hierher vorgezogen worden, weil kein Geldbetrag genannt ist. Einige Nummern sind wohl verleumderisch und würden deshalb auch ins Kap. 10.7 passen.

Der Bereich der Prostitution, eingeteilt nach Frauen (#1261ff.) und Männern (#1320ff.), ist nicht einfach abzugrenzen. Während er in der Literatur zu Pompeji in seiner Bedeutung als Charakteristikum der Stadt meist überschätzt, ja diese geradezu zu einem riesigen Lupānar aufgebauscht wird, habe ich nur unzweifelhafte Texte hier eingereiht. Wir können zwar durchaus vermuten, dass nicht wenige Inschriften, die gut in andere Kapitel passen (v.a. 7.3.2, 10.5 und 10.7), ebenfalls in diesen Kontext gehören, aber Sicherheit ist nur selten zu gewinnen (z.B. #1040, #1128a, #1235–36a). Auch der beliebte Vers #1073ff. ist nicht eindeutig. Eine Monographie zum Thema bietet McGinn (2004).

Das letzte Unterkapitel ist Inschriften gewidmet, die Spott, Verleumdung, Schimpf und Fluch enthalten, nun aber – anders als in Kapitel 8.4 – mit sexueller Implikation (#1344–79). Wie gesagt, dürften sich auch einige hier eingereihte Texte auf Prostituierte beziehen, und umgekehrt müssen nicht alle Personen, die mit Preisangaben an den Wänden verewigt sind, Prostituierte gewesen sein, sondern es kann sich bei der einen oder anderen Inschrift auch um eine Verleumdung handeln (die betreffende Inschrift würde damit aber natürlich trotzdem in die Sphäre der Prostitution gehören).

Zum Thema Liebe und Sexualität in Pompeji sind weiter zu nennen Varone (1994), auf den jeweils verwiesen wird, und – mit einem Schwerpunkt auf der Sexualität der Frau – Girod (2013). Das weitaus wichtigste Werk ist aber nach wie vor Adams (1982).

10.1. Amor und Venus

#1024 ♪ graff. VIII 1,1 (Basilica).

a *tu enim me doces.*
b *scribenti mi dictat Amor mostratque Cupido: |*
a, peream, sine te si deus esse velim.

a Du nämlich lehrst mich.
b Amor diktiert mir, wenn ich schreibe, und Cupido macht mir (alles) vor.
(Doch) wehe, ich will zugrundegehen, sollte ich selber ohne dich ein Gott sein wollen!

M **b** dist.

E **b** Von anderer Hand, add. E; *e* kurs. — 1 *mii* Varone, aber auch nach *dictat* und *que* gibt es feine Worttrennungsstriche.

K **a** Cf. ähnlich NT Ioh. 9.34 *καὶ σὺ διδάσκεις ἡμᾶς*. — **b** 1 *monstrat*; J. Blänsdorf, Gymnasium 89 (1982), p. 507 n. 8 verweist auf Ov. am. 2.1.38 *carmina purpureus quae mihi dictat Amor*, cf. ferner Ov. epist. 20.28f.[30f.]. — 2 Cf.

Catull. 92.4 *dispeream nisi amo*; Ov. am. 2.16.14 *in caeli sine te parte fuisse velim*, 3.14.40 *tunc ego, sed tecum, mortuus esse velim.* – Auch wenn von verschiedenen Händen, haben a und b wohl einen Zusammenhang.

B IV 1927, 1928° m. add. BCE; ImGr. 388*; DI. 1; CLE 937; GE. F-53; WE. 77 (nur b), 573 (nur a); HU. 752, 753; GI. 204; VA. 34f.

#1025 ♪ graff. I 7,2: Treppenaufgang links.

dulcis Amor, perias,
i{i}ta | Taine bene amo, dulcissima | mea, | dulc[---]

Süße Liebe, zum Kuckuck mit dir,
so (wie) ich die Thais heftig liebe, meine süßeste, mit süß…!

M 1 (bis *perias*) hemiep.

E 1 *eta* (mit kurs. *e*) DCo., die *e* sind sonst aber nicht kurs., also ist wohl ein *i* zu lesen, das zur Verstärkung doppelt eingeritzt wurde.

K 1 *pereas*. – 2 *Taïnem* zu *Thaïs*, cf. SOLIN (2003), p. 273 (auch *Laïni* dat. zu *Laïs*, ibid. p. 274, Rom, bis in neronische Zeit), cf. #646; *bene* ist etwas farblos, cf. auch #1236; in der Beschwörungsformel fehlt *ut*, cf. #1251 (mit *ita*) und #756.

B IV 8137°; ImGr. 40*; DI. 832; GE. F-32; HU. 43°.

#1026 graff. Herc., Insula V, 1: rechts der Tür.

hic Amor sitiet.

Hier dürstet Amor.

E *sapiet* VARONE in ImGr, *siti-* ist aber klar lesbar.

K *sitire* im übertragenen Sinne.

B IV 10562; ImGr. 491*.

#1027 ♪ graff. II 7 (Palaestra).

a *Felicula, fellas.*
b *arma meịṣ atsueta | ụṃẹris tibi debita | ponạṃ,*
si mea cọmfir|mas prospera vota, |⁵ Venus.
Syntrophus | rugạt.

a Felicula, du bläst.
b Die Waffen, die meinen Schultern angewöhnt sind, will ich dir, wie geschuldet, weihen,
wenn du mein Gelübde gnädig erfüllst, Venus.
Syntrophus bittet (dich).

M **b** dist. (bis *Venus*).

E **b** Wesentlich verbesserte Lesung und Interpretation von W.D. LEBEK, ZPE 57 (1984), p. 63–69 (statt: *Anima est atsueta | capere sibi debita, | donare. Si morem fir|mas, prospera vota | Venus Syntrophus | auget*, DCO.); der Schreiber hat bestimmt nicht *augẹt* (edd.) schreiben wollen, sondern *rogat.*

K **a** *Felicula* cf. #595, zur Figura etym. #1321. – **b** LEBEK vergleicht #430. – 1 *adsueta*, cf. VÄÄ. p. 122. – 3 *comf-* cf. LEBEK p. 67. – 5 *Syntrophus* wohl auch IV 9943. – 6 Zu *u* statt *o* (und umgekehrt) cf. #60, #221, #649, #798, #816, #1191, #1229, #1437 (fast alle bei VÄÄ. p. 27), unmittelbar nach einem *-us* für gr. *-ος* ist es noch besonders leicht verständlich.

B IV 8711.a–b°; ImGr. 166*, 523°; WE. 85 (veralteter Text); HU. 201 (nur b); GI. 209.

#1028 ♪ graff. VI 7,6: Raum beim Eingang.

Venus enim | plagiaria | est: quia Exsanguni | meum petit, |
in vies tumultu | pariet. optet | sibi, ut bene | naviget, |
quod et | Ario sua r.

Denn Venus ist eine Häscherin mit ihren Netzen, weil sie auf mein «Bleichgesicht» zielt;
sie wird (ihm) auf der Reise Turbulenzen bereiten. Möge er für sich wünschen, gut zur See zu fahren,
was auch seine Ario erbittet!

M tr07 (1 *plăg-* ist richtig; 3 *qui' ex-* ist ⏑⏑ oder –, besser wäre *quae*; 7 ⏑⏑⏑⏑, besser wäre, *sibi*, das auch semantisch unnötig ist, wegzulassen).

E Von derselben Hand wie #1029.

K Neben dem Gemälde einer Schlange. – 1 *enim* führt wohl einen nicht aufgeschriebenen Gedanken weiter. – 2 'Entführerin (mit Netz)', 'seductrix' ZA., cf. OLD s.v. *plagiārius*, VÄÄ. p. 91f. – 3 Die wie in #1029 sicher gelesene Form *exsanguni* (metr. *-ŭnī*) ist schwierig: für *-gun-* statt *-guin-* existieren zwar vage Parallelen, cf. VÄÄ. p. 45f. Doch ein «composé syntaxique» 'eum qui est ex meo sanguine' bzw. 'qui est issu de (mon) sang', wie ZA. und

VÄÄ. p. 91, 106 postulieren, d.h. eine Präpositionalphrase (Typus *pro consule*, cf. LEUM. p. 386, 388) als Objekt mit Attribut *meum* zu verwenden ist völlig unlateinisch, zudem ist ein abl. auf *-ī* von einem Konsonantstamm zu dieser Zeit nicht zu rechtfertigen (pace VÄÄ. p. 20, 85). Etwas besser wäre die Analyse als Hypostase **ex-sanguin-is* (wie *ē-norm-is*, *per-enn-is* etc., LEUM. p. 386, 402) 'aus meinem Blut stammend', dieses Adjektiv müsste aber gleichzeitig wie das gängige *exsanguis -e*, ein normales Possessivkompositum 'das Blut draußen habend, schwach' (LEUM. p. 398), existiert haben, doch ist eine Bedeutung 'aus meinem Blut stammend' sonst nicht belegt. Somit sollten wir acc. *Exsanguni(m) meum* lesen und dies als Spitznamen (cf. #515) aus dem gängigen adj. auffassen: 'Bleichgesicht'. Formen des üblichen adj. *exsanguis* mit Stamm *exsanguin(i)-* sind belegt, cf. ThLL V.2 1824.23–30. – 5 *in viis*, cf. VÄÄ. p. 23; *tumultum* wohl 'Liebesturbulenzen'. – 6f. *optet* cf. OLD s.v. *optō*, 1.e, mit überflüssigem *sibi* 'für sich'. – 10 **Ἀρ(ε)ιώ* fem., wohl seine Freundin, der Name ist sonst aber offenbar nicht belegt; *rogat* ZA.

B IV 1410° m. add. AE; ImGr. 246*; DI. 515; HU. 372°; CollEp. 22*; GI. 205–9; VA. 23f.

#1029 ♪ graff. VI 7,6: Raum beim Eingang.

------ (?) |
[---] protuli, | quia Exsanguni | meo cupit |
parere ^vac.^

... hat sie (?) aufgeschoben (?), weil sie begehrt, meinem «Bleichgesicht» (Turbulenzen) zu bereiten ...

M tro7.

E Von derselben Hand wie #1028.

K Ein anders formulierter Versuch. – 2 Statt *protulit*? – 3f. dat. – 5 *parere* (*parēre* passt metr. nicht), scil. *tumultum*, aber vorher abgebrochen.

B IV 1411° m. add. AE; ImGr. 247*; GI. 206 n. 23.

#1030 ♪ graff. VI 16,15: Atrium.

si quis non vidi Venerem quam piṇ[xit Apelles], |
pupa mea aspiciat: talis et ị[lla nitet].

Wenn einer die Venus (noch) nicht gesehen hat, die [Apelles] gemalt hat,
so kann er mein Schätzchen anschauen: So [strahlt] auch sie!

M dist.

E *e* kurs.

K Unübertrefflich ergänzt von BÜ. – 1 *vidit*, zur Prosodie cf. #1049 und VÄÄ. p. 70; BÜ. nach Ov. ars 3.401. – 2 *pupam meam asp-* [pu:pam mj'asp-] wie in den Fällen VÄÄ. p. 36 (cf. #1041; weniger wahrscheinlich: *pupa* als – ⏑ ganz ohne Wirkung des *-m*), zu *mj-* cf. #267. – Gemeint ist zweifellos die Aphrodite Anadyomene des Apelles: Ov. Pont. 4.1.29f., am. 1.14.33f., ars 3.401.

B IV 6842° m. add. E; DI. 30; CLE 951, 2057; GE. F-57; WE. 2°; HU. 474; GI. 209f.; VA. 28f.

#1031 ♪ dip. IX 5,11: Zimmer.

ṇọṇ [e]go tam | [d]uc[o] Venere | [d]e marmorẹ | factam
se +ụṇ |5 [---]++ mihị | ------

Ich halte eine aus Marmor gemachte Venus nicht für so
... mir ...

M da6 oder dist.

E *e* und wohl auch *f* kurs.

K 2 *Venerem*, zur Prosodie cf. #1041. – 4 Klassische Klammer (*de marmore* ist adv. zu *factam*), Verg. georg. 3.13 *templum de marmore ponam* dagegen ist «modern-umgangssprachlich» (*de marmore* ist attrib. zu *templum*).

B IV 3691° m. add. D; CLE 951; GE. F-69; WE. 83; HU. 868; GI. 209 n. 49; VA. 27f.

#1032 graff. VI 14,43: Peristyl.

scribet Venus.

(Dies) schreibt Venus.

K *scribit*, cf. VÄÄ. p. 21f.; zur schreibenden *Venus* cf. #1070, im selben Haus.

B IV 1536° m. add. E; DI. 25.

#1033 graff. VII 6,29 (Taberna).

Venus ẹṣ, Vẹ vac.

Du bist eine Venus, eine Ve...!

E Erstes *e* nicht kurs.; wohl unfertig.

K Am Ende wohl *Ve(nus)*.

B IV 1625° m. add. E; DI. 26; GE. F-9; WE. 49; HU. 553; GI. 197 n. 99; VA. 28.

#1034 graff. Herc., Gasse südlich der Insula IV.

Fortunatus amat Amplianda, / Ianuarius amat Veneria; / rogamus, domna Venus, / ut nos in_mente habeas, / quod te modo introrgamus.

Fortunatus liebt Amplianda, Ianuarius liebt Veneria. Wir bitten (dich), Herrin Venus, uns (immerfort) in deinen Gedanken zu haben, (dafür) dass wir dich jetzt hereinbitten.

E *e* kurs. – 3 *damna* CIL. – 4 *habias* CIL. – 5 Die Lesung *intirorgamus*, die CIL für möglich hält, ist ausgeschlossen.

K 1 *Ampliandam*. – 2 *Veneriam*. – 3 *domina*, cf. #822 und VÄÄ. p. 43. – 4 Der Ausdruck *in mente habere* (auch #1182) ist unklassisch, cf. ThLL VIII 724.32–47 (selten auch mit *mentem* 47–53). – 5 *interrogamus* CIL, dieses Verbum ist hier aber nicht sehr sinnvoll ('fragen, befragen'), und die doppelte orthographische Anomalie (Auslassung des *e*, Vertauschung von *ro*) ist in einer sonst kompetent geschriebenen Inschrift unplausibel; passender scheint *intrōr(o)gamus* (mit haplologischem Ausfall des zweiten *-o-*, cf. #1236), gebildet wie *introvocare* und ähnliche transit. Verben mit *intrō-* (*-ducere*, *-mittere*, *-ferre*, cf. OLD, s.vv.). – Der Text scheint eine Art Gebet oder Beschwörung zu sein, cf. ähnlich, aber an eine Frau gerichtet, #1119.

B IV 10697; ImGr. 512f.*

#1035 graff. VIII 1,1 (Basilica).

a *Agato Herrenni serus rogat Venere.* – **b** *ut periat rogo.* – **c** *sa. Gutta.*

a Agatho, Sklave des Herennius, bittet Venus. – **b** Dass er zugrunde gehe, bitte ich! – **c** Sei gegrüßt, Gutta!

E **a** *e* kurs. – **b** Von anderer Hand, unter a; *e* kurs. – **c** Viel weiter unten, evt. nicht zugehörig; Lesung SOLIN in CollEp und add. E, *sagutta* VARONE.

K **a** *Agatho Herenni servus* und *Venerem*, zu *Herr-* cf. VÄÄ. p. 61, zu *ser(v)us* #440 und VÄÄ. p. 50. – **b** *pereat*. – **c** Ein Gruß, *Gutta* cf. #207.

B IV 1839° m. add. E; ImGr. 355*, 358–60*; DI. 28; GE. E-48; WE. 47, 350; HU. 723; CollEp. 18h*; VA. 25.

#1036 graff. I 4,22: Türpfosten rechts.

Ἀφροδείτη.

Aphrodite.

K Add. E vermutet einen Frauennamen; eine Entscheidung ist unmöglich.

B IV 2411a m. add. E; DI. 3; HU. 825; GI. 47.

#1037 dip. I 13,9: links der Tür.

Ἀφροδείτη σῴζουσα.

Aphrodite, die Retterin.

K Unter einem Gemälde der Venus am Steuerruder eines Schiffes (*Ἀφροδίτη Εὔπλοια*, cf. #1294); zu den Schiffsdarstellungen cf. #453. – *σώζουσα* cf. #6 mit *Isityche*, Isis wurde häufig mit Aphrodite gleichgesetzt und war wie sie Herrin der Meere, *Ἶσις Πελαγία*, cf. LSJ s.v. *πελάγιος*, 3, und cf. auch I.Délos 2153 *Ἴσιδι Εὐπλοίᾳ*.

B IV 9867 m. add. D; ImDip. 158*; VA. 22; FRÖHLICH (1991), tab. 17.1*; BLUM (2002), p. 20*f., 23, no. 10.

10.2. Liebespoesie

#1038 ♪ graff. VI 9,5–6.

omnia vota valent.

Alle Gelübde gelten.

M hemiep.

E *e* kurs.; VA Lig.; *valent* DI. nach ZA. (cf. MAU CIL IV suppl. 2, praef. p. V).

K Cf. Ov. am. 1.4.67 *si mea vota valent* und an anderer Versstelle fast. 4.895 *vota valent meliora*, vermutlich aus derselben (populären) Quelle schöpfend wie unsere Inschrift (cf. WACHTER (1998), p. 75 n. 8, 77ff., sowie #906).

B IV 1324° m. add. E; DI. 804; GE. H-7; WE. 297; HU. 380; GI. 185.

#1039 ♪ graff. Vor der Porta del Vesuvio: Grab der Septumia.

sic [t]ib[i] contingat semper florere, Sabina,
contingat | formae, sisque puella diu.

So möge es dir vergönnt sein, immer zu blühen, Sabina,
vergönnt sei es deiner Figur, und mögest du (noch) lange ein Mädchen sein!

M dist.

K 1 *sic* bezieht sich nicht auf *florere*, sondern es liegt die Beschwörungsformel vor (cf. #756), der Anfang *sic tibi contingat* war gängig, cf. VI 29629 = CLE 1067. Eine Bedingung (mit *ut*) ist hier – wie oft – nicht genannt, war aber bestimmt gedacht. — 2 *continga(n)t* VARONE, unplausibel, auch die Konjektur *forma{e}* (abl.) von LO. und DCO. ist nutzlos, *formae* (scil. *tuae*) ist dat.

B IV 9171°; DI. 1115; CLE 2059; GE. F-56; WE. 5; HU. 1007; GI. 218; VA. 31f.

#1040 ♪ graff. VIII 1,1 (Basilica).

quoị scripsi semel et legit, mea iure puellast, |
quae pretium dixit, non mea sed populi est.

Das Mädchen, dem ich (nur) einmal geschrieben habe und das (mich) gelesen (*oder:* auserlesen) hat, ist zurecht mein.
Die, die einen Preis gesagt hat, ist nicht mein, sondern des Volkes.

M dist.

E 1 *puella est* ZA., *puellast* add. E.

K Die seit add. B in diesem Zusammenhang immer wieder zitierte Inschrift CLE 940 (= DI. 589, Rom, Domus Tiberiana, CASTRÉN (1970), no. 3) hat inhaltlich keinen Zusammenhang, eher schon Mart. 2.9.2 *sed puto quod scripsi legerat, ergo dabit.* — 1 *cui*, cf. VÄÄ. p. 28, Quint. 1.7.27 sowie #920; beide Bedeutungen von *legere* passen gut. — 2 *non mea* cf. die Formel in #1313.

B IV 1860° m. add. ABE; ImGr. 368*; DI. 590; CLE 942; WE. 183; HU. 732; GI. 217; VA. 35f.; CO. 86.

#1041 ♪ graff. VII 16,22: Treppe vom Peristyl ins Obergeschoss.

felicem Somnum qui tecum nocte quiescet |
hoc ego si facere, multo felicior esse.

Glücklich der Schlaf, der mit dir nachts ruhen wird!
Wenn ich dies tun könnte, wäre ich viel glücklicher (als er).

M da6 (cf. #1057, #1070f.).

E *f* kurs. (*e* nicht).

K 1 *Somnum* cf. WACHTER (1998), p. 82f. – 2 *facerem*, das *-m* wirkt sich, obwohl nicht geschrieben, metr. aus (cf. #757, #1031, #1060, #1089 usw.; cf. zudem #1030 und zu *-t* #1049); *essem*.

B SOLIN (1975), no. 59*, p. 254; WE. 79; HU. 497; GI. 218f., tab. 20*.

#1042 ♪ graff. IX 1,22: NW-Peristyl.

o te felicm | que vac.

Oh, du Glückliche, die du ...

M da6 init.

E 2 Unfertig.

K 1 *felicem* mit Kurzschreibung *c(e)* oder *(e)m* oder nachtoniger Vokalsynkope, cf. #1259 und #448. – 2 Wohl *quae*.

B IV 2399b m. add. AE; HU. 829.

#1043 graff. VI 7,3: Atrium.

o felicem.

Oh, der Glückspilz!

B IV 1262° m. add. E; GE. E-20; MO. 52f.; WE. 382; HU. 368.

#1044 ♪ graff. Vor der Porta di Nocera: Grab 20.EN (alt 23).

Primigeniae | Nucer. sal. |
vellem essem gemma ora non amplius una, |
ut tibi signanti oscula pressa darem.

Grüße nach Nuceria für Primigenia.
Ich wünschte, ich wäre der Stein (an deinem Ring) (auch wenn) nicht länger als eine Stunde,
damit ich dir, wenn du siegelst (und zuvor den Stein befeuchtest), aufgedrückte Küsschen geben könnte.

M 3f. dist. (Hiat vor *hora*).

K 1f. Cf. #1319; der Name (masc. und fem.) war häufig. – 2 *Nucerinae* oder *Nuceriam*. – 3f. Zum Inhalt cf. Ov. am. 2.15.15–17. – 3 *vellem essem* cf. #1414; das metr. falsche *hora* muss mindestens in Pompeji Standard gewesen sein, die Prototyp-Vorlage hatte evt. **Vellem gemma forem noctem non* *amplius unam* (cf. Verg. Aen. 1.683 *noctem non amplius unam*), die Inschriftenschreiber dachten aber wohl an abl. compar., was gramm. ebenfalls korrekt ist; cf. W.D. LEBEK, ZPE 23 (1976), p. 21–40 und WACHTER (1998), p. 83–85. — 4 *missa* DCO., *pressa* H. SOLIN, Gnomon 45 (1973), p. 274, cf. Ov. epist. 2.94 (mit *oscula*), Mart. 6.34.1 (mit *basia*); dass der Siegelring der Dame vom Schreiber geschenkt wird (so VARONE), steht nirgends.

B IV 10241°; ImGr. 466*; WE. 28; HU. 981°; GI. 88–99; VA. 19f.; CO. 66.

#1045 ♪ graff. VII 16,22: Treppe vom Peristyl ins Obergeschoss.

vellessem gemma hora non amplius una |
ut tivi signanti oscula pressa dare.

Ich wünschte, ich wäre der Stein (an deinem Ring) nicht länger als eine Stunde,
damit ich dir, wenn du siegelst, aufgedrückte Küsschen geben könnte.

M dist.

K 2 *tibi*, *darem*.

B SOLIN (1975), no. 61*, p. 248, 253; HU. 496; GI. 88–99, tab. 11*.

#1046 ♪ graff. VII 12,14 (Taberna): rechts der Tür.

gemma velim fierî hora non *vac.?*

Ich wünschte mir, einmal ein Siegelring werden zu können nicht (länger als eine) Stunde ...

M dist. init.

K *velim* (potential) ergibt einen guten Versanfang und einen originellen, optimistischen Sinn, das dist. müsste dann allerdings mit *basia fervida dem* o.ä. zu Ende gegangen sein.

B IV 1698° m. add. BCE; DI. 679; CLE 359; GE. G-11; HU. 512; GI. 88–99.

#1047 ♪ graff. VII 16,22: Treppe vom Peristyl ins Obergeschoss.

vasia quae rapui quaeris, formosa puella, |
accipe quae rapui non ego solus amạṇṣ. |
quisquis amat, valeat.

Die Küsse, die ich (dir) stibitzt habe, forderst Du (zurück), hübsches Mädchen.
Nimm (auch die) an, die nicht ich als alleiniger Liebhaber (dir) geraubt habe!
Wer liebt, dem möge es gut gehen!

M dist.
E *f* kurs. (*e* nicht). – 2 SOLIN sah hinter *amạ* Spuren weiterer Buchstaben.
K 1 *basia*. – 2 Nur mit *amans* am Versschluss (cf. auch #1456) ergibt sich ein befriedigender Sinn, cf. die ausführliche Besprechung des Textes WACHTER (1998), p. 85–88, dort in n. 69 die literarischen Stellen für *amans* am Versschluss und in n. 77 diejenigen für *oscula rapere* u.ä. – 3 Der Liebhaber will offenbar künftig über jene anderen Kussdiebe großzügig hinwegsehen.
B SOLIN (1975), no. 66*, p. 254ff.; WE. 76; HU. 498; GI. 218f., tab. 203; VA. 50f.

#1048 ♪ graff. V 1,26: Triclinium beim Peristyl.

quis amat, valeat, pereat, qui / nescit amare,
bis tanto pereat, / quisquis amare vetat.

Wer liebt, dem möge es gut gehen, zugrunde gehen soll, der nicht zu lieben weiß,
zweimal so sehr soll zugrunde gehen, wer das Lieben verbietet!

M dist.
E *e* nur in 2 *amare* und *pereat* kurs. – 2 *tanti* SPAL (2014), p. 52, aber die Rundung des linken Strichs spricht dagegen.
K 1 *quisquis*. – 1f. Mit hübschem Chiasmus. – Denselben Anfang und Abwandlungen davon zeigen die unten folgenden Inschriften, ferner #697, IV 3200d, 5272, 6782, 9130, wohl auch 3033, evt. sogar schon osk. ImagItal Pompei-72° ***pis pis*** (VI 12,6–7, unfertig, ca. 100 v. Chr.?). Anklänge bieten viele Dichter, Properz z.B. 3.16.13 (cf. #1428) und 4.5.77 an den Anfang, 1.6.12 und 2.23.24 an weitere Elemente. Cf. zur mündlichen Technik dieser Art von Abwandlung WACHTER (1998), p. 76–79 mit den literarischen Stellen p. 76f., zur dahinterstehenden Tradition ibid. passim und hier #906.
B IV 4091° m. add. E; DI. 593; CLE 945, 2063; GE. F-67; MO. 68f.; WE. 66; HU. 271°; GI. 210f.; VA. 60f.; CO. 88; DI. tab. XIII/3°.

#1049 ♪ dip. Genauer Fundort unbekannt.

quisquis | ama, valiạ, | p̣eria, qui n|o sci amarẹ, |
bis ṭaṇti pe|ria, quisqu|is amare | vota. |
felices | ạdias, ṃìa | pupa's, ⟦ọ⟧ | Martia. | s'i_te
ṿiḅi | ḍe_nobiṣ | maxima | cura, p̣ḷace.

Wer liebt, dem möge es gut gehen, zugrunde gehen soll, der nicht zu lieben weiß,
zweimal so sehr soll zugrunde gehen, wer das Lieben verbietet!
Du magst auf die Glücklichen zugehen, – (trotzdem) bist du *mein* Schätzchen, Martia!
Wenn in dir für uns (beide?) das stärkste Gefühl weiterlebt, so soll es mir recht sein.

M dist.

E *e* kurs.; die A haben statt des Querstrichs fast immer einen Punkt etwas unterhalb. Der erste Teil wurde schon immer richtig gelesen (außer dass der Worttrenner vor *sci* übersehen wurde). Zur Lesung des zweiten Teils (9ff.) cf. die Diskussion bei SPAL p. 54–60 und nun R. WACHTER, Colloque Ductus IV (Dez. 2018), im Druck. — 9 *felices* edd. — 10 *adias* ZA., *abias* alii; *mia* SPAL. — 11 *pupas* WICK, dann wohl ein durch einen Worttrenner übermaltes *o*. — 12 *Martia* edd. — 13 *si te vidi* BÜ., *si ti vili* ZA. — 14 *de nobis* JORDAN. — 15f. *maxima cura place(t/s)* edd.

K Auf einer (gemalten) Papyrusrolle, links davon zwei Tintenfässer, ein calamus (mit Halter), zusammengebundene Wachstäfelchen und ein Spachtel. — 2ff. *-t* fehlt in *amat, valeat, pereat* (2x), *non scit, votat, vivit, placet,* cf. VÄÄ. p. 70, *-t* wurde evt. noch als Glottiskonsonant realisiert (wie im umgangssprachlichen Engl. in England), bei komplettem Schwund wäre die Prosodie (Positionslänge und Hiatbrücke) jedenfalls nicht mehr gewährleistet gewesen, cf. #1030 *vidi(t)*, #1442 *funda(t)*, evt. auch #234, #956f., #1189, und als Gegenreaktion #931, ferner zu *-m* #1041. — 2–6/10 *valia, peria, adias* cf. VÄÄ. p. 34 und zum evt. konsonantisierten *j* #267. — 3f. *no(n) scit,* cf. VÄÄ. p. 108, ebenso fehlt ein *-n* in 13 *i(n) te,* cf. unten. — 5 *tanto,* cf. VÄÄ. p. 118, ThLL II 2008.65ff. (s.v. *bis*). — 8 *votat,* für *vetat,* cf. VÄÄ. p. 20, der Vokal scheint hier noch in vorklass. Weise ausgesprochen worden zu sein. — 9ff. *felices adeas, mea pupa es, Martia. si in te / vivit de nobis maxima cura, placet.* — 9 Cf. Catull. 37.14f. *beati,* aber auch #1041, #1321, ferner #528, #837. — 10 *adeas,* cf. Catull. 8.16; *mea* (ì wegen Betonung des Wortes?). — 11 *(e)s,* zur in der Schrift realisierten Elision (einem Fall von Sandhischreibung) cf. 13

s(i) und #457, #697, #1087, #1092, #1498, wohl auch #98, #416, unsicher #691, #1125, #1314; das übermalte Zeichen war evt. *o* 'oh', das müsste aber lang gemessen werden, so überschrieb es der Schreiber wieder. – 9–11 Zur Parataxe cf. #1314. – 13 *s(ī) i(n) tē vīvit*, zum *(n)* cf. #360, #429, #791, #854, #1018, #1379 und VÄÄ. p. 67; cf. OLD s.v. *vīvō*, 6. – 14 *de nobis* ist evt. plur. modestiae. – 16 Cf. OLD s.v. *cūra*, 5.a, mit *de* z.B. Cic. Lael. 15 und v.a. Ov. trist. 3.11.70 *est tibi de rebus maxima cura meis*; nur *placet* (unpers.) passt. – Das zweite, sehr persönliche Distichon schließt inhaltlich an den Pentameter des ersten, stereotypen Distichons an (cf. auch #1062).

B IV 1173° m. add. ABD; ImDip. (527), 529.9°; DI. 594; CLE 946; HU. 1011; GI. 210f.; SP. 3*°; BLUM (2002), p. 27, 28°, 29, tab. 3*, no. 17.

#1050 ♪ graff. IX 7,17: links der Tür.

cuscus amat, valeat, pereat, qui no_scit amare.

Wer liebt, dem möge es gut gehen, zugrunde gehen soll, der nicht zu lieben weiß!

M da6.

K *quisquis*, cf. VÄÄ. p. 45f., #798, #1054, evt. #1523, ferner IV 3074 *qusquis* und in Stabiae AE 2013, no. 231 *me si qus quaeret*, cf. auch ähnlich #1358; *no(n) scit*, cf. #1049.

B IV 3199 m. add. E; ImGr. 432*; DI. 595; HU. 903.

#1051 ♪ graff. II 7 (Palaestra).

quiscus ama vac.

Wer liebt ...

M da6 init.

E Frühzeitig abgebrochen.

K *quisquis amat.*

B IV 8745; ImGr. 524°.

#1052 ♪ graff. VII 16,22: Peristyl.

quisquis amat vac.

Wer liebt ...

M da6 init.
E Frühzeitig abgebrochen.
B SOLIN (1975), no. 18; HU. 489.

#1053 ♪ graff. VII 16,22: Treppe vom Peristyl ins Obergeschoss.

quisquis vac.
Wer ...

M Wohl da6 init.
E Frühzeitig abgebrochen.
B SOLIN (1975), no. 65*; HU. 494a.

#1054 ♪ graff. Villa dei Misteri: Peristyl.

Ce+es [m]ẹạ. /
si quis amat, valea[t],
qụịṣquis veṭạṭ, ṃạḷẹ p̣ẹṛịạṭ. / [---]a ạmạvị, aṭ quo qus lubebiṭ
[.]+[.]+++d+[.?]+++++ plurịṃo amavi Ledạ, / pu[e]lla Sạṃi.
Meine Ceres (?)!
Wenn einer liebt, möge es ihm gut gehen,
wer es verbietet, soll jämmerlich zugrundegehen! Ich habe ...a geliebt, aber wohin (?) wer (?) beliebte zu ... Am meisten habe ich Leda geliebt, das Mädchen des Samius.

M Teils dactyl.
E *e* kurs. – 1 *Ceres* DCO. – 2 AMA Lig.; *perea* DCO. – 3 *[Led]a(m)* DCO.; *[T]i. Cl(a)udi, va(le), sal(utem) plurimo* DCO.; *Ledạ(m)* DCO. – 4 *(pu)ella(m) Sami* DCO.
K 2 *pereat*, bei diesem Verb (*-īre*) empfahl sich die Schreibung mit *-i-* noch mehr als bei denen auf *-ēre*. – 3 Unklar, *quo* statt *ubi(cumque)* DCO., cf. VÄÄ. p. 119; danach evt. *quis*, cf. #1050; *libebit*, cf. VÄÄ. p. 26, es sollte mit dat. konstruiert sein, *qu(i)s* ist deshalb unsicher; *Ledam*. – 4 *puellam*.
B IV 9202°; HU. 998 (nur die Hälfte); GI. 210f. n. 58.

#1055 ♪ graff. II 1,11: rechts der Tür.

sei_quis amat_va. vac.
Wenn einer liebt, mö...

M da6 init.
E *e* kurs.; Abkürzung oder frühzeitig abgebrochen.
K *si*, cf. VÄÄ. p. 22; *amat_va(leat)*, kaum *amatur* mit DCO.
B IV 10095.b; ImGr. 97*; HU. 144.

#1056 ♪ graff. VI 15,9: Eingang rechts.

quisquis amat, pereat ++++[..?]

Wer liebt, soll zugrunde gehen ...

M da6 init.
E *e* kurs.; *pereat ma[le]* SPAL.
K Fast gleich IV 4663 (*perea* vac.?), 5186 (*per+[---]*), cf. WACHTER (1998), p. 76.
B IV 4659 m. add. CE; CLE 2063; GE. F-68; WE. 86°; HU. 465; SP. 4.

#1057 ♪ graff. VIII 1,1 (Basilica).

quisquis amat, veniat. Veneri volo frangere costas |
fustibus et lumbos debilitare deae. |
si potest illa mihi tenerum pertundere pectus, |
quit ego non possim caput i[ll]ae frangere fuste?

Wer liebt, soll kommen! Ich will der Venus die Rippen brechen
mit Knüppeln und der Göttin die Lenden lähmen!
Wenn sie mir mein zartes Herz durchstoßen kann,
warum soll ich ihr nicht das Haupt mit einem Knüppel zertrümmern können?

M 1f. dist. – 3f. da6 (cf. #1041).
K Voller Alliterationen, die Vorlage war wohl leicht vorklassisch. – 1 Cf. #1058 und WACHTER (1998), p. 77; *vēneat* ['we:njat] ausgesprochen VARONE (auch in #1058, mit Verweis auf VÄÄ. p. 34), dies ist semantisch aber unwahrscheinlich. – 2 *fustibus*, zum pl. cf. M. LEUMANN, Kl. Schrr. (1959), p. 37 und add. E, zum Bezug auf beide Verben cf. SPAL p. 74. – 3 *potest*: ◡◡ mit IK (cf. #615), weil enklitisch (wie 1 *volo*), anders als *mihī*, das stark betont ist; Th. GÄRTNER, Editionen in der Kritik 9 (2017), p. 133, weist darauf hin, dass *tenerum pectus* erst seit Statius (Theb. 4.319, silv. 5.2.71) belegt ist; der Vater des Statius unterrichtete und dichtete in Neapel. – 4 *quid*, metr.

falsch, evt. statt *cur*, also ungenaues Zitat, die Vorlage hatte wohl überhaupt einen da5, z.B. *quin ego ei possim frangere fuste caput?*; zu *quit* cf. VÄÄ. p. 70, vielleicht steht das *-t* hier für ad hoc silbenlängendes *-dd*; zu *illae* cf. VÄÄ. p. 86, LEUM. p. 480.

B IV 1824° m. add. BCE; ImGr. 352*; DI. 27; CLE 947; GE. F-70; MO. 30f.; WE. 75; HU. 713; GI. 204f.; VA. 25f.; CO. 89; SP. 6*°.

#1058 ♪ graff. V 2,i: Seitenraum beim Peristyl.

quisquis amat, veniat. Veneri lumbos vo[lo fractos].

Wer liebt, soll kommen! Ich will der Venus die Lenden [brechen].

M da6.

K Die Ergänzung ist von BÜ., aber erst COURTNEY p. 305 nennt explizit die Parallele Plaut. Stich. 191 *ei hercle ego verbo lumbos diffractos velim.*

B IV 4200 m. add. E; ImGr. 226*; CLE 947; HU. 290; VA. 25f.

#1059 ♪ graff. VI 14,20: Peristyl.

quis amare vetat, | quis custodit amantes |
nil ẹsṭ uniçus vac.

Wer das Lieben verbietet (und) wer die Liebenden bewacht,
ist in nichts einzigartig ...

M Wohl fehlerhaftes dist.; die Einteilung da5 fin. + da6 init. (so add. E) ist nicht günstig, denn *quis custodit amantes* am Versanfang produziert einen Hexameter ohne Zäsur; andererseits passt es perfekt an den Versschluss.

E 3 Dieselbe Hand wie 1f., unfertig; Lesung VARONE, *nil ais cunil(ing)us* BÜ.

K 1f. *quis(quis)* oder *(si)quis*, MAU; cf. #1048 und #1068. – 2 *nil* evt. acc. resp.

B IV 4509° m. add. CE; DI. 584; CLE 359; WE. 124 (nur alte Lesung von 3); HU. 427; VA. 59f.

#1060 ♪ graff. Boscotrecase, Landhaus.

quisquis amat nigra, nigris carbonibus ardet. |
nigra cum video, mora libenter aedeo.

Wer ein schwarzes Mädchen liebt, brennt wie auf schwarzen Kohlen.
Wenn ich eine Schwarze sehe, esse ich (ebenso) gerne Maulbeeren.

M dist.
K 1f. *nigram* cf. #1070, zur Prosodie der zweiten Silbe cf. #1041. – 2 *ĕdō*, das zweite *e* ist sprachlich schwierig, evt. hyperkorrekt, weil *edō* oft nur noch ['eo] ausgesprochen wurde (cf. #907), und analog zum vorangehenden *video* (metr. *moră lĭbentr ĕdĕo*). – Cf. WACHTER (1998), p. 77. Der Gesamtsinn ist nicht klar, dem Schreiber hat wohl die dunkle Farbe den Vergleich mit Kohle und Maulbeere nahegelegt. Zwar hat LO. recht, dass *carbones nigri* eben gerade nicht heiß sind, aber *carbonibus nigris* bedeutet vielleicht einfach 'wie auf Kohlen'. Ist *ardet* somit vielleicht ironisch und *libenter* im Sinne von *libentius* 'lieber' verwendet? Was die Maulbeeren sollen, ist ebenfalls unklar (cf. die Diskussion der vielen Interpretationen bei SPAL).
B IV 6892 m. add. E; ImGr. 472*; DI. 596; CLE 2056; GE. F-71; WE. 80; GI. 189f.; VA. 55f.; CO. 95; SP. 9*.

#1061 ♪ graff. VIII 1,1 (Basilica).

quisquis amat, calidis non debet fontibus uti, |
nam nemo flammas ustus amare potest.

Wer liebt, soll keine heißen Quellen benutzen,
denn niemand, der (schon) versengt ist, kann das Feuer lieben.

M dist.
K 2 *ustus* scil. *calidis fontibus* (das Umgekehrte, d.h. scil. *amore*, ist aber auch sinnvoll); cf. WACHTER (1998), p. 77f. und W.D. LEBEK, ZPE 62 (1986), p. 49f. (zu IV 10610, den geringen Resten eines dist. in Herc.).
B IV 1898° m. add. E; ImGr. 379*; DI. 597; CLE 948; GE. F-55; WE. 62; HU. 747; CollEp. 17n*; GI. 211; VA. 57; CO. 90; SP. 7°.

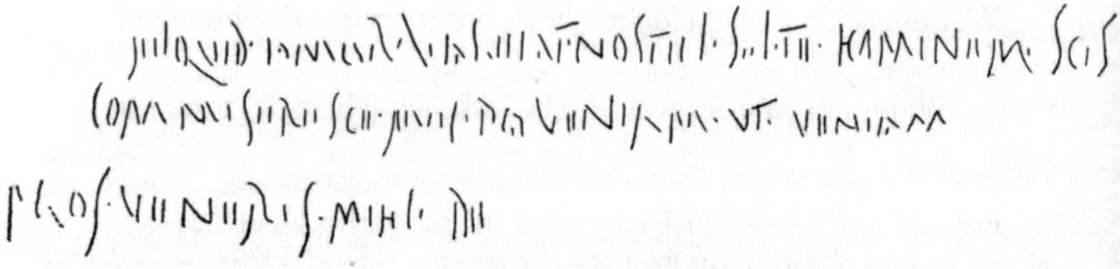

Abb. 6: #1062, aus CIL IV.

#1062 ♪ graff. VIII 7 (kleines Theater): westliche Außenwand.

seì quid amor valeat nosteì, seì te hominem scis, |
commiseresce meì, da veniam ut veniam. |
flos Veneris, mihì de $^{vac.}$

Wenn du erfahren hast, was Liebe vermag, wenn du dir bewusst bist, dass du ein Mensch bist,
so erbarme dich meiner, gib (mir) die Erlaubnis zu kommen!
Blume der Venus, gib (?) mir ...

M 1f. dist. (*te hominem* mit Hiat oder altlat. *tēd*). – 3 da6 init.

E #1062–65, #1090 (und fragm. IV 4968–70) sind von einer Hand; zur Schrift cf. Einl., 4; *e*, *f* kurs.; die *ì* longa ist v.a. im Diphthong *ei* zwecks Abgrenzung des *i* vom kursiven *e* verwendet. – 2 *m* in *meì* kurs. – 3 Unfertig, *de* evt. nicht zugehörig.

K Sullanische Zeit, BÜ., und cf. Gell. 19.9; die Orthographie (mit *ei*) könnte auch noch aus klassischer Zeit stammen (cf. #461, #614, #1443), kaum aber die Elision von *-s* in #1063 und #1065. – 1 Besonders originelle Variation von *quisquis amat, valeat*, cf. WACHTER (1998), p. 79; cf. Ter. Eun. 880f. (Thais:) *non adeo inhumano ingenio sum, Chaerea, / neque ita inperita ut quid amor valeat nesciam*; zu *ei* in *sei* etc. cf. VÄÄ. p. 22; *nosti*, cf. VÄÄ. p. 40. – 2 *venire* ist hier term. techn., es wird häufig von Liebhabern gebraucht, cf. Catull. 32.3 *iube ad te veniam meridiatum*; das Wortspiel sonst nur noch in Auct. Her. 4.21 *veniam ad vos, si mihi senatus det veniam*. – 3 Das dist. 1f. war wohl eigenständig und erhielt hier ad hoc eine (frühzeitig abgebrochene) Fortsetzung, cf. #1049; wenn *de* dazugehört, ist evt. *de(s)* gemeint.

B IV 4971° (= I^{2} 2540.c) m. add. CE; ImGr. 400*, 402f.*; DI. 587; CLE 935; GE. F-58; KR. 44°; MO. 60f. (nur bis *Veneris*); WE. 72; HU. 795°; GI. 86f.; VA. 105; DI. tab. XIII/2°.

#1063 ♪ graff. VIII 7 (kleines Theater): westliche Außenwand.

[- c. 4 -]ịṭ vì me oculeì posquam deducxstis in ignem, |
[- c. 3 - i]ṃḅrem vestreìs largificatis geneìs. |
[- c. 4 -]+ non possunt lacrumae restìnguere flamam: |
[- c. 4 -]ẹẹs incendunt, tabificanque animum. ||
Tiburtinus epoese.

[Was geht da v]or? Nachdem ihr Augen mich mit Gewalt ins Feuer geführt habt,
spendet ihr [alsbald] reichlich Nass euren Wangen.
[Mir aber] können (meine) Tränen nicht die Flamme löschen:
Sie entzünden (mir) die [Kehl]e und zerfressen (mir) das Gemüt.
Tiburtinus hat (dies) gedichtet.

M 1–4 dist.

E *e*, *f* kurs. — 2 Die Lesung *-rem* von GIL (cf. add. E) ist unzweifelhaft, ein V (*[no]n ad vim* BÜ., *[no]n ọḅ vim* SOLIN) beginnt sonst nie so hoch oben, und der erste Strich des R ist teilweise erhalten. — 4 Vor *ọs* bzw. *ẹs* ist kein Worttrenner sichtbar; *o* und *e* sind hier oft kaum unterscheidbar, und die Stelle ist stark beschädigt.

K Datierung wie #1062. — 1 BÜ. ergänzt *[quid fi]t? vi* (schon RhM 38, 474ff.), was SOLIN in add. E zurecht akzeptiert, alii alia, cf. ibid.; zu *ei* in *oculi* etc. cf. VÄÄ. p. 22, abl. *vī* hatte dagegen nie ein *ei*; *postquam*, cf. VÄÄ. p. 70f.; *-cxs-* steigert noch das übliche *-xs-*, wozu cf. #799, dazu kommt hier eine Art Synkope, cf. VÄÄ. p. 46 (unter 'Haplologie', wozu cf. #1236) und LEUM. p. 598 (z.B. Plaut. Cas. 579 *traduxti* A neben 597 *traduxisti*). — 2 *[mox] imbrem* GIL, cf. Pacuv. trag. 414 *imbri largifico*; *largificati'* metr., cf. #1065, #1475, ferner LEUM. p. 227, VÄÄ. p. 77f. — 3 *[verum]* BÜ., *[vanum:]* BAEHRENS, *[at mihi]* KRENKEL, *[ust]o* COURTNEY, *[porr]o* SOLIN; *lacrimae*, cf. VÄÄ. p. 26; *flammam*. — 4 *fauces* würde gut passen; *tabificantque*, zum fehlenden *-t* cf. #993 und VÄÄ. p. 70f., es kann aber auch einfach Assimilation des *t* an das *qu* bzw. Vereinfachung der Konsonantengruppe vorliegen, cf. #1172 *quo(d)-que*; zur Bildung des Verbs cf. VÄÄ. p. 103. — 5 *epoese* für *ἐποίησε / ἐπόησε*; Tiburtinus könnte auch der Dichter anderer Gedichtfragmente an dieser Wand sein.

B IV 4966° (= I^{2} 2540.a) m. add. CE; ImGr. 399*; DI. 585; CLE 934f.; KR. 43f.^{u} (ohne 5); WE. 69; HU. 794°; GI. 81–85; VA. 102ff.; DI. tab. XIII/1°.

#1064 ♪ graff. VIII 7 (kleines Theater): westliche Außenwand.

[– ⏔ –] veìcineì incendia participantur, |
[– ⏔ –] flammam tradere uteì liceat.

... die Nachbarn werden am Feuer beteiligt,
... so dass es erlaubt ist, die Flamme weiterzugeben.

M dist.

E *e*, *f* kurs. — 1 *veìcineì* ZA. bei MAU, *[illud agant] vesci nei* BÜ. unplausibel (es müsste *vescei* lauten).

K Datierung wie #1062. — 1 zu *ei* in *veicinei* etc. cf. VÄÄ. p. 22; *[sic nobis]* GALDI, *[accurrunt]* WARMINGTON, *[iamque omnes]* VARONE. — 2 *[tu cura]* BÜ., *[igniferam]* GALDI, *[--- in]* WARMINGTON, *[sei faciam]* VARONE; *flamma* könnte durchaus dasselbe meinen wie in #1063, nämlich die Liebe.

B IV 4967° (= I^2 2540.b) m. add. CE; ImGr. 399f.*; DI. 586; CLE 935; KR. 44°; HU. 794; GI. 82–85; VA. 104.

#1065 ♪ graff. VIII 7 (kleines Theater): westliche Außenwand.

solus amare v[---] |
multa opus sunt s+[---] |
quod nesceire dare [---]

Nur der (kann?) lieben ...
Vieles ist nötig ...
weil nicht geben zu können ...

M da6 (oder dist.) init.

E *e* kurs.

K Datierung wie #1062. — 2 *opu' sunt*, cf. #1063 *largificati'*. — 3 *nescire*, cf. VÄÄ. p. 22.

B IV 4973° m. add. E; ImGr. 403*; HU. 797; GI. 87f.

#1066 ♪ graff. VII 6,35: links der Tür.

si quis forte meam cupiet vio[lare] | puellam,
illum in desertis | montibus urat amor.

Wenn einer zufällig meinem Mädchen Gewalt antun will,
soll ihn in den wüsten Bergen die Liebe verbrennen!

M dist.

E 2 LL in *puellam* Lig.

K 1 Cf. aus der Domus Tiberiana in Rom CLE 954 (= DI. 601, CASTRÉN (1970), no. 252, cf. auch no. 256) *Crescens, quisque meam futuet rivalis amicam, illum secretis montibus ursus edat* (cf. #1105) und z.B. Tib. 1.6.51 *parcite quam custodit Amor violare puellam*; zum gegenseitigen Verhältnis der verschiedenen Versionen cf. WACHTER (1998), p. 78f. (*urat amor* ist die blassere Variante, also sekundär gegenüber *ursus edat*; dieses hingegen ist ein verbreitetes Motiv, cf. #1105, #1108ff.), zur dahinterstehenden Dichtungstradition und -technik, die zu solchen Wechselformen führte, cf. auch #906.

B IV 1645° m. add. BE; DI. 600; CLE 953; GE. F-59; WE. 71; HU. 555; GI. 216; VA. 109; CO. 93a.

#1067 ♪ graff. VIII 3,21: Atrium.

si_quis erit variae ṃ vac.

Wenn einer von bunter ... sein wird ...

M da6 init. (ia6 ist auch möglich).

E *e* kurs.

K Nicht sicher erotisch.

B IV 1993° m. add. E; DI. 680; CLE 1785.

#1068 ♪ graff. VII 6,35: links der Tür.

alliget hic auras, si quis | obiurgat amantes,
et vetet | assiduas currere fontis | aquas.

Wenn einer Liebende tadelt (?), kann er (ebensogut) versuchen, die Winde hier (?) anzubinden,
und den unablässigen Wassern der Quelle das Fließen zu verbieten.

M dist.

K 1 *auras alligare* ist sprichwörtlich; *hic* als nom. sg. (so VÄÄ. p. 122) ist unmetrisch, also eher *hīc* (die Annahme eines anderen Wortes in der Vorlage, z.B. *aliqui*, *etiam*, *ipse*, ist nicht besser). — 1f. Unmetrisch, korrekt wäre *obiurgat si quis*, ZA., oder noch besser *si quis iurgabit / custodit / diducit*, BÜ. (*custodit* passt auch dem Sinn nach besonders gut, cf. #902, #1059, cf. ferner

#1066 zu solchen Wechselformen, der Hexameter ist offensichtlich ungenau zitiert). – 3f. *fontis aquam* am Pentameterende Tib. 2.1.14 und Prop. 1.20.24 (hier ebenfalls mit vorhergehendem Infinitiv: *quaerere*).

B IV 1649° m. add. BE; DI. 592; CLE 944; GE. F-54; WE. 65; HU. 557; GI. 210; VA. 60; CO. 87; SP. 5.

#1069 ♪ graff. VIII 1,1 (Basilica).

[amplexus teneros hac] ṣị quis quaerit in u[rbe]: |
expect[at ceras] nulla puẹlla virì.

Wenn einer in [dieser] Stadt [zärtliche Umarmungen] sucht:
Kein Mädchen erwartet (hier) [ein Billet d'amour] eines Mannes.

M dist.

K Brilliant (e.g.) ergänzt von BÜ. – 2 *-xp-* für *-xsp-*, cf. #1227; zur Ergänzung *cerae* cf. #1040.

B IV 1796° m. add. BE; CLE 941; WE. 30; HU. 704; VA. 18.

#1070 ♪ graff. VI 14,43: Atrium.

candida me docuît nigras | odisse puellas.
odero si potero, si non, ìnvìtus | amabo. |
scripsit Venus Fisica Pompeiana.

Das helle hat mich gelehrt, dunkle Mädchen zu hassen.
Ich werde sie hassen, wenn ich kann, wenn nicht, werde ich sie (halt) gegen meinen Willen lieben.
(Dies) hat die Venus Fisica von Pompeji geschrieben.

M 1–3 da6 (cf. #1041).

E 2 *se potero, se non* ZA., SOLIN in add. E liest überzeugend zweimal *si* (cf. die Fotos in ImGr).

K 1 Der Anfang auch IV 1526, 1528 und 3040 (*canda*), alle im selben Atrium; *Candida* könnte (urspr.) einen Namen gemeint haben; *me docuit* auch #787. – 1f. Cf. Prop. 1.1.5 *donec me docuit castas odisse puellas*, zur dichterischen Variation cf. WACHTER (1998), p. 73f. (auch zu Ov. am. 2.4.39ff. mit *candida me ... puella ... nigra*). – 2f. Cf. Ov. am. 3.11.35 *odero, si potero; si non, invitus amabo.* – 4 Cf. #1032 (im selben Haus); *Venus Fisica* auch #1119, X 928 *Imperio Veneris Fisicae Iovi O(ptimo) M(aximo)*, *Fisica* ferner X 203 *Mefiti*

Fisicae (in Grumentum), kaum für *φυσική*, sondern eher zu lat. *Fidius, fides* etc., cf. VÄÄ. p. 33, 57 (mit n. 2), J. UNTERMANN, Wörterbuch des Osk.-Umbr. (2000), s.v. umbr. *fiso*. – Der Zweizeiler ist noch ein zweites Mal bezeugt (cf. #1071, von anderer Hand), war also wohl weiterherum bekannt, als es den Anschein machen könnte. Letztlich ist somit schwer zu entscheiden, ob er eine raffinierte Kombination aus den zwei Dichterversen ist (cf. #1428, #1455) oder ob umgekehrt die beiden Dichter je einen Vers daraus entlehnt und – im Falle des Properz – leicht modifiziert haben (zu dieser Möglichkeit cf. #906). Im vorliegenden Fall scheint mir allerdings der Primat der beiden Dichter wahrscheinlicher.

B IV 1520° m. add. AE; ImGr. 269f.*; DI. 785; CLE 354; GE. F-72; MO. 26f.; HU. 439a; CollEp. 23*; GI. 188f., 205 n. 14; VA. 55 n. 69; CO. 96; SP. 8*°.

#1071 ♪ dip. I 11,10 (Taberna): neben einer internen Tür.

candida me docuit nigras o[d]isse | puellas.
odero si poterọ, ṣi non, | invitus amabo.

Das helle hat mich gelehrt, dunkle Mädchen zu hassen.
Ich werde sie hassen, wenn ich kann, wenn nicht, werde ich sie (eben) gegen meinen Willen lieben.

M da6.

K Unter der Ritzzeichnung eines Priapus, bei #1086 und nahe #1078.

B IV 9847° m. add. D; WE. 64°; HU. 107; GI. 188; VA. 54; CO. 96; LA. 1206.

#1072 ♪ graff. VIII 1,1 (Basilica).

[me]a vita, meae deliciae, ludamus parumper: |
hunc lectum campum, ṃẹ tiḅei equom esse putẹm.

Mein Leben, meine Lust, lass uns spielen eine kurze Zeit!
Dieses Bett will ich als Feld und mich als Pferd für dich betrachten!

M dist. (metr. etwas besser wäre *vita mea meae* mit Aussprache [mjɛ:] für *meae*, oder gar als ['wi:ta mja mjɛ:], d.h. vier lange Silben, cf. #267).

E 1 Die letzten zwei *e* kurs. – 2 *e* in *tibei* kurs.; *putam* (ohne Fortsetzung) ist eine von ZA. vorgeschlagene Lesung, *putamus* (edd.) ergibt keinen Vers.

K 1 Die Prosodie von *ludamu'* und *parumper* am Versende erinnern an Ennius; zu *ludere* cf. AD. p. 162. – 2 *campum* scil. für den «Wettkampf»; *me tibei*

W.D. LEBEK, ZPE 32 (1978), p. 215–19, AD. p. 165f., alii alia; *tibi*, cf. VÄÄ. p. 22; *equum*, cf. VÄÄ. p. 29. – Cf. auch #1088, ferner #1248.

B IV 1781° m. add. B°E; DI. 603; CLE 1785; HU. 700; VA. 72.

#1073 ♪ graff. VI 1,7: Peristyl.

venimus | hoc cupidi, | multo | magis |⁵ hire,
ut | liceat | nostros | visere, | Roma,_Lares.

Begierig sind wir hergekommen, noch viel mehr wünschen wir (wieder) zu gehen,
um, oh Rom, unsere Laren wiedersehen zu können.

M dist. (da6 unvollständig, es fehlt am Schluss *cupīmus*, cf. #1074ff.).

K 1f. Cf. Ov. epist. 10.57f. – 2 *hoc* für *huc*, cf. VÄÄ. p. 30 und LEUM. p. 483. – 5 *ire*. – 5ff. Cf. #845. – Cf. evt. auch IV 2238 *venimus* vac. und (abgewandelt) IV 2211 *vidimus hoc* vac. (cf. #1342).

B IV 1227° m. add. ABCE; ImGr. 243*; DI. 14; CLE 928, 2060; HU. 359; GI. 228.

#1074 ♪ graff. VII 16,22: Treppe vom Peristyl ins Obergeschoss.

venimus h[oc c]upidi, multo magis ire cupimus, |
set retinet nostros illa puella pedes.

Voller Begeisterung sind wir hergekommen, noch viel mehr wünschen wir (wieder) zu gehen,
aber jenes Mädchen hält unsere Schritte zurück.

M dist.

K 1 *cupīmus* cf. VÄÄ. p. 87f., WACHTER (1998), p. 80–82 (vorklass.); Chiasmus der Verben vs. Parallelismus der Figura etym. mit *cup-*. – 2 *sed*, cf. VÄÄ. p. 70; statt *illa* zitierten andere wohl *bella*. – Zum strukturellen Verhältnis der Pentameter dieser und der vorangehenden Inschrift (*set ~ ut, liceat ~ retinet, nostros = nostros, pedes ~ Lares*) und zur dahinterstehenden Dichtungstradition cf. WACHTER (1998), p. 80–82 und hier #906.

B SOLIN (1975), no. 57*, p. 252f.; WE. 50; HU. 493; GI. 228f., tab. 11*; VA. 53f.

#1075 ♪ graff. I 7,1: Peristyl.

[venimus huc] cupidî, multo magis [ire] | cupimus.

Erwartungsvoll sind wir hergekommen, noch viel mehr wünschen wir (wieder) zu gehen.

M da6.
K Dieser erste Vers auch in Narbo, AE 1997, no. 1068 (add. E zu #1073).
B IV 8114; DI. erwähnt p. 61 (zu DI. 14); HU. 41; GI. 228 n. 39.

#1076 ♪ graff. VIII 7 (großes Theater): Nebenraum im Ostzugang zur Orchestra.

[venim]us hoc cupìḍị, mụlṭo magiṣ ìre cupìmụs. | [---]++etus.

Schmachtend sind wir hergekommen, noch viel mehr wünschen wir (wieder) zu gehen.

...

M 1 da6.
K 2 Evt. *Anicetus*, cf. #480.
B IV 2995° m. add. CD; HU. 805; GI. 228 n. 39.

#1077 ♪ graff. V 3,4: Zimmer.

venimus hoc cupidi, multo magis | ire cupimus.

Voller Leidenschaft sind wir hergekommen, noch viel mehr wünschen wir (wieder) zu gehen.

M da6.
E *e* kurs.
B IV 6697 m. add. E; GE. I-55; WE. 597; HU. 311; GI. 228 n. 39.

#1078 ♪ dip. I 11,10 (Taberna): neben einer internen Tür.

[venimus h]oc cupidi, multo magis ire | cupimus.

Nach Liebe dürstend sind wir hergekommen, noch viel mehr wünschen wir (wieder) zu gehen.

M da6.
K Unterhalb der Ritzzeichnung eines Bacchus, nahe bei #1071 und #1086.
B IV 9849° m. add. D; MO. 62f.; HU. 109; GI. 228 n. 39; LA. 1171.

#1079 ♪ graff. I 10,1: erster Innenraum.

a *venimus {h} huc cupidi, multo macis ire cu[pi]mus.*
b *venimus* $^{vac.}$

a Nach Sex verlangend sind wir hergekommen, noch viel mehr wünschen wir (wieder) zu gehen.
b Wir sind gekommen ...

M **a** da6. – **b** da6 init.
E **a–b** *e* kurs. – **b** Abgebrochene Wiederholung.
K **a** *magis*, cf. VÄÄ. p. 53.
B IV 8231.a–b; ImGr. 61f.*°, (517); WE. 597 (nur a); HU. 63; GI. 228 n. 39.

#1080 ♪ graff. VII 16,22: bei der Monumentaltreppe.

venimus hoc cupidi, multo magis $^{vac.}$

Liebeshungrig sind wir hergekommen, noch viel mehr ...

M da6 init.
E Unfertig.
B SOLIN (1975), no. 17; HU. 486; GI. 228 n. 43.

#1081 ♪ graff. I 13,2: Eingang links.

vẹnimus hoc cupidì, multo magis $^{vac.}$

Nur mit dem einen Gedanken sind wir hergekommen, noch viel mehr ...

M da6 init.
E *e* kurs.; unfertig.
B IV 10065.a°; WE. 597; HU. 122°; GI. 228 n. 39.

#1082 ♪ graff. Herc., Insula Orientalis I, 2/3: Zimmer.

a *venimus* $^{vac.}$
b *venimus | hoc cupidi, | multo magis ire cupimus.*

a Wir sind gekommen ...
b Brennend vor Verlangen sind wir hergekommen, noch viel mehr wünschen wir (wieder) zu gehen.

M **a** da6 init. – **b** da6.
E **a** Abgebrochener erster Versuch.
B IV 10640; GI. 228.

#1083 ♪ graff. III 5,3: links der Tür.

venimus hoc cupidî.
scribit{t} Cornelius Martialis.

Lüstern sind wir hergekommen.
(Dies) schreibt Cornelius Martialis.

M (bis *cupidî*) da6 init.
E zweites *e* kurs. (cf. #1236a).
K *scribitt* evt. weil Schwund des *-t* drohte, cf. #931; zum praes. cf. #722.
B IV 8891°; ImGr. 206*, 527°; KR. 71°; WE. 510; HU. 241; GI. 228.

#1084 ♪ graff. VIII 1,1 (Basilica).

a *si potẹs et non vis, cur gaudia | differs,*
spemque foves et | cras usque redire iubes? |
[er]go coge mori, quem | sine te vivere cogis: |
munus erit certe non | cruciasse boni.
quod spes | eripuit, spes certe redd[i]t amanti.
b *qui hoc leget, nunc^quam posteac | alịịd legat.*
c *nunquam sit salvos qui supra scripṣịṭ.*
d *verụ dici{ci}s.*
e *Hedịsto | feliciter.*

a Wenn du kannst und nicht willst, warum verschiebst du (meine) Freuden
und nährst (meine) Hoffnung und heißt mich fortwährend, morgen zu kommen?
Zwinge also zu sterben den, den du zwingst, ohne dich zu leben!
Jedenfalls wird der Lohn des guten Mannes sein, (dich) nicht gequält zu haben.
Was die Hoffnung entrissen hat, gibt Hoffnung sicherlich dem Liebenden zurück.
b Wer dies liest, wird wohl hinfort nie mehr etwas anderes lesen (wollen).

c Nie soll gesund sein, wer (dies) hier oben geschrieben hat.
d Du sagst die Wahrheit.
e Glück dem Hedistus!

M **a** dist. (fehlerhaft und unvollständig, cf. BÜ.). – **b** Wohl ia6 (*qui hoc* mit Hiat, *posteac* als [postja:k]), zögernd add. E. – **c** Evt. auch ia6 init.

E **a** *e* in *que* (3x) und evt. in 1 *potes* kurs. – **b** Von zweiter Hand; in *alẹd*, falls so zu lesen, *e* kurs. – **c** Von dritter Hand. – **d** Von vierter Hand; Lesung add. E. – **e** Von der vierten oder von fünfter Hand; *Hedisto* SOLIN in add. E.

K **a** Es spricht ein Mann. – 1 Cf. (bisher übersehen) Mart. 5.82.3 *an potes et non vis*, der hier aus der gleichen populären Dichtung schöpft wie unser Schreiber, cf. #906; bei *nolle* lag es besonders nahe, die Negation nicht mittels *neque* vorzuziehen, cf. auch Petron. 38.9 *et non vult sibi male* (cf. K.–St. II p. 41 n. 4 zu *nemo, nullus* etc., ferner #231); *si ... non vis, cur gaudia differs?* gibt nur einen Sinn, wenn *mea gaudia* gemeint sind, die Vorlage hatte also wohl *quare mea gaudia differs* 'warum schiebst du meine Freuden hinaus'; weniger günstig ist die Restitution *cur (mutua) gaudia differs* von BÜ. nach Ov. am. 3.6.87f. *quid mutua differs / gaudia*, besser passt Ov. am. 2.5.29 *quo nunc mea gaudia differs*, ferner cf. Ov. met. 4.350 *vix iam sua gaudia differt* und ähnlich met. 6.514, epist. 19.3, dies war wohl ebenfalls ein Element der populären Dichtung. – 2 Cf. ähnlich Tib. 2.6.17–20. – 4f. Cf. Ov. epist. 3.140 *quam sine te cogis vivere, coge mori*, diesen Vers brauchte unser Schreiber aber nicht zu kennen, um metr. korrekteres *sine te quem* oder *quem te sine* der Vorlage durch «prosaisches» *quem sine te* zu ersetzen, pace BÜ., eher war auch diese Phrase schon zur Zeit Ovids und Vergils populäres Dichtgut, cf. auch Verg. ecl. 2.7 *mori me denique cogis?* – 6f. Von hier an ist die Formulierung (absichtlich?) unklar: Die meisten edd. übersetzen etwa 'der Lohn der guten Tat wird sicherlich sein, mich nicht gequält zu haben' (GEIST), ich ziehe BÜ.s Denkrichtung vor, der auf Ov. trist. 1.2.52 *mors mihi munus erit* verweist und somit offenbar eher an einen Lohn für den Sprecher dachte (der Tod kann in unserer Inschrift allerdings nicht gemeint sein). – 7f. *spes* ist evt. ein- oder zweimal acc. pl., oder ist das zweite Mal evt. eine personifizierte *Spes* gemeint, etwa wie #1268f.? – **b** 1 *nuncquam* statt *numquam* (aus **ne-umquam*) mit volksetymol. *-nc* nach *nunc* (aus **nun-ce*) infolge der assimilierten Normalaussprache ['nuŋkʷam] wie in c, cf. auch #462, #808 sowie VÄÄ. p. 55 (und 66); *posteac* cf. VÄÄ. p. 86 und OLD s.v. *posteā* «perh. by contamination with *posthac*», dies war möglich geworden, weil *postea* zweisilbig ['postja:] ausgesprochen wurde, cf. VÄÄ. p. 34. – 2 *alẹd* (statt *alid*) oder – wahrscheinlicher – *alịịd*, für *aliud*, cf. VÄÄ. p. 86. – **c** *nunquam* cf. oben; *salvus*, cf. VÄÄ. p. 29. – **d** *verum*.

B IV 1837° m. add. ABCE; ImGr. 356–59*; DI. 598; CLE 949; GE. F-61–64; WE. 70; HU. 721; CollEp. 18e*; GI. 166 n. 17, 211f.; VA. 100f.; CO. 91.

#1085 ♪ graff. Boscotrecase, Landhaus.

unctor, Xanthe, ti[bi] carus lusuque ìocoso |
adsuetus vac.

Der Salbenmasseur, oh Xanthus, (ist) dir lieb und durch neckisches Spiel
vertraut.

M da6 oder dist.
E 2 Unfertig?
K 2 Wohl mit *est*, d.h. *adsuetu's(t)*, cf. #757, #1102.
B IV 6890 m. add. E; ImGr. 471*; DI. 315; CLE 1935; WE. 381.

#1086 ♪ dip. I 11,10 (Taberna).

hic duo rivales +[.]++ọnt |
una puella tenet facces |
tr[- c. 11 *-]s cui fas |*
aṇ[- c. 12 *-]aẹ.*

Hier [kämpf?]en zwei Rivalen,
ein einziges Mädchen hält die Ruten,
... wem das heilige Recht ...
...

M Wohl da6 (cf. #1041; immer nur bis zur Hephthemimeres?).
E 1f. W.D. LEBEK, ZPE 60 (1985), p. 61f. liest *hic duo rivales una puella tenet* als da5, was möglich wäre, wenn die Inschrift in zwei Kolumnen geschrieben war, die Zeichnung im CIL legt dies aber nicht nahe.
K Unterhalb #1071 und nahe bei #1078. – 1 Verschrieben statt *canont* für *canunt*, DCO., cf. #636 *canont* und VÄÄ. p. 29, sinnvoller wäre z.B. *ạ[d]ẹṛont* oder *ḅ[u]ḷụont* (mit *-llu̯-* zu lesen, wozu cf. VÄÄ. p. 38f.). – 2 *fasces*, DCO., wohl verschrieben und evt. im Sinne von *fascina* pl., dagegen kaum metrisch gelängtes *făcēs* 'Fackeln' (trotz Ov. met. 6.430 u.ä.). – 3f. Unklar.
B IV 9848° m. add. D; WE. 39; HU. 108; VA. 111.

#1087 ♪ graff. VII 16,22: Treppe vom Peristyl ins Obergeschoss.

Cast'_arde nympha.

Er brennt nach der scheuen Nymphe.
Oder: Die scheue Nymphe brennt (*scil.* vor Liebe).

M Evt. hemiep.
K *casta* / *castam* mit realisierter Elision (cf. #1049), nom. oder acc.; wohl statt *ardet*, cf. VÄÄ. p. 70 und OLD s.v. *ardeō*, 7.a (intransit.), b (transit.); evt. *nympham* (und *castam*), dann sind vielleicht Apollo und Daphne gemeint.
B SOLIN (1975), no. 67*; HU. 499.

#1088 ♪ graff. VIII 1,1 (Basilica).

invit+ vac. /
invitus[- c. 7 -]+uo+++++ore+me+++
[- c. 6 -]optatus / verum equites cupio,
++++mus_uni++ vac.?

Ungern ...
ungern ... von deiner Küste mich ...
... als der Ersehnte, doch ich wünsche mir, dass du reiten mögest,
wir wollen ... einzig ...

M dactyl., cf. W.D. LEBEK, ZPE 32 (1978), p. 220; wohl dist.
E Unmittelbar unter #1084, früher als dessen b–e eingeritzt; *e* kurs. außer in 2 *seu* hinter *optatus*, das aber wohl weder hierher noch zu #1084.c gehört.
K 1f. Wie #1084.a ein metr. Text unter Verwendung dichterischer Vorlagen, hier Verg. Aen. 6.460 *invitus, regina, tuo de litore cessi* (cf. LEBEK), was zu #1084 nicht schlecht passt; es spricht ein Mann. — 3 *equites* ist wohl eher verbal (conj. praes.) als subst. 'Reiter', zum Sinn cf. #1072.
B IV 1837a° m. add. E; ImGr. 355–59*; HU. 721a; CollEp. 18f*; GI. 174.

#1089 ♪ graff. IX 9,f: Türpfosten rechts.

a *o utinam liceat collo complexa tenere* **V1**
braciola et teneris / oscula ferre labellis.
i nunc, ventis tua gaudia, pupula, crede. /
crede mihi, levis est natura virorum.

saepe ego cu media | vigilare perdita nocte **v5**
haec mecum meditas: multos |[5] *Fortuna quos supstulit alte,*
hos modo proiectos subito | praecipitesque premit.
sic Venus ut subito coiunxit | corpora amantum,
dividit lux, et se [vac.?]
b *p̣arieṣ quid aạṃ* [vac.]

a Ach, wenn ich jetzt doch (dich) umarmend um den Hals
die Arme legen und den zarten Lippen Küsschen bringen könnte!
Geh nun, (und) vertrau den Winden deine Freuden an, mein Augenstern!
Glaub mir, leichtfertig ist die Natur der Männer!
Oft (dachte ich), wenn ich mitten in der Nacht wach lag, verloren
dies bei mir denkend: Fortuna drückt viele, die sie hoch erhoben hat,
bald unvermittelt (sie) niederwerfend Kopf voran zu Boden;
So trennt alsbald, kaum hat Venus die Körper der Liebenden vereint,
das Morgenlicht (diese) wieder, und ...
b Wand, was (hinderst du) die Lieb...

M **a** da6/da5 gemischt, an der Wand nicht nach Versen (**v**) unterteilt: **v1** da6. – **v2** da5, wenn er in der Vorlage mit *labris* endete. – **v3** da6, vor *ventis* fehlt *et*. – **v4** da6 (zwei Längen fehlen am Anfang oder nach *est*). – **v5** da6. – **v6** da6 (*Fortuna* ist metr. überzählig). – **v7** da5 (*subito* ist metr. überzählig). – **v8** da6. – **v9** Evt. da6 init.

E **a** *e*, *f*, *m* kurs. – **v9** Unfertig. – **b** *e* kurs.; von anderer Hand, F.O. COPLEY, AJP 60 (1939), p. 348.

K **a v1** Cf. Plaut. Rud. 1203 *uxor complexa collo retinet filiam*, *complexa* gehört also prädikativ zum subj., cf. v5. – **v2** *bracchiola*, cf. VÄÄ. p. 101; cf. Verg. Aen. 2.792 *ter conatus ibi collo dare bracchia circum*; zum demin. cf. VÄÄ. p. 102. – **v3** Cf. Iuv. 12.57 *i nunc et ventis animam committe* BÜ., Iuvenal und unsere Inschrift gehen also auf eine gemeinsame Quelle zurück (cf. #906). – **v5** *cum*, *vigilarem*, zu beider Prosodie cf. #1041; *perdita* ist wie v1 *complexa* nom. sg. prädikativ (kaum ntr. pl. auf *haec* zu beziehen), es spricht also eine Frau zu einer anderen Frau. – **v6** *meditans* ‘denkend’, dies sollte ein finites Verbum sein: *meditor*, *sustulit*, cf. #830 *supstenet* und VÄÄ. p. 66;

Alliteration mit *m-*. – **v7** *premit* cf. Ov. trist. 3.11.67f.; Alliteration mit *pr-*. – **v8** Cf. Lucr. 5.962 *et Venus in silvis iungebat corpora amantum*; *subito* sollte wohl besser nach *sic* stehen; *coj-junxit* für *coniunxit*, cf. #529. – **v9** *dīvidit* als *dīvĭdĭ'* zu messen ist kaum akzeptabel, eher wurde es synkopiert ['di:wdit] ausgesprochen (so wie *cīvitāte* zu *[ci:w'ta:te] wurde auf dem Weg zu sp. *ciudad*, kat. *ciutat*, it. *città*, frz. *cité*), vielleicht hatte aber die Vorlage *dīvīsit*; *se[iunxit]* Copley, alii alia. – **b** L. Graverini, IFC 12 (2012–13), 19f. vergleicht Ov. met. 4.73 *invide, dicebant, paries, quid amantibus obstas?*, und Dylan Bovet (mündl., Lausanne, 9.10.2017) weist zusätzlich darauf hin, dass schon v8 von dieser Ovidstelle zehrt: 74 *quantum erat, ut sineres toto nos corpore iungi.*

B IV 5296° m. add. CE; ImGr. 437*; Di. 599; CLE 950; We. 68; Hu. 927°; Gi. 202, 212–16; Va. 98f.; Co. 92; Di. tab. XIV/5°.

#1090 ♪ graff. VIII 7 (kleines Theater): westliche Außenwand.

Caesia sei n[---] |
sei parvom p[---] |
es, bibe, lude [---] |
nec sempẹr +q[---]

Caesia, wenn ...
wenn das kleine ...
iss, trink, spiel ...
und ... nicht immer ...!

M da6 oder wohl eher dist. init.

E *e* kurs.

K Datierung wie #1062. – 1f. *si*, cf. VÄÄ. p. 22. – 2 *parvum*, cf. VÄÄ. p. 29.

B IV 4972° m. add. E; ImGr. 403*; CLE 935; Hu. 796°; Gi. 87; Va. 105f.

#1091 ♪ graff. VII 9,1: Wandstück in deponiertem Bauschutt.

a *[---a?]more tuo moreor* vac. |
[---]us amantem vac.
b *[---]o pereo vita in am.* vac.
d *[--- mea] vita, amo te* vac.
e *venust[---]*
f *ạmante* vac.
h *L. Niniụ[---?].*

a … vor Liebe (?) zu dir sterbe ich
… den Liebenden.
b … ich gehe zugrunde, (mein?) Leben, in (deiner) Liebe.
d … mein Leben, ich liebe dich.
e Liebreizend …
f Liebend.
h Lucius Ninius …

M dactyl. (frr.). – **a** 1 Evt. da5 fin. (aber nur mit *more*, nicht *amore*). – 2 da6 fin. – **b** da5 fr.? – **d** da5 fin.?

E **d** *e* kurs. – **f** AMA Lig.; isoliert stehend, rechts von a. – **c/g** Unlesbar.

K **a** 1 *morior.* – **b** Evt. *amore* (abgekürzt oder unfertig, z.B. *amore tuo*). – **h** *Ninnius*, ist dies evt. der Dichter Ninnius Crassus bei Prisc. 2.478.12 GL und Non. p. 762.13 LINDSAY?

B IV 9054.a°–h°; WE. 61°; HU. 593.

#1092 ♪ graff. VIII 1,1 (Basilica).

suavis amor nostro'st a+[---] |
[---]it senio'st v+t[---] |
[---]ṣụaḍ[---] |
[---]run[.?].

Süß ist die Liebe in unserem …
… durch das Alter ist …
… überreden …
…

M da6?

E 1 *aṇ[imo ---]* ZA. – 2 *vit[---]* oder *ult[---]* ZA., *vet[---]* add. E; VARONE in ImGr fügt Reste von Z. 3 und 4 hinzu.

K 1f. *nostro est, senio est* mit realisierter Elision, cf. #1049 und LEUM. p. 123.

B IV 1791° m. add. AE; ImGr. 348*; CLE 941 n.; WE. 32; HU. 703; VA. 152f.

#1093 ♪ graff. VII 2,16: Peristyl.

[--- d]iu ingnes abuise suos.

… lange (?) seine Feuer gehabt zu haben.

M Größtenteils dactyl. (kaum zufällig angesichts des Hyperbatons).
E *e* kurs.
K *ingnes* für *ignes*, cf. VÄÄ. p. 67; *habuisse.*
B IV 3121° m. add. E; DI. 750.

#1094 ♪ graff. VI 14,43: rechts der Tür.

hic ego nu[nc f]utui formosa fo[r]ma puella
laudata a multis, set lutus intus {+}erat.

Hier habe ich gerade ein Mädchen von schöner Gestalt gefickt,
von vielen gelobt, aber innen war (sie) Schlamm.

M dist.
E Nicht *[f]utue* zu lesen, cf. add. E.
K Cf. auch #1261f.; wohl *formosam*; *forma* abl. mit kurz gemessenem nachtonigem *-ă*, cf. #456, #1344, evt. #747, ferner #655 (Vortonigkeit) und VÄÄ. p. 18f.; *puellam, laudatam*; *sed*, cf. VÄÄ. p. 70; statt *lutum*, cf. VÄÄ. p. 82, ThLL VII.2 1900.65–69 (*-us*), 1903.44–46 und 1904.44–46, OLD s.v. *lutum*, c. – Nahe dabei findet sich IV 1517.(a) (= CO. 94b, VA. 118 n. 187), eine fast gleiche Version des Hexameters (*futue* mit *e* kurs.; cf. VÄÄ. p. 23), jedoch mit anderer Fortsetzung: *morbus qu-* etc. (sonst schlecht lesbar), weshalb VARONE auch bei *lutus* an eine Krankheit denkt, kaum zurecht; darunter steht #1253.
B IV 1516° m. add. E; ImGr. 267*; DI. 615; CLE 955; WE. 97; HU. 445; CollEp. 24*; GI. 219 n. 125; VA. 117f.; CO. 94a; SP. 10.

#1095 ♪ graff. V 1,17: rechts der Tür.

hic ego bis futui | formae ce vac.

Hier habe ich zweimal eine ... von ... Gestalt gefickt.

M da6 oder ia6 init.
E 2 *e* kurs.; unfertig.
K 2 Z.B. *ce[leberrimae amicam]* (da6) oder *ce[lebris pupulam]* (ia6).
B IV 4029 m. add. E; WE. 93; HU. 264; VA. 74.

#1096 ♪ graff. Villa dei Misteri: Gartenlaube.

a *hic ego cum domina rẹ* vac.
b *[hic] ego cum domina resoluto clune | p̣er[e]gî |*
[---, se]d versu[hoc] scribere [tu]ṛ[p]e fuit.

a Hier habe ich mit meiner Gebieterin (und ihrem) aufgesp...
b [Hier] habe ich mit meiner Gebieterin (und ihrem) aufgesperrten Hintern
[die Nacht?] durchgebracht, aber es war unanständig, dies in einem Gedicht niederzuschreiben.

M dist.
E **a** Erster Versuch abgebrochen. – **b** *versu[s vac.]* (acc. pl.), *versu[vac.]* (abl. sg.) und sogar *versu[m vac.]* lassen eine zu große Lücke, *[haec]* dagegen ist etwas zu lang, somit ist *versu[hŏc]* zu bevorzugen.
K **a–b** 1 *domina* cf. #822. – **b** 1 *clūne* im (seltenen) sg. (wie #920) suggeriert *cūlō* (das hier metrisch nicht passt), cf. schon AD. p. 115 zu Mart. 9.47.6. – 3 *[noctem, se]d* DCO., noch etwas drastischer wäre *[verpam, se]d* (cf. Priap. 34.4 *quae quot nocte viros peregit una, tot verpas tibi dedicat salignas*), zum Enjambement cf. v.a. #33 und #1057 (ferner #906.b, #1113, evt. auch #830); *peragere* ohne obj. bedeutet 'sterben', deshalb sind viele Rekonstruktionen unwahrscheinlich, insbesondere *[tales se]d versus[s vac.]* H. ARMINI, Eranos 34 (1936), p. 126, das VARONE übernimmt, *[omnia se]d versu [haec]* ARMINI ibid., *[cetera se]d versu [hōc]* COURTNEY, *[talem se]d versu[m]* SPAL; *scribere* kann ebenso gut als subj. zu *turpe* wie als von diesem abhängiger finaler inf. (cf. #907) aufgefasst werden. – Zur Reflexion über das Schreiben cf. auch #794, #1155.
B IV 9246.a°–b°; DI. 1086; CLE 2058; WE. 159; HU. 1002°; GI. 217; VA. 72; CO. 97; SP. 11.

#1097 ♪ graff. VIII 1,1 (Basilica).

nemo est beḷlus, nisi qui amavit mulieṛem aduḷẹṣ[centulus].

Niemand ist ein smarter Kerl, wenn er nicht schon als Teenager eine Frau geliebt hat.

M tro7.
E *e* kurs.
K *adules[centulam]* JAHN, weniger sinnvoll, cf. ZA.; darunter evt. ein Kommentar (fragm. und unklar, cf. ImGr); derselbe Vers evt. auch IV 1797.
B IV 1883° m. add. AE; ImGr. 374*; DI. 583; CLE 233; GE. F-1; WE. 63; HU. 739; CollEp. 17d*; GI. 145; VA. 56.

#1098 ♪ graff. I 10,11: Peristyl.

a *amantis, ut apis, vita mellitaṃ exigunt.*
b *velle.*
c *amantes, amantes. cur? eges?*

a Die Liebenden, wie die Bienen, führen ein honigsüßes Leben.
b Schön wär's!
c Ja, die Liebenden, die Liebenden! Warum? Fehlt dir was?

M **a** ia6, cf. W.D. LEBEK, ZPE 32 (1978), p. 220f.
E **c** *e* kurs.; *cur* VARONE in ImGr, der die Wörter nach Händen separiert.
K **a** *amantēs* (zum ptc. cf. #734 und frz. *l'amant*), *apēs*, zur acc.-Form auf *-īs* (urspr. nur *i*-Stämme) für nom. cf. LEUM. p. 440; *vitam*. – **b** Wohl *vellem* 'ich wollte (es wäre so)', cf. #1044. – **c** Unklar.
B IV 8408.a°–c°; ImGr. 83*, 519°; GE. F-36; KR. 43°; WE. 67°; HU. 98 (nur a–b); GI. 217f., 225 n. 18; VA. 58.

#1099 ♪ graff. I 4,6 (Taberna).

[⏑ – ⏑ – q]uam [p]retio a[u]t precibus v[in?]citur, |
adsta [---]

... als mit Geld oder Bitten gewonnen wird.
Steh bei ...

M Wohl ia6.
K 1 *pretio precibus* (oder umgekehrt) ist ein fester Ausdruck, cf. Phaedr. 5.7.18, Ter. Eun. 1055.
B IV 4009° m. add. E; DI. 1079; CLE 1865.

#1100 ♪ graff. I 11,6: Eingang links.

venite,‿amantes.

Kommt, ihr Liebenden!

M ia6 init.?
K In Gestalt eines Schiffes geschrieben, cf. #453.
B IV 10038.c; ImGr. 86*°; HU. 106; LA. 23.

#1101 ♪ graff. VIII 1,1 (Basilica).

[prehen]ḍe ṣẹṛvam cum voles, uti licet.

Ergreif die Sklavin, wann du willst, Brauchen ist gestattet (*oder:* wie es gestattet ist).

M ia6.

E *e* teilweise kurs.; *ṣẹṛvam* ZA., BÜ., *̣cọ̣cuam* MAU, dafür ist aber ein Strich zu viel vorhanden; *volis* add. E, kaum richtig.

K Kann mit inf. *ūtī* 'gebrauchen', das eher selten im sexuellen Sinn bezeugt ist (cf. OLD s.v. *ūtor,* 3), und mit *ŭtī* 'wie', das etwas altmodisch klingt, verstanden werden, die Ambiguität ist vermutlich gewollt.

B IV 1863 m. add. ABC°E; ImGr. 369*; DI. 471; CLE 50; HU. 733; GI. 143; VA. 145.

#1102 ♪ graff. VI 2,4: Zimmer.

pupa que bela_is,_tibi | me_misit_qui_tuus_es, val.

Schätzchen, hübsches, dir schickt mich, der dein ist. Leb wohl!

M tro7 (*tibī*).

E *e* kurs.

K 1 *quae bella es,* Relativsatz; zu *is* cf. VÄÄ. p. 20. – 2 *est,* cf. evt. auch #763, #1085, #1103, #1379, #1415, umgekehrt #676, #1431, sowie VÄÄ. p. 70f. (auch β), nach anderen Konsonanten cf. #993; *vale,* beim Lesen des Verses zu vervollständigen. – Es spricht die Nachricht.

B IV 1234° m. add. AE; DI. 510; CLE 232; WE. 6; HU. 362; GI. 210; VA. 32f.

#1103 ♪ graff. IX 5,11: Peristyl.

amoris ignes si sentìres, mulio, |
magi properares, ut videres Venerem. |
diligo iuvenem venustum; rogo, punge ìam{us}, |
bibisti, ìamus, prende lora et excute, |5
Pompeìos defer, ubi dulcis est amor. |
meus es vac.

Wenn du die Feuer der Liebe spürtest, Maultiertreiber,
dann würdest du dich mehr beeilen, um Venus zu sehen.
Ich liebe einen hübschen Jungen. Bitte, stich schon zu!
Du hast (genug) getrunken, gehen wir! Ergreif die Zügel und treib an!

Führ (uns) nach Pompeji, wo die süße Liebe ist!
Du bist mein ...

M ia6 (2 *Venerem* und 5 *ubi* mit in betonter Stellung gelängtem Kurzvokal, ZA., desgl. auch 3 *rogo*).

E *e*, *f* kurs. – 3 *iuvenem* steht über durchgestrichenem *puerum*. – 6 Frühzeitig abgebrochene Fortsetzung.

K 2/3/5 Zu *Vēnerem*, *rōgo* und *ūbi* cf. #430, #614, evt. #1007 und #1237, gr. #88 sowie VÄÄ. p. 19. – 2 *magis*, mit realisierter vorklass. Elision *măgĭ' prŏ-*, cf. VÄÄ. p. 79 (δ), auch IK hat in diesem Fall wohl eine Rolle gespielt, cf. #615; *Venus* ist hier offenbar gleichzeitig Liebesgöttin und Stadtgöttin von Pompeji, wohin die (fiktive) Reise gehen soll; Alliteration. – 3 BÜ. hält diesen Vers für fehlerhaft, tatsächlich ist v.a. *jămus* am Versende prosodisch in keiner Weise zu rechtfertigen, besonders angesichts von korrektem *ĭāmus* in 4, also muss 3 *ìamus* verschrieben sein; als Emendation empfiehlt sich *dilĭgŏ iuvenem venustum; rōgo, punge iam*, wobei der Schreiber versehentlich *-us* aus 4 *ìamus* vorweggenommen hat; *Venustum* fassen VARONE und andere als Namen auf, was nicht unmöglich ist; *punge* scil. *mulos stimulo* 'die Maultiere mit dem Stachel' (kein sexueller Sinn). – 4 *bibist' iāmus*, dieses für *eāmus*; *praehendere* war längst kontrahiert, cf. #757 *pre(n)sus*, VÄÄ. p. 39, LEUM. p. 106, 120, 174. – 5 *Pompeìos* mit langer mittlerer Silbe, cf. #451 und #1344 *peìus*. – 6 Evt. *es* statt *est*, cf. #1102.

B IV 5092° m. add. CE; ImGr. 427*; DI. 581; CLE 44; GE. F-65; KR. 45°; WE. 74; HU. 869°; GI. 220f.; VA. 13–17; CO. 78; DI. tab. XV/6.

#1104 ♪ graff. VIII 1,1 (Basilica).

qui verpam vissit, quid cenasse ìllum putes?

Wer (hinten) einen Schwanz fahren lässt, was, glaubst du, hat der (vorne) gegessen?

M ia6.

E Zweites *e* in *cenasse* kurs.

K *vissīre* 'furzen' (hier zwecks Alliteration statt *cacāre*), nicht *vīsere* (zuerst richtig gesehen 1987 von J. GIL, danach COURTNEY, SPAL, add. E), AD. kannte diese Interpretation noch nicht, schreibt aber zutreffend p. 139 zu *cenare* etc.: to 'eat the *uerpa*' was obviously a slang expression, cf. auch p. 172 zu *cacare* im hiesigen Sinn; Th. GÄRTNER, Editionen in der Kritik 9 (2017), p. 134f., bringt das Bild auf den Punkt: «qui pedicatur, illum etiam fellavisse putes»; cf. auch #1105, ferner #346, #1314, #1376. – Es handelt sich wohl um eine Art Rätsel, cf. Kap. 11.2.

B IV 1884° m. add. BCE; ImGr. 375*; DI. 684; CLE 46; WE. 571; HU. 740; CollEp. 17e*; CO. 80; SP. 14*°.

#1105 ♪ graff. IX 2,16: Türpfosten rechts.

amat qui scribet, pedicatur qui leget, |
qui opscultat prurit, paticus est qui praeterit. |
ursi me comedant, et ego verpa qui lego.

Es liebt (als der Aktive), wer schreibt; gefickt wird der, der liest.
Wer zuhört, wird aufgegeilt; der Passive ist, wer (achtlos) vorübergeht.
Die Bären sollen mich fressen! – Und ich einen Schwanz, der ich (dies) lese!

M ia6.

E *e* kurs.

K 1 *amat* im Sinne von *pedicat*, SPAL p. 169 mit n. 830; *scribet* und *leget* für *scribit* und *legit*, cf. VÄÄ. p. 21f.; zu *qui legit* o.ä. cf. #916f., #1155, IV 1121, 1798, fut. und ind. praes. sind austauschbar. – 2 Der Vers (mit Chiasmus) hat einen ähnlichen Sinn wie 1 (mit Parallelismus); *oscultat*, älter *auscultat*, ist hyperkorrekt verändert (cf. ähnlich #37), hier gleichzeitig phonetisch nach der Proportion *Oscus : Opscus* (dies die ältere Form, cf. #570), so ZA. et al., und morphologisch durch falsche Analyse eines Präverbs *ob(s)-* (cf. *os-tendere* sowie *as-portare, abs-cedere, au-ferre*), so VÄÄ. p. 31f., 66 (107 mit alter, falscher Lesung *opsultat*); *pathicus*, cf. VÄÄ. p. 111, OLD s.v. – 3 Dieser Vers gehörte wohl nicht standardmäßig zu den ersten beiden, cf. #1106; *ursi* cf. #1108ff., unter #1066 sowie Petron. 66.6 *et si, inquam, ursus homuncionem comest, quanto magis homuncio debet ursum comesse?*; *verpam*, scil. *comedam*, cf. #1104; hier stellt der Schreiber dem Leser, der zuerst verunsichert, dann (in 2) eher ermutigt wurde, schließlich noch eine böse Falle: Kaum hat dieser gedacht: «Recht so, dass dich die Bären fressen!», wird er selbst, da er laut liest, zum *ego* und *fellator* (cf. SPAL p. 170f. mit Bibl.).

B IV 2360 m. add. ABCE; ImGr. 425*; DI. 582; CLE 45; HU. 840; GI. 221 n. 136; CO. 79; SP. 18*.

#1106 ♪ graff. I 4,6 (Taberna).

[amat qui scrib]et, pedic[a]t[u]r qui leg[et],
q[ui] ascult[a]t prurit, | [pathicus est qui pr]aeter[i]t. |
scribit [p]edicato[r] | Septu[m]ius.

Es liebt, wer schreibt; gefickt wird, wer liest.
Wer zuhört, wird aufgegeilt; passiv ist, wer vorübergeht.
(Dies) schreibt der Männerficker Septumius.

M 1f. ia6.
E 1 Lesung *ascult[a]t* SOLIN (2013), p. 337f., *obscultat* MAU. – 3f. *e* kurs.
K 1 *ascultat* cf. #82 und VÄÄ. p. 32, die Form ist hiermit auch in Pompeji bezeugt; die Aussprache mit [o] muss aber ebenfalls verbreitet gewesen sein, sonst wäre #1105 *opsc-* nicht erklärbar; später muss *a(b)s-* bzw. *o(b)s-* teilweise durch *ex-* (d.h. *es-*, cf. #37, #416) ersetzt worden sein, denn nur **escultare* konnte zu frz. *écouter* werden, cf. VÄÄNÄNEN (1981), p. 40. – 3 Zum praes. cf. #722.
B IV 4008 m. add. E; CLE 1864; CO. 79.

#1107 ♪ graff. I 10,1: links der Tür.

amat qui scr *vac.*

Es liebt, wer schr...

M ia6 init.
E Unfertig.
B IV 8229; WE. 596; HU. 64.

#1108 ♪ graff. Herc., Insula Orientalis II, 4 (Palaestra): Porticus.

ursi me comedant.

Die Bären sollen mich fressen!

M ia6 oder da6. init.
K Cf. #1066 und #1105.
B IV 10656; GI. 217 n. 99.

#1109 ♪ graff. Herc., Insula Orientalis II, 4 (Palaestra): Hof.

ursi me comedan vac.?

Die Bären sollen mich fressen!

M ia6 init.
K *comedant*, cf. #993.
B IV 10660; GI. 217 n. 99.

#1110 ♪ graff. VIII 6,6: links der Tür.

ursi me comịḍ vac.

Die Bären sollen mich fress...!

M ia6 init.
E Unfertig.
K Statt *comed(ant)*, cf. #110 *benific.* und VÄÄ. p. 20.
B IV 4951° m. add. E; CLE 954 n., 1864; HU. 789.

#1111 ♪ graff. V 2,e: links der Tür.

Fortunate, animula dulcis, perfututor. |
scribît quî novit.

Fortunatus, süßes Seelchen, Dauervögler!
(Dies) schreibt (einer), der (dich) kennt.

M 1 tro7 fr.
K 1 Neben BÜ.s Ergänzung *perfututor virginum*, die den Vers vervollständigt, wäre auch *maximus* o.ä. möglich (cf. #475), und dann könnte *(per)fututor* auch *pedicator* meinen (cf. #1106), was das «Wissen» des Schreibers erklären könnte; zu *animula dulcis* cf. #1131. – 2 Zum praes. cf. #722.
B IV 4239 m. add. E; DI. 505; CLE 41 m. add. p. 853; WE. 136; HU. 280; VA. 65f.

#1112 ♪ graff. VIII 1,1 (Basilica).

futuitur cunnus p̣ịlossus multo melius [qu]am glaber: |
e[ad]em continet vaporem et eadem v[err]it mentulam.

Eine behaarte Muschi lässt sich viel besser bumsen als eine glatte:
Sie hält die feuchte Wärme zusammen und bürstet gleichzeitig den Schwanz.

M tro7.

K 1 *pilosus*, cf. VÄÄ. p. 58f. — 2 *eādem* 'gleichzeitig' (cf. ThLL VII.1 208.50ff., OLD s.v. *eādem*, 2), wohl beidemale ['ja:dem] zu lesen, cf. #267 und VÄÄ. p. 19 und 38); *v[err]it* D.R. SHACKLETON BAILEY, Phoenix 32 (1978), p. 322, *v[ell]it* gibt keinen Sinn.

B IV 1830° m. add. ABE; ImGr. 354f.*; DI. 691; CLE 230; WE. 146; HU. 719; CollEp. 18c*; VA. 58; CO. 84.

#1113 ♪ graff. VIII 1,1 (Basilica).

⟦– ⏑̲ –⟧ fueere quondam `Viḅeì´ opulentissumì, |
non ideo tenuerunt in manu sceptrum pro mutunió |
itidem quod tu factitas cottidie {in manu} penem tenes.

..., einst waren die Vibier sehr reich.
Deshalb hielten sie aber nicht (ihr) Szepter in der Hand wie einen steifen Schwanz,
so wie du, (deinen) Pimmel {in der Hand} haltend, es täglich tust.

M tro7 (1 nach *Viḅeì* Hiat. – 2f. *manu* beidemale ⏑⏑ mit IK (cf. #615), aber MAU (add. B) setzt *in manu* vor *tenuerunt*. – 3 *cottīdj'-in*, ZA., cf. VÄÄ. p. 40f.; BÜ. dagegen, gefolgt von SPAL, hält *in manu* für eine Repetition aus 2.

E *e*, *f* kurs., *m* außer in 3 *manu* kurs. — 1 *Vibeì* SPAL, cf. ZA., *Vireì* add. E.

K Cf. die Diskussion bei SPAL und Th. GÄRTNER, Editionen in der Kritik 9 (2017), p. 129–31. — 1 Der Beginn wurde in der Antike getilgt, also stand da wohl ein Eigenname im voc. (so BÜ., SPAL), z.B. *[Restitute]* (cf. #1168), alii alia; *fuēre*, cf. zur Doppelvokalschreibung #713 und #1268, sie kommt auffällig häufig im Osk. vor, cf. z.B. #467 und unter #954, ferner vereinzelt im vorklass. Latein, WACHTER (1987), §204f mit n. 1011; *Viḅiī* (oder *Viṛiī*), cf. VÄÄ. p. 36 (*viṛeì* ist hier als Form für *virī* 'Männer' orthographisch unplausibel (cf. *-issumi*, nicht *-issumei*) und passt noch schlechter in den Vers); zur 3. pers. pl. perf. auf *-ēre* cf. #1241; *opulentissimi*, cf. VÄÄ. p. 26. — 2 *non ideo* etwa 'trotzdem nicht'; *mutunió* cf. #1228, literarisch (hapax leg.) *muttōnium*, cf. OLD s.vv. und VÄÄ. p. 30, 89. — 3 *quod* statt *ut*, cf. VÄÄ. p. 126f.; *tenens*.

B IV 1939° m. add. ABCE; ImGr. 389f.*; DI. 686; CLE 231 (mit Komm.); WE. 160; HU. 758; VA. 91; CO. 85; SP. 2*°.

#1114 ♪ graff. VI 13,19: links der Tür.

seni supino coleì culum tegunt |
seni supino $^{vac.}$

Einem Alten, der auf dem Rücken liegt, bedecken die Hoden den Arsch. (2×)

M ia6.

E 2 Abgebrochene Wiederholung; weiter rechts noch ein Versuch, cf. #1427.

K 1 Alliterationen; D.R. SHACKLETON BAILEY, Phoenix 32 (1978), p. 321 nimmt homosexuellen Kontext an; cf. auch Th. GÄRTNER, Editionen in der Kritik 9 (2017), p. 135.

B IV 4488 m. add. E; DI. 685; CLE 49; HU. 419; CO. 82; SP. 15.

#1115 ♪ graff. VIII 1,1 (Basilica).

Accensum qui pedicat, urit mentulam.

Wer den Accensus fickt, verbrennt (sich) den Schwanz.

M ia6.

K Nimmt vielleicht, obwohl von anderer Hand, auf die gleich darüber stehende Inschrift #1164 Bezug; *Accensum* ('angezündet', aber auch 'infiziert, wütend', OLD s.v. *accendere*, 5.a, 'Amtsdiener, Ordonnanz', OLD s.v. *accensus*[1], cf. BÜ., DI., add. E) ist hier wohl Eigenname, die primäre Bedeutung wird jedoch von *urit* wieder aufgenommen und schwebte dem Schreiber also mit Sicherheit vor, die anderen wohl weniger.

B IV 1882° m. add. BE; ImGr. 374*; DI. 689; CLE 47; WE. 166; HU. 738; CollEp. 17c*; GI. 221 n. 136; VA. 120; CO. 81; SP. 13*°.

#1116 ♪ graff. VII 9,1: Südseite, außen.

(hic?) Secundus pedicavd | pueros | luclẹntis[sime].

Secundus hat (hier?) Jungs ordentlich durchgevögelt.

M tro7 mit zu kurzem Namen (cf. #465), vielleicht ist *hīc* zu ergänzen.

K 1 *pedicavit*, cf. *-vt* in #1290, #1516 und VÄÄ. p. 45 ([aːw], noch nicht [au]), zu *-d* p. 70. – 1f. Cf. Mart. 7.67.1 *pedicat pueros*; Alliteration. – 3 *luc(u)lẹntis[simos]* SOLIN (2014), p. 102, cf. #1236a; zur Synkope cf. VÄÄ. p. 45.

B IV 2048° m. add. AE; DI. 622; WE. 167; HU. 591°; VA. 122.

#1117 ♪ graff. I 17,3: links der Tür.

malim me amici fellent quam inimici irrument.

Ich hätte es (wenn ich wählen müsste) lieber, dass mir Freunde einen blasen, als dass Feinde ihn mir in den Mund stecken.

M ia6.
E Sorgfältige Capitalis-Schrift, mit einem Holzspachtel eingetieft.
B IV 10030; ImDip. 169*, ImGr. 90f.*; We. 180; Hu. 114; Gi. 149; Va. 76 n. 116; Sp. 16*.

10.3. Liebesbriefe und -grüße

#1118 graff. VII 2,45: rechts der Tür.

a *V V Victoriae suae salute.*
b *Zosimus Victoriae | salutem. | rogo te, | ut mihi | sucuras | etati | maeae. | si_putas | me_aes | non hab|rae +[---] | a+[---] | +[---] | ------*

a Seiner V-V-Victoria einen Gruß.
b Zosimus (schickt) der Victoria einen Gruß. Ich bitte dich, mir und meinem (Jugend-?)Alter zuhilfe zu eilen. Wenn du denkst, ich hätte kein Geld, ...

E **a** Letztes *e* kurs.; *V V* abgebrochene Anfänge? – **b** 6 *e* kurs. – 10f. *hab(ē)|re* mit Kurzschreibung *b(e)* (passiert am Zeilenende besonders leicht).
K **a–b** Eine dabeistehende Ritzzeichnung ist wohl nicht zugehörig. – **a** *salutem.* – **b** 5 *succurras.* – 6f. *aetati meae*, cf. ThLL I 1126.18–28, Solin in add. E verweist auf A. Kropp, Defixiones (2008), no. 1.7.4/1 (= AE 1975, no. 449) *mihi meaeque aetati.*
B IV 1684° m. add. AE; Di. 474; Ge. E-52; We. 17; Hu. 534; Va. 39; La. 2523°.

#1119 graff. IX 5,11: Zimmer.

[---]ae nostrae feliciter. | [te? perp?]etuo rogo, domna, per | [Venere]m Fisicam te rogo, ni me | [------] | [---]+us. habeto mei memoriam.

Glück unserer ...a! Unablässig bitte ich dich, Gebieterin, bei Venus Fisica bitte ich dich, mich nicht zu ... Bewahre die Erinnerung an mich!

K 1 *[Grat]ae* SOGLIANO, wie auf einer Amphore (IV 5800) aus der Küche desselben Hauses, unsicher. — 2 *domina*, cf. VÄÄ. p. 43 und #822. — 3 *ni* für *ne*, cf. #758; *Fisicam* cf. #1070. — 4 *[reicias?]* VARONE, die Zeile wurde von ZA./MAU und DI. nicht gezählt. — 5 *[oblivisca?]ṛus* o.ä., ZA., cf. #766; zu einer ähnlichen Bitte, direkt an die Göttin gerichtet, cf. #1034.

B IV 6865 m. add. E; DI. 473; GE. F-21; MO. 56f. (nur z.T.); WE. 12; HU. 873; GI. 205 n. 14; VA. 38f.

#1120 graff. Vor der Porta di Nocera: Grab 12.EN (alt 13).

amo te, Facilis, | fac mi copia.

Ich liebe dich, Facilis, schaff mir die Gelegenheit!

E *e* kurs.

K 1f. Wortspiel mit *fac-*. — 2 *copiam*, cf. #1190, OLD s.v. *cōpia*, 7.

B IV 10234; ImGr. 464*; WE. 31; HU. 978; VA. 38.

#1121 graff. V 2,i: Peristyl.

ἐρ Διώνης.

Ich liebe Dione.

E *ἐρῶ* mit Kurzschreibung von *ῥ(ῶ)*.

K Der Frauenname *Διώνη* ist selten, gr. cf. LGPN II, V.A, lat. z.B. III 8996, VI 8828, 31852.

B IV 4169 m. add. E; ImGr. 222*; DI. 5; GI. 47.

#1122 graff. VIII 3,24: Küche.

Aelius Magnus Plotillae suae | salutem. rogo, domina *vac.*

Aelius Magnus (schickt) seiner Plotilla einen Gruß. Ich bitte (dich), Gebieterin ...

E 2 Vorzeitig abgebrochen.

K Ritzzeichnungen zweier Gladiatoren sind nicht zugehörig. – 1 Wohl derselbe *Aelius Magnus* wie IV 5766 (VIII 2,21), aber kaum derjenige von #94, #347 etc. – 2 Zu *domina* cf. #822.

B IV 1991° m. add. E; DI. 475; WE. 438; LA. 846, 847.

#1123 graff. I 10,7: Türpfosten links.

Secundus | Prime suae ubi|que isse salute. | rogo, domina, | ut me ames.

Secundus (schickt) seiner Herrin Prima allenthalben einen Gruß. Ich bitte dich, Gebieterin, mich (immerfort) zu lieben.

K 1f. Cf. #664. – 2 *Primae*. – 3 *ipsae*, cf. VÄÄ. p. 65, 86 und #593 (kaum *ipse*; auch nicht *isset*, es wäre *ierit* zu erwarten); *salutem*. – 4 *domina* cf. #822. – 5 Cf. #1142.

B IV 8364°; DI. 1023; GE. F-19; KR. 47f.°; WE. 13°; HU. 90°; VA. 37.

#1124 graff. III 7,2: links der Tür.

Habitus | issae sal.

Habitus (schickt) seiner Gebieterin einen Gruß.

K Rechts der Ritzzeichnung eines grotesken Frauenkopfes. – 2 *ipsae*, die klassische Dativform *ipsi* wäre für diese Bedeutung untauglich, weil sie das Geschlecht nicht klar macht (cf. masc. #493, im nom.).

B IV 8954°; ImGr. 209*°; WE. 443°; HU. 256; LA. 249.

#1125 graff. III 2,1: Atrium.

Valen domin vac. *| Valens domina essem | salutem, rog'_am* vac.

Valen... (seiner) Gebieteri... Valens (seiner) Gebieterin (und) Herrin Gruß, (ich?) bitte, lie...

E 1 *m* kurs.; abgebrochener erster Versuch. – 2 DCO. und VARONE, *dominae s(uae) sem(per)* DI. – 3 DCO., *roga m(ihi?)* DI., *rogam(us)* VARONE; ebenfalls vorzeitig abgebrochen.

K Unklar. – 2 Evt. dat. *domina(e) esse* (für *issae*, cf. #1123f.) mit nur einem *e* und hyperkorrektem *-m*. – 3 Wohl *rog(o) am(es)* (cf. ebenfalls #1123, zur realisierten Elision cf. #1049). – Ein *A. Trebius Valens* war der Hausbesitzer,

DCo., cf. #292, #309 usw., aber war dieser wirklich auch der Schreiber dieser Zeilen?

B IV 8824; DI. 1024; GE. F-35; WE. 18; HU. 220; VA. 39f.

#1126 graff. VIII 6,5: Zimmer beim Atrium.

Βαχχίς δομνα.

Bacchis, Gebieterin!

E Der Schriftzug ist in ungewöhnlicher Weise ausgeschmückt.

K *Βακχίς; domina*, cf. VÄÄ. p. 43 und #822.

B IV 4950° m. add. E; DI. 775; HU. 788a°; LA. 27°.

#1127 graff. IX 5,11: Peristyl.

Primigẹnenius | Successe salute. | val. mea pistilla.

Primigenius (schickt) Successa einen Gruß. Alles Liebe, mein Mörserchen!

E *e* kurs.

K 1 *Primigenius*, ähnliche Fälle cf. IV Index p. 781. – 2 *Successae*; *salutem*. – 3 *pistilla* ist hier demin. von *pīla* (cf. OLD s.v. *pīla*[1], zum Suffix cf. #820), also das sachliche Gegenstück zu *pistillus* 'Mörserkeule', zu einem anderen solchen Paar cf. #1134 und zum Bild des Mahlens #1331; VARONE, gefolgt von HUNINK, fasst *pistilla* als ad hoc fem. gebrauchtes *pistillus* auf, was wenig Sinn ergibt, GEIST und WEEBER vermuten grundlos *pisc-*.

B IV 5094 m. add. E; ImGr. 428*; DI. 485; GE. F-6; WE. 43; HU. 870; VA. 47.

#1128 graff. VII 11,11 (Gasthaus): Atrium.

Isthmus Successe ubique salute et quod te rogavi, | ut, quod ⟦u⟧ iurasti $^{vac.}$

Isthmus (schickt) Successa allenthalben einen Gruß, und (ich erinnere dich hiermit an) das, worum ich dich gebeten habe, (nämlich) dass (du weißt schon!), was du (mir auch) geschworen hast.

E *e* kurs. – 2 *u* getilgt; vorzeitig abgebrochen.

K 1 *Successae*; *ubique* cf. #1243; *salutem*. – 2 *-asti* cf. VÄÄ. p. 40.

B IV 2015 m. add. E; WE. 11; HU. 601; VA. 38.

#1128a graff. VII 12,18 (Lupanar).

Marcus Scepsini ubique sal.

Marcus (schickt) Scepsis allenthalben einen Gruß.

E Zweites *e* kurs.
K *Marcus* cf. evt. #1146; gleich darunter steht osk. ***Markas*** (ImagItal Pompei-46°, cf. ZA. zu #1286 (= IV 2200), und ImGr. 339* zu 2200, oben links); *Scepsini* cf. #622, #646; *e* im Namen ist nicht kursiv, cf. #1236a.
B IV 2201 m. add. E; ImGr. 338f.*, 341*; HU. 627.

#1129 graff. II 7 (Palaestra).

Apsyrtus / Valent/ine ubiq.

Apsyrtus der Valentina allenthalben.

K 1 Ἄψυρτος. – 2f. *Valentinae.* – 3 *ubique.*
B IV 8540°; ImGr. 123*; HU. 184.

#1130 graff. II 7 (Palaestra).

Apsyrtus / Lacene / ubq.

Apsyrtus der Lacaena allenthalben.

E 3 VB Lig.
K 2 *Lacaenae, Λακαίνῃ.* – 3 Cf. #635.
B IV 8535; ImGr. 120*°.

#1131 graff. VII 7,5: Peristyl.

Cresces, have, anima / dulcis et suavis.

Crescens, sei gegrüßt, du süße und liebliche Seele!

E *e* kurs.
K 1 *Crescens, ave.* – 2 Cf. #1111.
B IV 4783 m. add. E; DI. 506; WE. 372; HU. 579.

#1132 graff. I 7,19: Eingang rechts (?).

[---a]e dulcissimae amantissimaeque, / [---]que salutem, avẹ.

Der süßesten und geliebtesten und ...sten ...a einen Gruß! Sei gegrüßt!

K 1 Zur Form *amantissimus* cf. IV 5032 (= 3316) und OLD s.v. *amans*[1], 3.
B IV 8177; ImGr. 47°; DI. 1046; GE. F-5; WE. 9; HU. 48; VA. 34.

#1133 graff. VII 16,22: Peristyl.

scribit | Lyaẹus aman|tissime Fabio Rufo.

(Dies) schreibt Lyaeus auf liebevollste Art und Weise dem Fabius Rufus.

K 2f. *-issimē* adv., wohl ähnlich wie *amabiliter*, cf. #1135.a.
B SOLIN (1975), no. 5°; HU. 478.

#1134 graff. VI 13,2: Peristyl.

fonticulus pisciculo suo | plurma salut.

Quellchen (schickt) seinem Fischchen ganz viele Grüße.

E 2 *plurma* aus *pulurma* korrigiert, MAU; *plourma*, add. E aufgrund einer (unpubl.) Zeichnung MAUs in Berlin, dies ist aber eine unwahrscheinliche Form, und MAU korrigiert seine alte Lesung ausdrücklich.
K 1 Eines der beiden demin. könnte eine Frau meinen, am ehesten wohl *pisciculus*, cf. dazu auch Suet. Tib. 44 (umgekehrt VARONE nach Früheren: «Cordiali saluti da Fonticella al suo Pesciolino»), zu anderen solchen Vergleichen cf. #1127, #1135.a, evt. auch #802, weitere «sprechende» Spitznamen in dieser Sphäre auch #544, #1164, sowie #1321 und generell #213. — 2 *plurimam*, ähnliche Fälle von Synkope cf. #778 und VÄÄ. p. 43ff.
B IV 4447 m. add. E; DI. 540; GE. F-7; WE. 44, 456; HU. 410; VA. 47.

#1135 graff. I 4,5: Säule beim Teich im mittleren Peristyl.

a *lạçulus | Priscillo | amabiliter.* — **b** *scr. Epaphra | et | pereg._Eḷeạ, | sitientes.*

a Der kleine See (schickt) Priscillus auf amouröse Art und Weise (einen Gruß). — **b** (Dies) hat Epaphra geschrieben und Elea (?) vollendet, beide durstig.

E **b** Von anderer Hand.

K **a** 1f. Nach MAU dachte der Schreiber an *pisciculus* o.ä., skeptisch SOLIN in add. E; *laculus* hat ein fem. Pendant in #1020. – 3 'liebend, liebevoll', hier und in den folgenden Inschriften aber wohl meist mit erotischer Bedeutung, cf. auch #1240, #1244, IV 5419 (nur *amabiliter sal.*), Petron. 113.1, sowie #1133 und generell #1255. – **b** 1 Cf. #415. – 3 *peregit.* – 4 *sitientes* cf. auch #1220f.

B IV 2374° m. add. ABE; DI. 630; KR. 26f.°; WE. 258; HU. 23.

#1136 graff. VII 16,22: Peristyl.

Secundo plurimam amabiliter salutem.

Dem Secundus auf liebevolle Art und Weise ganz viele Grüße.

B SOLIN (1975), no. 13; HU. 485.

#1137 graff. Vor der Porta di Nocera: Grab 11.ES (alt 31).

Habitus Secundo et sụis / amabiliter salutem.

Habitus (schickt) Secundus und seinen (anderen Freunden) einen Gruß, auf liebevolle Art und Weise.

B IV 10247; ImGr. 468*.

#1138 graff. Vor der Porta di Nocera: Grab 10.EN (alt 12).

Secun[do] / cum so[dale] / Hab[it]o / amabilit[er], / utiq. sodales.

Dem Secundus mit seinem Freund Habitus (einen Gruß?) auf amouröse Art und Weise, (wir sind) in jeder Hinsicht Freunde.

K 1 Auch *Secun[dus]* ist möglich, dann scil. *futuimus* (cf. #1240). – 5 *utique*; scil. *sumus* oder *sunt.*

B IV 10227; ImGr. 462*; HU. 974.

#1139 graff. II 4,6: Latrina.

unus amat una, / sa., sal.

Einer liebt eine, Gruß (da), Gruß (dort)!

K 1 *unam*; evt. Anklang an *quisquis amat* (cf. #1048). – 2 Zweimal *salutem*, d.h. für beide von einem dritten?

B IV 10128; HU. 164.

#1140 graff. VII 9,1: Nord-Porticus.

Noete, lumen, / va. va., / usque va.

Noete, (mein) Licht, alles, alles Gute, immerfort alles Gute!

E 2 VA Ligg. — 3 *e* kurs.
K 1 voc. zu *Νόητος*, cf. #548. – Cf. Mart. 1.68.6 *Naevia lux, inquit, Naevia lumen, have.*
B IV 1970° m. add. E; DI. 548; GE. F-10; WE. 8; HU. 588; VA. 34.

#1141 graff. IX 7,17: Türpfosten rechts.

Cestilia, regina Pompeìanoru, / anima dulcis, va.

Cestilia, Königin der Pompejaner, süße Seele, alles Gute!

E *e* kurs. — 2 VA Lig.
K *regina* übertrifft noch *domina*, cf. #822; *Pompeianorum*, zum *ì* cf. #451.
B IV 2413h m. add. A°E; ImGr. 433*; DI. 547; GE. F-8; MO. 44f.; WE. 1; HU. 900; VA. 31.

#1142 graff. VIII 7,20 (Theaterkorridor).

propero, vale, mea Sava, / fac me ames.

Ich muss mich beeilen, leb wohl, meine Sava, mach, dass du mich lieb behältst!

E *propero* ist kaum vom Rest zu trennen (pace VARONE in ImGr).
K Links und unterhalb sind viele Ritzzeichnungen. — 1 *Sava* eher Kosename als Substantiv, pace H. SOLIN in: Latin vulgaire – latin tardif VIII (2008), p. 66. — 2 Cf. #1123.
B IV 2414 m. add. E; ImGr. 420*; DI. 608; GE. F-22; WE. 10; HU. 806; VA. 38; LA. 898, 1005°, 1083°, 1416°, 1894°, 1895°.

#1143 dip. IX 6,7: links der Tür, nahe der Hausecke.

sullimaH ehtoN sic amo.

(Ich), Hamillus, liebe Nothe so sehr.

E Namen rückläufig (cf. #324).
K Ergänze: *ego, Hamillus,* und cf. #671; *Nothēn*, bzw. lat. *Nothem*, von *νόθη*.
B IV 3711 m. add. D; DI. 609; HU. 883.

#1144 graff. IX 2,26: Gartenporticus.

Θράσων, | κύριος Ἡλίου, | ἐρωτᾷ σε ὁ δοῦ|λος Ἥλιος ευβεα vac.

Thrason, Herr des Helios, der Sklave Helios bittet dich, gut zu ...

K 2 nom. als Apposition zu einem voc. cf. #7. — 4 *εὐβεα* unklar, SOLIN in add. E vermutet einen Namen, wir erwarten aber eher einen Wunsch (z.B. inf.), die Inschrift ist wohl vorzeitig abgebrochen worden. – Cf. IV 5036 (= 3307), 5039 (= 3312), 5040 (= 3313), alle am gleichen Ort und ebenfalls vorzeitig abgebrochen; entspricht den lat. Texten des Typs #1119 mit *dominus* im voc. (cf. #410, #1267) und *rogare* (cf. LSJ s.v. *ἐρωτάω*, III).

B IV 5037 (= 3310) m. add. E; DI. 516; HU. 854; VA. 147 ('ti ama').

#1145 graff. I 2,4 (Taberna): Nebenraum.

Διονύσιος, | ὀπτο τη vac.

Dionysios, ich wünsche, dich zu ... (*oder:* dass du ...).

K 1 nom. statt voc., cf. VÄÄ. p. 115. — 2 Lat. *opto te*, es ist wohl ein inf. o.ä. zu ergänzen.

B IV 3885 m. add. E; DI. 517; HU. 1.

#1146 graff. V 7,6–7.

Marcus Spedusa amat.

Marcus liebt Spendusa.

E *e* kurs.

K *Spendusam*, cf. #694, IV 4639 (-*nd*-) und VÄÄ. p. 67.

B IV 7086 m. add. E; DI. 604; GE. F-16; WE. 14; HU. 354; VA. 42.

#1147 dip. II 1,1: links der Tür.

Omullus ama[...]spuncles fel.; scribit Ascio++ | cum Gemino, cui pu[...]++

Homullus liebt, ...cles bläst (?). (Dies) schreibt Ascio... mit Geminus, dem ...

K 1 *Homullus*, cf. #427 und LEUM. p. 143, 306; *amat* (?), zweiter Name unklar; *fel(lat)* oder – weniger wahrscheinlich, weil ein dat. fehlt – *fel(iciter)*; zu *scribit* cf. #722.

B IV 7497 m. add. D; DI. 1080.

#1148 graff. V 2,i: Peristyl.

ἐμνήσθη Θεόφι|λος Βερόης ἐπ' ἀ|γαθῷ παρὰ τῇ κυρία.

Theophilos hat der Beroe mit guten Worten gedacht, bei der Herrin!

K Cf. A. REHM, ΜΝΗΣΘΗ, Philologus 94 (1941), p. 1–30 und jüngst SOLIN (2012), p. 102; #71 ist ganz andersartig. — 1 *μιμνήσκω* bedeutet '(mit Worten) gedenken' + gen. — 3 *παρὰ τῇ κυρίᾳ*, die mehrfach in solchen Inschriften genannte Isis wird hier wohl mit Venus identifiziert, cf. #1037; zu *κυρία* cf. #1149 und #822.

B IV 4189 m. add. E; ImGr. 225*; DI. 11; GE. F-13; HU. 286; GI. 47.

#1149 graff. VII 15,11–12.

Ἀμέριμνος ἐμνήσθη Ἁρμονίας, τῆς εἰδίας κυρίας, | ἐπ' ἀγαθῷ, ἧς ὁ ἀριθμὸς με' τοῦ καλοῦ ὀνόματος.

Amerimnos hat mit guten Worten der Harmonia gedacht, seiner eigenen Herrin, deren schönem Namen die Zahl 45 entspricht.

E 2 *με*, nicht *αλε*, Robert EISLER bei DORNSEIFF (1922), p. 112 n. 2.

K 1 *κυρία* cf. #822, das adj. *ἰδία* zeigt, dass der Schreiber die Geliebte als seine Isis-Venus betrachtet. — 2 *με'*, sog. Isopsephie, bei welcher die Zahlwerte der Buchstaben zusammengezählt werden, cf. J. und L. ROBERT, Bull. épigr. 1964 (in REG 77), p. 255 (no. 618) mit Bibl.; *καλὸν ὄνομα*, wozu cf. J. und L. ROBERT, Bull. épigr. 1973 (in REG 86), p. 148 (no. 380), wird von EISLER als 'Kosename' verstanden, das scheint zwar so sonst nicht bezeugt zu sein, welcher Name aber hinter '45' steckt, ist rätselhaft; scil. *ἐστίν*. — Zwei neue Inschriften dieser Art aus Stabiae AE 2013, no. 247 und 248.

B IV 4839° m. add. E; DI. 606.

#1150 graff. VII 16,10: Atrium.

φιλῶ ἧς ἀριθμὸς φμε'.

Ich liebe (die), deren Zahl 545 (ist).

K Scil. *ἐστίν.*
B IV 4861 m. add. E; DI. 605.

#1151 graff. VII 16,22: Eingang vom Peristyl in ein Zimmer.

ἧς φιλῶ ὁ ἀριθμὸς να'.

Von der, die ich liebe, (ist) die Zahl 51.

K Scil. *ἐστίν.*
B SOLIN (1975), no. 35*; HU. 490.

#1152 graff. VI 14,20: Triclinium.

dia tuto pilo: mae|nomae.

Deswegen liebe ich: (weil) ich wahnsinnig bin.

E *e* kurs.
K *διὰ τοῦτο φιλῶ· μαίνομαι.*
B IV 4519° m. add. E; DI. 607; HU. 428a.

#1153 ♪ graff. VI 13,19: links der Tür.

Hectice pụpe, va. Mercator tibi dicit.

Hecticus, Püppchen, Mercator sagt dir lebwohl!

M da6 SOLIN (2014), p. 100; der zweite Name ist um eine Länge zu kurz (cf. #465).
K *Hectice* voc., kaum fem.; zu *pupus* cf. VÄÄ. p. 109; *'vale!' ... dicit* (so wohl auch #921) ist Vorstufe zum Kompositum, cf. LEUM. p. 566.
B IV 4485° m. add. E; DI. 511; GE. F-23; WE. 484; HU. 418°; VA. 123.

#1154 ♪ graff. VII 7,19: Raum beim Atrium.

Hysocryse puer, Natalis verpa te salutat.

Isochrysus, Junge, der Schwanz des Natalis grüßt dich.

M da6 (ohne *te*) ZA.
K *Isochryse*, cf. VÄÄ. p. 33; *Natalis* ist eher gen. als nom., LO. (cf. auch #1379); IV 1375, schlecht lesbar, zeigt u.a. *Natalis verpe* (für *-ae*?), *cunn-* und *domna* (VI 11,15, wo ein Lupanar vermutet wird, cf. add. E zu jener Inschrift).
B IV 1655° m. add. E; DI. 545; CLE 1938.

#1155 graff. II 7 (Palaestra).

P. Pro|pesi|cunius | Verpa; | quị is|tuc leges, | non es | fiden|ter | script|o.

Publius Springinsloch Schwanz (war hier?). Du, der du dies liest, vertrau nicht (vorschnell allem) Geschriebenen!

E 3 Varones Lesung *cuntus* (in ImGr) ist abzulehnen, die sicheren T sind viel breiter, und ein Querstrich ist nicht sichtbar. – 4 Der kleine Abstand zwischen P und A ist der herabreichenden Unterlänge des S in 3 geschuldet. – 5 Varone (in ImGr) liest *que* (für *quae*) statt *qui* + Worttrenner, aber alle anderen E sind nicht kurs.

K 1–3 Die Lesung ist sicher; *Propesicunius* (nicht im voc.) hat nur einen Sinn als witziges Phantasiegentiliz aus *προπίπτω* 'vorwärtsstürzen' und *cunnus* (offenbar das bisher erste sog. *τερψίμβροτος*-Kompositum mit *-πεσι-*, es ist jedoch völlig richtig gebildet und attestiert dem Schreiber beste Griechischkenntnisse). – 4 *Verpa* ist dann wohl das passende «Cognomen». – 5f. Cf. #1105, Weeber und Hunink lesen *verpa (es), qui* ... (cf. #1379), aber derart eingeleitete Verwünschungen sind immer Verbalhandlungen, nie Nominalsätze, somit ist der vorangehende Teil syntaktisch vom Relativsatz zu trennen. – 6 *legis*, cf. VÄÄ. p. 21f. – 7–9 Nur verneinter impv. gibt einen Sinn (so Weeber, Hunink), im Lat. ist dies selten (cf. K.–St. I p. 203), im Griechischen aber (mit *μή*) ganz normal; auch adv. + *esse* ist im Griech. eher häufiger als im Lat., cf. K.–G. I p. 38, K.–St. I p. 9f. – Der Schreiber muss somit ein Grieche gewesen sein. Seine Botschaft ist hochaktuell, cf. #211 etc. sowie zur Reflexion über das Schreiben #794, #1096.

B IV 8617°; ImGr. 142*, (526); We. 358°; Hu. 190.

#1156 graff. IX 9,12 (Gasthaus): Garten.

Eliu cined. | Eliun`nva´aleas.

Helion, Arschanbieter, Helion, möge es dir gut gehen!

E 2 *-nva-* steht als einzufügende Korrektur über *-na-*.

K 1 *Eliu* (auch #1157) ist wegen des in 2 zweifach geschriebenen *n* wohl als *Ἡλίων* zu interpretieren, cf. LGPN III.A (auch anderswo bezeugt), add. E bevorzugt *Hellu(s)* mit nom. statt voc.; *cinaede* voc.

B IV 5268 m. add. E; Di. 553.

#1157 graff. IX 9,12 (Gasthaus): Garten.

Eliu, va.

Helion, alles Gute!

B IV 5266.

10.4. Harmonie, Ablehnung, Liebeskummer, Eifersucht usw.

#1158 graff. VIII 7,20 (Theaterkorridor).

Methe Cominiaes, Atellana, amat Chrestum corde. [si]t utreis^ que Venus Pompeiana propitia, et sem[per] concordes veivant.

Die Atellanenschauspielerin Methe, Sklavin der Cominia, liebt den Chrestus von Herzen. Möge beiden die Venus von Pompeji gewogen sein, und mögen sie immer einträchtig leben!

E Vor *corde* steht der einzige sicher gelesene Punkt der Inschrift.

K *Methe* auch IV 4434, cf. SOLIN (2003), p. 1334f.; *Cominiae* (scil. *ancilla*), cf. #74.a; *corde* passt zum ersten Satz besser als zum zweiten; *utrisque*, cf. #1062 und VÄÄ. p. 22, zum pl. ibid. p. 123; *Venus* cf. #109; *vivant*, cf. VÄÄ. p. 22.

B IV 2457° m. add. E; ImGr. 409*; DI. 493; GE. F-14; MO. 52f.; WE. 4; HU. 813; GI. 146; VA. 154.

#1159 graff. VII 4,31: Raum beim Atrium.

Eulale, bene valeas | cum Vera tua coniuge, | et bene futue [e]am, | et [- c. 5 -] m[- c. 10 -]

Eulalus, möge es dir gut gehen mit Vera, deiner Frau, und vögle sie gut, und ...

E *e* kurs. – 1 VA Lig.

K 3 *bene* cf. #1236.

B IV 1574° m. add. AE; DI. 486; GE. E-2; MO. 50f. (nur 1f.); WE. 163; HU. 544; VA. 153f.

#1160 graff. VI 15,6: Verschlag einer unter Treppe hinten im Haus.

Cornelia Hele[na] | amatur ab Rufo.

Cornelia Helena wird von Rufus geliebt.

E *f* kurs.
B IV 4637 m. add. E; GE. F-17; WE. 15; HU. 461.

#1161 graff. I 10,5: rechts der Tür.

[T?]eucrus | amat.

Teucrus liebt.

E *e* kurs.
B IV 8359; DI. 1082.

#1162 dip. VII 2,18: Peristyl.

C. Vivi | Itale, | frunis|carus s. Ati|a tua.

Gaius Vibius Italus, mögest du deine Atia stets (?) genießen!

E 2 *e* kurs. – 3f. *fruniscarus* add. B, das *f* ist klar gelesen.
K 1 *Vibi*, voc., wohl derselbe IV 10374. – 3f. *fruniscaris*, cf. #766. – 4 *s(alvus)*, MAU, *s(emper)* DI., alii alia. – 4f. Das Gentiliz *Atius / Attius* ist in Pompeji auch sonst bezeugt.
B IV 2953° m. add. BD; DI. 488; HU. 529.

#1163 graff. VI 7,1: Triclinium.

Glove_dicet:_Sympoṛẹ, | Valeṛịa_Eucẹ_male_periat, | opordet.

Chloe sagt: Symphorus, Valeria Euche soll jämmerlich zugrundegehen, unbedingt!

E *e* kurs. – 1f. Lesung SOLIN in add. E.
K 1 *Chloe*, cf. VÄÄ. p. 49; *dicit*, cf. VÄÄ. p. 21f.; *Sympoṛẹ* ist kaum als dat. interpretierbar, also voc. – 2 *Euche*, cf. #594; *pereat*. – 3 *oportet*, cf. VÄÄ. p. 54, zur Bekräftigung hinzugefügt.
B IV 4430° m. add. E; DI. 487; HU. 371°.

#1164 graff. VIII 1,1 (Basilica).

Virgula Tertio suo; ìndecens es.

Die kleine Rute (schickt) ihrem Tertius (einen Gruß). Du bist unanständig!

K *Virgula* (auch IV 1946 u.a.) demin. von *virga*, Cognomen (XI 1421), hier aber evt. individueller Spitzname (in diesem Fall: eines Mannes), cf. #1115 gleich darunter, zu den Spitznamen cf. #1134.

B IV 1881° m. add. E; ImGr. 374*; DI. 491; GE. F-30; KR. 48°; MO. 28f.; WE. 45; HU. 737; CollEp. 17b*; VA. 50; SP. 13*°.

#1165 ♪ graff. VI 14,43: Zimmer.

crudelis Lalage, quae «non am[o!» dicis amanti].

Grausame Lalage, die du «Ich liebe (dich) nicht!» [deinem Liebhaber sagst]!

M da6 (oder dist.?).

K Der gleiche Anfang (bis *Lalagẹ*) auch IV 3041, zum Namen cf. #985 (gleich um die Ecke) und SOLIN in add. E; BÜ.s geniale Ergänzung *quae «non am[o» dicit amanti]*, soll hier – leicht modifiziert – wieder zu Ehren kommen.

B IV 3042° m. add. E; CLE 952; GE. F-31; MO. 66f. (nur Anfang); WE. 26; HU. 444; GI. 196; VA. 98.

#1166 graff. VI 14,40: Gartenporticus.

vide que pateor, Peterula, rogo ++ vac.?

Sieh, was ich leide, Petrulla! Ich bitte ...!

E Nach *Peterula* ein großer Abstand; evt. vorzeitig abgebrochen.

K *quae*; *patior*; *Petrulla*, DI., cf. VÄÄ. p. 47 und SOLIN in add. E; am Schluss evt. *ṭẹ* 'dich'.

B IV 4562° m. add. E; DI. 749; HU. 436.

#1167 ♪ graff. VI 13,21: links der Tür.

Pusina,_mul|ti_te_amant, | te Ạṇicetus | mẹṇtula.

Pusina, viele lieben dich, Anicetus (aber) mit dem Schwanz.

M ia6 (mit zu langem Namen, cf. #763, und einem überflüssigen *te*).
E *e* kurs. – 2 AMA Lig. – 4 *m++tula, mentulā* VARONE.
K 3 Gemeint ist evt. *Actius Anicetus*, cf. #480.
B IV 1405° m. add. A°E; GE. F-38; WE. 151; HU. 408; VA. 86f.

#1168 graff. VII 12,35 (Gasthaus): Zimmer.

Vibius Restitutus hic | solus dormivit et Urbanam | suam desiderabat.

Vibius Restitutus hat hier allein geschlafen und sich (die ganze Nacht) nach seiner Urbana gesehnt.

B IV 2146° m. add. E; DI. 727; WE. 27; HU. 672; VA. 19.

#1169 ♪ graff. VIII 1,1 (Basilica).

Sarra, non belle facis, | solum me relinquis. | debilis.

Sarra, (das) machst du gar nicht fein, lässt mich allein zurück. – Schwächling!

M Evt. tro7.
E Zeileneinteilung und Schreibstile sind nicht zuverlässig überliefert, ZA.
K 1 Cf. #1365, ferner #1264ff. – 3 Wenn dies Sarra hinzugefügt hat, hat sie die Klage in geschickter Weise zu einem tro7 ergänzt (*facis* ⏑⏑ mit IK, cf. #615); cf. evt. Iuv. 10.227.
B IV 1951 m. add. E; GE. F-39; MO. 54f.; WE. 37, 323; HU. 765; VA. 98.

#1170 graff. VI 11,13: Atrium.

a *Dinibales, | Synoris, | Spurius, | Macer, |⁵ Domitius, | Alexander.* – **b** *Cius, | Casạrtịọ, | Sperat., | Primoc[e]nes.* – **c** *per_omnia | fata, | [qu]o ibimus, | [t]e te ṭe_balde |⁵ ame, ne[c] vis, | eco solus.*

a Dinibales, Synoris, Spurius, Macer, Domitius, Alexander. – **b** Chius, Casertio (?), Speratus, Primogenes. – **c** Durch alle Schicksale, wohin wir gehen, will ich dich, dich, dich sehr lieben. Und du willst nicht, ich (bin) allein.

M **c** 1f./5f. Teils dactyl.
E **a**–**c** *e* kurs. – **c** *f* wohl auch kurs.

K **b** 1 *Chius*, cf. evt. #736. – 2 Unklar. – 3 *Speratus*? – 4 Mischform aus *Primigenius* (cf. #71) und *Πρωτογένης*, zu -c- cf. VÄÄ. p. 53. – **c** 4 *te te te* cf. #835; *valde*. – 5 *amem*; *ne[q]uis* gibt keinen Sinn. – 6 *ego*, cf. VÄÄ. ibid.
B IV 1397° m. add. E; DI. 492.

#1171 graff. II 4,7: Raum östlich des Tricliniums.

[---]ṿi non paterus et nos futuere beṇ[e ---]

... leidest du nicht, dass auch wir gut vögeln ...

E *e* kurs.
K *patĕris* (praes.), cf. #766.
B IV 10144.

#1172 ♪ graff. I 2,20 (Taberna): Hinterzimmer.

++ c. 18 ++ | dolete, puellae,
pedi[care volo], | cunne superbe, va[le]. |
Ampliatus toties | [---]++er+ | +++ scribet,
toties venit | hoc, quoque futu{tu}i futụi |
ẹaṛbịne + negate + locorụ car | hic | recạreạ s meo r+dut+o |
ara vac.

... trauert, ihr Mädchen,
Jungs fick[en will ich], hochmütige Möse, ade!
Ampliatus (hat?) so oft ..., ... schreibt,
so oft ist er hierher gekommen, und was ich gevögelt habe, habe ich gevögelt.
... lehnt ab ... der Orte ... hier ... meinem ...

M 1–3 dist., 4–7 wohl auch, nachher unklar.
E 1 Nichts ist sicher gelesen. – 8ff. Das meiste ist sehr unsicher gelesen.
K 2 *pedi[care volo]* A.E. HOUSMAN, CR 41 (1927), p. 61, cf. #1342. – 4 *Ampljātus* gemessen, cf. #267. – 4–11 Inhaltlich unklar. – 6 Wohl *scribit*, cf. VÄÄ. p. 21f. – 6f. Wohl statt *hoc toties venit*. – 7 *huc*; *quo(d)que*, assimiliert wie in *quicquam* usw., aber ohne Wiedergabe der Ersatzdehnung (cf. auch #836, #1063); die erste Form in *fututui futui* ist kaum supin. II (so VÄÄ. p. 118), das syntaktisch und semantisch keinen Sinn gibt (mit supin. I nach *venire* wie in #931 und #938 ist der Fall nicht vergleichbar), sondern in häufiger Weise durch Silbenverdoppelung verschrieben (cf. #362, #399.b, #920, #1084.d, ferner evt. #475, #1498); zu *quod* cf. #1242 *nihil* und Plaut. Merc.

744 *nam qui amat, quod amat si habet, id habet pro cibo* (ähnl. Cas. 57, 451, Curc. 31, 136, 138, 170, Poen. 820, Trin. 242 usw.); das erste *futui* ist iambisch, was metrisch fragwürdig ist, vermutlich lautete der Satz in der Vorlage einfach *quod futui, futui*. – 8 Evt. statt *cardine* oder *carmine*; *locorum*.

B IV 3932° m. add. E; DI. 1031; CLE 2062; WE. 169 (nur Teile); HU. 10°; GI. 220; VA. 124f. (nur 1–3).

#1173 ♪ graff. Stabiae, Villa di Arianna: Zimmer.

εἴ τις καλὸς γενόμενος | οὐκ ἔδωκε πυγίσαι·
ἐκῖνος καλῆς | ἐρασθεὶς μὴ τύχοι βεινήμα|τος.

Wenn ein schöner Junge (sich) nicht zum Ficken hingegeben hat,
dann soll (auch) er, wenn er sich in eine Schöne verliebt hat,
keine Gelegenheit zum Bumsen erhalten!

M ia3, mit zusätzlichen Wörtern.

K Cf. C.P. JONES, Harv. Stud. Class. Phil. 75 (1971), p. 82 n. 5, und zuletzt D.R. JORDAN, ZPE 111 (1996), p. 124, mit plausiblem Versuch einer Restitution des verlorenen Originals (wohl aus populärer Dichtung): *Εἴ τις καλός γ' ὢν οὐκ ἔδωκε πυγίσαι, / καλῆς ἐρασθεὶς μὴ τύχοι βινήματος*. Fragmente desselben Textes nun in Pully (Schweiz), cf. Mus. Helv. 72 (2015), p. 101 no. 57 und ibid. 76 (2019), p. 109f. – 2 *ἔδωκε πυγίσαι* cf. #1324f. und #1283.

B L. D'Orsi, PP 23 fasc. 120 (1968), p. 228–30 (229*); GI. 216 n. 98; VA. 121.

#1174 graff. I 10,3: Türpfosten links und rechts.

a *Successus textor amat Coponiaes ancilla, | nomine Hiredem, quae quidem illum | non curat. sed ille rogat{i} illa, comiseretur. | scribit rivalis, vale.*
b *invidiose, quia rumperes, sedare noli formonsiorem, | et qui est homo pravessimus et bellus.*
c *dixi, scripsi. amas Hiredem, | quaẹ ṭ[e] non curat. Six. Successo, | ut s{ụ}cr+[- c. 7 -]s[---] | Severus.*

a Successus der Weber liebt die Magd der Coponia, mit Namen Iris, die sich allerdings nicht um ihn kümmert. Aber er bittet sie, sie möge sich seiner erbarmen. (Dies) schreibt der Rivale, tschau!
b Neidhammel, (versuch) nicht, weil du schier platzt (vor Eifersucht), einem Schöneren Konkurrenz zu machen, einem, der ein ganz gerissener Kerl ist und hübsch!

c Ich habe es gesagt, ich habe es geschrieben. Du liebst Iris, die dich ignoriert. ... dem Successus, dass er schr... Severus.

E **a–c** *e* kurs. – **a** Gleiche Hand wie c. – **c** 2 Evt. nur *quae non curat*; *qua [t]e non* VARONE. – 3 Eher *ut scrị-*, das *-ụ-* ist deutlich kleiner und gehört wohl nicht dazu.

K **a** 1 *Coponiaes* gen., cf. #74.a, nicht 'Wirtin' (pace VARONE; dies lautet *copona*, nicht *-nia*), sondern Eigenname, in Pompeji evt. noch #730, aber anderswo häufig; zu *cop-* cf. #254; *ancillam*, zum Suffix cf. #820. – 2 *Iridem*, cf. #596 und VÄÄ. p. 21. – 3 *curat* cf. #231; *illam*; scil. *ut*; conj. praes. von *commiserari*, pace VÄÄNÄNEN (1981), p. 120, §270 und H.–SZ. p. 191. – **b** 1 *invidiose* cf. #190; *rumperis*, cf. OLD s.v., 2.b, und zu *-is* cf. VÄÄ. p. 21f.; statt *secare* (DI.) o.ä. ist eher mit VARONE *sedare* zu lesen, etwa 'bremsen, entmutigen, zurückhalten' (OLD s.v. *sedō*, 2–3); *formosiorem*, cf. VÄÄ. p. 69 (contrépels). – 2 *pravissimus*, cf. VÄÄ. p. 21; nach DEROUX, Latomus 63 (2004), p. 615–30 ist *prav-* versehentlich statt *prob-* geschrieben, evt. liegt aber eher eine umgangssprachliche Bedeutungsumkehrung vor, wie z.B. frz. *malin* 'klug', *terrible* 'großartig', cf. auch #760. – **c** 2 *Six.* unklar, *Sextus*?

B IV 8259°, 8258°; DI. 1026, 1025; GE. F-41; KR. 46f.°; MO. 42f. (nur bis c *curat*); WE. 40°; HU. 68°; VA. 111ff.

#1175 graff. VI 13,19: Ala rechts des Tablinums.

Thyas, | noli amare | Fortunatu, | vale.

Thyas, liebe nicht den Fortunatus! Leb wohl!

E *f* kurs.

K Zwischen Z. 3 und 4 ist ein Phallus abgebildet. – 3 *Fortunatum.*

B IV 4498° m. add. E; DI. 610; GE. F-40; WE. 41°; HU. 423°; VA. 113.

#1176 ♪ graff. II 7 (Palaestra).

Cẹio | et mul|tis pupa | venust|⁵a.

Ceius – und vielen (anderen) – (scheint) das Püppchen hübsch.
Oder: Ceius (hat) ein hübsches Schätzchen, aber viele (andere haben dieses) auch.

M da6 fr. (fin.?).

K 5 Scil. *videtur* oder *est.*

B IV 8807.a; ImGr. 525°; WE. 3, 185; HU. 216; VA. 33.

#1177 graff. VII 16,22: Eingang zum Peristyl.

amator, | quae malu?

Verliebter, welche (ist) das Problem?

K 2 SOLIN schlägt Verschreibung statt *cave malu* vor (cf. #751ff.), aber das Q wäre dann schwer erklärbar.

B SOLIN (1975), no. 21*.

#1178 graff. V 2,e–f.

cave usoribus.

Pass auf die Ehefrauen auf!

K Cf. OLD s.v. *caveō*, 5 (dat.; bloßer abl. bei Personen im Sinne von 'hüte dich vor' ist nicht bezeugt); *uxoribus* oder *[(a) l]usoribus*, MAU, es scheint aber nichts zu fehlen, und ein subst. *ūsor* 'Benutzer' existiert nicht; in Pompeji ist dies der erste Beleg mit *-s(s)-* für *-x-* im Inlaut, aber für den Auslaut gibt es viele (cf. #416), zudem steht *-ss-* in *isse, issa* für *-ps-* (cf. #493), cf. auch VÄÄNÄNEN (1981), p. 65; evt. scil. '(eure)' oder '(unsre)' usw.

B IV 4238 m. add. E; HU. 273.

#1179 graff. I 10,8: Zimmer.

κοντεμνω, δηρειδιω Λατωνα τουα, Σαλβιλλαμ̣.

Ich verachte, ich verlache deine Leto, die Salvilla!

K *contemno, derideo Latonam tuam, Salvillam*, DCO., es spricht also wohl eine eifersüchtige Ehefrau zu ihrem Mann, den sie mit Zeus / Iuppiter vergleicht; unplausibel VARONE, der *Salvilla* als voc. auffasst (den Rest des letzten Buchstabens missachtend) und ein subst. *latona* 'sesso femminile' imaginiert; *-iō* für *-eō* wie üblich; zur Verwendung des gr. Alphabets für lat. Text cf. #1200 und A. KROPP in A. WILLI (Hg.), Sprachwissenschaft und Epigraphik (Innsbruck 2017), p. 129f.

B IV 8384; ImGr. 78f.*, (518); GE. F-43 (verwechselt Latona mit Latonia); HU. 94; GI. 48; VA. 98.

#1180 graff. I 10,11: Peristyl.

move_te, fellator.

Pack dich, Schwanzlutscher!

K Cf. z.B. *move ocius te*, Ter. Andr. 731, ähnlich Eun. 912f.
B IV 8400; ImGr. 82°; KR. 51; WE. 134; HU. 95.

#1181 dip. Vor der Porta di Nocera: Grab 4.EN (alt 6).

Erotariṇ, | vetula selotia.

Erotarium (?), du eifersüchtige alte Schlampe!

E 1 *-in* (für gr. *-ιον*) H. SOLIN, Gnomon 45 (1973), p. 268.
K 2 *zelotypa* DCO., wohl verschrieben.
B IV 9945 m. add. D; HU. 973; VA. 110f.

#1182 graff. VII 11,11 (Gasthaus): Eingang links.

Niycherate, v|ana succula, | que amas | Felicione |5 et at porta | deduces, | illuc | tantu | in mente |10 abeto vac.

Nicerate, du hohle Saftflasche, die du den Felicio liebst und zu (deiner) Pforte herabführst, das (eine) nur sollst du dir merken: ...

E *e, f* kurs.; vorzeitig abgebrochen.
K 1 *Νικηράτη*, cf. VÄÄ. p. 33 und 57, merkwürdige Schreibung, evt. Anspielung auf *νύχιος* 'nächtlich' etc.? – 2 *sūcula*, hier wohl von *sūcus* abgeleitet (das auch *succus* geschrieben wird), evt. gleichzeitig von *suculentus* zurückgebildet; cf. #215. – 3 *quae*. – 4 *Felicionem*. – 5 *ad portam* cf. VÄÄ. p. 70, zur Bedeutung cf. #1185. – 6 Wohl *deducis*, cf. VÄÄ. p. 21f. – 7 *illud-c(e)*, cf. VÄÄ. p. 86; *illunc* SOLIN in add. E, für den Gesamtsinn ist dies aber nicht günstiger. – 8 *tantum* 'nur'. – 9f. Cf. #1034. – 10 *habeto*. – 7–10 Wohl Beginn einer Drohung.
B IV 2013° m. add. AE; DI. 507; GE. F-45; WE. 42; HU. 600; VA. 114.

#1183 ♪ graff. VIII 4,4: beim Tablinum.

multa mihi curae (⏑⏑ –) cum p̣ṛesserit artus, |
has ego mancinas, stagna refusa dabo.

Wenn mir viele Sorgenlast die Glieder drückt,
werde ich diesen Schaft (drücken und) stille Wasser aufgewühlt (heraus)geben.

M dist.

K 1 *[pr]esserit* BÜ.; *(moles) multa mihi* ... BÜ., oder *multa mihi curae moles.* – 2 *mancīna* (subst., hapax leg.), hier wegen der drei Teile im poetischen pl., ist abgeleitet von *man(i)ca*, cf. frz. *le manche* 'Stiel, Griff' (sekundär masc.), scil. *premam* oder *premens*; *stagna refusa* wohl nach Verg. Aen. 1.126; zur Verwendung von *fundere* cf. auch #1020.

B IV 2066° m. add. ABCE; DI. 602; CLE 956; WE. 162; HU. 783; GI. 175; VA. 92f.

#1184 ♪ graff. IX 6,5: links der Tür.

tu qui^de digitos contrudis m n vac.?

Du aber drückst die Finger zusammen ...

M Eher tro7 als ia6.

E *tu qui die*, MAU; das *i* von *die* sei aber evt. nur ein zufälliger Strich, somit ist wohl eher *quide(m)* zu lesen; zudem ist *diē* als Synonym von *interdiu* (so MAU zögernd) sonst nicht bezeugt, sondern bedeutet 'pro Tag' (einmal, zweimal etc.), cf. OLD s.v. *diēs*, 3.a.

K *m[a]n[ūs]* mit sexueller Interpretation VARONE, gefolgt von WEEBER und HUNINK, dann wäre aber statt *m[a]n[um ---]* plausibler *m[e]n[tulam ---]* zu ergänzen, z.B. *m[e]n[tulam amplexam tenens / terens]* oder (syntaktisch wie in #1089.a) *m[e]n[tulae amplexos tenens].*

B IV 5174 m. add. E; DI. 500; WE. 161; HU. 881; VA. 93.

10.5. Liebesabenteuer

#1185 graff. IX 1,22: Raum beim NW-Peristyl.

Satur, noli cunnum lingere | extra porta, set ìntra porta. | rogat te Arpogra, ut sibi lingas mentula. | at, fellator, quid vac.

Satur, leck die Muschi nicht vor der Pforte, sondern innerhalb. Harpocras bittet dich, dass du ihm den Schwanz leckst. Aber (du), Schwanzlutscher, was ...

E Schräge Striche an den meisten Wortenden (cf. #1230, #1501), weggelassen v.a. bei Enklitika (vor und nach *te* und *sibi*) und Proklitika (nach *set*), cf. #756f., #906. – 4 Frühzeitig abgebrochene Fortsetzung.

K 1 *Satur* oder *Satur(nine)*, cf. #1186, jedoch kaum mit VARONE für *Satyr-*. – 2 *portam*, zur Bedeutung cf. Catull. 15.18 etc. und #1182; *sed*, cf. VÄÄ. p. 70. – 3 *Harpocras*, cf. #1277 und VÄÄ. p. 53, zu *-s* cf. VÄÄ. p. 79 (ε); *mentulam*.
B IV 2400 m. add. ABE; DI. 501; WE. 141; HU. 830; VA. 80f.

#1186 graff. I 2,19: rechts der Tür.

Saturnine | cunnum linge|re nolî.

Saturninus, leck nicht die Muschi!

K 1 Evt. der Politiker von #366 (dort abgekürzt *Satur.*), das Cognomen ist in Pompeji allerdings häufig.
B IV 3925 m. add. E; WE. 118; HU. 7; VA. 80 n. 125.

#1187 graff. III 5,3: links der Tür.

Tiopilus, canis, | cunnu lingere no|li puellis in muro.

Theophilus, du Hund, leck nicht an der Mauer den Mädchen die Muschi!

E *e* kurs. – 1 *Tio-* Lesung von H. SOLIN, Epigraphica 30 (1968), p. 115–18. – 3 *li puellis* SOLIN ibid.
K 1 *Theophile*, zum nom. statt voc. cf. VÄÄ. p. 115. – 2 *cunnum*.
B IV 8898; ImGr. 206*, (527); WE. 140; HU. 175; VA. 80.

#1188 ♪ graff. IX 6,g: Peristyl.

quod cunnum lingis + *vac.?*

Weil du die Möse leckst ...

M Evt. ia6 init. oder hemiep.
E Unfertig?
B IV 5193 m. add. E; HU. 890.

#1189 graff. I 10,8: Zimmer.

Onesime, | xurikilla, | dos, labe! Onesimus | Onesimi qunu_ligi.

Onesimus, Lippenrasierer (?), gib (und) nimm! Onesimus leckt die «Muschi» des Onesimus.

E 1–3 Mit jeder Zeile wird die Schrift kleiner. — 1 *e* kurs. — 3 Erstes *e* kurs. — 4 Erstes *e* kurs.; am Ende nach einem Abstand zwei *e*, nicht zugehörig.

K 1 Am Ende Ritzzeichnung eines Phallus, desgl. 3 nach *dos*. — 2 Muss gr. sein angesichts von *x*- und *-k-*, also evt. verballhornt aus **ξυρησί-χειλος*, **ξυρο-χειλής* o.ä. (cf. LSJ s.v. *χεῖλος* am Ende, sowie suppl. s.v. *ξυρησί-ταυρος*), cf. ferner #1518 und #1112 *glaber*. — 3 *dos* ist nicht lat., sondern gr. impv. *δός* (cf. #1325), und *labe* ist nicht lat. *labii*, sondern gr. impv. *λαβέ*, beide beziehen sich auf den gezeichneten Phallus. — 4 *cunnum lingit*, zu *-(n)g-* cf. VÄÄ. p. 67, zu fehlendem *-t* #1049 und VÄÄ. p. 70. — Weitere solche Texte #1332ff., 1354ff.

B IV 8380; ImGr. 77*°; DI. 1030; HU. 92 (nur 4).

#1190 graff. V 5,3: Peristyl.

Servilius amat, nec | illi sit copia. Servilì, | cunnulinge.

Servilius liebt, er soll aber keine Gelegenheit haben! Servilius, Mösenlecker!

E 3 NG Lig.

K 3 Aus inhaltl. Gründen ist voc. wahrscheinlicher als impv., cf. VÄÄ. p. 105; *-u-* in *-nu-* ist durch Univerbierung (Zusammenrückung) zu erklären (s. LEUM. p. 383f., 565) aus *cunnum ling-* (so auch nom. IV 1331 *[c]unul[i]gus*, 5263 *cunnulingus* und adv. #1334), daneben gibt es die echte Komposition *cunni-ling-* (in Pompeji nur IV 5365, aber häufig literar.).

B IV 4304 m. add. E; DI. 611; WE. 126; HU. 332; VA. 113.

#1191 graff. IX 2,23–24.

Sulemnis, | cunulinge.

Sollemnis, Mösenlecker!

E *e* kurs. — 2 MAUs (unpubl.) Zeichnung (cf. add. E) zeigt scriptio continua.

K 1 *Sollemnis*, cf. VÄÄ. p. 27. — 2 Eher voc. als impv. *cunnum linge*.

B IV 4995 m. add. E; DI. 501a; HU. 845.

#1192 graff. IX 9,12 (Gasthaus): Garten.

Λούκιον_λι_cunnu.

Lucrio (?), leck die Möse!

K Statt nom. *Λούκιος*, oder spöttisches gr. ntr., oder verschrieben für *Λουκρίων* (cf. #1323), ein «acc. exclamativus» (cf. SOLIN in add. E) scheint mir dagegen nicht plausibel; eine Form von *lingere*, wohl impv.; *cunnum.*

B IV 5267° m. add. E; DI. 501b; HU. 935°.

#1193 graff. VII 4,48: Raum hinter dem Atrium.

linge Laidi cunnum.

Leck der Lais die Möse!

K *Λαΐς* im dat., cf. #596.

B IV 1578° m. add. E; WE. 121; HU. 545; VA. 79.

#1194 graff. VIII 6,6: rechts der Tür.

Fortuna/te, linge / culu.

Fortunatus, leck den Arsch!

E *e, f* kurs.

K 3 *culum.*

B IV 4954 m. add. E; DI. 502; HU. 791.

#1195 dip. VII 1,8 (Stabianer Thermen).

oblige mentla[m]; / mentlam elingẹṣ; / [------] / destillatio me tenet.

Leck (mir) den Schwanz von vorn! Du wirst (mir) den Schwanz leerlutschen. [...] Die Spritzsucht hat mich im Griff.

E *e* kurs. außer in *oblige* und *elinges.* — 1 NT Lig.

K 1 *oblinge*, cf. VÄÄ. p. 67. — 1f. *mentulam*, cf. VÄÄ. p. 44. — 4 *me tenet* soll in humoristischer Weise an eine Krankheit denken lassen (cf. #932ff.), cf. *destillator* (unsicher gelesen) in IV 8760.

B IV 760° m. add. AD; DI. 503; WE. 157 (nur 4); HU. 501°; VA. 118ff.

#1196 graff. III 6,1: rechts der Tür.

destilato me tenet.

Ich habe die Spritzsucht.

E *e* kurs.
K *destillatio*, wohl mit Palatalisierung [tʲ], cf. #267.
B IV 8918; HU. 250.

#1197 graff. I 15,3: Atrium.

ẹlige, [p]uela, irumanṭi; ṃạṇụ[i? op]ụlent[i] nuli ne^gant.

Lutsch (ihn mir) leer, Mädchen, wenn (ich) ihn dir in den Mund stecke. Keiner reichen Hand (?) verweigern sie (dies).

E AN in *ṃạṇụ* evt. Lig.; *[..]+lenti.*
K In der Ritzzeichnung eines Langschiffes (cf. #1465, gleich darüber, mit *pauper amatus*). – *elinge*, cf. VÄÄ. p. 67; *puella*; *irrumanti*; DCO. restituiert *irrumanti (et) ṃanu [po]ll(u)enti* (mit abl. *manu* und ptc. von *pollēre* oder *polluere*), dies würde aber die einzige ausgeschriebene Geminata voraussetzen; auch acc. *manu[m]* 'eine hilfreiche Hand' wäre denkbar, was hier aber sachlich nicht passt, und die Parallele Ov. trist. 3.4.76 (= 4b.30) passt bezüglich der Stimmung nicht gut. Insgesamt nicht ganz klar.
B IV 10197°; ImGr. 89*; WE. 119°; HU. 131°; VA. 76; LA. 1850°.

#1198 graff. VI 11,10: Peristyl.

me me | mentulam | linge.

Leck mich den Schwanz, ja mich!

E *e* kurs.
K 1 Eher emphatisches *mē* (DI.) als zweimal abgebrochenes *me(ntulam).* – 2 Also acc. graec. (hier mit acc. berolin. übersetzt); oder aber es spricht die *mentula*, so WEEBER.
B IV 1441 m. add. AE; DI. 504; WE. 106; HU. 395.

#1199 graff. I 11,14: Peristyl.

Piramo | cotttdie | linguo.

Ich lutsche (ihn) dem Pyramus jeden Tag.

K 1 *Pyramo*, cf. VÄÄ. p. 33. – 2 *cottidie.* – 3 Statt *lingo*, nach *lingua* (und *ung(u)ere*), cf. ThLL VII.2 1443.5ff.
B IV 10041.d; WE. 120; HU. 111; VA. 76.

#1200 graff. II 1,10: Durchgangsraum.

Πετρωνι, Πυραμο πηδικας.

Petronius, du fickst den Pyramus.

K *Petroni* voc., *Pyramum pedicas;* cf. #1179.

B IV 10090; HU. 142; GI. 48.

#1201 graff. VI 13,19: links der Tür.

a *Daphnicus cum Felicula sua hac.*
b *bene Felicule, bene Daphnico, | utriusque bene eveniat.*

a Daphnicus (ist) mit seiner Felicula hier vorbei(gekommen).
b Gut für Felicula, gut für Daphnicus, beiden möge es gut herauskommen!

E **b** *e* im ersten *bene* sowie *f* kurs.

K **a** Die Inschriften dieser Struktur («X und Y *hāc / hīc*») spielen wohl öfter auf ein sexuelles Abenteuer an, bei *hāc* (cf. #426) könnte z.B. ein «Quickie» o.ä. gemeint sein (cf. #1257), als das Pärchen vorbeikam (cf. #1214ff. mit *modo hac*). – **b** 1 *Feliculae,* cf. #595. – 2 Der gen. ist nicht unbedingt fehlerhaft statt normalem dat. (cf. #782), pace VÄÄ. p. 118, denn der Schreiber könnte sich auch je etwas ganz Konkretes als subj. zu *ēvenīre* vorgestellt haben (cf. dazu #782.h); inhaltlich cf. auch #1158f., #1162.

B IV 4477 m. add. E; DI. 575; GE. F-15; WE. 34; HU. 417; VA. 153.

#1202 graff. V 1,18: rechts der Tür.

Daphnicus cum Felicla sua hic.

Daphnicus (war) mit seiner Felicula hier.

K *Felicula,* cf. VÄÄ. p. 44.

B IV 4066 m. add. E; WE. 22, 486; HU. 267; VA. 44.

#1203 graff. V 1,18: Triclinium.

[---]r Feliculae s.

...r (schickt) Felicula einen Gruß.

K *s(uae)* scil. *salutem,* oder *s(alutem).*

B IV 4048 m. add. E.

#1204 graff. VII 15,12–13.

Amethysthus | nec sine sua Valentina.

Amethystus, und nicht ohne seine Valentina.

K 1 *Amethystus.* – 2 *nec sine* cf. #123.
B IV 4858 m. add. E; DI. 710; WE. 53; HU. 691.

#1205 graff. I 10,3: Türpfosten rechts.

Sabinus cum Primigenia ac.

Sabinus (kam) mit Primigenia hier vorbei.

K *hac.*
B IV 8260.a; DI. 1119; HU. 69; VA. 44.

#1206 graff. V 1,26: Peristyl.

Staphylus hic cum Quie[ta].

Staphylus (war) hier mit Quieta.

E *m* kurs.
K Cf. #1297.
B IV 4087 m. add. E; WE. 20; HU. 268; VA. 44.

#1207 graff. VII 16,22: Treppe vom Peristyl ins Obergeschoss.

Epaphroditus cum Thalia hac.

Epaphroditus (kam) mit Thalia hier vorbei.

K *Thalia* auch #502.
B SOLIN (1975), no. 58*, p. 247; HU. 494; GI. tab. 11* (unvollst.); VA. 45.

#1208 graff. VII 16,22: Treppe vom Peristyl ins Obergeschoss.

Epaphroditus.

Epaphroditus.

K Der gleiche Text auch SOLIN (1975), no. 64.
B SOLIN (1975), no. 63*, p. 247; HU. 496a.

#1209 graff. II 4,10: links der Tür.

scutularius cum Africana hac.

Der Schälchenmacher (kam) mit Africana hier vorbei.

K Von *scutula*, wohl 'kleine rhombusförmige Schale', cf. OLD s.v. und #1226 *laguncularia*, ntr. pl. eines entsprechenden adj.

B IV 10155; ImGr. 110*; WE. 487; HU. 173; VA. 45.

#1210 graff. IX 7,19–20.

Secundus | cum Primigenia | conveniunt.

Secundus mit Primigenia treffen einander.

E *e* kurs.

K 3 Zum pl. cf. #1239ff. und VÄÄ. p. 114.

B IV 5358 m. add. E; DI. 728; GE. F-18; WE. 21; HU. 904; VA. 44.

#1211 graff. VI 16,7: Eingang rechts.

a *Modestus | cum Albana.* — **b** *Albana.*

a Modestus mit Albana. — **b** Albana.

E **a** *e* kurs. — **b** Von anderer Hand.

B IV 6818 m. add. CE; ImGr. 279*; KR. 81*; WE. 24; HU. 471; VA. 44.

#1212 graff. II 7 (Palaestra).

Antiochus | hic mansit | cum sua | Cithera.

Antiochus ist hier (über Nacht) geblieben mit seiner Cythera.

K 1 Bildet mit der darüberstehenden Ritzzeichnung eines Segels ein Schiff, cf. ähnlich #453. — 2 Cf. #1223f. — 4 *Cythera*, cf. VÄÄ. p. 33.

B IV 8792.b; ImGr. 192*, (526); KR. 43; WE. 23, 498; HU. 213; VA. 45; LA. 24°.

#1213 graff. II 7 (Palaestra).

L. Istacius | cum | P̣ṛimigenia | hic. |5 Prima, seq|uere. | Volu|mnius.

Lucius Istacidius (war) mit Primigenia hier. Prima, folge (lieber mir?)! (Dies schreibt) Volumnius.

E 1 *L. Istaci(di)us* H. SOLIN, Arctos 37 (2003), p. 201f., cf. #929; *Pittacius* las DCO. – 5 P und R sind übereinander geschrieben.

K 1 Der freie Mann (in SOLINs Lesung) ist auffällig in dieser Art Inschrift; zum Namen cf. #279 *Popi(di)um*, #865 *viri(di)a*. – 5 Kurzform von *Primigenia*?

B IV 8769.c°; ImGr. 184*, 524°; HU. 209°.

#1214 graff. II 4,10: links der Tür.

Pithia Prima cum Spartitundiolo modo ha[c].

Pithia Prima (kam) mit «Flachsbrecher» (*oder:* «Peitschenhauer») soeben hier vorbei.

E *Sparti-* VARONE in ImGr (die Fotoqualität erlaubt die Verifikation nicht in allen drei Inschriften); *Spari-* DCO. (offenbar dreimal falsch gelesen).

K *Pithia* ist Gentiliz, cf. in Pompeji eine *Pithia P.l. Rufilla* bei A. HÜTTEMANN, Pompejanische Inschriften (2010), no. 67; Spitzname (cf. #515) nicht ganz klarer Konnotation, aus *σπάρτον* = *spartum* 'Pflanzenfaser; Seil' (cf. LSJ und OLD s.v.), und *tundere* '(Leinen) brechen; peitschen' (OLD s.v. *tundō*); *modo hac* (scil. *viā*) 'gerade eben im Vorbeigehen', cf. #1201.

B IV 10151; ImGr. 109*; WE. 488; HU. 169; VA. 45 (nur en passant).

#1215 graff. II 4,10: links der Tür.

Pithia Prima cum Spartitundiolo hac modo.

Pithia Prima (kam) mit Spartitundiolus soeben hier vorbei.

B IV 10154; ImGr. 110*; HU. 172.

#1216 graff. II 4,10: links der Tür.

Prima cum Spartitundiolo modo h[ac].

Prima (kam) mit Spartitundiolus soeben hier vorbei.

B IV 10156; ImGr. 110*; HU. 169.

#1217 graff. II 4,10: links der Tür.

Prima cum suo hac.

Prima (kam) mit ihrem (Typen) hier vorbei.

K Cf. #1298ff.
B IV 10153; ImGr. 110*; HU. 171.

#1218 graff. Grab der Aesquillia Polla gegenüber der Porta di Nola.

Felicio cum Fructo hac.

Felicio (kam) mit Fructus hier vorbei.

E *e* kurs.
K Neben der Hauptinschrift des Grabes (diese ist AE 1911, no. 71).
B IV 7020 m. add. E; DI. 1118.

#1219 dip. Vor der Porta di Ercolano (Südseite der Straße): Grab 18.

Gemellus | cum Proclo hac.

Gemellus (kam) mit Proclus hier vorbei.

K 1 Cf. #619.
B IV 88° m. add. D; DI. 711; HU. 993.

#1220 dip. Vor der Porta di Ercolano (Südseite der Straße): Grab 18.

Glyco cum Martial[e] | sole calente sities h[ac].

Glyco (kam) mit Martialis bei brennender Sonne durstig hier vorbei.

K 1 Wohl *Γλύκων*, cf. #1330f. – 2 *sitiens*, cf. auch #1135.b.
B IV 89° m. add. AD; DI. 629; GE. D-19; HU. 994.

#1221 graff. II 7 (Palaestra).

a *Narci|sus.* – **b** *Narcisus | sitien hac.* – **c** *Narcisus | sitiens hac.*

a Narcissus. – **b–c** Narcissus (kam) durstig hier vorbei.

E **a–c** Alles von derselben Hand. – **b** *e* kurs.
K **b** 2 *sitiens.*
B IV 8785; ImGr. 190*°, 525°; HU. 211.

#1222 graff. VII 12,35 (Gasthaus): Zimmer.

Lucifer | et Primige|nius hac.

Lucifer und Primigenius (kamen) hier vorbei.

B IV 2156 m. add. E; GE. G-17; WE. 260; HU. 675.

#1223 graff. II 7 (Palaestra).

Pacatus | hic cum suis | masit, Pompeis.

Pacatus ist hier mit seinen Leuten (über Nacht) geblieben, in Pompeji.

K 3 *mansit*, cf. #1212.
B IV 8660°; KR. 72°; WE. 493°; HU. 199°.

#1224 graff. VI 3,5 (Taberna): Latrina.

VI k. Sep. masimus | Popeis.

Am 6. Tag vor den Kalenden des September blieben wir (über Nacht) in Pompeji.

E *e* kurs.
K Unter der Ritzzeichnung eines Phallus zwischen zwei Kränzen. – 1 27. August; *mansimus*. – 2 *Pompeis*, zu *-(m)p-* cf. VÄÄ. p. 67.
B IV 10202°; DI. 1139; WE. 499; HU. 366°.

#1225 graff. III 5,2: Türpfosten (halbrund) rechts.

eiacula, puber.

Spritz ab, Junge!

E Letztes *e* kurs.
K Statt *puer* (richtig HUNINK; die Interpretation *pubes* bei VARONE scheitert am *-r*), mit *-b-* geschriebenem Übergangslaut, cf. VÄÄ. p. 49 und 50ff., sowie #703, IV 1812 *Merove* (cf. unter #1377) und IV 3730 *poveri rog.* (dip., mit OV Lig., ähnl. wie bei OVF in #100 etc.).
B IV 8879.b; WE. 155; HU. 238; VA. 89.

#1226 ♪ graff. II 4,10: links der Tür.

[cum] de[c]ọxisti octies, tibi superat, ut abeas sedecies. coponium fecisti, cretaria fecisti, | salsamentaria fecisti, pistorium fecisti, agricola fuisti, aere minutaria fecisti, | propola fuisti, laguncularia nunc facis. |
si cunnu linxse{e}ris, consummaris omnia.

Wenn du achtmal Konkurs gemacht hast, bleibt dir (genug), dass du (für) sechzehnmal hast. Du hast eine Taverne geführt, Handelsgeschäfte in Kalkstein, dann in Pökelfisch gemacht, eine Bäckerei geführt, warst Bauer, hast eine kleine Bank betrieben, warst Händler, und jetzt hast du eine Flaschenfabrik.

Wenn Du (nun auch mal noch) eine Möse leckst, wirst du alles vollendet haben.

M 4 ia6 (*linxeris* ist eine Silbe zu lang).

E 1 *de[c]ọxisti* VÄÄ. p. 89, *de[d]ụxisti* DCo.

K 1 *decoxisti*, cf. #1227, OLD s.v. *dēcoquō*, 5.b und SOLIN (2014), p. 97; *superat* cf. OLD s.v. *superō*, 6; *habeas*; *caup-*, cf. #254. — 2 *aere minutaria fecisti* 'du hast mit Geld kleine Geschäfte gemacht' (nach SOLIN); *laguncularia* ntr. pl., abgeleitet von *laguncula* 'kleine schmale Flasche', cf. #1209. — 4 *cunnum*; *linxs-* cf. #799; *consummaris* ist kontrahiert aus *consummaveris*, cf. LEUM. p. 598ff.; die Vorlage hatte wohl **lixis* oder **linxis* (wie *faxis*, *obiexis* etc., cf. LEUM. p. 621ff.) oder aber fut. *linges ... consummabis*.

B IV 10150°; ImGr. 109*; WE. 549°; HU. 168°; VA. 81.

#1227 graff. II 4,10: links der Tür.

Popidi Expectate, octies decoxsti.

Popidius Expectatus, du hast achtmal Konkurs gemacht.

E *decox(i)stis* DCo., aber der letzte Strich ist anders als die sicheren S und wohl nicht zugehörig.

K *Exp-* für *Ex-sp-* (cf. #1069 und z.B. engl. *extant*) ist die Gegentendenz zur in #1226 beobachteten *xs*-Pleneschreibung; *decoxisti*, in der Kurzform *decoxsti* hat sich durch die Vokalsynkope just so eine Pleneschreibung ergeben.

B IV 10152.b°; ImGr. 110*; HU. 170.

#1228 graff. VIII 1,1 (Basilica).

Arescusa prudente[r] | sumsit sibi casta muthunium.

Arescusa hat sich den Schwanz vorsichtig und züchtig genommen.

K 1 Von ptc. fem. *ἀρέσκουσα* 'gefallend, befriedigend', wohl ein Berufsname, cf. #1321. — 2 *sumpsit*, cf. LEUM. p. 212; *casta* in anderem Kontext cf. #809; *muthunium* cf. #1113, zu *-th-* cf. VÄÄ. p. 57, LEUM. p. 163.

B IV 1940° m. add. CE; ImGr. 390*; DI. 687; WE. 152; HU. 759; VA. 88.

#1229 graff. I 2,24 (Taberna): Peristyl.

Restutus: | Restetuta, | p̣ọṇẹ tunica, | rogo, p̣udes |^{5} pilosa co $^{vac.}$

Restitutus (sagt): Restituta, leg die Tunica ab, ich bitte dich, (und) … verschämt deine buschige Mu…!

E *e* kurs. – 4 *red(d)es* MAU; SOLIN (2014), p. 96 berichtet aber von einer Lesung *pudes* von ZA, und das *u* ist ziemlich klar. – 5 Vorzeitig abgebrochen.

K 1 *Restitutus*, cf. #1236, #1359 und VÄÄ. p. 46; scil. *dicit*. – 2 *Restituta*, cf. #1266 und VÄÄ. p. 21. – 3 *tunicam*. – 4 *pudens*; add. E erwägt einen Eigennamen. – 5 *pilosa* nom., sinnvoller ist allerdings acc. *-am* zu *connum* (fem. ad sensum, cf. #1231), wozu cf. #1112; *co-* für *cu-* cf. VÄÄ. p. 27.

B IV 3951° m. add. E; WE. 156; HU. 18°; VA. 96.

#1230 graff. VI 8,3: rechts der Tür, nicht ganz bei der Hausecke.

futebatur, inquam, futuebatur civium Romanorum atractis pedibus cunus, | in_qua nule aliae veces erant nisissei dulcisime et pissimae.

Gefuckt, will sagen: gefickt wurde die (zu Diensten) römischer Bürger (stehende) Muschi mit angezogenen Beinen, in der keine anderen Abwechslungen (?) waren als nur die süßesten und hingebungsvollsten.

E *f* kurs., *e* meistens auch; schräge Striche an den meisten Wortenden bis *aliae* (cf. #1185).

K 1 *futebatur* (cf. #1324, VÄÄ. p. 41) ist in der Wiederholung korrigiert; *civium R.* meint wohl die Besucher; *attractis pedibus*, cf. #1256, Catull. 15.18; *cunnus*. – 2 *in qua* (scil. *cunno*, fem. ad sensum, cf. #1229), kaum *in qua (re)* ZA., und sicher nicht ein zweites Mal *inqua(m)*, denn dieses kann nicht am Satzanfang stehen; *nullae*; wohl *vices* (cf. VÄÄ. p. 21) 'Abwechslungen', cf. OLD s.v. *vicis*, 7, die Lesung *voces* (VAN BUREN etc., VARONE, SOLIN add. E) ist angesichts der beiden sicheren O abzulehnen; *nisissei* = *nisi si*, cf. VÄÄ. p. 22 und 127; *dulcissimae*; *piissimae*, cf. VÄÄ. p. 39f. (die Form fehlt dort aus Versehen, cf. p. 24 und 127).

B IV 1261° m. add. AE; DI. 617; WE. 148; HU. 376; GI. 158, 160f.; VA. 82.

#1231 graff. I 12,3 (Taberna): rechts der Tür

futui | coponam.

Ich habe es der Wirtin besorgt.

E *f* kurs.; im O von *o.v.f.* der Wahlempfehlung IV 7432, cf. auch #372.
K 1 Cf. #1261ff. – 2 *caup-*, cf. #254; cf. OLD s.v. *caupōna*, 1.
B IV 8442°; DI. 1087; WE. 94°; HU. 154°.

#1232 graff. V 2,b/c: Zimmer.

[------?] | hic futui | XIX k. Sep., XIII k. Sep.

Hier habe ich [...] am 19. und 13. Tag vor den Kalenden des September gevögelt.

E *e* kurs.
K 1 Hier fehlt wohl ein Eigenname im acc. – 3 14. und 20. August.
B IV 4260 m. add. E; WE. 87; HU. 275.

#1233 graff. VI 1,10: beim Eingang zur Küche.

Fortunatus futuet te inguine. | veni, vide, Anthusa.

Fortunatus wird dich in deine Weichteile ficken. Komm, schau (selbst), Anthusa!

E *e* kurs. – 1 T̄·HINCVINII MOM., TIIINGVINE FIORELLI (E wohl irrtüml.).
K 1 *futuet* fut.; *te inguine*, DI.
B IV 1230 m. add. E; DI. 618; WE. 96; HU. 360; VA. 74.

#1234 graff. III 5,3: links der Tür.

Nyphe fututa Amomus fututa |
Perennis fututu.

Nymphe, gefickt. Amomus, gefickt. Perennis, gefickt.

E *e*, *f* kurs.
K Zwischen den Ritzzeichnungen eines Gladiatorenkopfes und eines Mannes. – 1 *Nymphe*, cf. VÄÄ. p. 67; von ἄμωμος 'untadelig'. – 1f. *Amomus* wird wohl zu *fututu(s)* gehören, *Perennis* kann fem. sein, die Gruppierung ist aber nicht ganz klar; zu *fututu(s)* cf. VÄÄ. p. 80 (α).
B IV 8897; ImGr. 206°, 527°; WE. 95; HU. 242; VA. 63f.; LA. 397, 726.

#1235 graff. VII 12,18 (Lupanar).

Placidus hic futuìt quem voluit.

Placidus hat hier gefickt, wen er wollte.

K *hic futuit* auch #1236a, #1238, #1285, IV 2195, 2241, 3938, 3942, 4818, und cf. die ähnlich klingende Formel #516ff.; *quem* (so auch #1236) ist nicht sicher fem., pace VÄÄ. p. 114 und 122, denn *futuere* kann für *pedicare* verwendet werden (cf. AD. p. 120–22), cf. auch VÄÄNÄNEN (1981), p. 125, §285.1. Die Schreiber wollten das Geschlecht vielleicht absichtlich offen lassen.

B IV 2265° m. add. E; WE. 224; HU. 659°.

#1236 graff. VII 12,18 (Lupanar).

Scordopordonicus hic bene | fuit quem voluit.

«Knoblauchfurzer» hat hier gut gefickt, wen er wollte.

E *e*, *f* kurs.

K 1 *Scordopordōnicus* aus *σκόρ(ο)δον* und *πορδῶν* bzw. *πόρδων* (cf. LSJ) mit Ableitung auf *-ĭcus*, wohl Spitzname (cf. #515); *bene* cf. #1159, #1277f., #1322, #1324, #1326 (gr.), ferner #97, #1025 und #1251. — 2 *fuit* für *futuit*, MAU und DI., cf. auch #1281 und die Korrektur in #1289, ferner IV 2248 *futor* für *fututor* (Haplologie, cf. auch #596, #1034, #1063, #1229).

B IV 2188° m. add. E; ImGr. 335*; DI. 619; WE. 226; HU. 617°.

#1236a graff. VII 12,18 (Lupanar).

a *Bellìcus hic futuit quendam.* — **b** *[l]ụculentissimẹ fut* vac.

a Bellicus hat hier eine bestimmte Person gefickt. — **b** Ganz tüchtig hat er gefi…

E **a** *e* in *quendam* und *f*, *m* kurs. — **b** *e*, *f* kurs.; von anderer Hand als a, ZA.; unfertig.

K **a** *e* im Eigennamen am Anfang der Inschrift ist noch nicht kursiv, cf. ähnlich #47, #80, #413, #430, #627, #1128a, #1278, 1286 (*e* und *f*), #1322, ferner #634.a, ähnlich #7, umgekehrt #1083 und wohl #1256; *quendam* cf. *quem* #1235f. — **b** Cf. #1116 mit *pedicare*.

B IV 2247° m. add. AE; ImGr. 329*; WE. 225; HU. 648.

#1237 graff. IX 1,27 (Taberna).

Quintio hic | futuit ceventes | et vidit qui doluit.

Quintio hat hier die Backenanbieter gefickt und geschaut, wem es weh tat.

M tro7 (falls der Schreiber *dōluit* sprach, cf. #1103).
E *e* kurs.
K 2 *ceventes* cf. #1255f., zum ptc. cf. #734. – 3 *qui* steht wohl eher statt *cui* 'wem' (cf. #1446 *contiquere* und VÄÄ. p. 53 n.) als in modaler Verwendung für 'wie' (so WEEBER), die kaum bezeugt ist, cf. OLD s.v. *quī*[2], LEUM. p. 472.
B IV 4977° m. add. E; DI. 613; KR. 51°; WE. 138; HU. 838°; VA. 73.

#1238 graff. I 2,20 (Taberna): Hinterzimmer.

Festus hic futuit com sodalibus.

Festus hat hier gefickt mit seinen Kumpanen.

E *e* kurs.
K *cum*, cf. VÄÄ. p. 28; cf. ähnlich mit *cum sodalibus* IV 3941f., ferner #277.
B IV 3935 m. add. E; WE. 89; HU. 12.

#1239 graff. VII 15,6: links der Tür.

Chryseros cum Successo hic terna futuimus.

Chryseros mit Successus, wir haben hier je dreie gevögelt.

K Zur Kongruenz cf. VÄÄ. p. 114, möglich ist auch, nach *hic* scil. *fuit* und Satzeinschnitt zu denken; *terna* 'je drei' cf. OLD s.v. *ternī*, 2.a (am Ende): abl. sg. (add. E, scil. *vice*) oder ntr. pl. (so wohl VÄÄ. p. 123: 'trois fois chacun'), oder noch einfacher scil. *scorta* 'je drei Prostituierte'; es schreibt wohl Chryseros.
B IV 4816 m. add. E; DI. 621; WE. 92; HU. 685; VA. 74.

#1240 graff. Herc., Thermae maritimae: Nebenraum beim Eingang.

Apelles Mus cum fratre Dextro | amabîlîter futuimus bis | bîna.

Apelles die Maus mit seinem Bruder Dexter, wir haben es hier auf amouröse Art und Weise zweimal zweien besorgt.

K 1 *Mus* cf. #481. – 2 *amabiliter* cf. #1135.a. – 3 ntr. pl., cf. #1242. – Cf. VÄÄ. p. 114, evt. ist nach *Dextro* scil. *hic fuit* und Satzeinschnitt zu verstehen.

B IV 10678°; ImGr. 510*; WE. 178°.

#1241 ♪ graff. Herc., Thermae maritimae: Nebenraum beim Eingang.

Apelles cubicularius | cum Dextro Caesar. | pranderunt hic | iucundissime
et | futuere simul.

Apelles, der Kammerdiener, mit Dexter, dem kaiserlichen Sklaven, haben hier freudigst gefrühstückt und gleichzeitig gevögelt.

M 4f. (ab *et*) hemiep.

E Nicht dieselbe Hand wie #1240, viel größer. – 1f. DCO. gruppiert *Caesaris* zu *cubicularius*, was epigraphisch kaum möglich ist.

K 1ff. Cf. VÄÄ. p. 114; hier und #1340 drängt sich Satzeinschnitt weniger stark auf als in #1240, in #1210 gar nicht. – 1 Cf. IV 7755 *cubiclarius*. – 2 *Caesaris* (abgekürzt), scil. *servo*. – 4f. Der metr. Schluss muss angesichts der in Pompeji klar poetisch verwendeten 3. pers. pl. perf. *-ēre* (cf. #1113, #1445, #1494) bewusst gewählt worden sein; auch der Schreiber von #1289 (unmittelbar darüber, in kleinerer Schrift) hat die Form verwendet, dort darf *cum futuere* somit vielleicht als adoneischer Einschub aufgefasst werden.

B IV 10677°; ImGr. 509f.*; WE. 177°.

#1242 graff. IX 6,8: Atrium.

Messius hic nihil futuit.

Messius hat hier nichts gevögelt.

K *nihil* steht nicht für *minime* 'keineswegs', pace VÄÄ. p. 125, sondern ist mit VARONE und SOLIN als obj. zu verstehen (cf. add. E: *nec puerum nec puellam*), die beste Stütze dafür ist der Gebrauch von *quod* (cf. #1172), und cf. auch ntr. pl. in #1240.

B IV 5187 m. add. E; WE. 91; HU. 886; VA. 84.

#1243 graff. IX 1,22: SO-Peristyl.

Dapnus Asiaticus | cum sua Apra | Ionice hic et | ubique.

Daphnus aus Kleinasien (hat) mit seiner Apra aus Ionien hier und überall ...

E *e*, *m* kurs.

K Rechts von Z. 4 sind ein Kranz und ein Palmzweig abgebildet. – 1 *Daphnus*; *Asiaticus* ist sein Beiname (cf. #1321). – 2 Nicht für *Aphr-*. – 3 *Ionice* (cf. AE 2013, no. 232 *Ionice pupa, va(le)*, Stabiae) ist nach H. SOLIN, Arctos 41 (2007), p. 110 ein Namenszusatz (im gr. dat. *-ē*, cf. #670); es evozierte – wie auch *Asiaticus* – das freizügige Leben in Asien, cf. #1302, OLD s.v. *Iōnicus*, b, im Gr. als adj. Plato com. fr. 71.14, als adv. Ar. Thesm. 163. – 3f. *hic et ubique* in ähnlichem Kontext auch #1244, #1301 (und *ubique* allein #1302, #1341), sonst v.a. in Grüßen, cf. #635, IV 7755 (und *ubique* allein #243, #368, #618, #665ff., #696, #731f., #1128ff., cf. auch #691), sowie in ähnlicher, aber expliziterer Funktion *amabiliter* #1135.a etc., beides kombiniert #1244.

B IV 2393 m. add. A°E; (ImGr. 515); DI. 620; WE. 60; HU. 827.

#1244 graff. II 7 (Palaestra).

Clodius | hic et ubici | amabilit|er.

Clodius hat hier und überall auf amouröse Art und Weise ...

E 4 *e* kurs.

K 2 *ubique*, cf. #461 *usce*. – 3f. Cf. #1135.a.

B IV 8556.

#1245 graff. VII 12,35 (Gasthaus): Zimmer.

Lucceîus Albanus | Abellînas cum | +ravîo +++î+

Lucceius Albanus aus Abellinum mit ...

E 3 *T. Ravio Attio* SOLIN in add. E, zögernd.

K *Abellīnās* (gen. *-ātis*), cf. LEUM. p. 239, 345f.

B IV 2159° m. add. E; GE. G-15; HU. 677.

#1246 ♪ graff. II 2,2: Latrina.

ubique fortis | hoc cum fe|++[...] a[---]

Überall [will ich] dies kräftig mit Frauen (?) tr[eiben] (?).

M ia6.

K 1 DCO. ergänzt am Anfang *semper* und verbaut sich damit die Möglichkeit eines ia6. – 2f. *feminis agam* DCO.

B IV 8482°; DI. 1077; HU. 150.

#1247 graff. Vor der Porta di Nocera, SE vom Amphitheater: Grab [4].

q̣ụẹṃ amas,_proliċias.

Wen du liebst, sollst du anlocken!

E Vor *amas* Wortabstand, davor Reste von vier bis fünf Buchstaben; *protigias* MAU, das gibt aber keinen Sinn.
K Die hiesige Restitution ist als Vorschlag gedacht, sicher ist sie nicht.
B IV 5413° m. add. E; DI. 761.

#1248 dip. IX 1,13–14.

ubi me iuvat, asido.

Wo es mir Spaß macht, setz ich mich nieder.

K Zu einem Phallus-Relief. – *assīdō*; einen sexuellen Sinn mit dem Phallus als Sprecher vermuten deshalb WEEBER, HUNINK, add. D etc., doch wird 'sitzen' in diesem Sinn von der Frau (als Reiterin) gesagt, cf. #1072 und AD. p. 165; der Phallus hat also evt. nur apotropäische Funktion. – Nicht ganz klar.
B IV 950 m. add. D; DI. 709; WE. 153; HU. 818.

#1249 graff. VII 11,11 (Gasthaus): hinter dem Atrium.

Dionysius | qua hora volt | [l]icet chalare.

Dionysius kann jederzeit, wenn er will, (eine?) aufreißen.

E *e* kurs.
K 2 *vult*, cf. VÄÄ. p. 28. – 3 Scil. *ei* 'ihm'; von *χαλάω* 'lockern', auch IV 8715.b, cf. AD. p. 173, OLD s.v. *calō*², 2.
B IV 2021 m. add. AE; DI. 623; WE. 143; HU. 602; VA. 64.

#1250 dip. VII 9,33: Zimmer.

lente impelle.

Stoß langsam hinein!

E Nicht an einer Außenwand, pace add. D.
K Über einem Gemälde eines Coitus a tergo.
B IV 794 m. add. AD; ImDip. 358*; DI. 716; WE. 137; HU. 679; VA. 73, ph. fig. 12; BLUM (2002), p. 41, tab. 3*, no. 30.

#1251 graff. VIII 7,20 (Theaterkorridor).

Tertiani | hic [ha]bita[r]unt; | Rufa, ita vale, quare bene felas.

Hier haben (ein paar) Tertianer gewohnt; Rufa, leb so wohl, wie du gut bläst!

E *e*, *f* kurs.

K Unter dem Schluss die Ritzzeichnung eines Schiffes, cf. #453. — 1 Cf. add. A zu IV 2415 mit ImGr. 420* und OLD s.v. *tertiānus*, 2: eher 'Soldaten der 3. Legion' als mehrere Brüder mit demselben Cognomen (so HUNINK). — 3 *quare* wird von VÄÄ. p. 126 wie frz. *car* verstanden, und SOLIN in add. E vergleicht damit IX 3473 (Peltuinum), hier wie dort liegt aber die Beschwörungsformel vor (s. #756), und *quare* bedeutet somit 'wie' (wie *ut*, *quomodo* etc.); *bene* cf. #1306, ferner #1236; *fellas*, die Schreibung mit einfachem *-l-* ist nur epigraphisch bezeugt (cf. ThLL VI 456.20f., pace LEUM. p. 183) und auch in Pompeji wohl immer der orthographisch «falschen» Einfachschreibung von Langkonsonanz zuzuschreiben, cf. VÄÄ. p. 59f., paradoxerweise ist sie aber etymol. erwartet (*fēl-*, wie in *fēlīx*, cf. *fēmina* etc.), somit ist *fell-* (immer *fēll-*?) populärer Längung zu verdanken, cf. LEUM. p. 182.

B IV 2421° m. add. E; ImGr. 416f.*; WE. 110 (nur 3), 506 (nur 1f.); HU. 809; VA. 75 (nur 2); LA. 1899°.

#1252 graff. I 10,5: links der Tür.

ave, | Ianuaria, filas? | ia nox.

Hallo Ianuaria, bläst du (mir einen)? Schon (ist es) Nacht!

K 2 *fellas*, cf. VÄÄ. p. 20. — 3 *iam*.

B IV 8361; ImGr. 76°; DI. 1106; WE. 105; HU. 89.

#1253 graff. VI 14,43: rechts der Tür.

tuttu sodales hic ad exemplar | fela^{t}^nt Stabianas puellas.

... den Kumpels hier blasen die Stabianer Mädchen vorbildlich (den Schwanz).

M Es scheint daktylischer Text einer Vorlage durch, z.B. ... *sodales* / – ⏑ *ad exemplar fellat Stabiana puella* (auch #531 steht *sodales* am Versende).

K Unterhalb einer abgewandelten Fassung von #1094. — 1 *tuttu* unklar; *ad exemplar* cf. ThLL V.2 1321.70ff. — 2 *fela·t·nt* wohl verschrieben für *fellant*;

Stabianas puellas muss vom Schreiber als nom. verstanden worden sein (acc. ist sinnlos), cf. VÄÄ. p. 83f. und #265.

B IV 1517.(b)° m. add. E; ImGr. 268*; DI. 624; WE. 128; HU. 439.

#1254 graff. VIII 1,1 (Basilica).

mẹṇtula tua iubet: amatur.

Dein Schwanz befiehlt: Es wird geliebt.

E Erstes *e* kurs.; *mẹṇtula* Lesung SOLIN in add. E.

B IV 1938 m. add. ACE; ImGr. 389f.*; DI. 612; WE. 150; HU. 757; VA. 86.

#1255 ♪ graff. Vor der Porta di Nocera, SE vom Amphitheater: Grab [4].

inclinabilite[r] | ceventinabiliter.

Auf (vornüber)gebeugte, backenanbietende Art und Weise.

M da6 (vervollständigt mit *-que* von BÜ.).

E *e* kurs.

K 1 Cf. Iuv. 9.26 *quodque taces, ipsos etiam inclinare maritos* und 10.224 *quot discipulos inclinet Hamillus.* – 1f. Zu diesen «kreativen» Adverbbildungen cf. VÄÄ. p. 99, W.D. LEBEK, ZPE 45 (1982), p. 53–57, AD. p. 137 n. 1, cf. ferner #658f., #1135.a, #1334. Weitere Beispiele sind IV 3034c *incurabiliter* ('unheilbar', cf. #1195f.) und IV 10491, wo zweifellos *mịḷitabiliter* zu lesen ist (cf. zum «Liebeskampf» AD. p. 157–59 sowie – auf einer anderen Ebene – #1457). Allen liegt ein Verbum zugrunde. — 2 Von **cēventīnāre* (wie *inclīnāre* und *festīnāre*, zu diesem cf. #1257) statt *cēvēre*, so in #1237.

B IV 5406° m. add. CE; DI. 627; CLE 356; HU. 970°.

#1256 graff. V 2,7: Zimmer beim Garten.

Trebonius Eucini ceventinabiliter, | ạc̣crurabiliter.

Trebonius (hat's) der Euche auf backenanbietende (und) auf beineanziehende Art und Weise (besorgt).

E 1 Erstes *e* kurs. (erster Strich undeutlich). — 2 Vom Buchstaben nach dem ersten A war nur noch der unterste Teil sichtbar, Ṛ edd., es könnten aber ebenso gut z.B. zwei nahe beieinander stehende C gewesen sein, cf. unten

K 1 *Eucini* ist dat. fem., cf. auch V 2907 *Euchini*, zum Namen cf. #594, zur Stammbildung #646; *ceventinabiliter* ist wohl auf Euche bezogen, cf. AD. p. 136f. — 2 *arrurabiliter* (edd.) kann kaum eine zweifache Verschreibung für *irrumabiliter* (cf. #1258) sein (so AD. p. 125 n. 2). Besser ist VARONEs Vorschlag einer Ableitung von *ἄρουρα* 'Acker' (zum Bild des Pflügens cf. AD. p. 24 und 154), die gr. Grundlage und das *-rr-* stimmen aber skeptisch. Auch eine Ableitung von *arrōrāre* 'benetzen, beträufeln' wäre evt. zu erwägen (zu *u* für *ō* cf. #1113, #1460, evt. auch #875, #1506, sowie VÄÄ. p. 30), obwohl das Verbum erst bei Marc. Emp. 34.71 bezeugt ist. Noch sinnvoller (cf. #1230) ist aber die Lesung *ac̣c̣rūrābiliter* zu einem Verbum **accrūrāre* 'die Beine anziehen', gebildet aus *ad* + *crūs* 'Schenkel, Bein', pl. *crūra,* (Typus *exossare,* cf. LEUM. p. 564) (der Anklang an *accūrāre* 'sorgfältig besorgen' förderte dies zusätzlich); *ceventinabiliter ac_crurabiliter* zu verstehen empfiehlt sich dagegen nicht, denn ein Verbum **crūrāre* wäre sinnlos.

B IV 4126 m. add. E; DI. 626; HU. 305; VA. 73f. n. 107.

#1257 graff. VII 7,5: Peristyl.

festinabiliter.

Auf eilige Art und Weise.

K Zum sexuellen Sinn cf. W.D. LEBEK, ZPE 45 (1982), p. 53–57, ferner AD. p. 144 (zu *properare*).

B IV 4758 m. add. E; DI. 717; WE. 567; HU. 572.

#1258 graff. VIII 1,1 (Basilica).

ìrrumabilitẹr.

Auf Schwanz-in-den-Mund-Weise.

E *e* wohl kurs.

B IV 1931 m. add. E; ImGr. 388*; DI. 628; WE. 165; HU. 754.

#1259 graff. Vor der Porta di Nocera: Grab 12.EN (alt 13).

a *L. Habonius sauciat, | irrumat Caesum | Felic^m.* — **b** *Caesọṇ* *vac.?*

a Lucius Habonius reißt den Caesius Felix wund (und) steckt ihn ihm in den Mund. — **b** Caeson... (?).

E **a** 2 *e* ist auf dem Foto nicht kurs. (so CIL), sondern wie in 3. — **b** Von anderer Hand, undeutlich; *e* kurs.

K Über der Ritzzeichnung eines Hundes und einer unlesbaren Inschrift. – **a** 2 Nicht für *Caesonium*, pace DCo., sondern für *Caesium*, cf. #267. – 3 *Felicem* mit Kurzschreibung *c(e)* oder *(e)m* oder nachtoniger Vokalsynkope, cf. #1042 und #448; wohl derselbe *Felix* vor seiner Freilassung erscheint in IV 6620 *Felix Caesi*. – Evt. eine Drohung? – **b** Auch wenn diese Inschrift von DCo. richtig gelesen sein sollte, gehört sie kaum zu a.

B IV 10232.a–b; ImGr. 463f.*; WE. 174 (nur a); HU. 976 (nur a); VA. 128; LA. 1578.

#1260 graff. VII 11,11 (Gasthaus): Atrium.

mulus hic muscellas docuit.

Der Maulesel hat es hier den kleinen Mauleselinnen beigebracht.

E *e* kurs.

K *muscella* auch Thes. gloss. I 720 *muscella μουλάριον*, cf. E.–M. s.v. *mūlus*, ThLL VIII 1697.20–26; sexueller Sinn, cf. auch #1287f., #1305.

B IV 2016° m. add. E; DI. 827; HU. 598.

10.6. Prostitution

10.6.1. Frauen

#1261 ♪ graff. VII 12,18 (Lupanar).

hic ego cum venî futuî, | deìnde redeî domì.

Als ich hier ankam, habe ich gevögelt, dann bin ich wieder heimgegangen.

M ia6 (*-de redī* ist «zerrissener Anapäst», also hatte die Vorlage wohl *dein rediei*, BÜ.); die erste Zeile passt auch zu da6.

E 1 *e*, *f* kurs. – 2 *e*, *m* kurs.

K 1 Cf. auch #1094ff., #1232, #1286f. – 2 *redī*, cf. #1010 *pereit* und VÄÄ. p. 40; *domi* statt *domum*, cf. Plaut. Trin. 842 *pol, quamquam domi cupio, opperiar* und Vulg. Tob. 2.20 *unde factum est, ut haedum caprarum accipiens detulisset domi*, cf. auch VÄÄ. p. 119f. (summarisch).

B IV 2246° m. add. BE; ImGr. 328f.*; DI. 614; CLE 955 n.; KR. 49°; MO. 32f.; WE. 237; HU. 647; VA. 84.

#1262 ♪ graff. VII 12,18 (Lupanar).

hic ego puellas multas | futuî.

Hier habe ich viele Mädchen gefickt.

M ia6 init.
E *e* kurs.
B IV 2175° m. add. E; ImGr. 335*; KR. 49°; WE. 222; HU. 663; VA. 65.

#1263 graff. VIII 1,1 (Basilica).

Lucilla ex corpore lucrum faciebat.

Lucilla pflegte aus ihrem Körper Gewinn zu machen.

E *Lucilia* ist lectio facilior und wohl falsch, cf. add. E.
K Wortspiel, auch *luculentus* klingt an, cf. #1116 und #1236a, ferner #1323.
B IV 1948 m. add. AE; DI. 451; WE. 182; HU. 762; VA. 142f.

#1264 graff. VI 15,1: Eingang links.

Eutychis | ⟦verna⟧ Graeca a. II | moribus_bellis.

Eutychis, griechische Haussklavin, für zwei As, mit raffinierten Praktiken.

E 2 *verna* ist mit *Graeca* überschrieben: G durch Modifikation des (runden) E, R übernommen, A innerhalb des N, E an das N angehängt, C vor dem A eingefügt, A übernommen.
K 2 Sowohl *verna* als auch *Graeca* waren offenbar Verkaufsargumente, cf. #1275, #1334 (masc.), ferner (lat. + *verna*) #1270, #1274, #1276 und die vielen gr. Namen in diesem Kap.; vielleicht war *Eutychis* seit kurzem keine Sklavin mehr; zum Preis cf. auch #767. — 3 Cf. auch #1329 (masc.).
B IV 4592° m. add. E; ImGr. 271*; DI. 455; WE. 189°; HU. 452°; VA. 133ff.

#1265 graff. IX 5,19 (Lupanar): rechts der Tür.

Phoebe beni[moria? ---]

Phoebe mit guten [Praktiken?].

K Statt 'Apollo, komm!' (MAU) oder eines poetischen Textes mit *benigne/-a* (add. E) scheint angesichts der Lokalität eine gr. Prostituierte passender, qualifiziert z.B. als *beni[moria]*, cf. im gleichen Sinn die plausible Konjektur Petron. 61.7 *benemoria* (wo die Beteuerungen des Niceros kaum ganz ernst gemeint sind); voc. masc. (cf. #1374, evt. #559) ist weniger wahrscheinlich.
B IV 5125 m. add. E; DI. 22; CLE 1940; GI. 238 n. 15.

#1266 graff. VII 12,18 (Lupanar).

Restituta bellis moribus.

Restituta, mit raffinierten Praktiken.

B IV 2202° m. add. BE; ImGr. 339f.*; DI. 454; HU. 628.

#1267 graff. VII 15,12: links oder rechts der Tür (?).

Restituta cum Secundo, | domno suo.

Restituta mit Secundus, ihrem Gebieter.

K 2 *domino*, cf. VÄÄ. p. 43, kaum mit VARONE als «sposo» zu verstehen, cf. #410–12 sowie #822.
B IV 1665 m. add. AE; GE. F-44; HU. 559; VA. 150.

#1268 graff. IX 5,19 (Lupanar): links der Tür.

Spees moribus bellis a. VIIII.

Spes, mit raffinierten Praktiken, 9 As.

K *Spes*, cf. #1113 *fueere.*
B IV 5127 m. add. E; DI. 457; WE. 201; HU. 876.

#1269 graff. II 4,7A (Nische bei der Hausecke): am linken Pfeiler.

Spes | a. II.

Spes, 2 As.

E *e* kurs.
B IV 8511; DI. 1022.

#1270 graff. V 1,15: rechts der Tür.

Successa verna | bellis moribus | a. p̣.

Successa, Haussklavin, mit raffinierten Praktiken, wenige (?) As.

E 1 *e* kurs.; nach *verna* evt. Beginn eines Buchstabens.
K Zwischen einem Kranz und einem Palmzweig. – 1 Cf. auch #592, #605f., #1127f., zu *verna* cf. #1264. – 3 Evt. *p(aucis)*, oder *IỊ*?
B IV 4025 m. add. E; Hu. 263.

#1271 graff. IX 5,19 (Lupanar): links der Tür.

Succesa.

Successa.

K *Successa.*
B IV 5130 m. add. E; Di. 376.

#1272 graff. IX 5,19 (Lupanar): links der Tür.

Sucesa n. c.

Successa ...

E *e* kurs.
K *n. c.* unklar.
B IV 5150 m. add. E; Di. 377.

#1273 graff. IX 5,19 (Lupanar): links der Tür.

Sucsa.

Successa

E Mit Kurzschreibung *c(e)* oder *(e)s*; *Sucsae* Mau auf einer (unpubl.) Zeichnung, cf. add. E, *Sucsa* Mau im CIL.
B IV 5153 m. add. E; Di. 379.

#1274 graff. V 1,15: Türpfosten rechts.

Fẹlicla virna a. II.

Felicula, Haussklavin, zwei As.

E Evt. *Filicla.*
K *Felicula*, cf. VÄÄ. p. 44, ferner #595, #1264, #1321; *verna*, cf. VÄÄ. p. 20.
B IV 4023 m. add. E; DI. 460; WE. 186; HU. 261; VA. 134.

#1275 graff. IX 6,a–b.

Logas | verna | eris VIII.

Logas, Haussklavin, acht As.

E *e* kurs.
K 1 λωγάς 'πόρνη' (cf. LSJ s.v.), so plausibel DCO., also ein Berufsname (cf. #1321), wohl dieselbe in #878 und IV 8467 *Logas* (neben masc. *Lichias*, zu λείχω 'lecken'). – 1f. Cf. #1264. – 3 *aeris* (scil. *assibus*).
B IV 5203 m. add. E; DI. 465; GE. F-49; WE. 199; HU. 887.

#1276 graff. IX 5,16: links der Tür.

Optata | verna a. II.

Optata, Haussklavin, zwei As.

K 1 Berufsname (cf. #1321).
B IV 5105 m. add. E; DI. 461; VA. 134.

#1277 graff. VII 12,18 (Lupanar).

Arphocras hic cum Drauca | bene futuît denarîo.

Harpocras hat hier mit Drauca gut gevögelt für einen Denar.

E 2 *e* in *denario* kurs.
K 1 *Harpocras* cf. #1185 und cf. VÄÄ. p. 83; *Drauca* auch XIV 158 (Ostia), VI 17068, zur hiesigen Verwendung (Berufsname, cf. #1321) verweist VARONE in ImGr auf *draucus* bei Mart. 1.96.12, 9.27.10 etc. – 2. *bene* cf. #1236.
B IV 2193° m. add. E; (ImGr. 515); DI. 469; KR. 50°; MO. 22f.; WE. 227; HU. 620; VA. 140.

#1278 graff. VII 12,18 (Lupanar).

Phoebus unguentarius | optume_fut^uet.

Phoebus der Salbenmacher fickt ausgezeichnet (*oder:* hat (hier) prima gefickt).

E *e*, *f* kurs. (außer *e* in *Phoebus*).
K 1 *e* im Namen ist nicht kursiv, cf. #1236a. – 2 *optime*, cf. VÄÄ. p. 26; *futuit*, cf. VÄÄ. p. 21f., praes. oder perf. (in diesem Fall cf. #1236, mit *bene*).
B IV 2184° m. add. AE; WE. 223; HU. 614.

#1279 graff. I 15,3: links der Tür.

M. Polli[u]s Pudes futuit cratis, si amabit Gem. [vac.]

Marcus Pollius Pudens fickt umsonst, falls er Gem... lieben wird.

E AMA Lig.
K *Pudens*; *futuit* eher praes. als perf.; *gratis*, cf. VÄÄ. p. 53; kaum für *amavit*; *Gemellam* o.ä.
B IV 10194.a; WE. 205; HU. 126; VA. 141.

#1280 graff. VII 12,18 (Lupanar).

Felix cum | Fortunata.

Felix mit Fortunata.

K 1f. Cf. #655. – 2 Cf. #1304.
B IV 2224° m. add. E; GE. F-51; KR. 41°; HU. 641.

#1281 graff. VII 12,18 (Lupanar).

Victor cum Attìne | hic fuìt.

Victor war (*oder:* fickte?) hier mit Atthís.

K 1 Von Ἀτθίς, zur Stammbildung cf. #646. – 2 Evt. für *futuit*, cf. #1236.
B IV 2258° m. add. E; ImGr. 326f.*; HU. 655.

#1282 graff. Vor der Porta Marina (Nordseite der Straße): Porticus, über einer Sitzbank nahe beim Tor.

siquis hic sederit, | legat hoc ante omnia: | siqui futuere volet, | Atticen quaerat, a. XVI.

Wenn sich wer hierher gesetzt hat, soll er dies vor allem lesen: Will einer Sex haben, soll er nach der Attice fragen, 16 As.

E *e* kurs. außer in 4 *quaerat*.
K 3 *siqui(s)* cf. VÄÄ. p. 122. – 4 Entspricht einem Denar, cf. #1277.
B IV 1751° m. add. ABE; DI. 470; WE. 208; HU. 987; VA. 140.

#1283 graff. VII 12,18 (Lupanar).

Beronice | [.?]abenda | futuere.

Beronica ist fickenswert (*wörtl.*: zum Ficken habenswert).

E 3 *f* und erstes *e* kurs.
K 1 *Βερενίκη*, lat. *Berenice, Beronice*, zur Form mit *-o-* (so auch heute *Veronica*) cf. H. SOLIN in: Latin vulgaire – latin tardif VI (2003), p. 401–18. – 2f. Wohl *habenda futuere*, statt *futuenda*, cf. *dare* + inf. *futuere* in #1173, #1324f., cf. ferner *habeō* + inf., ein von Cic. eingeführter Gräzismus, wozu cf. M. LEUMANN, MH 19 (1962), p. 65–71, und #907 zum finalen inf.; H. SOLIN (2014), p. 104 vermutet einen Eigennamen, aber der inf. bleibt so unverständlich.
B IV 2198° m. add. AE; (ImGr. 515); HU. 624.

#1284 graff. VII 12,18 (Lupanar).

Beronce.

Beronica.

E *e* kurs.
K Das Fehlen des *-i-* ist wohl rein graphisch (NI Lig. mit unsichtbarem I, so evt. auch #1493 MII), denn der Vokal war lang und betont und konnte nicht lautlich synkopiert werden.
B IV 2256° m. add. E; DI. 326.

#1285 graff. VII 12,18 (Lupanar).

Facilis hic futuit.

Facilis hat hier gevögelt.

K Derselbe wohl IV 2276.
B IV 2178° m. add. E; ImGr. 336*, 338*; WE. 221; HU. 610.

#1286 graff. VII 12,18 (Lupanar).

Felicla ego hic futue.

Hier habe ich Felicula gefickt.

E *e, f* in *futue* kurs.

K Der Anfang auch IV 2199, von gleicher Hand; *e* und *f* im Namen (und *ego*) sind noch nicht kursiv, cf. #1236a; *Feliculam*, cf. #595; *futui*, cf. #1261ff. und zu *-e* VÄÄ. p. 23.

B IV 2200° m. add. AE; ImGr. 339*; HU. 626.

#1287 graff. VII 12,18 (Lupanar).

futui Mula hic; | quid [vac.]

Hier habe ich Mula gefickt. Was ...

E *f* kurs. – 2 Frühzeitig abgebrochene Fortsetzung.

K 1 *Mulam*, dieselbe evt. auch #1305, wohl Berufsname, cf. #1321, zur Konnotation cf. #1260.

B IV 2203° m. add. AE; ImGr. 340*; HU. 629.

#1288 graff. VII 12,18 (Lupanar).

Μόλα φουτουτρις.

Mula, Fickerin.

K *Mula*, cf. VÄÄ. p. 30; *fututrix*, cf. VÄÄ. p. 65, 90.

B IV 2204° m. add. E; ImGr. 340*; DI. 664; WE. 213; HU. 630.

#1289 graff. Herc., Thermae maritimae: Nebenraum beim Eingang.

duo sodales hic fuerunt et, cum diụ malum | ministrum in omnia haberent | nomine Epaphroditum, vix taṛdẹ | eum foras exigerunt; |5 consumpserunt persuavissime, cum fu`tu´ere, ḤS CV s.

Zwei Kumpels waren hier, und nachdem sie (zu) lange einen schlechten Diener für alle Belange hatten – sein Name war Epaphroditus –, haben sie diesen alsbald aus dem Haus gejagt. Gleich nach dem Vögeln haben sie auf angenehmste Art und Weise $105\frac{1}{2}$ Sesterz ausgegeben.

E 5 *ḤS* 'Sesterz' (DCO.) ist zwar nach dem Foto nicht sicher, aber eine so hohe Summe wäre kaum in *as.* (so #950, #1321) angegeben worden.

K 1 *sodales hic fuerunt* cf. #488, #531. – 2 *in omnia* etwa 'für alles'. – 2 *haberent* wohl statt *habuissent*, in der Übersetzung imitiert. – 3 *vix tarde* (falls richtig gelesen) eher nicht mit SOLIN (2012a), p. 40 'en fin de compte', 'en somme', sondern 'mit nur wenig Verzögerung'. – 4 *exēgērunt*, cf. VÄÄ. p. 20, hier liegt aber wohl nicht nur Schließung des Vokals, sondern auch Kürzung in vortoniger Silbe vor (cf. #655), wodurch sich der Perfektstamm dem Präsensstamm angleicht. – 5 Korrigiert, cf. #1236; *persuavissime* gehört gleichzeitig zu *futuere*; kaum *cum futuere(nt)* conj. imperf. (beim Bumsen, WEEBER) angesichts der irrtümlichen Ausgangsform *fuer-* (*nicht ess-*), der sonstigen Orthographie ohne Abkürzung und der eindeutigen 3. pers. pl. perf. *futuēre* in #1241 (unmittelbar darunter). – Ein reichliches Abendessen kostete in jener Zeit in der Größenordnung von 5–10 Sesterz (cf. R. DUNCAN-JONES, The economy of the Roman Empire (1974), p. 140), die beiden müssen also einen sehr luxuriösen Aufenthalt genossen haben, vielleicht haben sie die Frauen eingeladen, ihnen Geschenke gekauft, gespielt usw.

B IV 10675°; ImGr. 509f.*; WE. 179°.

#1290 graff. VI 11,16 (Lupanar): rechts der Tür.

Veneria | Maximo | mentla | exmuccavt | per_vindemiaṃ | tota, | et_relinquiṭ | p̣utruentre, | muc̣+ẹi | os_plenu; | c̣s vac.

Veneria hat dem Maximus den Schwanz entsaftet die ganze «Weinlese» hindurch, und sie lässt (ihren) Unterleib lüstern-leer, (ihren) Mund (aber) voll Saft ...

E *e* kurs. – 7 *relinquiṭ* SOLIN (2012a), p. 31f. – 11 Frühzeitig abgebrochene Fortsetzung.

K 1 Berufsname, cf. #1321. – 3 *mentulam*, cf. VÄÄ. p. 44. – 4 *exmuccavit*, hapax leg., cf. OLD s.v. *exmuccō*, kausativ zu *emungere*, sachlich cf. *destillatio* #1195, zur Endung cf. #1116 und VÄÄ. p. 45. – 5f. D.h. vom ersten bis zum letzten Tropfen; präziser wäre 'Kelterung', wofür im Lat. aber kein so prägnantes Wort existiert. – 6 *totam*. – 7 'lässt leer', SOLIN. – 8 *putr(em) ventre(m)* SOLIN, es muss aber auf jeden Fall Schreibfehler (oder Abkürzung) vorliegen; zu *putris* cf. OLD s.v., 1.e 'lüstern' (dies gibt den besseren Sinn als ein Vergleich mit *lutus* in #1094). – 9 *muci*, geschrieben wohl *muccei*. – 10 *os plenum* DI. – 11 Unklar.

B IV 1391° m. add. BE; (ImGr. 515); DI. 625; WE. 149; HU. 401; VA. 76f.

#1291 graff. VII 9,1: Nord-Porticus.

Lahis | felat | a. II.

Lais bläst für 2 As.

K 1 *Laïs*, cf. #596, *-h-* zur Markierung des Hiats, cf. VÄÄ. p. 58.
B IV 1969° m. add. AE; DI. 467; WE. 191; HU. 585.

#1292 graff. VI 11,15–16 (Lupanar).

Nympe felatrix.

Nymphe, Bläserin.

E *e* kurs.
K *Nymphe.*
B IV 1389 m. add. E; ImGr. 262(?)*; DI. 657; WE. 212; HU. 400.

#1293 graff. VI 11,15–16 (Lupanar).

Timele felatris; / Timel vac.

Thymele, Bläserin, Thymel…

E 1 *e* kurs. – 2 Abgebrochene Wiederholung oder Fortsetzung.
K 1 Auch #1315, wohl *Θυμέλη*, cf. LGPN III.A; *felatrix*, cf. #1307 und #416.
B IV 1388 m. add. AE; ImGr. 262(?)*; HU. 398.

#1294 graff. IX 2,26: Gartenporticus.

Euplia f. a. V n.; / Euplia f. III a.; / Euplia.

Euplia bläst für 5 As … Euplia bläst für 3 As. Euplia.

E 1/2 Die Interpretation ist von *f.* an nicht ganz sicher, cf. add. E.
K Der Name *Euplia* ist noch #1363, auf den «Tabellae Titiniae» TPSulp 60–62 und auch außerhalb Pompejis häufig bezeugt, zur Form cf. SOLIN (2012a), p. 28 n. 90 (für gr. *εὔπλοια*), hier ist er evt. Berufsname (cf. #1321), cf. LSJ s.v. *εὔπλοια*, II (Epitheton der Aphrodite, cf. #1037). – 1f. *f(ellat)* DCO. (ad IV 10004). – 1 *n.* für gen. pl. *numm(or)um*?
B IV 5048° (= 3330) m. add. E; HU. 855; VA. 137 (nur 1).

#1295 graff. VII 3,27–28.

Euplia hic / cum hominibus bellis.

Euplia (hat) hier mit hübschen Männern …

E Darunter zwei M mit großem Abstand dazwischen, nicht zugehörig laut ZA. in add. A.
B IV 2310b m. add. AE; DI. 458; WE. 100; HU. 538; VA. 69.

#1296 graff. V 5,3: Peristyl.

Parte puela no_mala, / te sẹxcẹntạria.

Das Mädchen Parthe (ist) nicht schlecht, und (?) massentauglich.

E *e* außer in *parte* kurs. – 1 P mit weit unter die Z. 2 reichender Haste. – 2 *s+xc+ntạria*, woraus MAU *sẹxcẹntaria* restituiert.

K 1 Wohl gr. *Parthē*; *puella*; *no(n) mala* WICK, DI., kaum *(a)nomala* mit MAU. – 2 *te* mit *Par* aus Z. 1 übernommen, DI., oder evt. statt *et*; kaum statt *sexagenaria*, sondern wohl *sexcentaria* von *sescentī* im Sinne von 'fast unendlich viele' (cf. OLD s.v., 2, zu *-xc-* cf. #37), ähnlich wie '1300' in #1300, cf. ferner '900' in #995.

B IV 4398° m. add. CE; DI. 459.

#1297 graff. VII 13,8: Atrium.

Romula / hic cum / Staphylo / moratur.

Romula verweilt hier mit Staphylus.

K Cf. #1206.

B IV 2060° m. add. E; DI. 706; GE. F-27; KR. 42°; WE. 19, 497; HU. 681; VA. 43.

#1298 graff. VII 16,22: Eingang vom Peristyl in ein Zimmer.

Romula cum suo hic habitat.

Romula wohnt hier mit ihrem (Typen).

K Cf. #503.

B SOLIN (1975), no. 36*, p. 249; HU. 491.

#1299 graff. VII 16,22: Eingang vom Peristyl in ein Zimmer.

Romula cum suo hic habi *vac.*

Romula wohnt hier mit ihrem (Typen).

E Unfertig.

B SOLIN (1975), no. 37*; HU. 491.

#1300 graff. VII 16,22: Eingang vom Peristyl in ein Zimmer.

Romula viros mile trec[en]tos vac.

Romula (hat) tausenddreihundert Männer …

E *e* kurs.; GIGANTE liest falsch *vivos*; vorzeitig abgebrochen.
K *mille*; SOLIN vermutet, dass das Verbum absichtlich weggelassen wurde.
B SOLIN (1975), no. 43*, p. 248; WE. 99; HU. 487; GI. 159; VA. 69.

#1301 graff. VII 16,22: Eingang vom Peristyl in ein Zimmer.

Romula cum suo hic fellat et uubique.

Romula mit ihrem (Typen), (sie) bläst (ihm einen) hier und überall.

K SOLIN erwägt *e(t)_tu_ubique*, *hic et ubique* bildet aber eine Einheit, cf. #1243; evt. war zuerst *uvique* beabsichtigt.
B SOLIN (1975), no. 38*, p. 249; WE. 98; HU. 492; VA. 68.

#1302 graff. VII 12,18 (Lupanar).

Îîas cum Ma|gno ubique.

Ias mit Magnus überall.

K 1 *Ii̯as* mit hiatüberbrückendem Übergangslaut, cf. VÄÄ. p. 48, das I wurde also wohl sehr bewusst verdoppelt und beidemale langgezogen; 'Ionierin', cf. #1243, auch zu 2 *ubique*.
B IV 2174° m. add. E; ImGr. 335f.*

#1303 graff. Herc., Insula Orientalis I, 2/3: Peristyl.

V Bombycion | fellat.

Für 5 (?) bläst Bombycion.

K 1 *V* ist unklar, wohl der Preis; von *βομβύκιον* 'Mauerbiene'. – Weitere solche Texte außerhalb des Lupanars cf. #1365ff.
B IV 10628.

#1304 graff. VII 12,18 (Lupanar).

Fortunata fellat.

Fortunata bläst.

E *e*, *f* kurs.; die Inschrift ist auf den Fotos nicht sichtbar; denselben Text gibt ZA. auch unter IV 2275 (im selben Raum), vermutlich hat er jene Nummer hierher verdoppelt (cf. seine Tafel 37.12).
K Cf. #1280, nicht sicher dieselbe Frau.
B IV 2259° m. add. E; ImGr. 326–28*; HU. 657.

#1305 graff. I 8,1 (Taberna).

Mulạ fella{a}t +[.]nto++ | Fortunata a. a. II.

Mula bläst ..., Fortunata (ebenso?) für zwei As.

E 1 Die Konjektur *[Ro]mula* von SOLIN (2014), p. 96 ist nicht nötig.
K Über der Ritzzeichnung eines Männerkopfes. — 1 *Mula* cf. #1287f. — 2 *aeris assibus.*
B IV 8185°; DI. 1021; WE. 200°; HU. 51°; LA. 189°.

#1306 graff. VII 12,18 (Lupanar).

Murtis, bene | felas.

Myrtis, du bläst gut.

E *f* und zweites *e* kurs.
K 1 *Μυρτίς*, cf. VÄÄ. p. 32f.; *bene* cf. #1251. — 2 *fellas*, cf. #1251.
B IV 2273° m. add. AE; KR. 51°; MO. 72f.; WE. 109, 230; HU. 661; VA. 75.

#1307 graff. VII 12,18 (Lupanar).

Murtis felatris.

Myrtis, Bläserin.

E *e*, *f* kurs.
K *fellatrix*, cf. #1293.
B IV 2292° m. add. E; DI. 658; HU. 667.

#1308 graff. VII 4,8: Raum neben dem langen Eingangskorridor.

testis ego sum: felatur.

Ich bin Zeuge: (Hier) wird geblasen.

K *fellatur* unpers.
B IV 6862 m. add. E; WE. 111; HU. 541.

#1309 dip. III 6,3: rechts der Tür.

Afillia | Ianuaria | a. II s.

Afillia Ianuaria für 2½ As.

K 1 Das Gentiliz auch X 1047 und früher ImagItal Pompei-47° ***P. Afillis*** (VII 4,59, an einen Türpfosten gemalt).
B IV 7764 m. add. D.

#1310 graff. V 2,15: Peristyl.

Atenais aeris II, | Sabina aeris II, | a._II s.

Athenaïs für 2 As, Sabina für 2 As, 2½ As.

E *e* kurs.
K 1 *Athenais*, Ἀθηναΐς. – 2 Cf. #1365. – 3 Oder *aes*?
B IV 4150 m. add. E; DI. 462; WE. 187; HU. 310.

#1311 graff. VI 11,16 (Lupanar): rechts der Tür.

Pitane | vici. sal.: | aer. a. III.

Pithane (schickt ihren) Nachbarn einen Gruß: 3 As!

E *e* kurs.
K 1 fem. zu πιθανός 'folgsam', wohl Berufsname, cf. #1321. – 2 *vicinis.*
B IV 4439 m. add. CE; ImGr. 264*; DI. 464; WE. 457; HU. 402.

#1312 graff. IX 5,19 (Lupanar): rechts der Tür.

Somene dupudiu_ạ. L loc+[---]

Somene (erhält?) einen Dipundius für 50 As zur Miete (?) ...

E *e* kurs.; besser mit DCO. *a(ssibus) L* als ~~X~~ *L* mit MAU; *locạ[t]* MAU, aber die Lesung *locụ[m?]* scheint auch möglich.
K *Somene* auch IV 5122, 8322.k usw., masc. LGPN I (add. E), ptc. praes. pass. von σεῦω 'stoßen' (dor. σῶμαι), cf. #1369 *percisa*, wohl ein Berufsname, cf.

#1321; *dupundium*, cf. VÄÄ. p. 67f., kann auch Längenmaß sein, cf. OLD s.v. *dupondius*, 2; *locum*, *locandum* u.ä. – Insgesamt unsicher.

B IV 5123° m. add. E; DI. 438.

#1313 graff. IX 7,20: Raum beim Atrium.

sum tua ạ | aeṛ. II.

Ich gehöre dir für 2 As (?).

E *e* kurs. – 1 Letztes *a* vielleicht nicht zugehörig, edd.

K 2 *aere* (mit zwei kurs. *e*), VARONE; *ae(ris)_ạ(ssibus)_II*, MAU; *aeṛ(is)_II*, add. E (cf. #1336); oder umgekehrt und mit dem *ạ* in 1: *ạ(ssibus) | aeṛ(is)_II*?

B IV 5372° m. add. E; DI. 463; WE. 192; HU. 908°; VA. 139.

#1314 graff. III 7,1: links der Tür.

mentul'es, | done|ris | IIIIIIIII | IIIIIIIIIIIII.

Nimm (*oder:* Nimmst du) (meinen) Schwanz in den Mund, (dann) sollst du mit 22 (As) beschenkt werden!

E *e* kurs.

K Prostitutionskontext (cf. #1332f., ferner #133). – 1 Isolierter gen. *mentulaes* (cf. #74.a) gibt keinen Sinn, ebensowenig nom. + *es* 'du bist (*oder:* sei) ein Schwanz' (cf. #1379), das zudem *-a's* elidiert sein müsste (pace VÄÄ. p. 41). Plausibler wäre gen./dat. *-ē* + *'s* 'du bist (*oder:* sei) (meinem) Schwanz' (mit realisierter Elision, cf. #1049). Den besten Sinn aber ergibt *mentul(am) es*, auch mit realisierter Elision, aber mit *es* von *edō* 'essen, verschlingen', das ebenfalls nicht nur ind., sondern auch impv. sein kann (cf. #1090). Cf. zu dieser Aussage #346, 1104f., #1376; ferner K.-ST. II p. 164f. (5.a/b) zur Parataxe nach Feststellungen, Aufforderungen usw. – 2ff. Scil. *assibus.*

B IV 8931; ImGr. 528°; WE. 203.

#1315 graff. VI 11,15–16 (Lupanar).

Timele extaliosa.

Timele, hintenweit.

K Cf. #1293; *extaliosa* ist hapax leg., abgeleitet auf *-ōsa* (cf. #1363) von *extālis* (zu diesem cf. AD. p. 116: 'rectum'), eine parallele masc. Ableitung cf. #1357.

B IV 1388a m. add. BE; ImGr. 262(?)*; DI. 661; WE. 216; HU. 399.

#1316 graff. II 1,1: links der Tür.

[---]++++Mạtrena culibonia.

... Matrena, gutarschig.

K Anfang unklar, evt. statt *matrona*; *culibonia* ist hapax leg. und bisher die einzige Bildung auf *-bonius -a -um.*

B IV 8473°; WE. 217; HU. 159°.

#1317 graff. VIII 7,20 (Theaterkorridor).

a *a. d. XI k. Decembr. | Epapra, Acutus, Auctus | ad locum duxserunt | mulierem Tychen. pretium |5 in singulos a. V f. | M. Messalla L. Lentulo_cos.* — **b** *a. XV.*

a Am 11. Tag vor den Kalenden des Dezember haben Epaphras, Acutus und Auctus die Dame Tyche an (diesen) Ort geführt. Der Preis für jeden einzelnen war fünf As. Als Marcus (Valerius) Messalla (Messallinus) und Lucius (Cornelius) Lentulus Konsuln waren. — **b** Fünfzehn As.

E **b** Rechts von a.

K **a** 1/6 21. November 3 v. Chr. — 2 *Epaphra*, cf. #415. — 3 *ad locum* (scil. *suum?*), *duxerunt* 'haben geführt' (und 'gemietet'), *-xs-* cf. #799. — 5 Wohl *f(uit).* — **b** Das Total.

B IV 2450° m. add. E; DI. 453; KR. 50° (nur a); WE. 239; HU. 812; VA. 83.

#1318 graff. VIII 7,20 (Theaterkorridor).

a. d. XI k. Dec. Geryones | trimembres aerus senos | comperendinarunt.

Am 11. Tag vor den Kalenden des Dezember haben die dreigliedrigen Geryonen je sechs As auf die Seite gelegt.

K 1f. 21. November; es handelt sich wieder um dieselben *Epaphra, Acutus* und *Auctus*; cf. Hyg. fab. 30.11 *Geryonem ... trimembrem*, ähnlich *bimembres Centauri, bicorpores Gigantes* etc. (s. ThLL II 1972.41–46, 1990.66–78), ZA. — 2 gen. *-us* cf. #20 und VÄÄ. p. 84; *senos* scil. *asses.* — 3 'verschieben, aufsparen' MOM., VÄÄ. p. 107; *-arunt* cf. VÄÄ. p. 40.

B IV 2440° m. add. ABE; ImGr. 409*; DI. 452.

#1319 graff. I 10,4: am Eingang zum Nebenatrium (16).

Nucerea quaeres ad porta Romana | in vico Venerio Novelliam | Primigeniam.

Frag in Nuceria beim Römertor im Venusviertel nach Novellia Primigenia!

E *e* kurs.

K 1 *Nuceriae*, abl. statt loc., cf. #66; wohl praes. *quaeris* statt impv., cf. VÄÄ. p. 21f. und 123f.; *portam Romanam*. – 3 Wohl dieselbe *Primigenia* wie in #1044.

B IV 8356°; GE. F-48; WE. 206°; HU. 88; VA. 141f.

10.6.2. Männer

#1320 graff. VI 15,22: Atrium.

Constas, | Priscus, | IIS has. X.

Constans, Priscus, für einen Sesterz (?), für 10 As (?).

K 1 *Constans*. – 2 Eher ein zweiter Mann als einer mit Doppelcognomen. – 3 *has X* (nach großem Abstand) unklar, evt. *has.* = *as(sibus)*?

B IV 4690° m. add. E; DI. 466.

#1321 graff. Vor der Porta di Nocera, SE vom Amphitheater: Grab [4].

Felix felat as. I.

Felix bläst für 1 As.

K *fellat*, cf. #1251; die Kombination von *Felix* mit *fellare* (auch IV 1869, 3200, ohne Preis) kann in solchen Inschriften kein Zufall sein: *Fēlīx* (und *Fēlīcula*, cf. #595, #1027.a) sind wohl Berufsnamen, wie viele «sprechende» Namen in diesen Kapiteln (und in anderen Bereichen, cf. #213), cf. z.B. #1228, #1275 77, #1287f., #1290, #1294, #1305, #1311f., #1323, #1356, evt. auch #1020, #1340f., cf. auch die Beinamen #309 sowie das Wortspiel #1338 und #1356.

B IV 5408 m. add. E; DI. 468; WE. 194; HU. 971; VA. 136.

#1322 graff. VII 12,18 (Lupanar).

Fẹlix, | bene futues.

Felix, du vögelst gut!

E 1 *e* nur als C geschrieben. – 2 *e, f* kurs.; *futues* VARONE in ImGr.

K 1 *e* im Namen ist nicht kursiv, cf. #1236a. – 2 *bene* cf. #1236; *futuis*, cf. VÄÄ. p. 21f.

B IV 2176° m. add. E; ImGr. 335f.*; WE. 228; HU. 609.

#1323 graff. VIII 7,20 (Theaterkorridor).

Λυκρίων | πυγίζι.

Lucrio fickt von hinten.

K 1 Für lat. *Lucrio* von *lucrum* (hier wohl Berufsname, cf. #1321 und #1192, #1263); zu -*υ*- cf. VÄÄ. p. 33 Mitte. – 2 *πυγίζει.*

B IV 3202 m. add. E; DI. 655; HU. 815.

#1324 graff. VII 12,18 (Lupanar).

a *pdic.* – **b** *[h]ic Apṛoniaṇ[o ..]ạ[..] | bene dat Nonìus | futerẹ.*

a Er fickt von hinten. – **b** Dem Apronianus (?) ... gibt [sich?] hier Nonius für gutes Ficken.

E **a** Mit Kurzschreibung *p(e)*. – **b** *e* (und *f*?) kurs. – 1 *Apronia s[---]* SOLIN in add. E; *Aplonia* ZA.

K **a** *pedicat.* – **b** 1 *Apron-* ist häufig, *Aplon-* sehr selten (z.B. AE 1995, no. 391 *C. Aplonius*, Aufidena, 1. Jh. v.), wir erwarten hier eher einen Männernamen. – 2f. *dare* m. inf. cf. H.–SZ. p. 345, J. PENNEY loc. cit. (cf. #938), p. 255f., ThLL V.1 1688, 59ff., im hiesigen Kontext wohl nach ähnlichen gr. Ausdrucksweisen (cf. #1173). – 3 *bene* gehört eher zu *futuere* als zu *dare*, cf. #1236; *futuere*, cf. #1230, VÄÄ. p. 41.

B IV 2197 m. add. AE; ImGr. 337f.*; HU. 623.

#1325 graff. VIII 7,20 (Theaterkorridor).

dos pygiza.

Gib (dich) zum Ficken von hinten!

K Wohl *δὸς πυγίσαι* (cf. #1173, #1189), obwohl *-za* für *-σαι* merkwürdig ist; nicht sicher an einen Mann gerichtet.
B IV 2425° m. add. E; ImGr. 415*; DI. 654; HU. 810.

#1326 graff. VII 12,18 (Lupanar).

Συνέρως, καλõς βινεῖς.

Syneros, du vögelst gut!

K *καλῶς*, cf. #1322 und generell #1236.
B IV 2253° m. add. E; ImGr. 330*; HU. 652°.

#1327 graff. VII 12,18 (Lupanar).

Μουσ̣αῖος | ἐνθάδε | βεινεῖ.

Musaios vögelt hier.

K 3 *βειν-* auch #1173.
B IV 2216° m. add. AE; HU. 637.

#1328 graff. VII 12,18 (Lupanar).

fututa sum hic.

Hier bin ich gevögelt worden.

E *f* kurs.
K Was für eine Frau schrieb dies im Lupanar, und wer war der Fututor?
B IV 2217° m. add. E; ImGr. 333*; KR. 50; MO. 40f.; WE. 231; HU. 638; VA. 81.

#1329 graff. V 1,15: Türpfosten rechts.

Menander | bellis moribus | aeris ass. II.

Menander, mit raffinierten Praktiken, 2 As.

E *e* kurs.
K 2 Cf. auch #1264ff.
B IV 4024 m. add. E; DI. 456; GE. F-50; WE. 197; HU. 262; VA. 143.

#1330 graff. I 3,27 (Bäckerei): Nebenraum.

Glyco cunnum | lingit a. II.

Glyco leckt die Möse für 2 As.

K 1 *Γλύκων* masc., cf. auch #1220, ein fem. Name *Γλυκώ* ist nicht bezeugt, SOLIN (2013), p. 337.
B IV 3999 m. add. E; WE. 193; HU. 20; VA. 138.

#1331 graff. I 3,27 (Bäckerei): Nebenraum.

Glyco | halicaria.

Glyco (ist) eine Mühldirne.

K 2 *alicaria* (scil. *meretrix*) war ein kampanisches Wort, cf. Paul. Fest. p. 7.11ff. LINDSAY, VÄÄ. p. 58, 91 und OLD s.v. *alicārius*; zum Bild der Mühle und des Mahlens in diesem Kontext cf. #1127 und AD. p. 152f.; hier verächtlich von einem Mann gebraucht, M. PANCIERA, CQ 57 (2007), p. 306.
B IV 4001 m. add. E; DI. 662.

#1332 graff. III 7,1: Türpfosten links.

Maritimus cunnu linget a. II, II, virgines ammittet, | percanus alqua po++[---?]

Maritimus leckt die Möse für 2 As, zwei(mal?). Er besorgt es (auch) Jungfrauen. ...

E *e* kurs. – 1 *ammittet* VARONE in ImGr.
K Unmittelbar an #1516 anschließend. – 1 *cunnum lingit*, cf. VÄÄ. p. 21f., ähnl. #1189ff., 1354ff.; *assibus II*; das zweite *II* evt. = *bis*, scil. *facit*: zwischen *II* und *II* ist ein Punkt, in #1333 gar ein Zeilenumbruch (zwei As ist der Normalpreis für Männer wie für Frauen, *duas virgines* ergibt dagegen wenig Sinn); *admittit* 'er lässt zu', cf. VÄÄ. p. 21f., 63, zur Bedeutung im hiesigen Zusammenhang cf. AD. p. 206f.; – 2 Unklar, *pergamus aliqua po[rta?]* DCO.
B IV 8939; ImGr. 208°, 528°; HU. 254; VA. 138.

#1333 graff. III 7,1: Türpfosten links.

Maritimus | cunnu liget a. II, | II, | virgines am|mittit.

Maritimus leckt die Möse für 2 As, zwei(mal?). Er besorgt es (auch) Jungfrauen.

E *e* kurs.
K 2 *cunnum lingit*, cf. VÄÄ. p. 21f., 67.
B IV 8940; ImGr. 529°; WE. 195; HU. 255; VA. 138.

#1334 ♪ graff. VI 15,1: Westseite, außen.

Ìsidorus / verna Putiolanus / cunnuliggeter / {geter}.

Isidorus, Haussklave aus Puteoli, auf mösenleckende Art.

M tro7.
E 3 Zweites *e* kurs.
K 1f. Cf. #1264; *Puteolanus.* – 3 Cf. VÄÄ. p. 21, 105, -gg- ist gr. Orthographie, cf. VÄÄ. p. 67; kaum subst. *-λιγγητήρ*, pace LEUM. p. 15, sondern adv., cf. #1255, hier (wohl auch metri gratia) Kurzform statt *-lingibiliter*, zu *u* in *-nu-* cf. #1190. – 4 Wiederholung.
B IV 4699 m. add. E; DI. 650; WE. 123; HU. 451; VA. 79.

#1335 graff. VI 11,15–16 (Lupanar).

Isidorum a. II +++++, / optime cunu_lincet ++ c. 10 ++

Isidorus, für 2 As, sollst du suchen (?)! Er leckt die Möse bestens ...

E *e* kurs.
K 1 *Isidorum aed.* ist unplausibel, zu erwarten ist anschließend *quaere* o.ä. – 2 *cunnum lingit*, cf. VÄÄ. p. 21f., 53.
B IV 1383° m. add. B°E; ImGr. 263*; WE. 122; HU. 397; VA. 79.

#1336 graff. VI 11,16 (Lupanar): rechts der Tür.

Isidorus / eris II.

Isidorus, 2 As.

E *e* kurs.
K 2 *aeris (assibus)*, so evt. auch #1313.
B IV 4441 m. add. E; WE. 188; HU. 403.

#1337 graff. VII 2,17: rechts der Tür.

Serena | Isidoru | fastidit.

Serena ekelt sich vor (*oder:* hat genug von) Isidorus.

E 1 *e*, *f* kurs.
K 2 *Isidorum.* – 3 Cf. #209.
B IV 3117° m. add. E; DI. 751; GE. F-33; MO. 52f.; WE. 25; HU. 528; VA. 48.

#1338 graff. III 5,2: links der Tür.

Sẹ | S | Secundus | cunnu |⁵ licet, | Secun | cunnu | lin.

Se-S-Secundus leckt die Möse. (2×)

E *e* kurs. – 1/2/6/8 Unfertige Versuche (1 mitten im *e* abgebrochen), cf. #1361.
K 1/2/6 Die Namen *Secundus* und *Iucundus* (cf. #1356) bieten sich für das von VÄÄ. p. 67 suggerierte Wortspiel semantisch und lautlich besonders an (zur kampanischen Aussprache solcher Namen cf. #1004); cf. auch #1321. – 4/7 *cunnum.* – 5/8 *lingit*, cf. VÄÄ. p. 21f., 53, 67.
B IV 8877.

#1339 graff. VII 12,18 (Lupanar).

Synethus | Faustillam | futuit, | oḅ++++

Synethus hat die Faustilla gefickt, wegen …

E *e*, *f* kurs. – 4 ZA.s Lesung *obiq._eritis* ist nicht haltbar, cf. add. E.
K 2 Die Kundin vielleicht auch #973f.
B IV 2288° m. add. E; ImGr. 325*; HU. 666.

#1340 graff. VII 12,18 (Lupanar).

XVII k. Îul. | Hermeros | cum Phile|tero et Caphi|⁵so hic futu|erunt.

Am 17. Tag vor den Kalenden des Juli hat Hermeros mit Philetaerus und Caphisus hier gevögelt.

K 1 15. Mai. – 3f. *Phil(h)etaero* (*Φιλέταιρος*), cf. VÄÄ. p. 20, 24, 33, hier evt. ein sprechender Berufs- oder Spitzname (cf. #1321), es könnten aber auch alle drei Kunden des Lupanars sein. – 4f. Vom Flussnamen *Κᾱφῑσός*, zum -ā- cf. #542. – 5f. *futuerunt* constr. ad sensum, cf. #1239ff. und VÄÄ. p. 114.

B IV 2192° m. add. AE; ImGr. 337f.*; GE. F-51; MO. 62f.; HU. 619.

#1341 dip. Porta Marina, links.

Victor cum Phylotero ubique.

Victor mit Philetaerus überall.

K *Victor* cf. evt. #731, #1281; *Phil(h)etaero*; *ubique* cf. #1243.

B IV 653° m. add. D; DI. 713; HU. 696.

#1342 ♪ graff. VII 12,18 (Lupanar).

pedicare volo.

Ich will Jungs ficken.

M da6 init.

E *e* kurs.; der Apex auf dem letzten O (ZA.) ist auf dem Foto nicht sichtbar.

K Cf. #1172 und Priap. 38.3 *pedicare volo, tu vis decerpere poma*, vermutlich ebenfalls aus der Volksdichtung; von derselben Hand sind IV 2211 (cf. unter #1073) und IV 2213 (cf. unter #1446), wohl beide metr.

B IV 2210° m. add. E; ImGr. 331–33*; DI. 810; CLE 1785; WE. 171, 233; HU. 633; GI. 221 n. 136; VA. 121.

#1343 graff. VII 12,18 (Lupanar).

ratio mi cum ponis, | Bataca^re, te pẹdicaro; | ana [vac.]

Wenn du mir eine Rechnung (?) stellst, Batacarus, werde ich dich (auf der Stelle) ficken, ...

E 2 *Batacare e* kurs.; *pẹdicaro* das (wohl kursive) *e* ist beschädigt, R aber ist laut add. E sicher. – 3 Wohl frühzeitig abgebrochene Fortsetzung.

K 1 Links der Zeile ein Phallus; wohl *ratio(nem)*. – 2 Name evt. keltisch, add. E; *pedicavero*, cf. VÄÄ. p. (20), 40, beabsichtigt war wohl -*aḅo*. – 3 Unklar.

B IV 2254° m. add. AE; DI. 431; WE. 238; HU. 653.

10.7. Spott, Verleumdung, Schimpf und Fluch mit sexueller Implikation

#1344 ♪ graff. VIII 1,1 (Basilica).

Chie, opto tibi ut refricent se ficus tuae, |
ut peìus ustulentur quam | ustulatae sunt.

Chius, ich wünsche dir, dass deine Feigwarzen wieder aufreißen, damit sie schlimmer brennen, als sie (je) gebrannt haben.

M ia6 (1 eher *tĭbĭ ut* mit Hiat als *ut(ī)*, was RITSCHL vorschlug).
K 1 Vielleicht derselbe *Chius*, von dem in #736 gesagt wird, er sei gestorben; cf. OLD s.v. *fīcus*, 3. – 2 *ì* cf. #1103 und v.a. #451; *ustulare* (transit.) cf. VÄÄ. p. 103, OLD s.v., c, hier pass. für intransit. ‘entzündet sein’. – 3 *ustulatae* mit *-ĕ*, cf. #1094.
B IV 1820° m. add. CE; ImGr. 351*; DI. 449; CLE 50; GE. E-41; WE. 354; HU. 711; CO. 83; SP. 12*°.

#1345 graff. VII 3,26–27.

Li`bi´berius | venustu^s.

Libidibiberius (ist) liebreizend.

E *e* kurs. – 1 *bi* (über dem zweiten Buchst.) von zweiter Hand.
K 1 *Li-* soll im Scherz durch *Bi-* ersetzt werden (cf. Suet. Tib. 42 *Biberius* statt *Tiberius*, zu diesem cf. #1134), das B war zudem so geschrieben, dass auch *libiderius* (Anspielung auf *libido*) gelesen werden konnte; *venustus* ist deshalb wohl kein Name.
B IV 3107 m. add. E; GE. E-27; WE. 255; HU. 537; GI. 220 n. 132.

#1346 graff. VIII 1,1 (Basilica).

Phileros spado.

Phileros (ist) ein Kastrat.

E *e* kurs.
K Über der Ritzzeichnung eines Mannes (Herkules?).
B IV 1826° m. add. AE; ImGr. 354*; DI. 646; WE. 345; HU. 716; LA. 1189.

#1347 graff. V 2,i: Atrium.

Lucio Albucio Felato vac.

Dem Lucius Albucius «Schwanzlutsch(er» einen Gruß?).

E *e* und evt. auch *f* kurs.; unfertig.

K Seit langem (cf. add. E) wird angenommen, dass hier *L. Albucius Celsus* (cf. #192 etc.) aufs Korn genommen wird (*Cel-* wird *Fel-*), wobei der ad hoc-Beiname *Felato* (cf. #1321) wohl *Fellatori* meint und vorzeitig abgebrochen wurde; die Formen auf *-o* sind am ehesten dat.; impv. fut. *fellato* ist jedenfalls syntaktisch unwahrscheinlich, und das gleichlautende ptc. perf. pass. wäre nicht wirklich beleidigend, cf. #470.

B IV 4156 m. add. E; ImGr. 219*; HU. 281.

#1348 ♪ graff. VIII 1,1 (Basilica).

a *Cosmus Equitiaes | magnus cinae|dus et fellator | est suris_aper|tis.*
b *ṃaṛị.*

a Cosmus, (Sklave) der Equitia, ist ein großer Arschanbieter und Schwanzlutscher mit gespreizten Schenkeln.
b ...

M **a** 1–5 ia6 (+ init.) (*Equitiaes* ist metr. überzählig, cf. #763).

E **b** *mari*, wohl von anderer Hand hinzugefügt, unsicher gelesen.

K **a** 1 *Equitiaes* gen. sg. (cf. #74.a) scil. *servus* (alii alia), das Gentiliz z.B. auch tab. cer. IV 3340.43. – 2f. *cin(a)edus* cf. auch #1156, IV 2319b, 4917. – 4f. Cf. Varro Men. 301 *non modo suris apertis, sed paene natibus apertis ambulans.*

B IV 1825 m. add. ABE; ImGr. 353f.*; DI. 648; WE. 176, 348; HU. 714; VA. 130.

#1349 graff. VI 15,1: Nebenatrium.

Eros cinedae.

Eros, du Arschanbieter!

E *e* kurs.

K *cinaede*, voc.

B IV 4602 m. add. E.

#1350 graff. V 2,i: Seitenraum beim Peristyl.

Helene, cina._vetusc.

Helenus, ältlicher Arschanbieter!

E Die ersten beiden *e* kurs.; Lesung SOLIN (2012a), p. 39.
K Wohl *cinaedus vetusculus*, zum mutmaßlichen nom. cf. #7.
B IV 4206 m. add. E; ImGr. 229*; HU. 292.

#1351 graff. Herc., Castellum aquarium: außen.

Lasius cinedus.

Lasius (ist) ein Arschanbieter.

E *e* kurs.
K Von *λάσιος* 'haarig, zottig'; *cinaedus.*
B IV 10671.

#1352 graff. IX 3,16–17.

solus | Mus | cinẹdus | est.

Nur Mus ist ein Arschanbieter.

E *e* kurs.
K 1 *solus* 'einzig' ('einsam' gibt keinen befriedigenden Sinn). – 2 Cf. #481. – 3 *cinaedus*, *e* wohl versehentlich mit drei Strichen.
B IV 5064 m. add. E; HU. 863.

#1353 graff. I 9,5: Peristyl.

cinedus ị.

Arschanbieter.

E *e* kurs.; der letzte Buchstabe evt. nicht zugehörig.
K *cinaedus.*
B IV 10006°; ImGr. 56*.

#1354 graff. VI 11,10: Peristyl.

Centius cunnu | lingit, Ḍịonusia | linget.

Centius leckt die Möse, er leckt sie der Dionysia (*oder:* Dionysia wird ihn ihm lecken).

E *e* kurs.
K 1 Für *Gentius*, cf. IV 1426 und VÄÄ. p. 53; *cunnum*. – 2 Statt *Dionysiam* (acc.) oder *-ae* (gr. gen. ohne *-ς* oder dat.?), aber auch *-a* (nom.) und scil. *ei mentulam* (WEEBER) ist sinnvoll, dann wäre sogar das zweite Verbum nicht überflüssig und 3 *linget* vielleicht tatsächlich fut. und nicht ein Fall nach VÄÄ. p. 21f. – Weitere solche Texte cf. #1189ff., 1332ff.
B IV 1425° m. add. AE; DI. 649; WE. 125; HU. 392.

#1355 graff. IX 6,7: links der Tür, nahe der Hausecke.

Corus | cunnum lingit.

Corus leckt die Möse.

K Wohl von *κόρος*, VÄÄ. p. 56.
B IV 5178 m. add. E; WE. 115; HU. 884; VA. 78.

#1356 ♪ graff. V 2,a–b.

Iucundus cunum lingit Rusticae.

Iucundus leckt der Rustica die Möse.

M ia6, der erste Name ist zu kurz (cf. #465).
E *e* kurs.
K Wohl Wortspiel wie bei *Secundus* (cf. #1338), *Iucundus* ist evt. Berufsname (cf. #1321); *cunnum*.
B IV 4264 m. add. E; WE. 116; HU. 278; GI. 220 n. 132; VA. 78.

#1357 graff. III 3,6: rechts der Tür.

Priscus | Extalio cunn[---]

Priscus Hintenweit [leckt auch?] Mösen ...

K 2 *Extalio* (hapax leg.) ist ein verächtlicher Beiname (cf. #1321), von *extālis* abgeleitet (cf. #1315), ähnlich wie #762 *ardălio*; *cunn[um lingit?]*.
B IV 8843; DI. 1104.

#1358 ♪ graff. IX 8,3: Atrium.

a *filiu quod tu* [vac.]

b *filius salax, | qud tụ muliero|rum difutuisti.*

a Sohn, wieviele (hast) du …

b Geiler Sohn, wieviele Frauen hast du durchgevögelt!

M **b** Wohl da6 (mit *fīljŭ', mŭlʲĕrōrum*).

E **a** *f* kurs.; abgebrochener erster Versuch. – **b** *e, f* kurs. – 2 Oder *quọ(t) tu*, MAU.

K Neben einem Gemälde mit Philoktet, einen Fuß verbunden, Köcher und Bogen unter dem Arm, auf einen Stab gestützt, vom Schreiber aber offenbar als Herkules gedeutet; a steht unten links, b unten rechts. – **a** Wohl noch nicht metr.; *filius*, cf. VÄÄ. p. 80 (α). – **b** 1 Zur Bedeutung von *filius* cf. VÄÄ. p. 112, zum Kasus p. 115, zu *-lj-* cf. unten und #267. – 2 Statt *quot tu*, MAU; auch sinnvoll wäre *qu(o)ḍ* bzw. *quọ(d)* 'weil', gefolgt von *tọ(t)* (ähnlich liest H. SOLIN, Arctos 42, 2008, p. 237–39: *quịạ tọ[t]*), aber *quod tu* ist in a sicher gelesen, und auch hier in b ist vom V von *tu* der rechte Strich auf dem Foto in ImGr noch sichtbar; zu *qu-* für *quo-* cf. entsprechend *qum* (#1007) für *quom* (#920), klass. *cum, quei* (#1012) für *quoiei* (cf. LEUM. p. 478), klass. *cui*, und ähnlich #1050. – 2f. *mulierorum* cf. VÄÄ. p. 85, zu *-lʲ-* (ohne Längung der Silbe) cf. #267. – 3 *diffutuisti*, cf. Catull. 29.13, add. E und AD. p. 119, lat. *dis-* erinnert hier eher an gr. *δια-* in *διαπράττω* usw.

B IV 5213° m. add. E; ImGr. 434*; DI. 651; WE. 142; HU. 915°; VA. 66; LIMC DB 150 (ohne Erwähnung des Philoktet).

#1359 ♪ graff. IX 9,11: Triclinium.

Restitutus multas decepit | sepe puellas.

Restitutus hat viele Mädchen oft hinters Licht geführt.

M da6 (der Name ist zu lang, cf. #763, er würde aber in der Form *Restutus* passen, in Pompeji #1229, später häufig).

E *e* kurs.

K 1 Der *Restutus* von #1229 passt auch inhaltlich sehr gut hierher. – 2 *saepe*.

B IV 5251 m. add. E; DI. 681; CLE 355; GE. F-60; MO. 74f.; WE. 55; HU. 932; VA. 63.

#1360 graff. VIII 1,1 (Basilica).

Epaphra, glaber es.

Epaphra, du bist (unten) glattrasiert.

K *Epaphra* cf. #415; *glaber* cf. OLD s.v., 1.b.

B IV 1816° m. add. AE; ImGr. 350*; DI. 652; GE. E-39; WE. 369; HU. 709°.

#1361 graff. VI 14,43: Atrium.

ìr ìrrumator.

Schw-Schwanz-in-den-Mund-Stecker!

E Abgebrochen und gleich anschließend neu begonnen (cf. #1338).
B IV 1529° m. add. E; DI. 653; HU. 440.

#1362 graff. VI 7 oder 8 (cf. #40).

a *Antus.* – **b** *ψωλή.*

a Anthus. – **b** Ein steifer Schwanz.

E **b** *ψωλή* ist von anderer Hand hinzugefügt, add. E.
K **a** *Ἄνθος*, cf. #535. – **b** Der gr. Zusatz ist nicht sicher grammatisch auf *Antus* bezogen, cf. #1379.
B IV 1363 m. add. AE; ImGr. 254–56*; DI. 656; HU. 386a.

#1363 ♪ graff. I 9,5: Peristyl.

Eupla laxa landicosa.

Eupla, weit offen, mit großem Kitzler.

M Wohl tro7 init., cf. add. D zu #451.
E *e* kurs.
K Für *Euplia*, SOLIN (2012a), p. 28, cf. #267; dieselbe *Euplia* evt. #1294f.; *laxa* cf. AD. p. 173; *landicosa* ist hapax leg. (AD. p. 97; OLD –), cf. dazu #1315 *extaliosa.*
B IV 10004; ImGr. 56f.*; HU. 57; VA. 137.

#1364 graff. I 9,5: Peristyl.

Fortunata.

Fortunata (bläst).

E *f* kurs.
K Rechts über der Ritzzeichnung einer Fellatio. – Cf. #655, #1280, #1304f.
B IV 10005°; ImGr. 57*; WE. 107°; HU. 58°; LA. 292°.

#1365 graff. V 2,i: Peristyl.

Sabina, | felas, | no belle faces.

Sabina, du bläst, du machst das (aber) nicht gut.

E *e, f* kurs.
K 1 Cf. #1310. – 2 *fellas*, cf. #1251. – 3 cf. #1169, #1306; *non*, cf. VÄÄ. p. 77; *facis*, cf. VÄÄ. p. 21f. – Weitere solche Texte im Lupanar cf. #1303ff.
B IV 4185 m. add. E; DI. 659; WE. 104; HU. 284; VA. 74f.

#1366 graff. VI 11,10: Peristyl.

Salvia felat {i} Antiocu | luscụ.

Salvia lutscht dem einäugigen Antiochus (den Schwanz).

E *e, f* kurs. – 1 *{i}* evt. Interpunktion, ZA.
K 1 acc. *Antiochum* (im Dt. mit dat. zu übersetzen). – 2 *luscum*.
B IV 1427° m. add. E; DI. 660; WE. 101; HU. 393.

#1367 graff. Villa dei Misteri: großes Atrium.

Secundilla | felatrix.

Secundilla, Bläserin.

E *e* kurs.
B IV 9228; ImGr. 454*.

#1368 graff. III 3,6: rechts der Tür.

Martialis, fellas Proculum.

Martialis, du lutschst (ihn) dem Proculus.

B IV 8841; DI. 1108; HU. 226; VA. 128.

#1369 graff. VII 2,16: Türpfosten rechts.

Tyria lasfe, | Tyria percisa, | Τυρία περκισα, | Aephaproditus, || Τυρία λάσφη.

Tyria, du bläst, Tyria, durchstoßene, Tyria, durchstoßene, Epaphroditus (hat dies geschrieben?); Tyria, du bläst.

E *e*, *f* kurs.
K 1/5 Die meisten halten *lasfe* für eine Verschreibung von *λάστη* oder *λάσθη*; viel besser ist indes der Vorschlag von Fr. MÜLLER, Mnemosyne 43 (1925), p. 448, unterstützt von G. PURNELLE, Les Études Class. 61 (1993), p. 323–30 (spez. 324–26), dass *lasfe* für *felas* steht (wie frz. *verlan* für *(à) l'envers*), cf. ähnliche Anagramme #537, #548.c, #559, #585f., #722f. – 2f. Cf. OLD s.v. *caedō*, 2, *percīdō*, 2, und AD. v.a. p. 146f., 212. – 4 *Epaphroditus*.
B IV 2319l m. add. AE; DI. 665; HU. 364a.

#1370 graff. I 13,9: rechts der Tür.

[E]paproditus | fellator.

Epaphroditus, Schwanzlutscher.

E 1 Evt. *-afro-*.
K 1 *Epaphroditus*.
B IV 10073.c°; HU. 124.

#1371 graff. VIII 1,1 (Basilica).

a *N | a | r | c | i | s | s | u | s | f | e | ll | a | t | o | r | m | a | x | i | m | u | s.* – **b** *N | a | r | c | i | s | s | u | s.*

a Narcissus (ist) der größte Schwanzlutscher. – **b** Narcissus.

E *e*, *f* kurs.; die Buchstaben stehen untereinander.
B IV 1825a, 1825b m. add. AE; ImGr. 353*; WE. 113; HU. 715 (nur a); VA. 130.

#1372 graff. Vor der Porta di Nocera: Grab 6.EN (alt 10).

Promus | felator.

Promus, Schwanzlutscher.

E *e* kurs.
K In der Ritzzeichnung eines Kopfes, darüber eine zweite.
B IV 10222°; ImGr. 461*; WE. 344°; HU. 963°; LA. 294°, 463°.

#1373 graff. VII 6,28: Peristyl.

Secundus | felator | rarus | ++++ | +++

Secundus (ist) ein selten (guter) Schwanzlutscher ...

E *e*, *f* kurs.
K 3 Cf. OLD s.v. *rārus*, 6.
B IV 9027; ImGr. 307°; DI. 1105; WE. 114; HU. 552; VA. 130.

#1374 graff. VIII 1,1 (Basilica).

Phoebus | felat.

Phoebus bläst.

E *e* kurs.; an derselben Stelle wie CT von #69.
K Neben der Ritzzeichnung eines Gesichts und eines Phallus; cf. #1265.
B IV 1850 m. add. E; ImGr. 363*; HU. 729; LA. 299.

#1375 graff. I 12,5 (Taberna).

Rigulus fel.

Rigulus bläst.

K *Regulus*, cf. VÄÄ. p. 20, zur Person cf. #345f.; wohl *fellat.*
B IV 8461°; HU. 156°.

#1376 graff. VIII 1,1 (Basilica).

Calliste, devora.

Callistē, verschling!

K VARONE in ImGr macht auf einen bisher übersehenen, gleich daneben eingeritzten Frauenkopf aufmerksam, *Calliste* ist also wohl gr. *Καλλίστη* fem., nicht voc. masc.; zu *devorare* cf. AD. p. 139 und #1374 (gleich links oberhalb), zudem #346, #1104f., #1314.
B IV 1854 m. add. AE; ImGr. 364*; DI. 754; GE. E-65; HU. 731.

#1377 graff. V 2,i: Peristyl.

Meroe fututrix.

Meroe, Fickerin.

E Lesung *Meroe* add. E; *e*, *f* kurs.
K Cf. SOLIN (2003), p. 677f. (ägyptisch), cf. IV 4195 *Meroe*, IV 1812 *Merove* (cf. add. E zu jener Nummer, zu ihrem *-v-* cf. #1225 und VÄÄ. p. 49).
B IV 4196° m. add. E; ImGr. 224*; DI. 663; WE. 130°; HU. 289°.

#1378 graff. Vor der Porta di Stabia: Grab der Epidii.

ταῦτά μοι [- c. 6 -] οἴφ[ω]μεν.

Dies ist mir ... lass uns ficken!

M da6 init.?
K Oberhalb zweier eingeritzter Phalli. – *[μέλει]? οἴφ[ω]μεν?* DCo.
B IV 9250; ImGr. 468°; DI. 1109.

#1379 graff. V 7,7: links der Tür.

imanis | metula | es.

Du bist (*oder:* er ist) schwanzgewaltig. *Oder:* Du bist (*oder:* er ist) ein Riesenschwanz. *Oder:* Schwanz, du bist (*oder:* ein Schwanz ist) etwas Grauenvolles.

E *e* kurs.
K 1 *immanis*, existiert nicht als Name. – 2 *mentula*, cf. VÄÄ. p. 67. – Es gibt sehr viele mögliche Interpretationen: Mit 2. pers. sg. *es* 'du bist' kann *mentula* (1) als abl. instr. 'mit' oder abl. resp. 'bezüglich' verstanden werden (cf. OLD s.v. *immānis*): 'gewaltig mit (deinem) Schwanz'; (2) desgleichen als nom. 'ein Riesenschwanz' (so WEEBER, HUNINK, VARONE), zwar fehlen eindeutige Fälle einer Identifikation «Mann = Schwanz» in Pompeji (cf. #346, #414, #1154f., #1167, #1314, #1362), klar sind aber (beide zitiert von AD. p. 64f.): Catull. 115.8 *non homo, sed vero mentula magna minax* (cf. #791); Sacerd. 6.462.2f. GL *quem non pudet et <qui> rubet, non est homo, sed sopio* (tr07). (3) Beide Interpretationen (1) und (2) könnten zudem in der 3. pers. sg. stehen, nämlich wenn dem erwarteten *est* 'er ist' am Schluss das *-t* fehlt, cf. #1102.
B IV 7089 m. add. E; DI. 667; WE. 154; HU. 356; VA. 88.

11. SCHULE

Die Funktion der Wände als billiges «Notizpapier» zeigt sich nirgends besser als im Bereich der Schule. Viele Menschen haben Alphabete an die Wände gekritzelt und damit wohl ihre Absicht zum Ausdruck bringen wollen, sich bald einmal den Nimbus der Gelehrsamkeit von Schreibern «richtiger» Inschriften zu erwerben. Neben lateinischen Alphabeten (#1380ff.) gibt es ein paar «fortgeschrittenere» Schreibübungen mit Buchstaben und Silben (#1393ff.), nicht wenige griechische Alphabete (cf. #1405f.) und sogar ein paar oskische noch aus der Zeit vor und um den Bundesgenossenkrieg von 91–88 v. Chr. (#1407f.). Zu diesen Zeugnissen des elementaren Schreibunterrichts cf. z.B. DORNSEIFF (1922), p. 158ff., R. WACHTER, ZPE 146 (2004), p. 61–74.

Rätsel und Spiele (#1409ff.) dürften sich ebenfalls teilweise auf den Schulkontext beziehen; weitere Zeugnisse für diese Kategorien sind auch in anderen Inschriften zu vermuten (Rätsel: #836, #928, #1104, das letzte allerdings kaum aus der Schule; Spiele: #273, #915, #1005).

Die wichtigsten Hinweise auf den Schulbetrieb aber sind die zahlreichen literarischen Reminiszenzen (#1420ff.). Sie geben uns nicht nur einen Einblick, welche Texte wie stark rezipiert wurden, sie erlauben auch eine weitere interessante Beobachtung: Es sind nämlich erstaunlich viele erste Verse von Büchern und anderen Werkeinheiten bezeugt: Lucr. 1.1, 2.1; Verg. ecl. 3.1, Aen. 1.1, 2.1, 7.1, 8.1; Ov. am. 1.9.1; Hom. Il. 1.1), wofür m.W. noch keine Erklärung gesucht wurde. Ich vermute, dass dahinter ein «schuldidaktisches» Prinzip steckt: Diese ersten Verse – bzw. jeweils nicht einmal unbedingt die ganzen Verse – dürften als eine Art «Titel» gedient haben und vor allem aus diesem Grund auswendig gelernt worden sein, so zum Beispiel der Vers Verg. Aen. 2.1 *conticuere omnes intentique* ..., wo auch der Ausschnitt bis zur Mittelzäsur (bis und mit *omnes*) genügt zu haben scheint (cf. #1445f.). Dieselbe Funktion scheinen die auffällig vielen Anfänge von Fabeln gehabt zu haben (cf. #1462–70). Manchmal ergibt der gewählte Ausschnitt als Zitat überhaupt keinen Sinn, z.B. Lucr. 2.1 *suave mari magno* (#1426, ebenfalls bis zur Mittelzäsur), den hier vermuteten Zweck erfüllt er aber ohne weiteres. Ganz ähnlich verfahren wir ja heute mit Liedanfängen wie «Oh, du fröhliche», «Là-haut sur la montagne», «Nobody knows», «Vieni sulla barchetta».

Ein Unterkapitel mit diversen weiteren Bildungsinhalten (#1488ff.) beschließt diesen Einblick in das Schulwesen.

11.1. Alphabete und Schreibübungen

11.1.1. Lateinische Alphabete

Zusatz: Auf den Wänden Pompejis sind außer den hier ausgeführten viele weitere lat. Alphabete bezeugt; wenn nicht anders vermerkt, enden solche, deren Schluss vollständig erhalten ist, mit *x* (cf. Quint. 1.4.9), und *e* und *f* sind kursiv. Vollständig sind IV 2515, 2516 (S spiegelverkehrt), 2518 (*e*, *f* nicht kursiv, ohne *s*), 5474 (zwei *a*), 5475 (*e* mit nur einem Strich), 5487, 9295.b, 9306.a (= DI. 850), 9310.c (*e*, *f* nicht kurs.), 10250, 10259; unvollständig: 2519, 2520, 2520b, 2521, 2522, 2523 (*e* mit nur einem Strich), 2524 (= DI. 58) (*g h* vertauscht, dann abgebrochen), 2525, 2526 (*f* nicht kurs.), 2527, 2527a, 2528, 2529, 2530, 2531, 2532, 2532a, 2533, 2534, 2535, 2536, 2537, 2538, 2539, 2540, 2540a–b (linksläufig), 2549a (*h i* vertauscht), 2549b, 3206 (lückenhaft erhalten), 3208, 3209 (cf. #1386), 3209a (*e*, *f* nicht kurs.), 3210, 3211, 3213a (?), 3214 (?), 3215 (?), 3216 (?), 3217 (?), 3218 (?), 5452 (?, = 3920), 5456.a, 5456.b (*f* nicht kurs.), 5458 (?), 5459, 5460 (zwei *a*), 5463, 5464, 5465 (?), 5467 (nur *a b x*), 5468 (?), 5469 (?), 5470.a–c (*e*, *f* nicht kurs., c lückenh.), 5471 (?), 5477, 5478 (gr.?), 5479, 5480, 5482 (?), 5483 (?), 5484, 5485, 5489 (?), 5490, 5491, 5492, 5493 (= 3305; *e*, *f* nicht kurs.), 5495, 5496, 5497 (*e* mit nur einem Strich), 5498, 5500 (cf. #1393), 5501 (cf. #1393), 5502, 5505, 6904 (cf. #1396), 6906, 6908 (?), 6910, 9265.a–b, 9266, 9267, 9269 (?), 9270, 9271 (*e*, *f* nicht kurs.?), 9273 (?), 9277 (= DI. 854), 9278 (*t u* vertauscht; lückenh.), 9279, 9280.b, 9282f. (beide nur bis *u*, die vorhandenen Buchstaben unterhalb verschieden oft wiederholt), 9284, 9286, 9287 (?), 9287a (?), 9289 (?), 9290 (*f* nicht kurs., über dem *b* ein *x*, cf. #1393ff.), 9291, 9292, 9293 (?), 9294 (lückenh.), 9295.a (*f* nicht kurs.), 9298 (*f* nicht kurs.), 9301 (?), 9302 (?), 9304.a (*x* fehlt, wohl aus Platzmangel), 9304.b, 9305.a–b, 9306.b, 9308, 9310.a, 9310.b (*e*, *f* nicht kurs.), 9311.a, 9312.a–b (?), 10251, 10252, 10259a (*e* und evt. *f* nicht kurs.), 10712 (*f* nicht kurs.), 10713 (*f* nicht kurs.), 10714; ferner cf. unter #1388 zusätzliche Exemplare ohne *k*.

#1380 graff. VII 3,38: rechts der Tür.

a b c d e f g h i k l m n o p q r s t u x.

E *e, f* kurs.
B IV 2514° m. add. E; ImGr. 305*; DI. 55; HU. 693.

#1381 graff. VII 10,5: Peristyl.

a *a b [c] d e f g h i k l m n o p q r s t u x.* — **b** *a b c d e f g̣ h i k l m n o p q r s t u x.*

E **b** *e, f* kurs.
K **b** *cc* statt *g*, aber das zweite *c* war wohl nur der diakritische Strich des *g* und in Wirklichkeit etwas kleiner als von ZA. wiedergegeben.
B IV 2517° m. add. E; DI. 57.

#1382 graff. V 1,26: Peristyl.

Vestali ẹ f g h i k l m n o p q r s t u x.

E *e* kurs.
K *Vestali* 'der Vestalin' (dat.) ist unklar.
B IV 5457° (= 4084) m. add. E; DI. 64.

#1383 graff. I 6,4: Nebenraum beim zweiten Atrium.

a b c d e f g h i k l m n o p q r t s u x.

E *e, f* kurs.
K *s t* vertauscht.
B IV 9264; ImGr. 20*; DI. 852.

#1384 graff. II 7 (Palaestra).

a *a b c d e f g h l i m p k o n q r x t u s.* — **b** *a b c d e f g h i ḳ* vac.

E **a–b** *e, f* kurs. — **b** Wohl vorzeitig abgebrochen.
K **a** Vollständig, aber nach *h* durcheinandergewirbelt, an existierende Wörter anklingend: *limp-*, *concurr-* (mit Kurzschreibung), *(te)xtus* o.ä.
B IV 9285.a–b; ImGr. 144°.

#1385 graff. V 4,a: Eingang rechts.

a b c d e f g h k i m n u l x.

E *e*, *f* kurs.
K Nach *h* chaotisch und unvollständig.
B IV 6909 m. add. E; ImGr. 235*; DI. 60.

#1386 graff. VII 2,19–20.

a b c d e {i} f g h i k l s m n *vac.*

E *e*, *f* kurs.
K *e i f* ist IIII' geschrieben, also hat der Schreiber nur versehentlich einen Strich zu viel gezogen (ebenso in IV 3209); nach *l* unvollständig.
B IV 3207 m. add. E; DI. 61.

#1387 graff. VIII 7,6: Garten.

a b c f q x u *vac.*

E *f* kurs.
B IV 5488 m. add. E; DI. 63.

#1388 graff. Villa dei Misteri: Atrium.

a b c d e f g h i l m n o p q r s t u x. | +++rianus | Rodanus.

E *e*, *f* kurs.
K 1 Ohne *k*, so auch IV 5503 (*e*, *f* kurs., zwischen *h* und *m* unklar), 10254 (*e*, *f* kurs., vorzeitig abgebrochen; es fehlt wohl das *k*, nicht das *l*), 10711 (*e* kurs., *f* nicht; nach *q* vorzeitig abgebrochen). — 2 Laut DCO könnten der Dichter *Ῥιανός* oder die Flüsse *[E]ri(d)anus* und *Rhodanus* – cf. Plin. nat. 37.(11.)31f. – gemeint sein; zwei Personennamen erwägt H. SOLIN (per litt.).
B IV 9311.c, 9222.a–b; ImGr. 453° (nur 9222); DI. 851; GE. H-1; HU. 1003 (nur 9311.c).

#1389 graff. VII 2,16: links der Tür.

a b c d e f g ị ḥ l m n o p q r *vac.*

E *e*, *f* kurs.
K Wohl *h i* vertauscht und ohne *k*.
B IV 2520a° m. add. AE; DI. 59.

#1390 graff. VI 14,38: Peristyl (?).

[a] b c d e f g h i l m n o [vac.]

E *e* kurs., *f* evt.
K Ohne *k*.
B IV 5476 m. add. E; DI. 62.

#1391 graff. Boscoreale, Villa del Fondo Agricoltura.

a b c d e f c o h i l m n r q^u p s t u x.

E *f* kurs.
K Ohne *k*; ein zweites *c* statt *g*; statt *q* steht *qu* (d.h. der Buchstabenname); *o*, *p*, *r* sind falsch plaziert.
B IV 9312a; DI. 853.

#1392 graff. VII 12,35 (Gasthaus): Zimmer.

r r r r r r | o p q er [vac.]

K 2 *er* für den Namen des Buchstabens, den der Schreiber vorher geübt hatte.
B IV 2549c° m. add. E; WE. 276.

11.1.2. Schreibübungen (Latein)

Zusatz: Weitere, fast immer fragmentarische Belege für die Alphabetübung (außer den unten ausgeführten) sind IV 2542, 2543, 5466 (?, = 2545 = DI. 74), 2547 (?), 2548 (?), 3219, 3220, 3221 (?), 5453, 5455 (fehlerhaft), 5472 (vollst., *e*, *f* kurs.), 5481 (fehlerhaft), 9272.a–b (a vollst., b nur *a x b*, *e* kurs., *f* nicht, cf. Abb. 7 und Einl., 4.), 9280.a (linksläufig), 9290 (Alphabet, über dem *b* ein *x*), 9299, 9309 (fehlerhaft, *e* kurs.), 9311.b (?).

Abb. 7: IV 9272.a, aus CIL IV.

#1393 graff. IX 8,3/6/a: Peristyl.

r s t u x / a x b u c t d s e r f q g p / h o i n k m l.

E *e, f* kurs.

K 1 Das gleiche Alphabetende von *R* an auch IV 5500 (zweimal) und 5501. – 2 Über diese Übung cf. Iren. c. haer. 1.14.3: *ὅρα οὖν κεφαλὴν ἄνω τὸ ἄλφα καὶ τὸ Ω, τράχηλον δὲ Β καὶ Ψ, ὤμους ἅμα χερσὶ Γ καὶ Χ, στήθη Δ καὶ Φ, διάφραγμα Ε καὶ Υ, κοιλίαν [νῶτον] Ζ καὶ Τ, αἰδοῖα [κοιλίαν] Η καὶ Σ, μηροὺς Θ καὶ Ρ, γόνατα Ι καὶ Π, κνήμας Κ καὶ Ο, σφυρὰ Λ καὶ Ξ, πόδας Μ καὶ Ν. τοῦτό ἐστι τὸ σῶμα τῆς κατὰ τὸν μάγον Ἀληθείας*; ähnlich Hier. in Ier. 25.26 nach S. Reiter, Corp. Vind., Bd. 59 (1913), p. 311f.: *rursumque propter memoriam parvulorum solemus lectionis ordinem vertere et primis extrema miscere, ut dicamus 'alfa o, beta psi', sic et apud Hebraeos (...) 'aleph thau, beth sin'.*

B IV 5499° m. add. E; Di. 69; Ge. H-2; Hu. 924.

#1394 graff. VI 14,30: Atrium.

a b c d e f g [h i] k l m n o p q ṛ [s] ṭ ụ x̣ / a x̣ b u ç ṭ d s e ṛ f̣ q g̣
+ + vac.?

E *e* kurs., *f* evt. in 2. – 2 Wohl vorzeitig abgebrochen.

B IV 5473.

#1395 graff. II 1,11: Werkraum.

a *a x b u c t d s e r* vac. – **b** *a b c d e f g h* vac. – **c** *u x b u c t d s e r f q g p h o i m k n l.* – **d** *a b c d e f g h i k l m n* vac.

E **a–d** *e, f* kurs. – **a, b, d** Vorzeitig abgebrochen. – **b** Gleich rechts von a.

K **c** Erstes V statt A (d.h. kopfstehend); *m n* vertauscht.

B IV 10256.a–d; ImGr. 102*; Hu. 146 (nur c).

#1396 graff. V 3,9: rechts der Tür.

a x b u c t d s ẹ r f q g p h o i n k i m l.

E *e, f* kurs; links davon steht IV 6904, ein unfertiges Alphabet.

K Nach dem *s* folgt ein erstes H (sic, Mau), versehentlich statt II (d.h. kursives *e*); nach *k* ein überzähliges *i*; solche Fehler, ebenso wie die vorzeitig abgebrochenen Versionen (cf. #1394, #1398ff.), zeigen, dass man diese Übungsserie auswendig wusste und nicht jedesmal neu konstruierte.

B IV 6905 m. add. E; Di. 68; Hu. 317.

#1397 graff. V 4,13: rechts der Tür.

a x̣ b u c t d s e r f q g̣ p h o [i n k] m l.

E *e*, *f* kurs.; MAU liest *y* statt *x*, was ganz unplausibel ist, sowie ein zweites *c* statt *g*, cf. auch add. E.

B IV 6907 m. add. E; DI. 72.

#1398 graff. I 8,11: rechts der Tür (Hintereingang von I 8,17)

a x b u c t d s e r f q g p *vac.*

E *e*, *f* kurs.; vorzeitig abgebrochen.

K Das *d* ist von DCo. in NSc. 1929 p. 472 vermerkt, fehlt aber in CIL ohne Kommentar, also versehentlich; cf. #1396.

B IV 9268; DI. 855.

#1399 graff. VII 1,8 (Stabianer Thermen).

a x b u c t d s e r *vac.*

E Kopfstehend geschrieben, vorzeitig abgebrochen.

B IV 2541° m. add. E; DI. 75; GE. H-3; WE. 274.

#1400 graff. VII 15,12–13.

a x b u c t d s e g̣ r f *vac.*

E *e*, *f* kurs.; abgebrochen.

K Am Ende fehlerhaft, kaum mit MAU *Crẹ.* für *Crescens.*

B IV 5486 m. add. E; DI. 70.

#1401 graff. VII 11,11 (Gasthaus): Atrium.

a b u c t d s e r f i q *vac.*

E *e* kurs.; vorzeitig abgebrochen.

K *x* vergessen (so wohl auch IV 5481), nach *f* fehlerhaft.

B IV 2544° m. add. E; DI. 73.

#1402 graff. V 1,7: Peristyl.

a x c̣ d f e r *vac.*

E *e*, *f* kurs.; frühzeitig abgebrochen.

K Fehlerhaft; offenbar dieselbe Folge linksläufig IV 5455.

B IV 5454 m. add. E; DI. 71.

#1403 dip. Herc., Insula III, 14: Atrium.

Campan. | Secundus | Euplus | a x b u c ṭ d s e r f̣ q̣ g̣ {a} p h o i n ḳ m l.

K 1 *Campanus.* – 4 Aus zwei Abschriften konjizierbar (ungenau DCo.): den Buchstaben OCAPH der ersten (zwischen *f* und *o*) entsprechen OETTI der zweiten, erwartet ist aber QGPH, vermutlich war also, wenn TI das H wiedergibt, das (überflüssige) A der ersten Abschrift ein Phantom.

B IV 10478.

#1404 graff. Herc., Insula V, 7: Nymphaeum.

branc nos quod rum
broc ter quid quis
trans tros quae que
nus men quas dem

con mol
les ma
lis me
mul mae

E *e* kurs.; die ersten vier Zeilen bzw. Spalten stehen in einem gezeichneten Rahmen, die Spalten sind durch Striche abgetrennt; die letzten beiden Spalten (ab *con*) stehen darunter.

K Übung mit Silben und kurzen Wörtern?

B IV 10567°; ImGr. 493*; We. 584°.

11.1.3. Griechische Alphabete

Zusatz: Weitere gr. Alphabete (außer den unten ausgeführten): IV 5462, 5478 (lat.?), 5506, 9263, 9275.e, 9296 (*ρ* fehlt), 9297.b (*η θ* verdoppelt, *π ρ* fehlen), 9303, 10717; unvollständig: 3213 (?), 5494 (= Di. 67), 8009 (cf. #1495), 9274, 9275.a–d, f–h, 9276, 9281.a–b (a am Anfang verschrieben), 9288 (?), 9297.a, 9307, 10253 (?), 10255.a–e, 10257, 10258, 10258a (mit Auslassung), 10707, 10708, 10709, 10710, 10715, 10716.

#1405 graff. V 5,3: Triclinium.

α β γ δ ε ζ η θ ι κ λ μ ν ξ ο π ρ σ τ | τ υ φ χ ψ ω.

K 1f. Tau wurde nach dem Zeilenwechsel wiederholt (wahrscheinlich weil mit T das letzte Viertel des Alphabets beginnt, diese Viertel kannte man).

B IV 5461° m. add. E; DI. 66; GE. H-28; WE. 275°; HU. 351°.

#1406 graff. Vor der Porta di Nocera: Grab 7.OS (alt 2).

A L Φ B *vac.*

K Nur das Phi ist (sicher) griechisch. Vielleicht ist etwas wie *alpha-beta* gemeint, was als Wort (*alphabetum*) aber erst viel später bezeugt ist, auch gr.; zudem ist die Art der Abkürzung merkwürdig. Unklar.

B IV 5504 m. add. E; DI. 65.

11.1.4. Oskische Alphabete

Zusatz: Weitere osk. Alphabete (außer den unten ausgeführten) sind ImagItal Pompei-74–77, 79° und 80 (alle am Haus VI 12), ferner ImagItal Teanum Sidicinum-16*, Histonium-6* sowie Teanum Apulum-4* (vier mit ***a***, ***b***, ***g*** und ***d*** numerierte Webgewichte). Keines ist vollständig.

#1407 graff. VI 12, Ostseite: außen.

a b g d ẹ v z h i k [l] ṃ ṇ p r s ṭ u f í ú.

E Rechtsläufig.

K Oskisches Alphabet, abgesehen von der Rechtsläufigkeit ohne rezenten gr.-lat. Einfluss.

B ImagItal Pompei-78°.

#1408 graff. IX 14,2: Peristyl.

a b g r e v z h i *vac.*

E Linksläufig, frühzeitig abgebrochen.

K Statt osk. R (***d***) steht lat. D (osk. ***r***).

B IV 9300° = ImagItal Pompei-81*; ImGr. 445*.

#1409 graff. VII 16,22: Peristyl.

ỊXIIXVIIVIIIVIIIIVI[---]

K Evt. Zahlenspielerei, SOLIN: *? 9 8 7 8 9 ?*; oder vielleicht *? 12 17 8 9 ?*, denn 17 − 8 = 9; oben und unten sind weitere, kürzere Zahlen.

B SOLIN (1975), no. 31*.

#1410 graff. I 10,4: rechts der Tür.

R O M A |
O I I M |
M I I O |
A M O R.

Rom einst Milo Liebe. (*Als Text Unsinn.*)

K 2f. Zweifellos *olim* | *Milo* beabsichtigt, so bezeugt in Ostia und (ohne die oberste Zeile) in Baelo Claudia, Spanien. Zu diesem und dem folgenden magischen Quadrat cf. z.B. M. GUARDUCCI, Arch. class. 17 (1965), p. 262–70; ead., ANRW, Bd. 16.2 (1978), p. 1743f.; zu demjenigen von Baelo Claudia cf. J.-N. BONNEVILLE et al., Belo V. L'épigraphie. Les inscriptions romaines de Baelo Claudia (1988), p. 94 no. 102.

B IV 8297; DI. 856; WE. 557; HU. 79; GI. 78 n. 51.

#1411 graff. II 7 (Palaestra).

R O T A S |
O P E R A |
T E N E T |
A R E P O |
S A T O R.

Der Sämann Arepo hält mit Fleiß die Räder. (*Als Text Unsinn.*)

E Darüber und darunter weitere Zeichen.

K In gleicher Reihenfolge in Pompeji auch IV 8123, desgl. anderswo, gespiegelt *Sator* (abgebrochen) AE 2013, no. 226 (Stabiae); Bibl. cf. #1410.

B IV 8623°; ImGr. 144*; KR. 53°; WE. 553°; HU. 191°; GI. 78.

#1412 ♪ graff. IX 1,22: Raum beim NW-Peristyl.

a *ἤδη μοι Διὸς ἄρ' ἀπάτα παρά σοι Διομήδη.*
b *ede moi Dios ar apata para soi Diomede.*
a–b (War) es etwa schon eine Täuschung des Zeus für mich bei dir, Diomede? (*Unsinn.*)

M da6.
E **a–b** Scriptio continua.
K **a–b** Versus reciprocus (Palindrom), auch sonst bezeugt: literarisch (Anth. Pal. 16.387c.1 mit metr. unmöglichem ... *ἄρα πηγὴ παρὰ* ..., also korrupt; dort weitere Palindromverse), epigraphisch (Graffito von Vidy bei Lausanne, H. Nesselhauf / H. Lieb, BRGK 40, 1959[60], p. 135f. no. 37, mit zerstörtem ... *ἀ[πάτα]* ...), sowie auf einem Papyrus (PSI XV 1481); Anspielungen auf Iliasstellen sind wahrscheinlich, aber mehr zufällig, denn im Zentrum steht die Symmetrie des Verses.
B IV 2400a m. add. ABE; ImGr. 424*; Di. 822; Ge. H-31; We. 304; Hu. 830a; Gi. 76f.

#1413 ♪ graff. V 2,g: Zimmer.

barbara barbaribus barbabant barbara barbis.
Die Barbarischen barbierten für Barbarien Barbarische mit Bärten. (*Unsinn.*)

M da6.
K Modell-Hexameter; ein wirklicher Sinn ist nicht beabsichtigt, der Wortstamm ist aber prosodisch und «semantisch» ideal. Ein zweiter Beleg stammt aus Stabiae, Villa di Arianna, AE 2013, no. 227: *barbara barb[ari]-b[us] b[---]*, der Vers dürfte also weiter verbreitet gewesen sein; #803 gehört hingegen nicht dazu.
B IV 4235 m. add. E; Di. 677; CLE 351; Ge. H-21; We. 279, 585; Hu. 297; Gi. 158, 224f.

#1414 ♪ graff. VIII 1,1 (Basilica).

a *zeterna.* |
mulier ferebat filium similem suì. \`viç´ |
nec meus est nec mi similat, sed | *vellem esset meus.*
b *et \`eco´ voleba ut meus esset.*

a Rätsel:
Eine Frau trug einen Sohn ähnlich «sui» (*d.h.* ihr selbst *oder* einem Schwein).
Meiner ist es nicht, und er gleicht mir auch nicht, aber ich wünschte, er wäre meiner.
b Auch ich wollte (immer?), er wäre meiner.

M **a** 2–4 (bis *esset meus*) ia6 (4 *vellem esset* ⏑⏑ –). – **b** Evt. Prosa.

E **a** 2 \`*vic*´ (oder \`*vig*´) gehört wohl zu einer anderen Inschrift, add. E. – **b** Von anderer Hand.

K **a** 1 *ζήτημα*, cf. IV 1878 *zethema* (sonst unklar), VÄÄ. p. 111. – 2 Mit *mulier* ist evt. ein Mutterschwein gemeint (Wortspiel mit *suī* gen. pron. pers. bzw. dat. von *sūs*, so J. OVERBECK, Pompeji, 4. Aufl. 1884, p. 481f. n.). – 3 *similat* cf. VÄÄ. p. 103, nicht im OLD, wohl neu abgeleitet von *similis*. – 4 *vellem esset* cf. #1044. – **b** *ego*, cf. VÄÄ. p. 53f.; *volebam*, die Zeile ist unklar und wirkt etwas unmotiviert.

B IV 1877° m. add. BCE; ImGr. 372f.*; DI. 683; CLE 42; WE. 58; HU. 735; CollEp. 19i, p. 248*°; GI. 140f.; CO. 57.

#1415 graff. IX 10,2: Atrium.

+c bene Epaprais, |
zetọ | i[.]ỵ[..]run copọ | ṛubṛun eximo, |
zẹt[o] | duo capita, | os, et venas | non habet.

Dieses (ist) für Epaphra gut (?):
Ich frage: ... Wirt ... nehme ich heraus.
Ich frage: Zwei Köpfe, ein Mund, und Venen hat es nicht.

M 2–8 Wahrscheinlich zwei ia6, BÜ. – 6 Wohl *dŭŏ* mit IK (cf. #615), ohne Elision vor *ōs*.

E 1 *+c* SOGLIANO. – 2 *zet+*. – 3 Lesung weitgehend unklar.

K 1–5 Unklar. – 1 *+c*, evt. für *(h)ọc*; *-ais* wohl statt *-ae's(t)*, cf. #1102; zum Namen cf. #415 (im Haus gegenüber gefunden). – 2/5 *zet(ema)*, so CIL IV Index p. 766 col. 4, dafür ist aber beidemale zu wenig Platz, also eher *zeto* für 1. pers. sg. *ζητῶ*. – 3 Evt. *caupo*, cf. #254.

B IV 5341 m. add. E; DI. 682; CLE 42 n.

#1416 graff. VII 8 (Forum, Iuppitertempel): rechts der Tür.

Iatacus cum Nicephoro lus vac.

Iatacus hat mit Nicephorus gespielt.

E *e* kurs.; unfertig.
K *Iatacus* auch IV 4796; cf. IV 1922 *Nicephor*, #977 *Nicepor*; *lusit*.
B IV 4795° m. add. E; WE. 556; HU. 584.

#1417 graff. VII 1,8 (Stabianer Thermen).

vici Nuceriaẹ | in_alia, X̶ DCCCLV s., | fide bona.

Ich habe in Nuceria im Würfelspiel gewonnen, 855½ Denar, ganz fair.

K 2 *in āleā*; d.h. 3422 Sesterz, eine große Summe, cf. #1289.
B IV 2119° m. add. E; ImGr. 300*; DI. 724; GE. G-31; WE. 551; HU. 508.

#1418 graff. VIII 1,1 (Basilica).

a *Amianthus, Epaphra, Tertius ludant, | Ìucundus Nolanus petat, nu[m]eret Citus et Stacus.* — **b** *cum Hedysto.* — **c** *Amianth.*

a Amianthus, Epaphra, Tertius sollen spielen, Iucundus aus Nola soll die Bälle schnappen, Citus und Stachys sollen zählen. — **b** ... zusammen mit Hedistus. — **c** Amianth(us).

E **a** 2 *ì* supra infraque longa; *et Stacus* sekundär von derselben Hand dahinter gesetzt, R. BENEFIEL, ZPE 167 (2008), p. 193–200. — **b** Zusatz zu a1 evt. von anderer Hand, in breiteren Buchstaben, BENEFIEL. — **c** Nicht direkt zugehörig, BENEFIEL.
K **a** 1 *Amiantus* (*-th-* ist hyperkorrekt), cf. #505, evt. #535; *Epaphra* cf. #415. — 1f. *Tertius*, *Epaphra* und *Citus* finden sich auch auf X 910 (Pompeji, genaue Fundstelle unbekannt). — 2 Sekundär als *numere(n)t* aufgefasst; *Stachys*? — **b** *Hedy-* im superl. wegen posit. *ἡδύς*, cf. richtig in #1084.e. — **c** Abgebrochene Wiederholung? — Evt. Trigon-Spiel, cf. BENEFIEL.
B IV 1936° m. add. AE; ImGr. 389f.*; DI. 725; GE. G-29; WE. 552 (fast vollständig); HU. 755.

#1419 graff. VIII 1,1 (Basilica).

Epaphra pîlicrepus non est.

Epaphra ist kein Ballzähler (*d.h. wohl*: kann nicht rechnen).

K *pĭlicrepus* etwa 'der mit ratternder Stimme die Bälle zählt', cf. OLD s.v. *crepō*, 4, ferner #321, VI 9797, Sen. epist. 56.1 *si vero pilicrepus supervenit et numerare coepit pilas, actum est*, Stat. silv. 1.5.57f. *quid nunc strata solo referam tabulata crepantis / auditura pilas.*

B IV 1926° m. add. E; ImGr. 387*; DI. 726; GE. G-30; WE. 368; HU. 751.

11.3. Literarische Reminiszenzen

#1420 ♪ graff. VII 2,16: Peristyl.

Romulus in caelo.

Romulus im Himmel.

M da6 init.

K Wohl sprichwörtlich, zurückgehend auf Enn. ann. 110f. SKUTSCH (mit p. 261): *Romulus in caelo cum dis genitalibus aevum | degit*; cf. auch Cic. Tusc. 1.28, Mart. 13.16.2, Sen. apocol. 9.5.

B IV 3135 m. add. BE; DI. 781; CLE 1785; HU. 525; GI. 153.

#1421 ♪ graff. II 7 (Palaestra).

Cupr/on/ịus, / epol, /
Romul/us in / caelo /
Martis / equita.

Cupronius, verdammt! –
(als) Romulus im Himmel,
des Mars (Sohn?), reitet er.

M 1–5 Evt. da6 fin. — 5–7 da6 init.

E *e* kurs. — 3 *lus*, wohl versehentlich.

K *Cupronius equitat ut Romulus Martis (filius) in caelo*, DCO., die Wortstellung ist aber merkwürdig. — 1–3 Das Gentiliz auch IV 5817 *Cuproniae Saecundae*. — 4 *ēpol* wohl kurz für *edepol* 'beim Pollux', cf. *ēcastor*. — 9 *aequitat* ist nicht bezeugt, also *ĕquitat* 'reitet'.

B IV 8568; ImGr. 131°; GE. H-18; WE. 577; HU. 188; GI. 154 n. 6.

#1422 ♪ graff. IX 14,d: Atrium.

a *Romulus in*
b *Romulus in cael.*
c *et Rem.*
d *Camil.*

a Romulus im ...
b Romulus im Himmel.
c Und Remus.
d Camillus.

M **a–b** (und evt. auch c) da6 init.
E **a–d** Wohl alle vorzeitig abgebrochen.
K **c** *et Remus*, kaum aus Enn. ann. 74 SKUTSCH, eher ein verlorener Versanfang näher bei dem vielzitierten Romulus-Vers. – **d** *Camilli*?
B IV 8995.a–d; GE. H-18; HU. 957.

#1423 ♪ dip. I 10,4: Bad.

Romu|lu[.] in ce[---] |
nunc omen_ḍoṇ[---]

Romulus im Himmel ...
möge nun ein Zeichen schenken ...

M 1f. da6 init. – 3 da5 oder da6.
E 3 Kleiner geschrieben, *e* kurs.
K 1f. *Romulus*; *caelo*. – 3 Unklar, *donet*? Subjekt ist vielleicht Iuppiter.
B IV 7353 m. add. D; ImDip. 130*; GE. H-18; HU. 75; GI. 153.

#1424 ♪ dip.? IX 1,22: Tablinum zwischen Peristylen.

barbarus aere cavo tubicen d[ed]it [horrida si]gna.

Der Trompeter der Barbaren gab aus gebogenem Erz [furchteinflößende] Signale.

M da6.
E Unklar, ob graff. oder dip., cf. add. D.
K Unter einem Gemälde mit der Befreiung der an einen Felsen geschmiedeten Hesione (so ZA. etc., cf. R. MERKELBACH, MDAI(R) 101, 1994, p. 85), aber ohne offensichtlichen Bezug dazu. – Ergänzt von R. EHWALD und BÜ., cf.

Verg. Aen. 3.239f. *dat signum specula Misenus ab alta / aere cavo* (*aere cavo* auch 3.286), Ov. met. 3.704f. *ut fremit acer equus, cum bellicus aere canoro / signa dedit tubicen*, Stat. Theb. 4.342f. *horrida clangunt / signa tubae*, 4.498 *horrida signa*: Die Inschr. ist also wohl ein sonst nicht überlieferter Ennius-Vers, den die genannten Dichter selbstverständlich noch kannten; cf. auch ann. 249 und 451 SKUTSCH.

B IV 1069a m. add. ABD; DI. 212; CLE 350; HU. 819; GI. 175f.; LIMC DB 451.

#1425 ♪ graff. VIII 1,1 (Basilica).

Aeneadum genetrix.

Mutter der Aeneaden!

M hemiep.

E *e*, *m* kurs.

K Zitat von Lucr. 1.1 *Aeneadum genetrix, hominum divomque voluptas*; zu Venus cf. #109; der Anfang *Aeneadum* auch IV 3139 (= CLE 1785), 3913 (= CLE 1785, 2292), und evt. 3118 (= CLE 2292), 4373 (= ibid.), 10034.c.

B IV 3072° m. add. E; DI. 783; CLE 1785; GE. H-19; HU. 766; GI. 154.

#1426 ♪ graff. VII 16,22: Treppe vom Peristyl ins Obergeschoss.

a *suabe mari magno.*
b *Byzantia.*

a Angenehm (ist es), auf hoher See ...
b Byzantia (?).

M **a** hemiep.

E **b** Direkt an a anschließend.

K **a** Zitat von Lucr. 2.1; *suave.* – **b** Evt. Eigenname, cf. SOLIN n. 22.

B SOLIN (1975), no. 60*; HU. 495; GI. 155, tab. 11* (unvollst.).

#1427 ♪ graff. VI 13,19: links der Tür.

a *nunc est ira recens, nunc est disc[edere tempus:]*
b *si_dolor afuerit, crede, redibit [amor].*

a Nun ist der Zorn (noch) frisch, nun ist (noch viel) Zeit wegzugehen.
b Wenn der Schmerz nachgelassen hat, glaub' mir, wird (auch) die Liebe zurückkehren.

M **a–b** dist.

E **a–b** Von zwei verschiedenen Schreibern; zwischen den Zeilen steht *sen* in größeren Buchstaben, dies ist wohl ein weiterer Versuch zu #1114 (an derselben Wand etwas weiter links), und hier also nicht zugehörig.

K **a–b** Cf. genauso Prop. 2.5.9f.

B IV 4491° m. add. E; DI. 786; CLE 1785, 2292; GE. F-75; WE. 78, 298; HU. 420; GI. 191; VA. 50.

#1428 ♪ graff. VIII 1,1 (Basilica).

quisquis amator erit Scythiae licet ambulet oris |
nemo adeo ut feriat barbarus esse volet.

Wer verliebt ist, kann an Skythiens Küsten wandeln,
niemand wird so barbarisch sein wollen, ihn zu erschlagen.

M dist.

K Ungenaues Zitat von Prop. 3.16.13f. *quisquis amator erit, Scythicis licet ambulet oris; / nemo adeo, ut noceat, barbarus esse volet* (so schon LACHMANN 1816 in seiner Properzausgabe), die Inschrift bestätigt *ambulet* und *adeo*; *Scythiae* und *feriat* dagegen sind populäre dichterische Variation, cf. WACHTER (1998), p. 74, 76f. und hier #1070, #1455.

B IV 1950 m. add. E; ImGr. 391*; DI. 787; CLE 1785; HU. 764; GI. 191; VA. 57.

#1429 ♪ graff. VIII 1,1 (Basilica).

ìanitor ad dantìs vigilet, si pulsat ìnanis |
surdus ìn obductam somniet usqu[e] seram.

Der Türhüter soll für (Geschenke) Gebende wach werden; wenn (aber) ein armer Schlucker anklopft,
soll er taub über den vorgeschobenen Riegel geneigt weiterschlafen.

M dist.

E Oberhalb steht #1456, inhaltlich ähnlich und in derselben Handschrift.

K Ungenaues Zitat von Prop. 4.5.47f. *ianitor ad dantes vigilet: si pulset inanis, / surdus in obductam somniet usque seram*, dort mit den besseren Lesarten: *dantes* ist Konsonantstamm (subst. ptc., cf. #734), *pulset* ist potential und zeigt Attractio modi (anders zu *pulsat* add. E mit Bibl.).

B IV 1894° m. add. E; ImGr. 378*; DI. 788; CLE 1785; GE. F-73; WE. 300; HU. 744; CollEp. 17i*; GI. 191; VA. 41.

#1430 ♪ graff. I 15,3: Atrium.

Severus. |

mille meae Siculis errant in montibus ag[nae].

Severus.

Tausend Schafe von mir laufen in den Bergen Siziliens herum.

M 2 da6.

K 2 Zitat von Verg. ecl. 2.21, der Anfang auch IV 8625.c.

B C. GIORDANO / A. CASALE, AAP n.s. 39 (1990), p. 293 no. 71 (non vidi; cf. AE 1992, no. 279); HU. 132.

#1431 ♪ graff. VI 14,43: Atrium.

rusticus est Corydoṇ.

Corydon ist ein Bauer.

M hemiep.

K Ungenaues Zitat von Verg. ecl. 2.56 *rusticus es, Corydon; nec munera curat Alexis* (*est* gibt es aber als varia lectio; cf. #676 und umgekehrt #1102); der Anfang *rusticus* auch IV 1524 (= CLE 1785) im selben Atrium.

B IV 1527° m. add. AE; DI. 789; CLE 1785; HU. 425; GI. 166.

#1432 graff. VI 15,9: Eingang rechts.

Corusticus.

Corusticus.

K Evt. Wortkreuzung (Kontamination) aus *Corydon* und *rusticus*, erinnert aber auch an κορυστής.

B IV 4660° m. add. E; CLE 2292; GI. 166.

#1433 ♪ graff. IX 6,g: Peristyl.

cantabunt mihî *vac.?*

Mir werden singen ...

M da6 init.

E Wohl frühzeitig abgebrochen.

K Zitat von Verg. ecl. 5.72 *cantabunt mihi Damoetas et Lyctius Aegon.*

B IV 5195 m. add. E; DI. 792; CLE 2292; HU. 891; GI. 167.

#1434 ♪ graff. IX 2,26: Gartenporticus.

dẹst (?) mihi Damoeta,
felicior quam Phasiphae.
haec omnia scripsit Zosimus.

Mir fehlt (?) Damoeta,
(der) glücklicher (wär') als Pasiphae.
Dies alles hat Zosimus geschrieben.

M da6 initia (bis *Phasiphae*).

E Die Lesung *det* (MAU) ist unmöglich, ebenso *dic* oder *deic*; evt. *dẹst* für *dēest* (mit versehentlichem Strich unter dem *ẹ*)? Von gleicher Hand stammt #718.

K Abgewandeltes Zitat von Verg. ecl. 3.1 *dic mihi, Damoeta, cuium pecus? an Meliboei?*; statt *Pasiphae*, ähnliche Fälle bei VÄÄ. p. 57; *Πασιφάη* auch #19; cf. Verg. ecl. 6.46f. *Pasiphaen ... virgo infelix*. Obwohl VARONEs Interpretation '(Lo) dia a me Dameta e sarà piú appagato di Pasifae', weil sie auf *det* aufbaut, kaum möglich ist (auch nicht mit umgekehrten Rollen wie #1173, #1324f.), ist ein homosexueller Gesamtsinn durchaus plausibel.

B IV 5007° (= 3299, 3300) m. add. E; DI. 790; HU. 848°; GI. 166f.; VA. 123f.; DI. tab. XV/7°.

#1435 ♪ graff. I 6,12 (Taberna).

[d]ic mihi | [Dam]oetạ vac.?

Sag mir, Damoeta, ...

M da6 init.

B IV 9987; GI. 167.

#1436 graff. II 7 (Palaestra).

si_pudor | quis vac.

Wenn irgendwelche Scham ...

F 2 Frühzeitig abgebrochen.

K Anklang an Verg. ecl. 7.44 *ite domum pasti, si quis pudor, ite iuvenci*; cf. auch #163. – 2 War evt. als Einschub `*quis*´ nach 1 *si* gemeint.

B IV 8701; ImGr. 522°; HU. 200; GI. 167.

#1437 ♪ graff. VII 9,1: Nordseite der Vorhalle.

carminibus Circe socios mutavit Olyxis.

Mit ihren Gesängen verwandelte Circe die Gefährten des Odysseus.

M da6.

K Ungenaues Zitat von Verg. ecl. 8.70, wo *Ulixi* steht; zu *Olyxis* cf. VÄÄ. p. 27 (die Bemerkungen p. 33 und 84 sind verfehlt, es liegt lat. gen. vor, und die Form des Namens ist eine Mischung aus der lat. Form, *Ulixes*, und der gr. Formen mit *-υ-*; *Οὐλίξης* ist keine authentische gr. Form).

B IV 1982° m. add. AE; ImGr. 313*; Di. 791; CLE 1785; Ge. H-16; We. 295; Hu. 587°; Gi. 167.

#1438 ♪ dip. IX 3,18–19.

vincit amu.

Es siegt die Liebe.

M da6 init.

K Anklang an Verg. Aen. 6.823 *vincet amor patriae*, ecl. 10.69 *omnia vincit amor*; zu *-u-* cf. am ehesten VÄÄ. p. 28 (b.β, contrépels), das fehlende *-r* erstaunt dagegen sehr.

B IV 3681 m. add. D; CLE 1940; Hu. 864; Gi. 174.

#1439 ♪ graff. VII 15,8: Atrium.

[a]rma virumque cano Troia qui primus ab oris.

Die Waffen und den Mann besinge ich, der als erster von Trojas Küsten ...

M da6.

E *e* kurs.

K Zitat von Verg. Aen. 1.1 *arma virumque cano, Troiae qui primus ab oris*, hier nicht ganz genau, cf. zu abl. *Troia* Wachter (1998), p. 75 mit n. 9; derselbe Vers (meist nur der Anfang) auch #1440, IV 1282 (= CLE 1785), 3198 (= CLE 1785), 4757 (= CLE 2292), 5002 (= CLE 2292; = 3337 = CLE 1785), 5337 (= CLE 2292), 7108 (= CLE 2292), 7131 (= CLE 2292, bis *Troiae q*, gemalt in kleinen Buchstaben gleich unterhalb der Wahlpropagandainschrift IV 7130), 8320.e–f, 8416, 8831 (= CLE 2292), 10059, 10086.a, unsicher 10111.a; originell variiert #637.

B IV 4832° m. add. E; Di. 793; CLE 2292; Ge. H-8; We. 283°; Hu. 689°; Gi. 169.

#1440 ♪ graff. IX 1,4 (Taberna): Nebenraum.

a *carmina*
b *communemne*
c *arma virumque cano Tro* *vac.*

a Lieder.
b Gemeinsam?
c Die Waffen und den Mann besinge ich, der von Tro...

M **c** (evt. auch a und b) da6 init.
E **a/c** Kursive Schrift (a etwas kleiner). – **b** Näher an einer Capitalis-Schrift. – **a–c** Früh- bzw. vorzeitig abgebrochen.
K **a** Hat nichts mit #1437 zu tun, pace GIGANTE.
B IV 2361° m. add. E; ImGr. 422*; CLE 1785; HU. 1014; GI. 167 n. 32 (a).

#1441 ♪ graff. V 5,3: beim Peristyl.

quos ego sed *vac.*

Die werde ich – doch ...

M da6 init.
K Frühzeitig abgebrochenes Zitat von Verg. Aen. 1.135 *quos ego – sed motos praestat componere fluctus*; cf. zum selben Haus #1461.
B IV 4409 m. add. E; DI. 794; CLE 1785, 2292; GE. H-11; HU. 347; GI. 171f.

#1442 ♪ graff. II 7 (Palaestra).

nec prius | absistit quaṃ | septe ingentia | victor
corpora | funda hum *vac.*

Und er hält nicht inne, bevor er nicht siegreich sieben riesige (Hirsch-)Leiber zu Boden gestreckt hat ...

M da6.
E 5 Unvollendet.
K Leicht ungenaues Zitat von Verg. Aen. 1.192f. *nec prius absistit, quam septem ingentia victor / corpora fundat humi, et numerum cum navibus aequet.* – 3 *septem.* – 5 *fundat*, cf. VÄÄ. p. 70 und #1049.
B IV 8630.b°; ImGr. 148*; HU. 195°; GI. 171 n. 66.

#1443 ♪ graff. IX 2,26: Gartenporticus.

certe hinc Romanos olim / volventibus anneis.

Dass sicher von dort im Laufe der rollenden Jahre einst die Römer ...

M da6.
E 2 *e* in *anneis* kurs.
K Zitat von Verg. Aen. 1.234: erste Erwähnung der Römer in der Aeneis; cf. auch #1447. — 2 *annis*, cf. VÄÄ. p. 22, *-ei-* war zweifellos auch in Vergilhandschriften noch üblich, cf. ebenso #614 *eibat* und #1062, sowie WACHTER (2013), p. 14–22.
B IV 5012 (= 3303) m. add. E; DI. 795; CLE 1785, 2292; HU. 1017; GI. 171 n. 66.

#1444 ♪ graff. VII 16,22: Peristyl.

Antenor potuit medìs elapsus Achivis
Illiricos penetrare sinus,
appuliṭ vac.

Antenor konnte, mitten aus den Griechen entronnen,
die illyrischen Buchten erreichen,
legte an ...

M da6 (2. Vers nur bis Hephthemimeres).
E *e* kurs.; SOLIN liest versehentlich *mediis*; von derselben Hand wie #608; Fortsetzung frühzeitig abgebrochen.
K Zitat von Verg. Aen. 1.242f. (bis *sinus*, mit *mediis*, *Illyricos*), zu *medìs* cf. #209 und VÄÄ. p. 39, zu *Illir-* ibid. p. 33; das letzte Wort, nach einem kleinen Abstand, ist vielleicht durch vage Erinnerung aus 1.377 *adpulit oris* hereingeraten, danach hat der Schreiber aufgegeben; der Anfang auch IV 1531.
B SOLIN (1975), no. 11°, untere Zeile; HU. 482; GI. 172.

#1445 ♪ graff. I 2,6: Atrium.

conticuere omnes / omn / ìntentiqu vac.

Sie verstummten alle, und gespannt ...

M da6 init.

K Zitat von Verg. Aen. 2.1 *conticuere omnes intentique ora tenebant.* Mit *-tic-* auch IV 1672 (= CLE 1785, *conticuer*), 4212 (= CLE 2292, *conticu*), 6707 (= CLE 2292, bis *omnes*, d.h. bis zur Mittelzäsur, cf. Einf. Kap. 11), 10096.b (bis *om*) etc.; *-c-* unsicher IV 4036 (= CLE 2292, bis *o*); Zitat unsicher IV 3151, 4877 (beide = CLE 2292). – 2 Versehentlich wiederholt.

B IV 3889 m. add. E; DI. 796; CLE 2292; GE. H-10; WE. 287; HU. 3; GI. 172.

#1446 ♪ graff. VI 15,9: Atrium.

contiquere vac.

Sie verstummten ...

M da6 init.

E Erstes *e* kurs.; frühzeitig abgebrochen.

K *conticuere*; mit *-tiq-* auch IV 2213 (= CLE 1785, *contiquere*), 4191 (= CLE 1785, 2292, bis *omnes*), 4675 (= CLE 2292, *contiq*), 8222 (bis *omn*), 8247 (*contiq*), cf. VÄÄ. p. 53 n., WACHTER (1987), §98g: *-qu-* statt *-cu-* wie *-ka-* statt *-ca-*.

B IV 4665 m. add. E; CLE 2292; HU. 466.

#1447 ♪ graff. IX 2,26: Gartenporticus.

ductores | Ḍanaụ[m ---?].

Die Führer der Danaer ... (?).

M da6 init.

E War zweifellos vom selben Schreiber wie #1443 (auf demselben Pfeiler).

K Neben der Ritzzeichnung eines bärtigen Kopfes. – Cf. Lucr. 1.86 *ductores Danaum delecti, prima virorum* und Verg. Aen. 2.14 *ductores Danaum tot iam labentibus annis.* Unmittelbare Quelle war Vergil, was zwar schon bisher vermutet wurde (cf. add. E), aber sogar für sicher erachtet werden kann: Dem Schreiber (der offenbar eine Vergilhandschrift oder einen Auszug aus einer solchen vor Augen hatte, cf. #1443) ging es offensichtlich um die Parallele *volventibus annis* und *labentibus annis* in den beiden Versen. Vielleicht ist deshalb im hiesigen Graffito mehr als nur das *[m]* verloren.

B IV 5020 (= 3321) m. add. E; DI. 784; CLE 2292; HU. 851; GI. 154, 172; LA. 518.

#1448 ♪ graff. VIII 1,1 (Basilica).

quisquis es, amissos hin[c iam ob]|liviscere Graios. | scribit Narciss. | ser̥.

Wer du auch bist, vergiss fortan die verlorenen Griechen! Dies schreibt der Sklave Narcissus.

M 1f. da6.
E 3f. Das lange Anfangs-*s* gilt für beide Zeilen (add. E).
K 1f. Zitat von Verg. Aen. 2.148. – 3 Zum praes. cf. #722; *Narcissus*, evt. derselbe wie #1371. – 4 *servus* add. E.
B IV 1841° m. add. AE; ImGr. 361*; DI. 797; CLE 1785; GE. H-12; WE. 292; HU. 724; GI. 173.

#1449 ♪ graff. II 7 (Palaestra).

vade, | age, nate, | vocas Ze|pirios.

Geh, los, mein Sohn, rufst die Winde ...

M da6 init.
K Ungenaues Zitat von Verg. Aen. 4.223 *vade, age, nate, voca Zephyros.*
B IV 8768; ImGr. 183*, 524°; HU. 208; GI. 173.

#1450 ♪ graff. I 10,8: Zimmer.

Entelle, heroum vac.?

Entellus, der Helden ...!

M da6 init.
E Wohl unfertig geblieben.
K Zitat von Verg. Aen. 5.389 *Entelle, heroum quondam fortissime frustra.*
B IV 8379; GE. H-13; WE. 293; HU. 91; GI. 173.

#1451 ♪ dip. IX 9,g: rechts der Tür.

Aeneia nutrix.

Amme des Aeneas.

M da6 fin.
K Zitat von Verg. Aen. 7.1 *tu quoque litoribus nostris, Aeneia nutrix*, cf. IV 4127 (= CLE 1785, 2292) *Aeneia*, evt. auch IV 4373.
B IV 3796 m. add. D; DI. 799; CLE 1785, 2292; HU. 931; GI. 174.

#1452 ♪ graff. I 14,7: rechts der Tür.

[---]bẹḷḷi signum Laurentis Ṭu[---]

... Turnus das Zeichen zum Krieg von Laurentums ...

M da6 fr.
E Am Anfang *bile* und am Schluss *ru* sind wohl von DCO. verlesen.
K W.D. LEBEK ZPE 57 (1984), p. 72 vermutet, dass hier ein Zitat von Verg. Aen. 8.1 *ut belli signum Laurenti Turnus ab arce* vorliegt. Dies ist, weil es sich um einen ersten Vers eines Buches handelt, noch umso plausibler (cf. Einf. Kap. 11); *Laurentis* zeigt, dass damals der sekundäre *o*-Stamm *Laurentum* bereits ganz normal war (cf. OLD s.v., auch Plin. nat. 3.(9.)56 *oppidum Laurentum* darf somit als Zeugnis dafür gelten), denn *-is* ist nur eine Verdeutlichung des als gen. missverstandenen abl. *-ī* des von Vergil (jedenfalls wenn er dichtete) noch bevorzugten Stammes *Laurent-*, cf. die Vergilkommentare ad loc., z.B. P.T. EDEN (1975), und das ähnliche Missverständnis in #1439.
B IV 10190.

#1453 ♪ graff. I 10,4: rechts der Tür.

vidisti_quo Turnus equo, q *vac.*

Du hast gesehen, auf welchem Pferd Turnus (und) in w...

M da6 init.
E *e* kurs.; vorzeitig abgebrochen.
K Zitat von Verg. Aen. 9.269, cf. #614.
B IV 8292; DI. 1145; GE. H-14; WE. 290; HU. 78; GI. 175.

#1454 ♪ graff. VII 3,25–26.

tu, dea, tu prese_nos^tro succurre labore.

Du, Göttin, eile herbei, unserer Mühsal zu Hilfe!

M da6.
E *e* kurs.; die Lesung ist sicher, auch am Schluss, cf. add. A.
K Ungenaues Zitat von Verg. Aen. 9.404 *tu, dea, tu praesens nostro succurre labori*; zu *praese(ns)* cf. VÄÄ. p. 80 (ζ), zu *labore* VÄÄ. p. 23 und 85, dass das *-e* hier noch lang ausgesprochen wurde, ist jedoch nicht sicher, und dass die Form einer Vergilhandschrift entstammt, unwahrscheinlich (cf. #1443).
B IV 2310k m. add. AE; ImGr. 305*; DI. 801; CLE 1785; GE. H-15; WE. 294; HU. 539; GI. 175.

#1455 ♪ graff. VIII 1,1 (Basilica).

quid pote tan durum saxso aut quid mollius unda? |
dura tamen molli saxsa cavantur aqua.

Was kann so hart wie Stein sein oder was weicher als Wasser?
Dennoch werden harte Steine durch weiches Wasser ausgehöhlt.

M dist.
K 1 *tam*, cf. #834 und VÄÄ. p. 66. — 1f. *saxso* cf. #799. — 1f. Cf. Ov. ars 1.475f. *quid magis est saxo durum, quid mollius unda? / dura tamen molli saxa cavantur aqua*; zum Verhältnis zwischen dem Anfang bei Ovid und hier cf. WACHTER (1998), p. 75 (*magis durum* ist ungewöhnlich, aber grammatisch richtig, *tam durum saxo* dagegen nicht, cf. VÄÄ. p. 118f.), vergleichbar sind #1070, #1428; zu inhaltlich ähnlichen Stellen cf. add. E (Tib. 1.4.18, Ov. Pont. 2.7.40).
B IV 1895° m. add. E; ImGr. 379*; DI. 803; CLE 936; GE. H-6; WE. 296; HU. 745°; CollEp. 17k*; GI. 187f.

#1456 ♪ graff. VIII 1,1 (Basilica).

surda sit oranti tua ìanua, laxa ferentì; |
audiat exclusi verba receptus [a]man[s].

Taub sei deine Tür einem Bittenden, weit offen einem (Geschenke) Bringenden.
Der empfangene Liebhaber soll die Worte des Ausgeschlossenen hören (können)!

M dist.
E Oberhalb von #1429, inhaltlich ähnlich und in derselben Handschrift.

K Zitat von Ov. am. 1.8.77f., an die alte Kupplerin gerichtet. – 2 *amans* cf. #734, #1047.
B IV 1893° m. add. E; ImGr. 378*; DI. 805; CLE 1785; GE. F-74; WE. 299; HU. 743; CollEp. 17i*; GI. 186; VA. 41.

#1457 ♪ graff. IX 2,16: Eingang links.

mîlitat omnes [---?]

Jeder [Liebende] leistet Kriegsdienst.

M da6.
K Cf. Ov. am. 1.9.1f. *militat omnis amans, et habet sua castra Cupido; / Attice, crede mihi, militat omnis amans*; *omnes* statt *-is*, cf. VÄÄ. p. 21f.
B IV 3149 m. add. E; DI. 806; CLE 1785; WE. 82; HU. 842; GI. 185f.

#1458 ♪ graff. V 2,10: Tablinum.

a *non ego socia* vac.
b *no eco* vac.

a Nicht werde ich die eheli...
b Nicht werde ich ...

M **a–b** da6 init.
E **a–b** *e* kurs., beide Versuche frühzeitig abgebrochen.
K **a–b** Passenderweise neben einem Gemälde mit Hippolytos und Phaedra. – Ungenaues Zitat von Ov. epist. 4.17 *non ego nequitia socialia foedera rumpam*. – **b** *non ego*, cf. VÄÄ. p. 77 bzw. 53.
B IV 4133.a–b m. add. E; DI. 807; CLE 1785, 2292; HU. 306, 307; GI. 187; LIMC DB 51089 = 201476.

#1459 ♪ graff. VII 15,7: Atrium.

quid mihì cum vac.

Was soll ich mit ...

M da6 init.
E Frühzeitig abgebrochen.
K Cf. Ov. am. 2.19.57 *quid mihi cum facili, quid cum lenone marito?*, epist. 6.47 *quid mihi cum Mynis?*, desgl. epist. 14.65, 15.52, trist. 3.11.55.
B IV 4826 m. add. E; DI. 1148; CLE 1940; HU. 687.

#1460 ♪ graff. V 3,4: Zimmer.

a +++++
b *[.?]ẹt_ẹr sacrạtas* [vac.]
c *Idai cernu nemura* [vac.]

a ...
b ... die geweihten ...
c Ich sehe die Wälder des Ida.

M **b–c** ia3.
E **b–c** *e* kurs., frühzeitig abgebrochen.
K **b** W.D. LEBEK, ZPE 59 (1985), p. 1–6 fordert – plausibel angesichts von c – eine Lesung *set cur sacratas* ... (wie Sen. Ag. 693 *sed cur sacratas deripis capiti infulas?*), mit *set* für *sed* (cf. VÄÄ. p. 70), add. E ist aber skeptisch aufgrund einer (unpubl.) Zeichnung. — **c** Cf. Sen. Ag. 730f. *Idaea cerno nemora: fatalis sedet / inter potentes arbiter pastor deas*; zu *Idai* cf. WACHTER (1998), p. 74f.; *nemura* cf. VÄÄ. p. 28; *cernu* cf. VÄÄ. p. 30 (cas isolé).
B IV 6698° m. add. E; DI. 809; CLE 2292; GE. H-20; WE. 301; HU. 312; GI. 150.

#1461 graff. V 5,3: Triclinium.

Lucius | Ann`ae´us | Senecas.

Lucius Annaeus Seneca.

E 3 *e* kurs.
K Im selben Haus («Casa dei Gladiatori») finden sich auch gr. und lat. Alphabete (#1405, IV 5460, 5462f.) und weitere bildungsbeflissene Inschriften: #36, #464, #1441, cf. aber auch Kap. 4.2 und 5. — 3 Cf. VÄÄ. p. 83.
B IV 4418 m. add. CE; DI. 116; GE. B-30; MO. 38f.; HU. 349; GI. 150.

#1462 ♪ graff. V 2,4: Peristyl.

cum quìdam pauper [vac.]

Als ein armer Mann ...

M Wohl ia6 init.
E *e* kurs.
K Anfang einer aesopischen Fabel, wohl eine Art «Titel» (cf. Einf. Kap. 11); ähnlich auch IV 4515 (= CLE 1864), 4952 (= CLE 1864), 5017 (= 3320 = CLE

1864), 10038.b, 10096.c+a; unsicher IV 2386 (cf. add. A und CLE p. 853), 3067 (CLE 43), 4494 (= CLE 1864), 7351.b, 8152 (= CLE 1864), 8273, 8319.b, 8835.c, d, 10065.b, weitere cf. add. E zu #1464.

B IV 4114 m. add. E; ImGr. 214*; DI. 812; CLE 1864; GI. 202 n. 2.

#1463 ♪ graff. III 4,b: links der Tür.

cum quidam paup̣ vac.?

Als ein armer Mann ...

M Wohl ia6 init.
E Vorzeitig abgebrochen.
B IV 8849; DI. 1149; GE. H-5; HU. 227.

#1464 ♪ graff. VII 2,16: links der Tür.

dum quidam paup̣+ vac.

Während ein armer Mann ...

M Wohl ia6 init.
E *paviḍ* ZA.; vorzeitig abgebrochen.
B IV 3136° m. add. E; DI. 812a; CLE 43.

#1465 ♪ graff. I 15,3: Atrium.

b *cum quid* vac.
c *cum quidam paụ[per] | amatus* vac.
b Als ei...
c Als ein armer Mann, geliebt ...

M Wohl ia6 init.
E **b–c** Abgebrochen. – **c** 2 MA Lig.
K Über der Ritzzeichnung eines Schiffes (mit #1197), cf. #453. – **c** 2 Der «Titel» scheint hier zur Klärung um ein Wort erweitert worden zu sein.
B IV 10196.b–c°; HU. 128; LA. 1850° (LA. 216 und 2475 sind nicht zugehörig).

#1466 ♪ graff. Herc., Insula V, 15: Atrium.

cum quidam pauper ligas vi[...]nq vac.

Als ein armer Mann, geschwätzig (?) ...

M Wohl ia6 init.
E *e* kurs.; wohl vorzeitig abgebrochen.
K *lĭg-* wäre kurz, also liegt *lingas, linguas, linguax* (cf. #416 und #772) o.ä. vor. – Eine Fabel mit gleichem Anfang, aber anderer Fortsetzung.
B IV 10569; ImGr. 493*.

#1467 ♪ graff. VII 7,19: Raum beim Atrium.

quidam quom legeret vac.

Als einer las ...

M Wohl ia6 init.
K *cum*, (vor)klassische Schreibung, cf. #920, WACHTER (2013), p. 15, 17, 21.
B IV 1654° m. add. AE; DI. 811; CLE 43; GE. H-5; HU. 582; GI. 202 n. 2.

#1468 ♪ graff. VI 14,43: Peristyl.

quidam cum peteret ạḷạṣ vac.?

Als einer Flügel haben wollte ...

M Wohl ia6 init.
E Schluss nicht ganz sicher.
B IV 1538° m. add. E; DI. 813; CLE 43; GE. H-5; HU. 441; GI. 202 n. 2.

#1469 ♪ graff. I 11,17: links der Tür.

annis confecṭus quidam vac.

(Als) einer, vom Alter gebückt, ...

M Wohl ia6 init.
K Cf. OLD s.v. *conficiō*, 13.b.
B IV 10047; MO. 68f.; HU. 112.

#1470 ♪ graff. VII 15,12: Raum beim Atrium.

domus | comunibus | cum quidam vac.

Als ein Herr (?) für gemeinsame ...

M Evt. iamb.
E *m* kurs.

K Evt. auch Anfang einer Fabel. — 1 Für *dominus*?, cf. #7. — 2 *communibus*.
B IV 4855 m. add. E; DI. 814; CLE 1864; GE. H-5; GI. 202 n. 2.

#1471 ♪ graff. VIII 1,1 (Basilica).

de nocte multa cu[m s]urrexit Meviụṣ
[---] | est, non c+[- c. 6 -] proficiscitur.

Wenn Mevius mitten in der Nacht aufgestanden ist,
ist er ..., nicht ... bricht er auf.

M ia6.
E 1 Der Text ging nach *Meviụṣ* evt. noch weiter, ZA.: BÜ. erwartet deshalb noch *[⏑ – ⏑]* als Anfang des zweiten Verses. — 2 Vor *est* stand dagegen offenbar nichts; vor *proficiscitur* fehlt nach BÜ. *[– ⏑ –]*.
K 1 *de nocte multa* cf. Plaut. Rud. 915 *nam ut de̱ nocte mu̱lta inpigre̱que exsurre̱xi*, ferner Hor. epist. 1.2.32 *ut iugulent hominem, surgunt de nocte latrones*; *Mevius* ist plausibel gelesen und wird mit der Ausfahrt des übelriechenden Dichters Mevius in Hor. epod. 10 in Verbindung gebracht. — 2 WICK schlägt z.B. vor *[moratus] est, non c[ontinuo]* (bzw. *non c[eleriter]*) *proficiscitur*. Kaum sicher lösbar.
B IV 1902° m. add. BCE; ImGr. 381*; DI. 815; CLE 43; WE. 572; HU. 749°; GI. 196.

#1472 ♪ graff. IX 5,18: links der Tür.

discite: dum vivo, mors | inimica, venis.

Lernt (dies): Solange ich lebe, kommst du (näher), feindlicher Tod.

M da5.
K Anspielung an literarische Quellen, insbes. Copa 38 (Schlussvers): *mors aurem vellens: vivite, ait, venio* (cf. OLD s.v. *vellō*, 4.a).
B IV 5112 m. add. E; DI. 802; CLE 1491; GE. H-26; WE. 281; HU. 875; GI. 165; CO. 61.

#1473 ♪ graff. VII 2,51: Eingang rechts.

ruibundus amnis.

Ein herunterstürzender Fluss.

M Wohl iamb., evt. ia6 init.

K *ruibundus* ist hapax leg., cf. VÄÄ. p. 100; ein ziemlich exquisiter Ausdruck (cf. auch Verg. Aen. 4.164 *ruunt de montibus amnes*), also wohl Teil eines Verses; evt. sexuell konnotiert?

B IV 1688° m. add. A°E; DI. 774.

#1474 ♪ graff. IX 9,e–f.

aureus est, Danae.

Golden ist er, Danae.

M hemiep.

K Genauer Sinn und Quelle (wohl volkstümlich-poetisch) unklar; cf. Ov. met. 4.607 *Persea, quem pluvio Danae conceperat auro*; Hor. carm. 3.16.1 *inclusam Danaen turris aenea.*

B IV 5303° m. add. E; DI. 808; CLE 359; HU. 925°; GI. 187.

#1475 ♪ graff. I 7,2: Treppenaufgang links.

[------] |
[---]+n egregio |
[---]cia Musa |
[---]lus mobilior |
[---]ụla mobiḷiorque |
[---]+ra.

... hervorragend
...ische Muse
... beweglicher
... und beweglicher ...
ich war (?).

M dist. DI.

E *e* kurs. – 3 *-cia* SOLIN per litt. (Autopsie).

K 4 *-lus* (in der zweiten Hälfte eines Pentameters) offenbar mit vorklass. Elision des *-s*, cf. #1063 *largificati'*. – 6 Z.B. *era(m).*

B IV 8136°; ImGr. 40*; DI. 1111.

#1476 ♪ graff. V 4,b–c.

a *haec fuerat quaesita dies innoxia famae*
b *i[.]dicio sem[per ---]*
c *pauca.*

a Dieser Tag war erwartet worden, der am Gerücht unschuldig war.
b Durch das Urteil (?) immer …
c Weniges.

M **a** da6. – **b** da6 oder da5.
E **b** Von zweiter Hand; *e* kurs. – **c** Von dritter Hand.
K **a** Wohl literarische Reminiszenz, der Sinn ist aber nicht klar; *fuerat* statt *erat* (Plusquamperfekt des Perfekts, cf. #757 und LEUM. p. 611). – **b** *iudicio* oder *indicio*. – **c** Scil. *haec sunt* o.ä.
B IV 6761° m. add. E; DI. 816; CLE 1930.

#1477 ♪ graff. V 4,c: Zimmer.

et gelid++ cursu | minu+++++ quatiunt sọluṃ.

Und die kalten … schlagen in ihrem … Lauf den Boden.

M ia6.
E 1 *gelidae* MAU (das postulierte kurs. Schluss-*e* im Gegensatz zu den zwei vorherigen wirkt aber nicht sehr überzeugend). – 2 +++++ ist nach MAU etwa *ṇạnọṇ* zu lesen.
K Unklar.
B IV 6768° m. add. E; DI. 817; CLE 1931.

#1478 ♪ graff. VIII 1,1 (Basilica).

minimum malum fit contemnendo maxumum.
Menedemerumenus.

Ein winziges Übel wird, wenn man es nicht ernst nimmt, riesig.
Menedemerumenus.

M ia6 (bis *maxumum*).
K *maximum*, cf. VÄÄ. p. 26; BÜ. vergleicht eine ähnliche sprichwörtliche «Volksweisheit» aus Publil. Syr. (N 14): *necesse est minima maximorum esse*

initia, vielleicht stammt der an eine Komödienparodie erinnernde Name *Menedemerumenus* also aus einem Mimus (cf. #1489ff.).

B IV 1870° m. add. BE; ImGr. 370*; DI. 818; CLE 35; GE. H-23; CollEp. 19b*; GI. 149.

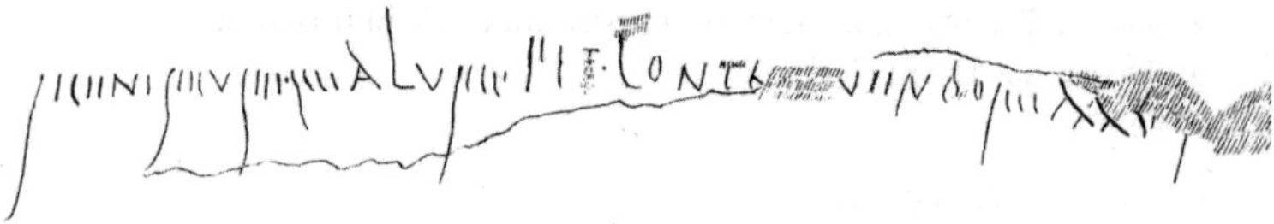

Abb. 8: #1479, aus CIL IV.

#1479 ♪ graff. VIII 1,1 (Basilica).

minimum malum fit conte[m]nendo maxuṃ[um].

Ein winziges Übel wird, wenn man es nicht ernst nimmt, riesig.

M ia6.
E Von anderer Hand als #1478: zweites *e* kurs., *f*, *m* kurs., cf. Einl., 4.
K *maximum*, cf. VÄÄ. p. 26.
B IV 1811° m. add. BE; ImGr. 349*; DI. 818 n.; CLE 35; HU. 706; GI. 149.

#1480 ♪ graff. Herc., Insula Orientalis I, 2/3: Zimmer.

qui se tutari nescit, nescit vivere; |
minimum malu fit contemnendo maximum.

Wer sich nicht zu schützen weiß, weiß nicht zu leben.
Ein winziges Übel wird, wenn man es nicht ernst nimmt, riesengroß.

M ia6.
E *e*, *f* kurs.
K 1 Ähnliche Senare tauchen auch in der Renaissance auf, z.B. *qui nescit dissimulare, nescit vivere*, Macchiavelli zugeschrieben (cf. S. ANGLO, Macchiavelli – the first century, Oxford 2005, p. 21). – 2 *malum*. – Kombination zweier «Volksweisheiten», evt. als Drohung?
B IV 10634.

#1481 dip. II 2,2: rechts der Tür.

imitari decet, non invidere.

Es ziemt sich nachzuahmen, nicht zu beneiden.

E Unterhalb Z. 1 von #280.

K Cf. Cic. Phil. 8.31 *huius industriam ... ut imitarentur, ... ne alterius labori inviderent,* und 14.17 *excellentium civium virtutem imitatione dignam, non invidia*; Sall. Cat. 51.38 *imitari quam invidere bonis malebant*; Zeuxis bei Plin. nat. 35.(36.)63 *invisurum aliquem facilius quam imitaturum*; cf. ferner die in add. D erwähnten gr. Redensarten (mit *μωμ-* und *μῑμ-* spielend), sowie zum Neid auch #190, #1174.

B IV 7527 m. add. D; DI. 1124; HU. 147; GI. 161.

#1482 ♪ graff. I 17,3: links der Tür.

anṭẹ ḍẹcet vitare malum quam c̣ṛẹ[dere pugnis?].

Es ziemt sich eher, ein Übel vorab zu vermeiden, als [den Fäusten?] zu vertrauen.

M Wohl da6; ia6 zögerlich H. SOLIN, Gnomon 45 (1973), p. 273.

E *an ḍedecet* DCO., das vermutete *ḍ* gleicht dem sicheren *d* aber gar nicht.

K Für die Ergänzung cf. OLD s.v. *crēdō*, 3, evt. auch ibid. 1 (transit.): 'als (es) [den Fäusten?] anzuvertrauen'.

B IV 10031°; ImDip. 169*, ImGr. 90f.*; WE. 592; HU. 115.

#1483 ♪ graff. VIII 4,4: Peristyl.

moram si quaeres, / sparge miliu et col/lige.

Wenn du längeres Verweilen suchst, so streu Hirse aus, und lies sie wieder zusammen!

M ia6.

E *e* und erstes und drittes *m* kurs.

K 1 *moram* etwa 'einen Grund, bleiben zu können'; *quaeres* wohl für *quaeris*, cf. VÄÄ. p. 21f. – 2 *mĭlĭum.* – Zweifellos sprichwörtlich, das Motiv kehrt im Aschenputtel-Märchen wieder, das auch sonst antike Grundlagen hat (Strab. 17.1.33).

B IV 2069° m. add. BE; DI. 819; CLE 37; GE. H-22; WE. 581; HU. 785; GI. 149.

#1484 ♪ dip. V 1,18: Zimmer.

a *ὁ θρασὺ[ς] ἀνθέστακεν Ἔρως [τ]ῷ [Π]αν[ὶ παλαίων] |*
χἀ Κύπρις ὠδίνει, τίς τίνα πρῶτος ἑλεῖ. |
[ἰ]σχυρὸς μὲν ὁ Πὰν καὶ καρτερός· ἀλλὰ [π]ανοῦργος |
[ὁ π]τανὸς καὶ Ἔρως· οἴχεται ἁ δύναμις.

b *[οἱ τρισσοί τοι ταῦτα τὰ δίκτυα θῆκαν ὅμαιμοι] |*
[ἀγρότα Πάν, ἄλλης ἄλλ]ο[ς ἀπ' ἀγρεσίης·] |
[ὧν ἀπὸ μὲν πτανῶν Πίγρης τάδε, ταῦτα δὲ] Δ[ᾶμις] |
τ[ετραπό]δ[ων, Κλείτωρ δ' ὁ τρίτος εἰναλίων.] |
ἀ[νθ' ὧν τ]ῷ [μὲν πέμπε δι' ἠέρος εὔστοχον ἄγρην,] |
τῷ δὲ δι[ὰ δρυμῶν, τῷ δὲ δι' ἠιόνων].

c *Ὅμηρος.*

d *ἁλεῖς.*

e *[ὅσσ' ἕλο]μεν [λ]ιπόμεσθα, ὅσσ' οὐκ ἕλο[μ]εν | [φε]ρό[μ]εσθα.*

f *κἄν με φάγῃς ποτὶ ῥίζαν, ὅμως | ἔτι καρπο̣φορήσω.*
ὅσσον ἐ̣π̣ισπεῖσαι | σοί, τράγε, θυομένῳ.

a Mutig hat sich Eros dem Pan zum Ringkampf gestellt,
und Aphrodite windet sich vor Angst, wer wen als erster überwältigen wird.
Denn kräftig (ist) Pan und stark, aber geschickt
ist auch der geflügelte Eros: Die rohe Gewalt zieht (als Verliererin) ab.

b Drei Brüder haben dir diese Netze geweiht,
oh Jäger Pan, ein jeder von anderer Jagd:
davon Pigres dieses (Netz) von (der Jagd) der Vögel, Damis jenes
(von der) der Vierfüßler, Kleitor, der dritte, aber (seines von der) der Meerestiere.
Schick dem ersten dafür zielsichere Jagd durch die Luft,
dem zweiten durch die Wälder, dem dritten durch die Meeresbuchten!

c Homer.

d Die Fischer.

e Was wir gefangen haben, haben wir zurückgelassen, was wir nicht gefangen haben, nehmen wir mit.

f Du magst mich bis auf die Wurzel hinunter abfressen, ich werde trotzdem noch Früchte tragen
soviel, wie (als Saft) über dich, Ziegenbock, zu gießen ist, wenn du geopfert wirst.

M **a–b** dist. – **e** da6. – **f** dist.

K Zu verschiedenen Gemälden (datiert ca. 40–25 v. Chr.): a Ringkampf des Eros mit Pan, Aphrodite als (nicht ganz unparteiische) Schiedsrichterin; b Drei Netzfänger weihen Pan ihre Netze und erbitten Erfolg; c–e Fischer geben Homer das bekannte Rätsel auf; f Ein Ziegenbock, an einer Rebe nagend, wird zum Opfer geführt. – **a** Der Kampf ist nur bei Serv. ecl. 2.31 erwähnt: *(Pan) a poetis fingitur cum Amore luctatus et ab eo victus*; nicht-ion. Dichtung, evt. in mythol. Zusammenhang mit der Statuengruppe von Berytos (Athen Nat. Mus. inv. 3335). – **b** Die geringen Überreste der Inschrift wurden 1876 von Karl DILTHEY als Epigramm des Leonidas von Tarent, Anth. Pal. 6.13, erkannt; es wird sich um die Initiation junger Netzfänger handeln, die zur Erwachsenenjagd (mit Pfeil, Speer und Harpune) übergehen wollen. – **d** *ἁλιεῖς*, kontrahiert zu [iː]. – **e** Cf. Cert. hom. 18 (mit *ὅσσ'*, aber *ὅσ' οὐχ*), p. 350 WEST (Loeb Classical Library Bd. 496; cf. auch ibid. p. 398, 410, 422, 436, 442, 448); hier ist *[λ]ιπόμεσθ'* zu elidieren. – **f** Überliefert (mit *ἐπὶ ῥίζαν*) auch bei Suet. Dom. 14, Schol. Ar. Plut. 1129, Anth. Pal. 9.75, Suid. s.v. *ἀσκὸς Κτησιφῶντος*; *ποτὶ* ist nicht-ion.

B IV 3407.1–6 m. add. D; ImDip. 298f.*; DI. 821; GE. H-36; HU. 266a (nur f); GI. 50, 72–75; K. SCHEFOLD, Vergessenes Pompeji (1962), tab. 25*; LIMC DB 3659.

#1485 ♪ graff. I 6,2: Zimmer.

Μ̣ῆν̣ι̣ν [vac.]

Den Groll ...

M da6 init.

E Frühzeitig abgebrochen.

K Hom. Il. 1.1, Zitat erkannt v. SOLIN (2012), p. 103f. (mit dem Hinweis n. 31, dass A.W. VAN BUREN das graff. schon 1952 gesehen und richtig interpretiert hatte).

B IV 8007°; HU. 30a°; GI. 49.

#1486 ♪ graff. V 1,26: Tablinum.

καί μιν φωνή vac.

Und ihn / sie ansprechend …

M da6 init.
E Frühzeitig abgebrochen.
K Häufiger homerischer Versanfang, z.B. Il. 1.201 *καί μιν φωνήσας ἔπεα πτερόεντα προσηύδα.*
B IV 4078 m. add. E; DI. 820; GE. H-32; WE. 305; HU. 269; GI. 49.

#1487 ♪ graff. III 5,3: links der Tür.

τὸν αὐτὸν vac. / *τὸν_αὐτὸν ạἰνῖν καὶ* vac.

Denselben zu loben und … (2×)

M ia3 init.
E 1/2 Beide Versuche frühzeitig abgebrochen.
K Von W.D. LEBEK, ZPE 28 (1978), p. 286 als Menandri Sent. 747 JAEKEL identifiziert: *τὸν αὐτὸν αἰνεῖν καὶ ψέγειν ἀνδρὸς κακοῦ.* – 2 *αἰνεῖν*, cf. #1173 *ἐκῖνος.*
B IV 8895; ImGr. 207*, 527°; GI. 137.

11.4. Weitere Bildungsinhalte

#1488 dip. I 10,4: Peristyl.

a *Menander.* – **b** *Menander, / hic primuṣ / omṇ[i]uṃ comọ/ẹdiam scripsịt /⁵ +++eṃịnọ/ru[m?], XII / lib. IIIỊ.*

a Menander. – **b** Menander. Dieser hat als erster von allen eine Komödie geschrieben (betitelt) «[Trig]emini» (?), 12, 4 Bücher (?).

K **a** Unter dem Gemälde eines Dichters; cf. auch IV 8338 *Menander* (graff., gleich daneben auf einer Säule). – **b** Auf dem Papyrus in der Hand des Dichters. – 5f. *[Trig?]eminorum* (ein plautinischer Titel), *++Ḉeminạ/rum* GI. – 7 *lĭber* (?) DCO.
B IV 7350.a°–b° m. add. D; ImDip. 124f.*°; GE. H-35; WE. 302°; HU. 73 (nur b); GI. 132–37, tab. 15*; BLUM (2002), p. 18*°f. no. 7.

#1489 graff. IX 6,8: links der Tür.

Menedemerumenus.

Menedemerumenus.

E *e* kurs.
K Nach *Menedem(us)* im *(Heautontim)orumenos* des Terenz (mit «lat.» *e* statt «gr.» *o*), evt. Rolle in einem Mimenstück, cf. #1478; dieselbe Form #1478 (*e* nicht kurs.) und (soweit beurteilbar) IV 1637, 2100, 4555, 7102, 7310 (dip., *e* nicht kurs.), 8564, 8581 (mehrfach, teils mit *-di-*), abweichend #1490 und #1491 (*Mer-*), #1492 (um zwei Silben verkürzt, *e* nicht kurs.), #1493 (*-mr-*?), IV 1616 (*-mi-*), 1913 (*-ni-*, *e* nicht kurs.).
B IV 5189° m. add. E; DI. 344.

#1490 graff. Vor der Porta di Ercolano (Nordseite der Straße): Gebäude hinter Zugang 15.

Me^re^de^me^ru^me^nus sạ[---?]

Me re de me ru me nus ...

E *e* kurs.; Punkte nach den Silben.
K Zur Punktierung cf. die Übung #1404 und v.a. Einf. Kap. 11 (mit Bibl.).
B IV 1211° m. add. AE.

#1491 graff. Vor der Porta di Ercolano (Nordseite der Straße): Gebäude hinter Zugang 15.

Me^re^de^me^rumẹṇus, | Meredemu[---?]

Me re de me rumenus, Meredemu...

E *e* kurs. – 1 Punkt nach jeder der vier ersten Silben. – 2 Wohl verkürzt.
B IV 1212° m. add. AE; DI. 345.

#1492 graff. Vor der Porta di Nocera, SE vom Amphitheater: Grab [6].

Comuneṣ, | Teriolụs | Menderomenus.

Communis, Tertullus (?), Menderomenus.

K 1 Für *Communis*? – 2 Verlesen oder verschrieben für *Tertolus* (= *Tertulus*), SOGLIANO; oder für *Tertullus*, add. E. – 3 Verschrieben; nur wegen dieser Form hinten im Namen *ἐρώμενος* zu vermuten, empfiehlt sich nicht.
B IV 5417° m. add. E; DI. 346.

#1493 graff. I 10,4: Peristyl.

Menedemẹruṃ[---]

Menedemeru...

E *e* kurs.; MRW DCO.: evt. M = MII Lig. (cf. #1284); W = Anfang von VM Lig.
B IV 8322.f.

#1494 ♪ graff. VII 16,22: Peristyl.

continuere caelum septem caeli zonae | quae polis iunctạ [vac.]

Den Himmel haben sieben Himmelszonen zusammengehalten, die den Polen verbunden ...

M Wohl tro7.
E *e* kurs. – 2 Evt. TA Lig.; vorzeitig abgebrochen.
K 2 *polīs* (dat. pl.) *iunct(ae sunt?)* SOLIN, *nobis iun(gunt)* C. GIORDANO ungenau. – 1f. Zum möglichen Reflex der Theorien des Poseidonios cf. SOLIN; angesichts der 3. pers. pl. auf *-ēre* (cf. #1241) und der Wortstellung liegt dichterische Sprache vor, aber tro7 ist in Sachdichtung selten (z.B. immerhin Ennius' «Epicharm» und «Scipio» sowie Accius' «Pragmatica», cf. W. SUERBAUM in: Die arch. Lit. von den Anf. bis Sullas Tod (2002), p. 130–33, bzw. E. STÄRK, ibid. p. 164). Zu benachbarten Graffiti cf. #608.
B SOLIN (1975), no. 8°, p. 256–62.

#1495 ♪ graff. I 6,2: Kryptoportikus, Nordwand.

[τοῦτ' ἐστιν ἄνθρω]πος· λόγος, μνήμη, χάρις. | ΑΒΓΔΕΖΗΘΙΚΛΜΝΞΟ.

[Dies ist] der Mensch: Verstand, Erinnerung, Dankbarkeit. *Α Β Γ* ...

M 1 ia3.

E 1 In die übliche Ergänzung empfiehlt sich, *ἐστιν* einzufügen, das ergibt einen perfekten Vers. – 2 Abgebrochen nach 3 × 5 = 15 Zeichen, dies ist evt. nur zufällig ebenso lang wie *λόγος*, *μνήμη*, *χάρις*, jedenfalls sind die Buchstaben nicht bündig untereinander geschrieben.

K 1 Cf. Bull. épigr. 1971, no. 742 und 1980, no. 586; *χάρις* heißt auch 'Freundesgabe', 'Wohlwollen' und 'Anmut'; wohl epikureisch.

B IV 8009; ImGr. 18°; GI. 108.

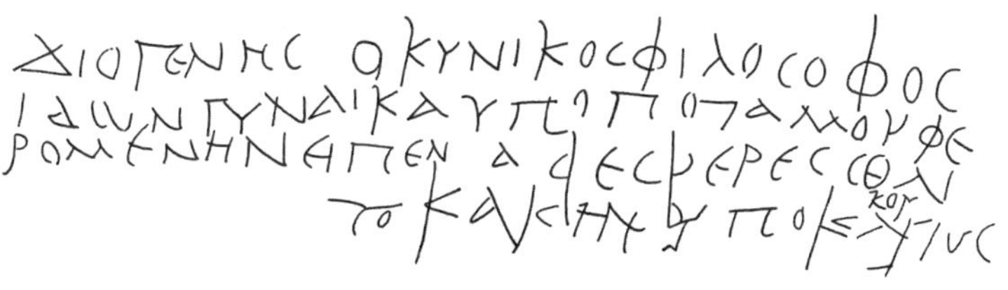

Abb. 9: #1496, aus CIL IV.

#1496 ♪ graff. Herc., Insula IV, 15/16 (Taberna): Nebenraum.

Διογένης ὁ κυνικὸς φιλόσοφος | ἰδὼν γυναῖκα ὑπὸ ποταμοῦ φε|ρομένην, εἶπεν·
ἄφες φέρεσσθαι | τὸ κακὴν ὑπὸ κα`κοῦ´ (κα)ḳῶς.

Diogenes der zynische Philosoph sagte, als er sah, wie eine Frau vom Fluss davongetragen wurde:
Wohlan! Ein Übel wird von einem anderen Übel auf üble Weise beseitigt.

M 3f. ia3 (metr. korrekt erst ab *ἄφες*, *κακὴν* ist metr. und gramm. falsch für *κακὸν*, W.D. Lebek, ZPE 22 (1976), p. 293–96).

E 4 Nach LEBEK ist – völlig plausibel – *κιυς* am Ende *ḳῶς* zu lesen, und *κα-* gilt für *-κοῦ* und *-ḳῶς*, also *κακοῦ κακῶς*.

K 3 *φέρεσθαι*, cf. #37, VÄÄ. p. 62. – 4 STROHMAIER (cf. CIL) verweist auf die Parallelüberlieferung im sog. Gnomologium Parisinum Ineditum, das *κακὸν* und *κακου κακῶς* bestätigt; cf. auch LEBEKs Versuch einer metr. Gesamtrekonstruktion.

B IV 10529°; ImGr. 487*; GI. 112 n. 83.

#1497 graff. VI 7 oder 8 (cf. #40).

nomina: nychi | genice, | ạẹṭịạṭice, | dotice, | onomastice, | phyrrice, | byxantice, | cretice, | dymaṃice, | gymnice, | chizẹcae, || patagricae, | onagricae.

Namen: ..., Genetiv, Akkusativ, Dativ, Nominativ, pyrrhisch (im Rhythmus), ..., kretisch (im Rhythmus), dynamisch, gymnisch, ..., an Gicht leidende (?), wildeselartige.

E 3 Das Wort ist durch ein anderes überschrieben und auf den Fotos nur noch schwach zu sehen, am Anfang ist *aet* unter gröberem *th* recht klar (auch add. E vermutet ein *a*), anschließend ist für die zwei erwarteten Buchstaben gut Platz, die Stelle ist aber arg zerkratzt, und am Schluss ist *ṭice* wieder deutlich sichtbar, überschrieben durch größeres *ẹri*.

K Besprechung durch SOLIN (2012), p. 105–7, id. (2013), p. 328–31. — 1 Ist wohl der Titel, *nychi* unklar. — 2/4/5 Kasusbezeichnungen, A. HELTTULA (apud SOLIN) erwartet in 3 somit plausibel *αἰτιᾱτική* 'accusativus'. — 6 *pyrrhiche*, dies und 8 sind Ausdrücke für Tanzrhythmen. — 7 Wohl statt *byz-*, vielleicht ebenfalls etwas Rhythmisches, cf. evt. LSJ s.v. *βύζην*, II. — 9 Statt *dyn-*; die bisherigen Lesungen *dynasti-* und *dynanti-* geben keinen Sinn. — 11 Evt. *chiziс-* geschrieben und *kyzic-* gemeint, SOLIN. — 12 Statt *pod-*? — 13 *onager / onagrus* (von *ὄναγρος*) war grammatisches Schulbeispiel, cf. CHAR. p. 57.3 BARWICK, so HELTTULA; also *podager -gra -grum* wohl auch.

B IV 1364° m. add. AE; ImGr. 254*, 256*; DI. 823.

#1498 ♪ graff. VI 16,7: Eingang rechts.

quinqagi{ge}nta | ub'_erant | exinde ocidiṭ vac.?

Fünfzig wo waren, tötete dann ...

M da6 init.

E *e* kurs. — 3 Vor *o* ein vom *n* in 2 herunterreichender Bogen und – näher als bei MAU gezeichnet – ein überzähliger Strich, der nur ein erster Abstrich dieses *o* sein wird; der Text ist wohl unvollendet geblieben.

K 1 *quinquaginta*, cf. VÄÄ. p. 55. — 2 *ub(i) erant* mit realisierter Elision (cf. #1049). — 3 *occīdit*; stand am Ende einmal noch *[Achilles]*? Dies würde den Vers vervollständigen. — Deutung von W.D. LEBEK, ZPE 57 (1984), p. 70–72: cf. den bei Quint. 7.9.8 überlieferten Vers *quinquaginta ubi erant centum inde occidit Achilles* 'Fünfzig, wo hundert waren, tötete dann Achill', der den Vers πεντήκοντ' ἀνδρῶν ἑκατὸν λίπε δῖος Ἀχιλλεύς (bei Arist. Soph. el. 166a37f.) imitiert und die Zweideutigkeit für den Schulgebrauch illustrieren soll. Denn man kann auch verstehen: 'Wo fünfzig waren, tötete Achill dann hundert'. Unser Graffito zeigt den Vers allerdings zu Unsinn entstellt, es fehlt ihm das Wort *centum*.

B IV 6819° m. add. E; ImGr. 276*; Co. 64.

#1499 graff. VIII 2,36: Zimmer.

ἔλαβ., | παρέχρησος, | ἀπήνονκες, | ἔδρες.

Du hast genommen (?), du hast geringgeschätzt, du hast weggetragen, du hast vollbracht (?).

K 1 Abkürzung für *ἔλαβες*? – 2 Statt *παρέχρησας*. – 3 Statt *ἀπήνεγκες* (analog nach *λέλογχες* u.ä.). – 4 Mau (Index) vermutet *ἔδρεψας*, wahrscheinlicher ist *ἔδρᾱς* 'hast vollbracht' oder evt. *ἔδραμες* 'bist gelaufen'.

B IV 4919 m. add. E; Di. 824; Hu. 776.

#1500 graff. IX 2,26: Gartenporticus.

lector an mathematicus an rhetoricos?

Ob der Leser mathematisch oder rhetorisch (geschult ist / sein soll)?

K *rhetoricus*, cf. Vää. p. 28; dies ist nur Adjektiv, also auf *lector* bezüglich, und *mathematicus* somit auch; scil. *sit*?

B IV 5011 (= 3302) m. add. E; Di. 826; Ge. H-25; We. 280; Hu. 850.

#1501 ♪ graff. VIII 1,1 (Basilica).

hominem reddit rhetor; qui_emit | servom, [cala?]mos non habet.

(Nur) der Rhetor macht (einen) zum Menschen. Wer einen Sklaven kauft (*oder:* gekauft hat), hat keine Schreibfedern.
Oder: ... Wer einen gelehrten Sklaven kauft, hat keinen Mund.

M tr07 (mit Hiat *quĭ ĕmit* gelesen kann *emit* auch praes. sein).

E Die Lesung scheint sicher zu sein. – 1 Nach *rhetor* steht ein schräger Strich (synt. Einschnitt?), cf. #1230.

K BÜ. restituierte *[doctu]m,_os non habet*, zu verstehen als 'der hat nichts mehr zu sagen' (so etwa add. C) oder 'der hat kein ausreichend geschliffenes Mundwerk' (so wohl etwa BÜ.s Intention). Zitiert werden Cic. de orat. 2.40, Corp. Gloss. Lat. III 638f., Ov. epist. 17.102, Sen. epist. 27.5–8, Iuv. 2.167, Petron. 75.8). Add. E schlägt *[cu]m* (scil. *servus*) *os non habet* vor und bezieht *qui* auf *rhetor*; dies füllt aber die Lücke und den Vers nicht, ferner würde man hierfür eher *quem* statt *qui* und *si* statt *cum* erwarten. Vor *os* ist zudem kein Abstand (skeptisch zu *ōs* deshalb schon ZA. in add. A). Mit *calamos* ist BÜ.s Gesamtsinn evt. leichter zu gewinnen: zu *calamos habere* cf. Ov. Pont. 3.8.21. — 2 *servum*, cf. VÄÄ. p. 28.

B IV 1899° m. add. ABCE; ImGr. 380*; DI. 828; CLE 233; GE. H-24; HU. 748; CollEp. 170*; GI. 144f.

#1502 graff. VII 1,47: Peristyl.

< < *VF Ǝ T T* | *re_to_ta_to_to_ta_to* *vac.?*

—

E *e* kurs.; VF Lig.

K Cf. J. PÄLL, ZPE 148 (2004), p. 313–15. — 1 Gr. Tonhöhenzeichen: wohl für d' d' g c F F. — 2 Wohl Rhythmusangaben.

B IV 2305° m. add. E; HU. 517°.

#1503 ♪ graff. II 7 (Palaestra).

qui mihi docendì | *dederit mercedem* | *abeat quod* | *petit a superis.*

Wer mir für meine Lehre Lohn gibt, möge haben, was er erbittet von den Göttern!

M tro7 plus Anfang eines weiteren, cf. W.D. LEBEK, ZPE 32 (1978), p. 221.

E *e* kurs. außer das erste und dritte in 2 und das erste in 4.

K Über den Ritzzeichnungen zweier Köpfe. — 3 *habeat.* — 4 *a superis* bezieht sich auf beide Verben. — Es spricht wohl ein – nicht ganz zu unrecht – schlechtbezahlter Schullehrer.

B IV 8562°; KR. 34°; MO. 36f.; WE. 282°; HU. 187; GI. 225; LA. 572, 573.

ANHANG: PROBLEMFÄLLE

Hier sind der Vollständigkeit halber einige unsicher gelesene und kaum sinnvoll einzuordnende Inschriften aufgeführt, in den meisten Fällen deshalb, weil sie DIEHL in seine Sammlung aufgenommen hatte.

#1504 graff. I 10,3: Türpfosten rechts.

Chraesime, ọlp̣iḷịas ṣạḷetos facere $^{vac.}$

Chresimus, ... machen.

E AE Lig.; *f* kurs.; wohl vorzeitig abgebrochen.
K *Chresime, ob filias salitos* o.ä., DCO., kaum richtig. Unklar.
B IV 8261°; DI. 1029.

#1505 graff. VII 6,35: links der Tür.

a *carminibus.* — **b** *+++credo.*

a (Mit?) Liedern. — **b** ... ich glaube.

E **a/b** Evt. nicht von derselben Hand, cf. add. E. — **a** VS evt. in einer Art Lig. — **b** Gegenüber a stark nach rechts eingerückt.
K Auf einem Gemälde eines Esels, der einen Löwen bespringt und von Victoria bekränzt wird, darunter die Ritzzeichnung eines Gladiatorenkampfes, wohl beides ohne Bezug zur Inschrift. — **a–b** Wurden früher zusammengenommen und für ein hemiep. gehalten.
B IV 1635° m. add. AE; ImGr. 307*; DI. 678; FRÖHLICH (1991), tab. 58.1*; LA. 775°, 782°.

#1506 graff. VI 11,13: Atrium.

Aleixs dixit | numen, || Mena dixit | onorẹ.

Alexis sagte: göttlicher Wink (*oder:* Name). Mena sagte: Ehre.

E *e* kurs.
K 1 *Alexis.* — 2 Evt. für *nomen*, wie VÄÄ. p. 30. — 3 *Μήνας.* — 4 *honorem.*
B IV 1396° m. add. AE; DI. 37.

#1507 ♪ graff. I 10,4: rechts der Tür.

Firmiolo [A]nia ṛesṭẹ.

Dem Firmiolus soll Ania (?) widerstehen (?).

M Evt. da6 init. oder fin.
E *e* kurs.?
K Cf. IV 6640 *Curioso reste* (*Curiosus* ist als Name bezeugt, cf. IV 3452, 4071), also wohl hier *reste(t)* und IV 6640 *reste(m)* ‘ich will widerstehen’; *Annia.*
B IV 8306.c°; DI. 1026a.

#1508 graff. I 10,4: rechts der Tür.

Na++ f+++as.

…

E *f* kurs.
K *Nais*, oder *Nai, fellas (?)* DCO.
B IV 8307°; ImGr. 67*; DI. 1107.

#1509 ♪ graff. Herc.: genauer Fundort unbekannt.

[---]misit iter [---] |
[--- m]agnas s[---] |
[---]o sin^plex cima[---] |
[---]nị_ịmpius[---]

… schickte, den Weg …
… große …
… einfach …
… dass nicht unfromm …

M Wohl teils dactyl.
E *e* kurs. – 4 *-nẹm_pius* oder *ni_impius.*
K 3 *simplex*, cf. VÄÄ. p 66; evt. für *cyma*, BÜ., cf. ThLL IV 1587.5.
B IV 5450 m. add. E; DI. 675; CLE 349.

#1510 ♪ graff. Boscotrecase, Landhaus.

quạḍ ṿọṣ ạụgẹ++ c. 40 ++

Solange euch …

M da6?

E Die Interpretation von DCo. ist unglaubhaft, seine Fortsetzung der Lesung (etwa 40 Zeichen) ist zwar nicht ganz frei erfunden (so add. E), aber nur zum kleinsten Teil nachvollziehbar; cf. auch VARONE in ImGr.

B IV 6891° m. add. E; ImGr. 471*; DI. 1112.

#1511 graff. IX 8,3/6/a: Peristyl.

Germani+us+ | VIIII_k._Iuḷias_neceṣsitas.

... am 9. Tag vor den Kalenden des Juli: Notwendigkeit.

E 1 Lesung *Germanicus* ist unsicher. – 2 Leicht nach unten und nach rechts versetzt.

K 2 23. Juni; evt. 'Notdurft', cf. OLD s.v., 6.b (auch Cic. off. 1.127), zur nächsten Latrine (cf. #789, #938) ist es jedenfalls nicht weit.

B IV 5225° m. add. E; DI. 701.

#1512 graff. I 2,10: Tablinum.

τρέχ. | ταχύς | τεῖν.

Lauf, du Schneller, spann!

K Unklar, abgekürzte impv.?

B IV 3909 m. add. E; DI. 718.

#1513 graff. IX 9,f: Türpfosten rechts.

deiuro nym *vac.*

Ich schwöre bei den Nymphen (?).

E Lesung SOLIN in add. E, *δεῦρο_νύμ[---]* MAU; frühzeitig abgebrochen.

B IV 5299 m. add. E; ImGr. 437f.*; DI. 719.

#1514 graff. VI 14,20: Peristyl.

N._Lusì | tronus.

Thron (?) des Numerius Lusius.

K 2 Evt. *thronus*, cf. add. E.

B IV 4508 m. add. E; DI. 732.

#1515 graff. III 4,3: Garten.

aserạ^bamona+ | loco || XIIX | V.

... am Ort, 18, 5.

E *e* kurs. – 2f. Von anderer Hand.
K 1 *Anser, ab(i) Amo(e)naẹ* DCO., ganz unsicher. – 2 DCO. vergleicht IV 8432f. (gen. + *locus*, auf dem Gehsteig).
B IV 8870°; DI. 1032; GE. F-34; KR. 52°; WE. 563; HU. 234; VA. 110.

#1516 graff. III 7,1: Türpfosten links.

Duaci apẹḷa Donat nomine aberavt.

... mit Namen Donat (?) ist entlaufen.

E *e* kurs.
K *capella* DCO. (#1012 vergleichend); *aberravit* oder *-verunt*, cf. VÄÄ. p. 45 und #1116; Text unklar, gleich anschließend folgt #1332, vom selben Schreiber und auch nicht fehlerlos.
B IV 8938; ImGr. 528°; HU. 253.

#1517 graff. IX 2,17: Peristyl.

cupressus | aetatem perpetua[m] | et platanu[s] pḷạ+ẹ[---] | luxu recaḷi tuto_m[---] | +ẹṣrịna ṇitị[---] | lacrimas_ẹme[---]

Die Zypresse ... ewiges Alter und die Platane ... mit königlicher Pracht (?) ... Tränen ...

E *e* kurs.
K Cf. Mart. 6.73.7f. *sed mihi perpetua numquam moritura cupresso / Phidiaca rigeat mentula digna manu.*
B IV 4987° m. add. E; DI. 739.

#1518 graff. VI 15,12: Zimmer.

asciricilis sunt.

Sie sind ...

E Lesung offenbar klar.
K Evt. Gegenteil (ἀ-) von #1189 *xuricilla*?
B IV 4671 m. add. E; DI. 741.

#1519 graff. V 1,18: Seitenraum beim Peristyl.

S._Burrenio_s.

Dem Sextus Burrenius einen Gruß (?).

E SOLIN (2013), p. 338; *Sburrento* MAU.
K Wohl ein Gruß.
B IV 4053° m. add. E; ImGr. 212*; DI. 757.

#1520 graff. IX 2,26: Gartenporticus.

praeiudicio quae+ vac.?

Was durch Präjudiz ...

E Frühzeitig abgebrochen?
K Cf. IV 5027 *praeiudicium*, gleich darüber.
B IV 5029 (= 3315.1) m. add. E; DI. 759.

#1521 graff. IX 7,20: Raum beim Atrium.

abitus / Anco mariti[m]ae / coram nominis.

Die Gestalt ... angesichts des Meeresnamens (?).

M Evt. ia6?
E *e* kurs.
K 1 *habitus*? – 2 Lat. *Ancus* im dat., oder evt. für gr. Ἀγκών, unklar. – 3 Statt *nomine*, cf. VÄÄ. p. 121, ThLL IV 947.38–40, der Ausdruck ist aber unklar.
B IV 5375° m. add. E; DI. 762.

#1522 graff. VII 9,50 (Taberna).

Pontarchus, Macer, Pronimus / dicit vac. *navis.*

Pontarchus, Macer, Phronimus sagt – Schiff.

E *e* kurs.
K 1 *Phronimus*. – 1f. Evt. in drei Kolumnen *Pontarchus* | *dicit* || *Macer* || *Phronimus* | *navis* (ähnlich add. E), unklar.
B IV 3092 m. add. E; DI. 765.

#1523 ♪ graff. III 4,b: rechts der Tür.

ṣ quḍme tempụs *vac.?*

... welche Zeit mich ...

M Evt. hemiep.
K *s(i) qu(i)d me tempus* DCo.; zu *qu(i)d* cf. #1050.
B IV 8855°; Di. 1135; Hu. 228°.

#1524 graff. I 7,1: Peristyl.

munus s+ s+ḅi paṛạ+ *vac.?*

Spiele ...

E *si tibi paras* DCo., *t-* und *-s* sind aber kaum richtig, *si sibi parat* wahrscheinlicher; wohl frühzeitig abgebrochen.
K Bei der Ritzzeichnung zweier Gladiatoren.
B IV 8120°; Di. 1137; La. 1048.

#1525 graff. VI 16,32: Eingang rechts.

dominus est.

Es / Er ist der Herr.

B IV 7107 m. add. E; Di. 1140.

#1526 graff. Villa dei Misteri: Zimmer.

mantisyna | tripoda puthis potạ | putịis pota | putaịsa |[5] dystuịṃanta | ps ḍomantis | a+++sṇ | ce+ossni | Stennei |[10] aulst | senidolinia.

Orakel Dreifüße pythisch ... -mantisch pseudomantisch ... des Stennius ...

E 8ff. *e* kurs.
K Anklang ans pythische Orakel. – 1 Für *μαντοσύνη*? – 6 *ψ(ευ)δόμαντις* DCo., die Abkürzung wäre aber merkwürdig. – 9 Wohl für *Stenni*, gen. von *Stennius*, cf. VÄÄ. p. 22.
B IV 9231°; ImGr. 456*; Di. 1150; Ge. H-29; We. 583°; Hu. 1000°.

#1527 graff. VIII 3,24: Zimmer.

quota_s. capita dua, | sella quadrụa, | duos inequos s. IIII n. III s. | equalis dînạvịx |5 XI.

Wieviel sind (?) zwei Köpfe, ein viereckiger Sitz, zwei ungerade ... 4 ... 3 ... gleich ... 11

E *e* kurs.

K 1 *quota s(unt)*? DI.; *duo*, cf. #940. – 2 *quadrụa* (zweites VA Lig.?) wohl für *quadra* 'viereckig', cf. VÄÄ. p. 41. – 3 *inequos* neu komponiert *in-* + *aequ-* (wie 4) oder statt *iniquos* mit *-e-* statt *-ī-* (< *-ei-* < *-ae-*), cf. VÄÄ. p. 23. – 4 *aequalis*; *dînạvịx* unklar, *dinạv IX*? – Lesung und Bedeutung unsicher.

B IV 1990° m. add. AE; DI. 825.

#1528 graff. VII 16,22: Treppe vom Peristyl ins Obergeschoss.

H K XV.

... 15.

K Bedeutung unsicher.

B SOLIN (1975), no. 62*.

#1529 graff. V 1,18: Peristyl.

Cḷḷeri_genes.

-genes (?).

E *e* kurs.

K Lesung und Bedeutung unsicher, cf. add. E.

B IV 4057° m. add. E; DI. 332.

INDIZES

Index 1: Inschriften

CIL IV →

#1070. – **1521:** #– (CollEp. 23b*, ImGr. 269f.*). – **1522:** #– (CollEp. 23c*, ImGr. 269f.*). – **1524:** ad #1431. – **1526:** ad #1070 (Hu. 439b). – **1527:** #1431. – **1528:** ad #1070. – **1529:** #1361. – **1531:** ad #1444 (Hu. 440a). – **1536:** #1032. – **1538:** #1468. – **1539:** #845. – **1544:** #52. – **1545:** #87. – **1547e:** #600. – **1552:** #46. – **1553:** #47. – **1555:** #48. – **1560:** #961. – **1563:** ad #551. – **1564:** #551. – **1569:** ad #1005 (Ge. I-49, Hu. 543). – **1570, 1571:** #1005. – **1572:** ad #1005. – **1574:** #1159. – **1578:** #1193. – **1589:** #593. – **1590:** #594. – **1592:** #670. – **1593:** #615. – **1595:** #855. – **1597:** #982. – **1604:** #823. – **1607:** #826. – **1611:** ad #631 (Hu. 540, ImGr. 305*). – **1612:** ad #89. – **1616:** ad #1489. – **1618:** #740. – **1621:** #603. – **1625:** #1033. – **1626:** #8. – **1635:** #1505. – **1637:** ad #1489. – **1642:** ad #607 (ImGr. 310*). – **1644:** #10. – **1645:** #1066. – **1647:** #– (Hu. 556). – **1649:** #1068. – **1650:** #509. – **1651:** #– (Hu. 692). – **1653:** #426. – **1654:** #1467. – **1655:** #1154. – **1658:** #348. – **1662:** #786. – **1664:** #425. – **1665:** #1267. – **1672:** ad #1445 (Hu. 532). – **1678:** #949. – **1679:** #916. – **1684:** #1118. – **1688:** #1473. – **1690:** #721. – **1698:** #1046. – **1700:** #791. – **1708:** #– (We. 112, Hu. 514). – **1711:** #471. – **1712:** #955. – **1713:** #570. – **1714:** #971. – **1717:** #– (Ge. D-6). – **1719:** #– (Ge. D-6). – **1731:** #186. – **1736:** #– (We. 437). – **1751:** #1282. – **1754:** #959. – **1761:** ad #857. – **1763:** #714. – **1764:** #– (Hu. 770). – **1766:** ad #982. – **1768:** #1004. – **1769:** ad #1004 (Ge. I-48, We. 546, Hu. 772). – **1772:** #– (Hu. 773). – **1773:** #455. – **1776:** #– (Hu. 699). – **1780:** #820. – **1781:** #1072. – **1782:** #527. – **1783:** #557. – **1787:** #361. – **1790:** #– (Ge. E-28). – **1791:** #1092. – **1796:** #1069. – **1797:** ad #1097. – **1798:** ad #1105 (Hu. 705). – **1808:** ad #977 (ImGr. 348*). – **1810:** #– (Ge. E-29, ImGr. 348f.*). – **1811:** #1479. – **1812:** ad #1225, ad #1377 (We. 57, Hu. 707, ImGr. 349*). – **1813.(b):** #785. – **1816:** #1360. – **1819:** #921. – **1820:** #1344. – **1821:** #– (Hu. 712, ImGr. 351*). – **1824:** #1057. – **1825:** #1348. – **1825a, 1825b:** #1371. – **1826:** #1346. – **1827:** #– (We. 471, Hu. 717, ImGr. 354*). – **1828:** #– (CollEp. 18a*, ImGr. 354f.*). – **1829:** #– (We. 473, Hu. 718, CollEp. 18b*, ImGr. 354*). – **1830:** #1112. – **1831:** #919. – **1837:** #1084. – **1837a:** #1088 (Hu. 721a). – **1838:** #625. – **1839:** #1035. – **1840:** #– (CollEp. 18i*, ImGr. 358*, 360*). – **1841:** #1448. – **1842:** #523. – **1845:** #– (Hu. 726, ImGr. 361*). – **1847:** #799. – **1849:** #9. – **1849a:** #69. – **1850:** #1374. – **1852:** #736. – **1854:** #1376. – **1856:** #492. – **1858.(a):** #868. – **1860:** #1040. – **1863:** #1101. – **1864:** #781. – **1869:** ad #1321 (CollEp. 19a*, ImGr. 370*). – **1870:** #1478. – **1870a:** #– (CollEp. 19c*, ImGr. 370*). – **1871:** #– (CollEp. 19d*, ImGr. 371*). – **1873:** #– (CollEp. 19e*, ImGr. 371*). – **1874:** #– (CollEp. 19f*, ImGr. 371*). – **1875:** #– (CollEp. 19g*, ImGr. 371*). – **1876:** #– (CollEp. 19h*, ImGr. 372*). – **1877:** #1414. – **1878:** ad #1414 (We. 147, Hu. 735, ImGr. 372f.*). – **1879:** #– (CollEp. 19k*, ImGr. 373*). – **1880:** #929. – **1881:** #1164. – **1882:** #1115. – **1883:** #1097. – **1884:** #1104. – **1885:** #45. – **1886:** #333. – **1890:** #558. – **1891:** #613. – **1892:** #– (Hu. 742, ImGr. 378*). – **1893:** #1456. – **1894:** #1429. – **1895:** #1455. – **1896:** #928. – **1897:** #– (CollEp. 17m*, ImGr. 379*). – **1898:** #1061. – **1899:** #1501. – **1901:** #501. – **1902:** #1471. –

651, ImGr. 330*). – **2253:** #1326. – **2254:** #1343. – **2256:** #1284. – **2257:** #– (WE. 232, HU. 654). – **2258:** #1281. – **2258a:** #734. – **2259:** #1304. – **2260:** #– (WE. 236, HU. 658, ImGr. 326–28*). – **2265:** #1235. – **2268:** #– (HU. 659a, ImGr. 328*). – **2270:** #– (HU. 660). – **2273:** #1306. – **2274:** #– (HU. 662, ImGr. 328). – **2275:** ad #1304 (HU. 657). – **2276:** ad #1285. – **2277:** #– (HU. 664). – **2279:** #– (HU. 665). – **2288:** #1339. – **2292:** #1307. – **2298:** #– (HU. 605, ImGr. 321*). – **2303:** #– (WE. 470). – **2305:** #1502. – **2306:** #– (WE. 202, HU. 518). – **2308:** #953. – **2310b:** #1295. – **2310k:** #1454. – **2311:** #816. – **2312:** #– (WE. 346, HU. 531). – **2319b:** ad #1348 (WE. 173, HU. 527). – **2319l:** #1369. – **2320:** #848. – **2321:** #530. – **2325:** #989. – **2326:** #569. – **2331:** #18. – **2334:** #– (WE. 347, HU. 858). – **2335:** #– (HU. 859). – **2338:** #– (HU. 860). – **2343:** #62. – **2351:** #– (HU. 510). – **2353:** #621. – **2354:** #– (HU. 839). – **2360:** #1105. – **2361:** #1440. – **2373:** #– (HU. 22). – **2374:** #1135. – **2375:** #– (HU. 24). – **2377:** #– (HU. 25). – **2380:** #77. – **2381:** #78. – **2383:** #710. – **2386:** ad #1462. – **2387:** #439. – **2393:** #1243. – **2395:** #– (HU. 828). – **2396:** #1017. – **2397:** #1017 (ImGr. 424*). – **2398:** #424. – **2399:** #63. – **2399b:** #1042. – **2400:** #1185. – **2400a:** #1412. – **2400d:** #642. – **2400e:** #641. – **2400f:** #640. – **2400g:** #639. – **2401:** #– (HU. 821). – **2402:** #– (WE. 108, HU. 835). – **2403:** #– (HU. 836). – **2409:** #– (HU. 822). – **2409a:** #780. – **2410:** #939. – **2411:** #22. – **2411a:** #1036. – **2413a:** #612. – **2413f:** #742. – **2413h:** #1141. – **2413k:** #768. – **2414:** #1142. – **2415:** ad #1251 (HU. 807, ImGr. 420*). – **2416:** #788. – **2421:** #1251. – **2425:** #1325. – **2430:** #462. – **2436:** ad #518. – **2437:** #461. – **2440:** #1318. – **2446:** #– (HU. 811). – **2448:** #576. – **2450:** #1317. – **2451:** #– (WE. 427°, ImGr. 406*). – **2455:** #944. – **2457:** #1158. – **2459:** #359. – **2460:** #72. – **2461:** #795. – **2462:** #– (HU. 804). – **2464:** #463. – **2474:** #417. – **2476:** #416. – **2479:** #541. – **2483:** #430. – **2487:** #796. – **2493:** ad #72 (HU. 161). – **2495:** #591. – **2497:** ad #597. – **2498:** #597.

2503: #– (HU. 1015). – **2504:** #– (HU. 1016). – **2507:** #969. – **2508:** #394. – **2509:** cf. 5449. – **2513:** #801. – **2514:** #1380. – **2515:** cf. Zus. Kap. 11.1.1. – **2516:** cf. Zus. Kap. 11.1.1. – **2517:** #1381. – **2518:** cf. Zus. Kap. 11.1.1. – **2519:** cf. Zus. Kap. 11.1.1. – **2520:** cf. Zus. Kap. 11.1.1. – **2520a:** #1389. – **2520b:** cf. Zus. Kap. 11.1.1. – **2521:** cf. Zus. Kap. 11.1.1. – **2522:** cf. Zus. Kap. 11.1.1. – **2523:** cf. Zus. Kap. 11.1.1 (HU. 814, ImGr. 412*). – **2524:** cf. Zus. Kap. 11.1.1. – **2525:** cf. Zus. Kap. 11.1.1. – **2526:** cf. Zus. Kap. 11.1.1. – **2527:** cf. Zus. Kap. 11.1.1. – **2527a:** cf. Zus. Kap. 11.1.1. – **2528:** cf. Zus. Kap. 11.1.1. – **2529:** cf. Zus. Kap. 11.1.1. – **2530:** cf. Zus. Kap. 11.1.1. – **2531:** cf. Zus. Kap. 11.1.1. – **2532:** cf. Zus. Kap. 11.1.1. – **2532a:** cf. Zus. Kap. 11.1.1. – **2533:** cf. Zus. Kap. 11.1.1. – **2534:** cf. Zus. Kap. 11.1.1. – **2535:** cf. Zus. Kap. 11.1.1. – **2536:** cf. Zus. Kap. 11.1.1. – **2537:** cf. Zus. Kap. 11.1.1. – **2538:** cf. Zus. Kap. 11.1.1. – **2539:** cf. Zus. Kap. 11.1.1. – **2540:** cf. Zus. Kap. 11.1.1. – **2540a–b:** cf. Zus. Kap. 11.1.1. – **2541:** #1399. – **2542:** cf. Zus. Kap. 11.1.2. – **2543:** cf. Zus. Kap. 11.1.2. – **2544:** #1401. – **2545:** cf. Zus. Kap. 11.1.2. – **2547:** cf. Zus. Kap. 11.1.2. – **2548:** cf. Zus. Kap. 11.1.2. – **2549a:** cf. Zus. Kap. 11.1.1 (WE.

#874. – **4917:** ad #1348 (GE. E-40, WE. 172, HU. 775). – **4919:** #1499. – **4925:** #— (HU. 29). – **4933:** #529. – **4946:** #869. – **4949:** #1. – **4950:** #1126. – **4951:** #1110. – **4952:** ad #1462 (HU. 790). – **4954:** #1194. – **4957:** #936. – **4966:** #1063. – **4967:** #1064. – **4968–70:** ad #1062. – **4971:** #1062. – **4972:** #1090. – **4973:** #1065. – **4976:** #748. – **4977:** #1237. – **4983:** #56. – **4986:** #947. – **4987:** #1517. – **4993:** #— (KR. 63, WE. 332, HU. 844). – **4995:** #1191. – **4997:** #— (HU. 846). – **4999:** #199.

5002: ad #1439 (KR. 35°, HU. 847°). – **5006:** #743. – **5007:** #1434. – **5009:** #718. – **5010:** #— (HU. 849). – **5011:** #1500. – **5012:** #1443. – **5017:** ad #1462. – **5018:** ad #725. – **5020:** #1447. – **5027:** ad #1520. – **5029:** #1520. – **5031:** #609. – **5032:** ad #1132 (GE. F-25, HU. 853). – **5035:** #760. – **5036:** ad #1144. – **5037:** #1144. – **5039, 5040:** ad #1144. – **5046:** ad #982. – **5048:** #1294. – **5052:** #— (cf. 3308, 3332) (GE. D-6). – **5062:** #— (HU. 861). – **5064:** #1352. – **5065:** #511. – **5066:** ad #605. – **5068:** #606. – **5069:** #605. – **5073:** ad #605. – **5080:** #560. – **5081:** #79. – **5085:** ad #585. – **5086:** #585. – **5087:** #747. – **5092:** #1103. – **5094:** #1127. – **5095:** ad #777 (WE. 139, HU. 871). – **5101:** ad #72. – **5105:** #1276. – **5112:** #1472. – **5122:** ad #1312. – **5123:** #1312. – **5125:** #1265. – **5127:** #1268. – **5130:** #1271. – **5136:** ad #726 (WE. 209, HU. 877). – **5138:** #726. – **5148:** #727. – **5150:** #1272. – **5153:** #1273. – **5156:** #— (HU. 878). – **5157:** #— (HU. 879). – **5158:** #542. – **5174:** #1184. – **5178:** #1355. – **5181:** #813. – **5182:** #514. – **5184:** #54. – **5186:** ad #1056 (KR. 52). – **5187:** #1242. – **5189:** #1489. – **5193:** #1188. – **5195:** #1433. – **5198:** #684. – **5200:** #— (HU. 889°). – **5202:** #64. – **5203:** #1275. – **5206:** #— (HU. 888). – **5213:** #1358. – **5214:** #1009. – **5215:** #— (KR. 38°, WE. 423°). – **5223:** #— (HU. 917). – **5225:** #1511. – **5232:** #817. – **5233:** #490. – **5234:** #— (HU. 919). – **5235:** #— (HU. 920). – **5236:** #— (HU. 921). – **5241:** ad #684 (ImGr. 436*). – **5242:** #938. – **5244:** #789. – **5246:** #858. – **5251:** #1359. – **5252:** #— (HU. 933). – **5254:** #937. – **5263:** ad #1190 (HU. 934). – **5266:** #1157. – **5267:** #1192. – **5268:** #1156. – **5272:** ad #1048 (HU. 936). – **5274:** #656. – **5275:** #434. – **5278:** #— (HU. 937). – **5279:** #772. – **5280:** #744. – **5281:** #745. – **5282:** ad #772. – **5285:** #— (HU. 940). – **5296:** #1089. – **5297:** #647. – **5298:** #646. – **5299:** #1513. – **5300:** #648. – **5303:** #1474. – **5305:** #— (GE. D-16, HU. 926). – **5306:** #402. – **5325:** ad #378 (ImGr. 437*). – **5337:** ad #1439. – **5339:** ad #761. – **5341:** #1415. – **5347:** #559. – **5348:** ad #559 (HU. 896). – **5350:** #— (GE. E-5, WE. 446, HU. 897). – **5352:** #336. – **5358:** #1210. – **5360:** #596. – **5363:** #952. – **5364:** ad #378. – **5365:** ad #1190. – **5370:** #854. – **5371:** #838. – **5372:** #1313. – **5373:** #655. – **5375:** #1521. – **5380:** #857. – **5381:** #— (HU. 911). – **5383:** #— (HU. 996). – **5385:** ad #67 (GE. D-14, HU. 991, ImGr. 458*). – **5386:** #676. – **5388:** #— (HU. 965). – **5391:** ad #784 (HU. 966). – **5393:** #— (HU. 967). – **5398:** #677. – **5399:** #482. – **5406:** #1255. – **5408:** #1321. – **5413:** #1247. – **5417:** #1492. – **5419:** ad #1135 (GE. F-24, HU. 972). – **5424:** #326. – **5430:** #861. – **5432:** #942. – **5437:** #610. – **5438:** ad #753 (HU. 1004). – **5448:** #877. – **5449:** #— (cf. 2509) (CollEp. 11*, ImGr. 482*). – **5451:** cf. DI. 779. – **5452:** cf. Zus. Kap.

cf. Zus. Kap. 11.1.1. – **6905:** #1396. – **6906:** cf. Zus. Kap. 11.1.1. – **6907:** #1397. – **6908:** cf. Zus. Kap. 11.1.1. – **6909:** #1385. – **6910:** cf. Zus. Kap. 11.1.1. – **6921:** ad #883.

7006: ad #903. – **7014:** #111. – **7020:** #1218. – **7024:** #934. – **7034:** #248. – **7037:** #507. – **7038:** #757. – **7059:** #592. – **7061:** ad #563. – **7062:** ad #501. – **7065:** #302. – **7066:** ad #302. – **7069:** #504. – **7075:** ad #578. – **7080:** #932. – **7086:** #1146. – **7089:** #1379. – **7090:** #970. – **7093:** ad #764. – **7102:** ad #1489. – **7107:** #1525. – **7108:** ad #1439. – **7130:** ad #1439 (ImDip. 22*). – **7131:** ad #1439 (KR. 35°, HU. 30°, ImDip. 22*). – **7132:** #268. – **7143:** #271. – **7146:** #290. – **7147:** #191. – **7148:** #115. – **7155:** ad #198 (ImDip. 55f.*). – **7157:** ad #198 (ImDip. 55*). – **7163:** #198. – **7164:** #149. – **7173:** #119. – **7185:** #343. – **7186:** #723. – **7189:** #157. – **7191:** #236. – **7195:** #204. – **7197:** #171. – **7201:** #219. – **7203:** #145. – **7208:** #169. – **7210:** #274. – **7213:** #240. – **7219:** #315. – **7221:** #297. – **7230:** #117. – **7231:** #264. – **7238:** ad #243 (ImDip. 86f.*). – **7239:** ad #243 (ImDip. 86). – **7240:** #243. – **7243:** #347. – **7247:** ad #94. – **7249:** ad #94. – **7257:** ad #264 (ImDip. 92*). – **7273:** #237. – **7245.e:** #304. – **7279:** #256. – **7284:** #351. – **7288:** ad #116 (ImDip. 93). – **7290:** #278. – **7291:** ad #116 (ImDip. 93). – **7295:** #116. – **7305.a–d:** #327. – **7306.b:** ad #327. – **7309.a:** #— (KR. 42°). – **7309.b:** #— (KR. 74°). – **7309.d:** ad #396. – **7310:** ad #1489 (HU. 52). – **7314:** ad #881. – **7316:** #189. – **7339:** #— (WE. 198, HU. 67, ImDip. 120°). – **7341:** #709. – **7342:** #182. – **7343:** #181. – **7345:** #155. – **7346:** #180. – **7347:** #203. – **7348:** #233. – **7350.a–b:** #1488. – **7351.a:** #— (HU. 74). – **7351.b:** ad #1462. – **7352.a–i:** #19. – **7353:** #1423. – **7354:** #— (HU. 76). – **7355:** #739. – **7357:** #303. – **7360:** #432. – **7382:** #616. – **7387:** #192. – **7389:** #355. – **7403:** #311. – **7418:** #288. – **7429:** #270. – **7432:** ad #276, ad #1231 (ImDip. 147*, 149–53*). – **7443:** #282. – **7454:** #383. – **7455:** #312. – **7460:** #126. – **7463:** #223. – **7464:** #128. – **7465:** #118. – **7469:** #289. – **7473:** #263. – **7482:** ad #132. – **7489:** #291. – **7490:** #124. – **7494:** #324. – **7497:** #1147.

7502: #335. – **7505:** #197. – **7517:** #283. – **7523:** #354. – **7526:** #280. – **7527:** #1481. – **7531:** #352. – **7532:** #325. – **7533.a–b:** #26. – **7533.c–d:** #27. – **7533.e:** #30. – **7533.f–h:** #28. – **7533.i–m:** #29. – **7533.n–o:** #31. – **7533.p–y:** #30. – **7535:** #800. – **7536:** #205. – **7539:** #129. – **7545:** ad #354. – **7557:** ad #378. – **7563:** ad #378. – **7576:** #142. – **7579:** #144. – **7584:** #143. – **7585:** #151. – **7605:** #146. – **7608:** #299. – **7614:** #292. – **7617:** #114. – **7618:** #275. – **7619:** #261. – **7621:** #257. – **7624:** #284. – **7625:** #92. – **7627:** #127. – **7632:** #276. – **7633:** #340. – **7634:** #349. – **7635:** ad #276. – **7643:** #308. – **7649:** #176. – **7650:** #281. – **7657:** #300. – **7658:** #123. – **7665:** #277. – **7666:** #229. – **7667:** #175. – **7668:** #262. – **7669:** #309. – **7674:** #228. – **7676:** #130. – **7678:** #— (GE. I-52, HU. 229, ImDip. 528). – **7679:** #231. – **7681:** #294. – **7684:** #224. – **7685:** #152. – **7687:** #382. – **7691:** #307. – **7692:** #293. – **7694:** #353. – **7695:** #267. – **7698:** #906. – **7703:** #272. – **7706:** #279. – **7708:** #234. – **7714:** #753. – **7715:** ad #753 (ImDip. 276*). – **7716:** #755. – **7724:** ad #129

8277: #86. – **8280.a–b:** #506. – **8282:** #844. – **8288:** #505. – **8289.a–c:** #15. – **8290:** #695. – **8292:** #1453. – **8297:** #1410. – **8300:** #680. – **8304:** #525. – **8305:** #698. – **8306.c:** #1507. – **8307:** #1508. – **8309:** #678. – **8310:** #979. – **8314.a:** #— (HU. 81, ImGr. 68°). – **8318.b:** #— (GE. B-19). – **8319.a:** #— (HU. 84b, ImGr. 68*). – **8319.b:** ad #1462. – **8320.e:** ad #1439 (HU. 83). – **8320.f:** ad #1439 (HU. 82). – **8321.a:** #— (HU. 84a, ImGr. 70*). – **8322.f:** #1493. – **8322.k:** ad #1312 (GE. E-36, HU. 84). – **8329:** #— (WE. 103°, HU. 85°, ImGr. 74*). – **8338:** ad #1488 (GE. H-34, ImGr. 74*°). – **8345.a–b:** #819. – **8346:** #733. – **8347:** #741. – **8350:** #— (GE. E-61, HU. 87). – **8356:** #1319. – **8359:** #1161. – **8360:** #693. – **8361:** #1252. – **8364:** #1123. – **8368.a–b:** #798. – **8379:** #1450. – **8380:** #1189. – **8381:** #673. – **8384:** #1179. – **8394:** #— (WE. 190, ImGr. 81*, 519°). – **8400:** #1180. – **8405:** #— (HU. 96, ImGr. 83*, 519°). – **8406:** #— (GE. H-33, HU. 97, ImGr. 83*, 519°). – **8408.a–c:** #1098. – **8416:** ad #1439 (HU. 100, ImGr. 519°). – **8417:** #849. – **8418:** ad #849 (HU. 102, ImGr. 520°). – **8419.b:** #— (HU. 103). – **8422:** #784. – **8426:** #846. – **8432:** ad #1515 (GE. I-47, WE. 547). – **8433:** ad #1515. – **8436:** #803. – **8442:** #1231. – **8443:** ad #198. – **8457:** #908. – **8461:** #1375. – **8467:** ad #1275. – **8473:** #1316. – **8475:** #— (WE. 218°, HU. 160). – **8480:** #516. – **8482:** #1246. – **8483:** #— (WE. 204, HU. 151). – **8489:** #871. – **8490:** #926. – **8491.a–b:** #910. – **8492:** #907. – **8495.b–c:** #— (HU. 251). – **8496.a–b:** #466.

8503: #708. – **8505:** #706. – **8506:** #687. – **8509:** #724. – **8511:** #1269. – **8512:** #— (HU. 158). – **8516:** #260. – **8521:** #358a. – **8531:** #— (HU. 183). – **8535:** #1130. – **8540:** #1129. – **8544:** #— (WE. 564, ImGr. 125*). – **8546.b:** #— (HU. 185, ImGr. 126*). – **8556:** #1244. – **8560:** #3. – **8561.a:** ad #857 (WE. 529°). – **8562:** #1503. – **8564:** ad #1489. – **8565:** ad #517. – **8566.b:** ad #857 (KR. 58f.°, WE. 530°). – **8568:** #1421. – **8569:** ad #517 (ImGr. 131°). – **8581:** ad #1489. – **8590:** #— (WE. 410). – **8596.a–b:** #— (WE. 555, HU. 189 [nur b], ImGr. 135* [nur b]). – **8610:** #4. – **8617:** #1155. – **8623:** #1411. – **8625.c:** ad #1430 (HU. 192, ImGr. 145*). – **8625.d:** #517. – **8627:** #— (KR. 42, WE. 132, HU. 194, ImGr. 147°). – **8628:** ad #517 (ImGr. 147°). – **8630.b:** #1442. – **8633:** #— (HU. 196, ImGr. 149°). – **8638:** #— (WE. 449, ImGr. 151°). – **8645:** #752. – **8646:** ad #517 (ImGr. 153°). – **8657:** #528. – **8660:** #1223. – **8670:** #850. – **8701:** #1436. – **8711.a–b:** #1027. – **8715.b:** ad #1249 (WE. 144, HU. 202, ImGr. 169*, 520°). – **8729:** #— (HU. 203, ImGr. 523°). – **8745:** #1051. – **8746:** #— (HU. 204, ImGr. 524°). – **8754:** #— (HU. 205, ImGr. 178°, (526)). – **8760:** ad #1195 (WE. 158, HU. 206, ImGr. 179°, (526)). – **8767:** #470. – **8768:** #1449. – **8769.c:** #1213. – **8781:** #— (HU. 210, ImGr. 525°). – **8785:** #1221. – **8790:** #— (HU. 212, ImGr. 191° [nur a]). – **8792.b:** #1212. – **8794:** #681. – **8798:** #— (WE. 289°, ImGr. 195*, 525°). – **8802:** #682. – **8805:** #305. – **8807.a:** #1176. – **8810:** #948. – **8815:** #— (KR. 25°). – **8817:** ad #954. – **8820:** #821. – **8821:** #1022. – **8822:** #1023. – **8824:** #1125. – **8831:** ad #1439 (WE. 284°, MO. 34f., HU. 221°). – **8832:** #856. – **8834:** #— (WE. 579, HU. 224). – **8835.c,d:** ad #1462. – **8836:** #650. – **8837:** #810. – **8841:** #1368. – **8842:** #809. – **8843:** #1357. – **8845:** ad

Kap. 11.1.1. – **9309:** cf. Zus. Kap. 11.1.2. – **9310.a–c:** cf. Zus. Kap. 11.1.1. – **9311.a:** cf. Zus. Kap. 11.1.1. – **9311.b:** cf. Zus. Kap. 11.1.2. – **9311.c:** #1388. – **9312.a–b:** cf. Zus. Kap. 11.1.1. – **9312a:** #1391. – **9316:** #898. – **9320:** #892. – **9321:** ad #892. – **9328:** ad #877. – **9362:** #893. – **9368:** ad #732. – **9369:** ad #732. – **9394:** ad #883. – **9395–9400:** ad #887. – **9401:** #888. – **9402:** #889. – **9403–5:** ad #887. – **9406:** #887. – **9407–9:** ad #885. – **9410:** #886. – **9411:** #885. – **9416:** #884. – **9418:** #883. – **9419:** #882. – **9435:** ad #857. – **9437:** #881. – **9452:** ad #893. – **9460:** #890. – **9461–63:** ad #890. – **9469.b:** ad #697. – **9486:** ad #883.

9503: ad #893. – **9549:** #894. – **9573:** #901. – **9577.a–b:** #891. – **9578:** ad #891. – **9591.a–b:** #899. – **9606:** ad #857. – **9811:** #903. – **9812:** ad #903. – **9831:** #158. – **9838:** ad #904. – **9839.a–d:** #954. – **9847:** #1071. – **9848:** #1086. – **9849:** #1078. – **9850:** #715. – **9867:** #1037. – **9869:** ad #217. – **9870:** #178. – **9877:** #165. – **9883:** ad #217 (ImDip. 184*). – **9884:** ad #217 (ImDip. 185*). – **9885:** #246. – **9887:** #843. – **9888:** #384. – **9889:** #385. – **9895:** ad #435. – **9904:** #249. – **9909:** #131. – **9913:** #135. – **9918.a:** #194. – **9919:** ad #166 (ImDip. 164*, 166*). – **9922:** #166. – **9925:** ad #166. – **9926:** #217. – **9934:** #512. – **9943:** ad #1027. – **9945:** #1181. – **9948:** #1013. – **9949:** #364. – **9951:** ad #366 (ImDip. 488*). – **9952:** ad #366 (ImDip. 488f.*). – **9953:** #365. – **9956:** #366. – **9957:** ad #366. – **9961.(a–b):** #367. – **9962:** #393. – **9972:** ad #387. – **9979:** #390. – **9980:** #391. – **9981.a:** #392. – **9983.a:** #— (MO. 24f., HU. 985a, ImDip. 494f.*, 497–500*). – **9987:** #1435. – **9997.a–b:** #950.

10004: #1363. – **10005:** #1364. – **10006:** #1353. – **10008:** ad #396 (WE. 370°, HU. 59°, ImGr. 58*). – **10013:** #777. – **10024:** #920. – **10030:** #1117. – **10031:** #1482. – **10032.a–b:** #— (WE. 316, HU. 116, ImDip. 169* ImGr. 90f.*). – **10033.a:** #— (HU. 117). – **10034.c:** ad #1425 (HU. 118). – **10038.b:** ad #1462 (ImGr. 86*). – **10038.c:** #1100. – **10039:** ad #94. – **10040:** #— (HU. 110). – **10041.d:** #1199. – **10047:** #1469. – **10054:** #526. – **10059:** ad #1439 (HU. 120). – **10062:** #— (WE. 576°, HU. 121°). – **10065.a:** #1081. – **10065.b:** ad #1462. – **10067:** #— (WE. 520). – **10070:** #790. – **10071.a–b:** #539. – **10073.a:** ad #790. – **10073.c:** #1370. – **10075:** ad #633. – **10078:** #— (WE. 207, HU. 134). – **10079:** #— (HU. 136, ImGr. 94*). – **10082.a–b:** #98. – **10084:** ad #414 (ImGr. 95*). – **10085.a–b:** #414. – **10086.a:** ad #1439 (HU. 140, ImGr. 96*). – **10088.a:** #— (HU. 141). – **10090:** #1200. – **10093.c:** ad #416 (WE. 379, HU. 143). – **10095.b:** #1055. – **10096.a:** ad #1462 (ImGr. 98f.*). – **10096.b:** ad #1445 (HU. 145, ImGr. 98°, 99*). – **10096.c:** ad #1462 (ImGr. 98°, 99*). – **10106:** #972. – **10111.a:** ad #1439 (HU. 162). – **10119:** #767. – **10120:** #561. – **10124:** #553. – **10128:** #1139. – **10129:** #— (HU. 165). – **10132:** #— (HU. 166). – **10144:** #1171. – **10149:** #— (WE. 587, HU. 167). – **10150:** #1226. – **10151:** #1214. – **10152.b:** #1227. – **10153:** #1217. – **10154:** #1215. – **10155:** #1209. – **10156:** #1216. – **10157:** #— (HU. 174). – **10168:** #— (HU. 217). – **10184:** #— (WE. 256, HU. 218). – **10189:** #611. – **10190:** #1452. – **10194.a:** #1279. – **10195:** #931. – **10196.b–c:** #1465. – **10196.g:** #— (WE. 376, HU. 129,

Übrige CIL-Bände ⟶

Diverse Epigraphica ⟶

– Pompei-47: ad #1309. – Pompei-72: ad #1048. – Pompei-74–77: cf. Zus. Kap. 11.1.4. – Pompei-78: #1407. – Pompei-79–80: cf. Zus. Kap. 11.1.4. – Pompei-81: cf. IV 9300. – Teanum Apulum-4: cf. Zus. Kap. 11.1.4. – Teanum Sidicinum-16: cf. Zus. Kap. 11.1.4.

I.Délos (Inscriptions de Délos) 2153: ad #1037.

I.Priene (Inschriften von Priene) 108.80: ad #893.

KROPP, Defixiones (2008), no. 1.4.1/1: ad #512, ad #646, ad #783. – no. 1.4.4/14: cf. DI. 1027a. — no. 1.7.4/1: ad #1118.

MH (Museum Helveticum) 72 (2015), p. 101 no. 57: ad #1173.

NESSELHAUF–LIEB, BRGK 40 (1959[60]), p. 135f. no. 37: ad #1412.

NSc. (Notizie degli scavi di antichità) 1899, p. 104: #991. – 1911, p. 221: cf. IV 3828. – 1918, p. 58f.: cf. DI. 1090. – 1918, p. 60: cf. DI. 1081. – 1921, p. 425f.: #905. – 1922, p. 478: #991. – 1923, p. 37f.: cf. DI. 1027a. – 1927, p. 81 no. 28.: #404.

P.Oxy. (cf. papyri.info) XI 1380.76: ad #6. – XVI 1985.11: ad #35. – XLII 3070: ad #725. – XLIV 3208: ad #791.

PSI (cf. papyri.info) XV 1481: ad #1412.

SEG (Supplementum epigraphicum Graecum) 4, no. 163: ad #136; 34, no. 849: ad #561; 34, no. 994: ad #136.

SOLIN (1975), no. 5: #1133. – no. 6: #824. – no. 7: ad #608 (HU. 479). – no. 8: #1494. – no. 9: #660. – no. 10: #661. – no. 11, obere Zeile: #608. – no. 11, untere Zeile: #1444. – no. 12: ad #608. – no. 13: #1136. – no. 14: #— (HU. 483). – no. 15: #— (HU. 484). – no. 17: #1080. – no. 18: #1052. – no. 21: #1177. – no. 23: #— (HU. 488). – no. 31: #1409. – no. 34: ad #334. – no. 35: #1151. – no. 36: #1298. – no. 37: #1299. – no. 38: #1301. – no. 43: #1300. – no. 57: #1074. – no. 58: #1207. – no. 59: #1041. – no. 60: #1426. – no. 61: #1045. – no. 62: #1528. – no. 63: #1208. – no. 64: ad #1208 (HU. 496a). – no. 65: #1053. – no. 66: #1047. – no. 67: #1087. – no. 70: #975.

VAN DER MEER, Ostia speaks (2012), no. 15a, b: cf. DI. 1085. – no. 15c: cf. DI. 1088.

Diehl →

DI. 1: #1024. – **2:** #593. – **3:** #1036. – **4:** #2. – **5:** #1121. – **6:** #837. – **7:** #838. – **8:** #5. – **9:** #1. – **10:** #839. – **11:** #1148. – **12:** #840. – **13:** #7. – **14:** #1073. – **15:** #842. – **16:** #8. – **17:** #10. – **18:** #11. – **19:** #13. – **20:** #847. – **21:** #599. – **22:** #1265. – **23:** #851. – **24:** #6. – **25:** #1032. – **26:** #1033. – **27:** #1057. – **28:** #1035. – **29:** #430. – **30:** #1030. – **31:** #852. – **32:** #64. – **33:** #65. – **34:** #916. – **35:** #717. – **36:** #854. – **37:** #1506. – **38:** #42. – **39:** #9. – **40:** #43. – **41:** #38. – **42:** #36. – **43:** #39. – **44:** #40. – **45:** #41. – **46:** #488. – **47:** #34. – **48:** #32. – **49:** #23. – **50:** #21. – **51:** #22. – **52:** #909. – **53:** #18. – **54:** #25. – **55:** #1380. – **56:** cf. Einl., n. 11 (VI 3074). – **57:** #1381. – **58:** cf. Zus. Kap. 11.1.1. – **59:** #1389. – **60:** #1385. – **61:** #1386. – **62:** #1390. – **63:** #1387. – **64:** #1382. – **65:**

#439. – **272:** #443. – **273:** #442. – **274:** #406. – **275:** #408. – **276:** #410. – **277:** #411. – **278:** #448. – **279:** #423. – **280:** #424. – **281:** #425. – **282:** #435. – **283:** #426. – **284:** #502. – **285:** #441. – **286:** #416. – **287:** #457. – **288:** #415. – **289:** #490. – **290:** #427. – **291:** #431. – **292:** #568. – **293:** #569. – **294:** #449. – **295:** #454. – **296:** #450. – **297:** #458. – **298:** #459. – **299:** #460.

300: #456. – **301:** #461. – **302:** #462. – **303:** #463. – **304:** #855. – **305:** #480. – **306:** #482. – **307:** #501. – **308:** #484. – **309:** #493. – **310:** #494. – **311:** #495. – **312:** #498. – **313:** #464. – **314:** #491. – **315:** #1085. – **316:** #465. – **317:** #492. – **318:** #507. – **319:** #508. – **320:** #510. – **321:** #511. – **322:** #549. – **323:** #534. – **324:** #580. – **325:** #533. – **326:** #1284. – **327:** #537. – **328:** #538. – **329:** #597. – **330:** #541. – **331:** #542. – **332:** #1529. – **333:** #545. – **334:** #551. – **335:** #670. – **336:** #594. – **337:** #547. – **338:** #595. – **339:** #536. – **340:** #550. – **341:** #648. – **342:** #598. – **343:** #669. – **344:** #1489. – **345:** #1491. – **346:** #1492. – **347:** #552. – **348:** #600. – **349:** #601. – **350:** #591. – **351:** #602. – **352:** #555. – **353:** #556. – **354:** #543. – **355:** #570. – **356:** #557. – **357:** #560. – **358:** #558. – **359:** #559. – **360:** #562. – **361:** #603. – **362:** #590. – **363:** #604. – **364:** #563. – **365:** #583. – **366:** #564. – **367:** #565. – **368:** #567. – **369:** #571. – **370:** #575. – **371:** #801. – **372:** #577. – **373:** #578. – **374:** #579. – **375:** #592. – **376:** #1271. – **377:** #1272. – **378:** #605. – **379:** #1273. – **380:** #606. – **381:** #582. – **382:** #825. – **383:** #607. – **384:** #586. – **385:** #587. – **386:** #589. – **387:** #20. – **388:** #576. – **389:** #581. – **390:** #857. – **391:** #868. – **392:** #875. – **393:** #864. – **394:** #858. – **395:** #865. – **396:** #863. – **397:** #867. – **398:** #862. – **399:** #877.

400: #866. – **401:** #874. – **402:** #859. – **403:** #951. – **404:** #993. – **405:** #861. – **406:** #869. – **407:** #870. – **408:** #879. – **409:** #952. – **410:** #949. – **411:** #953. – **412:** #945. – **413:** #989. – **414:** #990. – **415:** #994. – **416:** #959. – **417:** #955. – **418:** #961. – **419:** #978. – **420:** #980. – **421:** #981. – **422:** #944. – **423:** #977. – **424:** #962. – **425:** #963. – **426:** #967. – **427:** #985. – **428:** #1005. – **429:** #982. – **430:** #973. – **431:** #1343. – **432:** #1010. – **433:** #1012. – **434:** #1014. – **434a:** #1015. – **435:** #995. – **436:** cf. Einl., n. 11 (VI 29791). – **437:** #998. – **438:** #1312. – **439:** #997. – **440:** #943. – **441:** #942. – **442:** #872. – **443:** #1000. – **443 n.:** #1001. – **444:** #999. – **445:** #504. – **446:** #813. – **447:** #1004. – **448:** #514. – **449:** #1344. – **450:** #1021. – **451:** #1263. – **452:** #1318. – **453:** #1317. – **454:** #1266. – **455:** #1264. – **456:** #1329. – **457:** #1268. – **458:** #1295. – **459:** #1296. – **460:** #1274. – **461:** #1276. – **462:** #1310. – **463:** #1313. – **464:** #1311. – **465:** #1275. – **466:** #1320. – **467:** #1291. – **468:** #1321. – **469:** #1277. – **470:** #1282. – **471:** #1101. – **472:** #617. – **473:** #1119. – **474:** #1118. – **475:** #1122. – **476:** #614. – **477:** #736. – **478:** #742. – **479:** #612. – **480:** #615. – **481:** #609. – **482:** #613. – **483:** #618. – **484:** #619. – **485:** #1127. – **486:** #1159. – **487:** #1163. – **488:** #1162. – **489:** #781. **490:** #766. – **491:** #1164. – **492:** #1170. – **493:** #1158. – **494:** #734. – **495:** #831. – **496:** #823. – **497:** #833. – **498:** #827. – **499:** #835.

700: #938. – **701:** #1511. – **702:** #936. – **703:** cf. Einl., n. 11 (Ephem. epigr. 8 [1899], no. 337 [und cf. no. 335f.]). – **704:** #759. – **705:** #509. – **706:** #1297. – **707:** #519. – **708:** #786. – **709:** #1248. – **710:** #1204. – **711:** #1219. – **712:** #521. – **713:** #1341. – **714:** #732. – **715:** #532. – **716:** #1250. – **717:** #1257. – **718:** #1512. – **719:** #1513. – **720:** #749. – **721:** #636. – **722:** #806. – **723:** #805. – **724:** #1417. – **725:** #1418. – **726:** #1419. – **727:** #1168. – **728:** #1210. – **729:** #814. – **730:** #520. – **731:** #776. – **732:** #1514. – **733:** #828. – **734:** #832. – **735:** #817. – **736:** #820. – **737:** #804. – **738:** #932. – **739:** #1517. – **740:** #596. – **741:** #1518. – **742:** #735. – **743:** #774. – **744:** #808. – **745:** #987. – **746:** #968. – **747:** #585. – **748:** #969. – **749:** #1166. – **750:** #1093. – **751:** #1337. – **752:** #768. – **753:** #1017. – **754:** #1376. – **755:** #1020. – **756:** #1018. – **757:** #1519. – **758:** #743. – **759:** #1520. – **760:** #744. – **761:** #1247. – **762:** #1521. – **763:** #344. – **764:** #629. – **765:** #1522. – **766:** #63. – **767:** #55. – **768:** #60. – **769:** #56. – **770:** #740. – **771:** #59. – **772:** #927. – **773:** #971. – **774:** #1473. – **775:** #1126. – **776:** #816. – **777:** #12. – **778:** #984. – **779:** cf. Einl., n. 11 (IV 5451). – **780:** #970. – **781:** #1420. – **782:** #928. – **783:** #1425. – **784:** #1447. – **785:** #1070. – **786:** #1427. – **787:** #1428. – **788:** #1429. – **789:** #1431. – **790:** #1434. – **791:** #1437. – **792:** #1433. – **793:** #1439. – **794:** #1441. – **795:** #1443. – **796:** #1445. – **797:** #1448. – **798:** cf. Einl., n. 11 (III 10717). – **799:** #1451.

800: cf. Einl., n. 11 (CLE 1786 p. 825 [evt. = CLE 471 = VI 34151?]). – **801:** #1454. – **802:** #1472. – **803:** #1455. – **804:** #1038. – **805:** #1456. – **806:** #1457. – **807:** #1458. – **808:** #1474. – **809:** #1460. – **810:** #1342. – **811:** #1467. – **812:** #1462. – **812a:** #1464. – **813:** #1468. – **814:** #1470. – **815:** #1471. – **816:** #1476. – **817:** #1477. – **818:** #1478. – **818 n.:** #1479. – **819:** #1483. – **820:** #1486. – **821:** #1484. – **822:** #1412. – **823:** #1497. – **824:** #1499. – **825:** #1527. – **826:** #1500. – **827:** #1260. – **828:** #1501. – **829:** #793. – **830:** #772. – **p. 61 [ad 14]:** #1075. – **831:** #35. – **832:** #1025. – **833:** #15. – **833a:** #902. – **834:** #66. – **835:** #903. – **836:** #856. – **837:** #798. – **838:** #37. – **839:** #29. – **839:** #31. – **840:** #28. – **841:** #27. – **842:** #26. – **843:** cf. Einl., n. 11 (VI 29829). – **844:** cf. Einl., n. 11 (XIV 5303.1). – **845:** cf. Einl., n. 11 (XIV 5303.2). – **846:** cf. Einl., n. 11 (XIV 5303.3). – **847:** cf. Einl., n. 11 (XIV 5303.4). – **848:** cf. Einl., n. 11 (XIV 5303.5). – **849:** cf. Einl., n. 11 (XIV 5303.6). – **850:** cf. Zus. Kap. 11.1.1. – **851:** #1388. – **852:** #1383. – **853:** #1391. – **854:** cf. Zus. Kap. 11.1.1. – **855:** #1398. – **856:** #1410. – **857:** #16. – **858:** cf. Einl., n. 11 (VI 29850a). – **859:** cf. Einl., n. 11 (VI 29830, 36613). – **860:** #49. – **861:** #86. – **862.a:** #83. – **862.b:** #84. – **863:** #57. – **864:** #58. – **865:** #92. – **866:** cf. Einl., n. 11 (XIV 5291.2). – **867:** #67. – **868:** #68. – **869:** cf. Einl., n. 11 (XIV 5289.1). – **870:** #991. – **871:** #898. – **872:** #114. – **873:** #149. – **874:** #155. – **875:** #156. – **876:** #157. – **877:** #191. – **878:** #268. – **879:** #123. – **880:** #124. – **881:** #126. – **882:** #127. – **883:** #128. – **884:** #129. – **885:** #130. – **886:** #134. – **887:** #132. – **888:** #116 – **889:** #117. – **890:** #118. – **891:** #115. – **892:** #119. – **893:** #120. – **894:** #146. – **895:** #145. – **896:** #152. – **897:** #265. – **898:** #169. – **899:** #171.

1092: cf. Einl., n. 11 (CLE 1928, VIII 11683). – **1093:** cf. Einl., n. 11 (CLE 2066). – **1094:** cf. Einl., n. 11 (CLE 2065, XI 7263). – **1095:** cf. Einl., n. 11 (CLE 1933, veraltete Lesung in Gallia 61 [2004], p. 101f. no. 88.1). – **1096:** #906. – **1097:** #907. – **1098:** #908. – **1099:** cf. Einl., n. 11 (CLE 2067 n., XIII 10025.199).

1100: #910. – **1101:** #926. – **1102:** cf. Einl., n. 11 (XIV 5291.3b). – **1103:** cf. Einl., n. 11 (CLE 1900). – **1104:** #1357. – **1105:** #1373. – **1106:** #1252. – **1107:** #1508. – **1108:** #1368. – **1109:** #1378. – **1110:** #41. – **1111:** #1475. – **1112:** #1510. – **1113:** #809. – **1114:** #810. – **1115:** #1039. – **1116:** #753. – **1117:** #755. – **1118:** #1218. – **1119:** #1205. – **1120:** #516. – **1121:** #518. – **1122:** #506. – **1123:** #531. – **1124:** #1481. – **1125:** #637. – **1126:** #779. – **1127:** #522. – **1128:** #821. – **1129:** #802. – **1130:** #935. – **1131:** #737. – **1132:** #775. – **1133:** #1016. – **1134:** #983. – **1135:** #1523. – **1136:** #976. – **1137:** #1524. – **1138:** #525. – **1139:** #1224. – **1140:** #1525. – **1141:** #764. – **1142:** cf. Einl., n. 11 (CLE 1939, AE 1978, no. 450, AE 2014, no. 781). – **1143:** cf. Einl., n. 11 (CLE 2293, AE 2014, no. 781). – **1144:** cf. Einl., n. 11 (CLE 2293, AE 1950, no. 25). – **1145:** #1453. – **1146:** cf. Einl., n. 11 (CLE 2293). – **1147:** cf. Einl., n. 11 (CLE 2293, XIII 10017.53). – **1148:** #1459. – **1149:** #1463. – **1150:** #1526.

CLE →

CLE 23: cf. VI 30738. – **26:** cf. III 5561. – **32:** #614. – **33:** #928. – **35:** #1478. – **35:** #1479. – **37:** #1483. – **38:** #982. – **39:** #139. – **40:** #341. – **41:** #465, #763, #834, #1111. – **42:** #1414. – **42 n.:** #1415. – **43:** #1464, #1467f., #1471, cf. IV 3067. – **44:** #1103. – **45:** #1105. – **46:** #1104. – **47:** #1115. – **48:** #746. – **49:** #1114. – **50:** #1101, #1344, cf. DI. 690. – **51:** #937. – **230:** #1112. – **231:** #1113. – **232:** #1102. – **233:** #451, #852, #1097, #1501. – **332:** #797. – **333:** #759. – **349:** #1509. – **350:** #1424. – **351:** #1413. – **353:** #492. – **354:** #1070. – **355:** #1359. – **356:** #1255. – **359:** #909, #1046, #1059, #1474. – **471:** cf. DI. 800. – **838:** cf. VI 2357. – **926:** #613. – **927:** #855. – **928:** #1073. – **929:** #830. – **930:** #913. – **931:** #916. – **932:** #936. – **933:** #929. – **934:** #1063. – **935:** #1062–64, #1090. – **936:** #1455. – **937:** #1024. – **939:** cf. DI. 588. – **940:** cf. DI. 589. – **941:** #1069. – **941 n.:** #1092. – **942:** #1040. – **943:** cf. DI. 591. – **944:** #1068. – **945:** #1048. – **946:** #1049. – **947:** #1057f. – **948:** #1061. – **949:** #1084. – **950:** #1089. – **951:** #1030f. – **952:** #376, #1165. – **953:** #1066. – **954:** cf. DI. 601. – **954 n.:** #1110. – **955:** #1094. – **955 n.:** #1261. – **956:** #1183. – **957:** #794. – **1067:** cf. VI 29629. – **1117:** cf. III 1854. – **1318:** cf. XIV 914. – **1491:** #1472. – **1499:** cf. VI 15258. – **1583:** cf. VI 33814. – **1585 n.:** #676. – **1785:** #614, #621, #718, #747, #1007f., #1067, #1072, #1342, #1420, #1425, #1427–29, #1431, #1437, #1440f., #1443, #1448, #1451, #1454, #1456–58, cf. IV 1282, 1524, 1672, 2213, 3139, 3198, 3373, 3913, 4127, 4191. – **1786 p. 825:** cf. DI. 800. – **1798:** cf. DI. 692. – **1810:** cf. DI. 616. – **1811:** cf. DI. 591. – **p. 853:** cf. IV 2386. – **1862:**

Index 2: Fundorte (nur #-Nummern)

Pompeji:

Regio I

Regio II

Regio III

Regio IV

Regio V

Regio VI

14 **5**: #46–48, #961, #551. – **20**: #17, #147, #580, #1152, #1059, #1514. – **28**: #245, #973. – **30**: #1394. – **36**: #915. – **37**: #763. – **38**: #1390. – **38–39**: #550, #833. – **39**: #254. – **40**: #567, #1166. – **43**: #52, #87, #600, #701, #845, #1032, #1070, #1094, #1165, #1253, #1361, #1431, #1468.

15 **1**: #38, #93, #589, #662, #968, #1264, #1334, #1349. – **2**: #870. – **3**: #184, #183. – **5**: #207, #477–79, #537, #565. – **6**: #428, #1160. – **9**: #980, #1006, #1056, #1446, #1432. – **10**: #1018. – **12**: #1518. – **22**: #1320. – **26**: #185. – **27**: #2, #797.

16 **4–5:** #717. – **7:** #71, #95, #804, #836, #1211, #1498. – **10:** #51. – **15:** #595, #1030. – **23:** #196. – **26:** #669. – **28:** #945. – **29:** #55. – **32:** #1525. – **35–36:** #356.

17 **1–19 (?):** #210, #331. – **11–12 (?)**: #208. – **44:** #828.

Regio VII

1 **7–8 (?):** #102. – **8 (Stabianer Thermen)**: #20, #70, #82, #620, #766, #1195, #1399, #1417. – **11–12:** #139. – **14–15:** #101. – **25:** #344. – **40:** #186, #971. – **42:** #471, #570, #955. – **44–45:** #997. – **47:** #1502.

2 **3:** #173. – **13:** #848. – **16:** #74, #774, #966, #1093, #1369, #1389, #1420, #1464. – **17:** #1337. – **18:** #1162. – **19–20:** #1386. – **20:** #816. – **23:** #740. – **25:** #603. – **33–34:** #316. – **35:** #949. – **40–41:** #211. – **41–42:** #212. – **43–44:** #213. – **45:** #916, #1118. – **51:** #598, #1007f., #1473. – **51–52:** #330.

3 **10–14 (?)**: #61. – **19–20:** #136. – **21:** #953. – **22:** #842. – **25–26**: #1454. – **26–27**: #1345. – **27–28**: #1295. – **37–38**: #91. – **38**: #1380.

4 **3:** #106. – **8:** #1308. – **31:** #1159. – **44–45**: #112. – **46:** #99. – **48:** #1193. – **51** (oder VI 13,6): #209. – **57:** #1005. – **60–61**: #225.

5 **2 (Forumsthermen)**: #372, #563, #773. – **7–8** (dito): #214. – **8** (dito): #373, #388. – **14–15**: #451. – **18:** #976.

6 **7:** #807, #885. – **28:** #946, #1373. – **29:** #1033. – **33–34**: #8. – **35:** #10, #1066, #1068, #1505.

7 **2:** #703. – **5:** #491, #520, #524, #555, #577f., #582, #627, #643, #732, #735, #762, #770f., #829, #987, #1131, #1257. – **18:** #619. – **19:** #426, #827, #1154, #1467. – **20:** #350. – **23:** #509. – **32 (Apollotempel)**: #455, #714, #1004.

8 (= **Forum**): #230. – **Iuppitertempel**: #564, #1416. – nahe dem Forum: #342.

9 **1:** #1091, #1116, #1140, #1291, #1437. – **13–14:** #721. – **33:** #141, #1250. – **42:** #310. – **47:** #562. – **50:** #1522.

10 **5:** #1381. – **9:** #43.

11 **11:** #44, #667, #765, #1128, #1182, #1249, #1260, #1401. – **13–14:** #759, #847. – **14:** #602, #712.

12 **14:** #791, #1046. – **14–15:** #556. – **15:** #389. – **18 (Lupanar)**: #460, #486, #496, #734, #1128a, #1235, #1236, #1236a, #1261f., #1266, #1277f., #1280f., #1283–88, #1302, #1304, #1306f., #1322, #1324, #1326–28, #1339f., #1342f. – **29–30:** #834. – **35:** #473, #475, #487–89, #665, #720, #1168, #1222, #1245, #1392.

13 **8:** #716, #1297.

Regio VIII

Regio IX

Pompeji: genauer Fundort unbekannt

Vor den Toren Pompejis

Umgebung

Index 3: Jahresangabe oder vollständiges Datum

Index 4: Literatur

Latein

Griechisch